"十三五"国家重点图书出版规划项目
2017年主题出版重点出版物

复兴之路
中国改革开放40年回顾与展望丛书

构建现代治理基础
中国财税体制改革40年

贾 康　刘 薇◎著

南方出版传媒
广东经济出版社
— 广州 —

图书在版编目（CIP）数据

构建现代治理基础：中国财税体制改革40年／贾康，刘薇著．—广州：广东经济出版社，2017.9（2019.1重印）
（复兴之路——中国改革开放40年回顾与展望丛书）
ISBN 978-7-5454-5811-4

Ⅰ．①构… Ⅱ．①贾… ②刘… Ⅲ．①财税-经济体制改革-研究-中国 Ⅳ．①F812.2

中国版本图书馆CIP数据核字（2017）第237691号

出 版 人：姚丹林
责任编辑：韩文君
责任技编：许伟斌

GouJian Xiandai Zhili Jichu
Zhongguo Caishui Tizhi Gaige 40 Nian

出版发行	广东经济出版社（广州市环市东路水荫路11号11~12楼）
经销	全国新华书店
印刷	中华商务联合印刷（广东）有限公司 （深圳市龙岗区平湖镇春湖工业区中商大厦）
开本	787毫米×1092毫米　1/16
印张	36.25　2插页
字数	563 000字
版次	2017年9月第1版
印次	2019年1月第4次
书号	ISBN 978-7-5454-5811-4
定价	92.00元

如发现印装质量问题，影响阅读，请与承印厂联系调换。
发行部地址：广州市环市东路水荫路11号11楼
电话：（020）37601950　邮政编码：510075
邮购地址：广州市环市东路水荫路11号11楼
电话：（020）37601980　营销网址：http://www.gebook.com
广东经济出版社新浪官方微博：http://e.weibo.com/gebook
广东经济出版社常年法律顾问：何剑桥律师
·版权所有　翻印必究·

复兴之路——中国改革开放40年回顾与展望丛书
编委会
EDITORIAL BOARD

编委会主任
魏礼群

编委会副主任
张卓元　迟福林

编　委
（按姓氏汉语拼音排序）

蔡　武　曹远征　常修泽
迟福林　贾　康　李晓西
隆国强　宋洪远　宋晓梧
王　珺　魏礼群　张卓元
郑新立

总序
PREFACE

坚定不移推进改革开放
实现中华民族伟大复兴

实现中华民族伟大复兴，是中华民族近代以来最伟大的梦想。这个梦想，凝聚了几代中国人的夙愿，体现了中华民族和中国人民的整体利益，是每一个中华儿女的共同期盼。为了实现中华民族伟大复兴的中国梦，中国共产党人进行了长期不懈的奋斗和极为艰辛的探索。经过深刻总结历史经验，科学认识中国国情，顺应时代发展潮流，终于找到了一条正确道路。这条道路，就是中国特色社会主义道路，而改革开放则是中国特色社会主义道路最鲜明的特征。

1978年底，中国共产党召开具有重大历史意义的十一届三中全会，开启了改革开放的伟大征程。改革开放是我们党在新的时代条件下带领人民进行的新的伟大革命，目的就是要解放和发展生产力，加快推进国家现代化；就是要推动我国社会主义制度的自我完善和发展，赋予社会主义新的生机活力；就是要在坚持和发展中国特色社会主义的伟大事业中，实现国家富强、人民幸福、民族振兴。回顾改革开放的历史进程，我们党和人民锐意推进改革，从农村到城市、从经济领域到其他各个领域，成功实现了从高度集中的计划经济体制到充满活力的社会主义市场经济体制的伟大历史性转变；我们不断扩大对外开放，从建立经济特区到开放沿海、沿江、沿边、内陆地区，再到加入世界贸易组织、主动参与经济全球化和提出"一带一路"倡议，从大规模"引进来"到大踏步"走出去"，成功实现了从封闭半封闭到全方位开放的伟大历史性转变。我们在深化经济体制改革的同时，不断深化政治体制、行政体制、文化体制、社会体制、生态文明体制改革和党的建设制度改革，在推进国家治理体系和治理能力现代化方面不断迈出新的步伐。

改革开放以来，我国经济社会发展创造了人类史上的伟大奇迹，经济总量连续跃上几个大台阶，综合国力大幅提升，全国人民总体上过上小康生活，城乡面貌焕然一新。同时，我国政治建设、文化建设、社会建设、生态文明建设等各领域各方面都取得了举世公认的巨大成就，中国的国际地位越来越高，影响力越来越大。现在，我们比历史上任何时期都更接近中华民族伟大复兴的目标。实践充分证明，改革开放是当代中国一切发展进步的动力之源，是全国人民大踏步赶上时代潮流的重要法宝，是坚持和发展中国特色社会主义的必由之路，是实现国家现代化和中华民族伟大复兴中国梦的关键抉择。

习近平总书记指出："改革开放只有进行时，没有完成时。没有改革开放，就没有中国的今天，也就没有中国的明天。"这是对我国改革开放以来走过道路的深刻总结，也是实现未来更加美好目标的根本遵循。无论过去、现在和将来，坚持和发展中国特色社会主义都必须坚定不移地依靠改革开放。具有重大历史意义的中国共产党第十九次全国代表大会即将隆重召开，这是在全面建成小康社会决胜阶段召开的一次十分重要的大会。当前，我国不仅处于全面建成小康社会、实现第一个百年奋斗目标的决胜阶段，还处于为实现第二个百年奋斗目标，即建成社会主义现代化强国奠定基础的关键时期。我们必须按照习近平总书记治国理政新理念新思想新战略，在已经取得历史性成就的基础上，不忘初心，继往开来，坚定不移地推进改革开放的伟大事业，为我国未来发展开辟更为广阔的前景，继续沿着中华民族伟大复兴的康庄大道奋勇前进。

2018年，我国将迎来改革开放40周年。为此，广东经济出版社、中国（海南）改革发展研究院联袂策划并组织出版"复兴之路——中国改革开放40年回顾与展望丛书",献礼党的十九大,献礼我国改革开放40周年。这套丛书共13本,分别针对行政体制改革、计划投资体制改革、现代市场体系建设、所有制结构改革、农村改革、财税体制改革、金融体制改革、对外开放、社会体制改革、文化体制改革、环保体制改革等重点领域,从不同角度客观记录我国改革开放40年的历史进程,并展望改革开放的未来趋势。

这套丛书的主编和作者大多是相关领域知名的专家学者,也是我国改革开放的亲历者、见证者,这套丛书集结了他们长期亲历和研究我国改革开放的重要成果,凝聚了他们对改革开放伟大事业的一腔热情。广东经济出版社对这套丛书的出版给予了全力支持;作为以直谏中国改革为己任的改革智库,中国(海南)改革发展研究院为此书的策划、出版作出了重要贡献。作为编委会主任,我对为这套丛书付出艰辛努力的各位编委会成员、作者,对出版社的领导、编辑表示由衷的感谢!

这套丛书跨越多个领域,力图客观地反映改革开放伟大历程中的理论探索与实践经验,意义重大且任务艰巨,难免有不足之处,欢迎读者批评指正。

魏礼群

2017年7月

目 录

导论 转轨中促进包容性增长,支撑全面改革:财政体制变迁背景 /1
- 第一节 社会主义市场经济目标模式与财税体制改革 /1
- 第二节 党的十八大之后:中国实现现代化战略目标新阶段无可回避的全面改革 /14
- 第三节 计划经济时期中国财政改革探索的回顾 /22

第一章 经济体制转轨下的财政体制改革 /87
- 第一节 财政体制改革的探索过程 /87
- 第二节 财政体制探索取得的成效及其存在的问题 /103
- 第三节 分税制财政体制的试点 /110

第二章 分税制改革开启经济性分权的序幕 /114
- 第一节 分税制财政体制改革的出台背景和过程 /114
- 第二节 分税制财政体制改革主要内容 /118
- 第三节 分税制财政体制的进一步完善 /127
- 第四节 财政转移支付制度的建立和完善 /135
- 第五节 分税制财政体制改革的特点及重要意义 /155
- 第六节 省以下财政体制改革 /159

第三章 税收制度改革 /186
- 第一节 发展有计划商品经济时期的税制改革与税收体系 /186

第二节 初步建立市场经济体制时期的税制改革与税收体系 /202

第三节 发展与完善社会主义市场经济体制时期的税制改革和税收体系 /215

第四节 税制改革评述 /229

第四章 国有资产收益制度改革 /232

第一节 20世纪80年代国有企业利润分配制度改革 /232

第二节 20世纪90年代以来推行国有资产收益管理 /236

第三节 2007年起试行国有资本经营预算 /238

第四节 改革行政事业单位和资源性国有资产收益管理制度 /246

第五章 公共债务制度改革 /248

第一节 国内债务管理制度改革 /248

第二节 政府外债管理制度改革 /262

第三节 地方债的制度建设 /270

第六章 财政管理改革 /281

第一节 预算编制管理改革 /281

第二节 预算执行管理改革 /302

第三节 财务与会计改革 /320

第四节 财政法制建设 /352

第五节 财政监督制度与改革 /366

第六节 财政信息化建设 /379

第七章 财政宏观调控与国际协调 /391

第一节 财政宏观调控的体制背景与特征 /391

第二节 经济体制转轨下财政政策与宏观调控（1978—1992年）/399

第三节 适度从紧的财政政策（1993—1997年）/407

第四节 积极财政政策（1998—2004年）/420

第五节 稳健财政政策（2005—2007年）/436

第六节 积极财政政策（2008年至今）/447

第七节 全面建设小康社会，不断加强和完善财政宏观调控 /463

第八节 财政宏观调控功能不断强化 /470

第九节 财政政策的国际协调 /473

第八章 适应国家治理现代化的财税体制改革新进展 /492

第一节 现代财政制度提出的背景及其对全面深化改革的重要意义 /492

第二节 财税体制改革三大方面新进展 /498

第三节 政府债务管理改革新进展 /527

第九章 中国财税体制改革的经验和愿景展望 /533

第一节 回顾：近40年财政改革的基本经验和评价 /533

第二节 展望：在全面改革中深化财税体制改革的基本思路与要领 /555

参考文献 /562

后记 /568

导论
转轨中促进包容性增长，支撑全面改革：财政体制变迁背景

自中华人民共和国成立以来，我国的经济发展在取得一系列成就的进程中，也走过了曲折的探索之路，经历了社会主义过渡时期、社会主义计划经济的体制变迁以及社会主义市场经济的创新性变革等阶段，可以说每一次经济体制的改革都十分艰难。作为历次经济与社会变革的重要突破口，财政体制的改革对于经济体制以及社会制度的重要性不言而喻。本章梳理1949年以来至1978年改革开放时期的经济发展、经济体制和政策变迁过程，特别是对改革开放之前的情况作出概括，以为本书后面关于改革开放之后近40年中国财税体制改革的展开论述作出铺垫。

第一节 社会主义市场经济目标模式与财税体制改革

一、曲折中确立社会主义市场经济目标

沿着时间轴回望——1978年中国共产党第十一届三中全会的中心议题，是把党的工作重点转移到社会主义现代化建设上来；1984年第十二届三中全会的中心议题，是贯彻执行对内搞活经济、对外开放的方针，加快以城市为重点的经济体制改革步伐；1988年第十三届三中全会的中心议题，是治理经济环境、整顿经济秩序、全面深化改革；1993年第十四届三中全会的中心议题是建立社会主义市场经济体

制；1998年第十五届三中全会的中心议题是建设有中国特色社会主义新农村；2003年第十六届三中全会的中心议题是讨论研究完善社会主义市场经济体制问题和修改宪法部分内容的建议；2008年第十七届三中全会的中心议题是研究推进农村改革发展的问题。2013年第十八届三中全会的中心议题定位为"全面深化改革"，可谓于关键的时点，以前所未有的广泛性、深刻性开启了历史发展的新篇章。全面深化改革的重点首先是经济体制改革，经济体制改革的核心是处理好政府和市场的关系。在此次中央全会上，自1978年改革开放以来，首次旗帜鲜明地提出"市场在资源配置中起决定性作用"这一具有跨时代意义的表述，配以建设现代市场体系、加快完善社会主义市场经济的一系列措施和要求，标志着将我国经济体制改革从市场的"基础性"作用推进到"决定性"作用的新时代，整个中国改革进程也在新的历史起点上展开激动人心的新篇章。

（一）计划经济时代对"市场经济"的探索

1953年6月15日的中共中央政治局会议上，毛泽东在批判"确立新民主主义社会秩序"的观点时，提出了向社会主义过渡。但此后陆续出现了各种急于求成的现象，甚至出现了"跑步进入共产主义"的口号，国民经济也不可避免地出现危机和遇到了各种困难。在"一大二公"的趋向中，市场经济的空间虽然逐步被压缩到了集贸市场和对外贸易等有限领域，但这些市场经济的因素仍在沟通广大城乡和外部市场，为其后的中国经济体制改革保留了市场机制的火种。

通过社会主义的计划经济实现国家的工业化，不仅是中国共产党人的看法，而且当时在社会上有相当多的赞同者。国民党执政时期，国民党政府也曾设想搞计划经济，还创建了大量官营企业，制定了很多经济发展计划。还有很多经济学家也认为要实现赶超就得搞计划经济，就得学苏联，发达了以后再搞自由市场经济。曾信服西方自由市场经济的马寅初在1929年后也有了明显转变，他在1935年出版了《中国经济改造》，论述了"吾国何以必须采用统制经济"的七大理由，认为"中国欲以自由竞争政策发展其实业，势已不能。然则中国经济之出路，只有统制经济之一途。"①

实际上，在新民主主义经济的设想中已经包括了计划经济成分，既承认自由竞争和自由贸易存在的必要性，同时也强调这种自由要受国家必要的限制。1948年刘少奇在《对〈关于东北经济构成及经济建设基本方针的提纲〉的若干修改》中提到："根据实际的可能和必要来适当地逐步地加以计划和组织，才能推动整个国民经济按照我们和人民所需要的方向尽可能迅速地向前发展。"《中国人民政治协商会议共同纲领》虽然避免提到社会主义目标，但是已经提到计划经济的方向，其中第三十三条提出"中央人民政府应争取早日制定恢复和发展全国公私经济各主要部门的总计划"，第三十七条提出国内贸易的自由应"在国家统一的经济计划内实行"。该纲领还对各种经济成分进行了社会主义和资本主义属性的划分，其中属于社会主义性质的国营企业负有领导、引导的责任，鼓励私人资本向国家资本主义方向发展。

计划经济的基本框架建立之初，党中央还是强调要发挥市场机制的积极作用。1953年初，毛泽东曾指出："在农业方面，除国营农场外，还不可能施行统一的有计划的生产，不能对农民施以过多的干涉；还只能用价格政策以及必要和可行的经济工作和政治工作去指导农业生产，并使之和工业相协调而纳入国家经济计划之中。"②1953年4月，《中共中央关于应当重视手工业的指示》提到，"对于手工业者，也应如同对待小生产者的农民一样，采取十分慎重的态度，主要是靠价格政策，市场产销关系，辅以必要可行的政治工作和经济工作教育指导他们，影响他们，慢慢引导他们纳入国家计划经济的轨道，而不可任意地制订计划，强制他们发展哪一行或闭歇哪一行，增产多少或减产多少。"

1954年2月，中共七届四中全会通过"过渡时期的总路线"，开始提前进行社会主义改造。1956年，中国共产党领导人民提前完成社会主义改造，实现了向社会主义过渡，中国的社会主义经济体制初步形成。

---

① 马寅初：《中国经济改造》，见《马寅初全集》（第8卷），浙江人民出版社，1999年，第174—177页。

② 顾龙生：《毛泽东经济年谱》，中共中央党校出版社，1993年，第317—318页。

在"大跃进"和人民公社运动出现偏差后,毛泽东等中央领导人也曾重新思考计划与市场的关系。1958年11月召开的第一次郑州会议上,毛泽东提出:"我国是商品生产很不发达的国家,比印度、巴西还落后",所以"需要有一个发展商品生产的阶段"。"现在要利用商品生产、商品交换和价值法则,作为有用的工具,为社会主义服务"。在会议开始时,毛泽东还专门向参会的九个省的省委第一书记询问了各地商品交换情况。就10月召开的西安会议上有人提到要取消商业的问题,毛泽东认为:"每一个人民公社除生产粮食以外,必须大量生产经济作物,能够赚钱的,能够交换的,有农产品,有工业品,总之是生产商品。"在会议期间,毛泽东曾反复讲商品生产不能与资本主义混为一谈,指出在社会主义社会也要搞商品生产。为了集思广益,11月13日,毛泽东发电报给刘少奇和邓小平,建议讨论"现阶段要商品好,还是不要商品好"的问题。随后,刘少奇主持中共中央政治局会议讨论了斯大林的《苏联社会主义经济问题》。在取得共识的基础上,在武昌召开了中共八届六中全会,会议通过了《关于人民公社若干问题的决议》。决议指出,"人民公社的商品生产和商品交换,必须有一个很大发展"。在后来纠"左"过程中,这个决议的正确性得到了人们的公认。

1961年4月10日,受毛泽东、周恩来、邓小平委托,时任国务院副总理兼秘书长习仲勋率队到河南长葛蹲点调查。习仲勋在那里住了135天,深入基层做广泛调查,向中央与河南省委连续写了11份调查报告,系统地提出了解散公共食堂、保护农村劳动力、实行多劳多得分配制度、顺应市场规律、包产到户经营等多方面的意见和建议。习仲勋提出,政府应把伸出的手缩回来,按照市场规律办事。1961年8月7日,习仲勋代表中央工作小组给党中央和邓小平写的《长葛县和尚桥镇市场情况的调查》中,明确提出顺应市场经济的要求:"不能只简单地用行政手段处理做买卖的问题。要学会用经济方法来组织和领导市场。""对市场价格的管理,不能采取简单的限价办法,也不能放任自流。主要靠经济活动的方法,如积极组织货源,增加商品上市量;国营商店、供销社参加集市贸易等。在行政管理上最好是利用税收杠杆来调节,对于应当限制的,课以重税。这样,既可以增加财政收入,又不影响活跃市场。"①习仲勋这些话,在当时是要冒很大风险的。

1962年,刘少奇主持经济调整工作时提出了"三自一包"和"四大自由"政策。"三自"即"自留地、自由市场、自负盈亏","一包"即包产到户。"四大自由"即"土地租佃和买卖自由,借贷自由,贸易自由"。遗憾的是这些思想和取向如昙花一现,很快就被其后繁复的政治运动淹没了。

(二)改革开放前期对"市场经济"的探索

从《邓小平年谱》来看,邓小平第一次就市场经济与计划经济发言是在1979年11月26日。这天上午,邓小平会见了美国不列颠百科全书出版公司时任副总裁弗兰克·吉布尼和加拿大麦吉尔大学东亚研究所时任主任林达光等。在谈话中,邓小平提出社会主义也可以搞市场经济的思想。他指出,实现现代化"确实是一场新的大革命。我们革命的目的就是解放生产力,发展生产力。离开了生产力的发展、国家的富强、人民生活的改善,革命就是空的。……外资是资本主义经济,在中国占有它的地位。但是外资所占的份额也是有限的,改变不了中国的社会制度。社会主义特征是搞集体富裕,它不产生剥削阶级。……说市场经济只存在于资本主义社会,只有资本主义的市场经济,这肯定是不正确的。社会主义为什么不可以搞市场经济,这个不能说是资本主义。我们是计划经济为主,也结合市场经济,但这是社会主义的市场经济。虽然方法上基本上和资本主义社会的相似,但也有不同,是全民所有制之间的关系,当然也有同集体所有制之间的关系,也有同外国资本主义的关系,但是归根到底是社会主义的,是社会主义社会的。市场经济不能说只是资本主义的。市场经济,在封建社会时期就有了萌芽。社会主义也可以搞市场经济。同样地,学习资本主义国家的某些好东西,包括经营管理方法,也不等于实行资本主义。这是社会主义利用这种方法来发展社会生产力。把这当作方法,不会影响整个社会主义,不会重新回到资本主义。"这份重要文献,后来收入《邓小平文选》第二卷,题为《社会主义也可以搞市场经济》。

在当时的背景下,邓小平第一次突破了姓"社"姓"资"的局限,认为市场

---

① 孙斌于、茂世文:《习仲勋1961"长葛调查"》,《大河报》2014年4月10日,第10—21版。

和计划是手段和运行机制层次上的区分，社会主义与市场经济不存在根本矛盾，社会主义也可以搞市场经济。

党的十一届三中全会后，陈云出任国务院财经委主任，开始着手调整经济体制。1979年春，陈云起草《计划与市场问题》的研究提纲，从追溯计划经济的思想渊源入手，分析了计划经济的缺点，在此基础上进一步讨论了在社会主义经济制度下计划经济与市场调节的关系。他写道："六十年来，无论苏联或中国计划工作制度中出现的主要缺点，只有'有计划按比例'这一条，没有在社会主义制度下还必须有市场调节这一条。"他指出：整个社会主义时期必须有计划经济和市场经济这两种经济，"在今后经济的调整和体制的改革中，实际上计划与市场这两种经济的比例的调整将占很大的比重。不一定计划经济部分愈增加，市场经济部分所占绝对数额就愈缩小，可能是都相应地增加"。这份提纲披露后，对中国经济体制改革思路的形成产生了重要的影响。

陈云在中共十一届六中全会前后，就"计划经济为主，市场调节为辅"的问题多次发表谈话。1982年12月2日，陈云出席第五届全国人大第五次会议，同上海代表团部分代表谈话时，又把"计划与市场"的关系比喻为"笼子与鸟"的关系。陈云说："搞活经济是在计划指导下搞活，不是离开计划的指导搞活。这就像鸟和笼子的关系一样，鸟不能捏在手里，捏在手里会死，要让它飞，但只能让它在笼子里飞。没有笼子，它就飞跑了。如果说鸟是搞活经济的话，那么，笼子就是国家计划。"

陈云的这些思想，在当时的历史条件下，对解放思想，推动经济体制改革，重视市场因素，冲破高度集中的计划经济体制的束缚，起了积极作用。此后，党和政府在实践中不断加深对市场经济的认识，先后经历了"计划经济为主、市场调节为辅""有计划的商品经济""国家调节市场，市场引导企业"等认识阶段。

1982年12月4日，中华人民共和国第四部宪法在第五届全国人大第五次会议上正式通过并颁布。"计划经济为主，市场调节为辅"的认识被正式写入了《宪法》："国家在社会主义公有制基础上实行计划经济。国家通过经济计划的综合平衡和市场调节的辅助作用，保证国民经济按比例地协调发展。""计划经济为主，市场调节为辅"的正式提出，是我国经济体制改革初期的一步重要推进，它在计划经济体制上打开了一个缺口，强调要发挥市场调节的作用，为改革起步开拓了道路。

1984年10月20日，中国共产党第十二届中央委员会第三次全体会议在北京召开。会议通过了《中共中央关于经济体制改革的决定》这一重要文件，提出了社会主义有计划商品经济理论。这份文件对新的经济体制的基本点作出了如下的概括："第一，就总体说，我国实行的是计划经济，即有计划的商品经济，而不是那种完全由市场调节的市场经济；第二，完全由市场调节的生产和交换，主要是部分农副产品、日用小商品和服务修理行业的劳务活动，它们在国民经济中起辅助的但不可缺少的作用；第三，实行计划经济不等于指令性计划为主，指令性计划和指导性计划都是计划经济的具体形式；第四，指导性计划主要依靠运用经济杠杆的作用来实现，指令性计划则是必须执行的，但也必须运用价值规律。按照以上要点改革的计划体制，就要有步骤地适当缩小指令性计划的范围，适当扩大指导性计划的范围。对关系国计民生的重要产品中需要由国家调拨分配的部分，对关系全局的重大经济活动，实行指令性计划；对其他大量产品和经济活动，根据不同情况，分别实行指导性计划或完全由市场调节。计划工作的重点要转到中期和长期计划上来，适当简化年度计划，并相应改革计划方法，充分重视经济信息和预测，提高计划的科学性。"

1987年10月25日，中国共产党第十三次全国代表大会在北京召开。大会通过了《沿着有中国特色的社会主义道路前进》的报告。报告指出当代中国正处于社会主义初级阶段，规定了党在初级阶段的基本路线。报告对计划和市场的关系作了新的定位，就是"国家调节市场，市场引导企业"。对这个新的定位，报告作了相关阐述。这是对社会主义有计划商品经济命题的带有突破性质的重要解释和补充，不仅不再提谁主谁辅，而且没有提及"计划经济"这个概念，只是将计划作为一种调节手段，并明确表示要逐步缩小指令性计划范围，强调国家对企业的管理以间接管理为主。可以说，十三大报告基本确立了改革的市场取向，中国经济体制改革终于一步步告别了计划经济。

（三）邓小平1992年南方谈话

1992年1月18日至2月21日，88岁高龄的邓小平，怀着对党、人民和社会主义事业的高度责任感风尘仆仆地从北京出发，视察了武昌、深圳、珠海、上海等地，进一步总结实践经验，发表了一系列谈话，其中最重要的内容之一，就是关于社会主义与市场经济的关系问题。

邓小平明确指出："计划多一点还是市场多一点，不是社会主义与资本主义的本质区别。计划经济不等于社会主义，资本主义也有计划；市场经济不等于资本主义，社会主义也有市场。计划和市场都是经济手段。社会主义的本质，是解放生产力，发展生产力，消灭剥削，消除两极分化，最终达到共同富裕。"①

邓小平还指出："社会主义要赢得与资本主义相比较的优势，就必须大胆吸收和借鉴人类社会创造的一切文明成果，吸收和借鉴当今世界各国包括资本主义发达国家的一切反映现代社会化生产规律的先进经营方式、管理方法。"② 他批评了"恐资病"现象并进一步阐明了判断改革开放、是非得失的标准："改革开放迈不开步子，不敢闯，说来说去就是怕资本主义的东西多了，走了资本主义道路。要害是姓'资'还是姓'社'的问题。判断的标准，应该主要看是否有利于发展社会主义社会的生产力，是否有利于增强社会主义国家的综合国力，是否有利于提高人民的生活水平。"③

概言之，邓小平对于社会主义市场经济的理论创新主要体现在：

第一，计划和市场都是发展生产力的方法和手段，市场经济同社会主义并没有根本矛盾。这就突破了社会主义国家政治经济学领域长期占统治地位的僵化观点，即计划经济是社会主义的本质特征，市场经济是资本主义的本质特征，把计划经济和市场经济看作是区分两种社会制度的标志，看作是社会本质特征的范畴。邓小平明确认为，市场是发展生产力的方法。也就是说，市场是资源配置方式和运行机制，而不是基本经济制度，这样就把计划经济和市场经济从社会本质特征"降格"为具体运行机制问题，带来了思想观念的大解放。

---

① 邓小平：《在武昌、深圳、珠海、上海等地的谈话要点》，《邓小平文选》（第三卷），人民出版社，1993年，第373页。
② 《邓小平文选》（第三卷），人民出版社，1994年，第373页。
③ 《邓小平文选》（第三卷），人民出版社，1994年，第372页。

第二，在计划与市场的关系上，邓小平没有用一者去否定另一者，而是主张计划与市场相结合。因而就计划和市场的多些少些而言，不存在姓"社"姓"资"的社会制度本质性范畴区别，社会主义市场经济吸收借鉴了包括资本主义国家在内的人类文明的一切积极成果，又结合了社会主义的一些优越性，理应比资本主义市场经济能够更好更快地促进社会生产力发展。

第三，中国特色社会主义市场经济的具体机制在运行中应体现社会主义制度的基本特征。邓小平说："我们在改革中坚持了两条，一条是公有制经济始终占主体地位，一条是发展经济要走共同富裕的道路，始终避免两极分化。"社会主义的本质是解放生产力而最终实现共同富裕、共享发展。

（四）党的十四大正式提出建立社会主义市场经济体制

在邓小平南方谈话精神指导下，为了总结十一届三中全会以来的实践经验，加快改革开放步伐，把经济建设搞上去，中国共产党于1992年10月12日至18日在北京召开第十四次全国代表大会，这次大会的主要任务是，以邓小平同志建设有中国特色社会主义的理论为指导，认真总结十一届三中全会以来的实践经验，确定今后一个时期的战略部署，动员全党同志和全国各族人民，进一步解放思想，把握有利时机，加快改革开放和现代化建设步伐，夺取有中国特色社会主义事业的更大胜利。大会明确指出：实践的发展和认识的深化，要求我们明确提出，我国经济体制改革的目标是建立社会主义市场经济体制，以利于进一步解放和发展生产力。党的十四大正式确立了邓小平建设有中国特色社会主义理论在全党的指导地位，并将建立社会主义市场经济体制作为经济体制改革的目标模式，具有极为重大的历史意义。

（五）市场发挥资源配置的基础性作用

党的十四届三中全会通过了《中共中央关于建立社会主义市场经济体制若干问题的决定》，吹响了改革的号角，勾勒出中国改革开放的新蓝图。会议指出，在邓小平建设有中国特色社会主义理论的指导下，经过15年改革，我国经济体制发生了巨大变化。以公有制为主体的多种经济成分共同发展的格局初步形成，农村经济体制改革不断深入，国有企业经营机制正在转换，市场在资源配置中的作用迅速扩大,对外经济技术交流与合作广泛展开,计划经济体制逐步向社会主义市场经济体制过渡。改革解放和发展了社会生产力,推动我国经济建设、人民生活和综合国力上了一个大台阶。《中共中央关于建立社会主义市场经济体制若干问题的决定》把党的十四大确定的经济体制改革的目标和基本原则加以系统化、具体化,是我国建立社会主义市场经济体制的总体规划和20世纪90年代进行经济体制改革的行动纲领。其中,关于培育和发展市场体系这一问题明确提出:发挥市场机制在资源配置中的基础性作用,必须培育和发展市场体系。当前要着重发展生产要素市场,规范市场行为,打破地区、部门的分割和封锁,反对不正当竞争,创造平等竞争的环境,形成统一、开放、竞争、有序的大市场。

(六)市场作用从"基础"到"决定"

2013年11月,党的十八届三中全会《关于全面深化改革若干重大问题的决定》提出市场在资源配置中起"决定性"作用,强调政府的作用是加强和优化公共服务,保障公平竞争,加强市场监管,维护市场秩序,推动可持续发展,促进共同富裕,弥补市场失灵。这标志着决策层对市场在资源配置方面的认识在不断深化中形成了新一轮的重大突破。

对"紧紧围绕使市场在资源配置中起决定性作用深化经济体制改革"的正确把握,涉及如下理解:

第一,其本质在于与经济体制改革核心问题的连通,即处理好政府和市场的关系。纵观全球经济体资源配置的手段,无非两种,一种是以政府为核心的计划或指令手段,另一种是以市场为核心的市场机制手段。我国经济正处于转轨阶段,面临由计划经济一轨向市场经济一轨的转变,即面临着由政府主导资源配置的体系向由市场主导资源配置的体系过渡。计划和市场都是手段,各有利弊:计划经济体制下,资源集中配置,帮助我国渡过了中华人民共和国成立初期人口多、底子薄、生产力低下的难关,但其体制僵化,需要引入市场经济来全面焕发经济增长活力;市场经济体制下,存在垄断问题、公共品提供问题、外部性问题、经济周期问题、收入分配公平问题等市场失灵领域,需要政府在宏观层面进行调节。对我国经济发展而言,归根到底,无论是计划手段还是市场手段,都要为社会主义解放生产力、追求共同富裕的本质服务。从我国经济发展的现阶段而言,"市场"作为资源配置的决定性机制更加有利于解放生产力、焕发经济主体的活力和发展生产力、促进技术革新,更加有利于促进中国经济转型升级,打造经济持续增长的新引擎,赢得邓小平所说的"三步走"赶超战略。对政府而言,"市场"在资源配置中的决定性作用还暗含了政府由计划型政府向服务型政府的转变,政府势必要更多地采取市场的手段来解决经济发展中的问题,政府应当做到,一方面避免因"越位"而导致市场扭曲,另一方面避免因"缺位"而导致市场失灵,帮助市场机制更加科学、合理、健康地发展。

第二,其落实在于以一系列配套改革为内容的经济体制全面改革的深化。"市场在资源配置中起决定性作用"作为一个综合性宏观表述,其内涵非常丰富,涉及一系列配套改革中制度的建立健全,具体而言就是坚持和完善基本经济制度、加快完善现代市场体系、加快完善宏观调控体系、加快完善开放型经济体系、加快转变经济发展方式、加快建设创新型国家以及推动经济更有效率、更加公平、更可持续发展。

二、财税体制改革是经济体制改革的重要突破口

(一) 改革开放前高度集中的计划经济体制

中国在一个相当长的历史时期内实行高度集中的计划经济体制,依靠剥夺非公经济,集中农业剩余,实行低利率、低汇率、低能源与低原料价格等手段来实现工业化的资本积累。经济计划安排方面,一般是首先由中央计划部门收集有关资源状况、生产能力与消费需求的各种信息,然后计算稀缺资源应当如何在不同部门、地区和生产单位之间配置,以期获得最大产出,最后根据计算结果编制统一的国民经济计划,并将此计划层层分解下达,直到基层单位执行。整个社会生产犹如一家大工厂,一个个企业成为工厂中的车间。由于各方面经济因素的复杂性和多变性,中央计划部门不可能掌握社会一切经济活动的全部信息,全社会也不可能做到一丝不苟地执行中央制定的经济计划。信息的获得和处理成为制定正确计划的最大障碍,层层转达更加剧了信息的过滤和扭曲,夹杂着不同单位和个人的利益偏好,同时又

严重缺乏偏好的弹性协调机制和对创业创新活动的激励机制。

在单一公有制和计划经济体制下，企业、个人都处于自上而下的金字塔型的行政权力等级中，自主性很小，僵化的运行机制抑制了企业活力和个人才智的发挥，工作绩效与其收益无法直接挂钩，激励机制缺乏。在该时期虽实行过几次下放权力的尝试，试图改变局面，但每次都是"一放就乱"，不得不重新把权力回收到中央。比如，在1958年我国进行了以"下放企业管理权"为中心的改革，明确规定给地方一定范围的计划、财政、企业、事业、物资和人事管理权，但实际效果不仅不理想，反而加剧了"大跃进"中的经济秩序混乱等问题，于是在20世纪60年代初进行经济调整，把下放地方的大部分企业陆续收归国务院有关部委管理，把原下放给地方的权力也收回。随着经济的发展，权力集中于中央的弊端又限制了地方的积极性，因此1970年又实行了以"向地方分权"为中心的体制变革，地方财政收支、物资分配与基本建设实行"大包干"。但这次放权不仅没有使地方发挥积极性，反而在"文革"中加剧了经济的无政府状态，其后不得不重新调整部分企业的隶属关系，上收了财政、税收、物资管理权。在1949年至改革开放前的29年间，我国的计划经济体制没有形成一套规范的制度，基本上处于行政性集权与分权的交替状态，体制安排具有很大的不稳定性，陷入"一放就乱，一乱就收，一收就死"的怪圈，不符合现代化生产发展的要求，束缚了生产力的解放。在财政体制方面，总体上实行"总额分成，一年一定"式以中央集权为主的财政管理体制，责、权、利无法合理结合，这使地方实际能支配的财力和拥有的财权很有限，造成"吃大锅饭"的局面，地方既无动力也无财力来因地制宜统筹安排本地区的经济发展，对中央存在很严重的依赖性，不利于地方发挥主观能动性，使经济失去了生机和活力，因此，对这种高度集中的行政命令型的计划经济体制进行根本性的改革势在必行。

1978年，党的十一届三中全会提出，要把全党的工作重心转移到经济建设上来，其后中国走上改革开放发展经济的轨道。党中央提出要认真总结历史经验，对经济体制逐步进行全面改革，并要求以扩大地方和企业的财权为起点，以财政体制改革为突破口，先行一步。

（二）财政体制改革先行一步的必然性

决策层的基本判断是，由于国民经济无法"停车检修"，传统的计划经济体制在中国不可能采取激进式改革一夜取消，而国家可动用的绝大部分经济资源控制在财政范围，因此财政作为计划经济体制下资源配置的枢纽，可以首先松动，成为渐进式改革中"解锁"传统体制在宏观层面的突破口，以便让体制内的一部分资源和体制外的资源能够寻求自发组合的方式，这就决定了把财政置于"放权让利"先导地位的选择。财政体制改革先行一步是经济体制改革全局的需要，也是由当时经济和社会多方面的深层次因素所决定的。高度集中的财政体制束缚了地方的积极性，不利于社会生产力的长期持续发展。我国从中华人民共和国成立以后至"分灶吃饭"改革以前，财政体制的基本特征是集中和集权，虽然在有些时期进行了调整，对地方政府下放一些财权和财力，但都是在特定情况下的短期变化，并未形成规范化的分权。高度集中的计划经济体制，是通过行政命令、计划指标配置社会资源的，而财政作为国家筹集运用资金、实现国民经济和社会发展计划的主要工具，其管理体制和运行机制，自然要服从、服务于这种资源配置方式。1979年4月5日，时任中共中央副主席、国务院副总理李先念在中央工作会议上指出，计划集中过多，统得过死，财政上统收统支，物资上统购包销，外贸上统进统出，"吃大锅饭"的思想盛行，限制和束缚了中央部门、地方、企业和职工个人的积极性、主动性和创造性，并指出这种情况必须坚决加以改变。按照这次会议精神，先行一步改变高度集中的僵化模式、对地方"放权让利"的财政体制改革思路基本形成。

同时，党的十一届三中全会提出，要"从经济管理体制和经营管理方法着手认真地改革""让地方和工农业企业在国家统一计划的指导下有更多的经营管理自主权"。为此在财政分配中就必须"放权让利"，使财政体制与改革开放相适应。

（三）经济形势发展对财政体制改革提出要求

党的十一届三中全会后，中国进入新的历史发展时期，广大人民群众长期被压抑的生产积极性逐步释放，形成了国民经济发展的巨大力量，国民经济摆脱长期停滞的局面，开始出现生机，农业总产值有较大增长。国民经济恢复的同时，由于长期以来存在的"左"倾错误未得到认真清理，在新的情况下又出现了急于求成的思想。在这种思想指导下,我国1978年不断追加基本建设投资,扩大国外技术引进规模,在未经充分论证和综合平衡的情况下,仓促上马,引进了22个耗能大的项目,同时财政工作"寅吃卯粮",以非正常的财政收入安排财政支出,混淆了中央和地方财政的责权范围,导致长期存在的积累与消费、"农轻重"以及工业内部等重要国民经济比例明显失调,如不及时调整,不仅会对以后年度的财政平衡产生不利影响,而且将严重影响国民经济发展。党的十一届三中全会后,中央和地方的一些领导同志,如陈云、李先念等经过深入研究,也认识到国民经济比例失调的严重性,向中央提出应对国民经济进行调整,建议在国务院设立财政经济委员会,作为研究制定财经工作方针政策和决定财经工作大事的决策机关。1979年4月召开的中央工作会议讨论了当时的经济形势和对策。在这次会议上中央正式提出对国民经济进行"调整、改革、整顿、提高"的八字方针,要求坚决纠正前两年工作中的失误,认真清理过去长期存在的"左"倾错误影响。在财政体制改革方面,提出"中央和地方以至企业的权限究竟如何划分,怎样才能更有利于用经济的办法管理经济,都要作出明确的规定。在进行这些局部改革的同时,要认真调查研究,搞好试点,做好准备,提出比较全面的改革方案,经中央批准后,到条件成熟时再着手进行"。因此,为了制止经济上的冒进,促进国民经济良性循环,经济建设健康、持续发展,也必须考虑从财政体制的改革上来解决问题。

这就引出了1978—2017年本书所对应的近40年财税改革发展史,本书将从第一章开始详述这段历史。

第二节
党的十八大之后:中国实现现代化战略目标新阶段无可回避的全面改革

2013年党的第十八次全国代表大会在改革开放30余年形成的新的历史起点

上，提出了经济、政治、文化、社会、生态文明"五位一体"的总体布局，带领全国人民继续大踏步地跟上时代，在贯彻现代化发展战略中去实现中华民族伟大复兴"中国梦"。

一、"现代国家治理"理念下继续推进经济社会转轨的时代要求

党的十八届三中全会通过的《中共中央关于全面深化改革若干重大问题的决定》（以下简称《决定》），形成了"现代国家治理"的核心理念，以及建设"现代市场体系"和"现代财政制度"的明确要求，形成了全面改革新阶段顶层规划式的指导文件。

（一）财税体制改革服务于"国家治理体系和治理能力现代化"的全局

党的十八届三中全会审议通过的《决定》，开启了我国全面深化改革、完善和发展中国特色社会主义制度，推进国家治理体系和治理能力现代化新的历史时期。这个具有顶层规划意义的指导文件内含一个非常重要的"现代国家治理"核心理念，具体表述为"国家治理体系和治理能力的现代化"。这个理念合乎逻辑地联结着文件中几次出现的"构建现代市场体系"这一制度建设要求，又进一步联结到"建立现代财政制度"的财税体制改革要求。这样的一个逻辑联结，正是在党的十八大确立的"五位一体"全面改革取向之下非常鲜明的一种历史性的"承前启后"。其"承前"，一直可以追溯到中国面临"三千年未有之变局"以来如何摆脱落后挨打悲惨境地的"振兴中华"的诉求——这正是一种现代化的诉求。在1949年中华人民共和国成立之后，在20世纪60年代、70年代，都曾经明确地表述过"四个现代化"的思路；而在改革开放新时期的起点上，邓小平明确地勾画了"三步走"现代化战略目标。如今我们已成功地进入其"第三步"的历史阶段。在"承前"这个视野之下，这次全会上凝练出顺理成章、足以"启后"的"现代国家治理"的理念，联结着我们无法回避的攻坚克难的配套改革任务：只有通过改革释放制度红利，才能够激发其他一系列的城镇化红利、科技创新红利、社会管理红利等，从而才能够继续"大踏步地跟上时代"，去实现中华民族伟大复兴"中国梦"这个宏伟愿景。

《决定》指出，财政是国家治理的基础和重要支柱。直观地看，财政作为国民经济的重要组成部分，直接服务于"稳增长、促改革、调结构、惠民生、护生态、防风险"；财政也是行政和政治体制的组成部分，理应推动行政和政治体制改革；同时，财政又是社会、文化、生态各领域"五位一体"发展的重要支撑，牵一发而动全身。财税体制改革首先必须明确定位为服务全局。财税体制改革的目标绝不仅仅停留于建立稳定强大的国家财政，而且还要有效支撑包容性可持续增长与国家治理现代化的全局与全程。从学理上讲，"以政控财，以财行政"的财政处理的是公共资源配置问题，它必然拉动、影响整体资源配置。我国市场体系的现代化，在《决定》中与市场经济目标模式相匹配而明确地表述为"使市场在资源配置中起决定性作用"。因此，财政的基础和支柱作用就是要服务于现代市场体系，最大限度地发挥市场的正面效应，同时使政府更好地发挥作用，辅助性地弥补市场失灵。所谓"国家治理"，显然不等同于过去强调的自上而下的"调控""管理"，其中有组织，也有自组织；有调控，也有自调控；有管理，也有自管理——治理概念所强调的是一套制度安排和机制联结，意在包容和发挥各种主体的潜力，形成最强大的活力与可持续性。财政自身在具体管理表现形式上的预算收支，是体现国家政权体系活动的范围、方向、重点和政策要领，必须首先在自己制度体系的安排层面，处理好政府与市场（与作为市场主体的企业）、中央与地方、公共权力体系与公民这三大基本的经济社会关系，即"以政控财，以财行政"的财政分配，要使政府既不越位又不缺位，在市场发挥决定性资源配置作用的同时，发挥政府应该发挥的维护社会公平正义、让市场主体在公平竞争中释放活力、弥补市场失灵、扶助弱势群体、优化收入分配等作用，以促进社会和谐和长治久安。

实质性地推进财税体制改革和配套改革，攻坚克难，按照《决定》明确提出的要求，是在 2020 年全面小康这个现代化阶段性目标实现的同时，在配套改革方面取得"决定性成果"。

（二）"现代财政制度"的建设匹配于我国建设现代国家的"伟大民族复兴"宏伟蓝图

"现代财政制度"的建设及其所关联的深化财税体制改革任务，是匹配于我国建设现代国家、现代社会的"伟大民族复兴"宏伟蓝图的，亟须将其落实到一套以"现代性"为取向的"路线图与时间表"上。党的十八届三中全会后，中央政治局旋即审批通过的财税配套改革方案，便形成了其具体设计。在全面服务经济、政治、社会、文化、生态各领域改革的取向上，财税体制变革需要在预算改革、税制改革和合理界定政府职能、理顺政府间财政关系等方面深入推进。同时，需要加强财税改革与价格、投资、土地、金融、社保、对外开放等项改革的配套联动，落实全面深化改革的目标要求。

二、经济发展新常态下财税体制改革支撑全面改革的现实需要

（一）"新常态"的提出及其主要特点

经过30多年的高速发展，中国经济出现了前所未有的新机遇、新条件、新阶段等特征，2010年进入中等收入阶段后，不仅表现为经济增速的放缓，更表现为增长动力亟须实现新旧转换、经济结构必须完成升级优化。在这个新的时期，如何全面认识新形势，遵循经济发展规律，在稳增长、调结构、促改革中惠民生、护生态、防风险，关联于需认识、适应和引领"新常态"这一重要概念及对其要领的把握。

2014年11月，习近平主席在亚太经合组织（APEC）工商领导人峰会上系统阐述了"新常态"，其主要特点是：从速度看，"从高速增长转为中高速增长"；从结构看，"经济结构不断优化升级"；从动力看，"从要素驱动、投资驱动转向创新驱动"。"新常态"意味着我国经济发展的条件和环境已经并将继续发生诸多重大转变，"中高速""结构优化"和"创新驱动"成为三个关键词，经济增长将无法重复过去30多年里每年增速10%左右的高速度，创新发展将成为第一动力。财税体制改革必将要考虑应对经济从高速增长转为中高速增长、财政收入形势严峻与财政支出压力上升并存的现实局面中，如何服务于改革的攻坚克难、经济结构的优化和经济增长质量的提高。

（二）财税改革助力供给侧结构性改革

2015年11月10日在中央财经领导小组第十一次会议上，习近平总书记强调，

在适度扩大总需求的同时，着力加强供给侧结构性改革，着力提高供给体系质量和效率，增强经济持续增长动力，推动我国社会生产力实现总体跃升。在这一重要讲话发表后，供给侧结构性改革成为匹配"四个全面战略布局"（全面小康、全面改革、全面依法治国和全面从严治党）的战略方针。在深化供给侧结构性改革中，以"三去一降一补"（去杠杆、去产能、去库存、降成本、补短板）为切入点实际需要解决的正是在改革深水区攻坚克难、"冲破利益固化的藩篱"而取得最大制度供给红利的历史任务。财政要把创新驱动、维护社会正义和解放生产力放在最为突出的位置，助力党的十八届三中全会之后的改革顶层设计与部署得到切实的贯彻。

供给侧结构性改革的真谛，在于把有效制度供给作为龙头，抓住结构优化这一矛盾的主要方面，以机会公平为起点，以创新发展为第一动力，以共享发展为归宿，鼓励激发一切活力、创造力而服务于民生改善与人民幸福，实现超常规发展的现代化战略格局。

三、以包容性增长联结现代化战略目标的哲理思考和道路选择

（一）高屋建瓴统观全局的战略思维与"中国抉择"

"包容性增长"，这是一个由亚洲开发银行首先提出、已在我国领导高层获得明确肯定、学界也对之探讨了若干年的大概念，属于全局性战略命题。财政是服务于全局的"以政控财，以财行政"的分配体系，要认识好、处理好财政问题，首先要"跳出财政看财政"。正如楼继伟在2013年重回财政部并出任部长之际的首次演讲中所提出的：面对事关国家前途、民族命运、民生福祉、"中国梦"可否成真的历史性考验，中国应在实现现代化"包容性增长"的基本路径上，作出何种理性抉择？

楼继伟在把包容性增长清晰地界定为"让经济发展的成果惠及所有的地区，惠及所有的人群，在可持续发展中实现经济社会的协调发展"之后，直奔存在异议、"每人心目中不同"的如何实现包容性增长的途径问题。他首先点明这一问题的关键，是市场和政府在资源配置中"应该扮演什么角色"的问题，也是与政府税收、预算安排所体现的公共资源配置机制如何正确设计息息相关的前置

问题。随后,他列举出三种较有代表性的关于增长途径抉择的认识理解:一是以高财政收入占比,支持政府主导的大规模再分配,追求"结果的公平",这会导致压缩市场作用、就业不足和人民奋斗意识不足,幸福感并不见得高而经济增长率较低;二是政府更多关注发展机会的创造、鼓励人人奋斗,在市场中谋求发展而国家适当提取财政收入和实施适当的再分配,其结果会是就业充分、人民幸福感强、经济增长率高;三是国家走低税收、高支出、高福利之路,扩大赤字和债务,个人付出较少努力享受更多福利,结果会是最后靠通货膨胀取"平衡",实际上使低收入人群和地区更为困难,陷入恶性循环和中等收入陷阱。对这三种理解代表的三种抉择,楼继伟鲜明地指出:第二种理解是实现包容性增长的可持续的正确道路,遗憾的是第一种和第三种理解却"总是很有市场",颇得拥护,其后的多种原因可简要地概括为政府部门对自身"干预能力"的过分自信和社会公众的大多数虽认同机会公平,但会遇到实际机会不均等的情况,使想少付出、多享受福利的人比重上升,并且舆论环境也会恶化。他随后的一段话概括得非常简洁、到位:"第一和第三是不归之路,我们并不是没有滑向这些歧途的可能性。第二条是艰巨的改革之路,也是走向包容性增长之路,中国正在力争摆脱滑向第一、第三的可能,力争走第二条路。"

(二)"政府万能"幻觉终归虚妄,"福利赶超"过程难在戒急

为什么只有选择第二条路才是可持续的正确道路?这固然可以从正面给出不少分析论证,但在这里,我们不妨先着重审视一下第一、第三两条路为何不可持续的基本道理。

大政府、高财政收入占比、过度注重结果公平的第一条路,哲理层面属于陷入"政府万能幻觉"的歧路,是把政府调控看得总是有理和有效。正如楼继伟所说,这里的实质是不相信市场自身的修复能力,而引出的苦果是干预措施往往适得其反,制造波动,压缩市场作用换来的是活力低,使就业率、增长率也走低。这个方向上的实证表现,我们可以从传统体制的"高度集中"弊端窒息活力、放大宏观决策失误的痛苦教训,和转轨中反复表现的种种"政府万能"幻觉的负效应来认知。所以,对这一取向的虚妄性质,我们必须作出深刻的反省,哪怕在表象上,这

条途径的支持者多么正面地强调其带来的"结果的公平化",实际上其误置的政府总是强于市场的内在逻辑,必然毁坏发展中的活力基础,无法为人民带来可持续的幸福水平的提升。

而高赤字、高举债、高福利的第三条路,理论考察是直接违反了财政分配的"三元悖论制约",实证考察则前有一些拉美国家由"民粹主义基础上的福利赶超"而跌入中等收入陷阱一蹶不振几十年的前车之鉴,近有欧债危机中一些南欧国家在欧元保护伞撑不住后险象环生、经济社会滑落于紊乱动荡的重蹈覆辙,代价和教训可谓惨痛。但直言不讳地说,这一倾向在当下的中国,却随着步入中等收入阶段后的矛盾凸显而露出端倪且往往披上了"民意外衣":如以改善民生的导向为标榜而不讲其基本、非基本之别和理性程度,提到民生就好像站在道德高地上而忽视其满足条件的匹配与渐进——在这后面,隐含着"吊高民众胃口而不持续"之忧患,但在政治家的定位上,却往往自然而然、有意无意地回避捅破这层窗户纸,有关部门也常常由于不肯做得罪人的表态,甚至是只想得到叫好之声,而对与之相关的艰巨的配套改革与管理难题拖而不议、议而不决。楼继伟在援引2012年12月召开的中央经济工作会议强调的"守住底线、突出重点、完善制度、引导舆论"的原则之后,十分生动、坦率地说:"我们应该帮助穷人,而不应该帮助懒人,我们制度中有很多这样的问题。"

应当说,从"人民对美好生活的向往就是我们的奋斗目标"的动力源泉和"满足人民群众不断增长的物质文化生活需要"的生产目的看,伴随我国"三步走"现代化赶超战略的实施而追求民众的"福利赶超",自是题中应有之义。但进入中等收入阶段后面临的一项巨大挑战却是:人民群众对福利改善的预期被进一步激活和加速之后,却极易超前于政府可调动资源(包括通过深化改革增加制度机制支撑力)来提供有效供给的现实能力,其危险,便是民众与政府在一段时间内,"改善民生"取向可能有蜜月般的互相呼应、互相激励,而一旦后劲跟不上,"福利赶超"就会很快从云端跌落尘埃,而跟着跌下来的,可就是整个经济成长、社会发展势头——一旦如此,在中等收入阶段痛失好局后想再重拾升势,经验证明难上加难。遗憾的是,处于此中等收入阶段,在政策环境、制度建设、社会正义机制都还不大到位的情境下,民众"端起碗吃肉、放下筷子骂娘"的压力,是很容易逼迫政府实施超越客观、帮助懒人的"福利赶超"的。从这个视角来看,后发经济体进入中等收入阶段后,改善民生福利过程中的主要难点,就是"戒急"之难;不能戒急,就是中等收入陷阱之危。我们亟须对此形成清醒的认识,理性地引导舆论来讲清"减税、严控债务和大举提升福利三者不可能一并兼得"的基本道理。

第一条路和第三条路,取向形似不同,但在轻视市场作用而夸大政府调控作为方面,却殊途同归,不论是偏于高税—平均主义,还是偏于低税—福利主义,都无法形成可持续性和包容性增长,都会归于"不归"之歧路、死路。

（三）财税服务全局的理性大前提:"真正让市场充分起作用"

既然我们应力求避免的前述两条歧路,偏差都是轻视市场,那么回到党的十八大报告和全国人大通过的《国务院机构改革和职能转变方案》所强调的核心问题上来,就是要处理好政府与市场的关系,以及政府与社会、公权机构与公民、中央与地方、局部与全局、短期与长远等关系,以"真正让市场起作用"为大前提,处理好以财税分配服务于"全面、协调、可持续发展"的深化改革、优化政策事项。要把创造机会均等、维护社会正义放在最为突出的位置,既加快财税自身的改革,又积极支持配合相关改革,坚持建立机制、促进包容的基本思路,坚决贯彻落实十八届三中全会以来的改革顶层设计与部署。

千头万绪的改革、攻坚克难的突破创新,在逻辑原点、理性认识的大前提上,无非是怎样看待市场和怎样使政府与民众理性互动,以机会公平为重点,着重鼓励激发活力、创造力而支撑民生改善与人民幸福。正如楼继伟所言,过去 30 多年中国坚持市场取向的持续改革中,财税体制改革起了突破口与先行军的作用,尽管今后的改革和政策调整任务仍非常艰巨,但在新的历史起点上,方向既然明确,亦有一定的经验和理论的准备,我们完全有理由期待新一轮财税改革和配套改革取得更为长足的进展。

第三节
计划经济时期中国财政改革探索的回顾

计划经济时期,财政为巩固国家政权、维护社会安定、稳定市场物价、推动经济发展做出了突出的贡献,我国也在财政改革方面,做出了长期的探索与努力。

一、中华人民共和国成立初期财政促进国民经济迅速恢复

1949年中华人民共和国成立之初,在财政经济战线上曾面临着严重的困难和严峻的形势——国民经济遭受严重的战争破坏,通货膨胀风潮此起彼伏,随后又有朝鲜战争爆发,财政负担急剧加重。

(一)国家财政在困境中建立与完善

1. 组建财经管理机构

追溯到1947年,伴随着解放战争的节节胜利,华北、华东、西北三大解放区逐渐连成一片。根据形势的需要,财经工作必须改变各解放区各自为政、相互分割的局面,建立必要的集中统一管理。1947年3月,党中央在邯郸召开了华北财经会议,研究部署统一管理华北各解放区的财经工作。会后成立了华北财经办事处,由董必武领导,负责统一协调华北、华东、西北各解放区的财经工作。1948年7月,中央决定撤销华北财经办事处,成立中央财政经济部,董必武任部长,在更大范围、更高层次上统一领导各大解放区的财政经济工作。1948年,华北人民政府成立。根据中共中央政治局决议,由华北人民政府的财经委员会负责统一领导和管理华北、华东、西北三大解放区的财政、经济工作。1949年3月,中共中央召开七届二中全会,决定建立全国财经工作的统一指挥机构——中央财政经济委员会,进一步推进全国财经工作的统一。1949年5月31日,中共中央发出由刘少奇起草、毛泽东审定的《关于建立中央财政经济机构大纲(草案)》,提出成立中央财政经济

委员会及下属机构和建立大区、省、大中城市财经委员会。1949年7月12日，由中共中央财政经济部与华北财政经济委员会合并组成中央财政经济委员会，陈云任主任，薄一波、马寅初任副主任，薛暮桥任秘书长。中华人民共和国成立后，1949年10月21日，根据中央人民政府组织法，该委员会正式改称为中央人民政府政务院财政经济委员会，简称"中财委"，作为政务院所属行政机构，统一领导全国财政经济工作。

在中华人民共和国成立初期，中央政府把全国划分为华北、东北、华东、华中、西南、西北六个大行政区，每个大区的最高行政机关是军政委员会，在军政委员会内设立财经委员会。大区财经委员会下亦设立财经各部及人民银行区行机构，负责全区的经济管理工作。在大区之下，省和大中城市一般也设有财经委员会，在省、市政府直接领导下负责经济管理工作。

2. 统一全国财经政策

由于长期的战争，各个解放区处于被分割的状态，各地财政和经济工作存在管理上不统一、收支脱节等严重分散的现象。各有货币，各管收支，各管供给，这在战争时期曾经起了很大的保证作用。中华人民共和国成立后，在大陆上（除东北外），货币已经统一。① 但就整个财政经济工作来说，基本上还是分散经营的。这也给国家财政经济工作带来困难，使国家不可能灵活调动现金和物资，以保证对市场以及整个国民经济的领导地位。由于各地区财政经济工作的分散管理，还给资产阶级的投机活动以可乘之机。面对这种情况，1950年3月3日，中央人民政府政务院第二十二次会议通过了《关于统一国家财政经济工作的决定》。同日，中共中央发出了《关于全党保证实现〈中央人民政府政务院关于统一国家财政经济工作的决定〉的通知》。其后，政务院又陆续出台了多项具体规定，提出了实施办法。

统一财经管理工作的主要内容，概括起来有以下四项：

---

① 1948年5月，中央召开华北金融贸易会议，会议确定成立中国人民银行，发行统一的货币，整顿和回收各大解放区的地方币种。1948年12月1日，在原华北银行、北海银行、西北农民银行基础上，正式成立中国人民银行，发行人民币。至此，除东北解放区外，人民币成为关内各大解放区的通用货币。

(1) 统一全国编制和待遇

1950年3月,中财委成立了以薄一波为主任、聂荣臻为副主任的全国编制委员会,各大区、省、市均分设编制委员会,制定并颁布各级财政机关人员、马匹、车辆等编制与供给标准。

(2) 统一全国财政收支管理

收入方面,当时主要是公粮和工商税收。对于公粮,规定除5%~15%的地方附加粮外,所有公粮的征收、支出、调度,均统一于中央,征收公粮的税则、税率,统一由中央人民政府政务院规定;除地方附加粮外,所有公粮全部归中央人民政府统一调度使用。对税收,除批准征收的地方税外,所有关税、盐税、货物税、工商税的收入,均归中央人民政府财政部统一调度使用;全国各大城市及各县限于1950年3月中旬建立国库,并代理地方库业务,从3月份起,所有税款均逐日入库;各地人民政府不经政务院批准,不得自行变动和增减税则、税目、税率;国营企业除需按时纳税外,还需将利润及基本折旧金的一部分,按企业隶属关系如期分别交中央或地方金库。上述各项财政收入,没有中央人民政府财政部的支拨命令,不得动支。

支出方面,主要是保证军队与地方人民政府的开支及恢复国民经济所必需的投资。为了控制支出,决定统一全国编制与供给标准,不准虚报冒领;各机关非经批准不得超过编制、自行增添人员,编外和编余人员由全国和各地编委会统一调配;应节省一切可能节省的开支,缓办应该缓办的事项,集中财力于军事上消灭残敌,经济上重点恢复。

(3) 统一全国物资调度

成立全国和各地、各工商业的仓库物资清理调配委员会,指导查明所有仓库存货。所有库存物资,由政务院财经委员会统一调度,合理使用;中央人民政府贸易部统一规定各地国营贸易机构的业务范围和统一负责物资的调配,而不受地方政府的干预;经济单位在营业往来中,凡发生重大经济纠纷时,可向法院起诉;一切部队、机关不得擅自经营商业等。

（4）统一全国现金管理

指定中国人民银行为国家现金调度的总机构，国家银行设立分支机构，代理国库；外汇牌价和外汇调度也由人民银行统一管理；一切军政机关和公营企业的现金，除按规定保留若干近期使用额外，一律存入国家银行，不得对私人放贷，不得入私人银行、钱庄；国家银行大量吸收公私存款，但国家银行因本身业务需要使用这些存款时，不得超过政务院财经委员会规定的限度。

全国财政经济工作的统一，使国家集中掌握了主要的财政收入、资金和重要物资，迅速改变了中华人民共和国成立初期资金与物资管理上的混乱状态，避免了国家财力物力的分散和浪费，达到了集中使用的目的。

3. 实行统收统支的财政体制

1950年3月统一全国财经工作以后，中国开始实行统收统支的高度集中统一的财政管理体制，这对于实现财政收支平衡、稳定市场和国民经济的初步恢复起到了保障作用。1950年9月27日，政务院在《关于编造1951年度财政收支预算的指示》中，对有关财政体制的问题提出："1951年的财政体制，决定在统一集中的总方针下采取中央、大行政区、省（市）三级分工管理制度，县以下的乡村地方粮款收支，应暂另行单独编造，不列入省的预算管理范围内。"1951年3月29日，政务院在《关于1951年度财政收支系统划分的决定》中明确提出："国家财政的收支系统，采取统一领导、分级负责的方针。"其主要内容如下：

第一，财政实行分级管理。国家财政分为中央级、大行政区级和省（市）级三级财政（1953年取消大区一级财政，成立了县一级财政），中央级以下统称为地方财政。

第二，划分收支范围。按照企、事业和行政单位的隶属关系和业务性质，划分中央财政收支和地方财政收支的范围，同时确定中央与地方的收入解交比例。

第三，地方财政收支额，中央每年核定一次，其支出首先要用地方财政收入抵补，不足部分按比例解留收入抵补，地方的财政结余分别列为各级财政收入，并编入本年预算，抵充支出。属于中央财政收入的农业税超收部分，50%留给地方使用。

1951年5月，政务院又发布了《关于划分中央与地方在财政经济工作上管理职权的决定》；1951年8月，又颁发了《预算决算暂行条例》。1951年11月29日，财政部颁发了《关于1952年度财政收支系统划分的补充规定》，积极贯彻《中国人民政治协商会议共同纲领》（以下简称《共同纲领》）中关于建立国家预决算制度的规定，巩固新的财政分级体制。1951年的财政体制同1950年的财政体制相比较，在预算管理上由收支两条线改为收支挂钩，地方财政可在本身收支范围内，从本地区组织的收入中留用一部分抵扣本身的财政支出。这有利于调动地方理财的积极性。

1954年及以后的几年，财政体制又作了部分改变，但总的精神仍然是在保证国家集中主要财力进行重点建设的前提下，实行划分收支、分级管理的体制。地方有固定的收入来源和一定的机动财力，但基本上是集中统一、分级管理为主的体制。这种模式对以后影响很大。

4. 编制国家财政概算

1949年9月29日，中国人民政治协商会议第一届全体会议通过的起临时宪法作用的《共同纲领》规定要"建立国家预决算制度，划分中央和地方的财政范围，逐步平衡财政收支，积累国家生产资金"。中华人民共和国的财政管理工作起步后，作为基本财政计划的国家预算的编制，立即被提上工作日程。1949年12月2日，在中央人民政府委员会第四次会议上，时任财政部长薄一波做了关于1950年度全国财政收支概算草案编成的报告。中央人民政府批准了这个概算草案。

面对严峻的局面，新中国的第一个国家财政概算的编制方针是保证战争胜利，逐步恢复生产；量出为入与量入为出兼顾，取之合理，用之得当。在支出方面，军费、行政费用及适当的经济建设费用是必不可少的。组织收入的途径主要是收税。

由于概算草案是根据不完全的材料加上经验推算估计自上而下编成的。因此，它只是画出一个轮廓、一个基本方向。这个概算在执行中，分别在1950年6月、8月和年底做了三次调整。1950年概算的编制圆满实现为中华人民共和国预算制度建设奠定了很好的基础，在总结经验的基础上，1949年12月27日，政务院发布了《关于1949年财政决算及1950年财政预算编制的指示》，对预决算的编制时间和程序作了原则性的规定，明确规定我国预算实行历年制，即从1月1日起至12月31

日止为一个预算年度,同时规定了编报预算的具体方法和要求。1950年12月1日,政务院颁布了《关于预决算制度、预算审核、投资的施工计划和货币管理的决定》,决定实行预算审核制度和决算制度。1951年7月20日,政务院又发布了《预算决算暂行条例》。该条例分总则、预算的编制及核定、预算的执行、决算的编造及审定、附则5章,这是1949年以来的第一个预算方面的正式法规。至此,中华人民共和国预算制度初步建立起来。

5. 拟定中华人民共和国税政法制

中华人民共和国成立初期,全国的税收制度很不统一。老解放区实行的是以比例税制为特征的农业税法,新解放区暂时沿用国民党政府时期的旧税制,各地还根据具体情况陆续颁发了一些单行税法。税制的不统一与经济发展的形势不相适应,制约着财政收入规模的扩大,不利于平衡财政收支。中央人民政府根据《共同纲领》第四十条"国家的税收政策,应以保障革命战争的供给,照顾生产的恢复和发展及国家建设的需要为原则,简化税制,实行合理负担"的规定,要求在短期内将全国税政统一起来,以利于保障革命战争的胜利,恢复和发展生产,繁荣经济。

1949年8月,上海财经会议具体讨论了统一货物税的问题。1949年11月20日至12月9日,财政部在北京召开了中华人民共和国成立后的首届全国税务会议。会议根据《共同纲领》中规定的国家税收政策的精神,讨论了统一全国税收、建设新税制、加强城市税收工作、制定第一个全国税收计划等问题,草拟了《全国税政实施要则》和《全国各级税务机关暂行组织规则(草案)》,研究了各工商税收的税法草案。时任财政部长薄一波就如何统一全国的税法、税率、制度提出了原则和对策,指出税收工作要注意国家财政的需要,但又不是单纯地从增加收入出发,"我们要注意打击哪些、限制哪些、照顾哪些、发展与保护哪些,'公私兼顾、劳资两利、城乡互助、内外交流'的原则必须掌握住"。从上海财经会议到首届全国税务会议,人们统一了思想认识,使统一全国税政的工作有了良好的开端。

1950年1月30日,政务院发布了《关于统一全国税政的决定》的通令,决定以《全国税政实施要则》作为今后整理与统一全国税政税务的具体方案,各级人民政府及财政税务机关均应立即执行。要求各级政府抽调可能的力量,加强税务工作。并随通令附发了《全国税政实施要则》《全国各级税务机关暂行组织规程》《工商业税暂行条例》《货物税暂行条例》等四个文件。《全国税政实施要则》规定了14种税，除了工商税和货物税两个主要税法外，4—5月间，财政部先后发布了印花税、利息所得税、特种消费行为税、使用牌照税、屠宰税、房产税、地产税等7种条例草案。而交易税，各地暂用原办法；薪给报酬所得税、遗产税均缓期开征；盐税、关税则由盐务机关及海关主管。

《全国税政实施要则》规定了各级政府的税收立法权限，明确了税务机关的任务和职权。规定凡有关全国性的税收条例法令，均由中央人民政府政务院统一制定并颁布实施；凡有关全国性之各种税收条例之实行细则，由中央税务机关统一制定，经财政部批准实行；凡有关地方性税法之立法，属于县范围的，由县人民政府拟议报请省人民政府核转大行政区人民政府或军政委员会批准，并报中央备案，其属于省（市）范围者，得由省（市）人民政府拟议报请大行政区人民政府或军政委员会核转中央批准。《全国税政要则》还规定了纳税义务、有关税务机关的职权和任务以及税务机构的组织领导。

《全国各级税务机关暂行组织规程》规定全国设立6级税务机构：中央财政部税务总局（直辖河北、平原、山西、察哈尔、绥远5省及京、津两市税务局），区税务管理局（分设华东、中南、东北、西北、西南、内蒙古各局），省、盟或中央直辖市、区辖市税务局，专区税务局及省辖市税务局，县、旗、市、镇税务局，税务所。各级税务局于铁路、河运沿线、矿区及特殊区域，可经上级许可，设置特种税务局、所、稽征组、队或稽征员、驻厂员。重要城市的税务局，依税类酌设专员。1950年元旦，国家税务总局成立，隶属中央财政部。各地撤销了大区税务总局，组建大区管理局，大区管理局之下的各级税务机构也陆续整顿、改组和建立。截至1950年底，在全国税务机构中，大区管理局6个，省（市）局55个，专（市、盟、分）局339个，市（镇、旗）局1973个，税务所（卡、站）及驻厂办事处11791个，总计14164个单位。

在税法和税务机构统一的同时，相应建立计划、会计、统计、检查监督等各项管理制度。一系列规则的制定和实施，保障了税务工作基本制度的建立与贯彻，这是加强税收征管、增加税收收入的重要保证。近代以来，中国税政长期不统一的局面，从此宣告结束。

（二）打击投机资本活动，稳定市场物价

中华人民共和国成立之初，面临的是一个国民党遗留下来的生产遭到破坏、经济秩序陷于混乱的烂摊子。还有一些投机资本家乘中华人民共和国立足未稳之机，扰乱金融，囤积居奇，哄抬物价，多次制造涨价风潮。为了巩固新生的人民政权，平抑物价，安定人民的生活，中国共产党和人民政府同投机资本展开了激烈的斗争，扭转了险恶局势，掌握了财政经济工作的主动权，建立起新的经济秩序。

1. 稳定市场，打击投机资本活动的迫切性

中华人民共和国成立以前长期的恶性通货膨胀形成了一批能量不小的投机资本，专门从事投机活动；甚至许多正当的工商业也把绝大部分精力和资本用于投机活动，牟取暴利。中华人民共和国成立以前，私营银行钱庄连同分支机构有1032家（不包括东北地区），大部分是在金融投机和商品投机中盲目发展起来的。它们的资本有限，吸收的存款不多，但投机性很大。中华人民共和国成立初期，北京、天津对两市200余家银行钱庄的调查发现，它们的资金有96%在从事直接或间接投机活动。[①] 中华人民共和国成立之初，国营经济还不够强大，支配市场的力量还很薄弱，到1950年国营批发额只占23.2%，国营商业、供销合作社商业零售额只占14.9%。私人资本在城市经济中还占有较大比重，这些投机商人和行业，利用国家经济困难，继续在市场上兴风作浪，以非法手段和非法交易牟取暴利，造成了多方面的危害。

在物资和市场领域，他们倒卖棉纱、棉布、粮食和金银外币，哄抬物价，追逐暴利，造成了物价的急剧波动和上涨，致使全国除东北外，各地物价均处于剧烈上涨的状态。中华人民共和国成立前后，不法资本家先后掀起了四次物价上涨风。全国13个大城市的批发物价指数，如以1948年12月为100，则1949年1月为153，4月为287，7月为1059，11月达5376。连续多月的物价上涨，在1949年不仅没

---

① 中国社会科学院经济研究所编：《中国资本主义工商业的社会主义改造》，人民出版社，1978年，第149页。

有抑制,甚至上涨得更加厉害,物价这样急剧地上涨,威胁了生产,破坏了整个国民经济的正常运转,也威胁着广大人民的生活。

在金融领域,一些不法商人还大钻人民币市场尚未确立的空子,造谣惑众,破坏贬低人民币的信誉,阻止人民币占领农村市场,大肆进行金银、外汇投机。在上海,投机巨头和银圆贩子以证券大楼为大本营,操纵银圆价格,抑低人民币购买力。1949年6月初,上海市银圆价格暴涨1倍,竟造成人民币不能买到整批货物。老百姓被迫用人民币先买银圆,然后再用银圆买东西,也推动了银圆价格的上扬。1949年6月初因公营企业每人预借3000元(旧币)工资,6月4日银圆价格便从前日的720元(旧币)左右飞涨到1100元(旧币)左右①。金银、外币的投机已成为冲击人民币市场、破坏金融稳定、损害人民生活、影响经济恢复的大敌。其危害性主要表现在:造成物资奇缺,引起物价飞涨,加剧供求矛盾;严重影响工农业生产,不利于国民经济的恢复;造成人心混乱,影响社会的稳定;阻碍国家货币金融的统一,搞乱了城乡市场;破坏国家税源,影响国家的财政收入。打击投机资本保证国民经济恢复和健康发展,改善国家财政,已是新中国的当务之急。

2. 统一货币管理,打击金融投机

稳定物价和金融,是当时人民政府与工商业资本家特别是与不法资本家争夺对市场领导权的斗争。

加强金融行政管理。在中华人民共和国成立以前的通货膨胀史上,金银、外币价格上升总是物价波动的先导。为根除此弊,人民政府于1948年12月1日发行全国统一通货人民币之后,于1949年4月、6月、8月,分别由华北、华东、华中、华南各解放区颁布金银和外币管理办法,允许个人持有金银,但禁止金银流通和私下买卖,由中国人民银行负责收兑,并整顿金银饰品行业,限定其业务经营范围;同时采取措施,肃清市场上流通的外国货币,由国家银行统一经营和管理外汇业务,发动群众开展反对银圆、黄金、美钞投机的斗争。上海市军事管制委员会于6月10日一举查封了金融投机的大本营——证券大楼,拘留了一批投机分子,取得

---

① 吴承明、董志凯主编:《中华人民共和国经济史》(第一卷 1949—1952),中国财政经济出版社,2001年,第294页。

"银圆之战"的胜利,使人民币得以比较顺利地进入市场流通。此外,还取缔了一些非法信用机构,把私营银行钱庄业务置于国家银行控制之下。通过实施上述措施,人民政府很快肃清了国民党政府发行的金圆券、银圆券,取缔了金、银、外汇黑市,开始了制度化管理,并收兑完各解放区发行的地方币,人民币作为法定本位货币深入经济生活的各个角落。到1951年10月,人民银行在新疆省发行带维吾尔文的人民币兑回新疆省银行所发行的银圆票后,全国除西藏、台湾、香港、澳门等地区外,独立的、统一的人民币市场已经成功地建立起来。

在加强金融行政管理的同时,人民政府还采取了紧缩银根的措施。1949年11月5日,中财委决定紧急冻结未入市场的人民币10天;同年11月13日,又通令各地,除中财委及各地财委特许者外,其他贷款一律暂停,并按约收回贷款;地方经费凡可缓发半月或20天的,均应延缓半月或20天;工矿投资及收购资金,除中财委认可者外,一律暂停支付;并决定自11月25日左右开征几种有利于收缩银根作用的税收。

3. 加强物资调剂,平定涨价风潮

"银圆之战"以后,人民币的地位得到巩固,但是上海以至全国的物价并没有停止上扬的势头。在"银圆之战"中受到打击的上海投机资本不甘心失败,很快转向粮食、棉纱和煤炭市场,利用物资极其匮乏的机会,大做投机生意,引发又一次全国性涨价狂潮。有些人发出狂言,说:"只要控制了两白一黑(指粮、棉和煤炭),就能置上海于死地。"

在这种情况下,以陈云为主任的中央财政经济委员会做出果断决定,在以上海为主战场的十几个大城市,打一场平抑物价的"歼灭战"。就在投机资本哄抬物价、囤积居奇的时候,按照中共中央的统一部署,大批粮食、棉纱、煤炭从全国各地紧急调往上海、北京、天津等大城市。国家首先在城市中积极恢复和发展国营工业,建立和发展国营商业,在农村建立和发展供销社,加强对工农业产品主要是粮食和棉花的收购、调运工作,并着手建立市场管理制度,采用行政措施和经济力量相配合的方法,坚决打击投机势力。人民政府为稳定物价和金融,主要采取以下措施:

通过国营贸易部门集中一些重要商品，收购并控制粮、棉、油等批发市场，利用老解放区作为后方，适时抛售粮、棉、油等重要物资，以打击投机资本。随着解放战争的不断胜利，人民政府没收了官僚资本主义企业，建立并发展社会主义国有经济，工农业生产开始得到一些恢复，以广大农村为依托，从而使国家有可能集中某些重要物资（如粮、棉、油等），适时投放市场，打击投机资本，稳定金融物价。中华人民共和国成立初期，人民政府在上海、北京、天津等重要城市成立了国营粮食和纱布公司，大力组织粮食、纱布的收购与调运，在物价猛涨时及时地把大批粮食、纱布投放市场以平抑物价。

4. 稳定金融物价的作用与意义

稳定物价和金融，是当时人民政府与工商业资本家特别是与不法资本家争夺对市场领导权的斗争。这场斗争沉重打击了投机资本在经济领域的干扰与破坏行为，扫除了恢复和发展国民经济的一大障碍。剥夺了投机资本的非法所得，充实和加强了国家财政。巩固了新中国的经济基础，加强了国营经济的主导地位。稳定了物价，缓和了供求矛盾，改变了由投机资本造成的市场供应紧张的混乱局面。与此同时，斗争巩固加强了人民币在城乡市场的流通阵地，增强了国家金融业的主导和支配地位。教育了广大私营工商业者，端正了他们的经营方向，为统一财经工作、进一步稳定物价创造了有利条件。进而稳定了社会的生产和生活秩序，巩固了工农联盟和人民民主专政。

稳定金融物价是中华人民共和国在经济战线上取得的第一个巨大胜利，这具有重要的政治和经济意义。毛泽东曾指出，这个胜利，意义不亚于淮海战役。刘少奇在1950年北京庆祝五一劳动节干部大会上的讲话进一步指出了其伟大意义："中国财政经济，在历史上是没有统一过的。国家财政收支，在过去数十年中也没有平衡过，反动政府每年必须发行巨额的钞票和举借巨额的内外债才能过日子。中国的金融物价也是十二年来没有稳定过的，人民必须在通货膨胀的损失中付出巨额的资金。但是人民政府在战争尚未结束与发生灾荒及帝国主义封锁等情况下，在很短的时间内，就实现了这些重大措施，并达到这样的成绩。……这是我们国家一个极为重大的进步。"①

(三) 争取财政经济状况根本好转

1950年春,随着市场物价的趋于稳定,财政经济实行统一管理,整个国家财政经济状况也出现了好转的势头。但是,国民经济的恢复仍然面临着许多问题。特别是土地改革还未完成,工商业还需要合理调整。1950年6月,在中共七届三中全会上,毛泽东作了《为争取国家财政经济状况的基本好转而斗争》的主题报告,提出使整个国家财政经济状况根本好转所需要的三个条件,并确定当前以调整工商业为政府财经领导机关的工作重点。他说:"我们国家的财政情况已开始好转,这是很好的现象。但整个财政经济情况的根本好转需要有三个条件,即:土地改革的完成,现有工商业的合理调整和国家军政费用的大量节减。这些应当争取逐步实现,也是完全可以实现的,那时就可以出现根本的好转。"②

1. 整顿旧税,建立新税制

中华人民共和国成立初期的税收制度,对于保证国家收入,支援革命战争,稳定市场物价,积累建设资金,起了重大的作用。但是,当时的税收制度基本上是在旧税制的基础上建立起来的,难免残留着旧税制对经济的消极作用。根据《共同纲领》规定的"简化税制,实行合理负担"的原则和毛泽东同志关于"调整税收,酌量减轻民负"的指示,针对农业税收、城市税收出现的偏差,对农业税收和城市税收的负担,进行了调整。

2. 调整公私关系和产销关系

在稳定物价以后,由于社会虚假购买力的消失,为旧社会统治阶级奢侈消费服务的行业骤然失去市场;不少私营工商业机构臃肿、经营管理不善和盲目生产造成了产销困难;社会主义国有经济和有关部门对资本主义工商业兼顾不够,一部分干部中还存在着想用排挤的办法提早消灭资本主义的"左"的情绪。在稳定物价过程中,由于"刹车"过急,社会经济一时发生"后仰"现象。从1950年4月开始,货

---

① 刘少奇:《刘少奇文集》(下卷),人民出版社,1985年,第15—16页。
② 中共中央文献研究室:《毛泽东文集》(第6卷),人民出版社,1999年,第52页。

币流速大为降低,商品销售量大为减少,银行存款大为增加。许多资本家惶恐不安,急忙抽逃资金,工厂停工,商店歇业。客观形势要求全党必须集中力量抓经济工作。

调整工商业包括三个环节,即调整公私关系、调整劳资关系和调整产销关系,重点是调整公私关系。

3. 推动土地改革,减轻农民负担

1950年1月24日,中共中央下达《关于在各级人民政府内设土改委员会和组织各级农协直接领导土改运动的指示》,开始了在新解放区分批实行土改运动的准备工作。并决定在1950年秋收以后,在新解放区分期分批开展土改运动。1950年6月28日,中央人民政府委员会讨论和通过了《中华人民共和国土地改革法》,并于6月30日公布实行。在新解放区的土地改革中,采取了保存富农经济和保护民族工商业的政策。到1952年9月为止,除新疆、西藏等部分少数民族聚居的地区外,内地普遍实行了土地改革,完成土地改革地区的农业人口已占全国农业人口总数的90%以上。

新解放区经过土地改革,彻底摧毁了剥削制度,使广大农民分得了约4600万公顷土地和大批生产资料,而且不必每年再向地主交纳3000万吨以上粮食的地租。土地改革真正实现了农民数千年来的奋斗目标,把农民群众的切身利益同整个革命事业的利益紧密地联系在一起,最深入、最广泛地调动了农民群众的革命和建设的积极性,从而使农业生产力获得了极大的解放。第一,兴修水利,增加农业投入。据西北区陕西、甘肃、青海3省49个县的不完全统计,在土地改革中,农民共兴修水渠10820条,兴造可浇地74855亩。第二,农村耕地面积迅速恢复和扩大。以华东区总播种面积为例,土地改革基本完成的1952年比抗日战争前增加44.4%。第三,主要农产品产量大幅度上升。1952年同1949年相比,粮食总产量由11218万吨增加到16392万吨,增长46.1%;棉花由44.4万吨提高到130.4万吨,增加193.6%。按1952年不变价格比较,全国农业总产值增长32.6%,每年平均增长10.9%。就土地单位面积产量而言,也有明显的增加。仅据中南区1952年的统计,土改后，全区土地单位面积产量比 1949 年以前平均增加 20% 左右。[①]

在土地改革的基础上，中国共产党又引导农民按照自愿互利的原则组织起来，走互助合作的道路。到 1952 年，组织起来的劳动互助组已达 800 多万个，农业生产合作社 4000 个。农民在自己的土地上，开展了大规模的爱国增产竞赛运动。所有这些，都有力地推动了农业生产的恢复和发展。

经过工商业的合理调整，加之土改的基本完成，农业丰收，人民购买力提高，我国财政经济状况发生了巨大变化，有利于关乎国计民生的企业迅速恢复与发展。这是国家争取财政状况根本好转的斗争在又一个重要战场上取得的巨大胜利。

（四）保障"抗美援朝"取得成功

1950 年 6 月，"抗美援朝"战争爆发，打乱了中国财政经济工作的既定部署，使国内经济恢复工作雪上加霜。中国政府及时制定了"边抗、边稳、边建"的方针，不仅在军事上积极投入"抗美援朝"战争，而且在经济上有效地稳定了市场，促进了工商业的恢复，从而保证了战争前线所需，维护和增强了民族尊严。

在中华人民共和国成立初期，军费支出对财政的压力始终很大。一方面解放全国的战争还在继续，各地剿匪工作任务也很艰巨；另一方面部队供给标准也有所提高。在 1950 年概算中，军费所占百分比还是最大，占支出概算的 38.8%。此外，行政费中的地方支前费，新解放城市军管初期经费，财务费中的运输费等，实际上也是为战争支出的。这样算起来，军费在概算中所占比例还要更大些。具体情况见表 0-3-1。

[①] 吴承明、董志凯主编：《中华人民共和国经济史》（第一卷 1949—1952），中国财政经济出版社，2001 年，第 246—247 页。

表 0-3-1　1950—1953 年国家财政支出结构简表

年份	财政支出总计（亿元）	经济建设费		国防费	
		绝对额（亿元）	比重（%）	绝对额（亿元）	比重（%）
1950	68.08	17.36	25.5	28.01	41.1
1951	122.49	35.11	28.7	52.64	43.0
1952	175.99	73.23	41.6	57.84	32.9
1953	220.12	87.43	39.7	75.38	34.2

资料来源：财政部综合计划司编：《中国财政统计（1950—1991）》，科学出版社，1992年，第104-105页。

"抗美援朝"中"三边"方针确立。1950年11月15日，中财委在北京召开第二次全国财政会议，经过反复研讨和慎重衡量，并经党中央同意，确定战争期间财经工作的方针是：国防第一，稳定物价第二，其他第三。虽然国防开支、稳定市场、经济建设三者都是重要的，但资金有限，钞票又不能滥发，所以资金的使用要根据轻重缓急，分清主次，妥善安排。毛泽东将之概括成"边打、边稳、边建"的"三边"方针，后习称"边抗、边稳、边建"。

（五）国民经济恢复初战告捷，财政状况实现根本好转

从1949年中华人民共和国成立到1953年，经过几年的努力，中国共产党领导全国各族人民统一了财经，调整了工商业，恢复了国民经济，使财政经济状况实现根本好转。

1. 工农业经济得到全面恢复

经过艰苦努力，胜利地完成了国民经济的恢复工作。到1952年底，全国工农业生产都达到了历史最高水平。1952年，全国工农业总产值比1949年增长75.5%，其中工业总产值增长145%，农业总产值增长48.5%。按全国人口平均计算，1949年人均工农业生产总值84.18元，1950年、1951年、1952年分别为102.00元、119.00元、140.91元。1952年为1949年的167.39%。1949—1952年间平均递增11.38%。其中，1952年，钢产量达到135万吨，比1949年前最高年产量多46.1万吨；发电量73亿度，比1949年前最高年产量多13亿度；原油44万

吨，比 1949 年前最高年产量多 12 万吨；水泥 286 万吨，比 1949 年前最高年产量多 57 万吨；棉纱 65.6 万吨，比 1949 年前最高年产量多 21.1 万吨；粮食 16390 万亿吨，比 1949 年前最高年产量多 1390 万吨；棉花 134.4 万吨，比 1949 年前最高年产量多 45.5 万吨。① 可以说，工农业生产和各条战线的工作不仅恢复到 1949 年之前的最高水平，并且还有了很大突破。具体情况见表 0-3-2。

交通运输方面，全国修复和新建铁路通车线路 2.4 万多公里，公路 12.7 万公里。内河通航里程 1949 年为 73615 公里，1952 年增加到 95025 公里。民用航空方面，1949 年没有通航，到 1950 年，航线里程就有了 11387 公里，到 1952 年则增长为 13123 公里。交通运输的恢复和发展，使货物运输量大幅增加，1949 年运输的货运总量为 6713 万吨，到 1952 年则增长到 16859 万吨。② 货运能力的增加，大大便利了城乡物资交流，促进了工农业生产的发展和人民生活水平的提高。

表 0-3-2　1952 年主要工业品产量与最高年份和 1949 年比较

产品名称	单位	1952 年产量	最高年份 =100	1949 年产量 =100
电力	亿度	73	121.9	169.8
原煤	亿吨	0.66	102.7	206.3
原油	万吨	44	136.3	366.7
生铁	万吨	193	105.5	772.0
钢	万吨	135	146.1	854.4
硫铵	万吨	3.9	80.1	650.0
水泥	万吨	286	124.8	433.3
机床	万台	1.37	254.8	856.5
棉纱	万吨	65.2	147.8	199.4
棉布	亿米	38.3	198.3	202.6
汽车外胎	万条	42	556.2	1433.3
纸	万吨	37	225.3	336.4

资料来源：《中国统计年鉴》《国民经济统计提要》。

---

① 谢旭人主编：《中国财政 60 年》（上卷），经济科学出版社，2009 年，第 99 页。
② 谢旭人主编：《中国财政 60 年》（上卷），经济科学出版社，2009 年，第 100 页。

2. 文教卫生事业取得发展

1949年中华人民共和国成立后,在极为困难的情况下,党和人民政府依然对文教、卫生、科学事业给予了极大关注,积极支持这些事业的恢复和发展。在1950年的预算支出中已经列入了大量的社会文教事业支出,执行中还做了调整增加。在其后的预算安排中,增长速度又明显快于总支出速度。

表0-3-3 社会文教事业支出与总支出增幅比较

项目	1950年	1951年	1952年	1953年	1954年	1955年	1956年
总支出	100%	174.82%	239.74%	342.97%	361.80%	431.05%	451.56%
社会文教支出	100%	177.91%	295.70%	460.89%	458.20%	422.28%	518.51%

资料来源:伍丹戈:《国家预算》,新知识出版社,1957年,第98页。

1949年以前我国的文化教育和卫生保健是很落后的,全国人口中几乎有90%是文盲。国民党政府的预算里面虽然也列入了一些教育经费和卫生经费,但比重都很低。教育支出只有百分之一点几,卫生费和社会保障支出都只有百分之零点几。[①] 中华人民共和国政府努力不断加大文教卫生投入,使文教卫生事业有了极为显著的发展。

在文化教育方面,大大提高了人民的文化水平。1949年之后开展了大规模的扫除文盲运动。到1952年,全国初等学校学生5000万人,中等学校学生309万人,高等学校学生20.2万人。和1949年相比,初等学校学生数增加了1倍,中等学校学生数增加了1.5倍,高等学校学生数增加了一半以上。在卫生医疗方面,大大改善了人民的医疗条件。1952年,全国医院、疗养院的床位达18万张,比1949年以前最高年份增加了172.7%;产院比1949年前的最高年份增加了1.33倍,儿童医院比1949年前的最高年份增加了50%以上,妇幼保健所(站)则比1949年前的最高年份增加了260多倍。卫生技术人员也大有增加。同时,在全国范围内开展了大规模的预防疾病运动,在全国各地县城都设立了医疗站,改善了工矿卫生条

[①] 项怀诚主编:《中国财政通史·中华民国卷》,中国财政经济出版社,2006年,第203—208页。

件。1952年开始在一些地区分期试行公费治疗制度。① 社会主义劳动保护和其他物质福利制度也开始构建，1950年人民政府公布了《中华人民共和国劳动保护条例（草案）》，1951年5月1日起在铁路、邮电、航运三个产业部门以及一百人以上的工矿企业中实行。

人民政府还在少数民族自治区和自治县区里，大力发展文化保健事业，创办高等学校、中学、小学和一些专业性学校以及卫生机构。在1953年，从这些民族学校和训练班里培养出来的学生已有7万多人。

3. 金融物价持续稳定

1950年3月以后，人民币全面占领了市场，结束了自清末以来的货币紊乱，金银、外币、杂钞混杂流通的状况，实现了货币统一，为中国内地的经济现代化奠定了金融基础。1950年7月以后，国家银行已经控制了全国存款总额的90%、贷款总额的97.7%，确立了不可动摇的主体地位。加强了外汇管理和实行灵活的汇率，使新中国的国际收支发生了根本性转变，国家外汇收支实现平衡并略有结余。率先完成对私营金融业的社会主义改造，形成了以中国人民银行为中心的金融体系。这种高度集中统一的金融体制的建立，对保证革命战争的胜利，迅速扭转中华人民共和国成立初期那种险恶的经济局势，发挥了重要的作用。

从1950年3月起，历时12年之久的通货膨胀得到抑制，物价基本稳定。若以1950年3月为100，则全国批发物价总指数1950年为88.6，1951年12月为100.30，1952年6月为95.20。② 若以1950年价格为100，则全国零售物价总指数1951年为112.2，1952年为111.8。③

4. 财政状况实现根本好转

随着国民经济的全面恢复，财经状况也实现了根本好转。1950—1952年间，国家财政收入成倍增加。1952年国家财政收入比1950年增长181.7%，年平均递增67.85%。从1950年到1952年，财政总收入为382.05亿元，财政总支出为

---

① 谢旭人主编：《中国财政60年》（上卷），经济科学出版社，2009年，第100页。
② 中国国际贸易促进委员会：《三年来新中国经济的成就》，人民出版社，1952年，第150页。
③ 《光辉的三十五年》编辑小组：《光辉的三十五年》，中国统计出版社，1984年，第114页。

365.56亿元，收支平衡，并结余15.49亿元。

表0-3-4 1950—1952年国家财政收入增长情况表

单位：亿元

项目	1950年	1951年	1952年
国家财政总收入	65.2	133.1	183.7
企业收入	8.7	30.5	57.3
其中：工业收入	4.4	12.3	21.5
各项税收	49.0	81.1	97.7
其中：工商税收	23.6	47.5	61.5
农业税	19.1	21.7	27.0
债务收入	3.0	8.2	9.8
其他收入	4.5	13.3	19.0

资料来源：《中国统计年鉴（1984）》。

表0-3-5 1950—1952年国家财政收入增长指数表

项目	1950年	1951年	1952年
以1950年为100	100	204.1	281.7
以上年为100	100	204.1	138.0

资料来源：《中国统计年鉴（1984）》。

在财政经济状况根本好转的同时，国家财政也完成了从战时到平时、从农村到城市、从供给财政到建设财政的战略转移。从财政收入看，三年间国营企业创造的财政收入提高很大，上缴利润和折旧金达96.5亿元，超过了农业税收入。工商税为主的各项税收达到227.8亿元，比以往有较大幅度的增长，说明工商税在财政收入中的地位上升、农业税的比重有所下降。也同时说明财政收入由过去以农村为主逐步向以城市为主的方向转变。从财政支出看，不仅财政支出的总水平有大幅度提高，而且财政支出的结构也有新的变化。从三年总的情况看，军费和为保证国家和平建设所支付的国防费达138.49亿元，占总支出的37.8%。经济建设费支出为

125.7亿元，平均占财政总支出的34.3%，且逐年增加。到1952年达到73.23亿元，占当年财政总支出的41.6%。说明经济建设越来越成为财政支出的重点，国家财政逐步完成了从战时到平时、从供给财政到建设财政的战略转变。与此同时，文教支出有所增加，三年间支出达42.10亿元，平均占财政总支出的11.5%。行政管理费支出为46.07亿元，平均占财政总支出的12.5%，且逐年减少，由1950年占财政支出比重的19.3%，下降到1952年的8.8%。

国家财政状况的根本好转，巩固了国家的财政基础，增强了国家宏观调控的能力，标志着中华人民共和国财政进入了主要为国家经济和文教事业服务的新时期，并向着新的目标迈进。

20世纪50年代初期，刚刚诞生的中华人民共和国面临着严峻的考验。对于当时的财政经济状况，毛泽东说："我们的财政情况是有困难的，我们必须要向人民说明我们的困难所在，不要隐瞒这种困难。但是我们同时也必须向人民说明，我们确实有办法克服困难。我们既然有办法克服困难，我们的事业就是有希望的，我们的前途是光明的。我们的情况会一年比一年好起来，估计明年要比今年好。在三年五年的时间内，我们的经济事业可以完全恢复。"[①] 在中国共产党的领导下，中国人民用3年的时间在外有帝国主义威胁，内有国民党残余势力破坏、投机资本家兴风作浪的险恶情况下，恢复了国民经济，夺取了经济战线的伟大胜利。此后中国进入了发展国民经济的第一个五年计划时期。

二、"一五"时期财政促进工业化基础的确立

1952年底我国恢复国民经济的任务基本完成后，党中央提出了过渡时期的总路线。从1953年起，我国开始了大规模经济建设的第一个五年计划，着手逐步实现国家的社会主义工业化和对农业、手工业、资本主义工商业的社会主义改造。

1952年底，按照毛泽东的建议，提出了过渡时期的总路线。这条总路线的表述是：从中华人民共和国成立，到社会主义改造基本完成，这是一个过渡时期。党

---

① 《毛泽东文集》（第6卷），人民出版社，1999年，第24页。

在过渡时期的总路线和总任务,是要在一个相当长的时期内,逐步实现国家的社会主义工业化,并逐步实现国家对农业、手工业和资本主义工商业的社会主义改造。过渡时期的总路线和总任务,体现了发展生产力和变革生产关系的辩证关系。

社会主义工业化作为过渡时期总路线的主体,其基本内容是:建立独立完整的工业体系,改变工业的落后状况,提高国家自力更生的能力,力争经过大约三个五年计划,把中国建设成为一个强大的社会主义工业国。

(一)财政为工业化建设筹集资金

实现国家工业化是一项极其艰巨和复杂的任务,除了需要先进的技术、丰富的资源和有效的管理外,还必须有巨额的资金。然而,在中华人民共和国成立初期,资金严重缺乏,抗美援朝战争还没有结束,军事开支巨大,资金需要也就更为迫切。资金问题不解决,会直接影响工业化宏伟蓝图的实现。

世界各国为工业化筹集资金有各种不同的途径,当时我国确立的方针是:"自力更生为主,争取外援为辅。"我们的立足点放在独立自主、自力更生的基点上,但在有利于我们的建设而不损害国家独立自主的前提下,也应该适当借助外援。为实现工业化,我国除了自力更生为主,还充分依靠人民,发行了公债,并向苏联等国借用了外债。在中华人民共和国成立初期的20世纪50年代,内外债在我国的工业化建设中发挥了巨大的作用。

1. 自力更生,发展经济

"自力更生为主"就是立足国内,依靠发展社会主义经济,厉行节约,积累工业化资金。"一五"计划的基本任务之一就是集中主要力量进行以苏联帮助中国建设的156个项目为中心的、由限额以上的694个建设单位组成的工业建设,建立我国的社会主义工业化的初步基础。为了完成这个艰巨的任务,仅全民所有制基本建设投资就达611.58亿元,折合黄金6亿两以上。这些资金,主要是依靠国内自力更生积累起来的,外援只占很小比例。在整个"一五"期间,国家财政通过自力更生发展生产,厉行节约等措施,为工业化筹集建设资金达1241.75亿元,为"一五"计划的胜利完成提供了有力的保障。国家在依靠自力更生为工业化筹集资金的同时,没有加重人民的负担,这在当时是了不起的成就。

2. 依靠人民，发行公债

为尽快医治战乱创伤，稳定社会政治秩序，恢复国民经济，并筹集资金进行社会经济建设，加快工业化和现代化的步伐，我国在从苏联引进资金、技术、设备的同时，从1954年开始还发行了国内公债——国家经济建设公债，以后又连续四年发行了这种公债。

"一五"期间国家经济建设公债在发行过程中形成了自己的特点：公债推销的对象，在城市以工人、店员、机关团体干部构成的职工阶层为重点，其次是以私营工商业、公私合营企业的私方构成的工商业者阶层，在农村是广大农民。20世纪50年代所发行的五期国内公债，虽然数额不算很大，但这些债务收入主要被用于当时的国家重点经济建设，所以，它对"一五"时期以及以后建设事业所起的巨大作用，远远超过了单纯数字所能显示的作用。在以后的"二五""三五""四五"计划期间，我国没有再举借内外债，而是靠财政、税收和企业的利润筹集建设资金。

3. 争取外援，利用外债

"一五"期间，在筹集工业化建设资金上，我国在坚持"自力更生为主"原则的前提下，并没有闭关自守，而是积极欢迎友好国家的经济技术援助，特别是外债支援。

中华人民共和国成立初期，以美国为首的资本主义国家对中国实行封锁、禁运，毛泽东根据国内外形势提出了"一边倒"的外交方针，但他并不反对与包括西方资本主义国家在内的各国发展经济贸易关系，不主张在经济上关起门来搞建设。早在中华人民共和国成立前夕，党中央就派出以刘少奇为团长的高级代表团访问苏联，与苏联达成初步协议。根据协议，苏联将给予新中国3亿美元的贷款，并选派200余名高级技术人才到中国工作，进行技术指导和援助。1949年底，周恩来、毛泽东先后赴苏，就中苏政治、经济、技术合作及中国利用苏联资金、技术等重大问题与斯大林商谈。1950年2月14日，中苏两国政府在签署《中苏友好同盟互助条约》的基础上，签署了《中苏关于苏联贷款给中华人民共和国的协定》，正式落实已经达成的苏联支持中国的承诺。同时，在重大建设项目上，苏联将帮助中国进行设计、提供成套设备和主要建设物资。1953年5月15日，中苏两国又签署了《关于苏维埃社会主义共和国联盟政府援助中华人民共和国中央人民政府发展中国国民经济的协定》。协定规定，连同过去三年已经帮助中国设计建设的50个企业在内，到1959年，苏联将共帮助中国新建和改建156项规模巨大的工程，贷款总额为51.62亿元。

从1950年到1957年，中苏两国先后签订了11项贷款协议，我国政府实际从苏联政府得到贷款56.76亿旧卢布（包括"抗美援朝"期间苏联借给我国用于购买苏联军事物资的贷款），折合成新卢布约12.75亿，加上利息1.32亿新卢布，本息合计为14.07亿新卢布。这些苏联援助性质的贷款年利息是1%~2.5%，偿还期为2~10年，主要用于引进苏联的技术、设备。开展156项工程建设，奠定了新中国工业体系的骨架和国民经济的基础。

（二）发挥财税政策作用，奠定公有制基础

"一五"时期，财政不仅在为工业化建设筹集资金方面做出了很大贡献，而且还通过运用各项财政、税收政策，促进国家对资本主义工商业、手工业和农业的社会主义改造，奠定了社会主义公有制的基础。在支持资本主义工商业改造方面，主要是：对不同行业、不同产品采取高低不同的税率，以鼓励资本主义工商业的积极作用，限制其消极作用；税收政策对公私企业执行"区别对待，繁简不同"的原则；配合国家通过各种国家资本主义的形式逐步改造资本主义工商业，同时配合加快手工业的社会主义改造。在促进农业走上合作化道路方面，主要是：第一，实施农业税减免政策和稳定负担政策。在"一五"计划期间，农业税的征收工作坚决贯彻执行了党和人民政府的指示，农业税负担数额是稳定的（见表0-3-6）[①]。1953年到1957年，农业税（正税）的实际征收数，除1957年外，其余四年都未达到1952年352亿斤的实际征收水平，而1957年超过的数额只有3亿斤。1953年到1957年的农业税附加每年比1952年有所增加，主要用于当地的农业生产建设

[①] 《当代中国》丛书编辑部编：《当代中国财政》（上），中国社会科学出版社，1988年，第92页。

和公益事业方面。

表 0-3-6 全国农业税负担情况（1952—1957 年）

单位：亿斤（细粮）

年份	农业实际产量	实征农业税			农业税占实际产量/%	
		合计	正税	附加	合计	正税
1952	2924	358	352	6	12.2	12.0
1953	2892	344	328	16	11.9	11.3
1954	2988	371	342	29	12.4	11.5
1955	3297	384	351	33	11.6	10.6
1956	3409	367	319	48	10.8	9.4
1957	3450	400	355	45	11.6	10.3

数据来源：陈如龙：《当代中国财政》（上），中国社会科学出版社，1988 年，第 92 页。

由于农业税征收额的基本稳定，而农业生产又逐年增加，这就意味着农民负担的相对减轻。例如，1952 年农业实际产量为 2924 亿斤，到 1957 年达到 3450 亿斤，增产 526 亿斤，而农业税包括正税和附加只比 1952 年增加 42 亿斤，增产的其余部分都留给了农民，这是对农业生产和农业合作化的很大支援；第二，采用工商税收的轻税和减免政策；第三，给予农村信用合作社免税照顾；第四，扶持农村供销合作社的发展；第五，国家财政增加对农业的投资；第六，发放农业贷款；第七，专门安排贫民合作基金。

（三）贯彻"六条方针"，改进财政预算管理体制

邓小平的"六条方针"的提出，是与 1953 年财经工作出现的小失误密切相关的。编制 1953 年预算时，盘子铺大了。执行中，1 月、3 月相继出现赤字，到 7 月赤字累计达 20.9 亿元，只好动用上年结余，向银行提款，造成银行信贷资金紧张，银行就压缩商业部门的贷款，商业部门为还贷款，各地纷纷压缩库存商品，减少收购，把节省下来的钱归还银行贷款，这就是所谓的商业"泻肚子"，影响了正常的商品流通，使国民经济发展遇到了一定困难。造成这次小失误的主要原因是忽视了财政收支平衡对信贷收支平衡的保证作用，对防止资金分散也注意不够。

针对当时发生的情况，中共中央采取了紧急措施，动员全党来补救。1953年8月28日，中共中央发出《关于增加生产、增加收入、厉行节约、紧缩开支、平衡国家预算的紧急通知》。1953年9月18日，中央人民政府委员会第28次会议任命邓小平兼任财政部部长。

邓小平在全国财政厅局长会议上所作报告中对于财政工作的方针，提出了著名的"财政六条"，后来被收入《邓小平文选》第一卷。他的讲话简明而生动，内容如下：

第一，归口。为什么提出这个方针？这是鉴于过去的预算，特别是1953年的预算有危险性，而更大的危险性是财政部代替各部门决定政策，这是不懂得数字中有政策，决定数字就是决定政策。归口就包括政策问题，数目字内包括轻重缓急，哪个项目该办，哪个项目不该办，这是一个政治性的问题。财政部代替各部作决定，有人说是"有财无政"。"政"是有的，但是错了。过去财政部管得多，反而挨了骂。挨骂有两方面：一方面是袖筒里谈交易，不给钱挨骂，给了钱也挨骂；另一方面是预算不采取归口的办法，控制不住，干预过多，因而财政部成了被斗争的焦点。归口以后，就易于控制，预算就容易确定。所以预算要归口，不能有不归口的预算项目。归口不等于财政部不管，财政部有干预的权利，要提出意见。财政部提意见，是从全局出发，考虑有钱没有钱，是否符合国民经济发展的比例。预算不能由各部自行决定，但必须以各部门为主，共同商量。各级、各部门对归口是赞成的，现在有一些还没有归口，归口以后，工作就主动了。

第二，包干。以后是否永远包干？不一定。有些是长期的，有些则不一定。但至少1954年必须包干，1955年也有不少还要继续包干，包干的目的主要是控制预算。包干的提出，是鉴于1953年预算在2月12日通过，3月底总预备费就花光了，8月即失掉收支平衡，出现21万多亿元的赤字。因此，今后为了控制预算，才实行包干。包干分两种：一是中央各口的包干，主要是归大口。财委是一大口，其中农林水归四办，交通归三办，财金贸归二办，工业归一办。总的预算投资多少，由财委、计委审核。各项事业的轻重缓急与投资的分配，由各口去考虑。二是地方的包干，主要是大区包干。包干之后，由地方去调剂。现在规定三级财政，实际上是两级财政，只包到中央和大区两级，包到省有困难，将来还是要变的。有人问：包了开支，是否还包收入？当然包。1954年预算指示中已规定，总收入不应减少，并争取超过；总支出不应突破，并力求节约。可见收入也包干了。这样收支都由大家包起来，才能保证预算的巩固性。大家都负起责任，就不至于突破预算。包干的好处很多，所以1954年预算指示从去年11月10日发出后，两个月来变动不大，这是过去没有见过的。

第三，自留预备费，结余留用不上缴。这点最麻烦，有的同志及苏联专家都不同意。其实，没有这一条，大家不可能有积极性，就不可能有归口和包干；有了这一条，大家才能有勇气和胆量实行归口、包干，地方才有力量应付意外开支。这次规定周转金为预算的3%~4%，预备费为预算的3%~5%，这就是摊了牌，摆在桌子上，大家来过日子，不要再在袖筒里办事，不要突破总预算。结余不上缴，但基建结余在外。

第四，精减行政人员，严格控制人员编制。如果不控制，是很危险的。理由不必解释。

第五，动用总预备费须经中央批准。让大家知道要动用总预备费不容易，总预备费是留着解决大问题的。

第六，加强财政监察。毛泽东在中央的会议上特别提出这一点，这是以后财政工作的关键。财政上的浪费是很大的。毛泽东说："有些项目节约10%，数字就了不起了。"如国家预算节省10%，就是20多万亿元。因此，要加强财政监察。

在改进财政预算管理体制方面，先后做了如下事项：

1. 大行政区的撤销和三级预算体制的确立

中华人民共和国成立初期国家行政管理体制分为中央、大行政区、省三级，共有华北、东北、西北、华东、中南、西南6个大行政区[①]，经过国民经济恢复时期，为了适应1953年即将开始的全国大规模的有计划的经济建设与文化建设的新形势和新任务，1952年11月，中央人民政府委员会第19次会议通过《关于改变大行

---

① 董昂：《建国初期的大行政区制度始末》，《中共郑州市委党校学报》，2007年第1期。

政区人民政府（军政委员会）机构与任务的决定》。改制后的大区，不再是一级行政机关，而是作为中央机构的派出机构或代表机构，是中央政权在地方的延伸。1954年4月，中共中央政治局扩大会议决定撤销大区一级党政机关，各大行政区委员会随同各中央局、分局一并撤销。并于6月19日，中央人民政府委员会第32次会议通过了《关于撤销大区一级行政机构和合并若干省、市建制的决定》。至10月份，大区撤销的任务完成。

随着行政管理体制的变革，从1953年开始，国家财政管理体制也由中华人民共和国成立初期分为中央、大行政区和省（市）三级财政，改为中央、省（市）和县（市）的三级管理体制，同时，为适应地方工作发展的需要，逐步建立起县、市级财政和民族自治地方财政，降低了集中程度，适当下放了管理权限。

我国的国家预算通常实行一级政权一级财政，每级财政都建立一级总预算。1954年至1985年，就全国而言，基本上划分为中央、省（自治区、直辖市）、县（市、自治县）三级财政。1985年4月，国家决定县以下的乡、镇建立一级财政。国家预算设立中央、省（自治区、直辖市）、市（自治州）、县（不设区的市、市辖区）、乡（镇）五级预算。

2. 1954年预算管理体制改革

中华人民共和国成立之初，我国采取苏联集中统一的模式，实行统收统支的管理体制。1953年6月中央召开全国财税会议，各地对中央财政"统得多，统得死""年终结余全部收回""年终一刀砍"提出意见，要求适当扩大地方财权。那时的财政说是三级，但实际上是"一级半财政"，中央一级财政；省一级财政只有三项：5%的农业税附加、3%的预备费和一部分自筹资金，算半级。因此，继续实行高度集中的财政管理体制已难以符合当时的政治经济形势和发展要求，需适当向地方下放财政权力。

为了充分调动各方面的积极性，更好地实现第一个五年计划，对预算管理体制进行了探索和改进，以调整财政上下级之间和财政同企业、事业单位之间的利益关系。1954年预算管理体制改进的主要内容有：

第一，预算收入实行分类分成办法。将国家预算收入划分为固定收入、固定比例分成收入和调剂收入三类。属于中央的固定收入有：关税、盐税、烟酒专卖收入以及中央管理的企业、事业收入和其他收入；属于地方固定收入的有七种地方税（印花税、利息所得税、屠宰税、牲畜交易税、城市房地产税、文化娱乐税、车船使用牌照税）以及地方国营企业、事业收入和其他收入。属于固定比例分成收入的有农（牧）业税、工商业营业税、工商所得税。属于中央调剂的收入有商品流通税和货物税，这项收入由中央用于弥补地方的不足，每年调剂的具体比例由财政部分别核定。

第二，在预算支出方面，基本上按照隶属关系划分：属于中央的企业、事业和行政单位的支出，列入中央预算；属于地方的企业、事业和行政单位的支出，列入地方预算。

第三，按照收支划分，地方的财政支出，首先用地方的固定收入和固定比例分成收入抵补，差额由中央财政划给调剂收入弥补。分成比例一年一定。预算执行结果，如收入超收，支出结余，一般留给各级人民政府支配；如收入不能按计划完成，或支出必须增加时，也由各级政府负责调剂解决。

总的来说，第一个五年计划时期实行的是保证国家集中主要财力进行重点建设的财政管理体制，但已有别于中华人民共和国成立初期的完全集中体制，成为分级财政管理体制的开端，使地方有固定的收入来源和一定的机动财力。这一期间，中央财政直接组织的收入占45.4%，地方（省、县两级）财政组织的收入占54.6%；中央财政支出（包括用中央直接组织的收入和地方上解收入解决的支出）占74.1%，地方财政支出占25.9%，[1] 这是因为国家的重点建设项目和主要支出（如国防、外交支出）是由中央统一拨款的。

3. 1957年下放财政权力调动地方积极性

1956年4月25日，毛泽东作出《论十大关系》的论述，对财政工作具有重大指导意义，指出国家安排国民经济计划和国家预算要以农轻重为序，改进中央和地方的财政管理体制，改进国家和企业、事业单位财务管理体制，更多地发挥地方和

---

[1] 谢旭人主编：《中国财政60年》（上卷），经济科学出版社，2009年，第134页。

单位的积极性；兼顾国家、生产单位和个人三方面的利益，使企业在统一领导下有更多的机动性。总之，《论十大关系》是主张改变国家财政经济偏重于工业，在工业中特别是偏重于重工业，以及财经管理偏重于集中和统一的做法的理论基础。根据这一精神，在财政工作方面做了以下几方面的调整：

第一，在中央与地方的关系上，1957年实行"以权定支，五年不变"（后改为三年不变）的办法。

第二，在国家与企业的关系上，实行利润分成办法，从1958年起，在国营企业实行利润全额分成制度，企业留成比例由各个管理部门核定。

第三，基本建设试行投资包干制度。

第四，在税收制度上，实行合并税种、简化征税的办法，即把商品流通税、货物税、营业税和印花税合并为一种税，叫工商统一税，并对"中间产品税"一般不征税。

与此同时，在李先念主持下，制定了《国务院关于改进税收管理体制的规定》，主要内容是扩大地方税收管理权限，规定凡由省、市、自治区负责管理的税收交给省、市、自治区管理，即属于地方固定收入的屠宰税、城市房地产税等七种税收，地方根据当地实际情况，有权调整税目、税率，有权减税、免税或加税，并允许省、市、自治区制定税收办法，开征地区性的税收。该规定确定的改进税收管理体制的基本原则是：凡是由省、市、自治区负责管理的税收，应当交给省、市、自治区管理。若干仍由中央管理的税收，在一定范围内，给省、市、自治区以机动调整的权限。并且允许省、市、自治区制定税收办法，开征地区性的税收。据此规定，将印花税、利息所得税、屠宰税、牲畜交易税、城市房地产税、文化娱乐税、车船使用牌照税等七种地方税收交给省、市、自治区管理；商品流通税、货物税、营业税、所得税等四种税收的管理权限基本上归中央集中掌握。允许省、市、自治区根据实际情况，对所属地区、粮食作物和经济作物、农业生产合作社和个体农民之间的负担，作必要调整。允许省、市、自治区在原有征税办法的基础上，根据实际情况，对盐税税额作必要调整，并报国务院备案。此外，给予自治区更大的管理权限。1958年6月5日第一届全国人民代表大会常务委员会第97次会议通过这个规定,6月9日由国务院公布试行。

(四) 第一个五年计划的胜利完成

1953年到1957年第一个五年计划期间,在党和政府的领导下,全国人民通过共同努力,发扬艰苦奋斗、忘我劳动的奉献精神,克服了重重困难,提前完成了第一个五年计划,各项经济事业获得了很大发展,社会主义工业化的基础初步建立,人民的物质文化生活水平得到了明显提高。

1. 我国工业化基础的奠定

经过三年的恢复和重建工作后,我国的政治局势已基本稳定,国家财政经济状况好转的任务基本完成。从1953年开始,以第一个五年计划规定的156个重点建设项目为骨干,开始了中国大规模工业化的起步,奠定了中国工业化的初步基础。

工业化一般是指传统的农业社会向现代化工业社会转变的过程,是现代化的基础和前提。"一五"期间我国走优先发展重工业的道路,使我国得以迅速建立起自己的工业体系和国民经济体系。

表0-3-7 "一五"计划"156项工程"(实际实施150项)

单位:个

军工工业企业	44	航空工业	12
		电子工业	10
		兵器工业	16
		航天工业	2
		船舶工业	4
冶金工业企业	20	钢铁工业	7
		有色金属工业	13
能源工业企业	52	煤炭工业	25
		电力工业	25
		石油工业	2
机械加工企业	24		
化学工业企业	7		
轻工业和医药工业	3		

从1953年到1957年的5年期间，国家投资工业基础建设的资金达250亿元，是同期投资农业资金的6倍。"一五"期间，我国工业年平均增长18%，农业年平均增长4.5%，工业生产增长明显快于农业。在工农业总产值中，工业的比重由43.1%提高到56.7%，上升13.6个百分点。

1953—1957年，在遭受全球绝大多数资本主义国家封锁、禁运的环境下，新中国通过等价交换的外贸方式，接受了苏联和东欧国家的资金、技术和设备援助。建设了以"156项"为核心的近千个工业项目，使中国以能源、机械、原材料为主要内容的重工业在现代化道路上迈进了一大步。以"156项"为核心、900余个大中型项目（限额以上项目）为重点的工业建设，在中国大地上史无前例地形成了独立自主的工业体系雏形。从1950年第一个项目开始建设，到1969年"156项"实际实施的150项全部建成，历时19年。其中建设的高潮在第一个五年计划期间。至1957年底，"156项工程"中有一半以上的项目已按期全部建成或部分建成投产，在社会主义建设中发挥了重要作用。

第一个五年计划期间新增的工业生产能力在中国历史上是空前的，以钢铁工业为例，钢产量从1952年的135万吨提高到1957年的535万吨，只花了5年时间，相当于美国12年、英国23年、法国26年所走过的路程。[①]

"156项"重点建设项目和限额以上的近千个工业建设项目，初步改变了旧中国工业布局不合理的状况，促进了区域经济的平衡发展。从区域布局看，把苏联援建的156项工程和其他限额以上项目中的相当大的一部分放在了工业基础相对薄弱的内陆。考虑到资源等因素，将钢铁企业、有色金属冶炼企业、化工企业等，选在矿产资源丰富及能源供应充足的中西部地区；将机械加工企业，布局在原材料生产基地附近。在投入施工的150个项目中，民用企业有106个，除50个布置在东北地区外，其余绝大多数布置在中西部地区，即中部地区29个，西部地区21个；44个国防企业中，除部分造船厂布置在海边外，布置在中部地区和西部地区的有35个。150个项目实际完成投资196.1亿元，其中东北占实际投资额的44.3%，其余

[①] 谢旭人主编：《中国财政60年》（上卷），经济科学出版社，2009年，第139页。

资金大部分投到了中西部地区,中部地区占32.9%,西部地区占20%。① 由于每一个重点建设项目还需要配套项目作为辅助,因此,"一五"时期对西部地区形成第一次大规模投资,极大地改变了西部地区的落后面貌,促进了西部地区经济的发展和城市化进程。"156项"等重点建设项目也为中国工程设计、技术、施工人员和产业工人的成长创造了条件。

从"156项"的产业结构看,当时主要有以下三种考虑:一是针对朝鲜战争爆发后的国际形势和中国国防工业极端薄弱的情况,将国家安全放在重要的地位加以考虑;二是旧中国重工业基础非常薄弱,已经成为工业化发展中的瓶颈;三是既考虑到利用原来的工业基础,又考虑到备战和改善过去工业地区布局不平衡。

"156项"建成以后,新建、改建、扩建的企业为中国工业化做出了巨大贡献。其所生产的能源、原材料、机械设备源源不断地输送到全国各地;其所培养的技术人员、技术工人成了一批又一批新工业基地的种子和骨干,他们使中国工业的星星之火逐渐形成燎原之势。20世纪80年代以来,这些企业成为中国国有企业改革的重点,面对市场经济的激烈竞争,其中大部分经过改制、重组、转产、调整结构等而重新崛起。

2. 社会主义公有制基本形成

1952年底,随着国民经济恢复任务的胜利完成和国家转入大规模经济建设,中共中央开始重新考虑经济发展与制度变迁的关系,1953年底提出了过渡时期的总路线,以逐步消灭私有制为主要内容的社会主义改造提上议事日程,由此中国几乎不停顿地再次进入一个经济体制剧烈变动时期。根据"过渡时期总路线"制定的"一五"计划的基本任务,包括变革生产关系和发展生产力两个方面,变革生产关系的任务,是对农业、手工业和资本主义工商业生产资料私有制的社会主义改造。

(1) 农业社会主义改造的完成

农业的社会主义改造又叫农业合作化运动。从1951年12月开始,党中央颁发

---

① 谢旭人主编:《中国财政60年》(上卷),经济科学出版社,2009年,第140页。

了一系列决议,规定了我国的农业社会主义改造的路线、方针和政策,到1956年底,农业社会主义改造在经历了互助组、初级社、高级社三阶段后基本完成,全国加入合作社的农户达96.3%。初级社发展的成果,又诱发人们加快向高级社发展,于是1956年春全国农村掀起了建立高级社的高潮。在1955年7月掀起农业合作化高潮前,全国参加高级社的农民仅4万户,到1956年3月,参加高级社的农民已达6000万户,到年底则达到10742万户,已占入社农户总数的90%以上。[1] 至此,以实行公有制为特征的农业社会主义改造宣布完成,原来计划用三个五年计划完成的事情,不到一个五年计划就提前完成了。

表0-3-8 1950—1957年中国农村合作化统计[2]

单位:%

年 份		1950	1951	1952	1953	1954	1955	1956	1957
参加互助组合作社组织的农户占总农户的比重		10.7	19.2	40.0	39.5	60.3	64.9	96.3	97.5
其中	生产互助组	10.7	19.2	39.9	39.3	58.3	50.7	—	—
	初级合作社	—	—	0.1	0.2	2.0	14.2	8.5	1.3
	高级合作社	—	—	—	—	—	—	87.8	96.2

(2) 手工业社会主义改造的完成

手工业的社会主义改造从1953年11月开始至1956年底结束。到1955年底,全国共有手工业生产合作社7万多个,社员200多万人,约占手工业从业人员785万人的25%。1956年1月起,全国开始掀起手工业合作化的高潮,1月12日,北京市的手工业全部实现了合作化,其他各大城市纷纷学习北京的经验,改变了原来以区为单位、按行业分期分批分片改造的办法,采取全市按照行业全部组织起来的办法。到2月底,全国即有143个大中城市和691个县基本实现了手工业合作化,

---

[1] 谢旭人主编:《中国财政60年》(上卷),经济科学出版社,2009年,第141页。
[2] 谢明干、罗元明主编:《中国经济发展四十年》,人民出版社,1990年,第8页。

全国参加手工业合作组织的新成员达到 300 万人。到 1956 年 6 月底，全国组织起来的手工业者已占手工业者总数的 90%，到年底，全国手工业合作社（组）成员已占全部手工业从业人员的 91.7%，手工业合作组织的产值已占全部手工业产值的 92.9%，全国手工业的社会主义改造基本完成。

(3) 私营工商业社会主义改造的完成

从 1949 年 10 月到 1956 年底，中国的私营工商业大致经历了两个不同阶段。1949—1952 年为第一阶段，主要对私营工商业实行"利用、限制、改造"政策；1953—1956 年为第二阶段，党和政府对私营工商业的政策是通过"公私合营"形式进行社会主义改造，先是逐步地、有计划地"合营"，然后在 1956 年内迅速地实现了全行业"公私合营"。

到 1954 年底，全国公私合营工业企业已经达到 1746 户，职工人数为 53.3 万余人，产值 51.1 亿元，分别占全国公私合营和私营工业职工和总产值的 23% 和 33%。实行公私合营的私营企业一般都是有发展前途且职工人数在 100 人以上的大型企业。①

从 1956 年 1 月起，全国掀起了资本主义工商业的社会主义改造高潮，1956 年 1 月，北京市的私营工商业者首先向政府提出实行全行业公私合营的申请，仅用了 10 天时间，北京市就实现了全市私营工商业的公私合营。紧接着，这种方式就在全国各个城市迅速推广。1956 年底，"三大改造"完成，即提前和超额完成了"一五"计划变革生产关系的任务，使社会主义性质的经济成分占到了 90% 以上。

3. 工农业生产迅速发展

"一五"期间，中国国民经济全面高速增长，各种经济指标都发生着显著的变化。社会总产值 1957 年比 1952 年增长了 70.9%，平均每年增长 11.3%，工农业总产值增长了 67.8%，年均增长 10.9%。特别是工业总产值 1957 年比 1952 年增长了 128.6%，年均增长 18%。同时，工农业产量也刷新了以往的历史纪录。各项指标如表（0-3-9）所示。

---

① 国家统计局：《中华人民共和国社会主义建设统计资料汇编》，1956 年，第 59 页。

表0-3-9 1953—1957年中国经济的增长速度

单位:%

项　目	1957年比1952年增长	平均每年增长
社会总产值	70.9	11.3
国民收入	53.0	8.9
工农业总产值	67.8	10.9
工业总产值	128.6	18.0
农业总产值	24.8	4.5

资料来源：国家统计局：《中国统计年鉴（1981年）》，中国统计出版社，1982年，第17、20页。

表0-3-10 "一五"期间工农业主要产量增长速度（1957年与1952年比较）[①]

单位:%

项　目	工农业总产值	生产资料	消费资料	钢产量	煤产量	发电量	农业总产值	粮食产量	棉花产量
1957年比1952年增长	67.8	210.0	83.0	296.0	96.0	166.0	24.8	19.0	26.0
年均增长	10.9	25.4	12.9	31.7	19.2	21.6	4.5	3.7	4.7

（1）工业生产迅速发展

"一五"期间，我国兴建和扩建了成千上万个工业企业，新增固定资产达492.18亿元，此外，财政又增拨了102.5亿元流动资金，大大扩充了工业的生产能力，使第一个五年计划规定的工业生产任务提前和超额完成。1957年，我国工业总产值达到704亿元，比计划规定的指标高出31.4%。在五年计划规定的46种主要工业产品产量中，有27种提前一年达到规定的指标。[②]

[①] 刘仲藜主编：《奠基——新中国经济五十年》，中国财政经济出版社，1999年，第109页。
[②] 谢旭人主编：《中国财政60年》（上卷），经济科学出版社，2009年，第145页。

在"一五"期间,不仅原有的工业企业得到大规模改建、扩建,而且大批国民经济发展所急需的基础工业也迅速建立起来。重工业方面,能源基础、原料基础的建设项目以及机器制造业都发展迅速;轻工业方面,建材、森林和纺织工业等都有一批重点项目投产。到1957年,全国工业总产值比1952年增长128.6%。钢产量达535万吨,比1952年增长296%,为1949年之前最高年产量的5.8倍;原煤产量比1952年增长96%,为1949年的4倍,为1949年之前最高年产量的2.1倍;发电量比1952年增长166%,为1949年的4.5倍,为1949年之前最高年产量的5.2倍。

表0-3-11 沿海与内陆工业总产值比重①

项　　目	1952年	1953年	1954年	1955年
工业总产值	100	100	100	100
沿海工业总产值	73.0	71.7	69.7	68.1
内陆工业总产值比重	27.0	28.3	30.3	31.9

(2) 农业生产的发展

"一五"期间,国家对农林水利的投资额达到61亿元。为了支援农民发展生产,国家在供应大量农业生产资料的同时,还发放农业贷款78亿元。

"一五"期间,我国农业曾遭受巨大的自然灾害,特别是1954年发生历史罕见的大水灾,使农业生产受到严重影响。但由于政策得当,农业仍然取得了很大成绩,1957年农业生产总值达537亿元,比1952年增长24.7%,完成计划的96%。其中,粮食产量是3901亿斤,棉花产量是3280万担。② 与此同时,随着农业机械化水平的提高,农业生产条件得到了很大改善。

---

① 董辅礽主编:《中华人民共和国经济史》(上卷),经济科学出版社,1999年,第290页。
② 陈如龙主编:《中华人民共和国财政大事记1949—1985》,中国财政经济出版社,1989年,157页。

表 0-3-12　1953—1957 年工农业产值增长速度的变化情况①

单位:%

项目	工农业合计	农业	工业		
			小计	轻工业	重工业
平均增长速度	10.9	4.5	18	12.8	25.4
环比增长速度（以上年为基数）					
1953 年	114.4	103.1	130.2	126.7	136.5
1954 年	109.4	103.3	116.3	114.1	119.8
1955 年	106.6	107.7	105.6	100	114.5
1956 年	116.5	105	128.2	119.8	140.4
1957 年	107.8	103.5	111.4	105.6	118.4

（3）其他各项经济事业发展顺利并有很大进步

国家工业化的顺利进行，也为发展和改造交通运输业提供了重要的基础。1953年后，社会主义商业的领导地位日益巩固起来，一个有计划、有组织的市场逐渐在国内形成。国家生产建设事业的发展也促进了人民生活水平的提高和各项社会事业的发展。此外，"一五"期间，出版、广播、电影、戏剧等文化艺术事业都有很大发展。

4. 财政收支实现平衡

随着全国工业化的逐步实现，社会经济的不断发展，国家财政与中华人民共和国成立初期相比发生了巨大变化。第一个五年计划期间，财政收入共计 1365.62 亿元（不包括企业单位的大修基金和企业奖励基金），财政支出共计 1364.09 亿元，收入大于支出 1.53 亿元，财政收支基本保持平衡。

---

① 中国社会科学院、中央档案馆编:《中华人民共和国经济档案资料选编 1953—1957》（工业卷），中国物价出版社，1998 年，第 1147 页。

表 0-3-13　1952—1957 年财政收支一览表

年份	收入			支出		
1952 (旧币： 亿元)	各项税收		962182.00	经济建设费支出		730699.00
	国营企业收入		465788.00	社会文教费支出		223325.00
	信贷保险收入		25100.00	国防费支出		427770.00
	其他收入		439711.00	行政管理费支出		193369.00
				其他支出		57023.00
	总收入		1892781.00	总支出		1632186.00
	本年结余			260595.00		
1953 (旧币： 亿元)	各项 税收	工商税收	925259.00	经济建 设费支 出	工业投资	428634.00
		农业税	269132.00		农林水利投资	113169.00
	国营企业收入		754485.00		铁道交通邮电投资	124214.00
	信贷保险和其他收入		205898.00	社会文教费支出		318515.00
				国防费支出		601878.00
				行政管理费支出		210069.00
				其他支出		58185.00
	总收入		2154744.00	总支出		2138826.00
	本年结余			15918.00		
1954 (新币： 亿元)①	各项税收		1321808.00	经济建设费支出		1235822.00
	其中	工商税收	897154.00	社会文教费支出		346051.00
		农业税	327751.00	国防费支出		581353.00
	国营企业收入		996150.00	行政管理费支出		216207.00
	信贷保险和其他收入		305725.00	信贷保险和其他支出		83811.00
	总收入		2623683.00	总支出		2463244.00
	滚存结余		450900.00	本年结余		160439.00

---

① 1955 年 3 月 1 日起发行新人民币，1 元新币等于旧币 10000 元。

(续表)

年份	收入			支出		
1955 (新币： 万元)	各项税收		1274539.00	经济建设费支出		1376209.00
	其中	工商税收	872548.30	社会文教费支出		318927.00
		农业税	305430.80	国防费支出		649986.20
	国营企业收入		1119404.80	行政管理费支出		215406.70
	其中	工业收入	507299.00	债款支出		66622.80
		商业收入	331902.60	对外援助和其他支出		45572.20
	信贷保险和其他收入		236081.60			
	上年结转收入		90306.50			
	总收入		3035797.60	总支出		2934693.80
	本年结余			101103.80		
1956 (新币： 万元)	各项税收		1408829.90	经济建设费支出		1591513.20
	其中	工商税	1009836.60	其中	工业支出	882750.80
		农业税	296540.10		农林水利支出	228442.20
	企业和事业收入		1342639.80		铁道交通邮电支出	278218.10
	其中	工业各部门收入	544681.90		商业粮食外贸支出	93979.60
		铁道交通邮电收入	213173.30	社会文教费支出		459590.40
		商业粮食外贸收入	441387.20	其中	文教科卫支出	402077.90
	债务收入		72395.40		抚恤社会救济支出	57512.50
	其中	公债收入	60653.50	国防费支出		611656.90
		国外借款收入	11741.90	行政管理费支出		265964.10
	其他收入		50475.50	债务支出		72189.00
	上年结转收入		101103.80	对外援助支出		40400.20
				其他支出		16100.00
	总收入		2975444.40	总支出		3057413.80
	本年赤字			183073.20		

(续表)

年份	收入		支出	
1957（新币：亿元）	各项税收	154.39	经济建设费支出	148.61
	企业和事业收入	142.21	社会文教费支出	47.39
	债务收入	6.73	国防费支出	55.09
	其他收入	3.69	行政管理费支出	23.22
			债务和对外援助支出	12.93
			其他支出	1.99
			增拨银行信贷资金和归还1956年向银行透支款	15.53
			增拨地方预算周转金	0.73
	总收入	307.02	总支出	305.49
	本年结余		1.53	

资料来源：整理自《当代中国财政》编辑部，《中国社会主义财政史参考资料1949—1985》，中国财政经济出版社，1990年。

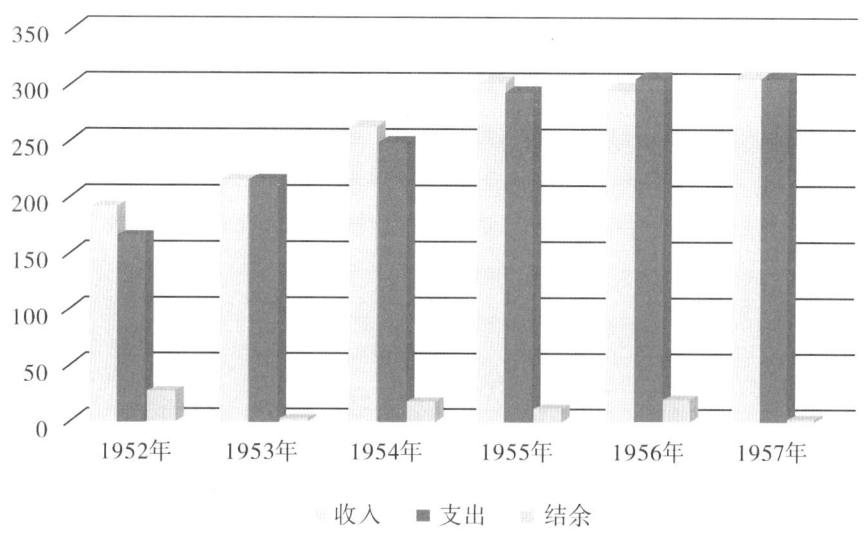

图 0-3-1 "一五"期间国家财政状况（单位：亿元）

资料来源：根据《中国统计年鉴》1953—1958年数据整理计算。

国家财政状况良好是经济建设事业发展和深入开展增产节约运动的成果。财政收支计划的圆满完成，不但保证了第一个五年计划的圆满实现，而且为第二个五年计划时期的财政奠定了良好的基础。

总之，第一个五年计划时期的经济发展，是中国历史上的空前壮举，取得了举世瞩目的成就，为我国实现社会主义工业化奠定了基础，为经济建设提供了初步的经验。

三、"大跃进"的失误与国民经济调整

受经济建设中"左"倾思想的影响，1958年发生了以农业的高指标和工业的大炼钢铁为主要内容的"大跃进"运动。持续三年的"大跃进"错误，导致国民经济比例关系的严重失调，加上当时严重的自然灾害和苏联政府背信弃义撕毁合同，中国陷入严重的经济困难。针对这一严峻局势，从1961年开始，中共中央决定对国民经济实行"调整、巩固、充实、提高"的八字方针。随着调整任务的完成，整个国民经济又进入一个新的发展时期。财政工作为经济调整任务的完成做出了积极的贡献。

表 0-3-14 1958—1960 年国家财政收支数额调整情况

单位：亿元

年度	收入数		支出数		收支差额	
	原决算数	调整后决算数	原决算数	调整后决算数	原决算数	调整后决算数
1958	418.63	387.6	409.4	409.4	9.23	-21.8
1959	541.6	487.12	527.71	552.86	13.89	-65.74
1960	562.98	572.29	582.13	654.14	-19.15	-81.85
合计	1523.21	1447.01	1519.24	1616.4	3.97	-169.39

资料来源：根据《中国财政年鉴》整理计算所得。

（一）"八字方针"与调整时期的财政任务

1. "八字方针"的提出与贯彻

1960年7月5日至8月10日，党中央在北戴河召开工作会议。会议初步讨论

了对国民经济实行调整的问题,确定要压缩基本建设战线,保证钢铁等工业生产;认真清理劳动力,充实农业第一线,保证农业生产。8月底,国家计划委员会向国务院汇报1961年国民经济计划时,提出了应对国民经济实行"调整、巩固、提高"的意见。周恩来表示赞成,并亲自加上了"充实"两字,予以完善,从而形成了"调整、巩固、充实、提高"的八字方针。9月30日,中共中央在转发国家计委党组《关于1961年国民经济计划控制数字的报告》的批语中提出:1961年,我们要"把农业放在首要地位,使各项生产、建设事业在发展中得到调整巩固、充实和提高"。这是第一次将调整国民经济的"八字方针"见之于中共中央正式文件。

1961年1月14日,中共八届九中全会在北京召开。全会听取了李富春《关于1960年国民经济计划执行情况和1961年国民经济计划主要指标的报告》,正式确定从1961年起,对整个国民经济实行"调整、巩固、充实、提高"的八字方针,主要内容是:调整各个部门之间已经变化了的相互关系,巩固生产力和生产关系在发展和变革中获得的巨大成果,充实新发展起来的一些事业的内容,提高那些需要进一步改善的新事物的质量[①]。"调整、巩固、充实、提高"的核心是调整。调整有两个主要方面:一方面是调整农业、轻工业和重工业的相互关系,调整生产和基本建设的相互关系,调整经济事业和文教事业、国防事业的相互关系,调整积累和消费的相互关系,调整财政、信贷和物资的相互关系,即理顺各方面的关系。另一方面,更重要的是调整整个国民经济的发展速度和规模。"八字方针"的提出,是党中央为纠正错误、战胜困难而采取的重大决策,标志着国民经济的指导方针已经由"以钢为纲""全面大跃进"转向调整。

2. 调整时期的财政任务

调整初期,财政面临的困难是十分严重的。一方面自1958年"大跃进"以来至1961年连续4年财政赤字,共达180.35亿元,亏空严重;另一方面,调整国民经济,恢复农业是需要财政支持的。尽最大的努力克服困难,争取财政经济状况的好转,这是调整时期的主要任务,也是国家财政工作面临的重大问题。

[①] 中共中央文献研究室编辑:《建国以来重要文献选编》(第14册),中央文献出版社,1997年,第30页。

(1) 调整时期的经济任务

1962年3月28日,周恩来在第二届全国人民代表大会第三次会议所作的《政府工作报告》中指出,要改变国民经济不协调的状况,并为以后的发展创造条件,就必须坚持用几年时间,实行"调整、巩固、充实、提高"的方针,对国民经济进行较大幅度的全面调整,必须采取更有力的措施,切实按照农、轻、重的次序,逐步解决人民吃、穿、用方面最迫切的问题,并且逐步地在国民经济各个部门之间建立起新的平衡。具体包括十个方面的任务:一是争取农业增产,首先是争取粮食、棉花、油料的增产。二是合理安排轻重工业的生产,尽一切可能多增加日用品。三是进一步缩短基本建设战线。四是压缩城镇人口,精简职工。五是彻底清理仓库,重新核定资金。六是改善市场的供应状况。七是保证完成对外贸易任务,偿还外债,努力承担国际义务。八是提高文化、教育、科学研究、卫生等工作的质量。九是节约支出,增加收入,加强现金管理,保证财政收支平衡。十是进一步改进计划工作,做好国民经济的综合平衡。①

(2) 国家财政的主要任务

上述调整经济的十项任务都与财政工作息息相关,为此国家财政的主要任务是:

第一,坚决执行"八字方针",保证国民经济调整中对资金的合理需要,适当增加农业投资,促进农业生产恢复和发展。把农业放在国民经济的首要地位,按照农、轻、重的次序来安排经济调整计划,加强各行各业对农业的支援,充分发挥农民的生产积极性,改进农业生产条件。重工业必须为农业提供越来越多的各种农具、农业机械、化学肥料等,以不断提高农业的劳动生产率,使农业能够为工业和城市提供越来越多的粮食、原料和其他农副产品。轻工业必须尽可能为农村提供越来越多的日用消费品,以利于发展城乡交流,逐步改善城乡人民的生活。财政金融方面必须适当地增加对农业的投资和贷款,调整农村有关政策,使农业得以休养生息。

---

① 周恩来:《国民经济调整工作和当前任务》,《中国社会主义财经史参考资料(1949—1985)》,中国财政经济出版社,1990年,第390—395页。

第二，进一步缩短基本建设战线，调整工业投资结构。在财政资金的分配上，对一些重工业部门的投资作了大幅度缩减。这是因为：首先，如果继续高速度发展重工业，势必影响农业、轻工业发展所必须的资金，这对国民经济的调整和人民生活的改善不利。其次，重工业内部的"填齐补平"，要花很多的资金，只有把那些过分突出部分的生产投资减下来，才能加强那些薄弱的部分，所谓有所舍才能有所得。最后，对国民经济各部门继续维修的设备，要给予资金上的支持。所以，降低重工业发展速度，调整工业生产内部投资结构，正是为了使国民经济得到恢复和发展，使现有生产能力真正发挥作用。

第三，增收节支，消灭财政赤字，回笼货币，稳定市场。这是当时一项重要的工作。要求所有经济部门和企业单位都要改进经营，加强经济核算和财务管理，努力降低生产成本与商品流通费用，尽可能增加收入，减少支出。必须彻底改变现金管理不严的情况。坚决执行勤俭建国、勤俭办一切事业的方针，反对铺张浪费，努力节约开支。

第四，改进财政管理体制，加强集中统一。在"大跃进"期间扩大了省、自治区、直辖市的财政管理权限，实行企业利润留成制度，推行基本建设投资包干制度，改进税收管理体制等。但是，1958年到1960年，财政纪律松散，管理偏松，资金使用分散，乱拉乱挤、任意占用的现象十分突出。税收中应交不交、擅自挪用和欠税漏税的现象也比较普遍。在企业管理方面，有些企业乱摊成本，乱列开支，拖欠上交款项，预算外资金也增长很快，有些单位用预算外资金自行安排计划外的基本建设或其他非生产性开支。为了适应调整经济的需要，强调要有更多的集中统一。

（二）调整时期的财政措施

调整时期，财政上实行比较集中的体制，但也不是中华人民共和国成立初期和第一个五年计划时期的集中体制的简单恢复。开始主要是纠正"大跃进"时期一些"左"的错误，加强集中统一，保证调整经济的顺利进行。后来随着经济形势好转，注意了集中当中要有适当分散，要调动地方、企业和单位的积极性，要在国家计划指导下实行市场调节，发挥价格、税收、信贷等经济杠杆的作用。实行各项集中统一的措施，使中央直接掌握的财政收入增加，有效保证了国家的有限资金用于发展和充实薄弱环节，促进各项经济调整措施的顺利落实，从而对于比较迅速地扭转国民经济困难局面起了重要的作用。

1. 改革财政体制，集中财权财力

针对1958—1960年财政体制中出现的问题，中共中央于1961年1月15日批转财政部《关于改进财政体制和加强财政管理的报告》，于1月20日发布《关于调整管理体制的若干暂行规定》，重点强调财政管理的集中统一，实行财政调整，主要内容有：

（1）改进预算管理体制，加强对预算内、外资金的管理

为了加强预算管理，规定国家财权基本上集中到中央、大区和省、自治区、直辖市三级。大区的财权有：a. 对各省、自治区、直辖市财政指标的分配调剂权；b. 对所属省、自治区、直辖市财政工作的领导和监督权；c. 从国家总预备费中分出一部分给大区直接掌握使用。中央对各省、自治区、直辖市继续实行从1959年开始的"收支下放、地区调剂、总额分成、一年一变"的办法。但是，在收入方面，收回了一部分重点企业、事业单位的收入，作为中央的固定收入；在支出方面，将基本建设拨款改由中央专案拨款，以利于对基本建设资金进行严格的控制。同时，适当缩小了专、县（市）、公社的财权。专、县（市）以下的基建投资、国家支援人民公社的投资、特大灾害的救济费等，改由省、自治区、直辖市专案拨款解决。对于各民族自治地方财政，在国家统一领导的前提下，适当照顾了民族自治地方经济、文化发展的特点和需要。在确定民族自治地方的支出指标和预备费额度等方面，也根据具体情况，适当给予照顾。

国家财政预算从中央到地方实行上下一本账，坚持"全国一盘棋"。各级财政预算的安排，坚持收支平衡、略有结余的方针，一律不准打赤字预算。基本建设投资和各项事业费用，必须按照国家规定的计划和核定的预算进行拨款。凡是未经国家计划部门批准，未纳入国家计划的，不得增加基本建设投资。当年的超收分成和支出结余，以及地方财政的上年结余资金，都不得用于提高工资，增加人员编制。将这部分资金用于基本建设的，必须纳入国家基本建设计划，并且要按照基本建设

计划管理体制的规定，报经批准。

对各地区、各部门和单位的预算外资金，采取"纳①、减②、管③"的办法进行整顿。预算外资金是国家财力的重要组成部分，必须加强管理，纳入综合平衡计划，按规定用途使用，并且做到年初有计划，执行有检查，年终有报告。预算外资金用于基本建设的，也要纳入国家计划。

（2）加强企业财务管理

1961年1月23日，中共中央批转财政部《关于调低企业利润留成比例，加强企业利润留成资金管理的报告》，决定调低企业利润留成比例，全国企业平均利润留成比例从13.2%降低到6.9%，调低了48%，并明确规定企业利润留成资金必须绝大部分用于"四项"费用和进行技术革新、技术革命和实行综合利用所需的支出，同时按照国家的规定安排奖金和职工福利开支。企业主管部门集中的留成资金，不得超过企业留成资金总额的20%，并且只能用于企业之间的调剂，不得用于其他开支。1962年1月，财政部和国家经委发布了《1962年国营企业提取企业奖金的临时办法》和《国营企业四项费用管理办法》，规定自1962年起，除了商业部门仍实行利润留成办法外，其他部门的企业由利润留成改为提取企业奖金的办法④；企业所需要的技术组织措施费、新产品试制费、劳动安全保护费、零星固定资产购置费等四项费用，改由国家拨款解决。

同时，1961年2月、10月和11月，国家计委和财政部先后发出了《关于加强国营企业成本管理工作的通知》《关于加强成本计划管理工作的通知》和《关于

---

① 即纳入预算，纳入预算的有：商业部门的饮食和服务企业的收入、综合利用和多种经营收入、用预算外资金兴办的企业的收入等。
② 即减少数额，减少数额的有：降低企业的利润留成比例等。
③ 即加强管理，加强管理的主要措施是：控制预算外资金的来源和使用范围，不经中央批准，不许增加项目、提高比例，不准化预算内收入为预算外收入；应当在预算外开支的不准挤入预算内；谁的资金归谁用，不准乱拉乱扯。
④ 提取企业奖金的办法是：国营企业在完成国家规定的主要指标后，可按工资总额的3.5%提取；没有全面完成国家计划的，按规定扣减一定比例的奖金；超额完成国家计划的企业，盈利企业可从超计划利润中提取10%，亏损企业可从超计划成本降低额中提取20%的超计划企业奖金。企业奖金的使用范围包括：发给先进生产者和先进集体的奖金，社会主义竞赛奖金，对困难职工的临时救济，改善职工物质、文化生活的各种集体福利设施。

1962年国营企业若干费用划分的规定》，要求企业加强成本管理的基础工作，认真编制和执行成本计划，开展全面经济核算，努力降低成本；并明确规定，属于大修理基金、利润留成资金和基本建设投资以及行政、事业经费中的开支，严禁挤入企业的成本；企业的行政管理费开支，必须按照当地行政机关的开支标准执行，企业不得另定较高的开支标准。

此外，企业必须严格划清流动资金和基本建设资金的界限，两种资金要分别管理，分别使用，严禁互相挪用。而且，非经中央批准，不准预付货款，不准赊销商品和挪用国家的商品和物资，不得以物易物，不准支付农产品预购定金。

（3）改进基本建设财务管理，加强拨款监督工作

1961年中央批转的报告中，规定任何经过批准的基建投资，都必须由中国人民建设银行进行拨款监督。基本建设单位的投资包干竣工结余资金，仍然留归包干单位使用。若用于新增建设项目，必须报经国家计划部门批准，纳入国家统一的基本建设计划。如果计划未经批准，建设单位应当把多余的结余资金上交主管部门，由主管部门根据基本建设计划管理体制的规定进行处理。基本建设单位的应完未完工程，经过国家计划部门批准结转下年度继续施工的，必须纳入下年度的国家基本建设计划和国家预算，统一平衡。

（4）改进税收管理体制，加强税收管理工作

第一，凡属工商统一税税目的增减和税率的调整，盐税税额的调整，应当报经中央批准。凡属工商统一税纳税环节的变动，凡是牵涉一个大区内两个省、自治区、直辖市以上的，应当报经中央局批准；牵涉两个大区的，应当报经中央批准。

第二，凡属开征地区性的税收，地方各税税目税率的变动，以及在中央规定的所得税的税率范围内确定具体税率，必须报经中央局批准。

第三，凡属工商统一税中有关新试制的产品、以代用品做原料生产的产品，或者由于灾情等原因，需要给予减免照顾的，由省、自治区、直辖市批准。地方各税的征税范围、减税免税、对小商小贩加征所得税的比例和起征点的确定，也由省、自治区、直辖市批准。

此外，在经济调整过程中，税收工作逐步清理"左"的思想影响，重申税收的

性质、地位和作用，恢复税务机构，组织调出的税务干部归队，增加税务编制，严格财经纪律。这一系列措施的实施，使税收管理有所加强。

（5）划清国家财政收支与人民公社财务收支的界限

国家对城乡人民公社中属于国家的财政收支部分，实行"收入分项计算，分别上交；支出下拨，包干使用，结余归社"的办法，对收入和支出分别进行管理。城乡人民公社所属企业、事业单位，都应当根据国家税法的规定，交纳税款。下放给公社管理的国营企业实现的利润，除按规定提取企业留成资金外，应当全部上交国家财政。国家支援农村人民公社的投资、农村救济款和优抚费，专款专用，不准挪作别的用途（其中救济费经省、自治区、直辖市人民政府批准，可以用于以工代赈）。支援人民公社的投资，除省、自治区、直辖市可以在规定的范围内留出必要的机动数额外，专、县（市）不得扣留；应当拨给生产队的，公社也不得扣留。国营企业和城乡人民公社之间交换固定资产、原材料和产品，必须坚持等价交换的原则，不得无偿调拨。

2．压缩基本建设，调整经济结构

（1）压缩基本建设投资，停建、缓建一些工程项目

为了执行"八字方针"，使国民经济尽快地摆脱困境，国家财政大力压缩了预算内基本建设拨款。国家财政预算用于基本建设的拨款，1960 年是 354 亿元，1961 年紧缩为 110 亿元，1962 年又进一步紧缩为 56 亿元。由此，基本建设拨款在同期国家财政预算支出中的比重，从第一个五年计划期间的 37.6%、1958 年至 1960 年 3 年的 54.8%，降低到 1961 年的 30% 和 1962 年的 18.2%。这样小的基本建设规模，虽然是 1953 年以来所从未有过的，但是，它同受灾后的农业以及当时国家的财力、物力是相适应的，从而使国家建设转到了可靠的基础上。除了压缩预算内基建投资外，还严格控制地方和企业用自筹资金从事基本建设，大力调整预算外投资。1960 年自筹投资曾达到 87 亿元，占全部投资的 22.6%。经过调整，1961 年压到 33.6 亿元，1962 年进一步压到 11 亿元，只占全部投资的 16.3%。

基本建设拨款的缩减，使各地区、各部门下决心停建、缓建了大批正在施工的建设工程。1960 年全国施工的基建项目达 82000 多个，其中大中型项目 1825 个，

经过调整减为 35000 多个，其中大中型项目减为 1409 个。1962 年，全国施工的基建项目又进一步削减为 25000 个，其中大中型项目减为 1003 个。当时确定停建或缓建的项目主要有：当年勉强上马，下年度又无力续建的项目；没有条件进行正常生产的项目；计划外用自筹资金或上年结余资金进行的基本建设项目；没有设计任务书，或虽有设计任务书和设计文件但尚未批准的项目；地方上认为该停建或缓建的项目等。对于已经确定施工的建设项目，也规定要区别不同的情况，采取不同的办法加以调整，要求根据新的形势重新考虑建设规模，能缩小的坚决缩小；在原料动力上有困难，或投产后不能正常发挥生产能力的，则放慢建设速度；相同的项目能合并的要合并起来；有些小厂简易投产没有危险的，能简就简，节约资金；只需少量投资和材料甚至什么都不需要即可收尾建成的项目，允许结尾建设；对重点项目，必须集中财力、物力坚决地保证按计划建设。同时，对已经确定继续施工的项目进行排队，按照轻重缓急，有计划有步骤地进行建设。

（2）合理分配资金，调整经济结构

国家财政在按照先生产、后基建和以农、轻、重为序的原则，合理分配资金，以促进经济结构的调整，加快生产的恢复和发展。主要包括：

首先，大幅度降低重工业发展速度。调整后的基建投资，一方面用于维持简单再生产的需要，另一方面用于充实加强薄弱的工业环节（采掘和采伐），有计划地降低重工业的发展速度。1961 年 9 月后，对 1962 年工业生产的计划指标虽已多次削减、调低，但直到 1962 年 5 月中央财经小组的调整报告批准下发后才基本落实。1962 年计划指标同 1960 年实际比较，全国工业总产值下降 47%，重工业总产值下降 57%（重工业在工农业总产值中的比重由 53.3% 下降为 35.5%）。其中，钢产量下降 68%，原煤、木材和发电等短线产品产量因采掘、采育比例失调的影响，也大幅度下降，只有原油略有增产。轻工业总产值下降 26%，主要是由于经济作物严重减产，使棉纱、棉布、卷烟、食糖等轻工业产品产量大幅降低。

其次，调整工业内部投资机构。1962 年对已经确定继续施工的建设项目首先在投资方向上进行了合理调整。提高投资比重的主要有农业、支农工业、满足市场和出口需要的工业、原材料和燃料工业，以及其他工业交通中亟须"填平补齐"

的配套工程项目。其次，对继续施工的建设项目，区分不同情况，采取了不同的措施，以真正做到集中有限的人力、物力和财力，加快建设进度，提高基本建设的经济效益。根据上述精神，1963年至1965年，基本建设投资中农、轻、重的比重发生了明显的变化：重工业为45.9%（"二五"计划时期为54%），农业为17.7%（"二五"计划时期为11.3%），轻工业为3.9%（"二五"计划时期为6.4%）。

再次，增加专项拨款，充分发挥老企业生产能力。"大跃进"中，热衷于铺基本建设摊子，追求扩大再生产的速度，把大量的资金和物资挪去搞基本建设，严重挤压了简单再生产，致使生产企业设备失修，带病运转，破坏了一部分老企业的生产能力。为解决这个问题，国家财政采取了一系列的措施，如设立机车、汽车、锅炉、柴油机的更新专项拨款；在煤炭、矿山和林业等采掘采伐企业中，逐步推行按产量提取维持简单再生产基金（亦称"维简费"），以及发放小额技术措施贷款，等等。这些措施改善了企业的设备状况和矿山的采矿与掘进的比例关系，使老企业重新焕发青春，迅速恢复和发展了生产，产品质量也有很大提高。为了促进产品的更新换代，国家财政在困难很大的情况下，大量增拨新产品试制费。有力地推动了各行各业的科学研究，涌现了大量新产品。

调整时期的基建投资虽然减少了，但是仍保证了重点建设项目，并有计划地对"大跃进"中仓促上马、简易投产的新企业、新基地进行了"填平补齐"、配套成龙的工作。1962年至1963年，国家批准进口14个成套设备项目，从国外引进了最新的石油化工技术。1963年至1964年间，国务院又批准了冶金、精密机械、电子工业等100个项目向国外考察、询价和相机签约。当时引进这些项目，都从技术和经济上经过审慎研究，反复论证，选择最优方案，建成后发挥了重要作用。化肥、化纤、塑料、合成洗涤剂等新兴工业，也都是在这个时期打下基础的。

最后，关停并转落后企业。

3. *支持农业发展，减轻农民负担*

（1）大力支援农业，提高支农资金在国家预算中的比重

为了切实帮助生产队解决生产资金不足的困难，加强对农业的支援和巩固集体经济，国家在财政困难的情况下，尽可能地优先保证支农资金的供给。1961年和

1962年国家财政支出中用于农林水利方面的支出,共达106.48亿元,占两年国家预算支出总数的15.8%("一五"时期这方面的支出仅占6.3%,1958至1960年,这方面的支出占11.3%)。在基本建设投资中,用于农业和支援农业的工业的投资比重,1960年是16.6%,1961年提高到18.4%,1962年又提高到24.7%。

在财政拨款以外,为了切实帮助资金确有困难的生产队恢复生产,财政委托银行发放长期农业贷款。1963年3月28日,农业部、财政部、人民银行总行联合发出了《关于发放长期农业贷款暂行办法》,规定这项贷款重点是用于帮助生产队添置简单再生产的生产资料,如耕畜、大车、风车、水车、犁耙等生产工具。对于少数资金特别困难的队,也可以酌情用于购买化肥、农药等生产周转金。1961年和1962年,人民银行还发放了短期农业贷款18亿元,长期无息贷款6亿元,两项农业贷款合计,约占两年农业生产资料供应总值的三分之一。

(2)减轻农民税收负担,减少粮食征购数量

为了提高农民的生产积极性,鼓励农民增产粮食和经济作物,1961年6月23日,中共中央批转财政部《关于调整农业税负担的报告》,根据财政部的建议,降低了农民的税收负担,把当年农业税年征收任务调减为222亿斤(细粮),并按照这个水平,一直稳定未变。这一政策有助于调动农民的生产积极性,促进了农业生产的迅速恢复和发展。

在减少农业税征收额的同时,国家又减少了粮食统购的数量。国家征收的粮食和统购的粮食加在一起,按贸易粮计算,1960年度为856亿斤,1961年度减少为679亿斤,减少20.7%;1962年又进一步减少为639亿斤,比1960年减少25.4%,以此减轻了农民负担,增加了农民的粮食留量。按全国农村人口平均计算,每个农村人口1961年比1960年少交售30多斤粮食,1962年比1960年少交售40斤粮食。民以食为天,困难时期的农民得到国家的照顾和关怀得以休养生息,这对于农业生产的迅速恢复和发展起了显著的作用。

4. 开展增收节支,稳定市场物价

1958年到1961年,国家财政连年出现大量赤字。与之相伴随,出现了货币发行过多、市场不稳定的现象。为了消灭财政赤字、回笼货币和稳定市场,国家采取

了一系列的非常措施。主要有：

（1）全面开展清仓核资和扭亏增盈工作

首先，清仓核资，充分发挥物资潜力。其次，狠抓企业整顿，扭亏增盈，增加财政收入。

（2）大力节约非生产性开支，压缩社会集团购买力

首先，大力节约非生产性开支。其次，压缩社会集团购买力。最后，精减职工和城市人口，减少国家工资支出。

（3）冻结银行存款，出售部分高价商品，回笼货币

首先是冻结银行存款。其次是出售部分高价商品，回笼货币。在商品供应不足的情况下，国家加强了商品的合理分配，适当扩大了定量供应的范围，并且保持了粮食、蔬菜、煤炭、棉花等18类①基本生活必需品价格的稳定。在采取了上述各项措施的基础上，国家为了平衡购买力同商品供应之间的差额，回笼多余的货币，并使消费者能够在一般定量以外，再按照自己的需要与可能，购买一部分供应紧张的商品。

（4）深入开展增产节约运动

1963年3月1日，中共中央发出《中共中央关于厉行增产节约和反对贪污盗窃、反对投机倒把、反对铺张浪费、反对分散主义、反对官僚主义运动的指示》，要求运动先在县（团）级以上的党、政、军、民机关，国营和合作社营企业、事业单位，物资管理部门和文教部门中进行，并强调指出，运动必须以增产节约为中心，决不能因为开展群众运动，放松对日常生产和工作的指导，放松巩固和建立正常秩序的工作；各个企业都要根据或参照《国营工业企业管理条例（草案）》的规定，建立和健全必要的制度。

---

① 18类基本生活必需品是：（1）粮食；（2）棉花；（3）针棉织品；（4）絮棉；（5）食盐；（6）鞋子；（7）酱、酱油、醋；（8）肉、鱼的定量供应部分；（9）食油的定量供应部分；（10）食糖、糕点、糖果的定量供应部分；（11）大宗蔬菜（粗菜）；（12）火柴；（13）煤炭；（14）煤油；（15）文具、纸张、课本、书报杂志；（16）主要西药；（17）搪瓷制品、铝制品、橡胶制品等国家供应原料的日用工业品；（18）房租、水电、交通、邮电、医疗学费等。

(三) 国民经济调整任务完成

1961—1965年整整5年的调整，是在极其艰难的经济条件下开始的，最终取得成功。1964年12月21日，周恩来在第三届全国人民代表大会第一次会议上作政府工作报告时说："调整国民经济的任务已经基本完成，工农业生产已经全面高涨，整个国民经济已经全面好转，并将进入一个新的发展时期。"

1. 工农业生产比例走向协调

（1）工业生产能力和经济效益大幅度提高，工业内部结构有所改善

自1958年到1965年，工业基本建设投资高达938亿元，建成531个大中型项目，新建和扩建了大批重要企业。如冶金工业方面，中国最大的钢铁基地鞍山钢铁公司已经建成；新建的武钢和包钢已先后投产；石景山、太原、天津、唐山等钢铁厂和上海第一、三、五钢铁厂等也都陆续建成投产。在能源工业方面，除建成了几十个煤炭企业和发电厂外，在经济十分困难的条件下，建成了规模达1000万吨的大庆油田，同时开发了胜利油田和大港油田。此外，机械、化工、建材、轻纺工业等也都建成了大批重要企业。据统计，到1965年，全国工业固定资产原值达1040亿元，比1957年增长了2倍，工业生产能力和产品产量与1957年相比，钢产量增加1.28倍，煤炭增加0.77倍，发电量增加2.5倍，原油增加6.75倍，合成氨增加8.4倍，水泥增加1.38倍，木材增加0.43倍，棉纱增加0.54倍，棉布增加0.24倍，机制纸增加0.9倍。

"大跃进"期间，为了追求高速度，经济效益很差。经过5年调整后，工业生产产品质量、消耗、劳动生产率等技术经济指标，都大大改善。1965年，生铁合格率达99.85%，钢材合格率达98.5%，原煤含矸率降到0.64%，棉布一等品率达到97.4%，机械工业中一些产品的性能、质量已接近或达到当时的世界先进水平。据20世纪80年代后的统计，中国工业企业在主要技术经济指标方面的历史最高水平，有相当大的一部分是在1965年前后创造的。如每百元固定资产原值实现的利润为20.9元，每百元资金实现的利税为29.8元，每百元固定资产净值实现的利税为39.8元，每百元工业产值实现的利润为21.3元，每百元产值占用的流动资金为25.5元。

此外，工业内部结构和布局也有所改善。轻工业产值占工业总产值的比重已从1960年的33.4%提高到1965年的51.6%，即轻、重工业大体上各占一半。化肥、农药、农业机械等支农工业在工业总产值中的比重，已由1957年的0.8%提高到1965年的2.9%。采掘工业与加工工业之间的比例，大体上恢复到1957年的水平。在工业布局上，原来缺少工业的广大内陆和边疆各省、自治区，都新建了不同规模的现代工业。如甘肃兰州的石油化工中心，以武钢、包钢为中心的钢铁基地等。内陆工业的产值在全国工业产值中的比重，已由1957年的32.1%提高到1965年的35%。

(2) 农业生产逐步恢复和发展，农业生产条件不断改善

首先，农业生产大幅增产。1965年，粮食总产量达3891亿斤，比1960年的2870亿斤增产1021亿斤，接近1957年3901亿斤的水平。粮食净征购量达672亿斤，已恢复到1957年的水平，比1962年增加了158亿斤。1965年，棉花、烤烟、甜菜等经济作物也大幅增产。与1957年相比，棉花生产4195万担，增产27.9%；烤烟生产744万担，增产45%；甜菜生产3969万担，增产32%。经济作物在农业总产值中所占的比重已有所提高。

其次，农业生产条件有了较大改善。在农业的基本建设和技术改造方面，从1958年初开始，广大农村掀起兴修水利的高潮。八年内水利投资137.9亿元，平均每年17.2亿元，相当于"一五"时期平均每年投资的3.2倍，修建了大量的水利工程。其中，大、中型施工项目有290多项，除继续根治淮河外，还开始治理黄河、海河、长江部分支流及珠江、辽河等。修建了控制黄河流域面积92%、蓄水354亿立方米的三门峡水利枢纽工程和刘家峡、盐锅峡、青铜峡、东平湖等大型水库，建成2500个电动排灌站；1965年，全国灌溉面积比1957年增加570多万公顷，灌溉面积在全部耕地中的比重由1957年的24.4%上升到32%。在农机和工业品投入方面，1965年与1957年相比，农业机械总动力由165万马力增长到1494万马力，农用大中型拖拉机由14674混合台增长到72599混合台，机耕面积在耕地面积中的比重由4.4%上升到24.5%，农用电力由1.4亿度增加到37.1亿度，农用化肥由37.3万吨提高到194.2万吨，农药由14.9万吨提高到54.3万吨。此外，

在发展畜牧、植树造林、推广优良品种、改良土壤、控制水土流失、气象预报等方面，也取得了很大的进展。

(3) 工农业之间的比例关系基本恢复正常

经过调整，工业与农业的产值比例比较协调，已由 1960 年的 78.2∶21.8 逐步变成了 1961 年的 65.5∶34.5 和 1965 年的 62.7∶37.3（详见表 0-3-15）。

表 0-3-15　1961—1965 年农业与工业的比例关系

年　份	农业总产值占工农业总产值的比例（％）	工业总产值占工农业总产值的比例（％）
1961	34.5	65.5
1962	38.8	61.2
1963	39.3	60.7
1964	38.2	61.8
1965	37.3	62.7

资料来源：《中国统计年鉴》，中国统计出版社，1983 年，第 18、20 页。

2. 积累与消费比例趋向合理

针对"大跃进"时期，国民经济中积累过高、基建规模过大、人民生活困难，陈云提出国家建设规模必须符合国力的理论，指出国家计划"首先要保证生产生活必需品的生产部门最低限度的需要，其次，要保证必要的生产资料生产的需要，剩余的部分用于基本建设"。[①] 简而言之，就是要正确处理好消费与积累的关系。在调整时期，大力压缩了基本建设的规模，削减了投资以维持消费。随着国民经济的恢复和发展，国民收入总额逐年增加。按可比价格计算，如以 1952 年为 100，1957 年为 153，1962 年为 130.9，1963 年为 144.9，1964 年为 168.8，1965 年为 197.6，1965 年比 1957 年增加了 29%。国民收入使用额中的积累率，1957 年为 24.9%，1959 年和 1960 年高达 43.8% 和 39.6%，造成积累与消费之间的比例关系严重失调。1961—1963 年，为了保障人民群众的生活需要，削减投资，积累率迅速降低，

---

① 陈云：《建设规模要和国力相适应》，《陈云文选》，人民出版社，1986 年，第 45 页。

这三年分别为 19.2%、10.4% 和 17.5%，使基本建设的规模与当时国家的财力、物力基本相适应。到调整后期，又把积累提高到 1964 年的 22.2% 和 1965 年的 27.1%，积累与消费的比例关系逐步趋向正常。这样，既满足了人民的生活需要，又满足了后两年的经济恢复中基本建设和工业生产指标先下后上的需要，保证了一批重点项目能按计划建设，按时投产。

3. 财政收支平衡略有结余

由于"大跃进"运动的开展，国家财政支出超过收入，财政不能平衡，从 1958—1961 年连续 4 年出现财政赤字（1958 年 22.8 亿元，1959 年 65.8 亿元，1960 年 81.8 亿元，1961 年 10.9 亿元），累计赤字额高达 172 亿元，特别是 1960 年财政赤字高达 81.8 亿元，占当年财政总支出的 12.5%。实行国民经济调整政策后，随着经济的恢复和发展，财政收入逐年增加，不仅消灭了财政赤字，而且略有结余。1962 年财政收入完成 313.6 亿元，比上年增加 42.5 亿元；财政支出 305.3 亿元，比上年减少 50.7 亿元；收支相抵，结余 8.3 亿元。到 1965 年，财政收入达到 473.3 亿元，比 1957 年的财政收入增加了 163.1 亿元，增长 52.6%；财政支出 466.3 亿元；财政结余 7 亿元。并且，还清了全部外债。

4. 人民生活水平开始回升

在人民生活方面，由于生产恢复和发展，国民收入增加，职工工资也有增长。1965 年职工平均工资比 1962 年增长 10%。1965 年全国居民年平均消费水平为 125 元，比 1962 年增加 8 元，比 1957 年增加 23 元，其中农民 100 元，非农业居民 237 元。1962 年全国平均每人消费粮食 329 斤，比上年增加 11 斤；消费猪肉 4.4 斤，比上年增加 1.6 斤；消费棉布 10.9 尺，比上年增加 2.3 尺。

1963 年 3 月，国务院决定提高粮食销售价格和棉花收购价格，棉花收购价格平均提高 10%，每斤为 0.897 元，粮食的统购价格与统销价格持平。全国平均每百斤粮食销售价大约提高 1 元，并对收入低的职工给予适当的生活补贴，补贴金额按各地提价幅度大小而有所不同。由于农业还没有完全恢复，1965 年全国平均每人的粮食、食油、棉布消费量，仍略低于 1957 年的水平，但总的来看，因经济调整，市场供应增加，许多农副产品调高了收购价格，"平调退赔"全部清理到位，农业税减低税率，农民生活水平已有了提高。

1963年8月，国家决定拿出11亿元给部分职工增加工资。主要包括：提升45%职工的工资级别；增加部分地区的工资类别；适当调整过低的工人工资标准；适当扩大计件工资范围，改进奖励制度，改进和整顿津贴制度。通过这次工资调整，"大跃进"以来积留的职工工资问题部分得到解决。此外，国家对城镇闲散劳动力和待业青年采取多种形式，广开门路，使绝大多数人得到安置。据国家统计局计算，1963年全社会零售物价总指数比上年下降5.9%，其中平价下降0.8%，高价、议价、集市价格分别下降40%~50%左右。集市贸易价格经过两年大幅度下降，到1965年底平均比牌价只高40%左右。以上表明，中国人民终于度过了困难时期，生活水平开始回升了。

总之，在调整时期，国民经济得到了迅速恢复和发展。1963年至1965年，工农业总产值平均每年增长15.7%，财政收入平均每年增长14.7%，各项经济指标已经恢复到或者超过了第一个五年计划时期的最好水平。正如《关于建国以来党的若干历史问题的决议》所指出的："我们现在赖以进行现代化建设的物质技术基础，很大一部分是在此期间建设起来的；全国经济文化建设等方面的骨干力量和他们的工作经验，大部分也是在此期间培养和积累起来的。"

四、"文化大革命"的影响与财政支持国民经济调整

1966年5月至1976年10月的"文化大革命"，给党、国家和人民造成了严重的损失，也使国家财政遭到了严重的破坏。粉碎"四人帮"之后，当时的国民经济仍面临着严重的困难和问题。在这一背景下，中央及时提出了对国民经济进行"调整、改革、整顿、提高"的八字方针，这期间财政在支持国民经济调整方面也发挥了重要作用，并取得了较好的效果。

"文化大革命"十年当中，由于政治局面动荡，社会和经济秩序混乱，致使经济发展受阻，社会主义经济建设事业遭受到严重的挫折和损失，国民经济走向崩溃的边缘。工农业生产总值下降，如表0-3-16所示。

表 0-3-16　"文化大革命" 期间国民经济发展的主要指标

年份	社会总产值		工农业总产值		国民收入		按人口平均的国民收入（元）
	金额（亿元）	指数（%）	金额（亿元）	指数（%）	金额（亿元）	指数（%）	
1966	3062	116.9	2534	117.3	1586	117	216
1967	2774	90.1	2306	90.4	1487	92.8	198
1968	2648	95.3	2213	95.8	1415	93.5	183
1969	3184	125.3	2613	123.8	1617	119.3	203
1970	3800	124.1	3138	125.7	1926	123.3	235
1971	4203	110.4	3482	112.2	2077	107.0	247
1972	4396	104.4	3640	104.5	2136	102.9	248
1973	4776	108.6	3967	109.2	2318	108.3	263
1974	4859	101.9	4007	101.4	2348	101.1	261
1975	5379	111.5	4467	111.9	2503	108.3	273
1976	5433	101.4	4536	101.7	2427	97.3	261

资料来源：根据各年度《中国统计年鉴》整理。

(一) "调整、改革、整顿、提高" 方针的提出

粉碎"四人帮"以后，国民经济得到短暂的恢复和发展，生产建设取得了一定成绩。但是，由于长期的政治动乱和极"左"思想的干扰破坏，当时的国民经济仍面临着严重的困难和问题。农轻重、积累与消费等国民经济的重大比例关系失调；企业管理和经济管理混乱，遭到严重破坏的生产和经济秩序尚未完全恢复；经济管理体制僵化，集中过多，统得过死，忽视和排斥市场作用，在分配上搞平均主义，压抑了城乡基层生产组织和劳动者的积极性；经济效益差，许多经济技术指标远远低于历史最高水平，企业亏损严重，每百元积累增加的国民收入减少。

1979年4月，中共中央召开了中央工作会议，正式提出了对国民经济进行"调整、改革、整顿、提高"的八字方针。这一经济工作的方针是要以调整为中

心,在调整中改革,在调整中整顿,在调整中提高。这一方针的主要任务是:坚决地、逐步地把各方面严重失调的比例关系基本上调整过来,使整个国民经济真正纳入有计划、按比例健康发展的轨道;积极而又稳妥地改革工业管理和经济管理的体制,充分发挥中央、地方、企业和职工的积极性;继续整顿好现有企业,建立健全良好的生产秩序和工作秩序;通过调整、改革和整顿,大大提高管理水平和技术水平,更好地按客观经济规律办事。

在"调整、改革、整顿、提高"方针中,"调整"是八字方针的中心,主要是指调整国民经济的比例关系。集中力量把农业搞上去,加快轻纺工业的发展,加快煤炭、石油、电力、运输业的生产建设。同时,根据燃料、动力和原材料供应的可能,调整现有企业的生产规模,对那些产品没有销路和质量差、消耗高的企业,实行"关、停、并、转",使那些产品为社会所急需、质量好、消耗低的企业,能够开足马力生产;根据国家财力、物力的可能,缩短基本建设战线,加快建设为国家所急需的重点工程,保证按时投产;对新技术和成套设备的引进,循序渐进,前后衔接。通过这些调整,使农业和工业,轻工业和重工业,燃料、动力、原材料工业同加工工业的比例关系,逐步协调起来。

"改革",即改革不合理的经济管理体制。经济管理体制弊病很多,主要是集中过多,管得过死,财政上统收统支,物资上统购包销,外贸上统进统出,吃"大锅饭",不讲经济效益。这种体制,使得中央各部门、地方、企业和职工的积极性、主动性、创造性的发挥受到很大束缚。由于在调整中进行全面体制改革的时机尚未成熟,只能进行那些有利于调整的改革。着重把那些必须改而容易改的,先有计划有步骤地改过来,以保证和促进调整工作的顺利进行。

"整顿",指的是整顿现有企业。企业的各级领导建立严格的责任制,正确贯彻执行党委领导下的厂长负责制,建立、健全党委领导下的职工代表大会制。通过整顿,使每个企业有一个强有力的生产指挥系统,有一套比较严密的民主管理和科学管理制度,从上到下建立起明确的责任制,保证正常的生产秩序,实行文明生产,使各项主要的经济技术指标,达到和超过本企业和本行业的历史最高水平。

"提高",指的是提高生产水平、技术水平和管理水平。使那些各项工作已经走上正轨的企业，在改进产品质量和劳务质量、创造新产品和增加品种规格、降低物资消耗、提高劳动生产率和资金利用率等方面，都能按照现代化的要求，向前大步迈进。使各级经济管理机关和经济工作人员，都能够显著提高组织和领导社会化大生产的能力，提高科学管理和业务技术的水平。使我国主要行业有一批关键性生产工艺，在采取世界先进技术方面取得显著的成绩。

实行"调整、改革、整顿、提高"的八字方针，目的是为了巩固和发展粉碎"四人帮"以后经济恢复工作所取得的成就，纠正 1977 年、1978 年两年工作中的失误，消除经济工作中长期存在的"左"的错误造成的影响，把整个国民经济纳入健康发展的轨道。这一方针的提出，反映了党在经济建设指导思想方面的重要转折。

(二) 经济调整中的财政政策

在调整国民经济的过程中，国家财政的一个重要任务就是通过合理的财政分配，积极促进国民经济合理调整。主要包括以下几个方面：

1. 经济调整中的财政政策

(1) 控制固定资产投资规模，提高投资效益

加强固定资产投资管理，控制和压缩固定资产投资规模，提高投资效益，调整国民收入分配中的积累与消费的比例关系，是这次经济调整中的重要任务。中共十一届三中全会以后，重新肯定了建设规模的大小必须同国家的财力、物力相适应的正确方针，对已经膨胀了的固定资产投资规模，及时果断地进行了控制和压缩。压缩基建规模，使之与钢材、水泥、木材、设备、资金供应，以及能源、交通能力相适应，同时调整国民经济各部门投资比例，调整积累和消费的比例。1978 年生产性建设投资比重为 79.1%，1979 年下降为 69.8%，1980 年再下降为 64.3%。另外，还清理基本建设在建项目，停建、缓建一部分大中型基建项目。1979 年完成基建方面国家预算内投资为 418.57 亿元，1980 年降为 349.27 亿元。[①] 此外，国家还有计划地放慢重工业的发展速度，调整了工业产品的产品结构，控制了长线产品

[①]《中国统计年鉴（1983）》，中国统计出版社，1983 年，第 339、323 页。

的生产，增产一批适销对路的产品，关停并转了一批消耗高、质量差、货不对路、长期亏损的企业。在整个"六五"期间，国家预算内基本建设投资规模每年的增长速度，控制在10%~25%之间，从未出现大起大落，其投资效益也比较好。国家预算内基本建设固定资产交付使用率回升到73.8%，其中1981年达到86.6%，超过了"一五"时期平均83.6%的水平。在国家预算内投资规模得到控制的同时，对银行的基本建设贷款也有所控制。

（2）调整工业发展比例，改善人民生活

过去工业中的比例关系是重工业发展过多过快，而轻工业发展则相对太少太慢。十一届三中全会以后，党中央决定加快轻工业的发展。为了改善轻工业的生产和流通条件，1980年国家决定对轻工业实行六个优先原则，即原材料、燃料、电力供应优先，挖潜、革新、改造优先，基本建设优先，银行贷款利用外资和引进新技术优先，交通运输优先。

为了调整农、轻、重的比例关系，活跃市场，适应人民购买力提高的需要，1979年国家财政除了增加发展农业的资金外，还增加了发展轻纺工业的资金。1979年支援农业的各项资金安排达174亿元。此外，国家还对燃料动力和原材料采取了优先供应的政策，支持轻纺工业的发展。① 这一年全国轻纺工业的增长速度达到9.6%，而重工业增长速度为7.7%。人民生活迫切需要的各种主要日用工业品，如棉花、化纤织品、纸、自行车、缝纫机、手表、电视机、合成洗涤剂等的产量，都有了较大幅度的增长。随着日用消费品产量的显著增加，市场商品供应也增加了。这对于满足城乡人民生活需要起了重要作用，同时对于回笼货币、平衡财政收支也起了重要作用。

（3）加大农业投入，调整农业税收政策，促进农民增收

首先，增加发展农业的资金。国家财政大力增加对农业基本建设的投资，1978年国家对农业基本建设投资总额占全部基本建设投资额的比重为10.6%，1979年提高到11.1%。国家财政和银行信贷支援农业的资金额也增加了，1979年比1978

---

① 王丙乾：《关于1979年国家决算和1980年国家概算执行情况的报告》。

年增长18.2%。1979年国家支援农业的各项资金安排达174亿元。其中，基本建设拨款为62亿元，比上年增加11亿元。支援农村社队支出和各项农业事业费90亿元，比上年增加13亿元。1980年在财政十分困难的情况下，国家仍安排了支援农业的各项资金达150亿元，其中基本建设拨款48亿元，支援农村社队支出及各项农业事业费82.1亿元。① 许多地区对支农资金的分配贯彻了重点使用的原则。

其次，提高农副产品的收购价格。从1979年夏收开始，国家提高了粮、棉、油、麻、甘蔗、甜菜、猪、牛、羊、鱼、蛋、蚕茧等主要农副产品的收购价格，并对粮、棉、油实行了超购加价。国家财政用于这方面的补贴，当年达到78亿元，比预算超过13亿元。② 从1979年11月1日起，猪肉等副食品价格相应提高，政府发给职工副食品价格补贴。这是中华人民共和国成立后，农副产品提价幅度和提价范围最大的一次，它极大地调动了农民发展生产、踊跃交售农副产品的积极性。国家财政的价格补贴，保证了国家调整措施的实施，有力地促进了当年及以后几年农业生产的迅速发展。

最后，减免部分农业税收。1979年6月，时任财政部长张劲夫在第五届全国人民代表大会第二次会议上作《关于1978年国家决算和1979年国家预算草案的报告》。他在报告中指出，为减轻农民负担，国家将减免一部分农业税收和社队企业的税收，以有利于农业生产的迅速发展。1979年国家对低产缺粮地区规定了农业税的起征点，起征点以下的免税，共减征农业税47亿斤。此外，对农村社队企业还适当提高了工商所得税的起征点，适当放宽了新办社队企业减税免税的年限，并且规定民族自治县（旗）和边境县的社队企业免征工商所得税5年。1979年各项减税免税的数额，全年共达20亿元，1980年达到25亿元。③

以上这些措施，是中华人民共和国成立以来工农关系方面的一次重大调整，也是国民收入和国家财政分配方面的一次重大调整，对国民经济的发展具有积极的、深远的作用和意义，也为其后农村的经济体制改革顺利进行提供了有力的支持。

---

① 王丙乾：《关于1980年国家决算和1981年国家概算执行情况的报告》。
② 王丙乾：《关于1979年国家决算和1980年国家概算执行情况的报告》。
③ 王丙乾：《关于1980年国家决算和1981年国家概算执行情况的报告》。

(4) 增加国民收入中消费基金的比重，提高城镇居民的生活水平

在人民生活方面，逐步偿还人民生活方面的欠账，提高国民收入中消费基金的比重。为了提高人民的生活水平，国家采取各项措施安排城镇劳动力就业，增加职工工资。仅1979年国家就通过各种就业途径安排城镇待业人员以及国家统一分配的大、中专应届毕业生共903万人，1980年又安排了700万人。以后逐年都有适当安排。

国家为了提高职工的收入水平，相继提高了部分职工的工资级别，增加了部分地区的工资类别，普遍实行了奖金制度和副食品价格补贴制度。全国全民所有制职工的年平均工资，1978年为644元，1979年增加到705元，1980年增加到803元。1979年国家财政用于增加职工工资、安排劳动就业、实行奖励制度共75亿元，1980年达到140亿元。[①]

与此同时，国家还从基本建设投资中拨出专款，同地方和企业的机动财力合在一起，用于职工住宅建设。1978年居民住宅竣工面积为3752万平方米，1979年就增加到6256万平方米，1980年为9020万平方米，1983年为8125万平方米，1984年为7703万平方米。国家用于住宅建设方面的投资额，1978年为39.21亿元，1984年增加到134.5亿元，增长了2.5倍。[②] 在经济调整时期国家财政比较困难的情况下，国家用于改善人民生活水平，归还"文革"欠账的资金数目是巨大的。

(5) 开展财政大检查，保证国民经济调整顺利进行

为了加强财政监察，整顿财政纪律，保证国民经济调整的顺利进行，国务院于1980年4月上旬从中央各部门抽调了138人，组成28个工作组，分别到各省、市、自治区协助当地党委和政府开展了以全面检查核实1979年财政收支为内容的财政纪律大检查。除中央工作组外，各地共抽调46200多人组织工作组参加检查。这次检查工作，做到了领导重视，力量集中，上下结合，自查、互查和重点检查相结合，基本达到了预期的目的。像这样大规模地全面检查核实财政收支，是中华人民共和国成立三十多年来的第一次。它对推动增产节约、整顿财政纪律和加强财政财

---

① 王丙乾：《关于1980年国家决算和1981年国家概算执行情况的报告》。
② 谢旭人主编：《中国财政60年》（上卷），经济科学出版社，2009年，第201页。

务工作都有很大的作用。①

2. 国民经济调整带来的成效

上述财政政策措施有效地支持和促进了国民经济按照新"八字方针"（调整、改革、整顿、提高）进行调整，取得了很好的成效，国民经济得到了发展，一些比例关系开始从失调向协调转变，经济效益也有所提高。②

（1）农业增产幅度较大，增产面也比较宽

1979年，我国农业获得丰收，农业总产值达1584亿元（按1970年不变价格计算），比上年增长8.6%。1980年虽然遇到灾害，但农业总产值仍达1646亿元，比1979年增长3.9%。1979年粮食产量为6642.3亿斤，1980年受灾面积达6.7亿亩，产量仍达6411.1亿斤。1979年棉花产量为4414.7万担，1980年增长为5413.4万担，比上年增产22.6%。农业生产结构也有所改变。各地贯彻农林牧副渔同时并举和以粮为纲全面发展、因地制宜、适当集中的方针，调整了农业生产结构。1980年全国粮食播种面积为17.5亿亩，比1970年减少了3.5%，但经济作物面积扩大了16%。许多县还建立了商品牛、山羊以及土特产品、副产品大型生产基地，农业生产结构有所改善。1980年，农林牧副渔各业总产值比1976年增加了23.5%，其中农业比重稍有下降，牧业提高，副业上升显著。③

（2）工业产值快速增加，工业结构有所改善

1979年工业总产值为4590.7亿元（按1970年不变价格计算），1980年增长为4992.4亿元，比上年增长8.7%。1979年，轻工业比上年增长9.6%，重工业增长7.6%，1980年轻工业增长18.4%，重工业增长1.46%。1980年与1978年相比，轻工业总产值在工业总产值中所占比重由43.1%上升为47.2%，而重工业所占比重则由56.9%下降为52.8%。这表明，轻工业与重工业比例失调情况有所改善。

主要工业产品的产量也有大幅度增长。在17种主要产品中，有6种产量1980年比1979年增长20%以上，有9种增长10%~20%，另外，自行车、缝纫机、钟

---

① 左春台、宋新中：《中国社会主义财政简史》，中国财政经济出版社，1988年。
② 孙建：《中华人民共和国经济史（1949—90年代初）》，中国人民大学出版社，1992年。
③ 谢旭人主编：《中国财政60年》（上卷），经济科学出版社，2009年，第202页。

表、卷烟、服装、家用电器等日用消费品的产量,1980年均比1979年增长16%以上。

(3) 基建投资中,轻工业投资比重有较大提高

在基建投资中,轻工业投资比重有较大提高,用于住宅、文教、卫生、城市建设等非生产性建设的投资所占比重有较大增加。1978年,非生产性建设投资所占比重为20.9%,1979年提高为30.2%,1980年更提高为35.7%。另外,积累与消费的比例关系也趋向合理。1978年的积累率为36.5%,1979年下降为34.6%,1980年更下降为31.6%。[①]

(4) 市场供应充足,人民生活水平显著提高

由于农业和轻工业的发展,市场商品供应量增加。1979年社会商品零售总额为1800亿元,比上年增长15.5%。1980年社会商品零售总额为2190亿元,比1979年增长18.9%。这表明,1979年和1980年的国民经济调整是有成效的。国民经济主要比例关系已向着协调的方向发展,在生产增长的基础上人民的生活也得到了改善。

"调整、改革、整顿、提高"方针的贯彻虽然取得了一定的成果,但由于长期形成的国民经济比例失调的现象很难在短期内完全纠正过来,长期在经济建设中形成的"左"的错误也很难立即清除。随着中国共产党第十一届三中全会确立以经济建设为中心的基本路线,以改革开放为大政方针推进中国现代化的历史时期终于拉开帷幕。中国经济社会转轨的进程及其中财税体制改革的推进,将从本书第一章开始讲述。

---

① 谢旭人主编:《中国财政60年》(上卷),经济科学出版社,2009年,第203页。

第一章
经济体制转轨下的财政体制改革

改革开放之后，我国的财税体制随着经济社会发展和体制转轨的需要，经历了包干制试点、分灶吃饭、多种地方包干以及分税制几个阶段的改革变迁。本章主要对这些财税体制的产生背景、政策内容、改革成果以及产生的问题作出分析，对我国财税体制的整个探索过程进行概括与梳理。

第一节
财政体制改革的探索过程

根据中共十一届三中全会之后的指导精神，财政体制改革总的指导思想是：既要有利于促进经济的调整和发展，又要有利于财政的平衡稳定；既要有利于调节和保护各方面的经济利益，又要有利于促使微观经济活动符合宏观决策的要求。因此，改革必须在巩固中央统一领导和统一计划，确保中央必不可少的开支的前提下，明确划分各级财政的权力和责任，做到权责结合，各司其职，各尽其责，充分发挥中央和地方两个积极性，共同承担国家财政收支的责任，保证和促进整个国民经济持续、稳定、协调发展。在改革初始阶段，财政体制改革先行的制度激励效果是明显的：一方面，通过在分配体制方面率先分权，打破了"大一统"的高度集权格局，下放财权的实质是扩大了地方配置资源的权力，形成了各地在其隶属关系内以及在体制边界外开展创新的空间和积极性；另一方面，国民收入分配格局的重大变化促进了多元化市场主体的形成并有力配合了后续的计划、价格、物资、人事等方面的渐进改革，打开了市场化机制（包括各种生产要素的价格形成机制）渐进形成的弹性空间。

一、1980年以前对财政体制改革的初步探索

在1980年之前的一段时间，财政体制改革已经进行了一些新的探索。

（一）江苏省的包干制试点

早在1970年，国务院在《第四个五年计划发展纲要（草案）》中，就提出为了充分调动地方的积极性，把大部分企业、事业单位下放到地方管理。与此相适应，财政管理体制也要进行比较大的改革，提出了收支大包干。

"文革"结束后，为了探索财政体制的新路子，1976年11月11日，时任副总理余秋里、谷牧主持讨论了江苏省财政、物资管理体制改革问题。江苏省计委和一机部、财政部、国家物资总局负责同志参加了会议。会议决定从1977年开始在江苏试行比例包干的办法。

江苏包干办法的主要内容有：（1）根据江苏省1976年决算口径，参照历史上该省财政总支出占财政总收入的比例，确定一个收入上缴、留用的比例，一定四年不变。（2）上缴国家的部分由国家安排；留给地方的部分，由地方根据中央的方针和该省的实际情况统筹安排，多收多支，少收少支，自求平衡。（3）除特大自然灾害等重大变化外，上缴和留用的比例一般不作调整。（4）年度执行过程中，如企事业单位隶属关系有变动，在年度决算时，通过上缴或补助办法另行结算。（5）实行这种体制后，中央各主管部门对于应当由地方安排的各项事业，不再归口安排支出，也不再向地方分配财政支出指标，但江苏省财政预算要报国家审批。（6）考虑到当时国家财政平衡较紧的情况，经财政部和江苏省共同商定，1977年暂按上缴58%，留用42%的比例执行，1978年至1980年按上缴57%，留用43%的比例执行。

在1978年全国计划会议期间，经有关方面商定，又对江苏省财政包干做了部分调整，适当缩小财政包干范围，并相应降低江苏财政收入留用比例。即从1978年起，基本建设投资中，地方安排的产品主要为全国服务的项目、进口装置配套项目和地方军工项目的投资；挖潜改造资金中为全国服务的短线产品措施费、出口产

品措施费和军工产品动员措施费；新产品试制费中除由地方安排的项目和资金外，由中央各主管部门包括国家科委专项补助和军工各部安排的项目和资金，都不再由江苏省实行包干。今后有关这方面的任务，包括计划确定以后追加的为全国服务的任务在内，和其他地区一样，根据国家生产建设任务的需要和实施的可能，项目由各主管部门商同地方安排，资金从分配给中央各主管部门的指标中通过财政部划拨。上述包干范围调整以后，相应调整江苏财政收入的留缴比例。从1978年起，按上缴61%，留用39%的比例执行。

江苏省包干体制的主要特点是，按收支总数确定比例包干，几年不变，这在当年称得上是财政体制改革迈出的重大一步。由于实行比例包干，几年不变，地方自主权扩大了，可以统筹安排本地区的支出，改变了长期以来由中央各部门下达指标的做法。在条块关系上，这是把过去的以"条条"为主改变为以"块块"为主，从而调动地方当家理财的积极性，也避免一年一度在预算指标上争多论少的矛盾。

由于财政管理体制上的包干办法首先在江苏省试行，缺乏经验，执行中出现了一些"扯皮"现象，同时地方的包干范围和分成比例也定得宽了一些，该省体制执行到1980年到期，从1981年起，基本上改按全国的体制来处理。

（二）多种分成体制的探索

"文革"结束后，社会主义经济建设进入了新的历史发展时期。但是在财政经济方面，面临的形势是严峻的，任务十分艰巨，需要调整和逐步改变国民经济中一些重大比例严重失调的状况，消除生产建设、流通、分配领域中的混乱现象，解决城乡人民生活中多年积累下来的一系列问题。1977年在江苏试点后，国家又开始在其他省市进行了多种形式的探索，以利于比较选择，找寻新路子。

1978年在部分省、市试行"增收分成，收支挂钩"体制，后又改为"收支挂钩，超收分成"的体制。为了进一步调动各方面的积极性，促进增产增收，经国务院批准，1978年开始在10个省、市试行"增收分成，收支挂钩"的体制。这种体制的主要内容是：（1）地方预算支出仍同地方负责组织的收入挂钩，实行总额分成；（2）地方预算收支指标及中央和地方的收入分成比例仍是一年一定；（3）地方机动财力的提取按当年实际收入比上年增长部分确定的分成比例计算，实现地机动财力与地方预算收入增长部分挂钩,地方多增收可以多得机动财力。从当时情况看,这种体制的实施对于调动地方积极性、增加财政收入有一定的积极作用。但是,由于1978年经济工作指导思想上仍然存在"左"的错误,片面追求产值,盲目扩大基建,致使国民经济比例严重失调。在国家预算方面,出现了"寅吃卯粮"、财政虚收的现象:收入增加,支出基数也扩大了。结果使增加的收入中有相当多的部分分给了地方,地方财力增加(1978年地方的滚存结余增长64%),中央预算则出现支大于收的现象。这个体制只执行了一年,除江苏实行的"固定比例包干"体制,5个少数民族自治区和云南、青海实行民族自治地方的财政管理体制以外,其他各省、市暂时改为"收支挂钩,超收分成"的办法。

此外,1979年对少数民族地区实行特殊体制。1979年中央规定,在广西、内蒙古、新疆、宁夏、西藏5个少数民族自治区和云南、青海省,实行核定基数、超收全部留用的财政体制。如出现短收,确有困难者,另行商量处理。它的特点是收支指标一年一定;预备费比一般省市多,一般省市为3%,这些地区是5%;除正常支出外另加5%的机动金;中央财政增拨一笔民族地区的补助费;超收部分全部留给自治区。

总之,在20世纪70年代特别是1977—1978年,我国对财政体制改革进行了初步的探索,为1980年以后的改革积累了一定的经验。这些体制在形式上与以前实行过的某些体制有相似之处,但具体内容已有较大改进。而且同一时期,对不同地区分别实行四种不同体制形式,是以往从没有过的。但是,这几年实行的几种财政体制,从实践过程看也存在着不少问题和矛盾。例如,每年核定财政收支,一年一变,年初吵"盘子",年中吵追加,年底吵遗留问题等。

二、1980年"分灶吃饭"的财政体制

从1980年起,国家下放财权,在预算管理体制上实行"划分收支,分级包干"的办法,俗称"分灶吃饭"体制。这次改革的基本原则是:在巩固中央统一领导和统一计划,确保中央必不可少的开支的前提下,明确划分各级财政和经济单位在财政管理方面的权力和责任,做到权责结合,各行其职,各负其责,充分发挥中央

和地方两个积极性。其基本内容是：按经济管理体制规定的隶属关系，明确划分中央和地方的收支范围，收入实行分类分成，分为中央固定收入、地方固定收入、固定比例分成收入和调剂收入。中央和地方的支出范围按企事业单位的隶属关系划分；地方的预算支出首先用地方的固定收入和固定比例分成收入抵补，有余者上缴中央，不足者从调剂收入中解决，并确定相应的调剂分成比例。若三项收入仍不足以平衡地方预算支出的，由中央按差额给予定额补助。中央与地方对收入的各项分成比例或补助定额确定后，原则上五年不变，地方在划定的收支范围内自求平衡。

（一）"分灶吃饭"财政体制的做法

由于我国幅员辽阔，各地的实情不同，因此"分灶吃饭"的做法在各地不尽相同。除了北京、天津、上海三大市以外，各地做法大致有以下几种：

（1）对广东、福建两省实行"划分收支，定额上交或定额补助"的特殊照顾办法。广东、福建两省靠近港澳，华侨多，资源比较丰富，具有加快经济发展的许多条件。因此中央对两省的对外经济活动实行特殊政策和灵活措施，给地方更多的自主权，使之利用有利形势，先行一步，把国民经济尽早搞上去。在财政收入方面，除中央直属企业、事业单位的收入和关税划归中央以外，其余收入均作为地方收入。在财政支出方面，除中央直属企业、事业单位的支出归中央外，其余的支出均作为地方支出。按照上述划分收支的范围，以这两省1979年财政收支决算数字为基数，确定一个上交或补助的数额，五年不变。执行中收入增加或支出结余部分全部留归地方使用。在财政体制上，对广东实行"划分收支，定额上交"的包干办法，对福建实行"划分收支，定额补助"的包干办法。这种做法能使地方的好处多一些，能促使这两省尽快把生产建设搞上去，为国家多创造外汇收入。

（2）对四川、陕西、甘肃、河南、湖北、湖南、安徽、江西、山东、河北、辽宁、黑龙江、吉林、浙江等省实行"划分收支，分级包干"的办法。所谓划分收支，就是按照隶属关系，明确划分中央和地方的收支范围。在收入方面，中央企业收入、关税收入归中央财政，作为中央财政的固定收入；地方企业收入、盐税、农牧业税、工商所得税、地方税和地方其他收入归地方财政，作为地方财政的固定收入。经国务院批准，上划给中央部门直接管理的企业，其收入作为固定比例分成收入，中央分80%，地方分20%。工商税则作为中央和地方的调剂收入。在支出方面，中央所属企业的流动资金、挖潜改造资金和新产品试制费，地质勘探费，国防战备费，对外援助支出，国家物资储备支出，以及中央级的文教卫生科学事业费，农林、水利、气象等事业费，工业、交通、商业部门事业费和行政费等，归中央财政支出。地方的统筹基本建设投资，地方所属企业的流动资金、挖潜改造资金和新产品试制费，支援农村人民公社支出和农林、水利、气象等事业费，工业、交通、商业部门事业费，城市维护费，城镇人口下乡费，文教卫生科学事业费，抚恤和社会救济费，行政管理费等，归地方财政支出。有些特殊支出，如特大自然灾害救济费，支援经济不发达地区的发展资金等，则由中央专项拨款。所谓"分级包干"，就是按照划分的收支范围，以1979年收入预计数字为基数计算，地方收入大于支出的，多余部分按比例上交；支出大于收入的，不足部分由中央从工商税中确定一定比例进行调剂；个别地方将工商税全部留下，收入仍小于支出的，由中央给予定额补助。分成比例和补助数额确定以后，五年不变。在包干的五年中，地方多收了可以多支，少收了就要少支，自行安排预算，自求收支平衡。该办法的好处是有利于地方在五年内统筹规划生产建设和各项事业的发展，有利于促进增产节约，增收节支，也有利于鼓励先进，鞭策落后。

（3）内蒙古、新疆、西藏、宁夏、广西五个自治区和云南、青海、贵州少数民族比较多的三个省，仍然实行民族自治地方财政体制，保留原来对民族自治地区的特殊照顾，并作两条改进：一条是对这些地区也采取包干的办法，参照上述第二种办法划分收支范围，确定中央补助的数额，并由一年一定改为一定五年不变。另一条是地方收入增长的部分全部留给地方，中央对民族自治区的补助数额，每年递增10%。这两条改进体现了党和国家对民族地区的特殊支持政策。

（4）江苏省继续试行固定比例包干办法。江苏省从1977年就开始试行固定比例包干的财政管理体制，即根据历史上地方财政支出占收入的比例，确定一个上交、留用的比例，一定四年不变。1977年暂定上交58%，留用42%，1978年至1980年上交57%，留用43%。该办法实行一年后，由于江苏省难以承担为全国服务的项目建设，又调整了包干范围和留交比例，改为上交61%，留用39%。该办法适当扩大了地方财力。

（二）"分灶吃饭"财政体制的特点

实行分级包干的预算管理体制，是国家财政管理体制的重大改革。它在收支结构、财权划分和财力分配等方面，都发生了很大变化。同老的财政体制比较，新的财政体制有以下几方面特点：

（1）由"一灶吃饭"改为"分灶吃饭"，打破了高度集中、吃大锅饭的局面，有利于在中央统一领导和计划下调动两个积极性，有利于经济的调整和整顿。

（2）财力的分配由"条条"为主改为"块块"为主，改变了"条条"管理体制下地方难以统筹安排的局面。改革后改由地方根据中央的方针政策、国家计划和地方的财力统筹安排财政，大大增加了地方的财政权限，有利于因地制宜地发展地方生产建设事业。

（3）分成比例和补助数额由一年一定改为五年一定，减少了中央和地方之间的争吵，便于地方制定和执行长远规划，发展地方的经济和社会事业。

（4）实现了事权与财权统一和权力与责任的统一。这种财政体制是根据计划与财政实行两级管理的原则设计的，财政的收支范围又是根据企事业单位的隶属关系划分的。谁的企业，收入就归谁支配；谁的基建、事业，支出就由谁安排。其事权与财权比较统一，权力与责任也挂得比较紧。

实践证明，"分灶吃饭"的预算体制在特定阶段体现了它的优越性，在服务于全局的分权改革的同时，它不仅扩大了地方的财权，同时也加强了地方的经济责任，从而促使地方各级领导大大加强对财政工作的指导，使地方有了发展本地区生产建设事业的内在经济动力和能力，促使他们大力挖掘本地区的生产、物资和资金的潜力，合理、节约、有效地安排和使用资金，提高资金的使用效益，不断增加财政收入，也促使地方加快了调整国民经济结构的步伐。

（三）"分灶吃饭"财政体制的调整和改进

"分灶吃饭"的财政体制在执行过程中，也逐渐暴露出缺陷，如统收的局面已被打破，而统支的局面却没有完全打破，地方发生一些当地财力解决不了的事情时还是向中央提要求。中央财政收入逐年下降，而中央财政支出却未减少，致使中央财政相当困难,国家重点建设资金缺乏保障,以致中央财政不得不向地方财政借款以弥补缺口。因此,1983年在总结前三年实践经验的基础上,对分灶吃饭的财政体制又做了一些调整和改进:

(1) 从1983年起,除广东、福建两省继续实行大包干财政体制外,相当一部分省、市、自治区实行收入按固定比例总额分成的包干办法。

(2) 由于国家预算有赤字,中央财政困难,将中央财政向地方财政的借款改为调减地方的支出包干基数,或者减少补助数额予以解决。

(3) 将卷烟、酒两种产品的工商税划归中央财政收入,以限制其盲目发展。

(4) 凡是中央投资兴建的大中型企业收入,属中央财政收入;中央与地方共同投资兴建的大中型企业收入,按投资比例分成。

(5) 从1983年起,将县办工业企业的亏损,由中央财政分担80%,县财政负担20%的分担办法改由中央财政和县财政各负担一半。

(四)"分灶吃饭"财政体制改革的简要评价

1980年"划分收支,分级包干"的财政体制,是我国改革开放以后对传统的高度集中财政体制的一次重大改革。这次改革打破了原来僵化的体制,调动了地方和企业的生产积极性,促进了社会生产力发展。由"吃大锅饭"改为"分灶吃饭";财力的分配由"条条"为主改为"块块"为主;分成比例和补助数额,由一年一定改为五年一定;事权与财权、权力与责任比较统一。这些都使这次改革发挥了特定历史时期的制度创新作用,以分权为手段提高了地方和企业的生产积极性,加强了地方政府的财政管理责任。

但这个改革还属于政府按照行政隶属关系"条块分割"控制企业旧体制痼疾的行政性分权,中央和地方的关系也并未达到规范与稳定的状态,中央财政困难和地方保护主义"诸侯经济"的问题渐趋显著,随着经济发展和体制改革的进一步深化,需要适时加以改进。

三、1985年分级包干的财政体制

经过1983年、1984年两步"利改税"改革后,税收成为国家财政收入的主要形式，因此，中央决定从 1985 年起实行"划分税种、核定收支、分级包干"的预算管理体制，其基本原则是在总结前几年预算管理体制经验的基础上，存利去弊，扬长避短，继续坚持"统一领导，分级管理"的原则，进一步明确各级财政的权力和责任，做到权责结合，充分发挥中央和地方两个积极性。其主要内容包括：按税种将收入分为中央固定收入、地方固定收入、中央和地方共享收入。按隶属关系划分中央财政支出和地方财政支出，对不宜实行包干的专项支出，由中央专项拨款安排。按基数核定的地方预算收支，凡是固定收入大于支出的，定额上解中央；固定收入小于支出的，从中央和地方共享收入中确定一个分成比例留给地方；地方固定收入和中央地方共享收入全留地方仍不足以抵补其支出的，由中央定额补助。收入分配办法确定以后，一定五年不变，地方多收多支、少收少支、自求平衡。

在收入方面，基础按照"利改税"第二步改革以后的税种设置，划分各级财政收入。其中，中央财政的固定收入包括：中央国营企业的所得税、调节税；铁道部和各银行总行、保险总公司的营业税；军工企业的收入；中央包干企业的收入；中央经营的外资企业的亏损；粮、棉、油超购加价补贴；烧油特别税；关税和海关代征的产品税、增值税；专项调节税；海洋石油、外资合资企业的工商统一税、所得税和矿区使用费；国库券收入；国家能源交通重点建设基金；其他收入。石油部、电力部、石化总公司、有色金属总公司所属企业的产品税、营业税、增值税，以其 70% 作为中央财政固定收入。地方政府的固定收入包括：地方国营企业的所得税、调节税和承包费；集体企业所得税；农牧业税；车船使用牌照税；城市房地产税；屠宰税；牲畜交易税；集市交易税；契税；地方包干企业收入；地方经营的粮食、供销、外贸企业亏损；税款滞纳金、补税罚款收入；城市维护建设税和其他收入。尚待开征的土地使用税、房产税和车船使用税，将来也列入地方财政固定收入。石油部、电力部、石化总公司、有色金属总公司所属企业的产品税、营业税、增值税，以其 30% 作为地方财政固定收入。中央和地方财政共享收入包括：产品税、营业税、增值税（以上三种税收收入均不包含石油部、电力部、石化总公司、有色金属总公司四个部门所属企业和铁道部以及各银行总行和保险总公司缴纳的部分）；资源税；建筑税；盐税；个人所得税；国营企业奖金税；外资、合资企业的工商统一税、所得税（不含海洋石油企业缴纳的部分）。

在支出方面，仍按照隶属关系划分各级财政支出。其中，中央财政支出包括：中央基本建设投资；中央企业的挖潜改造资金、新产品试制费和简易建筑费；地质勘探费；国防费；武装警察部队经费；人民防空经费；对外援助支出；外交支出；国家物资储备支出，以及中央级的农林水利事业费，工业、交通、商业部门事业费，文教科学卫生事业费，行政管理费和其他支出。地方财政支出包括：地方统筹基本建设投资；地方企业的挖潜改造资金、新产品试制费和简易建筑费；支农支出；城市维护建设费，以及地方的农林水利事业费，工业、交通、商业部门事业费，文教科学卫生事业费，抚恤和社会救济费，行政管理费（含公安、安全、司法、检察支出），民兵事业费和其他支出。对于不宜实行包干的专项支出，如特大自然灾害救济费、特大干旱和防汛补助费、支援经济不发达地区的发展资金、边境建设事业补助费等，由中央财政专项拨款，不列入地方财政支出包干范围。

为了适应经济体制改革中变化因素较多的情况，正确处理中央与地方的关系，在1985年和1986年两年内，除了中央财政固定收入不参与分成外，把地方财政固定收入和中央、地方共享收入加在一起，同地方财政支出挂钩，确定一个分成比例，实行总额分成。

广东、福建两省继续实行财政大包干办法，原定上解或补助的数额，应根据上述收支划分范围和"利改税"第二步改革后的收入转移情况，进行相应的调整。

对民族自治区和视同民族地区待遇的省，按照中央财政核定的定额补助数额，在五年内继续实行每年递增10%的办法。

经国务院批准实行经济体制改革综合试点的重庆、武汉、沈阳、大连、哈尔滨、西安、广州等城市，它们在国家计划中单列以后，也实行全国统一的财政管理体制。

在财政体制执行过程中，由于企业、事业单位的隶属关系改变，应相应地调整地方的分成比例和上解、补助数额，或者单独进行结算。由于国家调整价格，增加职工工资和采取其他经济改革措施，而引起财政收支的变动，除国务院另有规定外，一律不再调整地方的分成比例和上解、补助数额。中央各部门未经国务院批准和财政部同意,均不得对地方下达减收增支的措施。

四、1988 年实行多种形式的财政包干体制

1985 年实行的"划分税种、核定收支、分级包干"体制,存在着"鞭打快牛"的弊病,地方留成比例小,不利于调动地方发展经济和组织收入的积极性,有的地区甚至出现了财政收入下滑的情况。另一方面,中央财政经过几年下放财权,中央本级直接组织的收入占全国财政收入的比例逐年下降,中央负担的支出有增无减,以致连年发生赤字。针对这些问题,1988 年 7 月 28 日,国务院发布了《国务院关于地方实行财政包干办法的决定》,从 1988 年开始执行。这实际上是一个过渡性的财政体制。全国 39 个省、自治区、直辖市和计划单列市,除广州、西安两市财政关系仍分别与广东、陕西两省联系外,其余 37 个地区分别实行不同形式的包干办法。

(一)收入递增包干办法

该办法以 1987 年决算收入和地方应得的支出财力为基数,参照各地近几年的收入增长情况,确定地方收入递增率(环比)和留成、上解比例。在递增率以内的收入,按确定的留成、上解比例,实行中央与地方分成;超过递增率的收入,全部留给地方;收入达不到递增率,影响上解中央的部分,由地方用自有财力补足。实行该办法的地区有 10 个,他们的收入递增率和留成比例分别为:北京市 4% 和 50%;河北省 4.5% 和 70%;辽宁省(不包括沈阳市和大连市)3.5% 和 58.25%;沈阳市 4% 和 30.29%;哈尔滨市 5% 和 45%;江苏省 5% 和 41%;浙江省(不包括宁波市)6.5% 和 61.47%;宁波市 5.3% 和 27.93%;河南省 5% 和 80%;重庆市 4% 和 33.5%。

(二)总额分成办法

该办法根据前两年的财政收支情况核定收支基数,以地方支出占总收入的比重,确定地方的留成和上解中央比例。实行该办法的地区有 3 个,其总额分成(地方留用)比例为:天津市 46.5%;山西省 87.55%;安徽省 77.5%。

(三) 总额分成加增长分成办法

在总额分成办法的基础上,收入比上年增长的部分,另加分成比例,即每年以上年实际收入为基数,基数部分按总额分成比例分成,增长部分除按总额分成比例分成外,另加"增长分成"比例。实行该办法的地区有3个,其总额分成比例和增长分成比例分别为:大连市27.74%和27.26%;青岛市16%和34%;武汉市17%和25%。

(四) 上解额递增包干方法

该方法以1987年上解中央的收入为基数,每年按一定比例递增上交。实行该办法的地区有2个,其上解额和递增包干比例分别为:广东省14.13亿元和9%;湖南省8亿元和7%。

(五) 定额上解办法

该办法是按原来核定的收支基数,收大于支的部分,确定固定的上解数额。实行该办法的地区有3个,其上解额分别为:上海市105亿元;山东省(不包括青岛市)2.89亿元;黑龙江省(不包括哈尔滨市)2.99亿元。

(六) 定额补助办法

该办法按原来核定的收支基数,支大于收的部分实行固定数额补助。实行该办法的地区有16个,中央对其补助数额分别为:吉林省1.07亿元;江西省0.45亿元;福建省0.5亿元(1989年开始执行);陕西省1.2亿元;甘肃省1.25亿元;海南省1.38亿元;内蒙古自治区18.42亿元;广西壮族自治区6.08亿元;贵州省7.42亿元;云南省6.73亿元;西藏自治区8.98亿元;青海省6.56亿元;宁夏回族自治区5.33亿元;新疆维吾尔自治区15.29亿元;湖北省和四川省划出武汉、重庆两市后,由上解省变为补助省,其支出大于收入的差额,分别由两市从其收入中上交省一部分,作为中央对地方的补助。两市上交本省的比例为4.78%和10.7%。

各省、自治区、直辖市、计划单列市、县的财政管理体制,由各地人民政府根据国务院的决定精神和当地的情况自行研究决定。

表 1-1-1 多种形式财政包干体制一览表

包干方式	内容	省、市、自治区名称
收入递增包干	以1987年决算收入和地方应得的支出财力为基数，参照各地近几年的收入增长情况，确定地方收入递增率（环比）和留成、上解比例。	北京市4%和50%； 河北省4.5%和70%； 辽宁省（不包括沈阳市和大连市）3.5%和58.25%； 沈阳市4%和30.29%； 哈尔滨市5%和45%； 江苏省5%和41%； 浙江省（不包括宁波市）6.5%和61.47%； 宁波市5.3%和27.93%； 河南省5%和80%； 重庆市4%和33.5%。
总额分成	根据前两年的财政收支情况，核定收支基数，以地方支出占总收入的比重，确定地方的留成和上解中央比例。	天津市46.5%； 山西省87.55%； 安徽省77.5%。
总额分成加增长分成	在总额分成办法的基础上，收入比上年增长的部分，另加分成比例，即每年以上年实际收入为基数，基数部分按总额分成比例分成，增长部分除按总额分成比例分成外，另加"增长分成"比例。	大连市27.74%和27.26%； 青岛市16%和34%； 武汉市17%和25%。
上解额递增包干	以1987年上解中央的收入为基数，每年按一定比例递增上交。	广东省14.13亿元和9%； 湖南省8亿元和7%。
定额上解	按原来核定的收支基数，收大于支的部分，确定固定的上解数额。	上海市105亿元； 山东省（不包括青岛市）2.89亿元； 黑龙江省（不包括哈尔滨市）2.99亿元。

(续表)

包干方式	内容	省、市、自治区名称
定额补助	按原来核定的收支基数，支大于收的部分，实行固定数额补助。	吉林省 1.07 亿元； 江西省 0.45 亿元； 福建省 0.5 亿元（1989 年开始执行）； 陕西省 1.2 亿元； 甘肃省 1.25 亿元； 海南省 1.38 亿元； 内蒙古自治区 18.42 亿元； 广西壮族自治区 6.08 亿元； 贵州省 7.42 亿元； 云南省 6.73 亿元； 西藏自治区 8.98 亿元； 青海省 6.56 亿元； 宁夏回族自治区 5.33 亿元； 新疆维吾尔自治区 15.29 亿元； 湖北省（不包括武汉）4.78%； 四川省（不包括重庆）10.7%。

资料来源：国务院《关于地方实行财政包干办法的决定》，1988 年 7 月 28 日。

（七）探索乡镇财政体制

从 1983 年起，财政部根据中共中央、国务院的部署逐步开展了乡镇财政建设工作，各地采取试点、探索、逐步完善的办法，确定了不同的体制形式，主要有以下几种：

收支挂钩，即定收定支，收支挂钩，总额分成，一年一定或一定几年。

超收分成，即定收定支，收入上缴，超收分成（或增长分成），支出下拨，超支不补，结余留用，一年一定。

收支包干，即县财政对乡镇财政划分一定的收支范围，确定收支基数后，计算上缴或补助数额，一次包死，一年一定或一定几年。

五、其他方面的配套改革

在实行"划分收支,分级包干"财政管理体制的同时,财政管理体制其他方面也相继进行了一系列的改革。这些改革包括:

(一)改革国家与企业的分配关系

在国家与企业的关系方面,继 1978 年实行企业基金办法以后,为了扩大企业的自主权,改变国家对企业统得过死的状况,根据企业的不同情况,采取多种形式的利润留成或包干制度,不搞"一刀切"。1978—1982 年的四年间,企业提取的基金、利润留成和其他形式的包干分成,合计 424 亿元。1983 年和 1984 年分两步实行"利改税",将国营企业应当上交国家的财政收入按十一个税种向国家交税,由"税利并存"逐步过渡到完全的"以税代利",税后利润归企业自主安排使用。1987 年普遍推行企业承包经营责任制,坚持"包死基数,确保上交,超收多留,欠收自补"的自负盈亏原则。企业有了一定的经济自主权和财权,这对调动企业的积极性,增强职工的主人翁责任感,搞活经济,起到了积极的作用。

(二)加强对预算外资金的管理

随着经济体制的改革和生产事业的发展,预算外资金有了很大增长,对搞活企业,促进国民经济和社会发展发挥了积极作用。但由于财经纪律松弛,管理制度不完善,预算外资金的管理和使用存在很多问题。为加强对预算外资金的管理,搞好社会财力的综合平衡,更好地发挥其在国民经济建设中的作用,国务院于 1986 年 4 月 12 日向全国发出《国务院关于加强预算外资金管理的通知》,该通知规范了预算外资金的范围,规定各种预算外资金的收费标准、提留比例、开支范围和标准都必须按国务院及财政部规定的制度执行,国家有规定用途的专项资金,要保证按规定使用。除国务院或财政部另有规定外,各地区、各部门、各单位有权按照国家有关规定,自行安排使用预算外资金,任何地区、部门都不得平调。预算外资金用于基本建设要严格控制,并按规定程序报批。职工福利基金、奖励基金和工资增长基金,必须按财政、劳动人事部门和主管部门核定的比例提取,坚持先提后用,并按规定缴纳奖金税和工资调节税。不得用发展生产和发展事业的预算外资金发放奖金、实物和补贴。各地区、各部门对预算外资金的管理可以在资金所有权不变的前提下，采取不同的方式，并应编制年度预算外资金收支计划和决算，并按季报送收支执行情况，由财政部门逐级汇总后，上报财政部。财政部要及时向国务院报告预算外资金收支情况，并抄送国家计委、国家经委、国家统计局。预算外资金的预决算制度和会计制度，由财政部制定。各级财政部门应建立健全预算外资金管理机构，要经常掌握预算外资金收支计划的执行情况。

（三）建立健全国有资产管理体制，优化国有资产管理

1988年国务院决定设立国家国有资产管理局作为国家国有资产的代表者，行使国家赋予的国有资产所有者的代表权、国有资产的监督管理权、国家投资的收益权、资产处置权。同时规定了具体管理职责、管理对象与范围。国家国有资产管理局有计划、有步骤地开展了清产核资工作，积极进行国有资产产权登记工作，大力推进国有资产的评估工作。同时积极参与清理整顿公司和参与完善企业承包经营责任制工作，建立国有资产保值增值的考核指标和管理制度，加强了对土地资源、森林资源、水资源、矿产资源、人工造林等国有资源资产化管理的改革，促进国有资产的保值、增值。

（四）对文化、教育、科学、卫生事业单位和行政机关试行预算包干的办法

这种方法对于调动单位和职工当家理财的积极性、加强单位的财务管理、开源节流、增收节支、提高资金使用效益具有很大作用，同时它还在促进单位挖掘潜力、扩大服务项目、提高服务质量、转变工作作风等方面也起到了积极的作用。

（五）拓展国债事业

1986年3月15日，时任国务委员兼财政部长王丙乾在全国国库券发行工作会议上强调要加强国库券发行工作，将国库券发行工作长期进行下去。"七五"时期，我国国库券发行规模显著扩大，实际发行751.78亿元，占"七五"时期财政收入的6%。从发行种类来看，逐渐由单一种类向多元化发展，建设债券、财政债券、特种国债、保值公债等先后出现，债券期限也更加多样化，扩大了国内公债的发行规模，促进了国债的流通。

（六）推动农业发展

从 1979 年开始，国家较大幅度地提高农副产品的收购价格，减免了一部分税收，使农民得以休养生息，有利于加速农业的发展。

（七）改革基本建设投资贷款制度

从 1979 年开始对基本建设单位进行由财政拨款改为贷款的试点，基本建设投资拨款先后实行了"双轨制""基金制"和"贴息制"，提高了资金的使用效率。

第二节
财政体制探索取得的成效及其存在的问题

一、"分灶吃饭、分级包干"财政体制所取得的成果

（一）打破了高度集中财政体制的僵化局面

"分灶吃饭、分级包干"的财政体制打破了高度集中财政体制的僵化局面，为经济体制改革打开了突破口，在收支结构、财权划分和财力分配等方面，都发生了很大变化。它使地方由"吃大锅饭"改为"分灶吃饭"，明确了收支划分，在中央统一领导和计划下，各地方政府自主，有利于调动中央和地方两个积极性，有利于经济的调整和整顿。财力的分配也由"条条"为主改为"块块"为主，地方可以根据需要统筹安排、调剂使用资金，大大增加了地方的财政权限，有利于因地制宜地发展地方生产建设事业。在分成比例和补助数额方面，由一年一定改为五年一定，便于地方制定和执行长远规划，发展地方的经济和社会事业。与原来高度集中的财政体制相比，"分灶吃饭、分级包干"的财政体制事权与财权比较统一，权力与责任也挂得比较紧。总之，这期间的财政体制改革，使国家财政体制中原来存在的财权集中过多、分配统得过多、管得过死的僵化局面被打破，转而积极构建一个比较合理的、分层次的国家财力分配结构，在一定程度上解决了原体制"鞭打快

牛"的问题，有利于调动地方政府组织财政收入的积极性，从而推进了地方经济发展。

（二）发挥了特定历史时期的制度创新作用

财政体制改革发挥了特定历史时期的制度创新作用。"分灶吃饭、分级包干"等形式的财政体制使地方每年应得的好处很明确，扩大了地方的财力和企业的自主权，因而提高了地方和企业的生产积极性，使地方有了发展本地区生产建设事业的内在经济动力和能力。地方政府出于追求政绩和当地繁荣的考虑，会主动为本地的企业发展创造宽松和良好的环境，扶植乡镇企业、私营企业、外资企业等非国有经济成分或非公有制经济成分的发展，使"体制外经济"比重上升，形成了市场主体多元化格局，促使地方加快了国民经济结构调整的步伐。划分收支和自求平衡的做法，不仅提升了地方政府的财权，同时也加重了它们的责任，促使地方各级政府加强对财政工作的指导，形成了增产节支的管理机制。实行"分灶吃饭、分级包干"的财政体制后，我国在其他方面也随之进行了一系列改革，如规范国家和企业之间的分配关系，实行"利改税"和"税利分流"，改革基本建设投融资管理体制，对文教、行政事业单位试行"预算包干"，加强对预算外资金的管理等，这些都可以看作是经济体制和财政制度的后续创新。虽然"分灶吃饭、分级包干"的财政体制还受内在的行政性分权逻辑的制约，但其分权不仅带来不同于以往的运行特点，它所发挥的制度创新作用也是不容低估的。

（三）促进了经济和社会发展

"分灶吃饭、分级包干"的财政体制促进了经济和社会发展。1980年"分灶吃饭"财政体制的改革，正值我国第六个五年计划时期，由于财政体制改革发挥了中央和地方两个积极性，增强了企业活力，释放了它们发展经济和各项社会事业的积极性，促使经济社会发生了很大的变化，保障了"六五"计划的顺利完成。从工农业生产增长来看，"六五"计划期间，工业生产总值平均每年增长12%，农业生产总值平均每年增长8.1%。这样的增长速度高于世界许多国家同期的增长速度。特别是农业生产发展迅速，是1949年以来最快的时期。从重要产品产量看，粮食的年平均产量由6160亿斤增加到7412亿斤，棉花由4480万担增加到8640万担，原煤产量由6.2亿吨增加到8.5亿吨。基本建设也取得了很大成绩,全民所有制单位固定资产投资额达到了5300亿元,新增固定资产3880亿元,建成投产大中型项目496个。对外经济贸易和技术交流活跃,进出口贸易总额合计达到2300亿美元,在世界上的排名明显提高。科学、教育和文化事业出现新局面,国家财政用于这些方面的经费共计1172亿元,比"五五"时期增长了1倍。人民生活得到了改善,城乡居民收入大幅增长,五年间农民人均纯收入年均增长13.7%,城镇职工家庭人均收入年均增长6.9%,城镇安排就业劳动力达到3500多万人。城乡居民消费水平迅速提高,人民的居住条件有所改善,城乡居民储蓄大幅度增长,1985年末达到1623亿元,比1980年末增长3倍。从国家财政情况来看,财政收入也发生了很大的变化,在1983—1985年出现了稳定增长的势头,"六五"期间财政收入逐年增加,1983年增加了127亿元,1984年增加了255亿元,1985年增加了362亿元,全年总收入达到1829亿元,并实现了收支平衡。同时,预算外资金也大幅度增加,1985年达到1430亿元,预算内外合计比1980年增加了1倍。而且中央和地方财政收入都呈现增长的趋势,全国财政收入从1979年的1146亿元增加到1983年的1367亿元,增加了221亿元;中央财政收入由1979年的231亿元增加到1983年的490亿元。

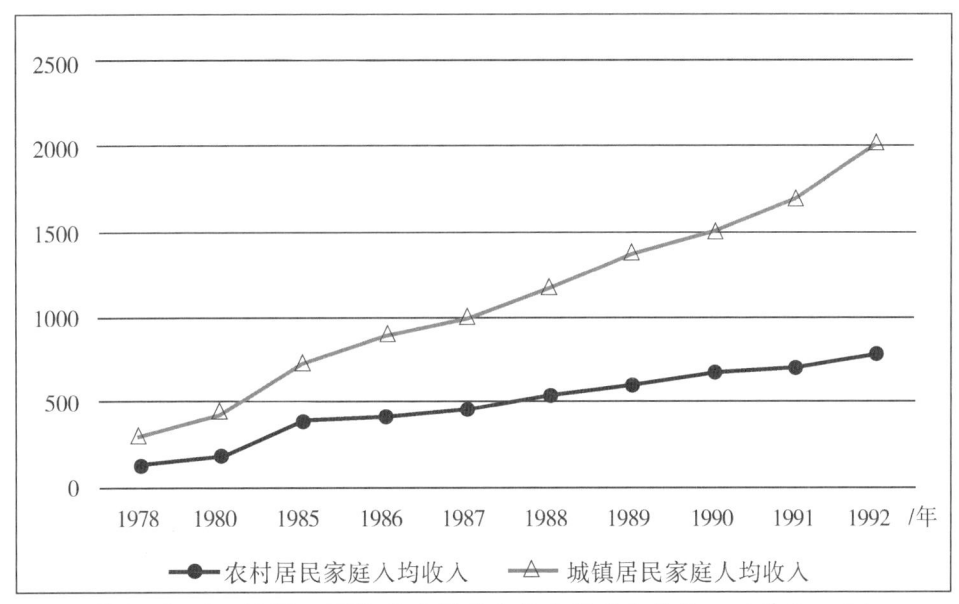

图1-2-1 1978—1992年我国城乡居民家庭人均收入(单位:元)

资料来源:根据《国家统计年鉴》相关数据整理。

(四）逐步发挥了市场机制的作用

从放权让利开始打破以计划手段为主的资源配置方式，逐步引入市场机制并注重发挥其在资源配置中的基础性作用，使公有制为主体、多种所有制并存的经济格局基本形成。在农村，实行家庭联产承包责任制，农民家庭拥有土地使用权和剩余产品，成为农业生产经营的基本单位。农业发展水平和农民收入大幅度提高，增加了农村集体和家庭的积累，进一步带动了乡镇企业的快速发展。在城市，推出了以放权让利为特征的国有企业改革，推行承包制、股份制，企业拥有了更多的经营自主权，同时鼓励和支持非公有经济发展。相应地，市场交易逐步恢复，交易规模不断扩大，自主经营的市场主体开始形成并日趋增加，市场价格机制和竞争机制渐渐发挥作用。与此同时，市场化取向的改革逐渐从微观领域扩展到宏观领域，从局部机制扩展到整个经济体制，商品流通体制、物资管理体制、信贷管理体制、外汇体制和就业制度等方面的改革渐次展开；产品价格形成机制也逐渐从计划管理转向市场调节，市场机制在资源配置中的地位逐渐增强，并发挥越来越重要的作用。随着农村和城市改革的逐步推进，个体、私营经济等非公有制经济作为公有制经济的必要补充，获得了一定的发展空间，个体、私营经济等非公有制经济开始成为所有制结构中的重要组成部分；在对外开放战略思想的指导下，中国政府积极支持涉外经济发展，鼓励引进和利用外资，中外合资经营企业、合作经营企业和外商独资企业也获得了较快发展；混合所有制经济成为中国所有制结构中极具活力的生长点。该时期的经济格局如下表所示：

表 1-2-1 1979—1992 年部分经济指标的所有制格局

项目	1978年	1980年	1985年	1990年	1991年	1992年
1. 工业总产值比例/%						
全民所有制	77.6	76	64.9	54.6	52.9	48.1
集体所有制	22.4	23.5	32.1	35.6	35.7	38
个体经济	—	—	1.8	5.4	5.7	6.8
其他经济类型	—	0.5	1.2	4.4	5.7	7.1

(续表)

项目	1978年	1980年	1985年	1990年	1991年	1992年
2. 国家财政收入比例/%						
全民所有制	86.8	85.4	73.1	70.2	67.9	66.1
集体所有制	12.7	14	21.8	17.4	16	14.6
个体经济	0.5	0.6	4.1	7.3	10.5	14.5
其他经济类型			1	5.1	5.6	4.8
3. 社会商品零售总额比例/%						
全民所有制	54.6	51.4	40.4	39.6	40.2	41.3
集体所有制	43.3	44.6	37.2	31.7	30	27.9
个体经济	0.1	0.7	15.4	18.9	19.6	20.3
其他经济类型	2	3.3	7	9.8	10.2	10.5

资料来源：谢旭人主编：《中国财政改革三十年》，中国财政经济出版社，2008年。

总的看来，该时期的财政体制改革调动了地方政府发展生产、增收节支的积极性，使企业更加重视经济效益和资金的使用效果，打开了其他方面渐进改革的空间。

二、存在的主要问题

随着经济和社会的发展，"分灶吃饭、分级包干"的财政体制的弊端也日益显现，成为深化市场取向改革遇阻和政府间财政分配关系不稳定的重要原因之一。其根源在于，这种"分灶吃饭"框架内的财政包干制始终未能消除传统体制弊病的症结。问题主要表现为：

（一）强化了地方保护与无序竞争，助长了地方保护主义和市场分割

"分灶吃饭"固然提高了地方政府理财的积极性，但出于增加本级收入的动机和受扭曲的市场价格信号的引导，地方政府一方面从中央政府那里争夺各种体制性资源和各种优惠政策，另一方面在本地区追求局部利益最大化，地方投资往往大量

涌向投资少、建设周期短、收效快的"短、平、快"项目，造成盲目生产和重复建设，加剧投资膨胀和产业结构失调。各地滥行减免税、低水平重复建设、市场分割和地方保护主义措施纷纷出台，演化成"诸侯经济"，割裂统一市场，画地为牢，妨碍竞争机制的充分发育和产业结构的优化。一些地方对组织财政收入不积极，有意让企业多留利，再通过收费摊派等手段满足本级财力，这种情况不利于促进企业公平竞争和各地经济的协调发展。

（二）制度存在明显的不规范性和不稳定性

在核定收支基数和比例时不够客观，每一次体制调整都以地方政府前期的既得财力为主确定基数。在实际中，各地都倾向于增加支出基数，压缩收入基数，提高分成比例，"讨价还价"的现象十分普遍，没有很好地体现公平与效率原则，不利于社会主义市场经济条件下的平等竞争。中央和地方的关系仍然缺乏稳定性，在许多具体事项上不能划清范围，结果"包而不干"，打破了统收却实际并未打破统支的局面，地方发生一些当地财力解决不了的事情时，还是向中央要钱。名曰"分灶吃饭"，实际上还没有完全做到"分灶"，一些地方仍然要依赖中央，吃国家的"大锅饭"。最后矛盾集中反映到中央财政，中央财政不得不填补地方上的收支缺口。

（三）仍然束缚企业活力，助长了投资膨胀与结构失调

按照行政隶属关系控制企业，是传统体制的根本弊病所在。由于财政包干制仍然按照行政隶属关系组织各级政府的财政收入，因而这一弊病在政府财力分配中以体制因素形式得到延续，只不过在行政性分权格局中，行政隶属关系控制从"条条"为主变为"块块"为主。企业隶属关系的变更会影响企业层面的生产经营和市场运行，并且政府对企业有亲疏之分。各级政府热衷于尽力多办"自己的企业"并对其过多干预与"关照"，而对收入不属于本地区的企业则漠不关心。如果企业经营不善，亏损严重，则照样由政府搭救，基本上不存在规范的优胜劣汰、存量重组的机制，破产法对绝大多数国有企业形同一纸空文。在人事任用方面，国有企业的厂长、经理对上级任用机构负责而非对企业盈利负责，企业自主经营仍步履维艰，各种老的、新的"大锅饭"难以有效消除。

(四) 削弱了中央宏观调控能力

在改革方法上生搬硬套，简单地把企业承包机制引入财政体制，使中央财政和地方财政之间的分配关系从一个极端走到另一个极端。中央财政困难较大，收支难以平衡，两个比重下降（见图 1-2-2），弱化了中央政府的宏观调控能力。在财政包干体制下，由于不能保证政府财力必要的集中程度和中央与地方间合理的分配关系，无论采取哪种包干形式，都把中央财政包死了，中央财政收入不能随着经济的发展"水涨船高"。在地方收入增量中，地方财政留得过多，中央财政所得份额过少，导致中央财政在新增收入中的份额逐步下降。1989 年，地方新增财政收入中，中央财政只分到 4.8%。地方政府采取某些保护地方利益的措施，税收优惠和减免过滥，自定某些政策藏富于企业。特别是财力较充裕的地区，收税时采取"留有余地，放水养鱼"的做法，有的地方甚至"灶外有灶"，随意扩大预算外资金，化预算资金为"小金库"等。随意减免税导致经济秩序紊乱，造成市场的无序竞争，冲击了税制的严肃性和权威性，形成税负畸轻畸重，丧失税收公平。同时，也造成国家财政收入的大量流失。从 1985—1992 年，中央财政收入占全国财政收入的比重（不含债务收入）由 1985 年的 34.8%、1986 年的 36.7% 下降为 1992 年的 28.1%。而在支出方面，中央财政出现了一些新的增支因素，如由于提高农副产品收购价格和超购加价比例，中央财政每年要多支付一笔很大的超购加价款；由于国际市场变化和进出口商品结构变化，特别是 1978 年大量利用外资引进成套设备，每年增加相当数额的还本付息。多种形式的财政包干体制导致财政收入占国内生产总值的比重和中央财政收入占全国财政收入的比重同时下滑，以及中央支出的增加，造成了中央政府调控能力的弱化和中央财政的被动局面，为后面的分税制改革埋下了伏笔。

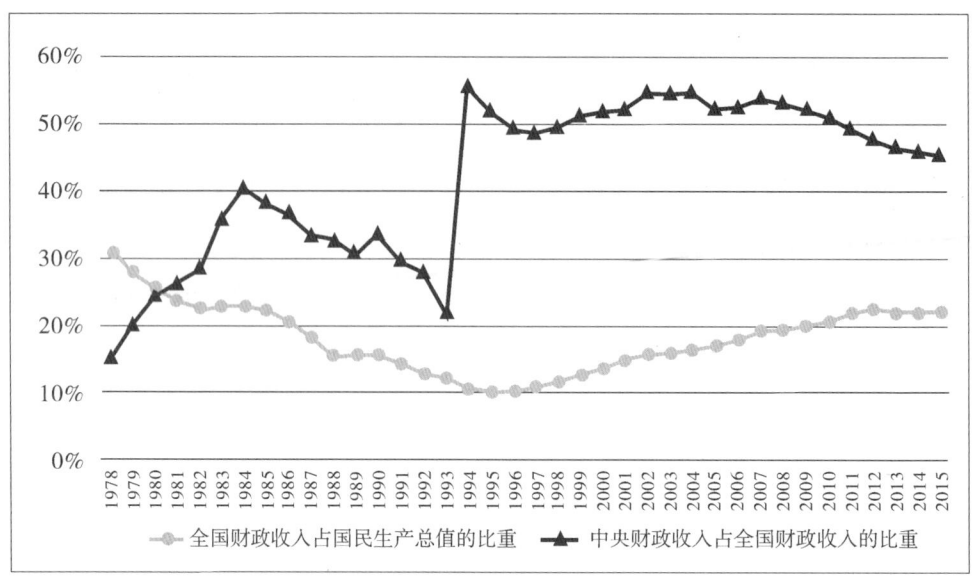

图 1-2-2 1978—2015 年两个比重变化

资料来源：根据《中国统计年鉴 2016》相关数据整理。

第三节
分税制财政体制的试点

由于"分灶吃饭"的财政体制存在的缺陷日趋明显，因此随着经济体制改革的进一步深化，需要适时对其加以改进。

一、分税制财政体制试点的主要内容

20 世纪 80 年代中期，在包干体制的改革与调整过程中，关于分税制改革的理论与政策探讨也开始进行。经过多年的研讨，分税制财政体制提上了改革的日程。1990 年 3 月 20 日，时任国务院总理李鹏在第七届全国人民代表大会第三次会议上的政府工作报告中指出：在财政体制方面，按照适当集中财力的原则，在继续实行财政包干体制的情况下，区别不同地区和不同情况，适当提高地方上交国家财政的数额……积极进行分税制的试点。1991年4月，第七届全国人民代表大会第四次会议通过的《中华人民共和国国民经济和社会发展十年规划和第八个五年计划纲要》中指出："八五"期间，在继续稳定财政包干体制的同时，有条件的城市和地区应积极进行分税制改革的试点工作。

根据中央精神，财政部从1990年开始提出分税制财政体制改革试点方案。1992年6月5日，财政部公布了《关于实行"分税制"财政体制试点办法》（财地字第63号），选择天津市、辽宁省、沈阳市、大连市、浙江省、武汉市、重庆市、青岛市、新疆维吾尔自治区等9个地方进行分税制试点。基本内容如下：

（一）明确划分中央和地方的财政收支。在财政收支范围的划分上，基本按照第二步"利改税"后实行的财政体制框架，但在固定收入和共享收入的内容上增加了税收的成分，将各种收入划分为中央财政固定收入①、地方财政固定收入、中央和地方共享收入②；支出划分为中央财政支出、地方财政支出，其范围与财政包干体制一样，未作任何调整。

（二）确定补助或上解。试点地方的收支基数，以1989年的决算数为基础，进行必要的因素调整后加以确定。按照上述划定的收支范围进行计算，凡地方财政固定收入加上分享收入大于地方财政支出基数的部分，一律按5%的比例递增包干上解；凡地方财政固定收入加上分享收入小于地方财政支出基数的部分，由中央财政给予定额补助；对少数民族地区，给予适当照顾。

（三）原来实行固定比例分成的收入以及专项收入继续执行不变。中央和地方按固定比例分成的收入，包括能源交通重点建设基金、国家预算调节基金、耕地占用税、城镇土地使用税、保险公司上交收入，以及列收列支的专款收入（包括征收排污染收入、征收城市水资源费收入、电力建设资金、社会保险基金、下放港口以

---

① 改变原来石油部、电力部、石化总公司、有色金属总公司所属企业产品税、增值税、营业税70%部分作为中央财政固定收入的办法，将其并入一般产品税、增值税、营业税中，实行新的中央和地方分成办法。
② 分享比例分为两档，少数民族地区实行中央和地方"二八"分享，其他地区一律实行"五五"分享。

港养港收入和教育费附加收入等），不列入分税制体制范围，仍按现行办法执行。外贸企业出口退税由中央和地方共同负担，其中中央财政负担80%，地方财政负担20%。卷烟和酒的产品税分成办法，由环比增长分成办法改为定比增长分成办法，增长分成比例不变。定比的基数按1991年实际征收额来核定。

二、对分税制财政体制试点的基本评价

虽然分税制体制仅在少数省、市、自治区试点，但是其意义是重大而深远的，为1994年正式实施的分税制改革积累了经验。

1992年的分税制试点体制较之于包干体制，有值得肯定的优点和进步。具体表现在以下几方面：

（1）扩大了地方固定收入范围，进一步调动了地方政府组织收入的积极性。分税制试点除了仍将"13种小税"划作地方固定收入外，还将农业税、地方国营企业所得税、集体企业所得税、外资和地方中外合资企业所得税等15项收入划归地方作固定收入。这些收入的增收部分全部留给地方政府，从而大大调动了地方政府增收的积极性，有利于提高财政收入占国民收入的比重。

（2）有利于促进其他各项配套改革，促进地方政府关注企业经济效益。分税制将各类企业政策性亏损补贴由共享改为全部由地方负担，推动了价格改革。同时，将国营企业收入作为地方固定收入，使其与地方政府的关系更为密切，有助于地方政府督促企业改善经营管理，提高经济效益。

（3）在一定程度上缓解了区域封锁和盲目建设，有利于产业政策的贯彻实施。区域封锁和重复建设、盲目建设与财政包干体制将流转税的绝大部分留给地方的做法不无关系。分税试点体制对流转税采取中央和地方"五五"分享的办法（民族地区"二八"分享），在一定程度上淡化了地方政府对流转税的追求，遏制了地方政府盲目发展高税率产品和片面追求产值、速度的行为。

分税制试点的成效和意义是明显的。当然，带有旧体制痕迹的分税制试点仍然不够完善，其间也出现了一些问题。

一是财政收入的划分不尽合理，比较复杂。营业税作为中央与地方的共享收

入,但对个体户征收的营业税又划作地方固定收入,不仅征管入库容易错划级次,而且给化国家为集体、化集体为个体,侵占上级财政收入以可乘之机。分税制体制将财政收入划分成固定比例分成收入、列收列支的专项收入、地方固定收入、中央与地方共享收入等几大块。其中的分成比例也不一样,如耕地占用税收入中央与地方"三七"分成,能源交通建设基金收入中央与地方"七三"分成,保险企业收入和城镇土地使用税中央与地方"五五"分成等,在税票填列、缴库和资金划解上比较烦琐,容易出错。

二是配套措施不够。由于当时的税制不完善,加之机构设置上,财政收入虽然按中央、地方不同级次进行了划分,但其收入仍按"条条"由原有的税务机构进行征管,没有相应设立中央税务局与地方税务局,条块矛盾依然存在。制度建设方面,分税制试点办法出台后,相应的制度建设没有跟上,如分税制试点地区的预算管理制度、预算会计报表制度、税收报表制度、金库报表制度等,各地只能根据现有的制度因地制宜地加以改进,暂时使用,试点地区无法统一。

三是分税制体制确定后中央陆续出台的有关改革措施和政策与分税制体制不衔接。如1992年中央对武汉市的财政体制商定后,出台了对武钢实行税利分流的改革方案,造成武汉市当年财政收入政策性减收5亿元以上。又如中央准备从1993年起提高营业税率,对因税率提高增加的收入中央与地方实行"六四"分成,而分税制体制确定的营业税分成比例是中央与地方对半开。再如,从1993年7月1日起,企业开始实行"财务通则"和"会计准则",据测算,这将使武汉市当年所得税减少0.8亿元左右,而在分税制体制下,所得税是地方全留的固定收入[①]。

---

① 夏康裕、徐良荣:《搞好分税制改革试点理顺财政分配关系》,《财政》,1993年第5期。

第二章
分税制改革开启经济性分权的序幕

党的十四大确立了建立社会主义市场经济体制的总目标。为了适应社会主义市场经济建设发展需要,在借鉴市场经济国家成功经验并充分考虑国情的基础上,我国于1994年进行了分税制财政体制改革。分税制财政体制改革突破了"让利—放权"的传统改革思路,向构建市场经济条件下的财政运行机制迈出了关键的一步,开启了经济性分权的序幕,也是我国1949年以来政府间财政关系方面涉及范围最广、调整力度最强、影响最为深远的重大制度创新,具有中国财税改革里程碑的历史意义。

分税制改革实施后,按照税种划分收入打破了长期以来实行的"条块分割"的行政隶属关系控制体系,增强了中央宏观经济调控能力,也调动了地方的积极性,促进了全国统一大市场的形成和财政的稳定与健全,为社会主义市场经济的发展提供了有力的财政体制支撑。

第一节
分税制财政体制改革的出台背景和过程

一、分税制财政体制与社会主义市场经济改革目标有内在的契合

党的十四大确立了建立社会主义市场经济体制的总体目标,各项经济体制都按照市场经济的要求加快改革。在财政体制方面,原有财政体制采取多种形式的包干办法,如前所述,既不规范,也明显不能适应社会主义市场经济的要求,同时包干

体制弱化中央财政宏观调控能力，造成地方政府减免税无序竞争，以及重复建设和区域封锁等问题，已呈愈演愈烈之势。在这种背景下，分税制财政体制改革被提上重要的议事日程，目的就是适应邓小平南方谈话和党的十四大之后改革和发展的需要，满足市场经济体制改革的基本要求。

第一，社会主义市场经济需要建立统一的、开放的大市场。在市场经济体制下，资金、人才、劳动力、生产资料和消费资料应可自由流动，通过流动使资源达到合理配置，并要求政府营造良好的经济发展氛围，以利于企业在市场经济条件下公平竞争，通过市场实现资源的有效配置，达到提高全社会综合经济效益的目的。但包干体制继续按照行政隶属关系组织财政收入，如在地方各级企业那里，对不同产品按不同税率征收的流转税全部作为地方收入，导致各地政府在自身的财政利益的驱动下，热衷于发展那些税高利大的企业，重复建设和资源浪费严重；同时，这种体制强化了各级政府行政主管（"婆婆"）对企业（"媳妇"）生产经营的过度干预和过多关照，不利于政企职能的分离。

第二，社会主义市场经济体制要求构建间接调控的财政政策工具。市场经济下国家对经济的调控要由过去的以计划为手段的直接管理为主向以经济杠杆为手段的间接调控为主转变。财政调控是间接调控的重要政策工具。但是在包干体制下，很难建立有效的政府对企业和中央对地方的协调机制，政府对企业仍按照行政隶属关系实施控制和组织财政收入；中央财政调控手段单一，对上解地区基本上只是控制一个上解比例；对收不抵支地区基本上只是运用无条件的补助形式。包干制本身缺乏建立间接调控机制的基本条件。另一方面中央财政收入占全部财政收入的比重不断下降，困难日益加剧，也严重弱化了中央的调控能力，与建立社会主义市场经济体制的总体目标相悖。

第三，社会主义市场经济要求有全国统一、规范而又稳定的财税制度，减少不必要的波动和人为因素的干扰。而财政包干体制种类繁多，计算复杂，人为因素影响大，造成各地区间的苦乐不均，不利于地方经济的均衡发展，不利于营造规范的社会主义市场经济环境。

经过理论界和实际工作部门多年的反复研讨，并经由 20 世纪 90 年代初期部分省市的分税制试点,最终决策部门形成了基本的共识:我国需要通过财政改革建立与社会主义市场经济体制相配套的、合理而规范的财政管理体制。从整体配套的角度考虑财政体制改革的方向,应是使财政体制的目标模式适应社会主义市场经济的总体规定性。

以分税制为基础的分级财政体制的关键内容和特点在于,一方面,它可以有效地淡化过去一向实行的各级政府对企业的"条块分割"式的行政隶属关系控制,企业将不再把税款只交给作为自己行政主管的特定一级政府(再由地方政府与中央政府分成),而是分别地把不同的税交给不同的各级政府,从而有助于消除政府对"自己的企业"的过多干预和过多关照,促使各企业自主经营,充分地展开公平竞争;另一方面,它可以清晰地划开中央、地方间的财源和财政收入,稳定地规范各级政府间的财力分配关系,在发挥中央、地方"两个积极性"的基础上形成各级预算各行其道的真正的分级财政。这一新体制的要点可简要列举如下:

第一,不再按照企业的行政隶属关系,而是按照税种划分中央财政和地方财政各自的收入,企业不分大小,不论级别,依法向中央、地方政府分别纳税,自主经营,公平竞争。

第二,中央、地方政府通过财政对经济实行的分级调控管理,将主要运用税收、债券、贴息等经济手段来调整企业外部环境。同时,健全国有资产管理体系,按产权明晰规范的原则,以适当方式(如授权委托)管理、运营企业中的国有资产。

第三,在中央、地方间划分税种的同时,各级政府要调整和明确各自的事权,重新核定各级财政支出范围。与保证中央集中财力和实现全国性的经济调节关系密切的税种,应划为中央收入;有利于地方政府履行职能和发挥征管优势、宜于由地方掌握的税种,应划为地方收入。除中央政府要承担一些大型、长周期、跨地区的重点建设项目的投资外,大量的一般赢利性项目,应交给企业和企业联合体去办,地方财政基本上不再承担赢利项目的直接投资任务,而把支出重点放在基础设施、公用事业等方面。

第四,中央财政承担调节各地区间差异的责任,主要方式是通过自上而下的转移支付实行对地方政府的财力补助。各地具体补助数额的确定方法，要改传统的基数法为比较客观、严密的因素计分法。

第五，在各种配套条件基本到位之后，应使地方政府具有从本地实际出发经过法定程序，在一定范围内选择税种，调整税率乃至设立、开征某些地方税种和发行地方公债的权力，因地制宜地为地区非营利设施建设和各项公共服务、事业发展提供必要的资金来源。

第六，以上述几方面为基础，中央财政与地方财政应各自形成相对独立、各求平衡的中央预算和地方预算。中央预算中要掌握足够的转移支付资金。各级财政都要以法律形式强化其内部、外部的制度约束和责任约束。

总之，以分税制为基础的分级财政体制，可以二位一体地处理好国家（政府）与企业、中央与地方两大基本经济关系，同时也会延伸到规范地正确处理政府与居民（作为自然人的纳税人）的关系，能够适应、契合于社会主义市场经济发展的内在要求，所以它顺理成章地成为深化财政体制改革的大方向，成为财政改革与中长期整体改革相配套的轴心。

二、分税制财政体制改革出台的过程

20世纪80年代末90年代初，我国中央财政困难日益加重，由于财政收入占GDP比重和中央财政收入占整个财政收入的比重迅速下降，中央政府面临前所未有的"弱中央"的状态。中央财力的薄弱，使那些需要国家财政投入的国防、基础研究和各方面必需的建设资金严重匮乏。

1993年上半年的一些指标发出警示，国家财政特别是中央财政十分紧张：整个财政收入一季度比1992年同期下降2.2%，按可比口径也仅仅持平；工商税收1400亿元，比上年同期增12%，去掉出口退税10%，仅比上年同期增长1.4%。而1993年一季度的国民生产总值增长15.1%，上半年达到14%，比1992年GDP增长12.8%高出不少。财政收入与经济增长比例失衡，全国生产增长速度很高，而国家财政特别是中央财政十分紧张。税收增幅小，开支却大幅增长。资金不到位的情况多方出现：粮食收购的财政亏损性补贴资金不到位；重点建设资金不到位，很多重点建设卡着脖子，如铁路、港口、民航等。按照往年的进度，重点建设资金上半年至少要拨付全年的40%，而1993年上半年为19.5%，差了将近一半；重点生产企业和重点出口企业缺乏流动资金。与此同时，需要由中央财政收入中支出的硬支出，一分也不能少。

正是在上述情况下，党中央果断决策，一场具有深远影响的分税制改革在中国拉开了序幕并加快了进程。1993年4月22日，中央政治局常委会专门听取了财政部和国家税务局关于财税体制改革的汇报，指示财政部研究财政与税收制度改革问题，指出：现在这种包干体制是一种不适应市场经济的落后体制，没有哪一个国家是这样搞的，财税体制已经到了非改不可的地步。4月28日，中央政治局常委会正式批准了税制改革的基本思路。1993年11月，十四届三中全会《中共中央关于建立社会主义市场经济体制若干问题的决定》正式提出了分税制改革的内容。据此，国务院出台《关于实行分税制财政管理体制的决定》，决定从1994年1月1日起改革地方财政包干体制，对各省、自治区、直辖市以及计划单列市实行分税制财政管理体制。

第二节
分税制财政体制改革主要内容

1994年开始实行的分税制财政管理体制，是我国1949年以来涉及范围最大、调整力度最强、影响最为深远的一次财政体制改革。这次改革是在多种因素制约之下，按照"存量不动、增量调整，逐步提高中央的宏观调控能力，建立合理的财政分配机制"的原则设计的。在原包干体制确定的地方上解和中央补助基本不变、不触动地方既得利益的情况下，结合税制改革，对财政收入增量分配进行了重大调整。

分税制财政体制改革，既要考虑社会主义市场经济体制的一般规律，又要兼顾我国的具体国情；既要考虑经济发展的长远目标，又要兼顾当时的客观现实；既要考虑中央的需要，也要兼顾地方的利益。因此，当时确定分税制财政体制改革的指导思想包括四个方面：一是正确处理中央与地方的分配关系，调动两个积极性，促进国家财政收入的合理增长。既考虑地方利益，调动地方发展经济、增收节支的积极性，又逐步提高中央财政收入的比重，适当增加中央财力，增强中央政府的宏观调控能力。中央从财政收入的增量中适当多得一些，以保证中央财政收入的稳定增长。二是合理调节地区之间财力分配。既有利于经济发达地区继续保持较快的发展势头，又通过中央财政对地方的税收返还和转移支付制度，扶植经济不发达地区的发展和老工业基地的改造。同时，促使地方加强对财政支出的约束。三是坚持统一领导与分级管理相结合的原则。划分税种不仅考虑中央与地方的收入分配，还考虑税收对经济发展和社会分配的调节作用。中央税、共享税以及地方税的立法权都集中在中央，以保证中央政令统一，维护全国统一市场和企业平等竞争。税收实行分级征管，税务机构分设，中央税和共享税由中央税务机构负责征收，地方税由地方税务机构负责征收。四是坚持整体设计与逐步推进相结合的原则。分税制改革既要借鉴国外经验，又要从我国的实际出发。在明确改革目标的基础上，办法力求规范化，但也必须抓住重点，分步实施，逐步完善。通过划分税种和分别征管堵塞漏洞，保证财政收入的合理增长；先把主要税种划分好，其他收入的划分逐步规范；作为过渡办法，原有补助、上解和有些结算事项继续按原体制运转；中央财政收入占全部财政收入的比重要逐步提高，对地方利益格局的调整也逐步进行。

根据上述指导思想，1994年分税制改革的基本内容如下。

一、支出划分

根据中央政府和地方政府的事权划分，合理确定中央财政与地方财政的支出范围。这是实行分税制财政体制的重要内容。1994年分税制改革确定中央与地方支出划分的基本原则是：中央财政主要承担国家安全、外交和中央国家机关运转所需经费，调整国民经济结构、协调地区发展、实施宏观调控所必需的支出以及由中央直接管理的事业发展支出。地方财政主要承担本地区政权机关运转所需支出以及本地区经济、事业发展所需支出。经过划分，中央财政与地方财政各自的支出范围如

表 2-2-1 所示。

表 2-2-1 1994 年中央与地方支出划分表

中央财政支出	地方财政支出
国防费	地方行政管理费
武警经费	公检法支出
外交和援外支出	部分武警经费
中央级行政管理费	民兵事业费
中央统管的基本建设投资	地方统筹的基本建设投资
中央直属企业技改和新产品试制费	地方企业技改和新产品试制费
地质勘探费	支农支出
由中央财政安排的支农支出	城市维护和建设支出
国内外债务的还本付息支出	地方文化支出
中央本级负担的公检法支出	地方教育支出
中央本级负担的文化支出	地方卫生科技支出
中央本级负担的教育支出	价格补贴支出
中央本级负担的卫生科技支出	其他支出

资料来源：《国务院关于实行分税制财政管理体制的决定》，载《中国财政年鉴》第 63 页，中国财政杂志社，1994 年。

二、收入划分

立足本国国情，合理借鉴国际经验，并考虑到各税种的特殊情况，分税制财政体制改革将维护国家权益、实施宏观调控所必需的税种划为中央税；将同经济发展直接相关的主要税种划为中央与地方共享税；将适合地方征管的税种划为地方税，并充实地方税税种，增加地方税收入。

在 1994 年分税制收入划分中，中央财政固定税收有 8 种，地方财政固定税收有 18 种，中央与地方共享税收有 3 种。具体税种如表 2-2-2 所示。

表 2-2-2　1994 年中央与地方税收划分表

中央固定税收	地方固定税收	中央与地方共享税收
1. 关税 2. 海关代征的消费税和增值税 3. 消费税 4. 中央企业所得税 5. 地方银行和外资银行及非银行金融企业所得税 6. 铁道部门、各银行总行、各保险公司等集中交纳的营业税、所得税、利润和城市维护建设税 7. 中央企业上交的利润 8. 外贸企业的出口退税	1. 营业税（不含铁道部门，各银行总行，各保险公司集中交纳的营业税） 2. 地方企业所得税（不含地方银行和外资银行及非银行金融企业的所得税） 3. 地方企业上交利润 4. 个人所得税 5. 城镇土地使用税 6. 固定资产投资方向调节税 7. 城市维护建设税（不含铁道部门，各银行总行，各保险总公司集中交纳的部分） 8. 房产税 9. 车船使用税 10. 印花税 11. 屠宰税 12. 农牧业税 13. 农业特产税 14. 耕地占用税 15. 契税 16. 遗产和赠予税 17. 土地增值税 18. 国有土地有偿使用收入	1. 增值税 中央分享75% 地方分享25% 2. 资源税 海洋石油资源税归中央，此外资源税归地方 3. 证券交易税 中央分享50% 地方分享50%

资料来源：《国务院关于实行分税制财政管理体制的决定》，载《中国财政年鉴》第 63 页，中国财政杂志社，1994 年。

需要说明的是，关税、海关代征消费税和增值税体现国家权益，作为中央收入；消费税的宏观调控功能较强，如果划归地方，受地方利益机制的影响，不利于国家宏观调控政策的实施，同时宏观经济政策的变动会造成收入的波动，不利于地方收入的稳定，也容易形成国家政策对地方预算平衡的冲击，因此作为中央固定收入。出口退税增量改为全部由中央财政负担，主要是因为实行新的收入划分办法后，消费税全部作为中央收入，增值税也大部分作为中央收入，改变了改革前那种征税在地方，退税在中央的状况。资源税，按照资源国有的原则，应当划归中央，但考虑到资源大部分集中在中西部地区，资源大省一般都是财政穷省，因此将资源税划为共享税，除海洋石油资源税划归中央外，其他资源税全部划给地方，以体现对中西部地区的政策照顾。

三、税收返还制度

为了使财政体制改革顺利运行，分税制财政体制的方案确定了维持地方1993年既得利益的政策。实行按税种划分收入的办法后，原属地方支柱财源的"两税"收入（消费税和增值税收入的75%，下同）上划到中央，成为中央级收入，如果中央不采取相应补偿措施，必然影响地方的既得利益，不利于新旧体制的平稳转换，为此，分税制改革制定了税收返还的办法。即以1993年为基期年，按分税后地方净上划中央的收入数额，作为中央对地方的税收返还基数，基数部分全额返还地方。为了尽量减少对地方财力的影响，调动地方政府的积极性，国务院还决定，不仅税收返还基数全额返还地方，1994年以后还要给予一定的增长。增长办法是：从1994年开始，税收返还与消费税和增值税（75%部分）的增长率挂钩，每年递增返还。关于税收返还的递增率，国务院国发〔1993〕85号文件规定，按当年全国增值税和消费税平均增长率的1:0.3系数确定。1994年8月，根据各方面的意见和要求，为了更充分地调动各地区组织中央收入的积极性，将税收返还的递增率改为按各地区分别缴入中央金库的"两税"增长率的1:0.3系数确定。即各地区"两税"每增长1%，中央财政对该地区的税收返还增长0.3%。

核定中央对地方税收返还基数关系到中央和地方的切实利益。财政部根据《国务院关于实行分税制财政管理体制的决定》中以1993年为基数的政策和《国务院批转国家税务总局工商税制改革实施方案的通知》中有关税种的改革办法，制定了中央对地方税收返还基数的计算方法。

1994年税制改革主要包括三个方面的内容：一是建立以增值税为主体、消费税和营业税为补充的流转税制度。取消对外商投资企业征收的工商统一税。在商品的生产、批发零售和进口环节全面征收增值税，并选择少数最终消费品在征收增值税的基础上再征收消费税。对不实行增值税的劳务和第三产业征收营业税。二是改革和完善所得税制。统一内资企业所得税,实行33%的比例税率,对部分赢利水平较低的企业在一段时间内增设27%和18%两档照顾税率。取消国有企业调节税、能源交通重点建设基金、预算调节基金和企业承包办法。将个人所得税、个人收入调节税和城乡个体工商业户所得税合并,建立统一的个人所得税制。三是改革和完善其他税种。扩大资源税征收范围,开征证券交易税等。取消集市交易税、奖金税等。将烧油特别税并入消费税,盐税并入资源税。

由于分税制财政改革与税收管理体制改革同步进行,分税制体制又以原税制的1993年数字为基数,因此在计算税收返还的时候,需要将原税种数字转换为新税种数字。

对分税制税收返还基数的影响主要是在流转税的税种变化上面,税制改革中流转税各税种变化情况如下:

原税制下的产品税、增值税、特别消费税、烧油特别税、烟酒专项收入等分别转到新税制下的消费税和增值税,具体来说:(1)对农林牧水产品征收的产品税转入农业特产税;(2)对生猪、菜牛、菜羊征收的产品税转入屠宰税;(3)冶金企业、两碱企业等由于税制改革后增值税税负下降,部分税收通过征收资源税以保持原税负,因此,冶金企业和两碱企业的部分增值税转入资源税;(4)除上述三项外,其余部分转入消费税和增值税。按1992年税收普查资料测算,26.95%转入消费税,73.05%转入增值税。

原营业税主要分解为两部分,商业批发零售营业税改为征收增值税,劳务和第三产业继续征收营业税。

原工商统一税按三资企业的经营品种和性质,分别转入消费税、增值税和营业税。

税收返还基数是按分税制规定的地方净上划中央的收入计算的。净上划收入是指地方上划收入和中央下划收入相抵后的余额。按分税制办法规定,地方上划中央的收入项目主要有消费税、增值税(75%)、证券交易税(50%)、外资银行及地方非银行金融企业所得税。中央下划地方的收入项目主要有城镇土地使用税

(50%)、耕地占用税（30%）、国有土地有偿出让收入等（个别地区还包括资源税）。为了计算方便，原来中央与地方实行固定比例分成的流转税收入和烟酒专项收入，采取先下划地方、再上划中央的办法。

先计算中央下划地方收入，计算出产品税、增值税、烟酒专项收入、批发和零售营业税总额。计算公式为：

各税总额＝原地方收入部分＋原中央收入部分

然后确定税收返还数额，计算公式如下：

税收返还＝（产品税、增值税、烟酒专项收入、批发和零售营业税总额－转特产税和屠宰税部分）×消费税转换比例＋（产品税、增值税、烟酒专项收入、批发和零售营业税总额－特产税和屠宰税部分）×增值税转换比例×75%＋批发和零售营业税×75%＋工商统一税转消费税的收入＋工商统一税转增值税的收入×75%＋茶叶、原木、盐、临商等转入增值税收入×75%＋地方金融企业所得税＋证券交易税×50%－中央下划收入－联合矿山新增资源税×75%－卷烟应上解中央的收入

四、税务机构分设

1993年以前我国只有一套税务征收机构，中央税收主要依靠地方税务机构代为征收。这种办法容易造成收入征管职责和权限划分不清，既不利于保障中央财政收入，也不利于调动地方组织收入的积极性。分税制财政体制规定，与收入划分办法相配套，建立中央和地方两套税务机构分别征税，国家税务局和海关系统负责征收中央级固定收入和中央地方共享收入，包括消费税、铁道营业税、各银行总行和保险总公司营业税、海洋石油资源税、关税、海关代征消费税和增值税、地方和外资银行及非银行金融企业所得税、中央企业利润、增值税、证券交易税、中央企业所得税等其他各项中央预算固定收入；地方税务局负责征收地方级固定收入，包括营业税（除中央的营业税外）、资源税（除海洋石油资源税）、地方企业所得税、地方企业利润、地方其他各项税收等其他地方固定收入。

五、解决原体制遗留问题

1994年实行分税制后，原包干体制的地方上解和补助办法基本不变。即：原

实行递增上解的地区，仍按原规定办法继续递增上解；原实行定额上解的地区，仍按原确定数额继续定额上解；原实行总额分成的地区和原分税制试点地区，改为一律实行递增上解，即以 1993 年实际上解数为基数，从 1994 年起按 4% 的递增率递增上解。

为了进一步规范分税制体制，1995 年对上述办法进行了调整，规定：从 1995 年起，凡实行递增上解的地区，一律取消递增上解，改为按各地区 1994 年实际上解额实行定额上解。

六、经济特区与开发区财政管理体制

改革开放后，为利用部分地区经济发展的优势，迅速提升国力，国家对经济特区等各类经济区域制定了一系列财税优惠政策，对促进对外经济贸易往来、吸引外来资金、发展高新技术、带动内地经济发展起到了积极作用。分税制财政体制改革充分考虑了经济特区和开发区的特点，对经济特区和开发区实行了一定时期的特殊财政体制。

（一）经济特区财政体制

1993 年以前，中央政府对经济特区实行特殊的财政体制并给予优惠政策，1994 年以后，除原体制继续执行外，各经济特区统一执行分税制财政体制。

（1）深圳经济特区。1979—1989 年，收入全留，支出以 1979 年为基数，由广东省财政按比例拨款并逐步过渡到全部自理。从 1990 年起，中央财政对深圳市实行上解额递增包干办法，递增率 9%。

（2）珠海经济特区：广东省对该特区实行与深圳一样的财政体制。

（3）汕头经济特区：广东省对该特区实行自收自支的财政体制。

（4）厦门经济特区：初期实行向福建省"定额上解"的财政体制。1991—1993 年，省对其实行"划分收支、递增上解（7%）、一定三年"的财政体制。1993 年厦门市财政实行单列，对福建省财政实行递增 9% 上解。

（5）海南特区：一直实行吃补贴的财政体制，建省前享受中央财政对特区、沿海开放城市、开发区的各项优惠政策。1988 年建省以后，到 1995 年，中央对海南

省实行"收支包干、定额补贴"的财政体制。在此期间每年由中央财政定额补贴,同时从1988年开始,广东省按体制上缴中央的收入全部补助海南省。从1991年开始,取消广东省上缴中央的收入补助海南的政策,改由中央专款补助,用于海南省各项事业的发展。

(6)浦东新区:1990年中央决定开发开放浦东。"八五"期间,新增财政收入全部留用;"九五"期间,在统一实行分税制的前提下,以1993年上划中央"两税"收入为基数,新区的"两税"收入增幅在15%以内的,按规定应上划中央财政收入部分全部进入浦东发展基金;超过15%部分,50%上划中央,50%进入浦东发展基金。经国务院同意,浦东新区的财政优惠政策2000年到期后,按2000年返还额的一半再补助一年。

(二)经济技术开发区财政体制

(1)1984年、1985年,国家先后设立天津等14个沿海开放城市经济技术开发区。开发区从建立之日起至1995年,新增财政收入全部留用;1996—1998年,以1995年中央对开发区收入的返还额为基数,按75%、50%、25%的比例递减补助三年;1999年起统一执行分税制体制。

(2)1992年、1993年,国家设立14个边境经济技术开发区,"八五"期间,新增财政收入全部留用;1996—1998年,按1995年的税收返还额定额补助;1999年起统一执行分税制财政体制。

(3)1993年、1994年起设立武汉等10个经济技术开发区,从批准之日起,五年内新增财政收入全部留用。经国务院同意,从1999年起至2001年,以1998年返还额为基数,按75%、50%、25%的比例再递减补助三年。北京、乌鲁木齐开发区由于批准晚一年,相应推后一年。

(三)苏州工业园区财政体制

1994年经国务院批准设立苏州工业园区。在统一执行分税制的前提下,园区新增财政收入五年内全部留用。经国务院同意,从1999年起,以1998年中央财政对园区的"两税"返还额为基数,按80%、60%、40%、20%的比例再递减补助四年。

开发区特殊财政体制的实施，增强了开发区的自我发展能力，促进了特定区域的快速发展，但是，开发区优惠政策在执行过程中也出现了一些问题：一是容易引发地区间攀比。部分享受优惠政策的开发区要求比照惯例延长补助期限，一些未纳入优惠政策范围的开发区要求享受体制照顾。二是出现违反财政政策、挤占中央财政收入的现象。一些开发区存在区内注册、区外经营，将区外收入转作区内收入和虚报开发区"两税"收入的问题，骗取中央财政的"两税"增量返还。

针对上述问题，为了进一步理顺财政分配关系，促进社会主义市场经济体制建设，经国务院同意，对开发区收入分配政策进行调整。调整的主要内容是：停止执行大连、天津等14个经济技术开发区"两税"收入增量递减返还政策；武汉、重庆等10个经济技术开发区及苏州工业园区新增收入全留政策；黑河、绥芬河等14个边境经济合作区"两税"定额返还政策。浦东新区政策期满后，按到期返还额的50%再补助一年；北京、乌鲁木齐等10个经济技术开发区新增收入返还政策到期后，按照到期年返还额的75%、50%、25%的比例递减补助三年。

第三节
分税制财政体制的进一步完善

1994年分税制财政管理体制改革，根据市场经济的一般规则，将税种统一为中央税、地方税和中央与地方共享税，初步确定了中央与地方的分税框架。随着经济环境的变化，在稳定分税制财政管理体制基本框架的基础上，根据情况的变化，分税制及转移支付制度采取了一系列调整和完善措施。

一、实施所得税收入分享改革

（一）所得税收入分享改革的背景

企业所得税的前身是国营企业所得税，1983年财政部发布了《关于对国营企业征收所得税的暂行规定》，对有赢利的国营大中型企业（包括金融、保险组织）均根据实现的利润按 55% 的税率征收所得税。对国营小型企业，根据实现利润按八级超额累进税率征收所得税。1984 年 9 月，国务院发布了《中华人民共和国国营企业所得税条例（草案）》，规定对赢利的国营大中型企业按照 55% 的固定比例税率计算缴纳所得税后，按照核定的调节税税率，计算缴纳调节税；对赢利的国营小型企业，按新的八级超额累进税率计算缴纳所得税后，一般由企业自负盈亏，国家不再拨款，税后利润较多的企业，国家可收取一定数额的承包费。随着"利改税"的深化，所得税税率不断降低，1989 年从 55% 减到 35%，1991 年由 35% 又降低到 33%。1993 年 12 月 13 日，实行了统一的内资企业所得税，国有企业不再执行承包上缴所得税的办法，取消了所得税税前还贷款的规定等。1994 年实行分税制财政体制时，所得税按企业产权隶属关系划分，即中央企业所得税作为中央的固定收入，地方企业所得税作为地方的固定收入。

分税制改革时曾经设想，按照建立社会主义市场经济体制的要求，打破企业隶属关系，对企业所得税实行分率共享或比例共享。由于当时政企分开正处于探索阶段，政府机构改革尚未进行，企业与主管部门利益关系密切，进行所得税划分改革阻力较大；加之 1993 年"两则"只运行半年，基数计算有一定困难，因此，暂维持原有的企业所得税划分格局。随着政府机构改革的实施、企业改革的深化以及地区间经济发展格局的变化，按照企业隶属关系划分所得税的弊端日益显现，主要表现在：一是延续了政府干预，不利于深化企业改革。按企业产权隶属关系划分企业所得税，地方政府往往从自身利益出发，对隶属关系不同的企业区别对待，强化了政府对企业经营活动的直接干预和企业对政府的行政依附，不利于现代企业制度的建立和企业间的公平竞争，以及阻碍企业跨隶属关系、跨部门、跨地区的兼并重组。二是存在着收入混库问题，不利于征收管理。随着投资主体多元化，合资、合作、联营和相互参股等企业形式日渐增多，企业产权的隶属关系经常变化，难以准确界定，容易引起缴库混乱，不利于税收征管。2000 年，财政部专员办抽查了 239 个地（市）县级国税机关，查出中央企业所得税混入地方金库 10 亿元。

此外，收入分布不均衡、地区间财力差距不断扩大也是企业所得税分享改革的一个非常重要的原因。虽然通过分税制财政体制改革，从东部地区集中了较多的财力增量，并加大了对中西部地区的转移支付力度，在一定程度上抑制了地区间财力差距的扩大，但受多种因素影响，中西部地区与东部地区之间的财力差距仍呈扩大趋势。据统计，1994年以来，东部地区财力占地方总财力的比重年均提高1.16个百分点。2000年中、西部地区按总人口计算的人均财力分别为东部地区的43%和48%。1988年邓小平同志曾经指出，沿海地区要加快对外开放，使这个拥有两亿人口的广大地带较快地发展起来，从而带动内地更好地发展，这是一个事关大局的问题。内地要顾全这个大局。反过来，发展到一定的时候，又要求沿海拿出更多力量来帮助内地发展，这也是个大局。那时沿海也要服从这个大局。1992年，小平同志进一步指出，在20世纪末要突出地提出和解决地区发展不平衡问题，发达地区要继续发展，并通过多交利税和技术转让等方式大力支持不发达地区，逐步实现共同富裕。按照小平同志"两个大局"的战略构想，针对所得税划分存在的问题，在深入调查研究和广泛征求地方意见的基础上，国务院决定，从2002年1月1日起实施所得税收入分享改革，将按企业隶属关系等划分中央与地方所得税收入的办法改为中央与地方按统一比例分享。

（二）所得税收入分享改革的主要内容

所得税收入分享改革的指导思想主要是，根据社会主义市场经济发展的客观要求，并借鉴国际通行做法和经验，在保持分税制财政体制基本稳定的前提下，进一步规范中央与地方的财政分配关系，为企业改革发展和公平竞争创造良好环境，促进地区之间协调发展和经济结构合理调整，维护社会稳定，逐步实现共同富裕。改革的基本原则是：第一，中央因改革所得税收入分享办法增加的收入全部用于对地方主要是中西部地区的一般性转移支付。第二，保证地方既得利益，不影响地方财政的平稳运行。第三，改革循序渐进，分享比例分年逐步到位。第四，所得税分享范围和比例全国统一，保持财政体制规范和便于税收征管。在这一思想的指导下，所得税收入分享改革的主要内容包括：①除铁路运输、国家邮政、中国工商银行、中国农业银行、中国银行、中国建设银行、国家开发银行、中国农业开发银行、中国进出口银行以及海洋石油天然气企业外，其他企业所得税和个人所得税收入实行中央与地方按统一比例分享。②中央保证各地区 2001 年地方实际所得税收入基数，实施增量分成。2002 年所得税收入中央与地方各分享 50%；2003 年中央分享 60%、地方分享 40%，2003 年以后年度，根据实际情况确定中央地方分享比例。③中央因改革所得税收入分享办法增加的收入全部用于对地方主要是中西部地区的一般性转移支付。④为了保证所得税收入分享改革的顺利实施，妥善处理地区间利益分配关系，跨地区经营企业集中缴纳的所得税中地方分享部分，按分公司（子公司）所在地的企业经营收入、职工人数和资产总额三个因素在相关地区间分配，其权重分别为 0.35、0.35 和 0.3。

将铁道运输、邮政、四大国有商业银行、三家政策性银行等缴纳的企业所得税继续作为中央收入，主要是考虑到：①铁路运输部门政企合一、垂直管理，铁路局的设置与行政区划不完全对应，其缴纳的企业所得税难以按相关因素在地区间合理分配。同时，铁路运输累计亏损较多，基本缴纳不了所得税。②国家邮政也是政企合一、垂直管理，将其缴纳的企业所得税作为中央收入，有利于对国家邮政的统一管理。③为了便于中央实施金融监管，防范金融风险，将四大国有商业银行和三家政策性银行缴纳的所得税作为中央收入，其他金融保险企业缴纳的所得税纳入中央地方分享范围。另外，我国海域未按大陆行政区划划分，由国家统一管理，海洋石油天然气企业缴纳的所得税如果列入中央地方分享范围，容易造成地区间新的矛盾，因此宜作为中央收入。④由于石油产品的价格波动较为频繁，石油石化企业的利润不稳定，将影响部分地区的利益，为确保所得税收入分享改革的平稳运行，暂将中石油、中石化缴纳的企业所得税继续作为中央收入。

（三）所得税收入分享改革的效果

所得税收入分享改革，总体运行平稳、成效显著。突出表现在两大方面：

一是加快了企业改革步伐，在机制上有利于抑制地方政府重复建设。所得税收入分享改革，打破了企业的隶属关系，淡化了政府对企业经营活动的直接干预和企业对政府的行政依附，推动了现代企业制度建立的进程，在一定程度上抑制了地方政府的重复建设和经济过热，促进了经济增长方式的转变和全国统一市场的形成。

二是通过财政再分配，减缓了地区间财力差距扩大的趋势。2002 年实施所得税收入分享改革,中央财政因改革收入分享办法增加的收入全部用于对地方主要是中西部地区的一般性转移支付,这为一般性转移支付资金的稳定增长机制的建立创造了坚实的物质基础。其中2002—2005年中央因所得税收入分享改革集中增量2274亿元,2006年中央对地方一般性转移支付达到1529.85亿元,比2001年增加1391.69亿元。这些财力对保障中西部地区地方政府机关事业单位职工工资发放和机构正常运转,减缓地区间财力差距扩大的趋势,统筹地区间协调发展,发挥了重要作用。

二、改革出口退税负担机制

从1985年开始实行出口退税政策以来,我国的出口退税负担机制经历了多次变革。1985—1988年,中央外贸企业、工贸企业的退税由中央财政负担,而地方外贸企业、工贸企业的退税则由地方财政负担。从1988年开始,所有的出口退税改由中央财政负担。1991年之后,地方财政又负担了地方外贸企业10%的出口退税。1993年地方财政的负担比例提高至20%。1994年分税制改革时,出口退税改由中央全部负担,并规定地方负担部分以1993年为基数专项上解,以后年度按此定额结算。

1998年实施积极财政政策后,由于提高出口退税率支持外贸出口的措施导致出口退税额持续高速增长,且这一数字远远高于国内增值税收入额增长,尽管中央出口退税预算指标一再增加,但出口退税应退数和实退数仍存在差距,使得欠退税情况越来越严重。1999—2004年中央财政收入年均增长率为18.6%,而同期出口退税额年均增长却达到了37.3%,是财政收入增幅的2倍多。全国累计应退未退税额,2001年底为1440亿元,2002年底为2000亿元,2003年底达到3256亿元,中央财政负担沉重。

在这一背景下,经国务院批准,2004年1月1日起我国实施出口退税机制改革。这次改革的指导思想是:"新账不欠,老账要还,完善机制,共同负担,推动改革,促进发展。"改革的主要内容是:一是适当降低出口退税率,本着"适度、稳妥、可行"的原则,区别不同产品调整退税率。二是加大中央财政对出口退税的支持力度。从 2003 年起，中央进口环节增值税、消费税收入增量首先用于出口退税。三是建立中央和地方共同负担出口退税的新机制。从 2004 年起，以 2003 年出口退税实退指标为基数，对超基数部分的应退税额，由中央和地方按 75∶25 的比例共同负担。四是推进外贸体制改革，调整出口产品结构。通过完善法律保障机制等，加快推进生产企业自营出口，积极引导外贸出口代理制发展，降低出口成本，进一步提升我国商品的国际竞争力。同时，结合调整出口退税率，促进出口产品结构优化，提高出口整体效益。五是累计陈欠退税由中央财政负担。对截至 2003 年底累计欠企业的出口退税款和按增值税分享体制影响地方的财政收入，全部由中央财政负担。这一机制实施后，解决了多年的累欠退税的问题，有利于促进外贸体制改革，支持外贸发展，维护政府的形象和信誉，解决出口退税资金不足的问题，而且可以使出口退税与地方利益挂钩，强化地方政府防范和打击骗取出口退税犯罪行为的责任。

2004 年开始实施的出口退税机制改革，是为促进外贸体制改革，保持外贸和经济持续健康发展做出的一项重大决策。实践表明，出口退税机制改革总体运行良好，取得了明显阶段性成效。但新机制在运行中也出现一些新情况和新问题，突出表现在：一是部分口岸城市以及东部地区负担偏重，出现了出口退税超基数负担额超过了其当年增值税 25% 部分增量，影响了财政正常健康运行。二是一些地方政府采取措施干预外贸发展。由于外贸出口越多，地方财政负担越重，地方政府尤其是基层政府，为减轻财政负担，采取了限制外贸企业注册等干预外贸发展的措施。三是推行外贸代理制进展缓慢。改革前曾考虑通过推进外贸代理制来消除可能带来的地区封锁和市场割据问题，但从实际执行情况看，受利润空间小、操作烦琐、相关法规不健全等因素影响，外贸代理制实际进展缓慢。四是贸易方式发生一定变化。加工贸易增长快于一般贸易，不利于区域经济的合作和企业的技术进步，不利于全国产业链条的形成和延伸，也影响了全国的财政收入，与优化对外贸易结构的目标不一致。

针对出口退税机制改革后出现的一些新情况和问题，在广泛征求意见的基础上，经国务院批准，2005 年进一步完善了出口退税负担机制，主要内容是：在维持 2004 年经国务院批准核定的各地出口退税基数不变的基础上，对超基数部分，从 2005 年 1 月 1 日起，中央、地方按照 92.5∶7.5 的比例负担；各省（自治区、直辖市）根据本地实际情况，自行制定省以下出口退税分担办法，但不得将出口退税负担分解到乡镇和企业，不得采取限制外购产品出口等干预外贸正常发展的措施；对所属市县出口退税负担不均衡等问题，由省级财政负担统筹解决；出口退税改由中央统一退库，地方部分年终专项上解。这一调整有利于解决地区间负担不均衡的问题，维护了全国统一市场，对于确保出口退税资金及时足额到位，促进外贸出口与经济持续健康协调发展，具有重要意义。

2008 年全球金融危机爆发，为稳定外贸出口，2008 年 8 月份起至 2009 年，国家重新对机电、劳动密集型、高新技术等产品的退税率进行提高处理。受此影响，出口退税额又上升到较高的水平，对外贸经济的恢复发展起到积极的促进作用。在管理制度上由于金税工程的逐步完善，实现了通过计算机网络对全国税务机关和增值税专用发票的严密监控，专用发票虚开的问题较好地得到解决，出口退税管理重心也从原来的重出口凭据转向以增值税专用发票为主要退税依据的模式，取消了税收专用缴款书制度。

2010 年以后，出口退税政策以"有保有压"作为政策调整的指导思想，以引导为主，对"三高"即高耗能、高污染、资源消耗高的企业的出口采取政策性遏制，以"附加值高、技术含量高"的产品逐渐替代"附加值低、技术含量低"的产品，以此对企业的生产投资方向进行政策性调整，规避无效投资，避免出现产能过剩现象。在此期间，国家税务总局于 2012 年整编了历年来的出口退税政策，对我国的现行出口退税政策进行了全面梳理和规整，将申报程序进行了明确和简化，从各个方面为企业的退税行为提供了便利，减轻企业负担、便于征纳双方系统准确地了解和执行出口退税政策。随着"营改增"改革和试点范围的扩大，总局下发了《适用增值税零税率应税服务退（免）税管理办法》，将跨境应税服务也纳入了出口退税的覆盖范围，使我国相关企业在国际市场上的竞争力得到了显著提高，为现代服务业的深入发展和调整出口贸易结构，特别是对促进服务贸易出口都有很大的促进作用。为支持新兴贸易的发展，总局先后对外贸综合服务企业、跨境电子商务出口所涉及的退税政策进一步简政放权,并将有关退税门槛降到最低,为发展外贸提供了强大的后盾和助力。

三、证券交易印花税、金融保险营业税分享办法调整

(一) 调整证券交易印花税中央与地方分享比例

实行分税制初期,证券交易印花税中央与地方(上海市和深圳市)各分享50%。随着我国证券交易市场的发展,证券交易规模不断扩大,证券交易印花税大幅增长。为妥善处理中央与地方的财政分配关系,增强中央宏观调控能力,国务院决定,自1997年1月1日起,将证券交易印花税收入分享比例调整为中央80%,地方20%。后因证券交易印花税税率由原来对买卖双方各征收3‰调高到5‰,调高税率增加的收入全部作为中央收入,因此,中央与地方证券交易印花税分享比例折算为中央88%,地方12%。2000年国务院再次决定,从当年起分三年将证券交易印花税分享比例逐步调整到中央97%,地方3%。中央由此增加的收入主要用于支持西部贫困地区发展,并作为补充社会保障资金的一个来源。

(二) 调整金融保险营业税收入划分

为了发挥税收的调控作用,进一步理顺国家与金融、保险企业之间的分配关系,促进金融保险企业间平等竞争,保证国家财政收入,国务院决定,从1997年1月1日起,将金融保险营业税税率由5%提高到8%。提高营业税税率后,除各银行总行、保险总公司缴纳的营业税仍全部归中央收入外,其余金融、保险企业缴纳的营业税,按5%税率征收的部分,归地方财政,提高3个百分点征收的部分,归中央财政。为了支持金融保险行业的改革,从2001年起,国务院决定,金融保险业营业税税率每年下调1个百分点,分三年将金融保险业的营业税税率降至5%,中央分享部分也随之取消。

第四节
财政转移支付制度的建立和完善

政府间财政转移支付制度是财政管理体制的重要组成部分。在按照社会主义市场经济客观要求建立和实行分税制财政体制的过程中，以科学、规范为取向建立健全转移支付制度并不断对其加以改进，促进了财政体制的动态优化和国家各项宏观经济政策的贯彻落实，有力推动了经济社会持续健康快速发展。

作为分税制改革的配套措施，1995年开始实施过渡期转移支付，随着经济社会形势的发展变化，结合分税制财政体制改革的逐步深入，中央财政不断改进完善对地方的财政转移支付制度。2002年我国实施的所得税收入分享改革，建立了转移支付资金稳定增长的机制，过渡期转移支付同时改称为一般性转移支付。当时中央对地方的转移支付主要可分为两类：一是财力性转移支付，主要目标是增强财力薄弱地区地方政府的财力，促进基本公共服务均等化，包括一般性转移支付、民族地区转移支付、调整工资转移支付、农村税费改革转移支付和"三奖一补"转移支付等；二是专项转移支付，是中央政府对地方政府承担中央委托事务、中央地方共同事务以及符合中央政策导向事务进行的补助，享受拨款的地方政府需要按照规定的用途使用资金，实行专款专用。专项转移支付包括一般预算专项拨款、国债补助等。2009年，为了规范转移支付制度，原来的"财力性转移支付"改为"一般性转移支付"，原来的"一般性转移支付"改为"均衡性转移支付"。

随着中央财力的增强，中央对地方转移支付规模不断扩大。2015年中央对地方转移支付达到50078.65亿元，相当于1994年550亿元的91倍，年均增长28.3%。其中，一般性转移支付28455.02亿元，专项转移支付21623.63亿元。

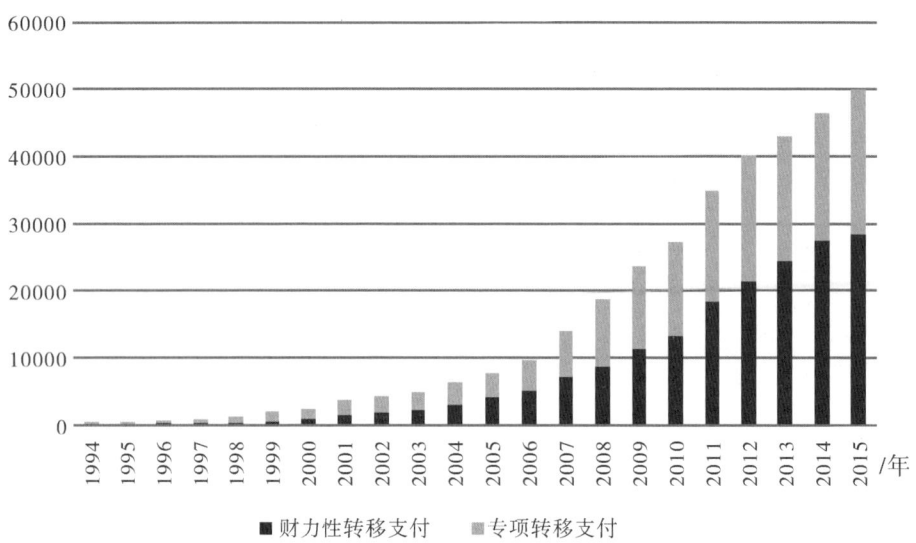

图 2-4-1 中央对地方转移支付规模变化情况（单位：亿元）

资料来源：中国财政部。

注：2009 年之后的财力性转移支付官方上调整为一般性转移支付。

一、过渡期转移支付

分税制进入平稳运行状态后，规范作为分税制财政体制的重要组成部分的转移支付制度，不仅是完善分税制财政体制的需要，也是确保地方财政健康运转的现实要求。作为 1994 年分税制改革的配套措施，中央财政在深入研究并借鉴国际经验的基础上，引入了旨在均衡地区间财力差异的过渡期转移支付，经国务院批准后于 1995 年开始实施。其指导思想是：不调整地方既得利益，中央财政从收入增量中拿出一部分资金，逐步调整地区利益分配格局；兼顾公平和效率，转移支付力求公正、合理、规范，同时，适当考虑各地的收入努力程度；转移支付有所侧重，重点缓解地方财政运行中的突出矛盾，体现对民族地区的适度倾斜。

按照规范的办法，均衡拨款应参照各地方政府的"标准收入"和"标准支出"确定。但是，由于各税种税基的基本数据难以取得，大部分收入项目的"标准收入"测算比较困难。因此，过渡期转移支付按照"财力"低于"标准支出"的差距作为确定转移支付的基础，同时适当考虑各地的收入努力程度。收入努力不足的地区，其"财力"低于"标准支出"的差距，应通过强化征管、合理利用税基等途径增加收入予以弥补，仍有缺口的，其财力不足额则作为计算转移支付的依据。"标准支出"确定的基本思路是：选择对地方财政支出影响较为直接的客观因素，根据经验数据，运用多元回归的方法，建立标准支出模型。

过渡期转移支付制度除了对全国 30 个地区按统一因素、统一公式计算转移支付外，还针对民族地区的财力状况，建立了对民族地区的政策性转移支付，以解决民族地区当时突出的矛盾。少数民族地区财源基础薄弱，人均财政收入水平较低，加之主要分布在西部边远地带，自然条件较为艰苦，不仅财政支出成本高，而且财政收入自给率低。为贯彻《中华人民共和国民族区域自治法》，切实帮助解决民族地区的困难，将 8 个民族省区和民族省区之外的民族自治州纳入政策性转移支付的范围，选用"财政供养人口人均财力""财政供养人口""1979 年以来的财力递增率"等三项综合性指标，增加对民族地区的政策性转移支付。

各地享受转移支付额的计算公式是：

某省区转移支付补助数 =（该省区标准支出 – 该省区财力 – 该省区收入努力不足额）×客观因素转移支付系数 + 政策性转移支付额

"过渡期转移支付办法"从我国的国情出发，合理借鉴国外的经验，主要优点有：

第一，不触动地方既得利益，保持了分税制的相对稳定，保护了地方发展经济、组织收入的积极性，方案的整体思路符合分税制改革的指导思想，也符合转移支付的长远目标与基本原则。

第二，中央从收入增量中拿出一部分资金用于转移支付，适度向民族地区及财力薄弱地区倾斜，既体现了民族政策，又有助于缓解地方财政运行中的突出矛盾。

第三，方案初步达到了科学、规范的基本要求，是我国财政体制改革的一次重大创新。方案首次采用现代计量经济学的办法，是我国财政体制改革的又一次突破，标志着我国政府财政工作决策进一步科学化、合理化。

（一）一般性转移支付

一般性转移支付原称为过渡期转移支付。2002 年我国实施的所得税收入分享改革，明确中央因改革增加的收入全部用于增加对地方主要是中西部的转移支付，建立了转移支付资金稳定增长的机制，过渡期转移支付同时改称为一般性转移支付。一般性转移支付按照公平公正、公开透明和稳步推进的原则，主要参照各地标准财政收入和标准财政支出的差额及可用于转移支付的资金规模等客观因素，按统一公式计算确定。其中，标准财政收入是指各地的财政收入能力，主要按税基和税率分税种测算；标准财政支出是指各地达到均等化基本公共服务水平的财政支出需求，主要按地方政府规模、平均支出水平和客观因素测算。一般性转移支付的目标是缩小地区间财力差距，逐步实现基本公共服务均等化，财政越困难的地区，中央财政补助程度越高。

1. 转移支付额的确定

一般性转移支付资金分配选取影响财政收支的客观因素，适当考虑人口规模、人口密度、海拔、温度、少数民族等成本差异，结合各地实际财政收支情况，采用规范的公式化方法进行分配。

一般性转移支付按照各地标准财政收入和标准财政支出差额以及转移支付系数计算确定。用公式表示为：

某地区一般性转移支付额 =（该地区标准财政支出 − 该地区标准财政收入）× 该地区转移支付系数

凡标准财政收入大于或等于标准财政支出的地区，不纳入一般性转移支付范围。

2. 标准财政收入的确定

各地区标准财政收入分省（自治区、直辖市，以下简称省）计算。各省的标准财政收入由地方本级标准财政收入、中央对地方返还及补助收入（扣除地方上解）、计划单列市上解收入等构成。

（1）地方本级标准财政收入

为了避免地区间财政收入差异、税收征管努力程度等因素对普通转移支付测算的影响，地方本级标准财政收入根据客观因素测算各税种的标准收入，统一按照"税基"乘以"税率"的公式计算确定。这部分收入包括：增值税、营业税、企业所得税、个人所得税、资源税、城市维护建设税、城镇土地使用税、房产税、烟叶农业特产税等。此外，车船使用和牌照税、土地增值税、契税、印花税、罚没收入、专项收入和其他收入等少数税种或收费，由于基础数据难以取得，且数额较小，暂用实际数代替。

（2）中央对地方返还及补助收入（扣除地方上解）

中央对地方返还及补助收入、地方上解按照决算数确定。主要项目包括："两税"返还、所得税基数返还、原体制补助、调整工资转移支付、艰苦边远地区津贴转移支付、民族地区转移支付、农村税费改革转移支付（不含民兵训练费转移支付）、降低农业税税率和取消农业特产税减收转移支付、缓解县乡财政困难转移支付、农村义务教育转移支付、结算补助、其他补助等财力性转移支付，专项转移支付中的分部门事业费补助和社会保障转移支付，体制上解、专项上解等。

（3）计划单列市上解收入

按照计划单列市上解省级收入决算数计算。

3．标准财政支出的确定

为更好地体现以人为本的理念，测算标准财政支出时，选取各地总人口为主要因素。按照财政管理科学化、精细化的要求，为强化各级政府的支出责任，分省、市、县（含乡镇级，下同）三个行政级次测算标准财政支出。根据海拔、人口密度、温度、运输距离、少数民族、地方病等影响财政支出的客观因素计算确定成本差异系数。

（1）标准财政供养人员的测算

为了真实反映地方应有的财政供养人数，减少人为因素的影响，在测算标准财政供养人员时，采用了按照客观因素回归的方法。现行标准财政供养人数由标准在职职工人数和标准离退休人数构成。标准在职职工人数按省级、地级和县级分别计算确定，选用的计算因素包括总人口、农业人口、非农业人口、市辖区人口，可居住面积及人口密度等，通过回归分析测算出各因素对财政供养人数影响权重。

省级标准在职职工人数按照总人口和人口密度分档确定的定额计算。经回归分析，确定总人口和可居住面积的权重。地级情况比较复杂，其标准在职职工人数需要根据具体情况，按照地级市（不含所辖县）、地区州盟、直辖市所辖区分别计算确定。县级标准在职职工人数根据各地区各县总人口、可居住面积两个因素，以及根据总人口、人口密度分档确定的在职职工人数定额计算确定。

（2）标准支出中主要项目的测算

各地区地方财政标准支出包括：行政公检法、教育、离退休人员、卫生、农林水、文化体育、其他部门、社会保障、城市维护、优抚和社会救济、廉租房建设、困难企业职工取暖、粮食风险基金地方配套、地质灾害防治、按人员经费一定比例提取的支出、乡村道路建设、村级管理、救助管理、农村计划生育奖励补助、农村合作医疗等各项支出之和。

①行政和公检法部门支出

一是人员经费，按标准财政供养人数和支出标准核定，支出标准参照平均支出水平按省级、地级、县乡级分别核定；二是公用经费，按车辆燃修费、取暖费和业务费及其他公用经费分别计算。

②教育部门支出

人员经费、取暖经费按教育部门财政供养人数和相关人均支出标准核定，人均支出标准与行政公检法相同。维修费按照《教育统计年鉴》中的校舍面积及单位面积校舍维修费计算。教育设备费按照《教育统计年鉴》中的在校生人数及生均设备费计算。其他事业费按照财政供养人数和事业费补助标准定额核定。此外，教育部门还考虑了为人口较少民族小学和初中学生免费义务教育增加支出。

③农林水等部门支出

农林水等部门包括农林水利气象、文体广播（含计划生育）、卫生、工业交通、流通、科学、税务、抚恤社保部门和其他部门等。具体考虑人员经费、事业费和取暖费。此外，农林水部门考虑了农林水等专项支出，卫生部门考虑了相关地区地方病防治经费支出。

④城市维护建设标准支出

首先，按道路因素分配率计算的支出。其次，按面积和人口计算的支出。最后，城市维护建设标准支出由按道路因素分配率计算的支出和按面积及人口计算的支出各占50%的比重加权平均得到。

⑤按人员经费一定比例提取支出

按人员经费一定比例提取支出包括：按基本工资计提的附加支出项目，包括医疗保险（7%）、住房公积金（8%）、培训费（1.5%）、职工福利费（2.5%）、工会经费（2%）等五项，合计21%。

⑥据实测算的相关支出

对于难以选取客观因素、各地政策差异较大、保障力度较好的社会保障、政策性补贴、优抚救济（含流浪乞讨人员救助支出）、水利等支出据实计算。

⑦其他支出

标准财政支出 = $\sum j$ 标准财政支出 × 其他支出占已测算支出比重（$j = 0, 1, 2, \cdots$即该级次行政单位个数）

4. 转移支付系数的确定

转移支付系数根据当年中央财政用于转移支付的资金总额以及存在缺口地区的标准收支差额确定，并参照各地困难程度适当调整。具体办法是，转移支付资金的50%部分按照统一的系数对缺口进行补助，其余50%部分考虑各地困难程度进行分配。困难程度的衡量参照恩格尔定律的基本原理，用各地维持基本运转支出占标准收入的比重来衡量各地的财政困难程度，其中，基本支出包括行政公检法、教育、其他部分的标准人员经费和基本公用经费，以及离退休经费。这一比重越高，说明该地区越困难。

实施分税制财政管理体制以来，随着中央财力的增强和转移支付办法的不断完善，中央对地方一般性转移支付资金规模不断扩大，从1995年的21亿元增加到2016年的32017亿元。特别是2002年的所得税收入分享改革建立起一般性转移支付资金的稳定来源机制，转移支付规模迅速扩大，对地方标准收支缺口的补助水平不断提高，有力支持了财力薄弱地区政府提高财政保障能力，促进了基本公共服务均等化。

(二) 调整工资转移支付

1. 背景

1998年以来，为了应对亚洲金融危机，缓解国内有效需求不足的矛盾，促进国民经济持续发展,党中央、国务院决定实施积极财政政策。在加大政府投资的同时,出台了提高中低收入者收入水平的一系列政策。1999年至今,先后五次增加机关事业单位职工工资和离退休人员离退休费,出台发放一次性年终奖金和实施艰苦边远地区津贴政策。经国务院批准,对调整工资及离退休费增加的支出,沿海经济发达地区自行解决;对财政困难的老工业基地和中西部地区,由中央财政给予适当补助(各年度安排的调整工资转移支付资金规模见图2-4-2)。

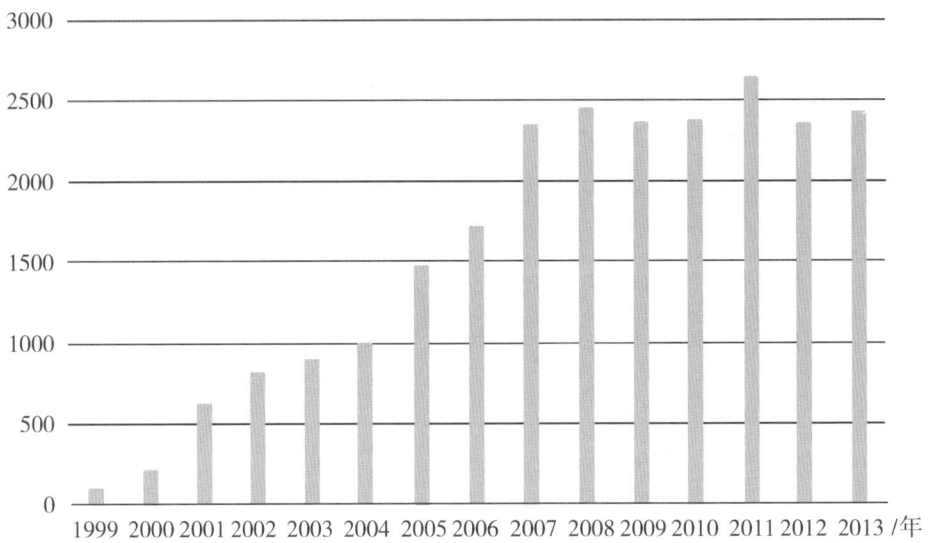

图2-4-2 1999年以来调整工资转移支付(单位:亿元)

资料来源:中国财政部。

注:2013年之后取消了调整工资转移支付。

2. 分配方法

调整工资转移支付的目标是通过中央对地方的适当补助,缓解财政困难的中西部地区和老工业基地由于增加工资和离退休费而形成的财政支出压力,促进调整收入分配政策在全国范围内贯彻落实。

该项转移支付遵循如下基本原则:一是客观、公平、合理的原则。中央对地方转移支付力求合理与规范,减少人为因素的影响,使分配结果公平合理。二是科学分类,区别对待。通过对地方财政状况的科学分析,将各地区合理分类,分别确定中央对地方的补助系数，财政越困难，补助系数越高，以体现对财政困难地区的倾斜。三是对民族地区给予照顾。我国民族地区经济基础普遍比较薄弱，财政也较为困难，为体现党和国家的民族政策，转移支付对民族地区的补助系数在同等非民族地区补助系数的基础上适当提高。

1999—2000 年中央对地方调整工资转移支付额根据各地机关事业单位在职职工和离退休人数、月人均工资和离退休费增加额及转移支付系数计算确定。

1999 年调整转移支付测算时，根据各地财政困难程度分档确定。财政困难程度参照各地标准人员经费和基本公用经费占财政标准收入的比重高于全国平均水平的地区，分档确定转移支付补助系数。民族地区补助系数在其相应档次的基础上，增加 0.05。标准人员经费和基本公用经费及财政标准收入均根据《过渡期财政转移支付办法（1999）》规定的方法计算。

2003 年调整工资转移支付办法规定，北京、上海、天津、江苏、浙江、福建、广东 7 省（直辖市）自行负担；中西部地区因调整工资增加的支出全部由中央财政负担；辽宁、山东两省中的沈阳、大连、济南、青岛 4 市自行负担，其他地方由中央财政负担 40%。各地财政供养人数按 2002 年底数据确定，具体办法是以各地 1998 年决算报表人数为基础，年均递增 3.5%，并如数增加中央下划地方的人数。

2006 年 7 月 1 日，国家再次出台调整机关事业单位工作人员工资和增加离退休人员离退休费的政策，根据有关文件精神，经国务院批准，除辽宁、山东、福建等三省中央财政给予适当补助外，沿海经济发达地区自行解决，中西部地区调资增支由中央全额承担。

（三）民族地区转移支付

1. 概况

（1）背景

为落实《中华人民共和国民族区域自治法》，配合西部大开发战略的实施，体现党中央、国务院对民族地区的政策支持，经国务院批准中央财政从 2000 年起，对少数民族地区专门实行民族地区转移支付制度，用于解决少数民族地区的特殊困难，推动民族地区经济和社会全面发展。2006 年，为进一步体现党中央、国务院对民族地区的关怀,又将非民族自治区以及非民族自治州管辖的民族自治县纳入民族转移支付范围。

(2) 资金来源

一是2000年专项增加对民族地区政策性转移支付10亿元,以后每年按上年中央分享的增值税收入增长率递增;二是对民族地区上划中央的增值税(75%部分,下同)收入采用环比办法,将每年增值税收入比上年增长部分的80%转移支付给民族地区。其中,这部分增量的一半按来源地返还,以调动地方增加收入的积极性;同时,考虑到民族地区之间经济发展水平客观上存在差异及地区之间财力不均衡等情况,为体现公平原则,将另外一半按照因素法通过转移支付方式分配给地方。2000—2014年民族地区转移支付额由26亿元增加到近700亿元(见图2-4-3)。

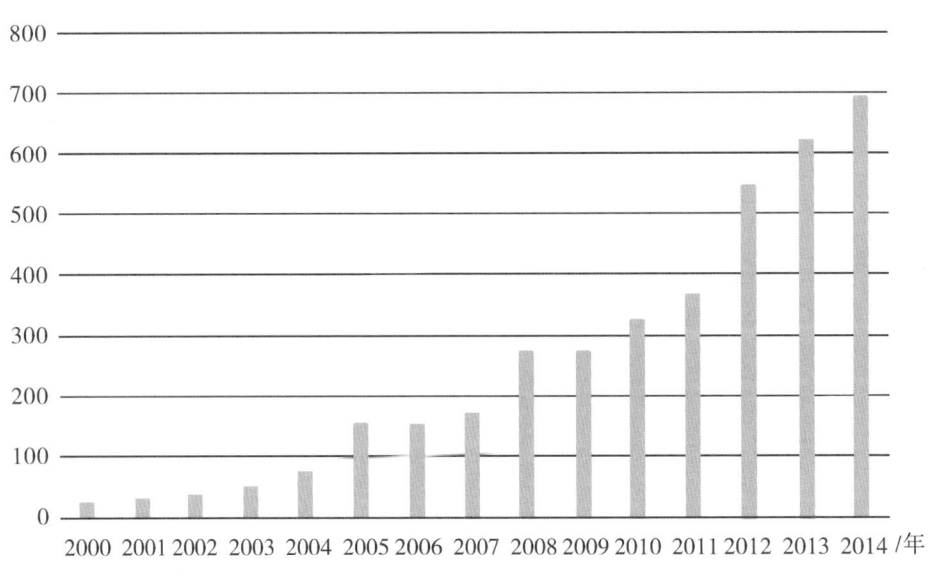

图 2-4-3　2000—2014年民族地区转移支付(单位:亿元)

资料来源:中国财政部。

注:2012—2014年为革命老区、民族和边境地区转移支付整体数据。

2. 测算方法

(1) 按来源地分配的转移支付额

各民族地区按来源地分配的转移支付额,在增值税环比增量40%的基础上,扣除税收返还中增值税增量后确定。用公式表示为:

某地区与增值税增量挂钩的转移支付额＝该地区增值税环比增量×40％－该地区税收返还增值税增量

其中，民族地区的税收返还按分税制财政体制的规定计算。

（2）按因素法分配的转移支付额

对各地区按因素法分配的转移支付额根据其标准支出大于标准收入的差额和转移支付系数计算确定。用公式表示为：

某地区按因素法分配的转移支付额＝（该地区标准财政支出－该地区标准财政收入）×该地区转移支付系数

其中，标准财政支出和标准财政收入参照一般性转移支付办法计算确定。转移支付系数根据各省区人员经费和基本公用经费占其地方标准财政收入的比重分档确定。

（四）农村税费改革转移支付

1. 背景

为推动农村税费改革顺利实施，确保农民负担得到明显减轻，确保乡镇机构和村级组织正常运转，确保农村义务教育经费正常需要，国务院决定，从 2001 年开始，中央财政统筹考虑各地区提高农业税率增收因素和取消乡镇统筹、降低农业特产税税率、取消屠宰税减收、调整村提留提取办法等因素，对地方净减收部分，通过转移支付给予适当补助。

2004 年，为进一步深化农村税费改革，党中央、国务院决定全面取消除烟叶外的农业特产税、降低农业税税率，这是落实科学发展观，统筹城乡社会发展，规范农村分配关系，加快解决"三农"问题的一项重大措施。2004 年吉林、黑龙江两省全面取消农业税（含牧业税，下同），河北等 11 个粮食主产区农业税税率总体降低 3 个百分点，其余非粮食主产区农业税税率总体降低 1 个百分点。由此减少的地方财政收入，沿海发达地区原则上自行消化，粮食主产区和中西部地区由中央财政适当给予转移支付补助。取消农业特产税和农业税降低税率后，农民负担明显减轻，地方财政收入也相应减少。为保证改革顺利实施，中央财政有必要通过转移支付的形式，对地方给予适当补助。2001—2007 年中央财政共安排农村税费改革转移支付 3277 亿元。

2. 转移支付办法

农村税费改革转移支付分配的原则：一是统一与规范。对现行乡镇开支项目和标准进行合理界定，选取相关客观因素，按照统一公式测算各地区的乡镇标准支出需求。二是公正与合理。根据各地区的财力结构和财政困难程度，合理界定中央财政对不同地区的补助力度，适当照顾粮食主产区、少数民族地区和特殊困难地区。三是公开与透明。转移支付测算方法和考虑的客观因素公开，测算过程透明。

转移支付按照基层必不可少的开支和因政策调整造成的收入增减变化相抵后的净减收数额，并根据各地财政状况以及农村税费改革实施过程中各地不可预见的减收增支等因素计算确定。转移支付数额的确定，参照税费改革前各地区乡村两级办学、计划生育、优抚、乡村道路修建、民兵训练、村级基本经费以及教育集资等统计数据，按照客观因素核定各地区上述各项经费开支需求和税费改革后地方减少收入额，根据中央对地方转移支付系数计算确定。

转移支付计算公式为：

某地区转移支付额 = 乡镇转移支付 + 村级转移支付 + 教育集资转移支付

其中：

该地区乡镇转移支付 =（该地区乡村两级办学经费 + 该地区计划生育经费 + 该地区优抚经费 + 该地区乡村道路修建经费 + 该地区民兵训练费 + 其他统筹支出 + 该地区屠宰税减收 + 该地区农业特产税政策性减收 + 该地区农业税增收）× 该地区转移支付系数

村级转移支付按照各地行政村个数、五保户人数、农民人均收入水平及转移支付系数等因素计算确定。教育集资转移支付按照各地县镇、农村中小学生人数、乡镇和村行政区划数及转移支付系数等因素计算确定。

转移支付系数 =（该地区农业税等四项收入占其财力比重 ÷ 全国平均农业税等四项收入占地方财力比重 × 权重 + 该地区人员经费和基本公用经费占其地方财力比重 ÷ 全国平均人员经费和基本公用经费占地方财力比重 × 权重）× 中央财政负担系数

其中农业税等四项收入是指农业税、农业特产税、屠宰税和乡镇统筹。

3. 取消农业特产税和农业税率降点补助

中央对地方转移支付分配的原则：一是统一规范。充分考虑影响各地农业特产税和农业税减收的各项因素，按照统一公式测算各地农业特产税、农业税减收额，测算过程公开透明。二是公平合理。根据各地区的财政困难程度和财力结构，合理确定中央财政对不同地区的补助比例。三是体现对粮食主产区和中西部地区照顾的原则。转移支付要重点向中西部地区特别是粮食主产区倾斜。

转移支付额按照因政策调整造成的农业特产税（含附加，下同）、农业税（含附加，下同）减收额和中央对地方转移支付系数计算确定。

转移支付额的计算公式为：

某地区转移支付额 =（农业特产税减收额 + 农业税减收额）× 该地区转移支付系数

农业特产税减收额主要按照 2002 年农业特产税决算收入确定；2003 年农村税费改革试点地区根据农村税费改革政策统一要求的合并征收环节、降低税率等因素调整。农业税减收额根据农业税决算收入及其降率幅度确定，同时适当考虑中央对地方的农业税灾歉减免补助和农村税费改革当年新增尾欠因素。灾歉减免总额按照 2002 年中央财政实际补助数掌握，各省数额按中央财政核定的各地农业税减免任务数占全国的比重确定。

各地的转移支付系数根据粮食贡献程度、财政困难程度等因素确定。其中，中西部粮食主产区为 100%，中西部非粮食主产区 80%，东部粮食主产区 50%（含福建）。

(五)"三奖一补"转移支付

改革开放特别是实行分税制财政管理体制以来，县乡财政收入持续增长，财政保障能力不断提高。但由于经济发展不平衡、财政供养人员增长过快、财力配置等原因，部分县乡财政较为困难，集中表现为欠发机关事业单位人员工资现象不同程度存在、公用经费保障水平较低等。党中央、全国人大、国务院对此高度重视，强调解决县乡财政困难的重要性和紧迫性，并提出了明确要求。

为缓解县乡财政困难，贯彻落实科学发展观，加强党的执政能力建设，促进地区协调发展，经国务院批准，2005 年中央财政出台了以缓解县乡财政困难为目标的"三奖一补"激励约束机制，预计用三年左右的时间基本缓解县乡财政困难。至2007年，政策目标基本实现。

2005年的"三奖一补"政策主要是对财政困难县乡政府增加税收收入和省市级政府增加对财政困难县财力性转移支付给予奖励，对县乡政府精简机构和人员给予奖励，对产粮大县给予奖励，对以前缓解县乡财政困难工作做得好的地区给予补助。为促进县乡财政运行步入良性轨道，结合缓解县乡财政困难工作形势，中央财政调整和完善了激励约束机制。"三奖一补"政策的主要内容包括：

一是调节县级财力差距的奖励。继续对财政困难县增加税收和省市政府增加对困难县财力转移支付给予奖励，同时考核各地财力相对较低县的人均支出水平，对这部分县人均支出占全省平均水平的比重提高部分，中央财政分档给予奖励；二是继续对县乡政府精简机构、人员给予奖励，同时考核各地教育、卫生、农业、抚恤救济、社会保障以及支援不发达地区支出占一般预算支出比重，对比重提高的地方，中央财政分档给予奖励；三是对产粮大县给予奖励，同时建立存量与增量结合、激励与约束并重的奖励机制；四是对以前缓解县乡财政困难工作做得好的地区给予补助。

2005—2007年中央财政累计安排"三奖一补"资金725亿元，加上地方安排的奖补资金和县乡政府组织的税收收入增量等，县级财力水平明显改善，县级财政支出占地方财政支出的比重逐年稳步提高，县乡财政保障能力明显增强，地方政府发展粮食生产的积极性得到保护，财政供养人员过快增长势头得到遏制，精简机构的步伐明显加快，县乡财政困难基本得到解决，县乡财政运行的主要矛盾已经由"保吃饭，保运转"，转变为如何促进民生、促进发展、履行公共支出责任。

为巩固和扩大缓解县乡财政困难的成果，2008年，中央财政进一步调整和完善了"三奖一补"办法。调整完善的主要内容有三个方面：一是将原来"一奖"中的"对财政困难县政府增加税收收入和省市级政府增加对财政困难县财力性转移支付给予奖励"改为"一补"。即对以前年度的财政困难县奖励基数予以补助。同时，相应取消原来的"一补"，即"对以前缓解县乡财政困难工作做得好的地区给予补助"；二是重点支出保障水平的考核内容由"教育、卫生、农业、抚恤救济、社会保障以及支援不发达支出"改为"教育、医疗卫生和农林水事务";三是增加产粮(油)大县奖励。调整后,"三奖一补"办法改为,对调节省以下财力差异给予奖励,对县乡政府精简机构和人员以及提高重点支出保障水平给予奖励,对产粮(油)大县给予奖励;对以前年度的财政困难县奖励基数予以补助。

(六)其他财力性转移支付

其他财力性转移支付主要包括:一是体制性补助,含原体制补助、企事业单位划转补助等;二是配合实施特定宏观调控政策,中央对地方财政减收所进行的财力性补助,如固定资产投资方向调节税暂停征收财政减收补助、实施天然林保护工程地方减收补助、退耕还林还草减收补助等。这些项目有的平时下达,有的年终结算时下达。2007年,中央对地方其他财力性转移支付为1083亿元。

(七)专项转移支付

1. 概况

专项转移支付是按照政府间事权与支出责任划分,由上级政府对承办委托事务、共同事务以及符合上级政府政策导向事务的下级政府所给予的补助,该类补助专款专用,所以又称有条件补助或专项拨款。目前,我国已经初步建立起一套比较完整的专项转移支付体系,主要包括一般预算安排的专款、国债资金安排的专款等。专项转移支付在实现中央政府意图,引导地方政府行为等方面发挥了重要作用。

1949年以后,在建立起分级财政,确定了中央与地方的分配关系之后,中央财政即开始安排对地方的专项转移支付。专项转移支付设立初期,项目少,数额也很小。1994年实行分税制以后,项目增多,数额也增加。尤其是1998年实施积极财政政策以来,无论项目还是绝对额增长速度都高于以前年度。2007年中央对地方的专项转移支付已经达到6898亿元,比1994年的361亿元增加6537亿元,年均增长25.5%(见图2-4-4)。

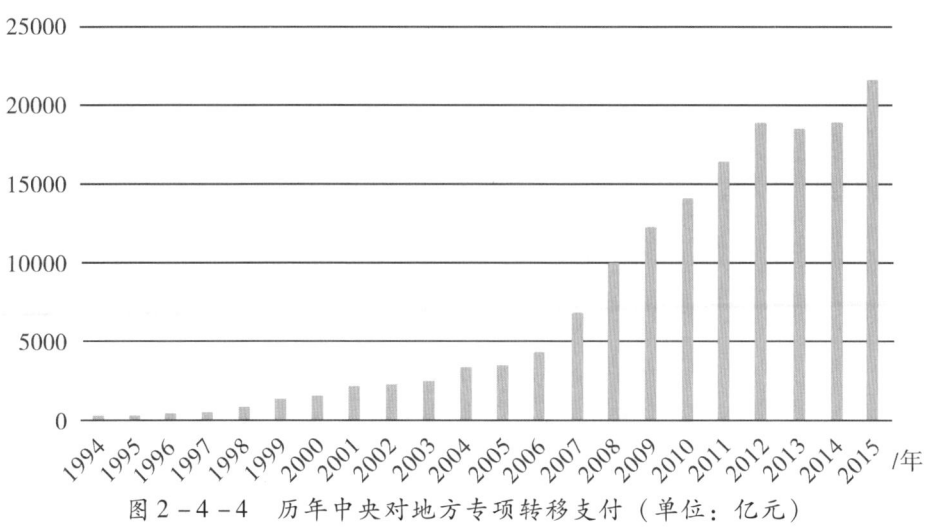

图 2-4-4 历年中央对地方专项转移支付（单位：亿元）

资料来源：中国财政部。

为规范和加强中央对地方专项拨款的管理，依法行政，提高财政资金使用效益，确保财政改革和各项政策措施的顺利实施，2000 年中央财政下达了《中央对地方专项拨款管理办法》，对专款资金分配、管理和使用等提出了明确要求。目前，转移支付资金分配的规范性、科学性和透明度大为提高，转移支付规模增长较快。

2. 用途

从用途看，用于竞争性领域的专项转移支付逐步减少，用于公共支出方面的比重逐年加大。计划经济时期，专项转移支付项目少，单项数额小，大多用于竞争性领域，如支持企业发展等；近年来，按照建立健全公共财政体系的基本方向，经过逐步调整和压缩，原用于竞争性领域、支持企业发展方面的专项转移支付逐步减少，用于民生领域支出、地区均衡发展等方面的专项转移支付比重逐步加大。

从增量看，增加的专项转移支付大多用于国家要求重点保证的支出项目，主要用于贯彻落实党中央、国务院确定需要支持的改革、稳定和可持续发展方面的重大支出，如增加社会保障支出、农村义务教育、农村卫生医疗、粮食风险基金、天然林保护工程等生态环境建设支出、贫困地区政法补助专款以及支援经济不发达地区支出等。

3. 分类

以现行中央与地方政府间事权划分为标准，专项转移支付可分为以下几种类型：

一是中央委托地方事务的专项转移支付。主要是对属于中央政府事权范围，但是由地方政府具体组织实施更有利于实现预期目标的事务，中央财政将这部分事权委托地方承担，相应安排专项转移支付对相关的地方政府进行补偿，以提高资金使用效益，如军队离退休干部安置类专款。

二是符合中央政策导向事务范围的专项转移支付。中央政府为了特定的政策目标需要安排一定专项转移支付，如地方政府按照中央的特殊政策要求行使宏观调控、维护社会稳定等方面所需要的支出，老少边穷地区广播电视设备更新专款、归侨生活补助专款等属于此类。

三是中央政府和地方政府共同事权范围内的专项转移支付。按照事权划分，有些支出属于中央与地方政府共同负责的事务，中央财政通过设立对地方的专款补助，与地方政府共同承担支出责任。如"米袋子"实行省长负责制，粮食收购方面的支出应由地方政府承担。但为了保护农民种粮积极性，中央要求各级地方政府按照保护价格敞开收购农民手中的余粮，因此增加的支出，由中央和地方财政按照比例分担，中央设立补助地方粮食风险基金专项转移支付。

四是地方政府事权范围内的专项转移支付。考虑到部分中西部地区财政相对困难，为促进这些地区改善生产生活条件，加快发展，中央财政对地方承担的部分事权范围内支出也安排了专项转移支付，支持困难地区加快发展步伐。

二、一般性转移支付的现状

2015年国务院印发《关于改革和完善中央对地方转移支付制度的意见》（以下简称《意见》），针对中央和地方转移支付制度存在的问题和不足，提出了改革和完善转移支付制度的指导思想、基本原则和主要措施。根据《意见》，一般性转移支付的内容包含以下几个方面：

（一）均衡性转移支付

均衡性转移支付是当同一级政府存在少量赤字或没有财政赤字的情况下，上级政府把从富裕地区集中的一部分收入转移到贫困地区的补助。其主要目的是消除各地方政府间存在的税收能力与其基本需求开支的横向不均衡，力求保证各地区间社会公共服务水平的基本一致性。

1. 重点生态功能区转移支付

由于长期过度开发，我国重点生态功能区生态较为脆弱。为维护国家生态安全，促进生态文明建设，引导地方政府加强生态环境保护，提高国家重点生态功能区所在地政府的基本公共服务保障能力，2016年财政部发布《2016年中央对地方重点生态功能区转移支付办法》，确定中央财政设立重点生态功能区转移支付。转移支付的规模根据转移支付范围和均衡性转移支付标准收支缺口情况来安排。具体的测算办法为将纳入转移支付范围的县区，按照均衡性转移支付测算的标准收支缺口给予100%补齐。2016年重点生态功能区转移支付预算数为570亿元，比2015年执行数增加61亿元，增长12%。

2. 产粮大县奖励资金

为改善和增强产粮大县财力状况，调动地方政府重农抓粮的积极性，2005年中央财政出台了产粮大县奖励政策。政策实施以来，中央财政一方面逐年加大奖励力度，一方面不断完善奖励机制。为鼓励地方多产粮、多调粮，中央财政依据粮食商品量、产量、播种面积各占50%、25%、25%的权重，结合地区财力因素，将奖励资金直接"测算到县、拨付到县"。对粮食产量或商品量分别位于全国前100位的超级大县，中央财政予以重点奖励；超级产粮大县实行粮食生产"谁滑坡、谁退出、谁增产、谁进入"的动态调整制度。2016年产粮大县奖励资金预算数为392.77亿元，比2015年执行数增加22.04亿元，增长5.9%。

3. 县级基本财力保障机制奖补资金

分税制改革后，中央财政占全国财政收入的比重明显增加，省级财政按照中央的做法上收了财权，而事权逐级下放，部分县级财政收支缺口较大，中央政府通过设立县级基本财力保障机制奖补资金来保障县级政府机构运行。2016年县级基本财力保障机制奖补资金预算数为2045亿元，比2015年执行数增加267亿元，增长15%。

4. 资源枯竭型城市转移支付

从2007年开始，中央财政设立针对资源枯竭型城市为期四年的一般性转移支付，以增强资源枯竭型城市基本公共服务保障能力，帮助其逐步化解累积的公共服务和社会管理等方面的历史欠账。具体的补助办法是：修正系数考虑各地财力水平、所在省（区）财政困难程度及支出成本差异、资源类型等因素。固定数额补助仅针对县（市）和市辖区，主要考虑是县（市）非农业人口规模相对较少。补助资金按照上年省级财政配套数的20%计算。2016年资源枯竭型城市转移支付预算数为186.9亿元，比2015年执行数增加8.9亿元，增长5%。

5. 城乡义务教育补助经费

为加强城乡义务教育补助经费管理，提高资金使用效益，推进义务教育均衡发展，中央财政设立了用于支持城乡义务教育发展的转移支付资金。补助经费管理遵循"城乡统一、重在农村，统筹安排、突出重点，客观公正、规范透明，注重实效、强化监督"的原则，从四个方面支持落实城乡义务教育经费保障机制。2016年城乡义务教育补助经费预算数为1352.91亿元，比2015年执行数增加120.09亿元，增长9.7%。

6. 农村综合改革转移支付

2016年农村综合改革转移支付预算数为338.2亿元，比2015年执行数增加15亿元，增长4.6%。

（二）老少边穷地区转移支付

2016年老少边穷地区转移支付预算数为1537.91亿元，比2015年执行数增加280.96亿元，增长22.4%。主要是增加对革命老区、民族地区、边境地区、贫困地区的转移支付。

（三）成品油税费改革转移支付

财政部在2009年印发了《中央对地方成品油价格和税费改革转移支付办法》，其管理遵循"保证基数、增量调节、统一规范、公开透明"的原则，在确定转移支付额时的计算公式为：转移支付总额＝当年成品油税费改革形成的财政收入×改革基期年"六费"收入等占按改革相关因素测算的财政收入的比例。2016年成品油税费改革转移支付预算数为770亿元，与2015年执行数持平。主要是根据2016年成品油销量预计增长情况等因素测算。

（四）体制结算补助

2016年体制结算补助预算数为1404.93亿元，比2015年执行数增加370.85亿元，增长35.9%。主要是2016年对"一带一路"建设、京津冀协同发展、长江经济带建设等加大了支持力度。如加上使用以前年度结转资金4亿元，预算数为1408.93亿元。

（五）基层公检法司转移支付

2016年基层公检法司转移支付预算数为443.7亿元，比2015年执行数增加9.65亿元，增长2.2%。主要是部分项目调整补助方式，由中央本级转列对地方转移支付。

（六）基本养老金转移支付

2016年基本养老金转移支付预算数为5042.76亿元，比2015年执行数增加637.59亿元，增长14.5%。主要是从2016年1月1日起，企业和机关事业单位退休人员养老金标准提高6.5%左右，以及城乡居民基本养老保险基础养老金领取人数增长。如加上使用以前年度结转资金100亿元，预算数为5142.76亿元。

（七）城乡居民医疗保险转移支付

2016年城乡居民医疗保险转移支付预算数为2426.27亿元，比2015年执行数增加303.03亿元，增长14.3%。主要是从2016年1月1日起提高城乡居民医疗保险政府补助标准，由每人每年380元提高到420元。

表2-4-1　2016年一般性转移支付规模

项目	预算数/亿元	决算数/亿元
中央对地方转移支付	52941.43	52803.91
一般性转移支付	32017.82	31977.35

(续表)

项目	预算数/亿元	决算数/亿元
均衡性转移支付	20392.25	20648.07
其中：重点生态功能区转移支付	570	570
产粮大县奖励资金	392.77	407.77
县级基本财力保障机制奖补资金	2045	2045
资源枯竭型城市转移支付	186.9	186.9
城乡义务教育补助经费	1352.91	1344.62
农村综合改革转移支付	338.2	338.13
老少边穷地区转移支付	1537.91	1539.91
成品油税费改革转移支付	770	770
体制结算补助	1404.93	1235.5
基层公检法司转移支付	443.7	445.93
基本养老金转移支付	5042.76	4974.7
城乡居民医疗保险转移支付	2426.27	2363.24

资料来源：根据《中国财政年鉴》数据整理。

第五节
分税制财政体制改革的特点及重要意义

一、分税制财政体制改革的特点

分税制与包干体制相比，财政体制调节的理念和运行方式都发生了巨大转变。财政包干制，带有行政指令和讨价还价的不稳定特征，而1994年建立的分税制财政体制，具备了市场经济体制所要求的规范性和稳定性特征。

（一）调节理念和机制的不同

包干制条件下中央对地方的调节理念和机制与分税制条件下有着根本的差别：一是"一对一"的谈判与统一的、规范的体制安排的差别。在财政包干制条件下，中央财政与地方财政的分配关系通过"一对一"的谈判方式决定，递增包干的比例、总额分成的比例、定额上解的数额、定额补助的数额，都是中央财政根据每个省的特点和实际情况，一家一家协商确定下来的，而且大多无法稳定，变动频繁，甚至一年一定，中央财政处于繁重的谈判事务中。而分税制财政体制是在划分事权和支出范围的基础上划分税种，采取统一的分税制，不论是发达地区、贫困地区，还是东、中、西部不同地区，执行统一的分税制体制安排，按税种划分和组织各级政府的财政收入，然后根据因素法和公式法建立规范的一般性、财力性转移支付、专项转移支付办法，实现中央集中财力的再分配，合理解决地区间财力分配不平衡问题。同时为了保证分税制的顺利过渡，制定了"存量不动、增量调整"的过渡性办法，即运用体制补助、结算补助等办法，处理中央与地方分配关系中出现的临时性问题，在不影响中央宏观调控能力的前提下，使地方的利益尽量得到满足。

（二）单向调节与双向调节的区别

财政包干体制下，中央与地方的财政分配关系是单向调节的，即实行"递增包干""总额分成""定额上解"的地方，是通过财力的上解调节中央与地方分配关系的；而实行"定额补助"的地方，是通过财力的下拨调节中央与地方的分配关系的。不可能存在既有财力上解，又有财力下拨的地方，因而是单向的。在1994年分税制改革方案中，中央与地方的财政分配关系的调节是双向的。财政收入按税种归属关系和分享比例统一上解中央财政，中央集中的财力按统一的转移支付办法下划地方，成为地方财政收入的重要组成部分。因此，中央财政调控地方财政既有财力上解，也有财力下拨。单向的调节往往难以协调中央与地方的财力分配关系，财力分配的公平性较差。双向调节则可以使第一次调节产生的矛盾，通过第二次调节尽可能地得到解决，财力分配的公平性较强。

（三）短期的、不稳定的调节与长期的、稳定的调节的区别

财政包干体制通过"一对一"谈判的方式，中央财政要应对三十多个省、市、

自治区的谈判和讨价还价。在信息不对称的情况下，实际的结果在很大程度上还是由地方说了算，中央的利益不断减损，这必然使中央财政调控能力受到削弱，缺乏伸缩余地，这也是导致中央财政收入占全国财政收入比重下滑的原因，使中央财政陷入向地方借款过日子的困境。而分税制财政体制通过划分事权和税种处理中央与地方的财政分配关系，从制度上打破了过去频繁变动，甚至"一年一变"的不稳定状态，除了2000年前后固定资产投资方向调节税、农业税、屠宰税等几种地方税受国家经济政策制约被取消而使基层财政受到一些影响外，分税制的总体框架没有变化，而且通过增设若干转移支付项目弥补了地方财力不足。我国经济能够保持较长时期的高速增长，中央和地方财政收入保持长期的稳定增长，与分税制财政体制的长期稳定调节是分不开的。

二、分税制财政体制改革的意义

（一）分税制财政体制开创了新中国财政发展史上的新纪元

考察1949年后财政体制的发展进程，我们可以发现，改革开放以前基本上是统收统支或高度集中的财政体制，虽然在一些时期实行过"分类分成"和"总额分成"的财政体制，改革开放后以分权为导向实行过"分灶吃饭"和"财政包干制"，但都是在行政性的"集权"与"分权"思路上的调整改动，而不是"经济性分权"。从第一个五年计划时期开始，我国就试图在财政体制创新中探索一条道路，但经过长期的探索而未能如愿。20世纪80年代"分灶吃饭"后，财政的"统收"局面已打破，但"统支"的问题并没有根本解决。相比之下，彻底打破统收统支和克服行政性分权明显局限的财政体制，是分税制财政体制。这一体制建立后，按税种划分中央、地方收入，自己的税收自己支配使用，不再发生互相挤占的现象。财政支出划分后，中央和地方自求平衡。从实施的效果看，分税制财政体制虽然还有不少需要完善的地方，但比起以往的财政体制发生了质的改变，原有的按行政隶属关系组织财政收入的格局被打破，形成了保证财政收入正常增长的良性机制，使"两个比重"提高，增强了中央转移支付的能力和宏观调控的能力。由此，新中国的财政体制发生了飞跃式的发展，实现了新体制取代旧体制的制度创新，开创了新中国财政史上的新纪元，成为1949年以来财政体制改革的里程碑。

(二) 分税制财政体制是促进社会主义市场经济建立和完善的必要条件

建立和完善社会主义市场经济体制，是我国经济体制改革的战略目标，而财政分税制成为促进市场经济健康发展的必要条件。我国建立的社会主义市场经济是一种混合经济，企业与政府共同参与经济活动。企业的基本经济行为是顺应价格机制追逐利润，从而引导经济资源的合理配置，为社会提供越来越多的有益产品与服务。在经济活动中，地方政府的主要职责是负责地方公益事业，为企业的经济活动提供良好的外部环境；中央政府的主要职责是对宏观经济加以全面调节控制，协调产业关系，促进经济稳定与社会安定。这样的市场经济是由中央政府进行宏观调控下的市场经济，由于分税制能够合理强化中央政府对经济的宏观调控职能，从而推进了市场经济健康发展。同时，市场经济是法治经济，作为收入分配重要组成部分的财政分配应依法进行。财政分配主要有两个方面：一是国家与企业之间的收入分配，二是上下级政府之间的收入分配。企业与政府间的收入分配是政府间的收入分配的基础，政府间的财政分配方式对企业与政府间的收入分配有着引导作用。分税制规范了国家与企业之间的收入分配关系，使企业不分大小与经济性质，不论行政级别，依法纳税，公平竞争。中央和地方两级政府分别依法征税，滥行减免税和偷税、漏税的情况大大减少，企业与政府之间的分配关系逐步纳入社会主义市场经济法治化的轨道。分税制实行后，由于税种划分打破了长期以来的"条块分割"的行政隶属关系控制体系，使包干制下出现的地方保护主义、经济封锁、市场分割等现象受到明显遏制和纠正，全国性的统一市场逐步形成，也促进了社会主义市场经济的发展。

(三) 分税制财政体制为规范中央与地方的分配关系开拓了新路径

要正确合理地处理中央与地方的分配关系，必须有一个科学、规范的制度，而分税制财政体制正好为解决这一关键问题开拓了新路径。分税制比"分类分成""总额分成"和"财政包干制"都更科学、合理、规范。它吸取了以往制度的优点，回避了存在的缺陷，而且还吸收借鉴了国外分税制的先进经验和设计方法。就目前世界上而言，分税制是市场经济各国通用的一种财政体制，在处理中央和地方分配关系时，不是像以往那样依行政隶属关系对财政收入进行分割，而是依靠税种的划分，把与全国性经济、社会调控相关的税种划分为中央税，把带有地方性特点和便于地方管理的税种划为地方税，把少数关系国计民生的重要税种划分为共享税。中央与地方都有自己的税收范围，在此基础上各自发展自己的税源。并且分税制财政体制对中央与地方分配关系的调节，是结合多种形式的转移支付实现的。为了使财政转移支付体系更好地体现国家经济政策的要求，国家对转移支付制度不断进行调整和完善，如为了配合各时期国家重大发展战略和宏观政策的实施，设立了若干财力性转移支付项目；为了解决县、乡基层财政困难问题，引入激励约束机制，设立"三奖一补"转移支付并增加一般性转移支付的比重。这种多层次、多种形式转移支付体系的建立，既有利于解决中央与地方分配关系的规范调节问题，也有利于解决特定时期特殊需要的调节问题。

第六节
省以下财政体制改革

省以下财政体制在我国属于"地方"概念下各层级的财政体制，是国家财政体制的重要组成部分，是中央对地方财政体制的贯彻和延伸，影响着地方政府的行为空间和基本公共服务的供给水平。完善省以下财政体制，有利于从制度创新角度全面推进公共财政体制建设，推进解决促进社会经济全面协调发展和全面建设小康社会而必须解决的重大事项。本节重点分析省以下财政体制的基本状况。

一、省以下财政体制的历史回顾

1949年以来，与中央对地方财政体制的不断改革相呼应，我国省以下财政体制也历经多次调整和变化。1980年以前，省以下财政体制基本上是比照国家对地方的体制形式，主要实行的是高度集中的财政体制，其间虽然经过多次大大小小的调整变革，但始终没有能够打破中央集中过多，地方财权较小的格局。从1980年起，省以下财政体制打破了高度集中、吃"大锅饭"的旧格局，财力分配由"条条"为主，改为以"块块"为主，地方可以自行统筹安排，调剂余缺，调动了地方各级政府当家理财的积极性。

（一）"划分收支，分级包干"财政体制时期的省以下体制

自1980年起，按照中共中央关于经济体制改革的指导精神，我国中央对地方实行了"划分收支，分级包干"的财政体制，全国省以下财政体制也进行了相应的改革。尽管各地的称谓略有差别，但其基本内涵大致一致，主要内容是年初核定各市、县的年度财政收入和支出指标，然后收支挂钩，确定收入分成办法。完不成收入指标，就要压缩支出，自求平衡；收入完成得好，当年实际收入比上年有所增加，则对增加部分实行一定分成。

关于各级财政收支范围的划分。收入方面：多数省区的各市、县所属企业收入、工商所得税、农业税和其他收入，作为市、县财政的固定收入；工商税和盐税作为省和市、县的调剂收入。如安徽省列入地方（行署、市、县）收入包干范围的有：地方所属企业、事业收入，工商税收，盐税，农业税和其他收入。支出方面：列入市、县的简易建筑费，农业、林业、水利、水产、农机等事业费，城市维护费，人民防空经费，抚恤和社会救济费，行政管理费等归市、县财政支出包干范围。

收支包干基数的核定。地方收支包干基数多是以1980年财政收支数为基础经适当调整以后核定的。如福建省收入以1980年实际入库数，支出以1980年省核定预算数为基础，并适当考虑1981年收支增减因素，经过调整后，由省核定收、支、缴（补）基数。而广东省原则上以1980年上级下达的年度财政收支计划（剔除一次性因素）为基数，个别地、市、县由于受灾影响而调减的指标，已在确定基数时作了适当调整。

分成办法。当年实际收入比上年增收或减收部分，各省根据各地经济基础和收支情况，对地、市、县分别确定分成的办法，一般来讲，对增收的部分，有的是全部留用，也有全部上解的，还有比例分成的，而对于减收的部分则实行定额补贴的

办法。如河北省凡是地市固定收入大于支出的,按一定的比例上解省财政;凡是地市固定收入小于支出的,不足部分,由省财政给予定额补贴。而安徽省对当年实际包干收入超过包干基数的部分,实行比例分成,具体是:定额上交的合肥、蚌埠、芜湖分成40%,淮南、淮北、马鞍山、铜陵、安庆分成42%,省分成60%和58%;定额上交的行署、县(市)分成55%。定额补助的行署、县(市),超基数收入小于定额补助数的,全部留用;大于定额补助数的部分,分成55%,省分成45%。

(二)"划分税种,核定收支,分级包干"财政体制时期的省以下体制

根据党的十二届三中全会《中共中央关于经济体制改革的决定》精神,结合第二步"利改税"实施后在分配关系上发生的新变化,国家从1985年起实行了"划分税种,核定收支,分级包干"的财政体制。按照国家的统一部署,结合当地的实际情况,从1985年起,全国大部分省区对各地、市、县也层层实行了这种包干办法。

从收入划分来看,省级财政固定收入主要包括省直属各类国营企业的所得税、调节税、利润、计划亏损补贴,金融保险营业税,其他收入等;地、市、县级财政分成收入包括工商税收(均不含作为中央、省和地市县固定收入部分),地、市、县所属各类国营企业的所得税、调节税、利润、计划亏损补贴和承包收入退库,农业税,其他收入等;地、市、县级财政固定收入包括城市维护建设税、税收税款滞纳金、补税罚款收入、专项收入以及预算调节基金等。

关于支出范围的划分,财政支出划分为省级财政支出和地、市、县级财政支出。省级财政支出主要有基本建设支出,企业挖潜改造资金,简易建筑费,流动资金,农林水利、文化教育、科学卫生等事业费,民兵事业费,优抚和社会救济费,工交商事业费,行政管理费,公检法司支出,其他支出等;地、市、县级财政支出主要有用本级财力安排的基本建设支出,企业挖潜改造资金,流动资金,支援农村生产支出,城市维护建设费,农林水利、文化教育、科学卫生等项事业费,工交商事业费,优抚和社会救济费,行政管理费,公检法司支出,其他支出等。

(三)"大包干"财政体制时期的省以下体制

1988年,国务院决定对全国各地区实行不同形式的财政包干办法。全国分为"收入递增包干""总额分成""总额分成加增长分成""上解额递增包干""定额上解"和"定额补助"6种形式。地方各省市也比照中央对地方财政包干体制,并结合当地的实际情况,实行了形式多样的省以下财政包干体制,有采取单一的体制形式,如江苏省等采取的"收入递增包干",吉林、宁夏等省区采取的"定额补助"的形式,也有实行复合型的体制形式,如山东、青海等省份。

(四)分税制财政体制建立后的省以下体制

1994年以来,中央财政多次提出完善省以下财政管理体制的指导性意见,各地也陆续比照中央对地方的分税制财政管理体制框架,对省以下财政体制适时进行了调整,重点是收入划分、支出划分和转移支付等。从收入划分来看,受经济发展水平和产业结构差异的影响,各地省以下政府间收入划分形式多样、差别较大。但归纳起来大致有两种形式,一是按税种分成,二是总额分成。从支出划分来看,省级政府承担的事务主要包括:本级行政管理费,科技三项费,支援不发达地区支出等;省、市、县政府共同承担的事务主要包括:基本建设支出,公检法司、文化、教育、科学、卫生等各项事业发展支出,技术改造资金和新产品实验费,支农支出,价格补贴,社会保障补助支出;市、县政府承担的事务主要包括:本级行政管理费,农林水部门事业费,城市维护和建设费,抚恤和社会福利救济,专项支出等。

与政府间收支划分相配套,转移支付制度同样是省以下财政体制的重要制度安排。由于自然禀赋、民族文化及经济发展差异较大,各地省以下地区间财力差距较大。省级政府承上启下,承担着均衡本行政区域范围内财力差异的职责。虽然政府之间合理的收支划分能够在一定程度上缩小辖区内的财力差距,但由于省级政府在区域经济社会协调发展中的重要地位,1994年以来省级财政通过集中财力,逐步建立了省对下转移支付制度,发挥省级政府的调控职能,缩小辖区内财力差距。

二、省以下财政体制的基本状况

1994年分税制改革以来,按照"统一领导、分级管理"的财政管理体制原则,省以下各级政府在中央统一领导下，比照中央对地方的分税制财政体制框架，根据各省的实际情况，也陆续实行了省以下财政管理体制的调整。

为了督促地方完善省以下财政管理体制，中央财政多次下达关于完善省以下财政管理体制的指导性意见，包括《关于完善省以下分税制财政管理体制意见的通知》（财地字〔1996〕24号）、《改革和完善农村税费改革试点县、乡财政管理体制的指导性意见》（财预〔2000〕134号）、《国务院批转财政部关于完善省以下财政管理体制有关问题意见的通知》（国发〔2002〕26号）以及《财政部关于印发〈关于切实缓解县乡财政困难的意见〉的通知》（财预〔2005〕5号）等。根据上述指导性意见，结合本地实际情况，各地进一步调整和完善省以下管理体制，在调整政府间支出责任划分、政府间收入划分、建立和规范转移支付等方面做了大量工作。

但由于受种种因素制约，我国省以下财政体制迟迟不能真正进入分税制的规范状态，实为以分成制为标志的过渡状态，有些重要省份甚至直接标明本省实行"总额分成"体制。参见专栏：

◆专栏：2013年省以下财政体制一览表

表2-6-1　2013年省对下财政体制

地区	省份	现行体制颁布年份	是否按税种分税	主要税种的省级分成税种	省级主要分成税种的分成比例				
					增值税省级分成比例	营业税省级分成比例	企业所得税省级分成比例	个人所得税省级分成比例	其他税或费
东部	江苏	2008	是	增值税、企业所得税、耕地占用税、地方城镇土地使用税、土地增值税、房产税和契税	增量集中12.5%	—	增量集中20%	—	耕地占用税50%、地方城镇土地使用税30%、土地增值税30%、房产税30%和契税30%

（续表）

地区	省份	现行体制颁布年份	是否按税种分税	主要税种的省级分成税种	省级主要分成税种的分成比例				
					增值税省级分成比例	营业税省级分成比例	企业所得税省级分成比例	个人所得税省级分成比例	其他税或费
东部	浙江	2008	否		总额分成				增量部分省级总额分成20%
	山东	2005	是	营业税、企业所得税、个人所得税	—	20%	8%	15%	新增土地有偿出让收入5%
	广东	2011	是	营业税、企业所得税、个人所得税、土地增值税	—	50%	20%	20%	土地增值税50%
	福建	2002	否		总额分成				
	辽宁	2010	否	总额分成以2008年省市共享税收的决算数为基础，按2006—2008年3年年均增长率，推算基期年（即2009年）省市共享税收基数。各市上划省级共享税收基数占各市的省市共享税收基数比例即为各市总额分成上解省财力比例，一市一率						
中部	山西	2002	是	增值税、营业税、企业所得税、个人所得税、资源税、城镇土地使用税	8.75%	35%	14%	14%	资源税35%、城镇土地使用税35%
	吉林	2004	是	增值税、营业税、企业所得税、个人所得税	12.50%	50%	16%	16%	—

（续表）

地区	省份	现行体制颁布年份	是否按税种分税	主要税种的省级分成税种	省级主要分成税种的分成比例				
					增值税省级分成比例	营业税省级分成比例	企业所得税省级分成比例	个人所得税省级分成比例	其他税或费
中部	黑龙江	2006	是	营业税	—	50%	—	—	—
	安徽	2004	是	企业所得税、个人所得税	—	—	15%	15%	—
	江西	2003	是	资源税、城镇土地使用税、印花税、土地增值税、个人所得税、房产税	—	—	—	16%	资源税、城镇土地使用税、印花税、土地增值税、房产税
	河南	2004	是	营业税、企业所得税、个人所得税增量省级分成	—	增量分成20%	增量分成20%	增量分成20%	—
	湖北	2011	否	总额分成。省在2002年财政管理体制下分享的税收，以2010年各市县核定省级税收为基数，与各市县地方税收收入增长速度同增同减，不再分享增值税、营业税和所得税					城建税、耕地占用税、城镇土地使用税、印花税、资源税、城市教育费附加等继续实施定额上缴

(续表)

地区	省份	现行体制颁布年份	是否按税种分税	主要税种的省级分成税种	省级主要分成税种的分成比例				
					增值税省级分成比例	营业税省级分成比例	企业所得税省级分成比例	个人所得税省级分成比例	其他税或费
中部	湖南	2010	是	企业所得税、个人所得税、资源税、城镇土地使用税、土地增值税	4.25%	25%	12%	12%	资源税25%
	海南	2007	是	增值税、营业税、企业所得税、个人所得税、土地增值税和契税6项税收	海口市：13.75% 三亚市：8.75% 其他地区：6.25%	海口市：55% 三亚市：35% 其他地区：25%	海口市：22% 三亚市：14% 其他地区：10%	海口市：22% 三亚市：14% 其他地区：10%	海口市：土地增值税和契税55% 三亚市：土地增值税和契税35% 其他地区：土地增值税和契税25%
	河北	2005	是	增值税、营业税、企业所得税、个人所得税、排污费	10%	10%	20%	10%	排污费10%

(续表)

地区	省份	现行体制颁布年份	是否按税种分税	主要税种的省级分成税种	省级主要分成税种的分成比例				
					增值税省级分成比例	营业税省级分成比例	企业所得税省级分成比例	个人所得税省级分成比例	其他税或费
西部	四川	2000	是	增值税、营业税、个人所得税、资源税、房产税、印花税、城镇土地使用税、契税	8.75%	35%	—	14%	资源税、房产税、印花税、城镇土地使用税、契税 35%
	贵州	2013	是	增值税、资源税、城镇土地使用税	5%	20%	8%	8%	资源税、城镇土地使用税 20%
	云南	2005	是	企业所得税、个人所得税、耕地占用税、卷烟企业市县的教育费附加收入	—	—	24%	24%	耕地占用税 30%、卷烟企业实现的教育费附加 60%
	陕西	2004	是	增值税、营业税、城镇土地使用税、房产税、资源税	7.50%	30%	20%	20%	城镇土地使用税、房产税、资源税 30%
	甘肃	2003	是	增值税、营业税、企业所得税、个人所得税	经济条件好的地市县集中 17.5%、其他地市县集中 5%	30%	20%	20%	—

（续表）

地区	省份	现行体制颁布年份	是否按税种分税	主要税种的省级分成税种	省级主要分成税种的分成比例				
					增值税省级分成比例	营业税省级分成比例	企业所得税省级分成比例	个人所得税省级分成比例	其他税或费
西部	青海	2004	是	增值税	12.50%	—	—	—	资源税、耕地占用税、土地使用税、固定资产投资方向调节税、外商企业所得税定额上缴（1997年基数）
	宁夏	1995	是	企业所得税、个人所得税、房产税、土地使用税、资源税	—	—	20%	20%	房产税30%、资源税50%
	新疆	2004	是	资源税	—	—	—	—	资源税75%
	广西	2005	是	增值税、营业税、企业所得税、个人所得税	8%	40%	10%	15%	—
	内蒙古	2012	是	增值税、营业税、企业所得税、个人所得税、资源税	7.5%	10%	10%	10%	资源税65%

资料来源：样本省（区）财政体制文件。

注：截止时间 2013 年 6 月。

浙江、福建两省采用总额分成的体制，总额分成的比例是 20%。辽宁新加入总额分成类型，按照一市一率的办法分成。

与 2006 年的情况对比，26 个省区共有 9 个进行了体制调整，其中，东部 6 个省份有 4 个调整了体制，占比 66.7%；中部地区 10 个省份有 3 个调整了体制，占比 30%；西部地区 10 个省区有 2 个调整了体制，占比 20%。东部地区明显高于中西部地区。另外，浙江省省对下分成比例和方法没有发生变化，但 2008 年省政府出台了一个调整体制的文件，对省对下转移支付进行了重新设计。

在 2006 年，有 3 个东部省份（江苏、浙江和福建）采用总额分成的办法，统一分享比例 20%；到 2013 年有 4 个东部省份采用总额分成办法（浙江、福建、辽宁和湖北），江苏退出总额分成办法，采用分税种分成，而辽宁退出分税种分成，采用总额分成，总额分成率一市一率，湖北也从分税种分成改为总额分成。

从财力分配的角度看，实施调整的省区主体特点是向省级集中财力，如广东、内蒙古自治区、贵州、海南、湖南。

（一）省以下政府间事权与支出责任划分

1994 年分税制改革后，各地根据地方政府的职责，结合本地实际情况，对省以下政府事权和支出责任的划分作了原则规定。

1. 省本级与地市的事权与支出划分

一般而言，省（直辖市、自治区）本级财政主要承担省（直辖市、自治区）级国家机关运转所需经费，调整全省（直辖市、自治区）国民经济结构、协调地区发展、实施宏观调控等方面的支出以及由本级直接管理的事业发展支出。除了按分税制要求，核定给地市的税收返还外，省（直辖市、自治区）本级财政支出具体包括：本级统筹的基本建设投资，本级直属企业的挖潜改造资金，地质勘探费，科技三项费用，行政管理费，公检法司支出，社会保障支出，政策性补贴支出，支援不发达地区支出，应由本级负担的农业支出、林业支出、水利和气象支出、教育支出、医疗卫生支出、科学支出以及文体广播、工业交通和流通部门等事业费及其他支出等。

地市财政主要承担本地区（市）政府机关运转所需支出以及本地区（市）经

济、事业发展所需的支出。包括本地市自筹的基本建设投资，企业挖潜改造资金，科技三项费用，行政管理费，公检法司支出，社会保障支出，政策性补贴支出，城市维护费，支援不发达地区支出，地方农业支出、林业支出、水利和气象支出、教育支出、医疗卫生支出、科学支出以及抚恤和社会福利救济费、文体广播、工业交通和流通部门等事业费及其他支出等。

2. 地市本级与县（市）的事权与支出划分

自实行分税制以来，各省地市本级与县（市）的事权和支出划分发生了一些变化，特别是因管理模式的变化致使在具体项目划分上一些省的变化较大。但总体而言，目前在各地市对县市的分税制财政体制中，地市本级与县（市）的事权与支出划分基本上是相同的。以广西为例，地市本级财政主要承担地市国家机关运转所需经费、协调县（市）经济和社会事业发展以及由本级直接管理的经济和社会事业发展支出。除了按分税制要求，核定给县（市）的税收返还外，地市本级财政支出具体包括：地市本级自筹的基本建设投资，企业挖潜改造资金，科技三项费用，行政管理费，公检法司支出，社会保障支出，政策性补贴支出，城市维护费，支援不发达地区支出，本级负担的农业支出、林业支出、水利和气象支出、教育支出、医疗卫生支出、科学支出以及抚恤和社会福利救济费、文体广播、工业交通和流通部门等事业费及其他支出等。

县（市）财政主要承担本县（市）政府机关运转所需支出以及本县（市）经济、事业发展所需的支出。包括本县（市）自筹的基本建设投资，企业挖潜改造资金，科技三项费用，行政管理费，公检法司支出，社会保障支出，政策性补贴支出，城市维护费，支援不发达地区支出，县（市）负担的地方农业支出、林业支出、水利和气象支出、教育支出、医疗卫生支出、科学支出以及抚恤和社会福利救济费、文体广播、工业交通和流通部门等事业费及其他支出等。

（二）省以下政府间收入划分

1994年实施的分税制改革被一以贯之地推行到省以下的财政收入分配体制之中，所有省区对中央财政分享后的剩余部分又进一步展开了地方各级财政的分配。受经济发展水平和产业结构差异的影响，各地省以下政府间收入划分形式多样、差别较大，但绝大多数省区采用了按税种分税的方式，仅有江苏、浙江和福建3个省份选择了总额分成的方式（其中江苏和浙江选择了基数加增量定比分成，福建则不考虑基数），总额分成虽然没有按照具体某个或某些税种分成，但可以理解为所有的税种都是按照相同的比例分成。

1. 税种划分

省以下税种划分大致有以下几种情况：

一是收入稳定且规模较大的税种由省与市（县）共享。全国大部分省区采用了这种模式。目前，省与市（县）共享收入税种主要为增值税（25%部分）、营业税、企业所得税和个人所得税（地方分享的40%部分）、城镇土地使用税等。

二是收入较少的税种市（县）独享。目前划归地市或县（市）的固定收入税种主要有资源税、城建税、房产税、车船使用和牌照税、耕地占用税、印花税、契税、土地增值税等。作为地市或县（市）固定收入的税种虽然较多，但收入规模普遍较小，主体税种不多。尤其是国家取消农业税和除烟叶外的农业特产税后，情况更是如此。

三是部分省市在按照以上两种方式划分收入的同时，规定主要行业或支柱产业的税收收入由省级独享。采用这种划分方式的省市较多。如天津市规定，交通及运输、邮政通信、石油石化、金融保险等行业的增值税、营业税、企业所得税、个人所得税、城建税、教育费附加，以及机场、港口、卷烟、汽车、天钢、天铁、钢管和创业环保公司的增值税、营业税、企业所得税、个人所得税等，划归市本级收入。河北省将石油、石化、有色、电力四部门及省参与投资的电力企业缴纳的增值税、营业税划归省级收入。陕西省在2004年体制调整时明确，将全省电力企业（不含小水电）增值税，省级汇算清缴的电力增值税和西北电网有限公司过网费增值税附征的城建税及教育费附加，金融保险（含非银行金融机构）营业税以及随同征收的城建税和教育费附加，全省高等级公路通行费营业税以及随同征收的城建税和教育费附加，作为省级固定收入。此外，还有20个省将金融保险营业税全部作为省级固定收入。

2. 共享税的分享办法

对共享税收的分享办法可以分为以下三种类型：

第一，按比例分享。目前，全国共有北京、天津、河北、山西、辽宁、吉林、黑龙江、河南、山东、湖北、广西、重庆、海南、陕西、甘肃15个省市区采用这种方式划分省与市县共享收入。省与市（县）共享收入的划分比例主要有"五五""四六""三七"等，多数省级分享比例略低于市（县）分享比例，体现了财力向下倾斜的原则，对于缓解基层财政困难有一定的积极作用。

第二，按隶属关系划分。目前，上海、浙江、安徽、江西4个省市仍采用这种划分方式。如浙江省将增值税、营业税和企业所得税按企业的隶属关系划分省级收入和市（县）收入。需要说明的是，对国有资产经营收益、计划亏损补贴、行政性收费收入、罚没收入、专项收入等，各省均按隶属关系划分为省级固定收入和市（县）固定收入。

第三，按比例和隶属关系交叉划分。目前，内蒙古、江苏、福建、湖南、广东、云南、四川、贵州、西藏、青海、宁夏、新疆12个省区按这种方式划分共享收入。如广东省将增值税收入按企业的隶属关系划分，将企业所得税收入中来自国有企业的所得税收入按企业隶属关系划分，来源于非国有企业的所得税收入由省与市（县）按"四六"比例分享，对营业税和个人所得税按"四六"比例分享。

3. 省对下转移支付

（1）省对下转移支付概况

随着中央对地方转移支付体系的逐步完善和规模的不断扩大，各地也比照中央办法，结合自身实际，陆续建立了省对下转移支付制度。省对下转移支付由财力性转移支付和专项转移支付构成。其中，财力性转移支付主要包括一般性转移支付、调整工资转移支付、农村税费改革转移支付、民族地区转移支付、缓解县乡财政困难奖补资金（"三奖一补"）、地方出台的激励性转移支付[①]等。省对下专项转移支

---

① 地方出台的激励性转移支付是指为充分调动县乡发展经济、加强财政管理的积极性，通过建立科学的指标体系和奖优罚劣机制而实施的激励性补助。

付是指省级政府为实现特定的政策目标，以及对委托下级政府代理的一些事务进行补偿而设立的专项补助资金。资金接受者需按规定用途使用资金，专款专用。

（2）省对下一般性转移支付的基本做法

1995 年中央出台过渡期转移支付办法后，各地依据中央的办法，结合本地实际情况，按照客观、公正、规范的原则，陆续实施了省对下一般性转移支付。2000 年以来，一般性转移支付规模逐年加大，有效地缓解了部分基层政府财政运行中的突出问题，推动了辖区内基本公共服务的均等化。

根据一般性转移支付的性质，各地普遍将其政策目标定位于缩小辖区内财力差、推进地区间基本公共服务均等化。但受客观条件制约，河北、宁夏等中西部 19 个省区均明确规定，近期内一般性转移支付的主要目标是缓解县乡财政运行中的突出矛盾，主要包括保证机关事业单位人员工资发放、基层政权正常运转等。宁夏回族自治区规定："通过规范的资金分配形式，逐步缓解市县财政困难、调整区域间财力差异，实现地方政府基本公共服务能力的均等化。在当前各级财政财力基础还比较薄弱的情况下，转移支付资金重点用于保障机关事业单位职工工资发放、机构正常运转等基本支出以及推动农业、科技、教育等必要的事业发展支出需要，实现区域之间、城乡之间的统筹发展。"

此外，安徽、湖北、青海等省份还注重发挥一般性转移支付的政策导向功能，引导和鼓励市县政府增收节支、发展地方经济。安徽规定："按照'加快发展，富民强省，全面建设小康社会'的要求，适应省直管县财政体制改革的需要，在加大对财政困难一般性转移支付力度，提高其财政基本保障能力的基础上，充分发挥一般性转移支付政策的导向作用，建立激励约束机制，鼓励各县自力更生、加快发展，壮大财政经济实力，尽快形成一批财政经济强县。"青海规定："通过实施一般性转移支付，调动州、市、县增收节支、实现财政收支平衡的积极性。"湖北在实际操作中，依据其政策功能、测算因素和分配办法的不同，将一般性转移支付划分为均衡性转移支付、激励性转移支付和政策性转移支付。

①公式法分配

总体看来，绝大多数地区都是比照中央对地方一般性转移支付测算办法，按照辖区内市县的标准财政收支差额和转移支付系数确定转移支付数额。即某地区转移支付额＝（该地区标准财政支出－该地区标准财政收入）×转移支付系数。

但也有例外，山西、贵州和西藏三省区对辖区内基层政府的标准财政收支缺口实施全额补助，测算公式为：某地区转移支付额＝该地区标准财政支出－该地区标准财政收入。广东省在按照编制数计算县级和市本级人均可支配财力补助标准分别为10800元、15000元的基础上，对低于补助标准线的市县，按照补助标准线给予补足。江苏省将1999年标准人均财力低于11000元的县（市）列入转移支付范围，对各地标准人均财力与11000元的差额，省补助50%。

②标准收入测算

各地在测算标准收入时，主要考虑市县一般预算收入和上级补助收入。上级补助收入主要包括税收返还、转移支付、体制性补助等，一般据实计算。各地测算标准一般预算收入的办法不统一，主要包括：一是按照决算数据据实计算，采用这种办法的有北京、安徽等13个省市。二是分税种进行测算，对于增值税、营业税等主体税种采用"税基×税率"的办法，而对资源税、房产税等采用"基数加增长"的方式确定，吉林、宁夏等9个省区采用这种办法。三是在据实计算或分税种测算的基础上，考虑市县财政收入和GDP增幅、财政收入占GDP比重等因素，对测算结果进行修正。采用这种办法的有天津、河北、山西、青海等4个省市。如青海在测算县级一般预算收入时，先计算该县所在州（地、市）地方财政一般预算标准收入，然后扣除州（地、市）本级占有的标准收入份额，再按该县GDP占所在州（地、市）的比重计算该县一般预算收入。四是采用"基数加增长"的办法，以前一年度决算收入数与核定的增长率进行测算，采用这种办法的有内蒙古、福建、西藏3个省区。如内蒙古规定："盟市旗县本级标准财政收入按照上年决算数和当年全区分级收入平均增长率核定。"

③标准支出测算

各地标准支出的测算办法比较一致。市县标准财政支出主要为该地区行政、公检法标准支出等经常性支出项目之和。标准支出根据标准财政供养人数和相关支出标准等因素，按人员经费、公用经费和其他经常性支出项目分别计算确定。其中，其他经常性支出项目主要包括社会保障补助支出、优抚和社会救济支出、支援农业生产支出和城建支出等，通常分项进行测算，但也有例外，如辽宁规定其他经常性支出项目（必要的社会事业发展支出）按照可支配财力的20%核定，少数民族县特定支出按3%核定。此外，天津、湖南、陕西和新疆4个省（自治区、直辖市）测算时剔除了其他经常性支出，只考虑人员经费与公用经费。

④标准财政供养人员测算

各地的测算办法可分为以下四类：一是根据回归模型测算。吉林、安徽、江西等10省份通过选取总人口、农业人口、非农业人口、市辖区人口、可居住面积以及人口密度等因素，建立回归模型进行测算。二是以实际编制数或财政供养人员信息库数据作为标准财政供养人数，广东、云南、西藏等7省区采用这种办法。三是对实际编制数或财政供养人员信息库数据进行简单修正，陕西、甘肃、青海等中西部10个省区采用这种办法。修正办法包括"加权平均""基数加增长""固定比例折算"等。如甘肃在测算时，"使用2003年各地财政供养人员数据库人数，与以1998年为基数按全省县级平均增幅计算的2003年财政供养人数比较，数据库人数低的，按照数据库人数确定；数据库人数高的，高出部分按照30%折算，折算人数加按全省州、市级平均增幅计算供养人数，即为标准财政供养人数"。四是综合采用上述某两种办法，如河北、四川和山东等省。

⑤转移支付系数的确定

除山西、贵州等实施标准收支缺口全额转移支付的省份外，绝大多数地区转移支付系数参照当年省级财政安排的一般性转移支付总额和下辖各市县标准支出大于标准收入的收支差总额确定，补助比例全省统一。在此基础上，广西、吉林等省区对少数民族县和边境县，适当提高转移支付补助系数；河北省通过设定财政困难系数的方式，提高困难地区补助系数；黑龙江省规定市（地）级转移支付系数为0.9，县（市）级为1。

⑥特殊因素的处理

云南、海南、江苏和甘肃等省通过设立单独的政策性转移支付，对某些无法纳入一般性转移支付测算框架的客观因素加以考虑。如云南省对当年财政运行中出现特殊困难，但按一般性转移支付办法计算无法得到补助或补助金额明显偏小的县市实施转移支付，测算过程采用因素记分法，即某县应得政策性转移支付补助金额 =（该县按因素记分法计算的各项因素的分值之和 + 综合调整分 - 50）×（当年省财政安排的政策性转移支付补助总量/列入补助县范围的各县得分之和）。

4. 转移支付资金的下达和监管

虽然目前各地省对下一般性转移支付均测算到县市一级，但在下达时，山东、甘肃、江西、青海、西藏等省区通过地市一级实行二次分配；河北规定22个试点县由省直接下达，其他县由市级财政再次分配。为确保转移支付资金的有效使用，这些实施二次分配的省份均明确规定，地（市）级不得再行调减对所属县（市、区）的转移支付补助数额，并要求地（市）在核定各县（市、区）转移支付的基础上，结合本地实际，通过筹措必要的资金，加大对所属县特别是财政困难县的支持力度。

资金使用上，各地普遍规定转移支付资金要重点用于保障行政事业单位职工工资发放、机构正常运转、社会保障等基本公共支出，以及偿还到期债务；同时，补助资金不得用于"形象工程"和"政绩工程"，否则一经发现，将酌情扣减下年度一般性转移支付资金。资金监管上，要求各级财政要加强转移支付资金监管，提高资金使用效益。地市一级政府要通过优化财政支出结构，压缩本级支出和专项拨款等方式，积极筹措资金，增加一般性转移支付资金规模，加大对财政困难县乡的支持力度，帮助缓解县乡财政困难。

（三）省对下转移支付的主要特点

1. 转移支付资金初具规模

省对下转移支付的资金主要来源于两个方面：一是中央对省级政府的转移支付。近年来，中央财政转移支付力度逐年增加，为地方政府扩大转移支付规模创造了有利条件。二是地方政府安排的资金。据28个省、自治区和直辖市统计，从1994年到1997年四年中，这些地区用于转移支付的资金总额为180亿元。如黑龙江省实施转移支付以后，从1997—2000年先后拿出近14亿元对财力不足的县（市）转移支付。由于省市区有了固定的资金来源，地方转移支付的资金规模在不断扩大。如广西壮族自治区 1994—2000 年七年中转移支付资金总额达到 67.17 亿元，来自中央的补助为 33.37 亿元，占全部财政转移支付补助额的 49.6%，自治区本级安排 33.86 亿元，占总额的 50.4%，接受转移支付的县由原来的 28 个扩大到 48 个。

2. 注重建立激励机制

一是建立转移支付和财政收入增长的关联机制，激励市县发展经济，增加财政收入，提高收入质量。大部分省都采用了这一办法，但在具体措施上各省间差别较大。如江西省、广东省和黑龙江省均根据各市县财政收入增长率与全省市县财政收入平均增长率之差的一定比例（江西、广东为 50%；黑龙江为 30%）确定激励系数，高于平均增长率的市县按此系数增加转移支付数额，低于平均增长率的市县则减少转移支付；安徽规定，2004—2007 年各县税收收入每年环比增收部分，省财政按增收额的 20% 奖励发展资金（年增长率超过 30% 的按 30% 计算）；河南省对财政收入增长较快、收入质量提高、基本保障到位的市县，由省政府给予一定的奖励；吉林省对市州本级上划省级的共享收入，当年增长幅度超出市州本级财政收入增长幅度部分，省财政按超出数额的 30% 给予返还；对县（市）按超出数额的 40% 给予返还；辽宁省对全省 40 个县（市，不含大连所属县市）省级共享收入在 2007 年之前全部实行定比增量返还，对 22 个省扶贫开发工作重点县和少数民族县缴纳的中央级企业所得税也一并给予环比增量返还；贵州省对县级收入实行增长与奖励挂钩的"两保一挂"政策，并对 48 个困难县给予财政返还。

二是建立转移支付和财政收支平衡的关联机制。浙江、四川、重庆、云南、甘肃等省市实施了这一政策。浙江省的"两保两挂"政策规定，在市县保持当年财政收支平衡和消化历年赤字的前提下，体制补助和奖励与地方财政收入增长挂钩。四川省建立了对市县财政收支和管理的动态综合考核体系，选取市县财政保障行政事业单位职工工资和离退休费发放情况等四项指标进行综合考评，根据考评情况相应增加或减少转移支付数额。

三是体现控制财政供养人员增长的机制。如吉林省按全省县级财政供养人数总人口的比重确定各地财政供养人数，对比重高于县级平均水平的，一律按县级平均比重计算财政供养人数，确定工资性支出和公用经费支出。湖南在转移支付测算时依据分档比例方法，先将县（市、区）按总人口规模分档，测算同一档次内财政总供养人口占该档次总人口的平均比重，再按照奖惩原则，在该档次内凡财政供养人口实际供养系数高于同档次内平均系数的，标准财政供养人口数按平均系数计算；反之，按实际值加两者差额的15%计算。

四是部分省份单独设立激励性转移支付。2005年，山东省比照中央财政"三奖一补"办法，设置专项资金，对辖区内财政困难县增加县乡税收收入、市级政府增加对所属财政困难县的财力性转移支付、县乡政府精简机构和人员、财政困难县按时归还政府债务给予奖励，并对产粮大县给予奖励。重庆市通过统一选取反映辖区县经济发展状况和财政收支管理的指标，按照财政收入、财政支出、财政平衡和债务管理四个方面，分别赋予0.1~0.3的考核系数，据此测算对相关区县的激励性转移支付。

五是对不享受一般性转移支付的市县实施的激励。如浙江省实行了"亿元县上台阶"政策和对市县的"两保两联"政策。四川省对地方一般预算收入首次超过一定数额的县市，省财政分别给予10万元~45万元不等的奖励。江苏省对没有享受转移支付补助的市县，按照不同的标准人均财力规模，对市县地方财政收入当年上交省的新增额给予一次性奖励。

3. 建立最低财力保障机制

为保障财政困难县的基本支出需要，安徽、陕西、广东等省份在兼顾省级财力可能及各县实际需要的基础上，建立了最低财力保障机制。

安徽省规定，对标准人均财力在1.5万元以下的县，省财政按其标准人均财力与1.5万元的差额给予适当补助，其中：标准人均财力在1.3万元（不含1.3万元）至1.5万元之间的县，省财政按其标准人均财力与1.5万元的差额补助60%；对财政特别困难的标准人均财力低于1.3万元的县，省财政按其标准人均财力与1.5万元的差额补助80%。对不享受财力补差的县及财力补差后仍少于2003年一般性转移支付补助数额的县，按2003年一般转移性支付数额补齐。

2005年，陕西省根据省内2004年县级总体财力水平，以年人均1.2万元为标准建立最低财力保障机制,对按标准财政供养人数计算的年人均财力在1.2万元以下的县区,依据各县区标准财政供养人数,按照1.2万元的支出标准计算标准支出,对总财力低于此标准支出部分全额补齐。

广东省在按照编制数计算县级和市本级人均可支配财力补助标准分别为10800元、15000元的基础上,对低于补助标准线的市县,按照补助标准线给予补足。

江苏将标准人均财力低于11000元的县(市)列入转移支付范围,对各地标准人均财力与11000元的差额,省补助50%。

4. 省对下转移支付形式逐步走向规范

省对下转移支付制度形式虽然呈现多样化的特点,但总体呈现出日趋规范的发展态势。如,许多地区的省对下一般性转移支付采用数学模型,选择影响各地区普遍存在的相关因素测算标准收支。广西壮族自治区的因数法选择就比较全面,其一般性转移支付形式上分为客观因素和政策性因素,选择影响各地区普遍存在的相关客观因素,运用多元回归法和"权数法则"原则,建立标准支出模型,按照"两步累进累退"原理确定标准财政供养人口,整个转移支付方法基本上实现了公式化、程序化、制度化。根据本省情况,建立了一套比较完整的、合乎实际的转移支付测算指标体系,使转移支付的方法具有客观性和公正性。长春市的转移支付坚持逐步调整县(市)既得利益的基本原则,选取客观因素,通过计量经济学多元回归法进行计算,对民族自治州、县给予适当照顾。

5. 向老、少、边等财政困难地区倾斜

各地主要通过设立专门的转移支付项目以及提高一般性转移支付系数两种方式,对民族地区、革命老区、边境地区的财政困难市县进行倾斜和照顾。

第一,设立转移支付项目。截至2004年,湖南、甘肃、广西等8省区实施了民族地区转移支付;海南、贵州等5省设立了困难地区转移支付;广西、湖北等5省区出台了革命老区转移支付;全国9个边境省区中,内蒙古和广西单独设立了边境转移支付。分配办法上,各地做法不同,一是采用"因素法",按照一定的转移支付系数,对相关市县的标准财政收支缺口或收入缺口进行补助,如青海的"民族自治州转移支付"、贵州的"年底一次性困难补助"、海南的"民族地区转移支付"

等。二是"人头法",如湖南的"贫困地区转移支付"和"革命老区转移支付",其中,贫困地区转移支付的测算公式为:某地贫困地区转移支付补助=该地区绝对贫困人口数×贫困地区转移支付标准。公式中贫困地区转移支付标准按照贫困县市转移支付资金总量和贫困县(市)绝对贫困人口总数确定,全省统一。三是定额补助,如海南的"贫困县(市)定额转移支付"和内蒙古的"边境转移支付"。海南省规定,将每年用于革命老区转移支付资金的20%,平均分配给11个国定、省定贫困市县。四是实施来源地返还办法,湖南、海南两省的民族地区转移支付采用这种办法。如湖南将省内民族县(市)剔除税收返还后净上划的"两税",按照一定的系数,直接返还给来源地。

第二,提高一般性转移支付系数。河北、湖北、吉林、广东、广西等五省区采用这种办法。河北省对少数民族县、国家和省级扶贫开发工作重点县,在其各自一般性转移支付系数基础上增加1%。湖北省对民族县和贫困县在客观性转移支付补助的基础上,增加转移支付系数15%;广东省在实施最低财力保障机制时,对少数民族县另按编制数人均500元标准增加补助。

三、省以下财政管理体制创新探索

近年来,各地在完善省以下分税制财政体制的同时,针对县乡财政运行中存在的问题和困难,以扩大县级管理权限、增强县(市)自主发展能力、促进县域经济社会协调发展、缓解县乡财政困难为目的,在财政管理体制上进行了改革创新的实践探索,走出了一些新的路子,取得明显的成效。

(一)"省直管县"的财政管理体制创新

"省直管县"财政管理体制,是指省级财政直接管理地市级和县(市)级财政,地方政府间在事权和支出责任、收入的划分,以及省对下转移支付补助、专项拨款补助、各项结算补助、预算资金调度等方面,都由省级财政直接对地市和县(市)级财政。虽然福建、黑龙江、广西等省区的市、县两级财政在资金调度等方面仍有一定关系,但县级财政体制、转移支付等主要职能已经属于省级直管,因此也可列入"省直管县"范围。

全国 36 个省区市中，北京等 4 个直辖市、大连等 5 个计划单列市一直实行"省直管县"财政管理体制。目前，全国共有 20 多个省（自治区、直辖市、计划单列市）实施了"省直管县"。

从一些省份的实践看，"省直管县"财政管理体制改革都坚持了以下基本原则：一是维持现行利益分配格局。保证各级财政现行体制和政策规定范围内的既得财力不受影响，促进市、县（市）财政平稳运行。二是共同支持县域经济发展。妥善处理省、市、县（市）三级政府间利益分配关系，充分调动县（市）自我发展积极性，省、市财政继续加大对县（市）的支持力度，促进县域经济发展。三是坚持权责统一。在改革财政体制的过程中，省、市、县（市）财政要承担相应的管理责任。省财政要加大对县（市）财政的支持力度，帮助解决县乡财政实际困难；市财政要继续履行对县（市）财政的指导、支持和监督的职责；县（市）财政要规范管理，加强自我约束。四是积极稳妥、有序推进。先建立省直管县（市）财政管理体制改革的基本框架，再逐步完善和规范。

关于改革的内容，各省的具体做法虽然各不相同，但以下几个方面则基本一致：一是预算管理体制。实行省直管县（市）财政管理体制，主要是改变省管市、市管县（市）的财政管理模式，基本上不调整财政收支范围，但一些省对不符合支持县域经济发展要求的市、县（市）收支范围划分，进行了适当的规范和调整。二是转移支付及专项资金补助。省对下各项转移支付补助按照规范的办法直接分配到县（市）；省财政的专项补助资金由省财政厅会同省直有关部门直接分配下达到县（市），同时抄送市。三是财政结算。年终财政结算项目、结算数额，由省财政直接结算到县（市）。市对县（市）的原各项结算、转移支付及资金往来扣款等，由省财政根据市财政有关文件规定固定数额，分别与县（市）财政办理结算。四是资金报解及调度。各市、县（市）国库根据财政体制规定，直接对中央、省报解财政库款，同时，省财政直接确定各县（市）的资金留解比例，预算执行中的资金调度，由省财政直接拨付到县（市）。五是债务偿还。原县（市）举借国际金融组织贷款、外国政府贷款、国债转贷资金和中央、省级政府债务等，由市与县（市）两级核实后，由省财政分别转账到县（市），到期后由省财政直接对县（市）

扣款，未核对清楚的继续作为市政府债务处理。新增债务分别由市、县（市）财政部门直接向省财政办理有关手续并承诺偿还。

从体制运行情况看，"省直管县"的管理方式创新发挥了明显成效：

一是有利于发挥省级财政在省辖区域内对财力差异的调控作用，帮助困难县解决财政运转困难。特别是对于地区之间经济发展不平衡问题比较突出，而地级市本身财政状况又比较困难的省，实行"省直管县"的财政管理体制，有利于省从全局的角度出发，合理分配财力，发挥省财政对各市县财力差异的调节功能，以帮助解决困难县的实际困难，确保困难县财政正常运转的资金需要。从资金调度的角度来看，由于省级财政调节能力相对较强，更有利于保证县级财政干部职工工资的及时发放和社会保障支出等重点支出资金的及时拨付到位。

二是有利于减少财政管理层次，降低行政成本。"省直管县"体制，由于在管理层次上省直接对县，没有中间环节，有利于提高工作效率和确保政策措施的及时贯彻落实。这种体制，相对提高了县级的财政级次，使县级与地级市成为平等的主体，在项目的申报、情况的反映上使信息传递更加快捷、准确，在信息的对称性安排上也更加科学，有助于减少省级财政对基层信息的过滤时间，提高信息的有效性，使决策更加科学。同时，由于减少了省以下政府间财政管理级次，既降低了财政管理运行成本，也有助于促进政府管理组织架构趋于扁平化，为行政管理体制改革的深化提供有益的借鉴。

三是有利于避免地级市财政截留、挤占县财政的资金，避免地级市财政对县财政的不恰当集中。从总体上看，我国局部地区地市一级财政保障能力仍然不高，但其困难更多地体现为发展中的困难，是城市建设中的困难，是加快推进城镇化进程中遇到的困难；而县级财政困难则体现为基本运转的困难，因此，部分地区地级市财政对县级财政不恰当的财力集中使县级财政困难进一步加剧，这些地级市以县级运转困难的加剧换取推进地级市的进一步加快发展，并将县级财政困难的矛盾往省级财政转移。实行"省直管县"的体制，有助于从根本上解决这些问题。

四是有利于城乡实现共同发展。发展就是把城市和农村放在同等重要的地位上来进行思考和决策，引导城市把注意力放到提升和改善城市投资"硬环境"和

"软环境"中去,大力发展经济,培育新的财源和产业,推动地市产业结构和经济结构的调整。各县可以根据自身的特点和优势积极主动地发展县域经济,大力发展有自己特色的农业、工业、商业、旅游业等产业,使县域经济得以健康和快速地发展,改变县域经济长期以来发展缓慢和被动的局面。采用"省直管县"管理体制,让城市把更多的精力和有限的财力投入到城市基础设施建设和支持经济发展中去,加强对使用资金的绩效管理,避免资金的低效使用;而县乡则可以根据自身优势发展经济,构建县乡和谐社会,从而促进城市和县乡协调发展。

从我国省以下深化财政体制改革、落实省以下各级分税制的远景来看,"省直管县"这一改革将具有特别的配套性贡献和深远的意义,其内涵符合地方财政管理层级减少的"扁平化"改革逻辑,有利于引出省以下实质性分税而不是分成的可操作方案,并为"减少行政层级"的配套改革提供前提条件与操作中的切入点。

(二)"乡财县管乡用"的财政管理体制创新

"乡财县管乡用"是以乡镇为独立核算主体,由县级财政部门直接管理并监督乡镇财政收支,实行县乡"预算共编、账户统设、集中收支、采购统办、票据统管"的财政管理方式。它是以缓解乡镇财政困难,加强乡镇财政收支管理,规范乡镇财政支出行为,强化财政监督职能为目的进行的县乡财政管理体制改革。

针对农村税费改革后县乡收支格局特别是乡镇财政职能的变化,为规范乡镇政府收支行为,保证基层正常运转,安徽等省份改革和完善县乡财政管理方式,对除少数经济比较发达的乡镇之外的其他乡镇,在保持乡镇资金所有权和使用权不变的前提下,试行了"乡财县管乡用"的财政管理模式,将乡镇财政收支纳入县级预算管理。2007年度,全国已有28个省级区域较全面地或部分地推行了这一改革。之后除少数特别发达与特别欠发达区域之外,这一改革稳定地实现了全国覆盖。

"乡财县管乡用"改革的主要内容:一是县(市、区)对乡镇比照县直单位编制部门预算;二是统一设置财政收支结算账户,取消乡镇财政所设置的财政总预算会计,改为在乡镇财政所设置乡镇政府单位预算会计,负责乡村两级财务管理;三是实行国库集中支付,乡镇财政支出以年初预算为依据,按"先工资、后重点、再一般"的原则,通过国库直接支付或授权支付;四是实行政府采购制度,编制乡镇政府采购预算，由乡镇根据年初政府采购预算，提出申请和计划，经县（市、区）财政相关职能部门审核后，由县（市、区）政府采购经办机构集中统一办理；五是票据县级统管，乡镇使用的行政事业性收费票据及其他税费征缴凭证等，其管理权收归县（市、区）财政部门管理，实行票款同行、以票管收。在改革管理方式的同时，各地还根据农村税费改革后的新形势，重新明确了乡镇财政所的职能，对乡镇财政机构进行了改革。

从部分试点地区的情况来看，实行"乡财县管乡用"改革，在坚持乡镇"三权"不变（即预算管理权不变、资金所有权和使用权不变、财务审批权不变）的前提下，实施综合财政预算，集中和加强了乡镇收入管理，控制和约束了乡镇支出需求，统一和规范了乡镇财务核算，遏制和缩减了乡镇债务规模。通过改革乡镇财政管理方式，堵塞了收入截留、流失和支出挪用、浪费的漏洞，提高了县乡财政管理水平；管住了乡镇"乱收费、乱进人、乱花钱、乱举债"的状况，减轻了农民负担，巩固了农村税费改革的成果；推进了乡镇公共财政改革的进程，缓解了乡镇财政困难；推动了乡镇政府职能的转变，促进了社会稳定。

1. 统一了预算管理，加强了税收征管。一是实行"乡财县管乡用"后，乡镇财政收入和预算外资金全部缴入县国库，加强了县财政对乡财政收入的统一管理，通过实施综合财政预算，增强了县级财政的调控能力。二是通过加强账户、票据管理，将"票款同行""以票管收""收支两条线"等管理措施落到实处，从源头上杜绝了乱收费、乱摊派现象的发生，进一步巩固了农村税费改革成果，减轻了农民负担。三是县财政对乡镇财政所（农税所）实行垂直管理，乡镇财政所收支管理的大部分工作转移到县财政会计核算中心，乡镇财政所的主要精力转为加强税收征管（取消农业税和农业特产税后，财政所负责征收的税收主要包括耕地占用税、契税），有利于做到依法征税，应收尽收。

2. 规范了财务核算，加强了支出管理。一是通过制定统一的财务核算制度，加强审批约束力，明确了统一的支出范围和定额标准，规范了财务核算办法，增加了乡镇财务透明度。如"乡财县管乡用"后，不仅各项支出要有正式发票，而且要根据财政监督管理规定进一步加强对支出的审核，完善了支出手续，杜绝和减少了以前乡镇工程建设、来客招待等"白条"满天飞的现象。二是有效地防止了截留挪用滥支现象的发生，确保了重点资金及时足额拨付。如在县级同时设立"村级资金专户"和"乡镇结算专户"，按使用对象将资金分别划入相应专户，从制度上断了乡镇"雁过拔毛"截留挪用的路子。按照"保工资、保运转、保重点"的顺序合理安排支出，保障了乡镇工资正常发放。三是约束了非正常性开支，控制了乡镇财政的不合理支出。压缩了招待费、会议费、电话费、燃修费等一般性支出，清理清退不在编人员，严格控制乡镇财政供给人员，减轻了财政负担。

3. 扎住了乡镇举债的口子，遏制了乡镇债务膨胀。在彻底清查乡镇债务的同时，严格明确了乡镇不能随意举债，为从根本上解决乡镇财政困难创造了条件，有效扎住了乡镇举债的口子，对乡镇债务实行"先刹车、后消肿"，初步遏制了债务膨胀。

与前述"省直管县"的改革相仿，"乡财县管乡用"的改革也引致财政层级"扁平化"的改革逻辑，从中长期看，将对于贯彻落实省以下的分税制和实现县乡基层的综合配套改革，提供重要的制度创新贡献和配套条件。

第三章
税收制度改革

中国的税收制度经历了一个与时俱进而又波澜壮阔的改革过程，在理论支撑、制度架构和政策体系等各个方面都发生了巨大的变化，取得了举世瞩目的成就，积累了宝贵的历史经验。适应从计划经济体制到社会主义市场经济体制的转轨发展需要，我国税收制度税制改革经历了三个阶段：第一阶段是 1978 年至 1993 年的经济体制改革目标模式探索时期，为适应发展社会主义有计划商品经济的要求，普遍实行国营企业"利改税"和全面改革工商税收制度；第二阶段是 1994 年至 2002 年的社会主义市场经济体制初步建立时期，为适应建立社会主义市场经济体制的要求，深化工商税收制度改革；第三阶段是 2003 年以来的完善社会主义市场经济体制时期，为适应完善社会主义市场经济体制的要求，分步实施税收制度改革。

第一节
发展有计划商品经济时期的税制改革与税收体系

这一时期改革的主要内容是建立和健全涉外税制、企业"利改税"和全面改革与完善工商税制等，初步建立起了一套适应社会主义有计划商品经济发展的，以流转税、所得税为主体，其他税种相配合的复合税制体系。

一、税制改革的背景

从 1949 年中华人民共和国成立到 1978 年，我国税制建设经过了曲折的发展历程。1950年1月30日，中央人民政府政务院发布《全国税政实施要则》，在清理旧税制的基础上，建立了一套以多种税、多次征为特征的复合税制。这套新税制的建立和实施，对于保障革命战争的胜利成果，实现国家财政经济状况的根本好转，促进国民经济的恢复和发展，以及国家对农业、手工业和资本主义工商业的社会主义改造，建立社会主义经济制度，发挥了重要的作用。1958年进行了中华人民共和国成立以后第一次大规模的税制改革，主要是简化工商税制，试行工商统一税，甚至一度在城市国营企业试行"税利合一"，在农村人民公社试行"财政包干"，同年，公布实施了《中华人民共和国农业税条例》，并一直延续到2006年。1973年进行了中华人民共和国成立后第二次大规模的税制改革，其核心仍然是简化工商税制。至此，我国工商税制一共只设7种税，对国营企业只征收一道工商税，对集体企业只征收工商税和工商所得税两种税，城市房地产税、车船使用牌照税、屠宰税仅对个人和极少数单位征收，工商统一税仅对外适用。由于"左"的指导思想和苏联经济理论及财税制度的影响，片面否定税收的经济杠杆作用，使我国的税制建设走了一条过度简化的路子，税种越来越少，税制越来越简单，大大缩小了税收在经济领域中的活动范围，严重妨碍了税收职能作用的发挥。

党的十一届三中全会明确提出"全党工作重点应该从1979年起转移到社会主义现代化建设上来"，并明确提出了改革开放的任务，我国经济开始由单一的封闭式产品经济向多样化的开放型商品经济转变。一方面，贯彻以国营经济为主导、多种经济形式并存的政策，城乡集体所有制经济迅速发展，个体经济也日益活跃；另一方面，在商品流通领域，改变国营企业一家独揽的局面，出现流通渠道多样化的格局，市场开始繁荣兴旺。而且随着经济改组、工业专业化协作生产的发展，各种联合企业、专业公司相继出现，中外合资企业、外资企业、合作生产企业和补偿贸易等经济形式发展很快。这些变化对税收工作提出了更高的要求。而原有的税收制度因税种过少，难以适应多种经济成分并存的新形势，也不利于对外开放政策的执行，并且税收征税范围过窄，税源不够普遍，税负不公平，集体商业和个体工商业户的税负偏重，不利于多种经济成分公平竞争。为适应经济情况的变化，必须对税收制度进行改革。

1982年9月召开的中国共产党第十二次全国代表大会提出要抓紧制定改革的总体方案和实施步骤，在第七个五年计划期间（1986—1990年）逐步推开。党的十二届三中全会通过的《中共中央关于经济体制改革的决定》等一系列重要文献和有计划商品经济理论的提出，成为这一时期税制改革的理论武器和政策依据。这些重要的会议及其所做的一系列重大决策，对于这一期间中国的经济体制改革和税制改革具有重要指导作用，我国税制改革全面展开并取得了重大突破。

为了适应改革开放的新形势，财税部门从1978年底、1979年初就开始研究税制改革问题，提出了包括开征国营企业所得税和个人所得税等内容的初步设想与实施步骤。为了配合贯彻国家的对外开放政策，第一步先行解决对外征税的问题。在建立涉外税制的同时，财税部门就改革工商税制和国营企业利润分配制度做了大量的调研工作，并在部分地区进行了试点。在此基础上，提出了关于改革工商税制的设想，并在得到国务院和全国人民代表大会的批准后，逐步推行。

二、税制改革的内容

1979年全国税务工作会议提出了税制改革的基本思想，着手组织进行税制改革的调查研究和试点。1981年9月国务院批转财政部关于改革工商税制的总体设想，明确了税制改革的指导思想和改革的原则。改革的内容包括：

（一）建立和健全涉外税制

为适应对外开放，吸收外资、引进先进技术的需要，中国改革开放初期的税制改革是以适应对外开放的需要，建立涉外税收制度为突破口的。为了适应中国对外开放以后对外经济往来迅速发展的新形势，1979年召开的全国税务工作会议上专门研究了涉外税收问题，并提出了涉外税制建设先行一步的主张。在流转税方面，暂时沿用1958年全国人民代表大会常务委员会原则通过的《中华人民共和国工商统一税条例（草案）》。在所得税方面，暂时沿用1950年政务院制定的《工商业税暂行条例》中的所得税部分的规定。在财产税方面，则沿用1951年政务院发布的《城市房地产税暂行条例》和《车船使用牌照税暂行条例》。1980年9月10日，第五届全国人民代表大会第三次会议通过并颁布了《中华人民共和国中外合资经营企业所得税法》和《中华人民共和国个人所得税法》；1981年12月13日第五届全国人民代表大会第四次会议通过并颁布了《中华人民共和国外国企业所得税法》，自1982年1月1日起施行；1982年2月21日，财政部发布了《中华人民共和国外国企业所得税法施行细则》。同时明确规定涉外企业继续沿用修订后的工商统一税，并要缴纳车船使用牌照税和城市房地产税。这样，从流转税、所得税到财产税，从税法到细则，一套比较完整的涉外税收制度得以初步建立起来。此后，全国人大常务委员会陆续对上述税法作了适当修改，进一步放宽了优惠政策，以利于我国吸引外资，引进技术，扩大对外经济交往。

（二）实行两步"利改税"

为进一步调整国家与企业的分配关系，调动和激发企业发展生产的积极性，我国先后于1983年、1984年实行了两步"利改税"改革。

企业"利改税"，最早是从1980年开始，在一些国营企业进行了将上交利润改为征税的试点。征收所得税后的利润分配基本上有三种形式：（1）税后利润全部留给企业；（2）税后利润再以调节税或承包费的形式上交国家一部分；（3）税后利润按利润留成比例留给企业三项基金后，余下利润再采用固定比例上交、定额上交等多种形式交给国家财政。试点证明，对国营企业实行"利改税"试点，方向正确，效果明显，它在处理国家和企业的关系方面，比其他办法有更多的优越性。因此，在1982年11月第五届全国人民代表大会第五次会议通过的《关于第六个五年计划的报告》中，权衡了各种收入分配办法的利弊，肯定了"利改税"的改革方向。并指出："在今后三年内，对价格不作大的调整的情况下，应改革税制，加快以税代利的步伐。"要求区别不同情况，有步骤地进行，对国营大中型企业分两步走。

1. 第一步"利改税"

经国务院批准，从1983年6月1日起，在全国范围内，对国营企业实行"利改税"第一步改革，形成一种税利并存的模式，其主要内容是：

（1）凡有盈利的国营大中型企业（包括金融保险组织）均根据实现利润，按55%的税率缴纳所得税。企业缴纳所得税后的利润，一部分上交国家，一部分按照国家核定的留利水平留给企业。上交国家的部分，可根据企业不同情况，分别采取递增包干上交、固定比例上交、交纳调节税、定额包干上交等办法。以上办法，逐级核定，三年不变。

（2）凡有盈利的国营小型企业，根据实现的利润，按照8级超额累进税率交纳所得税。交税以后，由企业自负盈亏，国家不再拨款。但对税后利润较多的企业，国家可以收取一定的承包费，或者企业按固定数额上交一部分利润。

（3）营业性宾馆、饭店、招待所和饮食服务公司，都交纳15%的所得税。交税以后，企业利润归企业支配，国家对其所需各项资金也不再给以拨款。对北京、天津、上海三市的饮食服务公司，商业部可以从企业税后留利中适当集中一部分资金，用于补助边远、困难地区。

（4）县以上供销社，以县公司或县供销社为单位，按照8级超额累进税率交纳所得税，国家不再拨款；除国家规定的个别商品外，国家也不负担价格补贴。

（5）国营企业归还各种专项贷款时，经财政部门审查同意后，可用交纳所得税之前该贷款项目新增的利润归还。

到1983年底，全国实行"利改税"的国营工业、交通、商业企业共有107145户，占盈利国营企业的92.7%。这些企业1983年共实现利润633亿元，比1982年增长了11.1%。其中，工业企业实现利润474亿元，比1982年增长了9.7%。在增长的利润当中，国家所得占61.8%，企业所得占38.2%（企业所得在内部的分配比例是：生产发展基金占47.6%，职工集体福利基金占17.4%，职工奖励基金占35%）。商业企业（不包括商办工业和饮食服务企业）实现利润86亿元，比1982年增长了8.9%。在增长的利润当中，国家所得占65.3%，企业所得占34.7%。上述实行"利改税"的工业、交通、商业企业共留利121亿元，比1982年增长了28.2%，大大超过了工业产值、实现税利和上缴税利的增长幅度。企业留利占税利总额的比例，由过去的15.7%提高到17.9%。至此，"利改税"第一步改革取得了成功，达到了预期目的。

实践表明，"利改税"的第一步改革比利润留成、利润包干等办法有很大的改进。其优点主要表现在三个方面：第一，国营企业的大部分利润用缴纳所得税的形式上缴，把国家与企业的分配关系基本上纳入了固定的轨道，使国家和企业都能心中有数，各得其所，减少了过去那种每年争基数、争留成比例的现象。同时，对企业的利润采取征税的办法，比上缴利润具有较大的强制性，对于加强企业的经营管理和稳定国家财政收入，起了很好的作用。第二，较好地处理了国家、企业、职工个人三者的利益关系，体现了"国家得大头，企业得中头，个人得小头"的原则。第三，扩大了企业的财权，调动了企业和职工的积极性。既明确了企业对国家的经济责任，又给企业扩大了权力。这就使企业有了活力、动力和压力，促使它们在改善经营管理、提高经济效益方面下功夫，并从中得到较多的经济利益。此外，为下一步规范国家同企业分配关系取得了经验，提高了认识，增强了信心，为推行"利改税"第二步改革准备了条件。但是，"利改税"第一步改革也存在不完善之处：主要问题是税种比较单一，难以较充分地发挥税收调节经济的杠杆作用；税后利润的分配办法仍然比较烦琐，国家同企业的分配关系还没有定型；某些企业之间留利过于悬殊的问题没有很好解决，这些都需要在第二步改革中进一步解决。

2. 第二步"利改税"

根据国务院的指示，在第一步"利改税"全面试行以后，立即开始了"利改税"第二步改革的准备工作。财政部和国家经济体制改革委员会于1983年9月、10月间组织联合调查组，分赴上海市、湖北省、四川省、陕西省等地，对第二步"利改税"方案作了调查研究和测算工作，初步论证了改革方案的可行性。从1983年秋到1984年春，在短短的几个月之内，在各地区、各部门的大力支持和配合下，财政部对全国各类企业1983年的有关财务和税收数据进行了普查，先后设计和测算了20个方案，进行了反复的研究论证，并听取了部分地区、主管部门和企业的意见。在调查测算、研究论证、反复修改的基础上，制定了《国营企业第二步"利改税"试行办法》和十一个税收条例、办法（草案）。鉴于城市经济体制改革正在进行，经济情况变化很快，各项税收条例（草案）尚需在执行中不断充实和完善，1984年9月18日，第六届全国人民代表大会常务委员会第四次会议根据国务院的建议，决定授权国务院在实施国营企业"利改税"和改革工商税制的过程中，拟定有关税收条例，以草案形式试行，再根据试行的经验加以修订，提请全国人民代表大会常务委员会审议。据此，国务院根据第一步"利改税"的经验和推进城市经济体制改革的需要,决定从1984年10月1日起,对国营企业实行"利改税"第二步改革。

"利改税"第二步改革的基本内容是:将国营企业应当上交国家的财政收入按11个税种向国家交税,也就是由"税利并存"逐步过渡到完全的"以税代利",税后利润归企业自主安排使用。其具体要点是:

(1) 把工商税按照性质划分为产品税、增值税、营业税和盐税。同时,把产品税的税率划细,适当调整税率,以发挥税收调节生产和流通的经济杠杆作用。

(2) 对某些采掘企业开征资源税,以调节由于自然资源和开发条件的差异而形成的级差收入,促使企业加强经济核算,有效地管理和利用国家资源。

(3) 恢复和开征房产税、土地使用税、车船使用税和城市维护建设税等4种地方税,以利于合理地使用土地和房产,适当地解决城市维护建设的资金来源。

(4) 对盈利的国营企业征收所得税。国营大中型企业按照55%的比例税率纳税,国营小型企业按照新的8级超额累进税率纳税(新税率调整了累进起点和级距,税负有所减轻)。

(5) 对国营大中型企业缴纳所得税以后的利润征收调节税,其税率按照企业的不同情况分别核定。以1983年利润为基数,对于基数部分依率计征,对增长部分减征70%,一定七年不变。

(6) 适当放宽国营小型企业的划分标准,使更多的国营小型企业能够逐步过渡到国家所有、自主经营、依法纳税、自负盈亏的管理体制。

"利改税"第二步改革与第一步改革比较,无论是在广度上,还是在深度上,都大大前进了一步,并进一步扩大了企业的财力和自主权,对于国民经济的发展产生了重大的影响。首先,国家与企业的分配关系以税法的形式固定下来,使国家财政收入能够随着经济的发展而稳定增长。其次,企业从新增的利润中得到较多的收益,从而增强了自我发展自我改造的能力。再次,通过税收杠杆的调节作用,可以缓解价格不合理带来的矛盾,有利于鼓励先进,鞭策落后。最后,企业不再按行政隶属关系上交利润,有利于进一步寻求合理解决"条条"与"块块"、中央与地方经济关系之策,有利于进一步完善财政管理体制和促进其他经济管理体制的改革。

（三）税利分流改革

1987 年针对两步"利改税"中出现的一些问题，提出了实行税利分流改革的设想。所谓税利分流是指国家在参与国有企业利润分配过程中，明确区分政府的社会管理者身份与财产所有者身份，在开征一道所得税后，再以财产所有者身份参与国有企业税后利润的分配，形成税收和利润的分渠分流，即把国家和国营企业的利润分配关系概括为"税利分流、税后还贷、税后承包"。1988 年在重庆市市属国营企业中进行了税利分流试点。1989 年在总结重庆市试点经验的基础上，财政部和国家体改委联合发布了《关于国营企业实行税利分流的试点方案》。该方案提出，税利分流改革要有利于增强企业活力，完善经营机制，建立自我约束机制；在国家与企业利益分配关系上，必须兼顾国家与企业的利益；要有利于税制规范和统一。具体内容主要是：①在适当降低国营企业所得税税率的基础上，统一所得税制。将大中型企业的 55% 的比例税率和小型企业的 8 级超额累进税率统一改为比例税率，税率定为 35%。②取消"税前还贷"和按还款额提取职工福利基金和职工奖励基金的办法，企业固定资产借款用企业留用资金归还。根据一些企业借款余额过大的实际情况，采取区别对待的过渡办法。即以 1988 年底为界，划分新老贷款，凡老贷款的本金，一律用留用资金归还；用留用资金归还老贷款确有困难的企业，根据情况用税前、税后利润以及企业留用资金各还一部分的办法。③税后利润需要上交国家的部分，实行税后多种形式的承包办法，其余留归企业。

从各地试点的实践看，税利分流改革取得了一定的成效，国家与企业的利润分配格局趋向合理稳定。以试点最早的重庆市的工业企业为例，国家所得、企业留利和还款三者占可分配利润的比例，在全面实行第二步"利改税"的 1985 年为 45∶34∶21；在 1987 年则为 26∶45∶29；在进行税利分流试点的 1988 至 1990 年的三年间，经济情况变化很大，1988 年经济高速增长，1989 年发展速度下降，1990 年大幅度滑坡。而国家所得、企业所得和还款三者的比例 1988 年为 27∶40∶33，1989 年为 29∶45∶26，1990 年为 32∶39∶29。三年平均大体为 30∶40∶30。

（四）工商税制全面改革和完善

1980 年本着鼓励发展集体经济，调整个体经济的精神，取消了加成征收所得税的限制办法。为合理使用能源,促进企业节约用油,加速以煤代替烧用石油的进程,从 1982 年 7 月 1 日起,开征了烧油特别税。为了促进工业生产专业化协作和经济联合的发展,贯彻合理负担原则,在 1979 年试点的基础上,对机器机械等五种产品,从 1982 年 7 月 1 日起,在全国范围内试行征收增值税。为了有利于集中必要资金,保证国家重点建设,加强基本建设管理,控制固定资产投资规模,国务院于 1983 年 9 月 20 日发布《建筑税征收暂行办法》,开征了建筑税。为了有利于经济合作和技术交流,吸引外资,引进先进技术,加速社会主义现代化建设,国务院于 1984 年 11 月公布《关于经济特区和沿海 14 个港口城市减征、免征企业所得税和工商统一税的暂行规定》,对外国和港澳地区的公司、企业以及个人在规定地区投资兴办的企业,区别不同情况,给予更多的减、免税收的优惠。为了集中必要资金,进行能源交通重点建设,促进国民经济的发展,从 1983 年 1 月 1 日起,由税务部门负责征集能源交通重点建设基金。为了调节企业、单位奖金的发放,避免消费基金不适当地过于膨胀,1984 年开征了国营企业奖金税;1985 年又开征了集体企业奖金税和事业单位奖金税,企业奖金发放额超过规定标准的,均应依法纳税。对实行工资总额随经济效益挂钩的企业,则是就其增发工资总额超过核定的上年工资总额 7% 的部分,征收国营企业工资调节税。为平衡各类集体企业之间以及集体企业与小型国有企业之间的税收负担,指导和制约集体企业按国家计划和方针进行生产经营,从 1985 年度起,停征了工商所得税,改征集体企业所得税。随着个体经济逐步发展,为解决当时许多个体工商业户人均税收负担水平远低于集体企业的矛盾,加强国家对个体商业户的引导、制约、管理、监督,促进其发展,从 1986 年度起,把比照集体企业税法征税,改为单独征收城乡个体工商户所得税。为调节我国公民收入逐渐拉开差距的情况,把对中国公民原征收的个人所得税,改为征收个人收入调节税,从 1987 年度起施行。为控制土地占用,从 1987 年 4 月 1 日起,开征耕地占用税。为适应私营企业的发展,从 1988 年度起,开征私营企业所得税。为限制高额筵席消费,1988 年 9 月 22 日发布《中华人民共和国筵席税暂行条例》,具体施行日期,由省、自治区、直辖市自行确定。为便利掌握复杂多变的经济活动情况,加强对书立、领受凭证的管理监督,便利控制各税,从 1988 年

10月1日起恢复征收印花税。为调节特种商品的供求矛盾，1989年2月1日起对彩色电视机和小汽车开征特别消费税。为了加强国家的宏观调控能力，从1989年度起开始征集国家预算调节基金。为贯彻国家的产业政策，控制投资规模，引导投资方向，调节投资结构，加强重点建设，对原建筑税制加以改革，从1991年度起，改征固定资产投资方向调节税。为平衡中外合资经营企业、外商独资企业与中外合作企业的税收负担，在原中外合资经营企业所得税法和外国企业所得税法的基础上，加以改革，统一制订新税法，合并为外商投资企业和外国企业所得税一种，从1991年7月1日起施行。

（五）改革和完善关税制度

1980年1月1日起，国务院决定对进出口贸易公司的进口货物，恢复征收关税。1980年9月25日，为了保护国内生产，平衡国内外价格，将电视机、收录音机和电子计算器的进口关税税率提高到了60%和40%。这是我国第19次调整关税税率，也是我国"文化大革命"结束以后的第一次关税税率调整。同年11月1日，又将这三种商品的进口关税税率分别从60%、60%和40%都提高到80%。

1982年1月1日起，为了适应国民经济调整，扩大对外经济，积极开展加工贸易，我国进行了中华人民共和国成立以来最大范围的税率调整，共调整了149个税号的税率，占当时海关税则939个税号总数的16%。当时确定的调整原则是：降低国内不能生产和供应不足的原材料，以及机器、仪表的零部件的税率；提高某些耐用消费品和国内已能生产供应的机器设备的税率。

1982年6月，进行了全面修订进出口税则前的最后一次税率调整。主要有两项内容：一是为保护国内相关工业，适当提高了汽车、彩电等商品的进口税率；二是对34种商品新开征出口关税。主要是盈利特别高、在国际市场上占主导地位、出口规模比较稳定的商品；国际市场容量有限、盲目出口容易在国际市场上形成削价竞销的商品；国内紧俏、又需大量进口的商品；不正常进出口的商品；属于国内重要战略资源的商品等。

1984年前，我国一直以1951年由中央人民政府政务院公布实施的《中华人民共和国海关进出口税则暂行实施条例》作为征收关税的法律依据文件。1985年开始全面对税则进行修改后，关税税率的调整规模和调整频率愈加规范，以适应经济发展的需要。1987年3月7日，为适应改革开放的需要，更好地发挥关税在调节进出口、保护和促进国内生产中的作用，国务院批准成立国务院关税税则委员会（国办发〔1987〕12号）。从1987年到1991年3月，国务院关税税则委员会共调整进口关税税率18次，涉及248种商品，对关系国计民生的上百种重要的原材料临时降低关税，有效地发挥了关税的宏观调节作用。1991年内，国务院关税税则委员会共调整了69个税目的商品税率，其中进口税目55个，出口税目14个。从1992年1月起，我国开始实施以《商品名称及编码协调制度》为基础的进出口税则。新税则除基本税目5019个外，根据我国进出口商品的实际结构和体现关税政策的需要，增加了部分我国子目，新税则税目总数为6250个，比转换前增加4042个；从税率情况看，总体税率水平有一定幅度的降低，也有少数商品的税率有所提高。从1992年12月31日起，我国开始对关税进行自主降税，经过调整，我国关税总水平由43.2%下降到39.9%，总体降幅7.3%。降税涉及3371个税目，占进口税则税目总数的比例超过50%。

（六）改革和完善农业税制

1979年以后，随着农村家庭联产承包经营责任制的出现和逐步推广，对农业税制进行了改革和完善。农业税实行了起征点、户缴户结的纳税方式及折征代金等方面的改革完善措施。为巩固农村集体经济，扶植社队企业，加速农业现代化进程，促进农业生产发展，从1979年起对粮食产区低产缺粮的生产队，人均口粮在起征点以下的，免征农业税三年。牧区省份也适时调整了减免税政策，全面开征了农林特产税和耕地占用税，及时调整和完善了契税政策。

三、税收体系

1978—1993年，我国纠正以往片面强调简化税制的偏颇，重视发挥税收的调控作用，经过一系列的改革，初步建立了一套以流转税、所得税为主体，其他各税相结合的多税种、多环节、多层次的复合税收体系。至此，我国的税种已多达37种（见表3-1-1）。

具体如下：

1. 流转税类（5种税）。包括工商统一税、增值税、产品税、营业税、关税。

2. 所得税类（12种税）。包括国营企业所得税、集体企业所得税、私营企业所得税、城乡个体工商业户所得税、外商投资企业和外国企业所得税、个人所得税、个人收入调节税、国营企业调节税、国营企业奖金税、集体企业奖金税、事业单位奖金税、国营企业工资调节税。

3. 资源税类（3种税）。包括资源税、盐税和城镇土地使用税。

4. 财产税类（2种税）。包括房产税和城市房地产税。

5. 行为目的税类（13种税）。包括烧油特别税、特别消费税、集市交易税、牲畜交易税、城市维护建设税、耕地占用税、固定资产投资方向调节税、车船使用牌照税、车船使用税、印花税、契税、屠宰税和筵席税。

6. 农业税类（2种税）。包括农业税（含农业特产税）和牧业税。

表 3-1-1　1978—1993 年税收体系简况表①

税类	税种	颁布时间	实施时间	备注
流转税类	工商统一税	1958年9月11日	1958年9月11日	1994年1月1日失效
	产品税	1984年9月18日	1984年10月1日	1994年1月1日失效
	增值税	1984年9月18日	1984年10月1日	1994年1月1日修改
	营业税	1984年9月18日	1984年10月1日	1994年1月1日修改
	关税	1985年3月7日	1985年3月10日	
所得税类	国营企业所得税	1984年9月18日	1984年10月1日	1994年1月1日失效
	集体企业所得税	1985年4月11日	1985年度	1994年1月1日失效
	私营企业所得税	1988年6月25日	1988年度	1994年1月1日失效
	城乡个体工商业户所得税	1986年1月7日	1986年1月1日	1994年1月1日失效
	个人所得税	1980年9月10日		只对外籍人员征收，1994年1月1日失效
	个人收入调节税	1986年9月25日	1987年7月1日	1994年1月1日失效
	国营企业调节税	1984年9月18日	1984年10月1日	1994年1月1日失效
	国营企业奖金税	1984年6月28日	1985年度	1994年1月1日失效

---

① 谢旭人：《中国财政改革三十年》，中国财政经济出版社，2008年，第123—130页。

(续表)

税类	税种	颁布时间	实施时间	备注
所得税类	集体企业奖金税	1985年8月24日	1985年度	1994年1月1日失效
	事业单位奖金税	1985年9月20日	1985年度	1994年1月1日失效
	国营企业工资调节税	1985年7月3日	1985年度	1994年1月1日失效
	外商投资企业和外国企业所得税	1991年4月9日	1991年7月1日	原《中外合资经营企业所得税法》（1980年9月10日）和《外国企业所得税法》（1981年12月13日）失效
资源税类	资源税	1984年9月18日	1984年10月1日	1994年1月1日失效
	盐税	1984年9月18日	1984年10月1日	1994年1月1日失效
	城镇土地使用税	1988年9月27日	1988年11月1日	
财产税类	房产税	1986年9月15日	1986年10月1日	
	城市房地产税	1951年8月8日	1951年8月8日	
行为目的税类	城市维护建设税	1985年2月8日	1985年度	
	耕地占用税	1987年4月1日	1987年4月1日	
	建筑税	1983年9月20日	1983年度	1991年改征固定资产投资方向调节税
	固定资产投资方向调节税	1991年4月16日	1991年度	
	车船使用牌照税	1951年9月20日	1951年9月20日	
	车船使用税	1986年9月25日	1986年10月1日	
	印花税	1988年8月6日	1988年10月1日	
	契税	1950年4月3日	1950年4月3日	1997年10月1日失效
	屠宰税	1950年12月19日		征收与否和如何征收由各省、自治区、直辖市自行决定。
	烧油特别税	1982年4月22日	1982年4月22日	1994年1月1日失效

(续表)

税类	税种	颁布时间	实施时间	备注
行为目的税类	特别消费税	1989年4月14日（小轿车）1989年2月14日（彩电）	1989年4月22日（小轿车）1989年2月1日（彩电）	1994年1月1日失效
	集市交易税	1962年4月16日		由各省、市、自治区制定具体办法贯彻执行。1994年1月1日失效
	牲畜交易税	1982年12月31日	1983年1月1日	1994年1月1日失效
	筵席税	1988年9月22日	1988年9月22日	征收与否和如何征收由各省、自治区、直辖市自行决定。
农业税类	农业税	1958年6月3日	1958年6月3日	含农业特产税（1994年1月30日颁布实施）。
	牧业税			无全国性法规，征收办法由开征此税的省、自治区人民政府自行制定

四、此时期税制改革的评价

（一）改革的效果

经过上述改革和完善，我国初步建成了一套内外有别的，以流转税和所得税为主体，其他税种相配合的新的税制体系，从理论和实践上突破了长期以来封闭型税制的约束，转向开放型税制；突破了统收统支的财力分配的关系，重新确立了国家与企业的分配关系；突破了以往税制改革片面强调简化税制的框框，注重多环节、多层次、多方面地发挥税收的经济杠杆作用，由单一税制转变为复合税制。这些突破使中国的税制建设开始进入健康发展的新轨道，与国家经济体制、财政体制改革

的总体进程协调一致,并为下一步的税制改革打下了良好的基础。改革的效果是:

(1) 促进了税收理论的创新,确立了与有计划商品经济相适应的税收理论体系。通过税制改革的实践探索,打破了传统的社会主义税收理论和税收模式,摆脱了长期以来"非税论"观点的影响,税收在社会主义阶段的地位和作用得到了正确认识和评价;突破了国营企业不能征所得税的禁区,把企业与国家之间的行政隶属关系改为以法律(税收法律、法规)为依据的利益分配关系,增强了税收的调节作用,使税收成为间接调控经济的重要杠杆。税收杠杆的调节理论、税利分流管理的理论、公平税负的理论和分税制的理论等,都取得了新的突破和发展。

(2) 初步建立了一套适应社会主义有计划商品经济发展要求的,以流转税、所得税为主体,其他各税相结合的多税种、多环节、多层次的复合税制体系。它突破了原计划经济体制下统收统支的分配格局,调节的对象遍及工农业生产、商品流转、劳务服务、企业各种所得、个人各种所得、资源土地利用、财产占用、利润分配、工资奖金发放、特种行为的各个方面,以及多个环节,大大拓宽了税收调控作用的范围,强化了税收调控的力度,基本上能适应当时发展有计划商品经济体制下的多种经济成分、多种组织形式、多种经营方式、多种流通渠道的经济发展模式。

(3) 使国家财政收入结构发生了很大的变化,由"税利并存,以利为主"的模式,转变为以税收为主体的模式,税收成为国家财政收入的主要支柱。两步"利改税"基本理顺了国家与企业的利润分配关系,用法律的形式将国家与企业的分配关系固定下来,扩大了企业自主权,增强了企业活力,也使国家财政收入实现了稳定增长。"利改税"促使国营企业向着独立的商品生产者和经营者的方向迈出了重要的一步,配合了国营企业的改革,从制度上保证了财政收入的稳定增长,税收为国家建设聚集了巨额资金,并已成为国家财政收入的主要支柱。党的十一届三中全会以后的十多年,通过税收组织的财政收入,就已超过以往30年收入的总和。

(4) 随着税收经济调控范围的拓宽,税收在促进产业结构和产品结构的调整、缓解价格不合理的矛盾、缓解社会分配不公等方面,都较好地发挥了其经济杠杆的作用。1978年以来,税收保障了国家财政收入逐年持续快速增长,宏观调控能力明显增强,对于贯彻国家的经济政策,调节生产、分配和消费,起到了积极的促进作用，同时成为国家监督和引导微观经济活动的有力手段。通过税制改革逐步为企业建立了公平税负、鼓励竞争的外部环境，从而有利于社会主义统一市场的建立和推动商品经济持续、稳定、协调地发展。如通过建立国营企业所得税，促进了企业经营机制的转换；通过推行增值税，促进了企业专业化生产，推动了外贸体制的改革。

（5）按照维护国家权益、优惠政策适度、尊重国际惯例和手续从简的原则，初步建立和完善了涉外税收制度，促进了对外开放事业的蓬勃发展。为了改善外商投资环境，有利于引进外国资金和先进技术，在维护我国国家利益的基础上，本着税负从低、优惠从宽、手续从简的原则，适时建立了涉外税收制度，并陆续制定了一些税收优惠规定，基本上适应了对外开放的形势，维护了国家的经济权益，既保护和促进了国内生产，支持和发展了对外经济贸易的技术合作，又使国家获得了一定的收入。

（二）存在的主要问题

通过两步"利改税"和税制全面改革建立起来的税收制度，在一定程度上还保留着计划经济体制下国家用行政手段管理经济的痕迹，主要表现在：

第一，所得税制按照不同经济成分设立税种，有的实行累进税率，有的实行比例税率，税负高低不一，不利于各种经济成分之间开展竞争。另外，税前还贷的办法，实际上形成了投资的"大锅饭"，不利于控制基本建设规模，加重了国家财政的负担。同时，缺乏严格的监督管理，所得税制度软化。

第二，产品税、增值税互不交叉的流转税制度，不能完全适应调整产业结构和消费结构的需要。增值税还没有在工业环节全面推行，没有实行增值税的行业仍然存在着重复征税的问题，增值税本身也存在着不完善、不规范的问题。产品税、增值税税率是在价格扭曲的情况下制定的，当时对于缓解价格方面的矛盾起了一定的作用，但是不能充分地体现产业政策，还存在着一些税负不合理的问题。

第二节
初步建立市场经济体制时期的税制改革与税收体系

这一时期改革的主要内容是全面推进工商税制改革,形成适应社会主义市场经济发展需要的、较为完善的复合税收体系,使税制更为简化,结构趋于合理,税负趋于公平,税收筹集财政收入和调节经济的功能进一步增强。

一、1994年税制改革的背景和依据

（一）改革的背景

党的十四大明确提出了建立社会主义市场经济体制的目标模式,经济体制的全面转型必然要求有一套全新的税收制度来与之相适应,要求税收制度全面摒弃计划经济的色彩,体现市场经济的本质特征。这就决定了当时的税制改革必须全方位地革故鼎新,而不能只在原有基础上修修补补。同时,为治理通货膨胀,促使宏观经济尽快"软着陆",提高"两个比重",建立规范的分税制财政体制,增强财政宏观调控能力,也对全面深化税收制度改革提出了迫切要求。

（二）改革的依据

1990年12月30日,中国共产党第十三届中央委员会第七次全体会议通过《中共中央关于制定国民经济和社会发展十年规划和"八五"计划的建议》,其中多处提到要加强税收工作,发挥其调节作用。其中关于税制改革方面的建议是：在第八个五年计划期间,在完善和发展企业承包经营责任制的同时,继续进行税利分流、税后还贷、税后承包的试点,积累经验,并根据现实条件和不同企业的情况,逐步过渡,分期实行；在继续稳定和完善财政包干体制的同时,进行分税制的试点；对过高收入要通过税收（包括个人收入调节税、遗产税和赠与税等）进行必要的调节；逐步理顺税制结构,强化税收管理,严格以法治税,充分发挥税收在增加财政

收入和宏观经济调控中的职能作用。中共中央上述建议的基本精神，分别为 1991 年 3 月 25 日时任国务院总理李鹏在第七届全国人民代表大会第四次会议上所作的《关于国民经济和社会发展十年规划和第八个五年计划纲要的报告（1991 年）》和同年 4 月 9 日第七届全国人民代表大会第四次会议批准的《中华人民共和国国民经济和社会发展十年规划和第八个五年计划纲要》所采纳。

1992 年春邓小平同志南方谈话发表以后，中共中央、国务院作出了关于加快改革开放和经济发展的一系列重要决定，国民经济持续、稳定、快速发展，经济体制改革逐步深入，税制改革的重要性也日益受到各方面特别是中共中央、国务院和全国人民代表大会的重视。1992 年 3 月 20 日，李鹏同志在第七届全国人民代表大会第五次会议上所作的《政府工作报告》中提出：要加快分税制和"税利分流"改革的步伐，探索理顺中央和地方、国家和企业分配关系的途径。1992 年 10 月 12 日，中国共产党第十四届全国代表大会的召开，标志着中国的改革开放进入了一个新的历史发展阶段，中国的税制建设又迎来了一个黄金时代。党的十四大报告中明确提出："中国经济体制改革的目标是建立社会主义市场经济体制，以利于进一步解放和发展生产力。"建立社会主义市场经济体制战略目标的提出，为我国经济改革与发展指明了方向，对我国的税制建设提出了新的要求，同时，为全面推行税制改革提供了一次极好的机遇。1993 年 3 月 7 日，党的十四届中央委员会第二次全体会议通过的《中共中央关于调整"八五"计划若干指标的建议》提出：在第八个五年计划的后三年，要加快财政改革和发展的步伐，逐步扭转国家财政困难的局面。要采取有力措施，进一步完善税制，加强税收征管，严肃财经法纪，使财政收入随着经济的增长而相应增加。

1993 年 11 月 14 日，中国共产党第十四届中央委员会第三次全体会议通过《中共中央关于建立社会主义市场经济体制若干问题的决定》。决定中提出：社会主义市场经济必须有健全的宏观调控体系。宏观调控主要采用经济办法，近期要在财税、金融、投资和计划体制的改革方面迈出重大步伐。财政运用预算和税收手段，着重调节经济结构和社会分配。要积极推进财税体制改革。近期改革的重点之一，就是要按照统一税法、公平税负、简化税制和合理分权的原则，改革和完善税收制度。推行以增值税为主体的流转税制度，对少数商品征收消费税，对大部分非商品经营继续征收营业税。在降低国有企业所得税税率，取消国家能源交通重点建设基金和国家预算调节基金的基础上，企业依法纳税，理顺国家与国有企业的利润分配关系。统一企业所得税和个人所得税，规范税率，扩大税基。开征和调整某些税种，清理税收减免，严格税收征管，堵塞税收流失。在论及建立合理的个人收入分配制度的时候，提出要适时开征遗产税和赠与税。在论及规范和发展房地产市场的时候，该决定中提出，要通过开征和调整房地产税费等措施，防止在房地产交易中获取暴利和国家利益的流失。中共中央这一决定的发布，为建立适应社会主义市场经济体制需要的新税制和财政管理体制进一步指明了方向。同年11月25日和26日，国务院总理办公会议和国务院常务会议先后审议并原则通过国家税务总局草拟的《工商税制改革实施方案》和增值税、消费税、营业税、企业所得税、资源税、土地增值税等六个税收暂行条例。根据形势发展的要求，财政部、国家税务总局经过几年深入调查研究、反复论证，在提出税制改革基本思路的基础上，重新对税制改革问题做了认真的研究，并广泛地听取了各方面的意见，逐步形成了关于全面深化税制改革的新的指导思想和基本方案。并完成了有关法律、法规的必要程序，于1993年底之前陆续公布，从1994年起在全国实施。

二、1994 年税制改革的内容

（一）所得税制的改革

1. 统一内资企业所得税

企业所得税制改革的核心是建立一个刚性的统一内资企业所得税制，来规范国家与企业的分配关系，促进企业在公平竞争环境下，转换机制，增强活力，真正走向市场。其内容是：（1）统一税种。把原国营企业所得税、集体企业所得税、私营企业所得税三个税种，并为企业所得税一种，适用于各种经济成分的内资经营企业，同时取消国营企业调节税，并分步取消对税后利润征收的国家能源交通重点建设基金和国家预算调节基金。（2）统一税率。把对各种经济成分适用的不同税率以及减征税率，统一为适用33%的较低税率。对一些利润低的小规模企业，适用

27%和18%两档低税率。(3)统一计税标准。改变过去计算应纳税所得额依附于各行业、各经济成分企业财务、会计制度的做法，明确统一按国家税法规定执行，使各种企业的计税口径一致，计算方法相同。取消原国有企业、城镇集体企业的税前还贷和税前提留各项基金办法，以及各类企业的不同税前列支标准，规定了统一适用的准予列支和不得列支的范围、项目和标准。(4)统一征收方法和优惠减免。明确规定对国有企业不再实行承包上交所得税的办法，统一由税务机关计算征收；明确了企业所得税的优惠原则和项目，取消了原有过多、过滥的减免税优惠。

2. 简并个人所得税

个人所得税的改革是把个人所得税、个人收入调节税和城乡个体工商业户所得税三个税种合并为个人所得税一个税种。改革的主要内容是：(1)增加应税项目。由于个体工商业户所得税并入个人所得税，新增"个体工商户的生产、经营所得"和"对企业事业单位的承包经营、承租经营所得"项目。适应各种动产、不动产交易日渐活跃和有奖活动日趋增多情况，新增了"财产转让所得"和"偶然所得"项目。(2)调整费用扣除额。把中国籍公民的生活费用扣除标准，从原400—460元提高为800元，同时新增了附加扣除费用的规定，适用于外籍人员。(3)调整税率。规定对不同的应税项目，分别适用不同的9级和5级超额累进税率以及统一的20%比例税率。对劳务报酬所得一次收入畸高的，还有加成征税的规定。(4)采用统一的计算征收办法。统一采用"分项扣除、分项定率、分项征收"的征税模式，以利于实现源泉扣除，堵塞税收征管漏洞。

(二) 流转税的改革

把原对内资企业征收的产品税、增值税、营业税等3种税以及对外商投资企业和外国企业征收的工商统一税，加以调整合并，形成以增值税为主体的增值税、消费税、营业税3税并立，双层次调节的新工商流转税制调节模式，在生产和流通环节普遍征收增值税；在这个基础上再选择少数消费品加征一道工业环节的消费税，对提供一般劳务服务、转让无形资产和销售不动产的单位和个人，仍维持征收营业税。以上各税对内外资企业统一适用。另外，取消已不符合市场经济要求的集市交易税和牲畜交易税两个小税种。

增值税是这次工商税制改革的核心,改革的要点是:(1)对商品的生产、批发、零售和进口全面实行增值税,对绝大部分劳务和销售不动产暂不实行增值税。(2)采取基本税率、低税率和零税率三档税率。基本税率为17%;低税率为13%,适用于基本食品和农业生产资料等;出口商品一般适用零税率。(3)实行价外计征的办法,即按照不含增值税税金的商品价格和规定的税率计算征收增值税。(4)实行根据发票注明税金抵扣税款的制度。零售以前各环节销售商品的时候,必须在发票上分别注明不含增值税的价格和增值税税金。为了适应我国消费者的习惯,在商品零售环节实行价内税,不在发票上单独注明税金。(5)对于年销售额较小、会计核算不健全的小规模纳税人,实行按照销售收入金额和规定的征收率计征增值税的简便办法。(6)改革增值税纳税制度。对增值税的纳税人进行专门的税务登记,使用增值税专用发票,建立对购销双方交叉审计的稽查体系和防止偷漏税、减免税的内在机制。

消费税改革的要点是:原来征收产品税的产品全部改为征收增值税以后,将有不少产品的税负大幅度下降。为了保证财政收入,体现"基本保持原税负"的原则,同时考虑对于一些消费品进行特殊调节,选择少数消费品在征收增值税的基础上再征收一道消费税。消费税的税目设有11个,主要包括烟、酒、化妆品、贵重首饰、摩托车、小汽车、汽油、柴油等。消费税采用从价定率征收和从量定额征收两种办法。从价征收的,按照不含增值税税金但包含消费税税金在内的价格和规定的税率计算征收消费税。

营业税是就原营业税改征增值税以后的剩余项目征收,共设置了9个征税项目和3档税率。改革以后的营业税的征税范围包括提供劳务、转让无形资产和销售不动产。交通运输业、建筑业、邮电通信业、文化体育业等,税率为3%;金融保险业、服务业、转让无形资产、销售不动产等,税率为5%;娱乐业的税率为5%~20%。从事上述营业、转让、销售活动的单位和个人,应当按照其营业额和规定的税率计算缴纳营业税。

(三)其他税种的改革

一是改革资源税。主要体现以下原则:(1)统一税政,简化税制,把盐税并作资源税的一个税目。(2)实行普遍征税、级差调节的原则,把征税范围扩大到所有矿产资源,实行按产品类别从量定额的征收办法。(3)统筹规划资源税负担与流转税负担结构。

二是开征土地增值税。土地增值税以转让房地产的增值额为课税对象，以利于规范土地、房地产交易秩序，合理调节土地增值收益，维护国家权益。

三是改征农业特产税。把原征收产品税的 10 个农林水产品税目与原农林特产农业税加以合并，重新规定应征税收入的项目、税率、征收办法，改称农业特产农业税。

四是取消和简并一些税种。取消调控作用已日益削弱，无存在必要的国营企业奖金税、集体企业奖金税、事业单位奖金税、国营企业工资调节税 4 种；把特别消费税、烧油特别税并入具有特殊调节作用的消费税；把对宏观经济没有什么大影响的屠宰税、筵席税的开停征及一定立法权下放给地方。

（四）改革和完善关税制度

为适应国内改革开放和对外经济贸易发展的需要，根据国家的总体部署，1993 年 12 月 31 日起实施关税第二步自主降税，这次调整使我国关税总水平由 39.6% 下降到 36.4%，降税幅度为 8.8%，涉及 2898 个税目商品。1994 年，又调整了部分小轿车、录像带、烟、酒的关税税率，使我国关税总水平进一步下调到 35.6%。1996 年 4 月起，实施第三步自主降税，将我国关税总水平降低到 15% 左右，达到一般发展中国家关税平均水平，主要涉及机械、电子、化工、轻工、纺织、农业等部门。降税后，关税总水平由 35.6% 调整为 23%，降税幅度 35.9%，涉及降税的有 4964 个税目，占 1996 年税目总数的 75.8%。1997 年初开始，实施第四步自主降税，这一次降税从 1997 年月 10 月 1 日起正式实施。调整后的关税总水平为 17%，平均降幅为 26%，有 4890 个税目商品的税率有了不同程度的降低。1999 年，进一步调整部分商品的税率，使关税总水平降为 16.7%，降税商品主要是在亚太经济合作组织（APEC）承诺的玩具产品和林产品，以及中美纺织品协议涉及的商品。2001 年 1 月 1 日起，我国关税总水平由 16.4% 降为 15.3%。这一次降税基本没有涉及加入世界贸易组织谈判中的主要商品，重点是中美纺织品协议涉及商品的降税。1992 年至 2001 年期间，我国除了关税水平有了大幅度的下降之外，在结合外经贸发展的实际情况、借鉴其他国家经验、遵循国际惯例的基础上，对税目数量、征税方法等也进行了较大的改革。

2001年12月11日，我国正式加入世界贸易组织，2002年1月1日起开始履行我国在加入谈判中承诺的关税减让义务。2002年1月1日我国实施首次降税，涉及5300多种商品的最惠国税率，占当年总税目数的73%。关税总水平由15.3%降低到12%，农产品（不包括水产品）的平均税率由23.2%降低到18.1%，工业品的平均税率由14.7%降低到11.4%。

三、新税制的调整和完善

1994年实行新税制后，根据社会经济的发展变化及税制运行过程中出现的新情况，我国陆续对一些税收制度进行了必要的调整和完善，大致可分为前后两期：前期是1994—1997年，主要是为了保证新税制的顺利推行，采取了一些过渡性的税政措施，同时为适应市场化各项改革和经济、社会政策的需要，在税制、税政上采取了一些补充调整措施；后期是1998—2002年，主要是在贯彻积极财政政策、反经济周期调节、启动内需、扩大出口、保持经济的发展速度方面，适时地采取了有增税减税结构性调整的多项宏观调控政策措施，以完善税制。

（一）调整和完善增值税政策

为体现国家产业政策，优化产业结构，促进农业和采掘业的健康发展，将农产品、农用水泵、农用柴油机、金属矿和非金属矿采选产品的增值税率由17%调低为13%。明确了征收增值税的农业产品的范围，对农产品的征税范围作了注释和明确。对增值税一般纳税人支付的运输费用和收购的废旧物资准予按10%的扣除率计算进项税额予以抵扣。针对商业零售环节税收漏洞较多、税源难以控制的情况，重新确定了商业一般纳税人的认定标准，将商业小规模纳税人的增值税征收率由6%调至4%。将增值税一般纳税人购进农业生产者（含增值税小规模纳税人）销售的农产品进项税额扣除率统一由10%提高到13%。根据运价逐渐提高，运费中物耗比重逐渐下降，运费中所负担的流转税也在下降的实际情况，将增值税运费的抵扣率由10%调减为7%。

（二）调整和完善消费税政策

鉴于实行新税制后金银饰品加工企业税负加重和金银饰品价格有所上涨的实际

情况，本着不影响金银饰品的零售价格和促进金银饰品加工工业健康发展的原则，自 1994 年 1 月 1 日起，将金银首饰消费税纳税环节由生产环节改为零售环节，并将税率由 10% 下调为 5%。1998 年，将"护肤护发品"税目的雪花膏、面油、头油、花露水、发乳、洗发水、护发素的消费税税率从 17% 调减到 8%。针对烟酒企业普遍存在侵蚀税基、规避税收以及税负不公平等问题，2001 年 5 月起，分别对烟酒产品实行了从量与从价相结合的税率制度；对啤酒按出厂价格高低也实行两档定额税率。将钻石、黄金、铂金以及上述 3 种贵重金属的制品消费税纳税环节后移至零售环节。对香皂实行了停征消费税政策。

（三）调整和完善营业税政策

从 2001 年起，将夜总会、歌厅、舞厅、射击、狩猎、跑马、游戏、高尔夫球、保龄球、台球等营业税税率由原来实行 5%~20% 幅度的税率改为统一实行 20% 的比例税率，鉴于保龄球、台球已逐渐成为全民健身活动的内容，又将经营保龄球、台球的营业税税率调整为 5%。对以无形资产、不动产投资入股，参与接受投资方利润分配，共同承担投资风险的行为，不征收营业税；对股权转让不征收营业税。从 2003 年起，将按期纳税营业税起征点幅度由月销售额 200~800 元提高到 1000~5000 元；按次纳税营业税起征点幅度由每次（日）营业额 50 元提高到 100 元。

（四）调整和完善所得税政策

为缓解内外资企业在缴纳所得税税前列支制度上的差异，国家逐步提高了内资企业的计税工资标准，扩大了内资企业用于特定捐赠支出的扣除比例。为公平税负，解决个人独资、合伙企业重复征收所得税的问题，促进个体、私营经济的发展，国务院决定自 2000 年 1 月 1 日起，对个人独资、合伙企业停止征收企业所得税，其投资者的生产经营所得，比照个体工商户的生产经营所得征收个人所得税。调整和完善个人所得税制度。

（五）调整和完善出口货物退（免）税政策

为了贯彻"征多少、退多少，不征不退"原则，解决出口货物"征少退多"的问题，国务院决定对 1995 年 7 月 1 日以后出口的货物，采取按实际税负退税的办法，将出口货物增值税退税率分别降低到 3%、10% 和 14%。为了既支持外贸的发展，同时又兼顾出口货物的实际税负，国务院决定对 1996 年 1 月 1 日以后出口的货物再次调低出口退税率，分别降低到 3%、6% 和 9%。为了应对亚洲金融危机对我国经济的冲击，1998—2002 年，国家先后 8 次提高出口货物的退税率，有力地促进了外贸出口。从 1997 年开始，对有进出口经营权的生产企业自营（委托）出口货物实行"免、抵、退"税收管理办法，使出口退税在向纳入增值税常规管理方面迈出了重要一步，从 2002 年 1 月 1 日起，对生产企业自营或委托出口货物全面实行"免、抵、退"税收管理办法。

此外，自 1995 年以来，国家还根据社会、经济形势发展的需要，适时对证券交易印花税、契税、房产税、资源税等地方税的政策进行了相应的调整和完善，自 2001 年 1 月 1 日起停征固定资产投资方向调节税，2000 年 10 月，国务院颁布了《中华人民共和国车辆购置税暂行条例》，用车辆购置税取代车辆购置费；同时，用燃油税取代养路费的改革方案也已基本拟就，将视经济和社会发展情况择机推出。

四、税收体系

经过 1994 年税制改革及后来的逐步完善，我国已建立起适应社会主义市场经济发展需要的、较为完善的复合税收体系。税种由原来的 37 个减少到 23 个，税制简化，结构趋于合理，税负趋于公平，税收筹集财政收入和调控宏观经济的功能有所增强（见表 3-2-1）。具体如下：

（1）流转税类（4 种税）。包括增值税、消费税、营业税、关税；

（2）所得税类（3 种税）。包括企业所得税、外商投资企业和外国企业所得税、个人所得税。

（3）资源税类（2 种税）。包括资源税和城镇土地使用税。

（4）财产税类（2 种税）。包括房产税和城市房地产税。

（5）行为目的税类（10 种税）。包括城市维护建设税、耕地占用税、固定资产投资方向调节税、土地增值税、车船使用牌照税、车船使用税、印花税、契税、屠宰税和筵席税。

（6）农业税类（2 种税）。包括农业税（含农业特产税）和牧业税。

表 3-2-1　1994-2002 年税收体系简况表①

税类	税种	颁布时间	实施时间	备注
流转税类	增值税	1993年12月13日	1994年1月1日	
	消费税	1993年12月13日	1994年1月1日	
	营业税	1993年12月13日	1994年1月1日	
	关税	1985年3月7日	1985年3月10日	
所得税类	企业所得税	1993年12月13日	1994年1月1日	
	外商投资企业和外国企业所得税	1991年4月9日	1991年7月1日	
	个人所得税	1993年10月31日	1994年1月1日	
资源税类	资源税	1993年12月25日	1994年1月1日	
	城镇土地使用税	1988年9月27日	1988年11月1日	
财产税类	房产税	1986年9月15日	1986年10月1日	
	城市房地产税	1951年8月8日	1951年8月8日	
行为目的税类	城市维护建设税	1985年2月8日	1985年度	
	耕地占用税	1987年4月1日	1987年4月1日	
	固定资产投资方向调节税	1991年4月16日	1991年度	
	土地增值税	1993年12月13日	1994年1月1日	
	车船使用牌照税	1951年9月20日	1951年9月20日	
	车船使用税	1986年9月25日	1986年10月1日	
	印花税	1988年8月6日	1988年10月1日	
	契税	1997年7月7日	1997年10月1日	
	屠宰税	1950年12月19日		征收与否和如何征收由各省、自治区、直辖市自行决定。
	筵席税	1988年9月22日	1988年9月22日	征收与否和如何征收由各省、自治区、直辖市自行决定。

① 谢旭人：《中国财政改革三十年》，中国财政经济出版社，2008年，第138—139页。

(续表)

税类	税种	颁布时间	实施时间	备注
农业税类	农业税	1958年6月3日	1958年6月3日	含农业特产税（1994年1月30日颁布实施）。
	牧业税			无全国性法规，征收办法由开征此税的省、自治区人民政府自行制定

五、此时期税制改革评述

（一）改革的成效

1994年税制改革在我国税制建设的历史过程中是一个具有重要意义的里程碑。这次税制改革是中华人民共和国成立以来规模最大、范围最广泛、内容最深刻的一次税制改革，如此之大的举动在世界上也属罕见，国内外普遍评价很高。这次改革总体上保持了原税负水平，没有增加企业的负担，没有引起物价大的波动，没有影响对外开放，没有给经济发展带来不利的影响，对社会主义市场经济体制的建立和发展发挥了重要的作用。实践证明，这次税制改革取得了突破性进展和历史性成功。主要表现在：

（1）初步统一了税法，实现了公平税负，为市场经济的发展创造了良好的税收环境。新税制统一了内外资企业的流转税，消除了原产品税和工商统一税重复征税、不利于专业化分工和社会化大生产发展的弊端；统一了内资企业的所得税，改变了过去按企业所有制性质设置所得税的做法，体现了公平税负的原则；严格落实了政策性减免税，取消了困难性、临时性减免税，以往过多、过乱的随意性减免税、越权减免税的现象得到了有效的抑制，树立了税法的权威，使市场机制得以充分发挥，在统一税法的基础上，有利于促进各类企业在市场经济条件下平等竞争。

（2）基本理顺了税收分配关系，逐步扭转了税收占国内生产总值比重逐年下降的局面。新税制较好地处理了国家与企业、个人之间的分配关系和中央与地方之间的分配关系，通过统一税法，简并税种，初步实现了税制的简化和规范化，税制要素的设计更为科学、合理、规范，适应了经济发展和税制建设的需要，同时，提高了中央财政收入占全国财政收入的比重，加强了中央政府的宏观调控能力，税收的宏观调控作用得到了较好的发挥。在经济增长、理顺分配关系和加强管理的基础上，实现了税收收入的持续快速增长，逐步扭转了税收占国内生产总值比重逐年下降的局面，同时总体上没有增加纳税人的负担。

（3）较好地体现了国家的产业政策，促进了经济结构的有效调整，从而促进了国民经济的持续、快速、健康发展，同时没有引起经济、社会的动荡。新税制使行业间、产业间、产品间、企业间以及地区间的总体税负格局基本趋于合理，加上消费税、增值税、资源税、农业特产税等政策的配合引导，促进了社会资源的有效配置，加快了产业结构和产品结构的调整。一方面，使农业、交通、能源、原材料工业等产业的基础地位得到了加强，保证了粮、棉、油等生活必需品和农业生产资料等重要物资的生产和销售，支持了"菜篮子工程"和国防、教育、民政等事业的发展；另一方面，使一些重复建设、资源浪费严重的企业如小烟厂、小酒厂改弦更张，有效地限制了国家不鼓励发展的产品和产业的发展。实行新税制后，少数行业和企业的税负有所增加，于是这些行业和企业很快调整了产品的结构，面向市场，内部挖潜，提高质量，降低物耗，既增加了企业的市场竞争能力，也改善了市场供求关系。

（4）新税制设计上积极借鉴国外税制建设的有益经验，从而使中国税制进一步与国际税收惯例接轨，有利于促进对外开放的扩大和中外经济、技术交流与合作的发展。同时，保持了税法的相对稳定性和对外税收政策的连续性。新的税制和管理办法与国际通行的做法更加接近，既有利于外商来华投资、洽谈生意，也有利于我国企业对外经贸合作，参与国际竞争。新税制在统一内、外资企业流转税的同时，适当保留了对外商投资企业和外国企业的优惠政策,体现了税法的相对稳定性和连续性,维护了我国对外开放的一贯原则,受到了外商的普遍欢迎,得到了世界银行和国际货币基金组织的高度赞扬,外资继续以较高的增幅进入中国。

(5) 平稳过渡,保证了社会的稳定,促进了经济的发展。为避免新税制对社会经济造成过大的震动,国家采取了一系列的过渡性措施,如在对内资企业普遍征收33%所得税的同时,为照顾部分国有企业利润水平较低和原有适用低税率的集体企业的实际情况,暂时增设了27%和18%两档照顾税率;对1993年12月31日以前批准设立的外资企业因流转税改革而新增加的税负在五年内返还等。这些措施避免了因新税制的实施使部分企业税负上升进而对物价可能产生的影响,减缓了一些企业和行业的压力,保证了社会的稳定和经济的持续发展。

(二) 存在的问题

经过1994年对原有税制进行结构性的全面改革,通过"九五"期间和"十五"前两年的进一步完善,初步建立了适应我国社会主义市场经济要求的以流转税和所得税为主体,其他税种辅助配合,多税种、多层次、多环节调节的复合税制体系。这种制度对于保证财政收入的稳定增长,促进国民经济的健康发展发挥了重要作用,但面对新形势和加入世贸组织后的新挑战,税收制度也反映出一些不尽完善的方面:一是税收制度没有充分体现市场经济条件下公平竞争的原则。不同所有制经济之间、不同地区之间和内外资企业之间的税收政策存在差异,造成税收负担不尽公平,不利于经济的健康协调发展。二是这种税制仍然在一定程度上存在重复征税问题,影响国内产品竞争能力的提高,不利于促进扩大投资和企业的技术进步。三是税收优惠政策偏多,政策目标之间缺乏协调,也不尽规范,特别是地方自行出台优惠政策,既影响收入,又造成不公平竞争,影响经济的健康发展。

第三节
发展与完善社会主义市场经济体制时期的税制改革和税收体系

2003年以来，我国税制改革的目标是进一步适应完善社会主义市场经济体制的总体要求，以增值税转型和统一企业所得税等为改革重点，形成更加有利于科学发展、促进社会和谐的税收体系。

一、税制改革的背景和依据

（一）改革的背景

经过1994年以来的大规模税制改革和税制调整，到2003年我国社会主义市场经济体制的基本框架已初步建立，与此相适应，符合社会主义市场经济体制要求的税收制度在我国也已初步建立，但还需要逐渐完善。因此，税制改革的重心应该是适应社会主义市场经济体制逐步完善的要求，对税制进行结构性、渐进式的调整，而不是对其进行根本性、突进式的变革。

从稳定公共收入增长机制角度看，随着公共财政改革的深入进行，财政"两个比重"已经有了明显提高，国家财力显著增强，因此进一步实施税制改革的目标已不仅仅是保持财政收入总量的稳定增长，而应更注重优化财政收入结构，规范中央和地方的财政分配，公平各类经济主体的税收负担，以更好地平衡各方面的利益关系，按照科学发展观的要求，实现全面、协调、可持续的发展。这就决定了税收制度的改革必须与财政资源的统筹配置、与其他各方面的改革发展结合起来，在协调中推进。

（二）改革的依据

2001年3月15日，第九届全国人民代表大会第四次会议批准《中华人民共和国国民经济和社会发展第十个五年计划纲要》，提出要深化财税体制改革，积极稳妥地推进税费改革，清理整顿行政事业性收费和政府性基金，建立政府统一预算。健全税收制度，改革生产型增值税，完善消费税和营业税，逐步降低关税，逐步统一内外资企业所得税，建立综合与分类相结合的个人所得税制度，适时开征社会保障税和遗产税，完善地方税税制。依法加强税收征管，打击偷、漏、骗税的行为，清缴欠税，严禁越权减、免、退税。强化税收对收入分配的调节功能。合理界定中央和地方政府的事权范围，完善分税制和转移支付制度，加强财政再分配功能。保持财政收入稳定增长，提高国家财政收入占国内生产总值的比重和中央财政收入占全国财政收入的比重。综合运用计划、财政、金融等手段，发挥价格、税收、利率、汇率等杠杆的作用，加强和改善宏观调控。

2003年10月，党的十六届三中全会通过的《中共中央关于完善社会主义市场经济体制若干问题的决定》，要求按照"简税制、宽税基、低税率、严征管"的原则，稳步推进税收改革。改革出口退税制度。统一各类企业税收制度。增值税由生产型改为消费型，将设备投资纳入增值税抵扣范围。完善消费税，适当扩大税基。改进个人所得税，实行综合和分类相结合的个人所得税制。实施城镇建设税费改革，条件具备时对不动产开征统一规范的物业税，相应取消有关收费。在统一税政前提下，赋予地方适当的税政管理权。创造条件逐步实现城乡税制统一。

2005年10月，党的十六届五中全会通过的《中共中央关于制定国民经济和社会发展第十一个五年规划的建议》进一步明确了推进税制改革的总体思路和具体措施，包括完善增值税制度，实现增值税转型；统一各类企业税收制度；实行综合和分类相结合的个人所得税制度；调整和完善资源税；实施燃油税；稳步推行物业税。2006年的中央一号文件（《中共中央、国务院关于推进社会主义新农村建设的若干意见》）顺应经济社会发展阶段性变化和建设社会主义新农村的要求，做出了在全国范围内取消农业税，提高耕地占用税税率的改革决策。2006年10月，党的十六届六中全会通过的《中共中央关于构建社会主义和谐社会若干重大问题的决定》提出了实行促进就业的财税金融政策，健全财力与事权相匹配的财税体制，完善有利于环境保护的财税政策等促进和谐社会建设的税收措施。2007年10月，党的十七大报告提出了"实行有利于科学发展的财税制度，建立健全资源有偿使用制度和生态环境补偿机制"的新要求。

二、税制改革的内容

2003年后,根据完善社会主义市场经济体制的总体要求和党的十六届三中、四中、五中、六中全会对税收工作的指示精神,按照"简税制、宽税基、低税率、严征管"的新一轮税制改革基本原则,借鉴国际经验,我国积极稳妥地推进税制改革和税政建设,进一步巩固1994年税制改革成果,促使税收制度更加完善。

(一)统一了内、外资企业的所得税制度

为适应改革开放和促进企业公平竞争的需要,根据党的十六届三中全会关于"统一各类企业税收制度"的精神,2004年2月,财政部会同有关部门成立立法工作小组,启动统一内、外资企业所得税工作。在深入调查研究和广泛征求意见的基础上,形成了内、外资企业所得税"两法合并"的改革方案,主要内容体现为"四统一、一过渡":内、外资企业适用统一的企业所得税法,实行法人税制;统一并适当降低企业所得税税率,将法定税率由33%降至25%;统一和规范税前扣除办法及标准;统一税收优惠政策,建立"产业优惠为主,区域优惠为辅"的新的税收优惠体系;对新税法公布前已设立的老企业实行一定期限的税收优惠过渡措施。2006年8月23日,国务院第147次常务会议讨论通过《中华人民共和国企业所得税法(草案)》。2007年3月16日,第十届全国人民代表大会第五次会议审议通过了《企业所得税法》。为了确保企业所得税法的顺利实施,2007年11月28日国务院第197次常务会议通过了《中华人民共和国企业所得税法实施条例(草案)》。同时,财税部门根据企业所得税法及实施条例的规定,研究制定了税收优惠目录、过渡优惠办法等若干配套的政策措施。随着2008年1月1日该法的正式施行,我国结束了企业所得税法律制度内外资分立的局面。这项改革是我国税制现代化建设进程中的一件大事,是我国社会主义市场经济制度走向成熟的重要标志之一。

(二)完善增值税制度,实行消费型增值税改革试点和"营改增"改革试点

我国1994年税制改革时选择实行生产型增值税,一方面是出于保证收入的需

要,另一方面是考虑到当时投资膨胀、经济过热是社会经济中的主要矛盾,实行生产型增值税有利于抑制投资膨胀。但生产型增值税仍然存在重复征税的矛盾,对经济也带来明显的不利影响。为贯彻落实党中央、国务院关于振兴东北老工业基地的指示精神,自2004年7月1日起,对东北地区的装备制造业等八大行业进行了增值税转型改革试点,允许企业对新购进机器设备所含的增值税进项税额予以抵扣。为落实党中央、国务院关于促进中部地区崛起的决定精神,从2007年7月1日起,又将增值税转型改革试点扩大到中部六省26个老工业基地城市的电力业、采掘业等八大行业。自2008年7月1日起,根据《中共中央、国务院关于全面振兴东北地区等老工业基地的若干意见》(中发〔2003〕11号)和《东北地区振兴规划》,再一次将增值税转型改革试点扩大到内蒙古东部地区的呼伦贝尔市、兴安盟、通辽市、赤峰市和锡林郭勒盟等五个地区的装备制造业、石油化工业、冶金业、船舶制造业、汽车制造业、高新技术产业、军品工业和农产品加工业。目前,试点工作运行平稳,转型办法基本成熟,政策效果初步显现,为增值税转型改革在全国的推开积累了宝贵经验。

从2009年1月1日起,全面实施增值税转型,在全国范围内对增值税一般纳税人购进机器设备的进项税款允许抵扣。这次改革,降低了小规模纳税人征收率,为小企业创造了公平竞争的税收环境,有利于小企业发展壮大和促进就业;还降低了一般纳税人标准,将更多增值税纳税人纳入抵扣链条,增值税抵扣机制进一步完善。

2011年10月26日召开的国务院第177次常务会议顺利通过了从2012年1月1日起在上海市交通运输业和部分现代服务业实施深化增值税制度改革试点的决定。据此,国家税务总局会同财政部于11月16日制定并发布了经国务院同意的《营业税改征增值税试点方案》,以及《交通运输业和部分现代服务业营业税改征增值税试点实施办法》《交通运输业和部分现代服务业营业税改征增值税试点有关事项的规定》《交通运输业和部分现代服务业营业税改征增值税试点过渡政策的规定》,标志着营业税改征增值税(以下简称"营改增")试点工作顺利步入启动实施阶段。

2012年9月1日至2012年12月1日,"营改增"试点由上海市分4批次扩大至北京、江苏、安徽、福建、广东、天津、浙江、湖北8省（市）。2013年8月1日，"营改增"试点推向全国，同时将广播影视服务纳入试点范围。

自2013年8月1日起，交通运输业和部分现代服务业"营改增"试点在全国推开。2014年，"营改增"改革继续推进，试点行业进一步扩大。2014年1月1日，铁路运输和邮政业在全国实施"营改增"试点，2014年6月1日，电信业纳入试点范围，范围扩大到10（"3+7"）个行业，即交通运输业、邮政业、电信业3个大类行业和研发技术、信息技术、文化创意、物流辅助、有形动产租赁、鉴证咨询、广播影视等7个现代服务业，改革红利持续释放，试点成效逐步显现。据统计，截至2015年底，全国试点纳税人共计592万户，其中，一般纳税人113万户，小规模纳税人479万户。全年"营改增"共实现减税2666亿元，其中试点纳税人因税制转换减税1446亿元，原增值税一般纳税人因增加抵扣减税1220亿元。

2016年3月23日，财政部、国家税务总局发布《关于全面推开营业税改征增值税试点的通知》。自2016年5月1日起，在全国范围内全面推开"营改增"试点，建筑业、房地产业、金融业、生活服务业等全部营业税纳税人，纳入试点范围，由缴纳营业税改为缴纳增值税。全面推开"营改增"试点是当前推动结构性改革尤其是供给侧结构性改革的重要内容，是实施积极财政政策的重大减税措施。

（三）调整消费税政策，进一步增强消费税的调控功能

为促进环境保护和资源节约，更好地引导生产和消费，根据十六届三中全会提出的"完善消费税，适当扩大税基"的要求，从2006年4月1日起，对消费税政策进行了重大的调整。

主要包括两个方面的内容：一是对消费税的应税品目进行有增有减的调整。新增加了高尔夫球及球具、高档手表、游艇、木制一次性筷子、实木地板、成品油税目，并将原来的汽油、柴油两个税目和新增加的石脑油、溶剂油、润滑油、燃料油、航空煤油等油品作为成品油的子目；同时，取消了"护肤护发品"税目，并将原属于护肤护发品征税范围的高档护肤类化妆品列入化妆品税目。二是对原有税目的税率进行有高有低的调整。现行11个税目中，涉及税率调整的有白酒、小汽车、摩托车、汽车轮胎等税目。经过调整后，消费税的税目由原来的11个增至14

个。此外，为加强对消费税的征管，进一步完善了葡萄酒、啤酒以及新牌号、新规格卷烟等消费税征收管理措施。

为建立完善的成品油价格形成机制和规范的交通税费制度，促进节能减排和结构调整，公平负担，发改委、财政部、交通运输部等部门共同研究成品油价税费改革方案，经国务院批准，决定自2009年1月1日起实施成品油价税费改革。主要内容包括：取消公路养路费、航道养护费、公路运输管理费、公路客货运附加费、水路运输管理费、水运客货运附加费等六项收费；逐步有序取消政府还贷二级公路收费。相应提高成品油消费税单位税额替代上述各项收费。成品油税费改革，正税清费，建立了规范的交通税费体制。

为了引导合理消费，2016年9月30日财政部、国家税务总局发布了《关于调整化妆品消费税政策的通知》。取消对普通美容、修饰类化妆品征收消费税，将"化妆品"税目名称更名为"高档化妆品"。

（四）修订个人所得税法，减轻居民税收负担

个人所得税既是筹集税收收入的工具，又是调节个人收入分配的重要手段。现行个人所得税实行分类征收办法，将个人所得分为工资、薪金所得、个体工商户生产经营所得等11个应税项目，并相应规定了每个应税项目的适用税率、费用扣除标准及计税办法。1993年实施的个人所得税法，规定工资薪金所得费用减除标准为每人每月800元。随着经济社会发展，居民个人收入和物价水平发生变化，原规定的费用减除标准已明显不适应变化了的情况，需要适当调整。经过由全国人大预算工委主持举行听证会等程序，2005年10月，第十届全国人民代表大会常务委员会审议通过了国务院关于调整个人所得税工薪所得费用减除标准的议案，决定将工薪所得费用扣除标准由每人每月800元提高至每人每月1600元，并从2006年1月1日开始施行。2007年12月23日，第十届全国人民代表大会常务委员会又审议通过了国务院关于调整个人所得税工薪所得费用减除标准的议案，决定将工薪所得费用减除标准由每人每月1600元提高至每人每月2000元。为了增加居民收入，缓解物价上涨对储户收益的影响，2007年8月15日，第十届全国人民代表大会常务委员会通过了国务院关于减征利息税的议案，决定将居民储蓄存款利息个人所得税税

率由20%调低到5%。通过两次修订税法及个人所得税相关政策的调整,使个人所得税的负担水平更符合客观实际。

2011年7月19日,国务院公布修改后的《个人所得税法实施条例》(国务院令第600号)。此次修改的主要内容有:一是将个人所得税工资、薪金所得项目费用扣除标准由原每人每月2000元提高到3500元。二是调整工资、薪金所得项目税率表,取消15%、40%两档税率,将最低档税率由5%降为3%,适当拉长中低税率的纳税级次,降低中低收入者税负;同时取消40%税率后,月收入8万元以上的纳税人直接适用45%税率,加大了对高收入者的调节作用。

(五)废止《中华人民共和国农业税条例》,在全国范围内取消农业税

为进一步减轻农民负担,增加农民收入,在农村税费改革取得阶段性成果的基础上,国务院决定,分期分批对全国免征农业税。2003年在安徽省率先实施免征农业税的改革试点。2004年在全国全面取消除烟叶外的农业特产税,并在吉林、黑龙江省进行免征农业税改革试点。2005年,全国有28个省份免征了农业税。2005年12月29日,第十届全国人民代表大会常务委员会第十九次会议决定,《中华人民共和国农业税条例》自2006年1月1日起废止。这标志着在我国延续了2600多年的农民缴纳"皇粮国税"历史的终结。

(六)完善耕地占用税和城镇土地使用税制度,加强对土地利用的税收调节

国务院1987年颁布实施的《中华人民共和国耕地占用税暂行条例》,对合理利用土地资源、保护农用耕地起到了积极的作用。但随着经济发展和物价水平的提高,耕地占用税对保护耕地的作用日趋弱化,存在着征收范围偏窄、税收负担偏轻、税负不尽公平、部分征收管理规定不适应新的形势等问题。针对上述问题,并为了实行最严格的耕地保护制度,国务院对《中华人民共和国耕地占用税暂行条例》进行了修订。修订内容包括:提高税额标准;将外资企业纳入耕地占用税的征收范围;从严控制减免税项目,取消了对铁路线路、飞机场跑道、停机坪、炸药库占地免税的规定,将占用林地、牧草地、农田水利用地等其他农用地纳入征税范围;明确了耕地占用税的征收管理。新的耕地占用税暂行条例于2008年1月1日实施。

为了加强对土地的宏观调控,促进房地产市场的健康发展,促进税制的统一和

规范，使内、外资企业在土地保有环节的税负公平，国务院对《城镇土地使用税暂行条例》进行了修订。修订内容包括调整城镇土地使用税税额幅度，将城镇土地使用税的征收范围扩大到外资企业。修订后的城镇土地使用税暂行条例于2007年1月1日起实施。

（七）改革车船使用税制度，统一和规范了内、外资企业的车船税政策

为统一内、外资企业的车船税制度，根据经济发展、物价指数上升和居民收入水平提高的客观实际，国务院修订了《中华人民共和国车船税暂行条例》。修订的内容包括缩小减免税范围，调整现行税目，适当提高税率标准并统一适用于内、外资企业等。新条例于2007年1月1日实施。

（八）颁布并实施烟叶税条例，实现了对烟叶农业特产税的替代

为贯彻落实"在全国范围内全面取消农业特产税，烟叶农业特产税适时并入工商税种"的精神，促进烟叶生产的可持续发展，2006年4月28日，国务院颁布实施了《中华人民共和国烟叶税暂行条例》。为贯彻落实烟叶税条例，财税部门又制定下发了《关于烟叶税若干具体问题的规定》，明确了烟叶税的一些具体政策问题，实现了对烟叶农业特产税的替代。

（九）完善资源税制度，促进资源节约利用

为促进合理开发利用资源，解决部分资源税应税品目税负偏低的问题，2005年，陆续调整了部分资源税应税品目税额标准，一是自2005年5月1日起，调高了河南、山东、福建、云南等15个省（区、市）煤炭资源税税额标准；二是自2005年7月1日起，普遍调高了全国范围内油气田企业原油、天然气资源税税额标准。经过调整，部分油田企业原油资源税税额达到条例规定的最高标准，即30元/吨；三是提高了锰矿石、钼矿石、铁矿石、有色金属等应税品目资源税税额标准。

（十）调整出口退税政策，促进外贸增长方式的转变

为完善出口退税机制，有效解决我国出口退税长期积存的问题，国务院从2004年1月1日起，对出口退税率进行了结构性调整，并实行了中央与地方共同负担的出口退税新机制；同时，根据宏观调控的需要适时取消了电解铝、铁合金等商品的出口退（免）税政策；恢复了桐木板材的出口退税；提高了部分信息技术产品的

出口退税率。2005年，为了控制高耗能、高污染和资源性产品的出口，分批调低或取消了钢铁、电解铝、铁合金、成品油、煤焦油、部分皮革、农药、有色金属及其制品、硫酸二钠、石蜡等产品的出口退税，取消加工出口专用钢材增值税退税政策。从2006年9月15日起，取消了煤炭、天然气和"高耗能、高污染"产品的出口退税；降低钢材等容易产生贸易摩擦的大宗出口商品和个别不宜取消出口退税的"高耗能、高污染"产品的出口退税率；调高部分高科技产品和以农产品为原料的加工品的出口退税率；将所有取消出口退税的商品列入加工贸易禁止类目录。从2007年7月1日起，调整了2831项商品的出口退税政策，其中：取消了553项"高耗能、高污染、资源性"产品的出口退税，降低了2268项容易引起贸易摩擦的商品的出口退税率，将10项商品的出口退税改为出口免税政策。经过这次调整以后，出口退税率变为5%、9%、11%、13%和17%五档。这是我国近年来出口退税政策调整力度最大的一次。为稳固国内粮食供应、抑制粮价上行势头，2007年底，取消了小麦、稻谷、大米、玉米、大豆等原粮及其制粉产品的出口退税。

（十一）进一步改革和完善关税制度

2003年1月1日根据我国加入世界贸易组织谈判中承诺的关税减让义务，实施第二次降税，共涉及3000多种商品的最惠国税率，关税总水平由12%降低至11%。农产品平均税率由18.1%降低到16.8%，工业品平均税率由11.4%降低到10.3%。2003年继续对小麦、豆油等10种农产品和磷酸二铵等3种化肥共计55个税目实行关税配额管理，其配额外税率比2002年有不同程度的降低。2004年1月1日实施第三次降税，涉及2400多种商品的最惠国税率，关税总水平由11%降低到10.4%。农产品平均税率由16.8%降低到15.6%。工业品的平均税率由10.3%降低到9.5%。2004年降税以后，最惠国税率高于50%的税目（不含关税配额商品）维持不变，零税率税目由495个增至535个，新增零税率商品主要是啤酒、液化天然气、办公设备、电话、传呼机、部分医疗器械等。2005年1月1日实施第四次降税，涉及900多个税目的最惠国税率，关税总水平由2004年的10.4%降低至9.9%，其中农产品平均税率由15.6%降低到15.3%，工业品平均税率由9.5%降低到9.0%。零税率税目由535个增至638个，主要是计算器、磁带、家用摄录一体机、复印设备、数码相机、木制家具、玩具、体育用品等。本次降税是我国履行加入世界贸易组织关税减让承诺较大幅度降税的最后一次,此后按"入世"承诺需降税的税目数大为减少。2006年1月1日实施第五次降税,按照承诺的时间表,降低了对苯二甲酸等143个税目的最惠国税率,占税目总数的1.8%。关税总水平仍为9.9%,与2005年相比几乎没有变化。同时根据我国入世承诺,2006年豆油、棕榈油、菜籽油等10个税目取消关税配额,实行9%的单一税率,其余关税配额税目的税率维持不变,共对小麦、玉米等8类农产品和化肥共计45个税目商品实行关税配额管理。2006年7月1日,我国按照承诺的时间表,降低了42个汽车及其零部件税目的最惠国税率。其中,31个税目为小轿车、越野车、小客车整车,税率由28%降至25%;11个税目为车身、底盘、中低排量汽油发动机等汽车零部件,税率由13.8%~16.4%降至10%。至此,完成了我国入世承诺的汽车及其零部件降税义务。2007年1月1日起,我国根据承诺进一步降低了44个税目的最惠国税率,主要有鲜草莓、对苯二甲酸、聚乙烯等。调整后,关税总水平由9.9%变为9.8%。同时对小麦、玉米等8类农产品和化肥共计45个税目商品继续实行关税配额管理。2008年1月1日起,我国根据承诺降低了45个税目的最惠国税率,这些税目的平均税率由2007年的9.2%降至8.0%,平均降幅1.3%,其中对苯二甲酸、聚乙烯、聚丙烯、ABS树脂、聚氯乙烯染料、液压油等42个税目的化工品于2008年完成降税义务,税率降至6.5%。至此,我国进出口税则7700多个税目中,除聚酯短纤、发酵饮料与无酒精饮料的混合物、非直接食用的其他水果及坚果、鲜草莓等降税实施期到2010年的4个税目外,均已降至我国"入世"时承诺的最终约束税率。经过2008年的调整,我国关税总水平由2007年的9.84%降至9.8%。其中农产品平均税率不变,仍为15.2%。工业品平均税率由8.95%降至8.92%。同时对小麦、玉米等8类农产品和化肥共计45个税目商品继续实行关税配额管理。

三、税收体系

2003年以来的税制改革中,增值税转型和统一企业所得税是改革的核心。同时,其他税种也进行了相应改革和调整:先后两次提高个人所得税的免征额;改革出口退税制度；取消农业税、调整消费税、资源税和城镇土地使用税、耕地占用税、开征烟叶税和统一车船税制等。经过这些年的改革，我国的税种由23种减少到18种（见表3-3-1），具体如下：

(1) 流转税类（4种税）。包括增值税、消费税、营业税和关税。

(2) 所得税类（2种税）。包括企业所得税和个人所得税。

(3) 资源税类（2种税）。包括资源税和城镇土地使用税。

(4) 财产税类（3种税）。包括房产税、车船税和船舶吨税。

(5) 行为目的税类（6种税）。包括城市维护建设税、耕地占用税、固定资产投资方向调节税、土地增值税、印花税、契税和车辆购置税。

(6) 农业税类（1种税）。即烟叶税。

表3-3-1 2003年至今的税收体系变化简况表①

税种类别	税种内容	变化情况
流转税（4种税）	增值税、消费税、营业税、关税	2006年3月21日进行了调整，2016年5月1日全面推开"营改增"
所得税（2种税）	企业所得税、个人所得税	2008年1月1日起，内外资企业所得税合并
资源税类（2种税）	资源税、城镇土地使用税	2006年12月31日对土地使用税进行了调整
财产税类（3种税）	房产税、车船税、船舶吨税	2006年12月29日将原车船使用牌照税和车船使用税合并为车船税
行为目的税类（6种税）	印花税、土地增值税、城市维护建设税、固定资产投资方向调节税（停征）、耕地占用税、契税、车辆购置税	2006年2月17日，屠宰税被废止。2008年筵席税被废止
农业税类（1种税）	烟叶税	农业税自2006年1月1日起废止

注：按照全国人大常委会2016年12月审批通过的《环境保护税法》，我国于2018年1月1日起开征环境保护税，至此我国税种总数达到20种，如考虑"营改增"和投资方向调节税停征的情况，实际开征18种。

---

① 谢旭人：《中国财政改革三十年》，中国财政经济出版社，2008年，第149页。

四、对 2003 年以来税制改革的评价

(一) 改革的成效

2003 年以来的税制改革,紧紧围绕党中央、国务院关于完善社会主义市场经济体制的战略部署,以科学发展观为指导,积极稳妥地推进税制改革,建立健全税收政策扶持体系,加强和改善税收宏观调控,加快税收法制建设步伐,充分发挥税收职能作用,促进了税收收入持续快速增长和经济社会协调发展。

第一,建立了适应社会主义市场经济要求的税收体系框架。为企业创造公平竞争的税收制度是完善我国社会主义市场经济体制的客观要求,这一时期的税制改革统一了内外资企业的所得税制度、城镇土地使用税制度、车船税制度、耕地占用税制度,实现了"营改增"全覆盖,从而使各类企业的税收待遇基本一致,形成了各类企业公平竞争的税收环境,为我国经济社会走向科学发展奠定了的统一、规范、公平和透明的税收制度基础。所以说,这些年来税制改革取得的最大成果就是基本建立了一个适应社会主义市场经济需要的税政统一、结构优化、税负合理、政策透明、调控有力的税收体系框架,进一步增强了税收收入能力和税收调控能力,有力地促进了国民经济持续健康协调发展和社会主义和谐社会的建设。

第二,税收收入快速增长,有效地保障了经济社会的稳定协调发展。1993 年分税制改革之后,1994—2015 年税收收入累计完成 977098.4 亿元,年均增长 16.75%;税收收入占全国财政收入平均比重为 90.57%,在税收收入中,国内流转税、所得税、进口税收等主体税种所占比例保持稳定。1993—2015 年主体税种平均比重为 81.7%,年均递增 17.61%,为税收收入的快速增长奠定了坚实的基础。税收收入的快速增长,有力地保障了国家履行公共管理和提供公共产品与服务的财力需要和经济社会的稳定协调发展。

第三,税制结构进一步得到优化,所得税占税收收入的比重明显提升,流转税占税收收入的比重有所降低,税收宏观调控功能得到加强。2003—2007 年,我国各主要流转税增速均低于同年全国税收增速,流转税占税收收入的比重由 2003 年的 51.2% 降到 2007 年的 47.3%,下降了 3.9 个百分点;与此同时,所得税年均增

幅高于全国税收增幅，其占税收收入的比重由 2003 年的 19.7% 升到 2007 年的 23.3%，提高了 3.6 个百分点。与前两个五年相比，流转税在税收收入中所占比重持续下降，所得税所占比重不断上升，拉动税收增长的主力逐渐由流转税向所得税转移，税收增长的内在质量不断提高。在税制结构优化、税收中性原则进一步加强的前提下，紧紧围绕贯彻落实科学发展观，密切配合国家宏观调控的战略要求，积极运用税收政策调控进出口、流动性、房地产、资本市场、"两高一低"（指高资源、高能源消耗和低附加值的产品）等，逐步建立健全了一个与稳健财政政策相呼应的税收宏观调控机制，使税收宏观调控功能得到进一步加强。

第四，完善了有利于推动科学发展、促进社会和谐的税收政策扶持体系。在确保税收作为筹集财政收入主渠道的前提下，为充分发挥税收在优化资源配置、公平收入分配和促进社会和谐方面的调节机能，党中央、国务院实施了一系列有利于推动科学发展、促进社会和谐的税收扶持政策。具体包括：提高科技自主创新能力、培育和做强市场主体的税收政策，促进出口产品结构优化和加工贸易转型升级的税收政策，完善资源节约和环境保护以及有利于节能减排的税收政策，落实鼓励高新技术产业发展和推动教育、体育、文化事业发展的税收优惠政策，完善和落实促进就业再就业的税收优惠政策，及时出台了防治"非典"和"禽流感"税收政策，实施支持西部大开发、东北老工业基地振兴和中部崛起的税收优惠政策，加快产业结构调整，促进经济增长方式转变的税收政策，完善支持自主创新、就业再就业、服务业、区域协调发展和对外开放等方面税收政策，等等。这些政策相互配合，协同作用，共同构成了一个比较完整的有利于推动科学发展、促进社会和谐的税收政策扶持体系，并正在发挥着积极的政策组合效应。

第五，税源基础得到夯实和壮大，市场主体的活力和动力不断加强。2003 年以来的五年是改革开放以来经济增长快、持续时间长的时期之一，2003—2007 年我国 GDP 年平均增长 10.6%，不仅比同期世界年均增长 4.9% 高出 5.7 个百分点，而且比改革开放以来年平均增长 9.7% 高出 0.9 个百分点。2007—2015 年年平均增长 9.19%，比同期世界年均增长 3.06% 高出 6.13 个百分点。随着国民经济的快速增长，国家税收收入、企业利润和城乡居民收入均呈现出快速增长的态势，标志着我国税源基础得到夯实和壮大。在税源基础得到夯实和壮大的同时，企业利润大幅增加，年均增长高达30%，税收负担水平稳步降低。据统计，2002年全国国有及规模以上非国有工业企业的增加值32995亿元，利润总额5784亿元，税金总额6238亿元，税收负担18.9%，税金为利润总额的1.08倍。2006年工业增加值79752亿元，利润总额18784亿元，税金总额13653亿元，税收负担17.1%，税金为利润总额的72.7%。2015年工业增加值228974亿元，利润总额24277.3亿元，税金总额36240.8亿元，税收负担6.2%，税金为利润总额的1.49倍。税制改革使得工业企业的整体税收负担水平下降，而企业利润占增加值的比重却由2002年的17.5%上升到2006年的23.6%，上升了6.1个百分点，有效地增强了市场主体的活力和内在发展动力。

（二）存在的问题

2003年以来的税制改革是积极有效的。但与社会主义市场经济所要求的较完善的税收制度相比，仍存在一定差距。主要表现在：税制不统一、税负不公平的状况依然存在；增值税转型与"营改增"改革虽终于达到全覆盖，但还需优化相应实施细则；消费税与消费水平和消费结构的变化还有不相适应之处，促进节约资源和环境保护的作用有待加强；实行综合和分类相结合的个人所得税制改革依然面临不少难题和瓶颈制约以致迟迟未动；"加快房地产税立法并适时推进改革"的重要方针一直未能贯彻落实，"逐步提高直接税比重"始终没有迈出实质性步伐；地方税种陈旧老化现象严重，地方政府的税收管理权限与其财力和所承担的事权不相匹配，"在统一税政前提下，赋予地方适当的税政管理权"取得的进展乏善可陈；农业税取消后，城乡二元税制的格局有很大改变，但实现城乡税制统一的改革任务仍然比较艰巨。

第四节
税制改革评述

1978年以来的税制改革适应了我国经济社会发展和管理需要，已经取得了一系列的成果，为我国经济建设和社会事业的发展以及政府调控管理做出了重要贡献。

一、确立了税收收入的主体地位，奠定了国家"以财行政"的物质基础

2015年我国实现税收收入124922.2亿元，是1978年519.28亿元的240.57倍，实现GDP 685505.8亿元，是1978年3645.21亿元的188.06倍。1978—2015年，税收总收入累计高达100.65万亿元，占国内生产总值588.51万亿元的17.1%，特别是2010年来的五年，税收收入就达54.5万亿元，占同期所有国内生产总值290.17万亿元的18.78%。年度税收收入增加额也由1979年的18.54亿元提升到2015年的5746.89亿元，2015年的税收增加额是1979年的309.97倍。30年来税制改革充分发挥税收筹集财政收入的主渠道作用，税收收入已占国家财政收入的80%以上，税收占GDP比重上升至18%，国家财政实力因此不断增强，有力地保障了国家履行公共管理和提供公共产品与服务的财力需要，奠定了国家履行职能的物质基础，使得我国办成了多年想办而未办成的一些大事，有力地保障了经济社会的稳定协调发展，对实现全面建设小康社会的战略目标有重大的现实意义和深远的历史意义。

二、建立了适应市场经济要求的税收体系，为经济社会发展提供了税收体制机制保障

改革开放近40年来税制改革取得的最大成果就是基本建立起一个适应社会主

义市场经济需要的"税政统一、结构优化、税负合理、政策透明、调控有力"的税收体系，有力地支持和配合了社会主义市场经济体制改革，为我国的社会主义现代化建设提供了可靠的税收体制机制保障，有力地促进了国民经济持续健康协调发展和社会主义和谐社会的建设。2003年以来由于所得税占税收收入的比重明显提升，流转税占税收收入的比重有所降低，我国以流转税和所得税为主体税种的税收收入结构更加合理。2002年我国税收收入总额为17636.45亿元，其中：流转税类税收收入占税收收入总额的63.02%，所得税类税收收入占26.74%，财产税类税收收入占2.68%，行为税类税收收入占7.56%。2015年我国税收收入总额为124922.2亿元，其中：流转税类税收收入占税收收入总额的52.82%，所得税类税收收入占28.62%，财产税类税收收入占10.04%，资源税类税收收入占0.83%，行为税类税收收入占7.70%。

三、强化了税收的宏观调控功能，税收政策相机抉择调控能力提高

改革开放40年来税收作为政府宏观调控的一项重要手段，其目标的确定必须服务服从于国民经济宏观调控的总体要求，要服从服务于改革发展大局和中央宏观调控大局。为充分发挥税收在优化资源配置、公平收入分配和促进社会和谐方面的调节机能，在确保税收筹集财政收入主渠道作用的前提下，积极探寻税收中性与发挥税收调控作用的平衡点，坚持市场经济的税负合理取向，强调积极稳妥地推进税制改革。而且随着我国市场机制的不断完善，税收作为国家履行公共职能和实现宏观调控的重要工具，通过其自动稳定功能和相机抉择的政策为市场主体和经济发展创造了一个相对宽松的税收环境，逐步建立健全一个与财政政策一脉相承的税收宏观调控机制，通过完善投资、消费、进出口、就业、农业、教育、文化、卫生等方面的税收政策，使现行税制在贯彻五个统筹、构建和谐社会、推进"四个全面"战略布局下的供给侧结构性改革等战略决策及实现经济增长、充分就业、物价稳定、国际收支平衡等宏观经济目标方面，发挥推进作用和调节机能，使政府驾驭税收杠杆进行相机抉择的调控能力大大提高。

四、初步建立了税收法律框架，国民依法纳税意识和政府依法征税水平提高

改革开放40年来，我国税收法制建设取得了明显的成效，初步建立了具有中国特色的税收法律框架，为税收逐步适应社会主义市场经济的发展发挥了重要作用。税收工作的重心正在逐步转向法治导向型，主要表现在：立法步伐加快，建立了包括税收实体法和程序法在内的较为完整的税收法制体系，初步形成了有法可依的局面。通过修订个人所得税法，颁布实施新的企业所得税法，既完善了税制，也提高了税法遵从度。通过《中华人民共和国税收征收管理法》等税收法律法规的颁布实施，进一步规范和完善了税务执法、法制监督和法律救济的制度体系。随着税收法律法规和制度的不断改革和完善，我国在税收领域初步构建了税收法律框架，公民的纳税意识普遍增强，税法遵从度不断提高。

第四章
国有资产收益制度改革

国有资产收益指的是国家凭借所有者身份依法取得的国有资产出售、经营等收益。从资产类型上看,国有资产收益可以分为经营性国有资产收益、行政事业单位国有资产收益和资源性国有资产收益。当前我国对国有资产收益管理关注相对较多、制度相对到位的是经营性国有资产(非金融类企业国有资产)。而且,我国国有资产收益理念的形成,管理体制和模式的萌生与探索,更多也是围绕非金融类国有企业改革和资产管理进行的。所以,本章的主要着力点是梳理国有资产收益理念及管理模式如何伴随国企深化改革、建立完善国有资产管理体制而逐步明晰。对行政事业单位和资源性资产收益问题仅做简要交代。

第一节
20 世纪 80 年代国有企业利润分配制度改革

改革开放后,我国国有企业改革在相当长一段时期内是循着"放权让利"进而搞活国有企业、增加资产收益的思路进行的,"利润留成""利改税",以及"税利分流"等改革,在进一步规范国家和企业分配关系、调动企业生产积极性的同时,也逐步引入和提出了"国有资产收益"理念。

一、扩大企业自主权和利润留成

党的十一届三中全会以后,国有企业改革是从扩大企业自主权开始的。1978

年 10 月在四川省选择 6 户企业进行试点,允许企业在完成各项计划指标的前提下,实行利润留成和提取企业基金。1979 年 5 月又在北京、天津、上海选择 8 家企业进行扩大试点,改企业基金制为利润留成制。

1979 年 7 月,国务院颁布了《关于扩大国营工业企业经营管理自主权的若干规定》《关于国营企业实行利润留成的规定》等文件,具体规定了政府与企业之间分享利润的基数、分成比例等原则与方法。根据上述规定,在改革试点的基础上,1981 年全国工商企业广泛实行了各种形式的经济责任制,1984 年又进一步扩大了企业生产经营计划权、产品销售自主权、产品定价权、物资采购权、奖金使用权、资产处置权、机构设置权、人事劳动权、工资奖金使用权、联合经营权等十方面的自主权。

扩大企业自主权和实行利润留成制度的改革产生了一定的积极意义,如企业有了一定的经营管理自主权和独立的经济利益,把企业的经济责任、经济效益和经济利益结合起来,一定程度上调动了企业的积极性;企业有了一定的自我发展资金,增强了企业活力;促进了企业的增收节支和完成国家财政收入计划,并且企业开始从单纯的生产单位(成本中心),逐步向生产经营单位(利润中心)转变。

但是扩大企业自主权仅限于对企业上缴利润进行一些"松绑"性的激励,并未触及国有资产管理的核心问题(即国有资产所有者与经营者之间的责、权、利关系),因此也不可能建立有效的国有资产收益管理体制。在这种情况下,企业的重要生产决策权(产量、产值、利润、物资、劳动等)仍然掌握在政府部门手中,企业不可能成为独立的经济实体,不可能拥有真正的自主权,因而也就不可能有真正的积极性。同时,利润留成(也包括后期的工业企业亏损包干)很难对国家和企业之间的责、权、利的划分找到一种比较客观的标准。为此,国家决定通过"利改税"方式对国家和企业之间的利益分配关系加以规范。

二、"利改税"规范国家和企业之间的分配关系

有计划的商品经济体制要求国有企业从过多的行政干预中摆脱出来,逐步成为自主生产经营、独立核算、权责利相结合的经济实体,其资产所有权归国家,企业

拥有资产使用权。在此情况下，国家在参与企业纯收入分配时，需要逐步强化以政治权力为依据缴纳所得税的方式，以理顺国家与企业的分配关系，克服"大锅饭"的弊端，促进企业经济责任制的建立，并为财政体制的配套改革准备必要的条件。

1983年和1984年的"利改税"是将国有企业上缴利润改为按照国家规定的税种和税率缴纳税款，税后利润全归企业支配，逐步把国家和国有企业的分配关系通过税收固定下来。这是放权让利改革过程中调整国家与企业利益分配关系的一项重要措施。通过"利改税"，国家从国有企业中以税收形式参与并且取得企业部分利润，突出了国家的政权管理者身份。这就将国有企业的税后利润单纯化为资产所有者和经营者之间的关系，在确保国家财政收入稳定增长的同时，为下一步的所有权和经营权分离改革留下了空间。

三、"税利分流"进一步引出国有资产收益理念

党的第十二届三中全会通过的《中共中央关于经济体制改革的决定》，正式确定了社会主义商品经济理论，并提出国营企业的"所有权和经营权可以适当分开"的改革思想。

在这一思想指导下，1987年国务院决定实行企业承包责任制，按照"包死基数、确保上交、超收多留、欠收自补"的原则，确定国家与企业的分配关系。实行国有企业经营承包责任制，意在搞活企业，但没有解决如何在国家和企业之间划分国有资产所有权、使用权和处置权的界线问题，难以清晰界定国有资产收益。在政府与企业的关系上，也没有很好地区分政府作为社会管理者和企业所有者的双重身份，仍然存在政企不分的问题，而且与中国进一步深化经济体制改革和微观运行机制的形成与发展要求不相适应。

为了解决政企不分以及由此产生的问题，国家开始从更深层次的产权关系上摸索改革方式，以合理安排国家作为国有财产（资产）所有者和社会管理者的职能，通过这两种职能的逐步分离，实现"宏观管好、微观搞活"的目标。这时，"税利分流"制度改革思路应运而生。

"税"和"利"是不同的概念，国家征收时使用的法律依据不同，反映的权责

关系不同。所谓税利分流的改革思想就是：国家作为社会管理者可以强制性地向国营企业征缴税收；而作为国有企业或国有财产（资产）所有者代表，可以通过财产权利的行使参与企业的税后利润分配，获取国有资产收益。两者是不同的国家和国有企业利益分配关系的渠道，应相互分离。

在具体操作上，税利分流改革于1988年开始先在重庆市和厦门市试点，并逐步发展，直到1994年才在全国全面推行。历史地看，税利分流改革的意义已经远远超过税收和利润区分本身，它从理顺国家与企业之间的收益分配关系入手，将强制性的税收这一利益分配机制与非强制性的国有资产收益这一利益分配机制结合起来，推动实现政企分开，为建立社会主义市场经济体制下的公共收入体系以及国有企业，特别是国有大中型企业经营机制转换，奠定了基本制度基础。这也在真正意义上彰示出国有资产收益的概念，为加强国有资产收益管理形成了理论基础和实际路径。

为了加强国有资产管理，1988年，国务院决定成立国家国有资产管理局，为国务院直属机构，归财政部管理。国务院授权国有资产管理局行使国有资产所有者的代表权、国有资产监督管理权、国家投资和收益权、资产处置权。工作范围是对中华人民共和国境内和境外的全部国有资产行使管理职能，重点是管理国家投入各类企业的国有资产。新成立的国有资产管理局，做了不少国有企业改革及基础性的管理工作。一是组织了全国第五次国有企业及首次集体企业清产核资；二是积极建立基础管理工作体系；三是大力推进国有企业改革；四是在国有资产收益收缴方面，对行政事业单位的非经营性转经营性资产的收益出台了专门的管理办法，将其纳入财政预算外资金专户管理。不过，对经营性国有资产收益管理，虽制定了相关规定，但在多部委参与国企管理的体制下，基本上没有管起来。1998年，在新一轮政府机构改革中，该机构被撤销。

第二节
20世纪90年代以来推行国有资产收益管理

我国提出建设社会主义市场经济体制以来，国有企业改革的不断深化，国有资产管理体制的逐步完善，为将国有资产收益管理作为公共收入的组成部分纳入政府公共收入体系管理提供了基础性支持。

一、改革的背景

1992年之后，中国经济体制改革进入以"产权制度"改革为核心的深层次发展阶段。这一阶段改革的中心任务是在微观经济领域全面引入市场机制，把企业塑造成真正的微观经济主体，提高企业活力和国际竞争力。为此，1992年国务院发布的《全民所有制工业企业转换经营机制条例》明确规定了企业享有14项经营自主权，进一步明确企业作为微观经济主体的法人地位。同年10月，在党的第十四次全国代表大会上明确提出建立社会主义市场经济体制的改革目标，其中心环节是"转换国有企业特别是大中型企业的经营机制，把企业推向市场"。1993年2月，中共中央委员会的《关于修改宪法部分内容的建议》中将"国营经济"改为"国有经济"，从立法上对国家与国有企业之间的产权关系做出了明确规定，为此后国家加强国有资产收益管理提供了基本法律依据。1993年，中共中央第十四届三中全会通过的《中共中央关于建立社会主义市场经济体制若干问题的决定》，提出要"转换国有企业经营机制，建立现代企业制度"，并将现代企业制度的特点界定为"产权明晰、权责明确、政企分开、科学管理"。1993年的《中华人民共和国公司法》，对现代企业制度做出了法律规范。1994年7月国务院颁布的《国有企业财产监督管理条例》，对国有企业所有权的产权责任问题做出规定。这一系列法律制度和政策的出台，表明中国在经过一系列探索之后，开始以一个清晰明确的目标模式全面建设社会主义市场经济体制。

二、试行国有资产收益管理政策

1993年国务院颁发了《国务院关于实行分税制财政管理体制的决定》（国发〔1993〕85号），我国开始进行比较彻底的税制改革；与此同时，国有企业利润分配制度改革也在深入进行；从1994年1月1日起，国有企业实行统一税制，并"逐步建立国有资产投资收益按股分红、按资分利或税后利润上交"的分配制度。这次改革已开始对国有企业的利润分配做出了明确的框架性规定：应该上交国家的部分首先依法采取税的形式，按照统一税率征收，剩余的部分按照产权规范处理资产收益，不能全部归企业所有。但作为过渡措施，当时规定可以根据具体情况，对1993年以前注册的多数国有全资老企业实行税后利润不上交的办法。

1994年，随着国有企业股份化改造的深入进行，在统一税制基础上，为了加强国有资产收益管理，财政部、原国家国有资产管理局、中国人民银行联合颁发《国有资产收益收缴管理办法》（〔1994〕财工字第295号），在此办法中，将国有资产收益归纳为9个方面，即：国有企业应上缴国家的利润；股份有限公司中国家股应分得的股利；有限责任公司中国家作为出资者按照出资比例应分取的红利；各级政府授权的投资部门或机构以国有资产投资形成的收益应上缴国家的部分；国有企业产权转让收入；股份有限公司国家股股权转让（包括配股权转让）收入；有限责任公司国家出资转让的收入；其他非国有企业占用国有资产应上缴的收益；其他按规定应上缴的国有资产收益。以上已涵盖了所有由国有资产形成的收益。收益收缴管理由财政部门会同国有资产管理部门负责，收益按产权关系和财政体制分别列入同级政府国有资产经营预算，并通过财政国库收缴结算。国有资产收益的使用方向为：国有资产再投资，调整产业结构，增加国有企业资本金，增购有关股份公司的股权及购买配股等。该办法于1995年1月1日起试行。上述办法出台后，国有企业改革正处于深化阶段，国家先后推行了国有资产授权经营、国有企业股份制改革、建立现代企业制度、国有大中型企业3年"脱困"等重大改革措施，改革成本除各级财政负担部分外，大部分都靠国有企业自行消化。即使是收缴的部分收益也主要用于国有资产的资本性支出。因此,这个办法在实施中由于基础条件等因素的制约而未能严格执行,收效甚微。

第三节
2007 年起试行国有资本经营预算

试行国有资本经营预算是在我国国有企业制度改革深入进行的背景下顺势而为的。

一、试行国有资本经营预算的背景

(一)国家与国有企业的产权关系进一步理顺

现代企业制度作为国有企业改革模式和方向,其根本原因在于,在此之前的改革基本上是沿着"放权让利"的思路进行的,如利润分成、"利改税"、承包租赁经营等,都是对企业经营管理方式的改革和单一税收分配轨道上的改革,并未能触及深层次的产权关系和资产收益分配轨道上的改革,致使长期困扰国有企业的政企不分、政资不分、产权不清、经营自主权不落实、自我约束及激励机制不健全等问题始终得不到解决,许多国有企业经济效益低下,亏损严重。而一旦涉及国有产权制度改革,则有必要正面确定以产权清晰为基本前提的现代企业制度,这样才能在理论上和实践上适应市场经济关于企业改革的客观要求和进一步明确国有资产收益管理模式。

建立现代企业制度,是我国国有企业改革进程中的重大突破。1993 年 11 月,中央提出建立现代企业制度的要求后,1994 年在国务院的统一部署下,选择了 100 家国有企业进行试点工作,试点的主要内容包括:完善企业的法人制度,使企业成为真正独立的法人实体和市场竞争主体;确定企业国有资本投资主体,履行国有资本出资者职能;规范企业的组织形式,即将试点企业改组为国有独资公司、有限责任公司或股份有限公司;建立企业法人治理结构,设立股东会、董事会、监事会和经理层,有效行使决策、监督和执行权;改革企业劳动人事工资制度,实行全员劳动合同制,企业可自主决定工资水平及分配方式;健全企业财务会计制度等。

1996 年,建立现代企业制度的试点企业已遍及全国,达 2343 家。1999 年中共十五届四中全会进一步明确了建立现代企业制度改革的方向,同年 12 月,成立了中共中央企业工作委员会。2000 年 3 月,国务院发布了《国有企业监事会暂行条例》,建立中央企业外派监事会制度,强化国有企业外部监督。对国有企业进行的现代企业制度改革朝着规范化方向发展。

(二)明确提出"国有资产经营预算"

和上述步骤相呼应的是,国家与国有企业基于产权关系而产生的国有资产经营收益的管理问题也开始受到关注。1993 年《中共中央关于建立社会主义市场经济体制的若干问题的决定》提出"改进和规范复式预算制度,建立政府公共预算和国有资产经营预算,并可根据需要建立社会保障预算和其他预算"。1994 年我国首部《中华人民共和国预算法》颁布,1995 年在其实施条例中规定"各级政府预算按照复式预算编制,分为政府公共预算、国有资产经营预算、社会保障预算和其他预算"。1998 年,国务院印发的财政部"三定方案"再次提出"要改进预算制度、强化预算约束,逐步建立起政府公共预算、国有资本金预算和社会保障预算制度"。这些规定,尽管没有明确国有资产经营预算、国有资本金预算的具体内容和形式,但是却在更高层面上指明了国有资产收益的管理模式——纳入国家预算管理。

(三)建立新的国有资产管理新体制

随着我国市场化改革进程的加快,尤其是加入 WTO 以后,迫切需要转变政府职能和资源配置机制,推动国企改革深化,而由于国有资产管理"五龙治水"的状况所造成的所有者缺位等问题始终得不到解决,国有企业改革的深化面临产权制度的瓶颈,庞大的国有资产缺乏出资人主体,资产权益得不到维护,流失严重。因此,党的十六大明确指出:国家要制定法律法规,建立中央政府和地方政府分别代表国家履行出资人职责,享有所有者权益,权利、义务和责任相统一,管资产和管人、管事相结合的国有资产管理体制。因此,在 2002 年新一轮的政府机构改革中,国务院决定成立"国务院国有资产监督管理委员会",并于2003年正式成立并行使职能。新成立的国资委将原分属于国家计委、经贸委、财政部、人事部、劳动和社会保障部、企业工委等部门的职能重组在一起,统一由国资委对大型国有企业"管人、管事、管资产",行使国有资产出资人职能。

新体制与原来体制的主要区别在于:一是原来实行的是国家统一所有,分级管理,由国务院代表国家对国有资产行使所有者职能。新体制实行的是国家所有,由中央政府和地方政府(省、直辖市、自治区和地区、市)分别代表国家履行出资人职责,享有所有者权益。在新体制下,权利、义务和责任相统一。这样,可以充分发挥中央和地方(省、市两级)两个积极性,有利于企业清晰产权,形成多元投资主体和规范的法人治理结构。二是多年来实行的是管资产和管人、管事相分割的局面,多个部门都可以说是所有者的代表,对企业发号施令,而一旦出了问题,又互相推诿,不负责任。新体制实行管资产和管人、管事相结合,权利、义务和责任相平衡,有利于国有资产的保值增值,同时,如果国有资产管理出了问题,可以找到一个最终负责的机构,并且有利于建立合理的激励与约束机制。三是提出了由中央政府和地方政府分别代表国家履行出资人职责的范围。即关系国民经济命脉和国家安全的大型国有企业、基础设施和重要自然资源等,由中央政府代表国家履行出资人职责,其他经营性国有资产由地方政府代表国家履行出资人职责。

2003年5月27日国务院第378号令《企业国有资产监督管理暂行条例》颁布,将国资委的组织机构体系及工作体系置于法律基础之上。国务院国资委直接监管的企业为196家,国有资产总量为6.9万亿元,到2002年底,196家中央企业实现的利润占全国15.9万家国有企业利润的64%。其工作重点是:对国有经济结构和产业布局进行调整,中央企业数量由2003年的196户调整到2007年的155户,其目标是到2010年将央企的数量进一步缩减到80至100家;建立现代企业制度,完善法人治理结构,在部分央企建立董事会制度;探索党管干部和市场化选人用人机制,在全球范围内选聘企业高管人员;对国有企业实行业绩考核和绩效评价,将企业经营业绩和个人收入挂钩;逐步实行股权多样化,进一步增强控制力、带动力和影响力。新的国有资产管理体制的建立,较好地解决了出资人缺位的问题,企业效益不断攀升，2006年全国国有企业累计实现利润12242亿元，比上年增加2559.2亿元，增长26.4%，经济效益突破万亿元，再创历史新高。在全国国有企业中，国务院国资委监管企业实现利润为7681.5亿元，占全国国有企业实现利润总额的62.7%，比上年增长20%。从盈亏状况看，在全国119254户国有企业中，盈利企业为69053户，盈利面为57.9%，盈利企业盈利额为14364亿元，比上年增长21.4%；亏损企业亏损额为2122亿元，比上年减亏29.2亿元。

经营性国有资产收益随着国有企业改革的深化，总量上不断扩大，增幅节节攀升，由于考虑到国有企业改革的任务繁重，财政仍在不断地支付改革成本，同时未能建立有效的收益收缴的制度体系，截至2006年，国有企业的利润基本上仍留存在企业而未上交财政，用于解决企业的历史遗留问题及内化改革成本。2006年，国务院出台了《石油特别收益金征收管理办法》，针对石油行业国有企业的超额收入征收收益金。此项举措是对国有资产收益收缴形式的一种探索。

种种条件表明，我国对于经营性国有资产（非金融类企业国有资产）重新收取收益并进行再分配的时机基本成熟。

二、正式建立国有资本经营预算

2007年9月8日，《国务院关于试行国有资本经营预算的意见》发布，酝酿已久的国有资本经营预算进入实施阶段，其中，中央本级国有资本经营预算从2007年起试行，地方试行国有资本经营预算的时间、范围和步骤由各省（区、市）及计划单列市人民政府决定，我国正式建立国有资本经营预算制度，开始了对国有资产（本）收益管理模式的新探索。

鉴于国有资本经营预算对象暂时限定为非金融类企业国有资产，所以采用了"国有资本经营预算"而不是"国有资产经营预算"的称谓，相应地，其收益也被称之为国有资本收益。

国有资本经营预算，是国家以所有者身份依法取得国有资本收益，并对所得收益进行分配而发生的各项收支预算，是政府预算的重要组成部分。国有资本经营预算制度的建立，标志着国家以所有者身份依法正式向国有企业收取国有资本收益，对于增强政府的宏观调控能力,完善国有企业收入分配制度,推进国有经济布局和结构的战略性调整,集中解决国有企业发展中的体制性、机制性问题,加强国有经营性资产收益等具有重要意义。

(一)国有资本经营预算框架下的国有资本收益构成

依法取得国有资本收益,是国家作为国有资本投资者应当享有的权利,也是建立国有资本经营预算的基础。国有资本经营预算框架内主要是通过收入预算完成对国有资本收益的管理。按照财政部的正式定义,收入预算是指国家按年度和规定比例向企业收取国有资本收益的收缴计划。同时明确,国有资本经营预算收入是指各级人民政府及其部门、机构履行出资人职责的企业上交的国有资本收益,主要包括五项:一是国有独资企业按规定上交国家的利润;二是国有控股、参股企业国有股权(股份)获得的股利、股息;三是国有产权(含国有股份)转让收入;四是国有独资企业清算收入(扣除清算费用)及国有控股、参股企业国有股权(股份)分享的公司清算收入;五是其他收入。

(二)中央企业国有收益管理的具体办法

在中央层面,2007年12月,财政部和国资委联合印发了《中央企业国有资本收益收取管理暂行办法》(财企〔2007〕309号,以下简称《办法》),明确了中央级次政府国有资本收益收取管理的相关细则。

《办法》明确,国有资本收益收取对象为中央管理的一级企业。

《办法》规定,中央企业拥有全资或控股子公司的国有独资企业,应交利润按照中国注册会计师审计的年度合并财务报表中反映的、归属于母公司所有者的净利润为基数申报。应交利润的比例,区别不同行业,分三类执行:第一类为烟草、石油石化、电力、电信、煤炭等具有资源型特征的企业,上交比例为10%;第二类为钢铁、运输、电子、贸易、施工等一般竞争性企业,上交比例为5%;第三类为军工企业、转制科研院所企业,上交比例3年后再定。

《办法》规定,国有资本收益的收取方式为:国资委监管企业向国资委、财政部同时申报上交;国资委提出审核意见后报送财政部复核;财政部按照复核结果向财政部驻申报企业所在地财政监察专员办事处(下称财政专员办)下发收益收取通知,国资委按照财政部复核结果向申报企业下达收益上交通知;企业依据财政专员办开具的"非税收入一般缴款书"和国资委下达的收益上交通知办理交库手续。中国烟草总公司上交国有资本收益,由财政部直接审核,按审核结果办理交库。

此外,财政部会同中国人民银行修订了2007年和2008年政府收支分类科目,保障了国有资本经营预算的顺利实施。

(三)国有资本经营预算制度体系逐步完善

自2007年开始,财政部会同有关部门着手发布国有资本经营预算制度、办法,到2012年,共印发了重要制度文件20多件。分为三大类:一是收益管理类,包括《中央企业国有资本收益收取管理暂行办法》《关于扩大中央国有资本经营预算实施范围有关事项的通知》等。二是支出政策类,财政部先后印发了《中央国有资本经营预算重大技术创新及产业化资金管理办法》《重大技术创新及产业化资金项目指南(2010年版)》《境外投资资金管理暂行办法》《境外重要矿产资源权益投资资金管理暂行办法》《节能减排资金管理暂行办法》《企业离休干部医药费补助资金管理办法》和《安全生产保障能力建设专项资金管理暂行办法》等14项管理制度。三是综合事项类,包括《中央国有资本经营预算编报办法》《财政部关于完善中央国有资本经营预算有关事项的通知》《关于推动地方开展国有资本经营预算工作的通知》《财政部关于推动地方开展试编国有资本经营预算工作的意见》《财政部关于做好地方国有资本经营预算季报编制工作的通知》和《财政部关于国有资本经营预算收支会计核算的通知》等。2016年,根据十八届三中全会完善国有资本经营预算制度的要求,研究制定《中央国有资本经营预算支出管理暂行办法》,加强和规范中央国有资本经营预算管理,国有资本经营预算制度体系更加完善。

(四)国有资本经营预算收入规模持续扩大

2007—2012年,中央国有资本经营预算累计实现收入3866.8亿元。其中:利润收入3104.9亿元,股利、股息收入9.6亿元,产权转让收入146.2亿元,其他国有资本经营收入606.1亿元。2012年,中央国有资本经营收入执行数为970.83亿元,比上年增长26.9%。其中:利润收入950.76亿元,同比增长25.5%;股利、股息收入1.66亿元,同比增长23.7%;产权转让收入18.4亿元,为国有股减持收入；清算收入 0.01 亿元。上年结转收入 31.06 亿元。

实施范围扩大。2007 年，国有资本经营预算执行初期，中央国有资本经营预算试行范围仅为国务院国有资产监督管理委员会监管的中央企业。从 2008 年起，逐步将中国烟草总公司、中国邮政集团公司以及教育部、文化部、农业部、国家体育总局、卫生部、国家广播电影电视总局、工业和信息化部、中国民用航空局等中央部门的所属企业和由中央文化企业国有资产监督管理领导小组办公室履行出资人职责的中央文化企业纳入了实施范围。2012 年末，纳入中央国有资本经营预算实施范围的一级企业共 813 户。地方国有资本经营预算的实施范围已经覆盖全国 34 个省、自治区、直辖市和计划单列市，山东、湖北等 16 个省区市的 124 个地市（含地市级以下）也实施了国有资本经营预算制度。2015 年，继续扩大国有资本经营预算实施范围，将中国铁路总公司以及水利部、共青团中央委员会等 21 个中央部门及单位所属 67 户企业纳入中央国有资本经营预算实施范围。纳入实施范围的一级企业达到 845 户，资产总额 634340.48 亿元，占全部中央企业的 98.7%。

收交比例提高。国有资本经营预算建立初期，从有利于支持国有企业改革发展出发，中央财政按照"适度、从低"原则，按税后利润的一定比例，分类收取中央国有资本收益。第一类，资源垄断性企业 10%；第二类，一般企业 5%；第三类，军工企业、转制科研院所免收 3 年起，按 5% 收取；第四类，承担政策性业务的企业免收。2011 年，经国务院批准，第一、二、三类收取比例分别提高到 15%、10%、5%。2012 年，经国务院批准，再次将中国烟草总公司的上交比例提高到 20%。2014 年，进一步提高中央企业国有资本收益收取比例，其中，国有独资企业应缴利润收取比例在 2013 年的基础上提高 5 个百分点；事业单位出资企业收益收取比例提高至 10%。

收交力度加强。为了加强中央企业国有资本收益收取工作，财政部制定了针对性和操作性较强的收入管理办法和流程。按照规定，每年国有企业按照规定向财政部门和预算单位同时申报国有资本收益，预算单位提出审核意见后，报财政部门复核，财政部门按照复核结果，向预算单位下发收益收取通知，预算单位按照财政部的复核结果，向申报企业下达收益上交通知。同时，财政部驻企业所在地政监察专员办根据财政部复核结果,向企业开具"一般缴款书",企业据此办理交库手续。

加强国有资本收益收取管理。2014年采取预收方式,提前收取15户资源型企业2014年度国有资本收益338亿元,占当年中央国有资本经营预算收入的23.7%,预算执行进度较以往年度大大提前。2014年,累计收取中央企业国有资本收益1410.91亿元,完成年度预算的98.9%。2015年提前收取10户资源型企业2015年度国有资本收益360亿元,占当年中央国有资本经营预算收入的24.83%,预算执行进度较往年进一步提前。2015年,累计收取中央企业国有资本收益1513.06亿元,完成预算的104.3%。

明晰国有资本经营预算功能定位。根据完善政府预算体系的要求,国有资本经营预算支出除调入一般公共预算和补充社保基金外,限定用于解决国有企业历史遗留问题及相关改革成本支出、对国有企业的资本金注入及国有企业政策性补贴等方面。

推进地方国有资本经营预算工作。根据全国人大及国务院的要求,推动地方开展国有资本经营预算工作。2015年首次将全国36个省(自治区、直辖市、计划单列市)本级全部纳入地方国有资本经营预算编制范围。

(五)国有资本经营预算支出结构不断优化

国有资本经营预算制度建立以来,以支持国有企业改革发展为主线,不断调整和优化支出结构,着力解决我国国有经济的体制性、机制性问题,推进经济结构调整和经济发展方式转变。2012年,中央国有资本经营预算重点推动中央企业兼并重组,推动国有经济布局的战略性调整和国有经济产业结构的进一步优化,促进国有资本向关系国家安全和国民经济命脉的重要行业和关键领域集中,促进中央企业提高企业自主创新能力和开展节能减排工作,加快转变经济增长方式,积极开展国际能源资源互利合作,进一步加大对社会保障等民生的支出力度,实现国民经济可持续发展目标。

重改革促发展。国有资本经营预算制度建立初期,支出方向循着国有企业改革的总目标,重点支持国有企业改革,兼顾国有企业的创新和发展。2008—2012年,中央国有资本经营预算累计安排支出3794.6亿元。其中:国有经济和产业结构调整支出1523.6亿元,中央企业改革脱困支出1096.3亿元,中央企业节能减排支出

202亿元，中央企业重大科技创新支出211.9亿元，中央企业境外投资合作支出221.6亿元。2012年，中央国有资本经营预算支出929.79亿元。其中：国有经济和产业结构调整支出236.23亿元，中央企业改革脱困支出301.7亿元，中央企业节能减排支出84亿元，中央企业重大科技创新支出110亿元，境外投资及对外经济技术合作支出116亿元。

助企业惠民生。自2010年以来，中央国有资本经营预算逐步加大调入公共预算用于社会保障支出的同时，着力解决涉及企业职工切身利益问题。2010—2012年，累计调入公共预算100亿元。其中：2010年调入10亿元，2011年调入40亿元，2012年调入50亿元。同时，累计安排1096.6亿元（占总支出的29%），支持国有企业改革脱困，解决民生问题。截至2014年底，中央国有资本经营预算已累计调入一般公共预算349亿元。2015年继续加大调入力度，调入规模达到230亿元，比2014年增加46亿元，调入比例达16%。

第四节
改革行政事业单位和资源性国有资产收益管理制度

和非金融类企业国有资产经营收益及其管理相比，行政事业单位国有资产和资源性国有资产的收益还没有十分明确的、覆盖比较到位的管理模式。近年来，所做的主要工作是逐步将相关收入纳入政府非税收入中实施管理。

一、行政事业单位国有资产收益

改革开放以前，我国的行政事业单位资产在"统收统支"模式下，没有资产收益的概念。改革开放后，行政事业单位部分资产加入到创收行列，转为经营性资产，对其收益的管理经历了一个逐步规范的过程。20世纪80年代，行政事业单位设施陈旧，经费严重不足，其经营性资产收入都留给单位，以弥补财政经费不足，也未纳入财政管理。进入 90 年代后，在财政部和国家国有资产管理局的主导下，制定了相应的规章制度，逐步将这部分收入纳入财政预算外资金管理，先是专户储存，后列入财政预算，成为财政非税收入的一部分。这部分收益的收缴和管理随着公共财政框架的建立而逐步走向规范化。

2006 年财政部出台的行政单位和事业单位国有资产管理暂行办法中，明确行政单位出租、出借等处置收入，要按照非税收入管理规定，实行"收支两条线"管理；事业单位的资产收入应当纳入单位预算、统一核算、统一管理，同时按照非税收入管理规定，实行"收支两条线"管理。

二、资源性国有资产收益

资源性资产收益的概念是在国有企业改革深入到产权阶段而提出来的。这部分收益主要是国家凭借对国有资源及财产的所有权而取得的，如对特许经营权收取的特别收益金，依据国家信誉以政府名义接受的捐赠收入、铸币税、彩票发行公益金、国有矿产、森林、滩涂开采费收入，国有土地有偿使用收入，国有资产利息及租金收入等。这类资产收益，是宪法赋予的财产权如资源性资产所有权所带来的。同样，资源性资产收益是政府非税收入的重要组成部分，财政部门是政府非税收入征收主管机关。按照现行的法律、法规规定，政府非税收入可以由财政部门直接征收，也可以由财政部门委托的部门和单位征收，但在一些单项法律中也明确规定由主管的政府部门负责征缴工作。由财政直接征收的非税收入项目和范围全国并无统一的规定，各地在实际执行中情况也较为复杂。一般情况下，纳入财政预算管理的非税收入项目由财政部门直接征收的情况较为普遍。

第五章
公共债务制度改革

公共债务是以政府举借资金的形式筹集收入的手段，亦可成为政策调节工具。新《中华人民共和国预算法》修订之前，我国公共债务主要发生于中央政府，一般又可分为国内债务和政府外债，其基本情况将作分节介绍。2015年新《中华人民共和国预算法》实施，开启了地方政府阳光化举债的历程。

第一节
国内债务管理制度改革

中华人民共和国成立后，为迅速医治战争创伤，恢复国民经济，1950年中国政府发行了"人民胜利折实公债"。随后在1953—1958年第一个五年计划期间，分5次累计发行了34.45亿元的"国家经济建设公债"。1968年公债全部偿清后，中国出现了一段"既无外债，又无内债"的时期。1978年改革开放后，随着经济体制改革深入和国民收入分配关系调整，1979年和1980年中央财政连续两年出现赤字。为平衡财政预算、改变困难局面，中国政府决定重新启用国债工具。继1979年恢复举借外债后，中国政府从1981年开始恢复内债发行，即开始以发行国债的方式筹集财政收入。

一、国内债务管理改革演进历程

从管理方式的变迁来看，我国国内债务管理改革大体可以分为发行额管理和余额管理两个阶段。

(一) 国债发行额管理阶段 (1981—2005 年)

为控制国债规模, 自 1981 年恢复内债发行起至 2005 年, 我国一直采用控制国债年度发行额的方式管理国债规模。每年 3 月初, 由国务院报请全国人民代表大会审议新财年预算报告。新财年预算经全国人民代表大会审议批准后, 发行规模一般成为刚性指标, 不得突破也不得减少, 财政部按照债务预算制定国债年度发行计划。国债发行规模由当年财政赤字和以前年度发行的到期国债本金构成。财政部于 3 月底将制定完成的发行计划上报国务院, 在得到批准后, 由财政部具体组织国债发行工作。在每年财政预算报告批准前的第一季度, 国债发行额度控制在此期间国债到期还本付息额度内。这一时期, 我国采用控制国债年度发行额的方式管理国债规模, 与当时我国国民经济的发展状况、筹资规模和市场发育程度相适应。但随着国民经济持续快速发展、国债筹资规模的不断扩大和国债市场的发展完善, 国债发行额管理的弊端也逐渐显现, 包括不能有效控制和全面反映国债规模及其变化情况, 不利于降低国债筹资成本和国债市场的发展, 不利于财政政策和货币政策的有效配合等。

(二) 国债余额管理阶段 (2006 年至今)

为了适应新形势下国内债务管理的需要, 2005 年 12 月, 第十届全国人民代表大会常务委员会第四十次委员长会议审议通过国务院关于实行国债余额管理的建议, 决定从 2006 年开始改国债年度发行额管理为余额管理方式, 实现了国债管理方式的重大变革。

国债余额是指中央政府历年财政预算收支差额之和, 我国国债余额包括中央政府历年财政预算赤字和盈余相互冲抵后的赤字累积额、统借统还外债累积额和经全国人大常委会批准发行的特别国债的累积额, 是中央政府必须偿还的国债价值总额。国债余额管理是指每年初全国人民代表大会及其常务委员会为当年年末国债余额规定一个限额指标, 当年中央政府可在该限额指标内自行决定国债品种结构、期限结构和发债节奏。

我国国债余额管理制度主要包括以下内容: (1) 在每年向全国人民代表大会作

预算报告时，报告当年年度预算赤字和年末国债余额限额，全国人民代表大会予以审批。（2）在年度预算执行中，如出现特殊情况需要增加年度预算赤字或发行特别国债，由国务院提请全国人大常委会审议批准，相应追加年末国债余额限额。（3）当年年末国债余额不得突破年末国债余额限额。（4）国债借新还旧部分由国务院授权财政部自行运作，财政部每半年向全国人大有关专门委员会书面报告一次国债发行兑付情况。（5）每年一季度在中央预算批准以前，由财政部在该季度到期国债还本数额以内合理安排国债发行数额。

实行国债余额管理是提高我国财政透明度的具体举措，有利于加强财政管理和防范财政风险。国债余额管理，既能增强全国人民代表大会及其常委会对政府债务的控制能力，又能增加国务院灵活调整国债品种和期限结构的回旋余地，有利于形成较为合理的国债品种和期限结构，有利于扩大国债投资需求，促进国债顺利发行以及国债市场的发展和完善。

二、国内公共债务管理现状及取得的成效

经过改革开放以来近40年的发展，中国国债发行制度日趋完善，国债筹资能力不断增强，国债市场持续稳定健康发展，地方债从无到有，制度上通过《预算法》进行了规范并取得了"开明渠、堵暗沟"的进展。公债管理在国家宏观调控中的地位不断加强。

（一）国债规模逐年增加，宏观调控职能不断加强

自1981年恢复国债发行以来，中国国债筹资规模逐年不断增加。特别是1998年实施积极财政政策以来，中国国债筹资规模更是呈现快速增长态势。据统计，1981年中国国债预算筹资额为48.66亿元，1998年增加到3808.77亿元，2007年更是上升到7698.83亿元，若是算上购买2000亿美元外汇储备用于中国投资有限公司资本金所发行的15500亿元特别国债，2007年国债发行筹资总额达到23198.83亿元。

2008年实际发行国债8549亿元，均为内债，没有发行主权外债。2009年实际发行国债16269.02亿元，相比2008年增加了7720.02亿元，增长率达到90.3%。

2010年实际发行内债17752亿元。受经济下行的大环境影响，国债的发行在2011年和2012年出现了小幅度的下降。而在2012年，由于国内外经济金融形势复杂严峻，财政部坚持可持续发展的国债筹资策略，发行内债14264.67亿元，国债发行规模恢复到历史较高水平。2013年发行内债16709.33亿元，增长率为17.14%。2014年国债余额增加8904.99亿元。2015年，我国实际发行国债约2.1万亿元，比2014年增加约3398亿元，增长约19.3%。从整体上来看，国债的发行额基本上处于增长的趋势（见图5-1-1）。

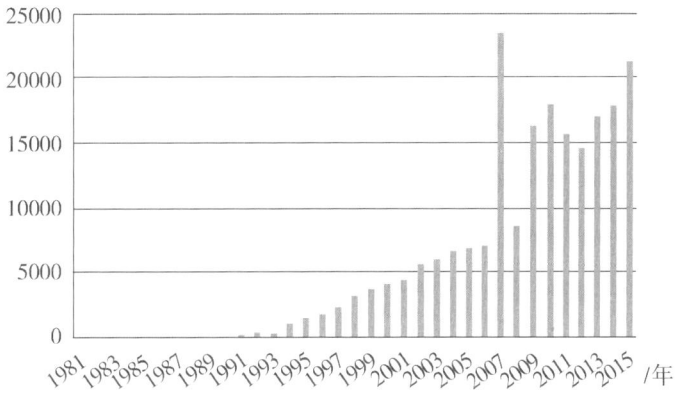

图5-1-1 1981—2015年国债筹资额变化情况（单位：亿元）

资料来源：中国财政部网站。

随着国债筹资规模逐年增加，中国国债余额增长较快。据统计，自实行国债余额管理制度之后，2007年末国债余额为52074.65亿元，其中内债51467.39亿元，主权外债607.26亿元。2008年末实际国债余额为53270.76亿元。2009年末实际国债余额为60237.68亿元，增长率为13.08%。随着国债市场的逐渐完善和经济发展的需求变化，我国的国债余额一直处于持续增长的状态。2010年末实际国债余额为67548亿元，2012年末实际国债余额为77565.7亿元，2015年国债余额增加10944.14亿元，年末余额为106599.59亿元。从2012年至2015年，国债余额的平均增长率一直保持在 10% 以上[①]。

从国债负担率（即年末国债余额占当年 GDP 的百分比）变化看，1981 年为 4.66%，2007 年达到 20.87%，增加 16 个百分点，之后国债负担率开始下降，2009 年国债负担率下降为 17.96%，2010 年国债负担率持续下降为 17%，至 2015 年国债负担率降低至 15.8%[②]，2007 年为中国国债负担率最高的一年（为组建中国投资有限责任公司而发行了 15500 亿元特别国债），但是就最高年份 2007 年的国债负担率与主要发达国家相比，我国国债负担率仍旧处于较低水平，国债负担控制在合理范围内。

随着国债发行规模逐年扩大和国债筹资能力的逐步增强，国债在宏观调控中的地位明显提高。

首先，国债成为财政政策的重要工具。在 1994 年以前，中央财政赤字是通过发行国债和向央行借款或透支两种方式来弥补。继《中华人民共和国中国人民银行法》和《中华人民共和国预算法》出台后，为彻底斩断财政赤字和通货膨胀之间的直接联系，从 1994 年开始，中央财政赤字完全通过发行国债来弥补，国债成为弥补财政赤字的唯一手段，成为确保预算收支平衡和实施财政政策的重要工具。

其次，为积极财政政策和稳健财政政策的有效实施提供了保障。为缓解通货紧缩趋势和扩大国内需求，1998 年开始实行以增发及发行长期建设国债扩大基础设施建设为主要内容的积极财政政策，直至 2005 年至今实行稳健的财政政策。长期建设国债的连年发行对于扩大国内有效需求和促进经济持续稳定增长起到了支持和保障作用。

第三，国债对于促进金融改革和理顺财政政策与货币政策关系也发挥了积极作用，主要表现在：一是 1998 年向四大国有商业银行发行 2700 亿元特别国债，专项用于补充这四家国有商业银行资本金；二是 2003 年向人民银行发行 1663 亿元转换国债，用于解决 1994 年以前历年财政向央行借款的历史遗留问题，彻底理顺了财政部与人民银行之间的财务关系；三是 2007 年发行 15500 亿元特别国债购买外汇

---

① 数据来源：整理自 1982 年至 2016 年《中国统计年鉴》。
② 数据来源：整理自 1982 年至 2016 年《中国统计年鉴》。

作为中国投资有限公司资本金,对于缓解流动性过剩和推进外汇储备管理体制改革发挥了积极作用。此外,国债利率在金融市场中的基准定价作用正在逐渐显现出来,国债收益率曲线基本建立并逐步得以完善。

(二)国债发行方式不断完善,市场化水平逐步提高

自1981年恢复发行国债至1987年,由于我国刚刚进行经济体制改革和实行对外开放,国债作为一个新的金融商品没有被人们普遍接受,国债发行主要采用行政分配的方式,认购国债是一种政治任务,国债发行计划基本靠行政手段完成。国债以收据和实物为载体,发行之后不能流通转让,没有国债二级市场。发行对象主要是国有企业和事业单位。行政分配的国债发行方式效率较低,发行成本居高不下,而且扭曲了国债价格,抑制了社会公众的认购积极性。

1988年是我国国债发展进程中的一个重要转折时期。这一年,中国政府开始尝试通过商业银行的柜台销售方式,向广大城乡居民发行实物国债,这标志着国债一级市场的出现,也在同一年开始了国债流通转让试点,解决了国债变现难问题,国债二级市场即柜台交易市场初步形成。1991年4月20日,财政部首次试行通过承购包销方式发行国债,即通过与国债承销团成员签订承购包销合同方式,顺利发行了25亿元国债,标志着我国国债发行开始向市场化的道路迈进。随后几年,财政部一直坚持市场化发行国债的努力方向。

1993年,受投资热、房地产热和股票热冲击,国债承销机构不愿意接受财政部确定的国债发行条件,中国政府迫不得已决定由各级政府出面进行行政组织推销国债,确保国债发行任务顺利完成,这样已经停止使用多年的行政分配发行方式在特殊情况下又重新恢复。1993年对提高国债发行市场化水平具有重要意义的一个举措是建立了国债一级自营商制,为国债发行采用招标方式奠定了基础。1995年,我国首次尝试通过招标方式发行国债并取得了成功。在随后的国债发行中,我国国债发行市场化步伐明显加快,所有可上市交易的国债均采用了招标方式发行。

为确保国债顺利发行,促进国债市场稳定发展,从1998年起财政部积极发展国债承销团制度,并于2000年开始每年组建一次银行间债券市场记账式国债承销团制度,从2002年开始每年组建一次交易所债券市场记账式国债承销团制度和凭

证式国债承销团制度。至此，比较完善的国债承销团制度基本形成。

按照《中华人民共和国行政许可法》和国务院发布的《全面推进依法行政实施纲要》的有关规定，2006年7月，财政部以部长令形式与中国人民银行和中国证券监督管理委员会联合发布了《国债承销团成员资格审批办法》。该办法主要内容包括：按照品种划分，国债承销团制度包括凭证式国债承销团制度和记账式国债承销团制度，即把银行间债券市场记账式国债承销团制度和交易所债券市场记账式国债承销团制度统一为记账式国债承销团制度；每3年组建一次，期间可以根据情况稍做调整；对国债承销团成员的权利和义务，以及资格审批程序做明确规范等。这标志着国债承销团组建及承销团成员资格审批工作进入法制化、规范化、透明化的轨道，为国债顺利发行提供了有力的组织保障。

从国债招标方式来看，在2004年之前，记账式国债发行主要采用规定招标利率上限的单一利率招标方式。之所以规定招标利率上限，主要是因为当时国债机构投标不够理性，经常出现投标利率大幅偏离市场利率的情况，导致国债市场剧烈波动。为保持国债市场运行稳定，财政部在每次招标前都会参考相同期限的国债在二级市场上的收益率水平，再上浮一定的幅度，然后规定并公布一个国债招标利率上限。国债承销团成员在招标利率上限内投标，超过上限的为无效投标。事实表明，规定招标利率上限的单一利率招标方式，与当时我国国债市场发展状况基本适应，对于推进国债发行市场化进程，以及提高国债发行定价的准确性和合理性具有积极作用。

规定招标利率上限的招标方式存在一定的局限，主要是招标利率上限水平难以确定。2004年，随着通胀预期不断加强，国债市场利率持续上升。这种情况下，如何规定国债招标利率上限成为一大难题：定得低，可能导致国债发行流标；定得高，则会引导市场利率进一步上升。为有效应对市场变化，促进国债顺利发行，2004年4月财政部开始推行单一利率和多重利率混合的招标方式，即混合式利率招标。混合式利率招标吸收了单一利率招标和多重利率招标方式的优点，规定全场加权平均中标利率为当期国债票面利率，低于或等于票面利率的标位，按面值承销；高于票面利率一定数量以下的标位，按各自中标利率与票面利率折算的价格承销；

高于票面利率一定数量以上的标位，为落标标位或无效标位。混合式利率招标解决了招标利率上限确定难的问题，既调动了记账式国债承销团成员投标的积极性和主动性，也有利于引导国债承销团成员进行理性投标，有利于促进国债顺利发行，以及促进国债发行定价的准确合理。

目前，记账式国债全部通过记账式国债承销团成员采用招标方式，向银行间市场和交易所市场上的各类投资者发行，以及通过商业银行柜台市场向个人投资者发行。记账式国债承销团成员由商业银行、证券公司和保险公司组成，分为甲类成员和乙类成员，目前甲类成员有17家，乙类成员有43家，总计60家。中国记账式国债招标方式分为单一利率招标、多重利率招标和混合式利率招标等三种，主要以利率为招标标的。目前中长期国债发行主要采用混合式利率招标方式，1年以内的短期国债发行采用多重利率招标方式。1年以内的短期国债和续发行的中长期国债是以价格为招标标的。

凭证式国债是通过凭证式国债承销团成员采用承购包销方式发行，购买对象主要是个人投资者，目前凭证式国债承销团成员由39家商业银行组成。储蓄国债（电子式）是通过试点商业银行采取代销方式面向个人投资者发行，目前试点商业银行有11家。凭证式国债和储蓄国债（电子式）均为储蓄性质的国债品种，发行利率由财政部参照相同期限的商业银行定期存款利率和个人投资者购买需求情况而确定。

（三）国债品种不断丰富，期限结构日益完善

为圆满完成国债发行任务，充分满足投资者需求，促进国债市场持续稳定发展，自1981年恢复发行国债以来，中国政府不断改进国债产品设计，使得国债种类逐步简化和规范化，国债期限逐步规范化和标准化。国债载体由实物券过渡到电子记账和购买凭证。1993年以前发行的国债均为实物国债，印制成本较高，保管、调运成本很高，容易出现假券问题。1993年首次采用电子记账方式发行国债即记账式国债，1994年开始发行重点面向个人投资者的凭证式国债品种，并逐年减少直至取消了实物国债发行，2006年又开发了面向个人投资者发行的储蓄国债（电子式）品种，与凭证式国债一起统称为储蓄国债。目前我国国债主要是记账式国债

和储蓄国债两大类。

2009年11月27日，财政部首次引入并顺利发行50年超长期国债，标志着我国成为继英国、法国之后世界上第三个成功发行最长期限国债的国家。

中国记账式国债是以电子记账方式记录债权的国债品种，可以在市场上流通转让，上市流通场所包括银行间市场、交易所市场和商业银行柜台市场。按照期限长短划分，记账式国债包括短期国债（1年以内，不含1年）、中期国债（1~10年，不含10年）和长期国债（10年及以上期限），其发行利率采用向国债承销团成员招标的方式确定。

中国储蓄国债是不可上市流通转让的国债品种，但投资者在持有半年之后可以提前兑付。按照债权记录方式划分，储蓄国债分为凭证式国债和储蓄国债（电子式）两种，前者以纸质凭证方式记录债权，后者以电子记账方式记录债权。储蓄国债主要通过商业银行承销发行，期限为2年、3年和5年，票面利率参照同期限居民定期存款利率确定。

按照付息方式划分，目前中国国债可以分为零息国债（即在到期日以前不支付利息）和附息国债（即在到期日以前定期支付利息）两种。就记账式国债而言，1年期及以下期限的记账式国债为零息国债，1年期以上的记账式国债为附息国债，其中10年期以下的记账式国债每年付息一次，10年期及以上期限的记账式国债每半年付息一次。对储蓄国债来说，凭证式国债为零息国债，到期一次还本付息，储蓄国债（电子式）为附息国债，每年付息一次。

国债发行期限日趋丰富，长期国债乃至超长期国债的发行取得成功。在1981年至1985年期间，国债发行为6年至10年为主；为满足个人投资者短期化投资需求，1986年以后国债发行以3年期、5年期的中期国债为主。随着机构投资者逐步成长壮大，1996年开始恢复发行长期国债：其中1998年成功发行了10年期的长期建设国债，为超长期国债发行积累了一定经验。2001年首次发行了15年期和20年期的超长期记账式国债，2002年成功发行了30年期的超长期记账式国债。长期国债乃至超长期国债的成功发行表明，中国国债市场建设和投资者队伍建设取得了重大进展，我国已经成为世界上为数不多的能够发行超长期国债的国家之一。

在长期国债和超长期国债成功发行的同时,短期国债开始定期滚动发行,国债发行期限逐渐规范化和标准化,期限结构日趋合理。自 2006 年实行国债余额管理制度后,中国开始定期滚动发行 3 个月、6 个月的短期国债,以及定期滚动发行 1 年期、3 年期、7 年期和 10 年期等关键期限记账式国债,使得中国国债发行初步形成了从 3 个月到 30 年的短期、中期、长期合理搭配的国债期限结构。鉴于较长期限的储蓄国债对投资者吸引力较强,2012 年初开始停发 1 年期国债,加大 3 年、5 年期国债发行力度。这能够满足全社会各类投资者的多样化需求,有利于提高国债的市场流动性,以及促进国债收益率曲线的建立和完善。

(四)国债发行透明度显著提高,二级市场不断发展

为提高国债发行政策透明度,中国政府从 2000 年开始提前公布记账式国债季度发行计划,并从 2007 年起将储蓄国债发行一并纳入季度发行计划并提前公布。为进一步提高国债发行透明度,中国政府又从 2003 年开始提前公布关键期限记账式国债的全年发行计划,目前关键期限国债品种包括 1 年期、3 年期、7 年期和 10 年期,其年度发行总额约占当年全部记账式国债发行总额的 70%。

尽管关键期限记账式国债品种还没有把期限短于 1 年的短期国债和长于 10 年的长期国债乃至超长期国债包括进来,但是提前公布的季度国债发行计划已经包含了该季度所要发行的全部国债。在每个季度召开一次的季度筹资会议上,财政部还会就季度国债发行计划中涉及的国债发行品种安排、期限结构以及国债发行政策措施等问题,充分听取广大国债承销团成员的意见和建议。这些举措有助于提高国债发行的可预见性,有利于投资者合理安排投资计划,降低国债筹资成本,促进国债市场稳定发展。

为方便个人提前安排储蓄国债购买计划,2013 年首次对外公布储蓄国债全年发行计划,内容包括储蓄国债发行品种、期限、发行时间、付息方式等。储蓄国债从 3 月至 11 月按月发行,每月 10 日开始发行,3 年期和 5 年期各 1 次,全年共发行 8 次凭证式国债和 10 次储蓄国债(电子式)。提前向社会公布储蓄国债全年发行计划,有利于加强居民投资储蓄国债的可预见性,进一步提高国债管理政策透明度。

随着国债交易方式不断创新,国债交易规模也在逐年增加。经过 20 多年的发展,我国国债的市场化程度不断提高,国债发行方式包括了招标方式(向国债一级承销商发行可上市国债)、承销方式(向商业银行和财政部所属国债经营机构等销售不上市的凭证式储蓄国债)、定向招募方式(向社会保障机构和保险公司定向出售国债)。同时,国债品种也不断多样化,包括国库券、国家重点建设债券、财政债券、特种国债、定向国债、保值国债、转换债券等,已经形成从 3 个月到 50 年的短、中、长期兼备的期限结构(见图 5-1-2)。

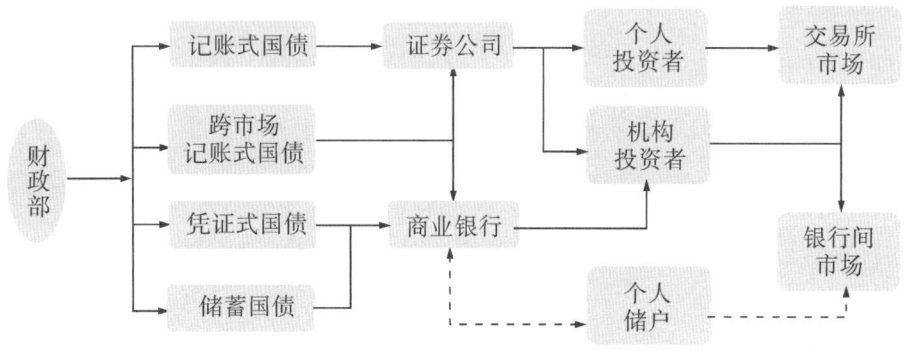

图 5-1-2 我国国债市场的交易方式

自 1988 年开始进行国债流通转让试点以来,国债二级市场不断发展和完善。我国在 1981 年恢复发行国债后的很长一段时间里,没有国债二级市场。为了便于国债的流通、转让和交易,增加国债的流动性和价值,我国从 1988 年开始在 7 个城市(其后扩大到另外 54 个大中城市)开展国库券流通试点。试点通过该地区的财政部门与银行部门设立的证券公司进行,属于场外交易;其后在 1991 年将国债流动范围扩大到全国 400 个地区的市一级以上的城市。1991 年底,我国以柜台交易为主的二级市场开始形成。1991 年之后,我国逐渐建立了国债场内交易市场,主要包括上海和深圳证券交易所、武汉国债交易中心、全国证券交易自动报价中心。这样就形成了以场外柜台交易和场内交易并存的国债二级市场。

中国国债二级市场包括场内市场和场外市场,其中场内市场由上海证券交易所和深圳证券交易所组成(见图 5-1-3)。除商业银行等存款类金融机构外,所有机构投资者和个人都可以通过交易所市场买卖国债。场外市场由银行间市场和商业银行柜台市场组成，其中银行间市场面向除个人投资者之外的所有机构投资者，它是国债交易和托管的主要场所；商业银行柜台市场主要面向非金融机构和个人等中小投资者。在国债托管结算方面，中央国债登记结算公司负责国债总托管和银行间债券市场的国债登记结算，中国证券登记结算公司负责交易所债券市场的国债登记托管结算。

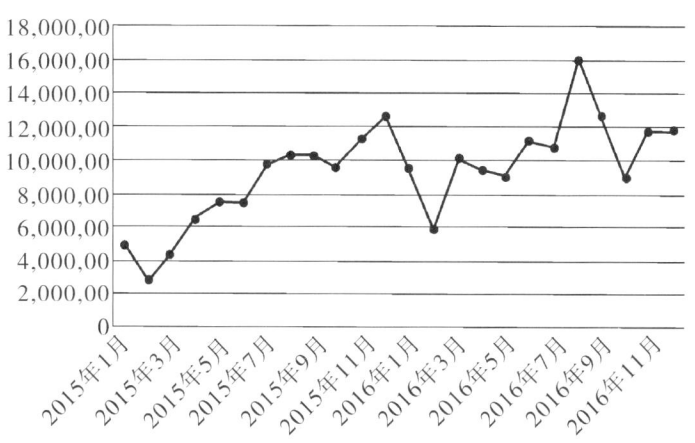

图5-1-3　2015—2016年二级市场国债成交额（单位：亿元）

数据来源：WIND数据。

三、存在的问题及不足

虽然三十年来我国国内债务管理取得了明显成效，但与中国资本市场的发展目标和国际成熟市场相比，仍存在着诸多不足。

（一）法规、制度建设滞后。相对于中国国债市场的快速发展而言，有关法规和制度建设严重滞后。一是缺少一个全面的、根本性的法规。目前，规范国债市场运作的法规还停留在1992年的《中华人民共和国国库券条例》上。由于该条例没有对国债发行、流通、兑付和托管结算等国债活动的各环节进行相应规定，使得市场管理无法可依，严重制约了市场深化发展的进程。二是银行间和交易所债券市场缺少完善的监管制度。目前，《全国银行间债券市场债券交易管理办法》和《商业银行柜台记账式国债交易管理办法》是规范银行间债券市场交易行为的主要规定。但随着近年来银行间债券市场参与机构的不断增加和金融创新品种的逐渐推出，这些办法已无法涵盖所有的市场交易行为。从交易所债券市场看，其监管制度主要建立在《证券法》的基础之上，而由于国债的特殊性，其发行、交易等活动又不能适用《证券法》的有关规定，这就不可避免地造成了交易所市场的国债交易行为和市场监管出现扭曲，影响市场进一步规范发展。国债市场根本法规的缺失和市场监管制度的不足，给市场稳定运行和风险防范带来诸多不利影响。

（二）国债市场长期处于分割状态。由于历史原因，目前中国国债市场由银行间和交易所市场组成，两个市场相对独立，形成割裂的市场格局。尽管这些年来，中国财政部采取跨市场发行国债等措施，部分消除了国债市场因割裂所带来的问题，但还没有从根本上实现市场的统一，并由此造成了一些问题。一是导致市场效率下降。目前，商业银行仍然没有获准进入交易所市场进行国债交易。两个市场国债由不同机构实施托管和结算，并且有的券种只能在单个市场交易。即使可以跨市场交易的券种，也必须办理转托管手续，而转托管又存在着效率低的问题。这些明显差异，不仅降低了国债的流动性，而且造成两市场间国债交易价格出现差异，导致市场效率下降。二是监管不统一造成市场缺位错位。在割裂的市场格局下，中国国债市场的监管体系也出现分割。目前，银行间市场的具体监管归中国人民银行负责，交易所市场的日常主管为中国证监会。不同部门在监管定位和监管思路上存在着差异，难免会在一定程度上造成监管标准和交易规则的不一致，而且还时常导致监管重复和监管缺位现象的出现，不利于国债市场健康发展。

（三）国债基准利率作用不明显。目前我国国债利率还不能较好地发挥基准利率作用。一方面国债市场分割客观上致使统一的市场利率基准无法形成。另一方面，由于现阶段中国利率体系表现为"双轨制"，即法定存贷款利率由中国人民银行制定，市场利率则受宏观经济发展以及市场供求变化相互影响而形成，因此，两者时常存在较大差异。在国债发行时，可流通记账式国债票面利率通过招标方式市场定价，不可交易凭证式国债票面利率以中国人民银行公布的法定存款利率为基础确定，由于这两种国债机制相差很大，一旦经济发生变化，市场利率会先于央行法定利率变动，导致两个国债品种的收益率出现较大差异。由于国债利率不统一，影响到其基准利率作用的发挥，使债券市场的稳定性受到一定程度的削弱。

（四）交易方式单一。在市场经济发达国家，国债交易方式丰富多样，各种国债衍生产品的单日交易量接近于可流通国债总存量。与国际市场相比，中国国债市场交易方式单一的问题还比较突出。现阶段，中国国债市场上的交易方式仅有现券、质押式回购以及买断式回购少数几种方式，不仅难以满足投资者多样化的交易需求，而且使投资者缺少应有的避险工具，无法对冲利率风险，严重影响投资者的信心，大起大落的行情时常出现。

（五）投资者结构失衡。近年来，我国银行间市场的投资者群体得到了很大丰富，逐步由银行和非银行金融机构发展到非金融机构法人和参与商业银行柜台交易的个人投资者。但银行间债券市场存在机构失衡问题仍然较为明显，银行和保险公司占据了市场主导地位，其一举一动都对市场产生着剧烈影响。同时，银行间债券市场以商业银行为主体的投资者结构，也使得交易行为具有很强的趋同性，从而不可避免地大大降低市场流动性，特别是在宏观经济出现变化、市场波动较大时，交易特别清淡，经常出现有行无市的现象。目前，交易所债券市场由于缺少商业银行参与，在投资者的普遍性方面大打折扣，导致了市场稳定性不足，市场行情的公信力较差。

（六）国债发行有待继续完善。相对于流通市场，国债发行市场化改革进程较快，但仍存在着一些不足：第一，从发行品种看，受各种因素限制，中国发行可流通国债平均期限仍然偏长，超过了世界一些主要发达国家，不利于国债市场的健康发展。第二，从发行方式看，虽然记账式国债已全部实现了招标方式发行，但招标规则中的一些限制性条款仍然制约着投标机构自由投标，有待进一步改善。第三，从国债发行和流通的衔接看，招标与上市交易之间间隔时间较长，普遍在10天以上。在如此长的期间内，国债二级市场价格可能会出现较大波动，使国债承销商面临着较大风险，而且也在一定程度上影响到国债一、二级市场的稳定。

第二节
政府外债管理制度改革

政府外债，是指财政部代表我国政府对外举借的债务，政府外债对外以国家主权信用为基础，因此又称主权外债。按债务来源划分，政府外债包括借用国际金融组织贷款、外国政府贷款和境外发行的主权外币债券3种形式。按使用方式划分，政府外债分为项目贷款和资金债务，大多不结汇，不增加外汇储备。按偿还责任划分，政府外债又分为中央财政统借统还和"统借自还"两类。中央财政统借统还政府外债由财政部统一借入并安排中央财政预算资金对外偿还；"统借自还"是指财政部统一借入，还款时由财政部或其他转贷机构对外垫付以维护国家信用，但最终由实际使用贷款的部门或项目单位负责偿还。

一、我国举借政府外债历程回顾

1979年我国恢复举借外债，开始以外债的方式筹集收入和利用外资。先是在1979年，我国由中国银行与日本输出入银行首次签订了开发资金贷款协议，开始利用日本政府贷款，自此结束了我国十余年无外债的历史。1979年以来，我国先后与日本、德国、法国、西班牙、意大利、加拿大、英国、奥地利、澳大利亚、瑞典、科威特、荷兰、芬兰、丹麦、挪威、瑞士、比利时、韩国、以色列、俄罗斯、卢森堡、波兰及北欧投资银行、北欧发展基金、法国开发署共25个国家及机构建立了政府（双边）贷款关系。目前，外国政府贷款已成为我国政府外债的重要来源之一。

在20世纪80年代初，我国开始与国际金融组织合作，积极利用国际金融组织贷款。1980年，我国正式加入国际农业发展基金会（以下简称农发基金），随后提出"北方草原与畜牧发展项目"的申请，开始了与农发基金的实质性合作。自

1987年以来，农发基金一直向中国提供高度优惠贷款。1981年，世界银行向中国提供了第一笔贷款，用于支持中国大学的发展。随后世界银行贷款的支持项目，涉及了交通、城市发展、能源和人力资源开发等领域。自1981年开始合作到1997年，世界银行对我国一直保持比较稳定的贷款量，但随着中国经济的发展，世界银行贷款1998年以后有所下降。2014年我国利用世界银行扩大贷款能力、提高贷款上限等有利条件，积极探索扩大利用世界银行贷款规模，尝试使用新的贷款工具，支持国内重点领域改革。2014年新增世界银行贷款项目11项，金额14.8亿美元。此外，进一步加强贷款项目的全过程管理，全年完成14个贷款项目谈判，金额21.1亿美元。1986年，我国正式加入亚洲开发银行，随后与亚洲开发银行的合作规模逐步扩大，合作领域不断拓展，在2005年底成为亚洲银行贷款的第二大借款国和技术援助赠款的第一大使用国。

1993年9月，我国财政部首次在日本发行了300亿日元债券，标志着我国主权外债发行正式开始。2003年10月，我国政府又成功发行了15亿美元主权外债。在这11年时间里，除1999年和2002年等个别年份外，我国在国际市场实现连续发债。主权外币债券的发行，在为政府筹集外汇资金的同时，也为国内各类经济体在国际资本市场发行外币债券确立了市场基准。

自1979年首次借用外国政府贷款形式的政府外债以来，截至2015年12月31日，我国利用国际金融组织贷款累计承诺额940.25亿美元，累计提款额722.82亿美元，累计归还贷款本金388.01亿美元，已提取未归还贷款额（债务余额）334.81亿美元。

近年来，我国政府外债余额稳中有减，在全部外债余额中的占比大幅下降。2007年末，我国政府外债余额比2003年末减少52.41亿美元，减少了9.0%；我国政府外债余额在全部外债余额中占比为17.0%，比2003年末下降10.9个百分点，降幅39.1%。与此同时，借用政府外债规模相对我国利用外资占比也逐年下降，实际生效提款额占外国直接投资（FDI）比例从2003年7.1%降至2007年5.1%。2014年，我国政府外债余额为3379亿元人民币（约552亿美元），政府外债余额在全部外债余额中占比为6%，2015年末，我国政府外债余额为7231亿元人民币（约 1114 亿美元），政府外债余额在全部外债余额中占比为 8%，比 2007 年末下降 9 个百分点。

二、政府外债管理体制改革

以 1998 年为界，我国政府外债的管理体制可分为两个阶段：第一阶段为分口管理阶段；第二阶段为归口管理阶段。改革开放后，随着我国间接引进外资工作的逐步开展，为进一步规范管理，1986 年 8 月，国务院下发了《国务院批转国家计委关于利用国外贷款工作分工意见的通知》，对外债实行分工负责、归口管理的体制，即由财政部负责世界银行贷款项目的管理；由中国人民银行负责亚洲开发银行贷款项目的管理；由外经贸部负责外国政府贷款项目的管理；农业部负责农发基金贷款项目的管理。

1998 年政府部门职能调整后，政府外债工作由财政部统一归口负责，即国际金融组织贷款、外国政府贷款、对外发行债券等都由财政部统一管理，统一对外谈判、签约、转贷和对外偿还。一方面将原由外经贸部负责外国政府贷款、人民银行负责亚洲开发银行贷款、农业部负责国际农业发展基金、财政部负责世界银行贷款的分散管理方式调整为由财政部统一管理；另一方面由筹借政府外债窗口管理逐步转向借、用、还全过程管理，除对外谈判和签约外，会同发展改革委等部门，加强了对项目申请、建设、运营、还款等各环节的管理，不断加强制度建设，推进政府外债管理工作的科学化和精细化。

经过长期的探索和努力，我国政府外债工作的指导思想发生了重大变化，从重贷款规模向重质量和效益转变、从重贷款筹借向重贷款使用和偿还转变、从重资金引进向资金和智力引进并重转变，重点包括以下 6 个方面。

（一）加大中西部地区和公共财政领域的比例

积极调整国际金融组织贷款和外国政府贷款投向，2000 年以来，中西部地区利用贷款资金规模达到同期全国协议总额 70% 以上，重点支持了环境保护、医疗卫生、教育、农业、扶贫、交通、能源等领域，其中外国政府贷款对环境保护、医疗卫生、教育、农业 4 个领域的投入达到同期协议总额的 50%，超过历史平均水平一倍以上。2008年，不同领域使用贷款的比例为基础设施46%，能源15%，环境保护15%，工业11%，农业3%，医疗3%，教育2%，其他5%。项目覆盖了除台湾以外的所有省份，其中中央项目占37%，东部地区占22%，中部地区占22%，西部地区占19%。

2009年，贷款项目进一步向中西部倾斜，当年41%的外国政府贷款资金用于西部地区项目，20%的资金用于中部地区项目。2015年，我国将国际金融组织的贷款用于支持我国1001个项目，涉及交通、能源、城建、环保、农业、教育、卫生、工业等多个领域。在地区和行业分布上，贷款资金主要用于中、西部地区和经济社会发展的薄弱环节，重点支持农业、交通、能源、城建、环保、教育、卫生等领域。

（二）强化贷款管理制度建设

1998年以来，财政部逐步制定和完善了涵盖项目管理、财务管理、债务管理、招标采购、利费减免、监督检查等各个方面的规章制度，建立健全了国际金融组织贷款和外国政府贷款借、用、还全过程的一整套管理机制。2006年出台了《国际金融组织和外国政府贷款赠款管理办法》（财政部令第38号）及配套制度和细则，进一步做到各项工作有章可循、责任明确、管理有序。

2008年，进一步完善了国际金融组织贷款项目管理制度。一是研究制定了《财政部门参与国际金融组织贷款项目前期准备工作指导意见》，指导地方财政部门主动参与新项目立项和评审工作，建立健全规范的项目申报制度。二是发布了《国际金融组织和外国政府贷款还贷准备金管理暂行办法》，进一步规范了地方还贷准备金管理。三是发布了《财政部关于进一步加强主权外债管理工作的通知》，对于地方财政部门进一步提高主权外债管理水平，加强地方外债风险管理，积极稳妥推进偿债工作具有重要意义。四是制定出台了《国际农业发展基金项目管理办法》，对于规范农发基金贷款项目管理发挥了重要作用。五是发布了《关于进一步规范国际金融组织贷款项目管理费收取和使用管理的通知》，明确了地方财政厅（局）收取国际金融组织贷款转贷费问题的原则。

2011年，财政部发布《国际金融组织贷款赠款项目财务管理暂行办法》，对国际金融组织贷款赠款项目财务管理的各部门职责、资金支付和使用、成本费用管理、会计核算和财务监督等作了详细规定,完善了国际金融组织项目财务管理规章的不足,对下一步加强项目财务管理工作、推动国际金融组织贷款赠款科学化精细化管理提供了重要保障。

2015年,经过多轮沟通与反复修改,《国际金融组织和外国政府贷款赠款管理办法》修订工作基本完成,进一步夯实了多双边贷款赠款项目申报、财政评审、财务及债务管理、转贷担保管理、采购管理、监督检查、绩效评价等重点环节的制度建设。同时,国际金融组织和外国政府贷款项目前期工作规程、贷款赠款财务管理办法、预算管理办法、监督检查管理办法、绩效评价管理办法等相关配套文件的修订工作也在按计划推进。此外,依据新预算法相关要求,针对主权外债转贷模式、债务限额管理等重要政策问题进行研讨,提出具体操作方案,推动多、双边贷款纳入预算管理和政府债务限额管理。

(三)着力加强贷款项目的监督检查

在强化各级项目办和项目单位负责制的基础上,加大了财政部门开展项目监督检查的力度。2003年印发《国际金融组织贷(赠)款项目执行监督检查管理办法》(财际〔2003〕104号),建立了全国财政部门定期开展项目检查机制,中央财政部门以专项检查和重点检查为主,地方财政部门以全面检查和经常性检查为主,相互结合,及时发现问题,进行整改。2007年,财政部驻各地财政监察专员办事处先后对14个省(区、市)的10个利用世界银行贷款项目和14个利用外国政府贷款项目进行了专项检查,改进管理。2008年,财政部开展了国际金融组织贷款项目专项检查,检查内容包括项目管理实施情况、监督检查情况以及债务管理情况等。检查范围包括黑龙江、安徽、甘肃等13个省份的17个交通项目,涉及贷款总额39.7亿美元。2010年,我国财政部与亚洲开发银行联合举行了亚洲开发银行国别项目检查研讨会,研究项目管理中存在的突出问题,指导地方财政部门和项目管理单位加强项目日常监督检查。2014—2015年,收回中央部门拖欠国际金融组织贷款债务1.09亿美元,拖欠债务减少到3.49亿美元。

（四）探索建立以结果为导向的贷款项目绩效评价体系

探索开展了贷款项目绩效评价工作，印发了《国际金融组织贷款项目绩效评价管理暂行办法》（财际〔2008〕48号）和《外国政府贷款项目绩效评价暂行办法》（财金〔2008〕24号），办法对绩效评价的组织实施和职责分工，以及绩效评价的内容、方法、指标、程序等都有具体的规定，通过对项目的经济效益、社会效益和生态环境效益等方面的评价，进而从相关性、效率、效果、可持续性和影响五个方面对外国政府贷款进行整体评价。2010年，财政部组织开展了第三批外国政府贷款项目绩效评价工作，对573个项目进行了评价，优良率超过85%；对部分国际金融组织贷款和全球环境基金赠款在建及完工项目进行了绩效评价。

（五）加强债务偿还管理，积极化解债务风险

一方面建立预算扣款机制和还贷准备金制度，有效控制地方拖欠债务规模。2000—2007年间，外国政府贷款实际生效的922个项目中，发生财政扣款的项目仅占全部项目数的4%，涉及协议金额仅占全部协议金额的1%。2008年初印发了《国际金融组织和外国政府贷款还贷准备金管理暂行办法》（财际〔2008〕3号），要求并支持地方建立充足的还贷准备金，为贷款及时足额偿还和维护国家信誉提供保障。另一方面，逐步解决由于各种原因造成的历史拖欠问题。2010年组织开发了"政府外债统计监测预警管理信息系统"，同时，为提高主权外债信息统计质量，就主权外债统计口径问题与国家外汇管理局进行沟通协调，并对转贷银行统计报表的格式和口径进行了规范。2011年财政部印发了《财政部关于进一步加强地方政府外债风险管理的通知》，就进一步加强风险管理，避免外债风险转化为财政风险作出了明确要求。2013—2015年，根据各地财政部门报送的统计数据、地方政府外债基本状况和主要监测指标进行了统计分析和风险监测，提出了进一步改进地方政府外债管理的建议。

（六）开展外债风险管理工作

经国务院批准，印发了《财政部外债风险管理暂行办法》（财金〔2007〕84号），建立健全了财政部外债风险管理工作协调小组工作机制，密切跟踪市场，运用掉期交易等金融工具规避利率和汇率等市场风险，节约债务成本约4.41亿美元；

印发了《地方政府外债风险管理暂行办法》(财金〔2008〕20号),规范和指导地方政府外债风险管理工作。

为配合政府外债管理,财政部认真做好国际评级机构对我国主权信用评级工作。我国主权信用级别在当时的"金砖四国"中最高,在新兴市场经济国家中位居前列。

有关部门在政府外债管理中各司其职,与财政部密切配合,发挥了重要作用。发改委负责提出国际金融组织和外国政府贷款规划和限额以上备选项目,指导和监督国外贷款建设资金的使用。外汇局负责包括各类政府外债在内的所有外债的统计监测和政府外债相关外汇管理。

三、政府外债管理的作用与成效

我国开展主权外债工作以来,在利用长期优惠贷款资金支持经济建设和社会发展、加强对外财经合作、优化外债结构等方面取得了积极成效。

(1) 有效弥补"双缺口",缓解了能源、交通、原材料等瓶颈制约,引进了先进技术设备、发展理念和管理经验,培养了大批人才,支持了我国经济建设和社会发展,促进了改革开放。我国利用国际金融组织和外国政府贷款项目涉及经济建设和社会发展众多领域。世界银行贷款项目中,农业和交通项目分别占27.1%和27.7%,能源、城建和环保项目合计占29.7%,教育和卫生项目合计占7.1%,其他项目占8.4%。外国政府贷款项目中,公路、铁路、机场、港口、通信等基础设施项目占44.1%,能源和工业项目分别占16.3%和13.8%,环境保护、医疗卫生、教育和农业项目合计占21.4%,其他项目占4.4%。利用世界银行贷款建设的黄河小浪底工程和黄土高原水土保持项目、利用日本政府贷款建设的宝钢和秦皇岛港项目、利用德国政府贷款建设的哈大铁路项目、利用法国政府贷款建设的上海地铁明珠线项目等一大批大中型项目,在我国经济建设和社会发展中发挥着令人瞩目的作用。

(2) 有效促进和加强了我国对外财经合作,巩固和增强了多边和双边友好关系。长期优惠贷款合作带动和促进了国际金融组织和外国政府对我国提供各类赠款和技术援助，不断扩大和深化了多、双边财经合作，加强了与国际金融组织和外国政府在国际事务中的相互理解和沟通，有力支持了我国参与国际和区域经济合作。2009年，我国与国际金融组织和外国政府共签订了59.63亿美元的贷款协议。其中，国际金融组织贷款44.47亿美元（含13亿美元四川省汶川地震灾后重建项目贷款），涉及28个项目；外国政府贷款15.16亿美元，涉及22个项目。2010年，获得全球环境基金赠款及赠款承诺额9054.3万美元。2015年底，我国与日本、德国、法国、美国、以色列等24个国家签署双边政府贷款项目近3200个，协议金额约640亿美元，累计实际用款约560亿美元。2015年度合作贷款总规模约15亿美元。从贷款国别看，日本政府贷款和德国政府贷款占所有双边贷款总额的70%，其余为法国政府贷款、西班牙政府贷款及美国进出口银行主权担保贷款等。基于双方长期互信和友好合作，很多国际金融组织和外国政府在我国出现突发灾害事件时及时伸出援助之手，如德国政府2003年紧急提供防治"非典"项目赠款1000万欧元，世界银行提供紧急援助"传染性非典型肺炎及其他传染病应对项目"贷款1150万美元；2008年5月四川汶川地震后，很多国际金融组织和国家政府都紧急增加提供赠款和无偿技术援助支持救灾重建工作，其中国际农发基金（IFAD）对华提供约3000万美元恢复重建贷款，财政部与欧洲投资银行（EIB）共同完成了对四川灾后重建项目的设计和评估工作，EIB为四川灾后恢复重建项目提供1.6亿美元贷款。贷款赠款合作为我国经济外交工作搭建了平台，我国与国际金融组织和外国政府之间建立了友谊。

（3）政府外债期限长和利率低的特点对优化我国整体外债结构发挥了积极作用。政府外债都属于中长期外债，大部分期限在10年以上，最长可达40年，且含有一段只付息不还本的宽限期，有的长达10年以上；政府外债条件优惠，其中国际金融组织贷款年利率在伦敦银行间同业拆借利率（LIBOR）加减5至10个基点之间，外国政府贷款多为低息或无息，平均年利率低于3%，远低于市场贷款利率。政府外债一直在我国中长期外债余额中占较大比例，2015年末为22.47%，对保持中长期外债在全部外债中占有一定安全比例和降低整体外债成本起到了重要作用。

有关部门对我国利用国际金融组织和外国政府贷款的上百个项目进行过效益专项调查，对项目的效益做出了积极评价，认为这些项目的实施有效弥补了政府资金投入的不足，引进了先进设备、技术和管理经验，促进了管理理念的更新和人才的培养，促进了我国的体制改革和制度创新，在促进我国社会主义市场经济发展完善，实现经济社会全面协调可持续发展等方面发挥了重要作用。

第三节
地方债的制度建设

一、我国地方债务的发展历程

地方债又称地方公债，是由各级地方政府作为发行和偿还主体而推行的公债，是地方政府用以筹措财政收入的一个重要融资渠道，其收入列入地方政府预算，并由地方政府负责安排调度。在我国，地方政府承担着组织社会基础设施建设以及提供社会公共服务的重要职责，其融资渠道的变化直接关系到国家的经济增长、金融系统的稳定以及中央与地方的权利配置，无论在经济上还是政治上都具有重大影响。

（一）地方债的起始阶段

地方政府债券在我国并非新生事物。清代末年两广总督岑春煊提出以"息借民款"的方式发行地方债券以支持地方政务，此后地方债券风行，甚至渐成泛滥之势，成为中华人民共和国成立初期禁止发债的重要原因。改革开放以后，我国重新开始发行地方债券，起初，地方政府债券在 8 个县区发行，之后，各个地方的政府也逐渐开始发行地方债来筹集建设资金。随着地方债券越来越盛行，也逐渐出现了很多问题，主要原因有两个方面：一方面，发行额越来越大，已经远远超出了地方政府的偿还能力；另一方面，有的地方政府采用强行摊派的方式来发行。

1993年，国务院发布了停止发行地方债券的通知。1994年，《中华人民共和国预算法》明确规定地方政府不得发行地方政府债券，这是在法律上对地方债券进行了限制。由于受到法律的限制，地方政府筹集资金的方式只能通过地方融资平台来进行，在2008年金融危机到来之后，这种方式使得地方政府的负债规模急剧扩大，造成了非常严重的社会问题。

（二）代理发行地方债阶段（2009—2011年）

代理发行机制是经国务院同意，地方债由中央代理发行，并列入地方预算管理的发行机制。地方债券到期时，先由财政部代为还本付息，而后地方政府择机向财政部偿还相应款项。2008年以来，在四万亿元经济刺激政策主导下，通过地方融资平台形成的地方债急剧增加。在总结1998—2008年地方举债的经验基础上，2009年，国务院放松了对地方政府债券的限制，首次批准由财政部代理发行地方政府债券2000亿元，允许地方政府发行债券，并列入省级预算管理，但是必须由国家财政部代为发行，且偿还手续由财政部代为办理，外界称之为"财政部代发地方政府债券"。地方政府债券采取财政部代理发行和代办兑付方式，有利于提升地方债券信用等级及利用国债发行经验、技术和投资者的关系，提高地方债券的发行效率，降低地方政府的筹资成本。2010年6月，国务院下发《国务院关于加强地方政府融资平台公司管理有关问题的通知》，全面部署加强地方政府融资平台公司管理。

为确保地方债券顺利发行，财政部在代理发行工作中主要采取了以下措施：一是统筹安排国债地方债券发行，加强与地方财政部门沟通协调。鉴于地方债券期限为3年，适当减少了3年期记账式国债发行规模，避免国债和地方债券相互挤占应债资金。与地方财政部门保持密切沟通，协调安排国债地方债券招标时间。二是密切跟踪国债市场变化，合理安排地方债券发行节奏。针对国债市场变动趋势及其对地方债券发行的影响，多次召集承销机构座谈听取有关意见。采取多期地方债券合并招标措施，减少承销机构投标工作量。合理安排地方债券发行节奏，每半月公布一次代理发行计划。三是及时制定地方债券招标规则，保障代理发行规范有序进行。在国债招标系统基础上快速开发地方债券招标系统，采用单一利率招标方式，参考 3 年期记账式国债利率确定地方债券投标利率区间，避免债券发行利率大幅波动。

2009—2011 年三年间，全国人大每年批准的地方债规模均为 2000 亿元。虽然并不是真正地由地方政府发行债券，但它为此后财政部推行地方债试点改革奠定了良好的基础，具有深远的意义。

（三）试点地方自行发债阶段（2011—2014 年）

2011 年 10 月 20 日，经国务院批准，财政部发布《2011 年地方政府自行发债试点办法》，将上海市、浙江省、广东省和深圳市作为地方政府自行发债试点，允许其在国务院批准的发债规模限额内自行组织发行本省（市）政府债券。自行发债是指国务院首先批准试点省（市）的地方发债规模限额，在限额范围内由各地方政府自行发行本地债券的发债机制。自行发债，实行地方债券年度发行额管理制度，并且与代理发行阶段类似，由财政部代办还本付息，各地方政府再行偿还。该办法意味着中国迈出地方政府发行债券合法化的第一步，是由先前的中央政府代理发行地方债向地方政府自主发债的过渡安排，是一次历史性突破。此次财政部施行地方政府自行发债试点改革，可看作是由此前的中央代理发行地方债向地方政府完全自主发债的过渡，是特殊时期的制度安排。

试点自行发债实质上只是赋予了地方政府选择承销团的权力和具体组织发行的事务性过程的实施权。从法律上责权利的角度来分析，试点省市自行发债同此前的财政部代发地方债相比差别较小，地方政府仍然难以发挥主动性。但从长期来看，推行地方自行发债有一定的意义。此前地方债由财政部代为发行，隐含着中央政府的信用，颇类似于国债；而推行地方政府自行发债，进一步强化了地方政府的主体地位，强调地方政府偿付本息的主体责任，使地方政府信用和偿债能力更加直接地面对市场的检验和选择，也意味着中国地方政府发债政策发生松动。

之后地方债试行了自发自还的方式。自发自还是自行发债的升级版。不同之处在于，自行发债虽允许地方自己组织发债，但还是中央财政代为还本付息，再从地方扣除还债本息，自发自还则强调地方要自行还本付息。经国务院批准，2014 年在上海、浙江、广东、深圳、江苏、山东、北京、江西、宁夏、青岛试点地方政府债券自发自还制度，这意味着地方债发行朝着市场化路径迈出实质性的步伐。

为平稳推进地方债自发自还试点，财政部主要采取了以下举措：一是建立制度机制。在广泛征求各方面意见的基础上，研究制定了《2014年地方债自发自还试点办法》《2014年地方债自发自还试点信息披露工作的指导意见》《2014年地方债自发自还试点信用评级工作的指导意见》等一系列制度办法，规范地方债自发自还试点相关工作。二是举办业务培训。组织地方财政部门开展地方债发行机制改革培训，向地方财政部门讲解地方债自发自还试点相关政策背景及制度安排，介绍债券市场运行、承销团组建、信息披露和信用评级等业务知识，夯实试点工作的人才基础。三是加强业务指导。及时解答试点省份财政部门提出的政策咨询；审核把关试点省份地方债自发自还发行兑付办法、承销团组建和招标发行规则、发行通知、招标发行结果公告、信用评级报告等制度文件；作为部门观察员参加地方债自发自还现场招标。四是跟踪舆情信息。在试点工作开展过程中，全程密切跟踪舆情信息，并采取答记者问、邀请有关专家在新闻媒体上进行政策解读等方式，积极引导舆论。五是及时总结经验。在试点过程中注意总结各试点省份好的做法和经验进行推广，印发了《2014年江苏省自发自还地方政府债券成功发行》一文，介绍江苏省的试点情况。在2014年试点工作完成后，全面总结了试点工作，分析了存在的问题，提出了下一步工作建议。

（四）地方政府自主发债阶段（2015年至今）

为规范地方政府融资，防范财政金融风险，2014年以来我国通过修订预算法和颁发法律法规，授予了地方政府债券融资权，出台了一系列政策和法律鼓励地方政府在公益性领域引入社会资本，解决基础设施建设资金不足的问题和提高公共服务运营的效率。

首先是在2014年，《中华人民共和国预算法》明确赋予了地方政府一定的发债权。《国务院关于加强地方政府性债务管理的意见》（以下简称国发43号文）也明确规定："地方政府举债采取政府债券方式。没有收益的公益性事业发展确需政府举借一般债务的，由地方政府发行一般债券融资，主要以一般公共预算收入偿还。有一定收益的公益性事业发展确需政府举借专项债务的，由地方政府通过发行专项债券融资，以对应的政府性基金或专项收入偿还。"

根据《中华人民共和国预算法》和国发 43 号文有关规定，全面推进地方债发行机制改革，首次实现地方债全部由省级人民政府自发自还，为加快建立以政府债券为主体的地方政府举债融资机制奠定良好基础。

2015 年，新预算法颁布以后，财政部发布了《2015 年地方政府一般债券预算管理办法》与《2015 年地方政府专项债券预算管理办法》，对一般债券和专项债券的限额管理做出了进一步的规定。此种分类方式有助于明确地方政府债务的性质、偿债资金来源与偿债责任，规范地方政府债务管理，与国际上的一些通行做法相符。新预算法反映了现代预算管理的基本要素，是现代财政制度的重要组成部分。

第一，完善政府预算体系，健全透明预算制度。近年来，随着预算管理制度改革的不断深化，我国已经取消了预算外资金，所有财政收支全部纳入政府预算，接受人大审查监督。这一实践符合现代预算完整性的要求，体现了建立全口径预算的改革方向。因此，新预算法删除了有关预算外资金的内容，并明确规定：政府的全部收入和支出都应当纳入预算。预算包括一般公共预算、政府性基金预算、国有资本经营预算、社会保险基金预算。同时对四本预算的功能定位、编制原则及相互关系作出规范。

公开透明是现代财政制度的基本特征，是建设阳光政府、责任政府的需要。近年来我国在推进预决算公开方面做了大量工作，取得了显著成效。为巩固和扩大这一改革成果并使之规范化、制度化，新预算法增加规定，除涉及国家秘密的事项外，经本级人大或其常委会批准，预算、预算调整、决算、预算执行情况的报告及报表，应当在批准后 20 日内由政府财政部门向社会公开，并对本级政府财政转移支付的安排、执行情况以及举借债务的情况等重要事项作出说明。各部门预算、决算及报表应当在本级政府财政部门批复后 20 日内由各部门向社会公开，并对其中的机关运行经费的安排、使用情况等重要事项作出说明。

第二，改进预算控制方式，建立跨年度预算平衡机制。原预算法规定预算审查的重点是收支平衡，同时要求预算收入征收部门完成上缴任务，于是在客观上带来预算执行"顺周期"问题，容易导致收入征收部门在经济增长放缓时，为完成任务收"过头税"，造成经济"雪上加霜"；而在经济过热时，为不抬高基数搞"藏富于民"，该收不收，造成经济"热上加热"。这既不利于依法征税，也会影响政府"逆周期"调控政策效果。根据党的十八届三中全会关于"审核预算的重点由平衡状态、赤字规模向支出预算和政策拓展"的要求，新预算法增加规定，各级人大预算审查的重点是：预算安排是否符合国民经济和社会发展的方针政策，收支政策是否可行；重点支出和重大投资项目的预算安排是否适当；对下级政府的转移性支出预算是否规范、适当等。为确保收入预算从约束性转向预期性，新预算法要求各级预算收入的编制，应当与经济和社会发展水平相适应，与财政政策相衔接；各级政府不得向预算收入征收部门和单位下达收入指标。

同时，为适应经济形势发展变化和财政宏观调控的需要，新预算法强调，各级政府应当建立跨年度预算平衡机制。各级政府一般公共预算按照国务院的规定可以设置预算稳定调节基金，用于弥补以后年度预算资金的不足。各级政府一般公共预算年度执行中有超收收入的，只能用于冲减赤字或者补充预算稳定调节基金。省级一般公共预算年度执行中，如果出现短收，通过调入预算稳定调节基金、减少支出等方式仍不能实现收支平衡的，经本级人大或者其常委会批准，可以增列赤字，报财政部备案，并应当在下一年度预算中予以弥补。这就为今后实行中期财政规划管理，研究编制三年滚动财政规划，并强化其对年度预算的约束留出了空间。

第三，规范地方政府债务管理，严控债务风险。原预算法规定，"地方各级预算按照量入为出、收支平衡的原则编制，不列赤字"。但实际上，地方政府出于发展需要，采取多种方式融资，已经形成较大规模的地方政府债务。这些债务多数未纳入预算管理，脱离中央和同级人大监督，存在一定的风险隐患。为规范地方政府债务管理，按照疏堵结合、"开前门、堵后门、筑围墙"的改革思路，新预算法增加了允许地方政府举借债务的规定，同时从五个方面作出限制性规定：一是限制主体，经国务院批准的省级政府可以举借债务；二是限制用途，举借债务只能用于公益性支出，不得用于经常性支出；三是限制规模，举借债务的规模，由国务院报全国人大或者全国人大常委会批准，省级政府在国务院下达的限额内举借的债务，列入本级预算调整方案，报本级人大常委会批准；四是限制方式，举借债务只能采取发行地方政府债券的方式，不得采取其他方式筹措，除法律另有规定外，不得为任何单位和个人的债务以任何方式提供担保；五是控制风险，举借债务应当有偿还计划和稳定的偿还资金来源，国务院建立地方政府债务风险评估和预警机制、应急处置机制以及责任追究制度。这样既坚持了从严控制地方政府债务的原则，又适应了地方经济社会发展的需要，从法律上解决了地方政府债务怎么借、怎么管、怎么还的问题，有利于把地方政府融资引导到阳光下，建立起规范合理的地方政府举债融资机制；有利于人大和社会监督，防范和化解债务风险。

二、我国地方债务改革成效

在我国地方政府债务从自由发行、禁止发行、代理发行、自行发行到现在的规范发行的过程之中，地方政府的融资方式在不断地完善，地方政府的债务发行逐渐规范，债务融资市场体制更加健全，在地方政府融资近40年的探索过程中，我国的地方债务改革取得了卓越的成效。

第一，规范地方债务发行，增强了地方安排配套资金和扩大政府投资的能力。2009年地方政府债券涉及除西藏外的30个省、自治区、直辖市，代理发行工作从2009年3月27日至9月4日，共发行50期，发行利率最低1.6%，最高为2.36%，平均发行利率1.8%，与同期内发行和流通的3年期记账式国债利率、收益率水平和变化情况基本相同，远低于商业银行3年期贷款利率（5.67%）。2011年，财政部全年代理31个省、自治区、直辖市发行地方政府债券1771亿元，平均利率为3.97%。代理发行工作自2011年7月11日至10月24日分8期完成，其中：3年期地方政府债券4期合计878亿元，平均利率为3.94%；5年期地方政府债券4期合计893亿元，平均利率为4%。2013年地方政府债券资金主要用于交通基础设施773亿元，占22%；保障性安居工程463亿元，占13%；市政建设（含城市轨道交通）433亿元，占12%；偿还到期债券791亿元，占23%。经国务院批准，2014年继续发行地方政府债券4000亿元。地方债券的发行增强了地方安排配套资金和扩大政府投资的能力，加快了改善民生的进程，促进了中央扩大内需政策目标的实现。

第二，坚持权责利相匹配，推动了地方债自发自还机制。2014年初步建立地方债自发自还机制。地方债自发自还试点实现了地方政府在地方债融资方面责权利相匹配,有利于推动建立"借、用、还"相统一的地方政府性债务管理机制,地方政府首次作为完全独立的市场主体承担发债工作,自行办理还本付息业务。地方债发行流程进一步优化,自 2014 年起财政部不再核批各地区地方债项目资金使用方案,由各地区在符合国家关于地方债务资金使用方向的基本政策下,自主决定资金使用项目,前期审批流程简化,提高了地方债发行效率。地方债发行有关基础性工作进一加强,按照财政部有关规定,承销地方债的金融机构不再限于记账式国债承销团成员,试点地区符合条件的本地金融机构更多地参与到债券承销工作中,地方债承销团成员进一步多样化。2015 年,为保障地方债自发自还工作规范开展,财政部先后印发了一般债券、专项债券发行管理暂行办法和发行工作通知,与人民银行、银监会联合印发了定向承销有关制度,对地方政府采用公开发行、定向承销方式发行地方债进行了规范。地方财政部门根据有关文件规定,结合各地实际,研究制定了本地区承销团组建办法、债券发行兑付办法和招投标规则等制度。这一系列制度文件基本建立起地方债自发自还制度框架,为地方债发行工作顺利开展提供了制度保障。

第三,发挥政府信用优势,降低了地方债的融资成本。长期以来,地方政府大量通过融资平台公司等方式举借政府性债务,在政府信用之外支付不必要的成本,融资成本较高。2014 年,在地方债自发自还方式下,地方政府充分发挥了自身信用高的优势,所发行地方债的利率平均低于融资平台公司债券利率 3 个百分点以上,大大降低了融资成本。此外,在充分征求试点省份、国债承销团等意见的基础上,财政部适当延长了 2014 年地方债期限,增加 10 年期品种,5 年期、7 年期、10 年期比例为 4∶3∶3,平均期限比 2013 年自发代还地方债增加了 1.1 年,有利于更好地平滑地方偿债周期。2015 年,采用公开发行方式发行的地方债平均发行利率为 3.31%,置换债券平均发行利率约为 3.4%,大大低于此前通过非政府债券方式举借债务的平均成本。同时,各地结合存量债务到期情况等因素,合理安排债券发行时间、规模等要素,及时筹集资金偿还到期债务,有效防范了系统性、区域性债务风险的发生。

第四,提高预算信息透明度,减少了地方债的融资风险。在2014年地方债自发自还试点工作中,首次引入债项信用评级并强化了相关信息披露。试点省份按照财政部有关规定,依法竞争择优选择信用评级机构,规范开展信用评级;在债券发行前、债券发行日、债券存续期等环节通过指定网站规范开展信息披露,及对外公布发行文件、本地区经济运行、财政收支、信用评级、中标结果等情况,特别是按规定披露了债务管理有关信息,促进了地方政府预算信息透明度的提高。在2014年工作的基础上,2015年财政部在相关制度中细化了地方债信息披露要求,要求地方财政部门进一步做好地方债信息披露工作。各地财政部门积极与本地区有关部门沟通协调,按规定披露了地方政府债务管理有关信息,满足了投资者的基本信息需求,也促进了地方政府预算信息透明度的提高,减少了地方债的融资风险。

第五,完善地方债务发行机制,推动了地方债市场的健康发展。此前代发代还、自发代还地方债存在责权利不清问题,一定程度上影响了地方债市场的发展。2014年地方债自发自还后,地方政府凭借自身信用发债,投资人根据地方政府信用确定投资意向并进行市场化定价,债券市场规则得以进一步完善。从2014年地方债发行交易情况看,各试点省份承销团成员参与地方债承销比较踊跃,各期债券招标倍数(投标量/招标量)均在2倍左右,交易情况平稳;市场深度和广度进一步拓展,年底地方债存量达到11623.5亿元,首次突破万亿元大关;地方债市场的基础设施逐步完善,地方债发行信息化程度不断提高,登记托管、信用评级等中介机构服务水平进一步提升。2015年,地方债年度发行量已超过国债、政策性金融债,在债券市场占比达到17%;地方债余额达到4.8万亿元,占债券市场存量比超过10%。地方债作为"银边债券"全面登上债券市场舞台,成为债券市场的重要品种。地方债期限结构进一步丰富,在以往3年期、5年期、7年期、10年期品种基础上,2015年新增了1年期和2年期品种,进一步满足了投资者多样化投资需求。为促进提高地方债的流动性,财政部会同人民银行、银监会,将地方债纳入国库现金管理、人民银行部分货币政策操作工具、商业银行质押贷款的抵(质)押品范围,并可按规定在交易场所开展回购交易。地方债登记托管、信用评级等市场基础建设进一步完善,各类中介机构服务水平不断提升。

三、我国地方债务存在的问题

在地方政府举债机制重构过程中，有些问题是旧有模式遗留下来尚未解决的，有些问题是新模式演进过程中出现的。地方政府举债模式中包含三个行为主体：以各类金融机构为代表的债务资金供给者、作为债务资金需求者的各级地方政府和作为举债监管者的中央政府，地方政府举债模式中存在的问题主要是由这三个行为主体之间或者其中两个主体之间利益关系冲突导致的。

（一）地方政府债券与其他政府性融资工具之间定位不清问题

在现行预算法和2014年国务院43号文件出台之前，我国对地方政府债务虽有监管，但不系统，出台的文件多是"就事论事"式地应对风险。在此之后虽然在法律和政策层面逐渐明确了监管框架，将地方政府债务归拢到地方政府债券，但是债券的举债模式也没有完全统一地方政府性债务融资工具。比如，在43号文件中提出地方政府债券分为一般债券和专项债券两种，专项债券对应具有一定项目收益的公益性项目，而地方融资平台公司也通过发行城投企业债券、公司债券对具有一定项目收益的公益性项目融资，地方融资平台公司基本为地方政府全资所有。虽然专项债券的发行主体是地方政府，城投企业债和公司债的发债主体是平台公司，但是两者的债务融资事实上是一回事，都是为地方政府融资。两者定位不清是迟早要解决的制度问题。

（二）政策意图与市场意愿背离问题

政策意图与市场意愿背离问题反应的是监管方与另一个参与主体债权人之间的问题。监管者虽然拥有规则制定的决策权，但是仍然需要根据借贷交易的市场属性综合考虑债权人的利益，维持借贷双方的利益平衡，尤其是在监管规则框架搭建初期。政策意图与市场意愿背离问题在2015年开始的存量债务置换上表现得尤为突出。2015年，通过制度安排将3.2万亿地方政府具有偿还责任的存量债务置换为地方政府债券，债务方的利率负担从平均10%左右直线下降到3.5%，债权人被动接受。但是，在置换初期也出现了市场抵触情绪，当年江苏省首发地方政府债券的时间从计划的4月23日推迟到5月18日，财政部与中国人民银行也在当年5月初分别从国库现金管理与地方政府债务流动性两个方面调整政策，平抑市场抵触情绪。这类问题还有很多，比如债务置换因为债权人反对导致地方政府当年置换额度没有用完，个别省份地方政府债券发行出现流标等。政策意图与市场意愿背离的问题反映出债务借贷参与方对监管者的牵制和约束。

（三）违规融资对现有监管框架的冲击问题

长期以来，地方政府通过债务融资完成了城市化过程中大量公共服务改善与基础设施建设任务，很多地方政府对旧的债务融资模式既熟悉，又依赖。新预算法颁布实施后，地方政府对新的债务融资模式既不熟悉，又不适应，对原有融资方式抱有侥幸心理，期望能够逃避监管，在地方政府债务限额管理下寻求制度外空间。客观来看，尽管通过中央政府强有力的监管，对个别地方政府违规融资公开惩戒，可以在一定程度上封堵违规融资空间，但如果地方政府融资需求膨胀与区域经济下行周期中的公共投资规模扩张相互叠加，那么违规举债又有可能假借公共投资需求的合法外衣加以膨胀，从而隐形冲击既有监管体系。比如，为了实现宏观经济企稳回升，国家自2015年以来相继推出的6批专项建设基金项目中的很多建设项目，国家开发银行和中国农业发展银行两家政策性金融机构审贷放款的前提条件就是地方政府或财政要出具承诺函、回购函，这是明显违背现行预算法规定的约束条件，而大多数市县政府为了能够顺利融资也屈从于这类要求。这些违规出具的大量承诺函件已经成为目前地方政府债务监管的潜在隐患。

第六章
财政管理改革

财政管理体系是公共财政体系的重要组成部分。财政管理对象包括资金、资产和人员管理三项内容；财政管理体系包括管理制度、管理手段和管理方式三大要素。近40年来，随着整体经济体制改革、行政管理改革、财政改革的推进，随着财政收入持续快速增长和财政支出规模不断扩张，本着对纳税人负责的指导思想，各级政府财政部门积极主动探索财政管理新模式，逐步拓展、深化财政管理改革，最终形成了符合科学发展观要求，顺应民意，适合公共财政本质特征的讲求法治、运行规范、手段先进、决策科学、组织严密的财政管理体系。本章将从预算编制管理、预算执行与决算管理、资产管理、财务会计管理、财政法制、财政监督、财政信息化、人事管理八个方面全方位阐释财政管理改革的进程、成效和趋势。

第一节
预算编制管理改革

预算编制管理是财政管理的基础性内容。在财政改革的推进过程中，预算编制管理改革择机而动，支持建立社会主义市场经济体制，推行了部门预算、政府收支分类、"收支两条线"等重大改革。通过改革，搭建了全新的预算编制模式，助推了公共财政体系的构建，更新了预算编制方法、预算编制程序和政府性收支分类体系，有效整合了预算内外的财政资源，增强了财政预算管理的透明度、科学化和规范化，在推动政府职能转变、提高民主理财水平、建设和完善公共财政体系方面起到了奠基作用。

一、部门预算改革

（一）部门预算改革的背景

1. 传统预算编制管理模式的主要弊端

2000年以前，我国的预算编制主要按政府部门功能来管理，其操作模式有四大特点：一是预算编制管理相对集权，自上而下进行编制。实行"分灶吃饭"财政体制之后，上级政府不再代编下级政府预算，预算编制管理的高度集权被打破，但预算主管部门（财政系统）仍负责编制政府各部门预算。二是收入预算高度不完整，基本只涉及税收，大量的行政事业性收费和政府性基金被放到预算外管理，形成了巨额部门财力。三是支出预算高度不完整，大量的预算外资金支出不受预算管理制度约束。四是预算编制管理权限基本上集中在政府，各级人民代表大会只是审议预算收支总额和收支平衡状况，对收入预算和支出预算两者的调整，人民代表大会一般不发表意见。这种预算编制管理模式在特定的历史阶段与整体行政管理体制和财政制度体系是相适应的，但随着我国政府职能的转换、市场经济体制的确立和财政改革的深化，原有的预算编制管理模式显现出了四大弊端：

（1）预算编报主体分散化

我国长期以来预算资金是按资金性质归类编制，各个部门和单位的资金性质不同、来源不同，各类支出预算如行政管理费、科研经费、基建支出等分别由财政部门内不同的职能部门负责管理。各个政府部门没有自己独立、完整的预算，资金分散在内部各职能机构。因此，不管是财政部门还是其他部门，都不能全面准确掌握各部门的全部财政性资金收支活动。各部门下属单位的单位预算通常由该部门按照资金性质的不同代为编制，数据估算盲目性和随意性较大。

（2）预算编制方式粗放

收支预算长期以来按基数法编制。收入预算不能体现各种经济因素的动态变化，支出预算只做加法，最终造成了收支两类预算的失衡。

(3) 预算编制时间过短

过去编制预算都是每年 11 月前后才开始布置，编制时间不足两个月。由于预算论证不充分，预算执行中的预算调整成为常态，冲击了正常的预算执行，造成了"一年预算，预算一年"的情况。

(4) 预算编制程序不合理

我国预算法虽然明文规定预算编制必须按"两上两下"的程序进行，但实际上，我国的财政预算是由财政部门直接编制的，预算编制程序被随意简化，变"两上两下"为"一上一下"，甚至"只上不下"，从而使得预算编制不能及时、准确、全面地反映各级预算单位的预算资金收支信息，最终造成预算与实际相脱节。

2. 部门预算改革推出的动因

改革前 20 年，我国财政改革的重心是财政体制和政府收入体系改革，预算编制管理无大的改革，当其他改革深化时，预算编制管理改革的迫切性随即凸显。

(1) 政府职能转变是推出部门预算改革的根本原因

党的十四大明确提出了我国经济体制改革的目标是建立社会主义市场经济体制。实现这一目标，就是要让市场在资源配置中发挥基础性作用，政府必须侧重履行社会管理者的职能，财政资金相应地逐步退出市场竞争性领域，转而投向公共产品和公共服务的供给。预算编制是政府职能的体现，经济体制改革和政府职能转变要求预算制度相应变革。实行部门预算，将会使财政资金预算与政府各部门的职能履行及时、有效地联结在一起，从而充分保证国家经济社会发展规划的完整落实。

(2) 全国人大和审计署的要求是推出部门预算改革的直接原因

1999 年，全国人大常委会和审计署都对改进和规范中央预算编制工作提出了明确要求："要严格执行预算法，及时批复预算""要细化报送全国人大审查批准的预算草案的内容，增加透明度""报送内容应增加对中央各部门支出、中央补助各地方的支出和重点项目的支出等"。全国人大预算工作委员会要求财政部 2000 年向全国人大提交中央预算草案时，要提供中央各部门的预算收支等资料，报送部门预算。原有的预算编制管理制度与这些要求的落实显然是不对称的，为此，必须建立新的预算编制管理制度。

（3）财政制度的自我完善是推出部门预算改革的内在动力

1994年分税制改革和税制改革从收入方面初步理顺了中央与地方间的分配关系，建立了中央财政收入稳定增长机制，1996年之后，党中央和国务院高度重视预算外资金管理，要求逐步提高预算的完整性水平，财政部门据此确定了相关的管理制度。公共财政是一个均衡的有机整体，传统预算制度和管理存在的问题，使公共财政制度从总体上呈现出不均衡性，改革传统的预算管理制度成为当务之急。

（4）社会各界的呼声是推出部门预算改革的外部动力

传统预算制度缺乏公开性和透明度，预算不完整、内容不细化、资金挪用和私设"小金库"等问题突出。对此，社会各界意见很大，改革呼声渐隆，新闻媒体也注重反映预算改革呼声；各民主党派和社会团体通过各种参政议政渠道，向各级党委政府反映对改革预算制度的愿望和建议。社会各界的要求形成了一股强大的力量，加速了预算制度改革的进程。

在上述因素的推动下，财政部在深入研究的基础上，于1999年7月向国务院报送了《关于落实全国人大常委会意见改进和规范预算管理工作的请示》，提出了细化预算编制，实施部门预算改革的构想。经国务院批准，财政部提出了《关于改进2000年中央预算编制的意见》，决定从2000年财政年度开始，推行中央部门预算改革。

（二）部门预算改革的进展情况

1. 着力构建科学、规范的部门预算管理体系

（1）改革预算编制形式，实现了"一个部门一本预算"

部门预算改变了传统功能预算按经费的功能分类编制多本预算的做法，将一个部门所有的收入和支出都按照统一规定的编报程序、编报格式、编报内容和编报时间在一本预算中反映出来。这种做法使预算能够全面反映一个部门或单位各项资金的来源、使用方向和具体使用内容，增强了各部门预算的完整性和统一性。目前中央财政对口的163个中央部门全部实现了各项收支清晰、"一个部门一本预算"的改革目标。

(2) 改革预算编制方法,建立新型预算分配机制

一是实行零基预算。部门预算打破了传统的"基数法"预算编制的方法,将部门所有支出划分为基本支出和项目支出。基本支出预算主要采取定员定额管理方式,体现公平、透明、规范分配的原则。项目支出预算采取项目库管理方式,按照项目重要程度,区分轻重缓急,使项目经费安排与部门的行政工作计划和事业发展规划以及年度工作重点紧密结合,并逐步建立了项目预算滚动管理机制,预算分配方法逐步向"零基预算"转变。

二是初步实现综合预算。部门预算改变了传统预算只反映预算内收支、大量预算外资金只报账甚至不报账的粗放管理方式,采取综合预算编制方法。通过深化"收支两条线"改革,逐步将一个部门的各项预算外资金收支、政府性基金收支、经营收支以及其他收支都按照统一的编报内容和形式在一本预算中反映,体现"大收入、大支出"的原则。

三是细化预算。细化预算是部门预算的基本特征之一。预算细化,就是预算编制主体的细化。也就是说,所有经费开支均落实到具体的预算单位。目前,基本支出预算和项目支出预算的编制和批复都细化到了基层预算单位,中央部门不再代编下级单位预算。在预算执行时,逐步做到按细化的预算作为国库拨款的依据,凡是未按要求细化的支出,一律不得拨款。

(3) 改革预算编制方式,实行"自下而上"逐级编制

与传统功能预算"自上而下"的编制方式不同,部门预算采取"自下而上"的编制方式,中央各部门的预算从基层预算单位编起,逐级汇总,所有的经费开支都落实到具体的预算单位,预算层次进一步延伸,各级预算单位编制预算替代了上级代编预算,避免了代编预算的随意性。

(4) 改革预算编制程序,提高预算管理的规范性

部门预算改革前,按照功能预算编报预算时,各类预算报表没有统一的编制规程。改革后,为规范部门预算管理程序,制定和完善了《中央部门预算编制规程》(即"两上两下"编制规程),规定了预算编制、执行、调整的时间安排、具体职责、职责权限等,明确了部门和财政部、人大、审计,以及财政部内部各部门司、主体司和预算司在部门预算测算和审核过程中的职责及工作程序。同时,延长预算

编制时间，预算编制周期由改革前的 4 个月延长到 9 个月（2008 年），为提高预算编制质量提供了时间上的保障。

2. 着力调整和优化中央本级财政支出结构

（1）落实党中央和国务院重大部署，保障重点支出需要。中央部门预算编制改革充分体现以人为本、集中财力办大事的原则，以政府职能转变方向为依据，在预算编制管理上优先保障环保、教育、科学、"三农"、社会保障等重点支出需要。

（2）严格控制一般性支出。在保障重点支出需要的同时，严格控制财政对竞争性领域的投入和一般性行政支出，如对党政机关事业单位楼堂馆所的建设，以及车辆维修费、会议费、招待费、出国经费等行政性支出的增长采取限制性措施。

（3）研究解决关系广大干部职工切身利益的热点、难点问题。如根据实际情况解决京外中央单位购房补贴、消化公费医疗经费历史挂账、解决"托低"部门津贴补贴资金缺口问题等。

3. 着力实现预算管理由"重分配"向"分配与管理并重"转变

（1）加强财政拨款结余资金管理

为抑制大量结余资金的产生，切实加强结余资金的管理，一是制定并完善了《中央部门财政拨款结余资金管理办法》和《中央部门财政拨款结余资金管理内部工作规程》。二是加大结余资金统筹使用力度，中央部门在编制年度预算时，应首先动用以前年度净结余资金安排新增的项目支出；在年度预算执行中，需要追加项目支出的，优先考虑使用本部门净结余资金，实现预算安排与结余资金管理的有机结合，有效遏制了结余资金的增长势头。

（2）稳步推进支出绩效考评

预算绩效评价主要是指政府公共支出绩效考评，是指在一定时限内，对政府公共支出的目标、结果、影响等方面内容进行的综合性考核和评价。核心是强调政府支出管理中的目标与结果及结果有效性的关系，形成一种新的面向结果的管理理念和管理方式，以提高政府管理效率、资金使用效益和公共服务水平。主要内容包括制定明确、合理的公共支出绩效目标；建立科学、规范的绩效考评指标体系；对绩效目标的实现程度及效果实施考核和评价；运用考评结果，提高预算编制和管理水平。其中绩效考评要体现出经济性、效率性和有效性三个基本原则。

为落实党的十六届三中全会关于"建立预算绩效评价体系"的要求,一是制定了《中央部门预算支出绩效考评管理办法(试行)》,确立了财政部门统一领导、各部门具体组织实施的绩效考评分工体系;二是逐步扩大了绩效考评试点范围,试点工作由2006年的3个部门4个项目,扩大到2008年的74个部门108个项目,涉及资金23亿元。

为规范和加强中央级教科文部门项目管理工作,提高财政资金的管理效能和使用效益,2005年,财政部印发了《中央级教科文部门项目绩效考评管理办法》(财教〔2005〕149号),明确教科文部门项目绩效考评范围,并把项目考评的内容分为业务考评和财务考评。项目考评由财政部统一领导,教科文部门和项目单位分级具体组织实施。财政部根据绩效考评中发现的问题,及时提出改进和加强教科文部门项目支出预算管理的意见,并督促教科文部门落实。项目考评结果是财政部确定教科文部门以后年度项目和安排项目支出预算的重要依据,也是新增项目立项决策的重要参考依据。

(3)严格预算执行和调整,增强预算约束性

一是提高年初预算到位率。在细化预算编制的同时,努力提高年初预算到位率,严格控制中央总预算代编规模。二是规范预算调整。规定部门预算批复后,原则上不进行调整。上半年原则上不再追加预算,下半年因特殊情况需追加预算的,通过动用中央预备费解决。同时,严格执行追加预算指标下达的时间规定,加快预算执行进度。三是适当提高机动经费规模。为适应提高预算到位率、减少预算调整的要求,按部门基本支出的一定比例安排部门机动经费,对实行垂直管理的部门也安排了系统机动经费。上述机动经费可由中央部门掌握,根据支出需要动用,有效解决了部门零星和临时性开支的资金来源问题,减少了部门预算执行过程中的调整次数。

4. 着力强化预算监督

(1)增加向全国人大报送部门预算的数量。在向全国人大报送按功能汇总的中央财政总预算的同时,报送的部门预算数量由2000年的4个逐步增加到2008年的

50个。

（2）细化报送审议的预算内容。中央财政用于教育、科技等涉及人民群众根本利益的重大支出总量和结构情况均报全国人大审议；从2008年起，向全国人大报送审议的教育、科学技术、社会保障和就业、农林水事务等15类关系民生的重点支出科目进一步明细到款级科目。

（3）试行部门预算内部公开。2008年，选择了财政部、审计署等11家中央部门推行部门预算内部公开试点，要求上述部门在内部上网查看、张贴查看和指定地点陈列查看三种方式中选择一种，在部门内部公开部门预算。

在中央部门预算改革稳步推进的同时，地方部门预算改革也取得了重大进展，确立了部门预算管理基本框架，规范了预算编制制度，初步建立了预算编制、执行和监督相分离的运行机制，增强了预算管理的公开性、公正性和透明度。据统计，截至2007年底，全国36个省、自治区、直辖市和计划单列市本级都建立了比较规范的部门预算管理制度，实行了综合预算管理；大部分省（自治区、直辖市）制定了基本支出定额标准，建立了项目库；已有超过半数的省级部门向同级人大报送部门预算，绝大部分省（自治区、直辖市）开始向同级人大报送包括基本支出和项目支出具体内容的综合预算；全国2882个县（市）中，已有2585个实行了部门预算改革，占89.7%，其中2200个全面推行了部门预算，占76.3%。各省逐步认识到了推行预算绩效评价的必要性和重大意义，一些省（如广东、河南）的财政厅内设置了绩效评价专职机构，评价范围分步扩大，延伸到了基本支出。

（三）部门预算改革取得的成效

在党中央、国务院的正确领导下，在财政部和中央各部门的共同努力下，中央部门预算改革在更加有效地发挥财政职能作用、调整和优化财政支出结构、促进提高预算管理的完整性、规范性、科学性、有效性和透明度等方面，均取得了显著的阶段性成效。可以说，一个管理职责明晰、预算程序规范、编制方法科学、决策过程透明、技术手段先进，与公共财政体制相适应的部门预算管理制度体系和运行机制已经初步确立。具体而言，部门预算改革的成效主要体现在以下方面：

1. 确立了部门预算的基本模式

部门预算改革，建立了比较完整的预算制度体系和科学规范的管理模式，如实行综合预算，统一了预算分配权，实现了预算编制的统一性，保证了预算分配的规范性和完整性；实行定员定额和项目库管理，避免了预算分配过程中的"暗箱操作"，有利于预算编制的公开、公平、公正；调整财政支出结构，规范了财政支出范围和方向，强化了财政支出的公共性；细化预算编制，改变了过去"一年预算，预算一年"的现象，提高了预算的年初到位率，增强了预算的计划性和严肃性；预算自下而上编制，改变了过去层层留机动的做法，减少了资金在中间环节的滞留。预算反映政府的活动范围和方向，并最终体现财政模式的性质和特点。预算编制制度的深刻变革，是公共财政框架在我国建立的重要标志。

2. 转变了预算管理观念

部门预算改革推动了财政部门自身的改革，使财政部门得以把更多精力由应付日常追加转移到参与部门行业的发展规划、项目的选择确定以及监督资金使用等方面，解决了财政监督和管理缺位的问题。预算管理方式、方法的改革，以及结余资金管理和绩效考评的引入，增强了预算管理的科学性，大大提高了财政资源配置效率和财政资金使用效益。同时，实行部门预算，确立了中央部门的主体地位，要求部门必须担负起预算管理的基础责任，必须更加重视财政财务工作，特别是在确定发展目标、工作重点时，要与预算安排紧密结合起来，围绕预算谋划和开展工作，在完成预算管理任务的同时，全面提升部门的财政财务管理水平。另外通过建立财政支出绩效评价制度，以及对政府预算执行结果进行绩效评价，使执行效果与预算编制有机结合，切实提高财政资金使用效益，并建立起了一套完整的绩效评价指标体系。完整的财政支出绩效评价指标体系和规模庞大的基础资料数据库的建立，使项目的绩效目标能够量化、具体化，为评价各类项目的投入水平与支出效益提供了技术支持。

3. 规范了行政行为

一方面，预算改革促进了政府职能的转变。通过改革，司法、行政部门的所有代行政府职能的收费项目一律纳入预算管理，有利于执收、执罚部门从分钱、收钱等繁杂事务中解脱出来，克服事权财权化，促进了政府职能和工作作风的转变，有利于保证公正执法。另一方面，预算改革促进了反腐倡廉工作的开展，为从制度上和源头上治理腐败奠定了基础。预算改革建立了一个科学规范的政府公共资源配置机制和分配体系，把所有财政资金依次公开、透明、公正地分配，而且经过部门建议、财政审核、政府和党委研究、人大通过等多个关口，保证了资金分配的科学性、公正性、合理性，有效避免了暗箱操作。通过预算制度创新，建立科学严密的资金管理制度体系，为从源头、机制和管理上铲除腐败、促进廉政建设创造了基础条件。

4. 推进了预算公开

部门预算改革使我国的依法理财和民主理财迈出了实质性步伐。在新的预算管理制度下，对财政资金的分配行为、管理权限及操作程序在政府、财政和部门每个环节都制定了严格的规章制度，使预算的法制性约束大大增强，有效地规范了政府的管财行为、财政的理财行为和部门的用财行为。预算从基层编起、经过部门审核汇总、财政综合平衡，再报政府审定、人大审批，形成了更加严密的链条，增强了预算决策的民主化。

5. 建立了中央预算稳定调节基金

为更加科学合理地编制预算，保持中央预算的稳定性，中央财政于2006年建立了中央预算稳定调节基金，专门用于今后弥补短收年份预算执行中的收支缺口，应对不时之需。中央财政视预算的平衡情况，可在安排年初预算时调入并安排使用该项基金。中央预算稳定调节基金单设科目，安排基金时在支出方反映，调入使用基金时在收入方反映，基金的安排使用纳入预算管理，接受全国人大及其常委会的监督。从2008年起，年度执行中如有超收，原则上都列入中央预算稳定调节基金，转到以后年度经过预算安排使用。这样做有利于规范预算管理，增强预算的约束力；有利于提高预算的透明度，提高依法行政和依法理财的水平；更重要的是有利于全国人大及其常委会和广大人民群众对超收收入安排的监督。建立中央预算稳定调节基金反映了稳健理财、周期平衡、控制风险的理财观念，为中央政府应付突发事件提供了物质保障。2008年我国发生的重大雪灾和汶川特大地震引起了支出需求的临时性急剧扩张，为此，中央财政调用数百亿中央预算稳定调节基金化解燃眉之急，既解决了问题，又保持了当期预算平衡。

6. 提高了预算的完整性

部门预算改革通过推进"收支两条线"管理，逐步将预算外资金、政府性基金等纳入预算管理或实行收支脱钩管理，将部门所有的收入和支出，包括预算内资金、预算外资金和政府性基金汇总在一本账中，统一向财政部申报。财政部批复预算时，也将部门的所有收支批复在一本账中。通过改革，扩大了公共资源统筹范围。部门预算不仅包括预算内资金收支，还包括各项预算外资金收支、政府性基金收支、经营性收支以及其他收支，实现了"一个部门一本预算"，提高了预算的完整统一性。

7. 提高了部门预算科学化和精细化水平

部门预算改革进一步延伸预算管理级次，督促各部门做好年初预算细化工作，原则上每项支出都要落实到具体承担单位，使各单位的预算与其履行职能紧密结合起来。强化预算执行管理，努力提高预算执行的时效性和均衡性。积极推进预算编制与预算执行的有机结合，根据预算执行进度和以前年度结转结余资金情况，相应调整相关部门项目支出预算，实现了部门预算管理的科学化、精细化水平的提升。

二、政府收支分类改革

政府收支分类是对政府的收入和支出项目进行类别和层次划分，实质上是政府职能的细化列示。政府收支分类是各级政府编制预算、组织预算执行以及各预算单位进行明细核算的基础条件，是政府预算科目设置的依据。

（一）政府收支分类改革的背景

我国2006年以前实行的政府收支分类（即政府预算收支科目）方法，是计划经济时期参照苏联财政管理模式确定的，对应的是集权、封闭、随意的财政体系。随着社会主义市场经济体制的完善、社会管理法治化、公共财政管理框架的逐步确立，以及部门预算、国库集中收付、政府采购等各项财政改革的逐步深入，原有科目体系的弊端越来越明显，已成为制约各项改革深化的因素。具体有如下五点表现：

一是与市场经济体制下的政府职能转变不相适应。目前我国社会主义市场经济体制已经基本建立，市场在资源配置中的基础性作用日益强化，政府公共管理和公共服务的职能不断加强，要求财政收支结构相应转变。但作为反映政府职能活动需要的预算收支科目，如基本建设支出、企业挖潜改造支出、科技三项费用、流动资金等仍然是按照过去政府代替市场配置资源的思路设计的。既不能体现政府职能转变和公共财政管理的实际，又影响各方面对我国市场经济体制的认识。

二是不能清晰反映政府职能活动。在市场经济条件下，政府的重要职能就是要弥补市场缺陷，满足社会公共需要。政府预算必须反映公共需求，接受公共监督。但我国原有预算支出科目主要是按"经费"性质进行分类的，把各项支出划分为行政费、事业费、基建费等。这种分类方法使政府究竟办了什么事在科目上看不出来，很多政府的重点工作支出如农业、教育、科技等都分散在各类科目中，不能形成一个完整的概念，不透明，不清晰，往往造成"外行看不懂，内行说不清"。

三是不能适应财政管理规范化、科学化和精细化的总体要求。按照国际通行做法，政府支出分类体系包括功能分类和经济分类。功能分类反映政府的职能活动，如搞教育；经济分类是对各项具体支出进行剖析和核算，如办小学的钱究竟是发了工资，还是买了设备、盖了校舍。我国原有的支出目级科目虽然属于支出经济分类性质，但它涵盖的范围偏窄，财政预算中大多数资本性项目支出，以及用于转移支付和债务等方面的支出都没有反映出来。另外，原有目级科目也不够明细、规范和完整。这些对细化预算编制，加强预算单位财务会计核算，以及提高财政信息化水平都有负面影响。

四是不利于有效实施全口径预算管理与监督。原有《政府预算收支科目》只反映财政预算内收支，不包括应纳入政府收支范围的预算外收支和社会保险基金等收支，给财政预算全面反映政府各项收支活动、加强收支管理带来较大困难，尤其不利于综合预算体系的建立，也不利于从制度、源头上预防腐败。

五是与国民经济核算体系和国际通行做法不相适应。这种差异既不利于财政经济分析与决策，也不利于国际比较与交流。由于货币信贷统计核算科目以及国民经济核算体系均按国际通行标准作了调整，而政府预算收支科目体系一直未作相应改革，财政部门和国家统计部门每年要做大量的口径调整和数据转换工作。尽管如此，还是难以保证数据的准确性以及与其他国家之间的可比性。

为解决原有预算科目存在的主要问题，全国人大、国务院、中纪委等有关方面对政府收支分类改革都提出了明确要求。社会各界对推进政府收支分类改革、提高政府预算透明度的呼声也越来越高。

（二）政府收支分类改革的进展情况

经国务院批准，政府收支分类改革从2007年1月1日起全面实施，但有关准备工作主要体现在2006年。从制发方案、编写教材、修改报表软件、组织业务培训到转换2006年预算和执行数据、用新科目编制2007年预算等，环节之多，牵涉面之广，工作量之大，前所未有。按照"总体部署、周密计划、把握重点、逐项落实"的工作思路，财政部在中央各部门、地方财政和税务等部门的积极支持和配合下，做了大量艰苦细致的工作。

1. 及时制定改革方案，明确提出有关工作要求

为保证从2006年6月起正式启用新的政府收支分类科目编制2007年度政府预算，2006年2月，财政部制发了《政府收支分类改革方案》（财预〔2006〕13号），此后又相继印发了6个相关通知，从制度上保障了政府收支分类改革的顺利推进。

改革主要包括以下三项内容：一是对政府收入进行统一分类，全面、规范、细致地反映政府各项收入。新的收入分类按照科学标准和国际通行做法将政府收入划分为税收收入、社会保险基金收入、非税收入、贷款转贷回收本金收入、债务收入以及转移性收入这6类，这为进一步加强收入管理和数据统计分析创造了有利条件。从分类结构上看，改革以后分设类、款、项、目四级（如税收收入—消费税—国内消费税—国有企业消费税），多了一个目级层次。四级科目逐级细化，以满足不同层次的管理需求。二是建立新的政府支出功能分类体系，更加清晰地反映政府各项职能活动。根据政府管理和部门预算的要求，统一按支出功能设置类、款、项

三级科目（如教育—普通教育—小学教育），分别为 17 类、170 多款、800 多项。类级科目综合反映政府职能活动，款级科目反映为完成某项政府职能所进行的某一方面的工作，项级科目反映为完成某一方面的工作所发生的具体支出事项。新的支出功能科目能够清楚地反映政府支出的内容和方向，从根本上解决了人大代表多次提出的政府支出预算"外行看不懂，内行说不清"的问题。三是建立新型的支出经济分类体系，全面、规范、明细地反映政府各项支出的具体用途。按照简便、实用的原则，支出经济分类科目设类、款两级，分别为 12 类和 90 多款。款级科目是对类级科目的细化，主要体现部门预算编制和单位财务管理等有关方面的具体要求。全面、明细的支出经济分类是进行政府预算管理、部门财务管理以及政府统计分析的重要手段。

2. 全面组织业务培训，广泛开展改革宣传

2006 年 2 月中旬，中央部门政府收支分类改革动员培训会议在北京国家会计学院召开。2 月下旬，地方财政部门政府收支分类改革动员培训会议在苏州召开。随后，财政部有关司局分期分批地开展了本系统业务培训工作。按照有关总体部署，中央各部门的系统内培训，各地方财政、税务、人民银行国库等部门的逐级培训也陆续展开。据初步统计，从 2 月份启动培训到 6 月份培训工作基本结束，各级各类培训总人数达数十万人次。整个培训横到边、竖到底，面之广、人数之多历史罕见。在扎实做好业务培训工作的同时，财政部成立了政府收支分类改革答疑办公室，设置热线电话，专人值守实时解惑答疑。对业务复杂、涉及科目较多的部门和地方，还主动致函、致电或派人进行重点指导。在精心组织业务培训的同时，财政部有关司局还有效利用各类媒体进行宣传，为改革的顺利推进营造了一个良好的氛围。此外，财政部编发了 50 多期《政府收支分类改革简报》，对推广经验、反映问题、研究对策都起到了十分重要的作用。

3. 扎实进行旧科目数据转换，正式启用新科目编制 2007 年预算

新旧科目数据转换是政府收支分类改革的一个关键环节。尤其支出功能分类作为一种全新的分类方式，与旧科目的衔接更是改革的重点和难点。为顺利实现新旧科目的平稳过渡，保证改革前后年度间预算、执行数据可比，财政部在编写《政府

收支分类问题解答》之外，还专门制作了新旧科目对照表、相关报表数据转换对应关系表，及时调整了有关报表软件。

4. 成功使用新科目办理2007年收入缴库，不断巩固扩大改革成果

由于财政、税务、海关、人民银行国库等有关部门前期准备充分，从2007年1月1日开始的用新科目办理收入入库工作总体进展顺利。对个别地区出现的少数错误和不衔接问题，有关部门及时给予解决。对执行中反映出来的科目设计问题，财政部通过另行发文方式作了适当调整。同时，结合其他方面的实际管理需要，在2008年、2009年政府收支分类科目中作了统一修订。

为充分利用新的政府收支分类进一步细化部门预算编制，2007年，财政部选择农业部、水利部、国家统计局等14个中央部门作为按支出经济分类编制项目预算的试点，并取得初步效果。为全面落实《国务院关于试行国有资本经营预算的意见》（国发〔2007〕26号），保证国有资本经营预算的准确编报，并实现国有资本经营预算与政府一般预算的合理衔接，财政部经过反复研究，在新的政府收支分类框架下，专门设置了能够相对独立反映国有资本经营收支的科目。在成功使用新的政府收支分类体系分别反映一般预算收支、基金预算收支、国有资本经营预算收支以及预算外收支的基础上，财政部又着手研究利用新科目统一编制全口径政府预算，以放大政府收支分类改革效应。

随着上述各项工作的稳步推进，一个体系完整、分类规范、反映明晰的全新政府收支分类框架基本确立，改革取得了预期成果。

（三）政府收支分类改革取得的成效

2007年政府收支分类改革，是中华人民共和国成立以来我国财政分类统计体系最大的一次调整，也是继1994年分税制改革、2000年部门预算改革以来我国预算管理制度的又一次重大变革。新的政府收支分类有效克服了原政府预算收支分类的弊端，基本实现了"体系完整、反映全面、分类明细、口径可比、便于操作"等改革目标，充分体现了国际通行做法与国内实际的有机结合以及在市场经济条件下建立健全我国公共财政制度的总体要求。具体来讲，此次政府收支分类改革的成效主要体现在以下几个方面：

（1）形成了一个政府预算内外资金共用的统一、规范的收支分类体系，能够更为完整、准确地反映政府收支情况，并为全面落实党的十六届三中全会关于实行全口径预算管理的要求，将政府预算内外各类收支由长期分散统计、分散管理转向综合统计、综合管理，创造了十分有利的条件。同时，通过建立统一的收支科目体系，不仅可以得到全口径政府收支概念，还可以对财政收入占GDP的比重以及教育、科技、农业、社会保障等重点支出占全部政府支出的比重等，得出一个清晰的判断，从而为准确把握宏观调控力度、合理配置财政资源、不断优化财政支出结构提供科学依据。

（2）新的支出功能分类和支出经济分类可清晰反映政府各项职能活动以及各项支出的具体用途，使政府预算更加透明、预算监督更加有力。新的支出分类客观上促成了政府预算编制的出发点由便于管理向便于监督转变。原有按行政费、事业费、基建费等支出经费性质设置的支出科目，确实有利于有关部门按不同经费切块分配资金。但它最大的问题，就是不便于社会公众了解政府搞国防、办教育究竟花了多少钱。在新的支出功能分类能够清楚反映政府教育支出的基础上，支出经济分类可以进一步反映办教育的钱究竟是建了校舍，还是支付了教师的工资。这种制度设计，恰好体现了公共财政条件下政府预算必须公开、公正、透明的基本要求。

（3）新的政府收支分类体系实现了与国际财政统计口径的有效衔接，更有利于进行宏观分析决策与国际比较交流。新的政府收支分类除包含预算内外收支外，还按国际通行做法，纳入了具有"准财政资金"性质的社会保险基金收支，从而实现了与国际通行政府全部收支口径的总体衔接。

（4）新的政府收支分类体系和财政信息管理系统相配合，可实现对财政运行过程的全面、实时监控，将有力促进我国财政管理走上更加规范、更加精细、更加科学的道路。

三、"收支两条线"管理改革

所谓"收支两条线"，是指国家机关、事业单位、社会团体以及政府授权的其他经济组织，按照国家有关规定依法取得政府非税收入，收入全额缴入国库或者财政专户，支出通过编制预算由财政部门统筹安排，并通过国库或者财政专户拨付资金。通过"收支两条线"改革，政府资金的预算管理范围不断扩大，有效克服了政府收入筹措机制不规范、财力使用分散、支出失控等问题，也为整合政府资源、加快行政管理体制改革创造了条件。

（一）"收支两条线"管理改革的背景

改革开放以后，随着经济体制改革的推进，社会利益分配格局发生了很大变化。经济转轨时期，由于新旧体制的冲突，各项规章制度的不完善和监督的缺位，一些地方和部门在利益驱动下乱罚款、乱收费、乱摊派，或是通过各种非法手段将部分预算内资金划为预算外资金，导致国家财政收入流失，预算外资金迅速膨胀。1988年、1990年和1992年三年，当年预算外资金收入分别达到2361亿元、2709亿元和3855亿元，分别相当于当年财政收入的100%、92%和111%。这既分散了国家的财政资金、削弱了政府的宏观调控能力、扰乱了市场经济秩序、加重了企业和人民群众的负担，又造成私设"小金库"、贪污浪费等问题，损害了党和政府形象，助长了不正之风和腐败现象的滋生蔓延。为此，中央决定明确对行政事业性收费和罚没收入等财政性资金实行"收支两条线"管理改革。

（二）"收支两条线"管理改革的进展情况

1."收支两条线"管理改革的历程

（1）20世纪90年代初到1996年前为初始阶段

1990年，党中央、国务院发布《关于坚决制止乱收费、乱罚款和各种摊派的决定》。明确规定集资资金实行"收支两条线"管理，这是中央、国务院首次在有关文件中提出"收支两条线"概念。为从体制制度上刹住乱收费的不正之风，1993年中央先后转发了财政部《关于治理乱收费的规定》和《关于对行政性收费、罚没收入实行预算管理的规定》，确定了收费资金实行"收支两条线"的管理模式，要求对尚未纳入预算管理的行政性收费、专项收费及事业性收费实行财政专户储存。中纪委也在当年的全会中明确提出落实"收支两条线"，并在以后的历次全会都重点做了部署。从此，"收支两条线"管理制度改革逐步推进。经过治理整顿，预算外资金总量在1993年下降到1433亿元。自1994年起，财政部将83项行政性收费纳入预算管理,各地区各部门罚没收入均按规定全额上缴国库。这一阶段,"收支两条线"管理制度形成雏形,工作的重点主要放在治理"三乱"上。由于预算外资金规模庞大、名目繁多、管理分散、性质各异,"收支两条线"管理制度尚未有明确、系统性的规定,不少部门和单位虽然实行了专户储存制度,但其所有权和使用权仍没有改变。财政收入流失较多,预算外资金仍有相当的发展,导致的腐败现象仍不时出现。

(2) 1996年到2000年为改革广泛开展阶段

1996年国务院发布的《关于加强预算外资金管理的决定》,将"收支两条线"管理范围扩大到预算外资金。1998年,中央办公厅、国务院办公厅要求公安、检察院、法院和工商行政管理部门行政性收费和罚没收入实行"收支两条线"管理。1999年,财政部、监察部等部门联合发布《行政事业性收费和罚没收入实行"收支两条线"管理的若干规定》,对"收支两条线"制定了具体规定。2000年,国务院发布《违反行政事业性收费和罚没收入收支两条线管理规定行政处分暂行规定》,对国家公务员和法律、行政法规授权行使行政事业性收费或者罚没职能的事业单位的工作人员违反"收支两条线"管理规定行为的,制定了行政处分规定,为更好地贯彻落实"收支两条线"管理规定,提供了强有力的制度保障。

这一阶段的改革取得了重大进展,实现了重要突破,人们的思想观念有很大转变,但改革重点放在了"收"的方面,还没有实现全面、真正收支脱钩的"收支两条线"管理,综合预算未能真正落实。

(3) 2001年至今为改革延伸推进阶段

2001年,国务院办公厅转发财政部《关于深化收支两条线改革进一步加强财政管理的意见》,要求各地区、各部门深化"收支两条线"改革。

2004年,中纪委发布《中央和国家机关贯彻落实2004年党风廉政建设和反腐败工作部署的分工意见》,要求财政部会同监察部等有关部门推进财政体制改革,健全公共财政体制,严格执行"收支两条线"规定,逐步将政府非税收入全部纳入"收支两条线"管理。

各级财政部门按照党中央、国务院的要求,继续推进改革、完善政策措施,将政府非税收入逐步纳入"收支两条线"管理。一是清理整顿政府性基金项目。2002年,财政部公布取消277项政府性基金项目。二是清理取消行政审批收费项目。2003年,财政部会同有关部门对涉及行政审批事项的收费项目进行了全面清理,公布取消18项行政审批收费项目。2004年,按照《行政许可法》的规定,财政部会同有关部门又向社会公布取消了103项行政审批收费项目,降低了10项收费标准。三是清理涉及农民负担的收费项目。2003年,各级财政部门进一步规范涉农收费管理,做好减轻农民负担工作。财政部会同有关部门取消3项涉农收费,对农民免收8项收费,降低4项涉农收费标准。2004年,为贯彻落实中央1号文件精神,财政部发布了《关于规范收费管理,促进农民增加收入的通知》,从五个方面规范涉农收费管理,进一步减轻农民负担,促进农民增加收入。同年,财政部与有关部门清理取消了针对农民跨地区就业和进城务工的歧视性规定和不合理收费,对涉及生猪饲养、屠宰、销售环节的收费进行整顿,对三轮汽车免收有关收费,进一步减轻了农民负担。四是治理教育乱收费。2003年,各级财政部门积极配合有关部门,切实做好治理教育乱收费工作,加强教育收费管理。如明确2003年政府举办的各类学校不得设立新的收费项目,不得提高收费标准;要求各级各类学校全面实行教育收费公示制度,确保教育收费公示质量;落实国家扶贫开发工作重点县全面实行"一费制"收费办法,严格核定"一费制"收费范围和收费标准。2004年,各级财政部门继续做好治理教育乱收费工作,在全国义务教育阶段学校全面推行"一费制"收费办法,进一步规范义务教育阶段收费行为,开展治理教育乱收费专项检查工作,严肃查处各类教育乱收费。

2. "收支两条线"管理改革不断拓展

经过多年的实践,"收支两条线"管理改革不断充实、完善,主要体现在如下五个方面:

(1) 收入必须依法取得。一是收入来源必须合法。其中行政事业性收费项目必须经过国务院或者省、自治区、直辖市人民政府及其所属财政、价格主管部门的批准;行政事业性收费标准必须由国务院或者省、自治区、直辖市人民政府及其所属价格、财政主管部门核定。政府性基金必须具有法律、行政法规依据,并按照规定程序报经财政部或者国务院批准。二是取得收入必须出具相应凭证。如实施行政事业性收费必须持有《收费许可证》，罚款必须持有《罚没许可证》，做到亮证收费或罚款。收取行政事业性收费、政府性基金等必须按照财务隶属关系分别使用中央和省两级财政部门统一印制的票据。罚没收入必须按规定使用中央和省两级财政部门统一印制的票据。政府非税收入来源中按照国家规定需要依法纳税的，应按税务部门的规定使用税务发票。

（2）收入必须全额上缴国库或财政专户。一是按照国家规定依法取得的政府非税收入属于财政资金，不是部门和单位的自有资金，因此，必须全额上缴国库或者财政专户，有关部门和单位不得截留、坐支或者挪用。二是全面实行罚缴分离和推行政府非税收入收缴分离。除法律、法规规定可以当场收缴罚款外，其他罚款实行罚款决定与罚款收缴相分离制度，即由当事人持行政处罚决定书到财政部门指定的银行缴纳罚款。三是政府非税收入除经同级财政部门批准由执收部门和单位集中汇缴以外，其他收入均实行直接缴库或者"单位开票，银行代收，财政统管"的征收管理方式。四是政府非税收入来源中按照国家规定需要依法纳税的，按照财政部门规定将缴纳税款后的政府非税收入全额上缴国库或财政专户。

（3）单位账户开设必须符合国家规定。一是单位开设账户须经同级财政部门的批准。二是必须取得中国人民银行核发的开户许可证。三是严格账户管理。按照2002年《财政部、中国人民银行、监察部、审计署关于印发〈中央预算单位银行账户管理暂行办法〉的通知》的规定，中央预算单位应在国有、国家控股银行或者经批准允许为其开户的商业银行开立银行账户。中央预算单位开立银行账户必须向财政部提交"开立银行账户申请报告"，并经财政部批准。

（4）单位财务收支由财务部门统一归口管理。涉及行政事业性收费、政府性基金、罚没收入等有关事务，包括申请立项、调整收费标准、购领票据、账户开设、收入收缴、支出拨付、预决算编制，以及与之相关的其他财务收支活动，统一由部门和单位的财务机构归口管理。

（5）部门和单位支出由财政部门统筹安排。一是部门和单位的支出与其依法取得的有关收入不得挂钩。二是部门和单位支出按照财政部门批复的预算和规定用途安排使用。三是实现"收归收、支归支、收支脱钩"的管理目标,以及财政收支活动的规范化管理。四是财政部门按照批复的预算及时核拨部门和单位所需要的资金。

(三)"收支两条线"管理改革的成效

实施"收支两条线"管理,对于促进依法行政和公正执法、整顿财政分配秩序、从源头上预防和治理腐败具有重要意义。

(1)有利于从源头上治理腐败。实行"收支两条线"管理,执收单位所有非税收入项目和标准都必须严格依照国家规定执行,并按照规定使用省级以上财政部门统一印制的票据,收入按照财政部门规定全额上缴国库或财政专户。实行"收支脱钩"管理,可以从源头上预防和治理乱收费,有利于促进依法行政和公正执法,从制度上铲除滋生腐败的土壤。

(2)有利于理顺政府收入分配秩序。实行"收支两条线"管理,一方面可以有效解决大量财政性资金体外循环的问题,进一步提高财政资金管理的透明度;另一方面,执收部门和单位支出列入部门预算,由财政部门按照批复的预算予以核拨,可以彻底改变执收部门和单位收入与支出相挂钩的状况,有利于解决由于收费与执收部门和单位利益挂钩带来的分配不公问题,进一步规范政府收入分配行为,理顺政府收入分配秩序。

(3)有利于规范执收单位银行账户管理。实行"收支两条线"管理,取消执收单位所有收入过渡户,可以改变过去执收单位银行账户设置过多过滥的状况,防止产生"小金库",不仅有利于规范执收单位银行账户管理,而且有效杜绝了执收单位发生截留挪用、坐收坐支财政资金等违纪行为,更好地确保非税收入及时解缴财政专户或国库。

(4)有利于提高财政资金运行效率。实行"收支两条线"管理,政府非税收入按照规定分别上缴国库或财政专户,可以杜绝征收环节上的"跑、冒、滴、漏"行为,有利于保证财政资金的安全;同时,也有利于加快财政资金缴拨速度,缓解国库资金周转压力,进一步提高财政资金运行效率。

(5)有利于促进公共财政体系建设。实行"收支两条线"管理,通过编制综合财政预算,可以全面客观地反映财政资金收支状况,有利于预算内外资金的统筹安排,为提高部门预算编制和执行质量、推进国库收付制度改革、政府采购管理制度改革创造了有利条件,有利于促进公共财政体系建设。

第二节
预算执行管理改革

预算执行管理在财政管理中具有承上启下的功能,所谓承上是指具体落实预算编制指标;所谓启下是指具体分解预算政策,发挥财政宏观调控作用。这些年来,本着为民理财、提高资金使用效率、服务落实财政政策的原则,通过财政国库管理制度、政府采购制度以及决算管理等方面的改革,预算执行发生了根本性的变革,已建立起规范完整的管理体系。目前,国库已不单是指国家金库,中国特色的现代财政国库管理体系,涵盖了国库集中收付、政府采购管理、国债管理、国库现金管理、政府会计管理和财政国库动态监控等多方面内容。预算执行管理制度和手段的创新,既为整体管理创造了基础条件,又直接助推了行政管理改革的逐步深化。

一、财政国库管理制度改革

国库随着国家的产生而产生,随着财政职能的逐步加强而不断完善。在改革开放的头二十年,我国财税体制改革的重点是改革政府收入统筹制度和财政体制,基本没有触及国库管理制度,国库管理仍沿用计划经济体制下以设立多重账户为基础的分散收付方式。这种办法适应了一定时期的预算管理方式,发挥了当时应有的作用。自2000年财政部成立国库司以来,我国财政国库管理制度改革取得了长足进展。实践已经证明,以"集中收付"为核心要义的现行国库管理制度是规范政府性资金收付的最彻底、最完善、最可靠的预算执行管理运行模式。

(一) 财政国库管理制度改革的背景

1. 传统国库管理制度的主要特征

(1) 机构设置

中华人民共和国成立以后的 50 年里，我国财政部门一直没有设立独立的国库机构，国库业务主要由中国人民银行代理，即在中国人民银行设立总库，在各省、自治区、直辖市分行设分库，在省辖市、自治州支行设中心支库，在县（市）支行（城市区办事处）设支库。同时，在县以下和不设中国人民银行的地方，为了及时收纳预算收入，方便缴库单位纳税缴利，由中国人民银行委托商业银行作为国家金库的经收处，代收预算收入。经收处只办理库款缴纳，并向国库结报；它不办理各级共享收入的划分和报解，也不办理预算收入的退库。

(2) 缴库制度

传统预算收入缴库方式有三种：就地缴库、集中缴库和自收汇缴。其中，就地缴库是由缴款单位将其预算收入在企业所在地通过开户银行，以转账方式向当地国库办理缴库手续，这种方式最普遍。集中缴库适用于个别由主管部门全面统一核算盈亏的企业，以及各单位应缴预算的某些零星收入缴款。自收汇缴是由基层税务所、税务专管员或待征单位自收税款，定期结报，由基层税务局（所）汇总缴入国库或国库经收处，适用于个体工商户等小额税款的缴纳。

(3) 支付制度

传统国库支付是分散支付制度，其流程是：财政部门—国库—人民银行—主管会计单位—基层用款单位—商业银行—货物或劳务的提供者。

在拨款阶段，先由财政拨款给主管会计单位，接着由主管会计单位直接取款使用或逐级转拨给基层用款单位。

在支出阶段，基层用款单位在开户行提款后，根据相关规定和预算要求，自行支付各类款项用于购买商品和劳务；年度终了时，预算单位编制财务决算报表并向财政部门报送，资金进入最后结算审核阶段。

2. 传统国库管理存在的主要问题

随着社会主义市场经济体制的建立和发展，特别是按照我国建立公共财政体制的目标要求,传统体制下形成的财政资金缴拨方式显露的弊端越来越突出。一是重复和分散设置账户,导致财政资金活动透明度不高,大量预算外资金游离于预算管理之外,不利于实施有效管理和全面监督。据当时有关资料统计,1999年全国预算外资金收入达3385亿元,其中有907亿元未缴入财政专户管理,截留、坐支应缴未缴财政专户资金的现象相当严重。① 二是财政收支信息反馈迟缓,难以及时为预算编制、执行分析和宏观经济调控提供准确依据。三是收入预算执行中征管不严,退库不规范,财政收入流失问题时有发生。根据2000年对239户国税机关进行的专项检查,以"待结算账户""待结算财政款项—待解税金账户"等形式开设的收入过渡性账户达170多个,影响了财政收入及时入库。四是支出预算执行中资金分散拨付,相当规模的财政资金滞留在预算单位,难免出现截留、挤占、挪用等问题,既降低了资金使用效率,又容易诱发腐败现象。例如,当时预算内水利建设资金从财政拨付到建设项目最多要经过七个环节,1999年结转未支出的资金46亿元,2000年1至10月平均每月沉淀的资金达56亿元。其他财政资金也存在类似问题。因此,以多头设置账户为基础、分散进行的资金缴拨方式,已经不适应新形势下加强预算管理的需要,也不适应规范政府行为、改革收入筹措制度的要求,必须从根本上进行改革。

(二) 财政国库管理改革的实践进程

1. 改革实施准备阶段(2000—2001年)

2000年6月,经中编办批准,财政部设立国库司。设立国库司的主要任务之一是进行财政国库管理制度改革,建立国库集中收付制度。2000年8月,财政部向国务院领导呈报了《关于实行国库集中收付制度改革的报告》,从建立现代财政国库管理制度的必要性和基本构想以及近期工作安排等三个方面作了非常详尽的汇报。为了打开财政国库管理制度改革的突破口,根据国务院领导指示,中央财政从2000年10月起,对山东、湖北、河南和四川的44个中央直属粮库建设资金实行财政直接拨付。2001年1月起,又对黑龙江、江苏、海南、云南、山西和新疆维吾尔

---

① 谢旭人:《中国财政改革三十年》,中国财政经济出版社,2008年,第330页。

自治区的车辆购置税交通专项资金实行财政直接拨付到建设项目或用款单位。在此期间，地方财政部门也积极进行了内容多样的改革试点，包括实行财政供养人员工资由财政统一发放，对基本建设投资、政府采购支出等大额支出实行财政直接支付。这些工作的开展，标志着财政国库管理制度改革已经开始起步。

2．改革试点阶段（2001—2005年）

2001年3月，国务院批准了《财政国库管理制度改革方案》，我国财政国库管理制度改革正式开始实施。改革的基本目标是改革传统的财政资金银行账户管理体系和资金缴拨方式，建立以国库单一账户体系为基础、资金缴拨以国库集中收付为主要形式的现代财政库管理制度。改革的主要做法是，建立国库单一账户体系基础上的国库集中收付运行机制，收入收缴的资金及时进入国库单一账户或财政专户，财政资金支付按照规范程序，支付到供货商或最终收款单位，取消支付中间环节，使财政资金在未支付到收款人之前一直保存在国库。为了保证试点工作顺利进行，财政部、中国人民银行制定发布了《中央财政国库管理制度改革试点资金支付管理办法》，并选择水利部、科技部、财政部、法制办、中国科学院、国家自然科学基金会等部门作为第一批试点单位。2001年8月，新成立不久的财政部国库支付中心拨出了改革试点的第一笔资金，标志着改革进入实质性操作阶段。

2002年，实行国库集中支付改革的中央部门增加到38个。同年，财政部、中国人民银行联合制定发布了《预算外资金收入收缴管理制度改革方案》和《中央预算单位预算外资金收入收缴管理改革试点办法》，启动了收入收缴制度改革，并分两批对15个中央部门实施了收入收缴改革。地方改革也积极跟进。在四川、安徽两省于2001年11月在全国率先进行了国库集中支付改革试点后，2002年全国已有十几个省份进行了集中支付改革试点，有十几个省份进行了收入收缴改革试点。为顺利推进改革，财政部与中国人民银行联合发布了《国库存款计付利息管理暂行办法》，开始实行国库存款计息，这是中华人民共和国成立以来财政资金首次按照货币市场化计价。

2003年，改革又向前迈出了一大步，中央实施国库集中支付改革的部门增加到80个，收入收缴改革试点范围也不断扩大。在大力推动中央部门进行改革的同时，财政部也努力推进地方国库管理制度改革。2003年7月，财政部发布了《财政部关于深化地方财政国库管理制度改革有关问题的意见》，要求地方于2005年全面推行财政国库管理制度改革。

2004年，中央实施国库集中支付改革的部门达到140个。为进一步提高支付效率，2004年11月，财政部对国库司、国库支付中心机构职能进行了整合，按照资金管理规范、安全、有效的原则，设计了一条尽可能短的资金拨付流水线，极大优化了支付流程。

到2005年底，所有160多个中央部门均实施了国库集中支付改革，70多个有非税收入的中央部门全部纳入非税收入收缴制度改革范围；地方36个省、自治区、直辖市和计划单列市本级也全面推行了国库集中支付改革，如期实现了国务院确定的"十五"期间全面推行改革的目标，基本形成了新型的预算执行管理运行机制。

3. 改革深化完善阶段（2006年至今）

在2005年国库集中收付制度改革全面推行的基础上，财政国库管理制度改革进一步向纵深发展。2006年，专项转移支付资金实行国库集中支付取得突破，率先对农村义务教育专项资金实行国库集中支付。专项资金由中央财政拨付到省级财政后，省级财政在几个工作日内便可按规定将资金支付到收款人或支付到市县财政，再由市县财政支付到收款人，财政部通过监控系统，实时监控专项资金的流向，发现问题及时核查处理。

随着改革的不断深入，原来滞留在预算单位账户上的闲置现金余额集中到国库单一账户，库款余额大幅度上升，为开展国库现金管理提供了条件。经国务院批准，2006年，我国开始实施中央国库现金管理，在确保国库现金支出需要的前提下，通过买回国债、商业银行定期存款和减少国债发行等方式，降低财政筹资成本，获得收益。

2007年，财税库银税收收入电子缴库横向联网工作正式启动。横向联网是指财政部门、税务机关、国库、商业银行利用信息网络技术办理税收收入征缴入库等业务，税款直接缴入国库，实现税款征缴信息共享的缴库模式。横向联网是我国税收征缴管理制度和信息共享机制的重大变革。同年，公务卡改革正式启动，利用

"刷卡支付、消费有痕"的特点,使公务消费置于阳光之下。

截至 2007 年底,中央所有部门及所属 9300 多个基层预算单位实施了国库集中支付制度改革;全国 36 个省(自治区、直辖市、计划单列市)本级、300 多个地市,1300 多个县(区),超过 23 万个基层预算单位实施了国库集中支付制度改革。实施改革的资金涵盖一般预算资金、专项转移支付资金、政府性基金和国有资本经营预算资金等各类财政性资金。通过改革形成了包括预算指标管理、用款计划控制、支付申请及审核、支付结算及资金清算、会计核算、资金支付动态监控、代理银行考核等各环节紧密相连的国库集中支付管理体系。财税库银税收收入电子缴库横向联网稳步实施,有 10 多个横向联网试点省份已经取得初步成效;中央近 50 个部门,地方大多数省份的省本级、近 200 个地市、1000 多个县(区)、超过 18 万个执收单位实施了非税收入收缴改革。2007 年,已有 100 多个中央预算部门推行了公务卡管理试点,地方一些省份也积极开展公务卡管理试点,并取得初步成效。

截至 2008 年底,中央各部门及所属 12000 多个基层预算单位实施了国库集中支付改革;全国 36 个省(自治区、直辖市、计划单列市)本级,300 多个地市、1900 多个县(区),超过 28 万个基层预算单位实施了国库集中支付改革。2008 年,在农村义务教育中央专项转移支付资金等实行国库集中支付的基础上,将新型农业合作医疗补助资金、"普九"化债专项资金等专项转移支付资金纳入国库集中支付范围。财税库银税收收入电子缴库横向联网稳步实施,已有 20 多个省份实现了电子缴税横向联网;中央和地方近 20 万个执收单位实施了非税收入收缴管理改革。绝大部分中央预算部门和地方省级部门推行了公务卡改革试点,全国公务卡发卡数量超过 140 万张。

截至 2009 年底,全国 36 个省(自治区、直辖市、计划单列市)本级、320 多个地市、2100 多个县(区),超过 31 万个基层预算单位实施了国库集中支付制度改革。在原有 6 项中央专项转移支付资金实行国库集中支付的基础上,将"汽车摩托车下乡"补助资金、"汽车以旧换新"补助资金、化解农村义务教育其他债务补助资金这 3 项专项转移支付资金纳入国库集中支付范围。对民口科技重大专项资金实行国库集中支付,制定发布了《财政部关于民口科技重大专项资金国库集中支付管理有关事项的通知》，明确了特设账户开立、资金支付、动态监控管理等事项。完善了国库集中支付改革运行机制，制定发布了《中央预算单位深化国库集中支付改革若干问题的通知》，提出了深化国库集中支付改革的总体要求。与此同时，继续扩大非税收入国库集中收缴管理制度改革范围，建立全国非税收入收缴情况分析报告制度。截至2009年底，全国36个省（自治区、直辖市、计划单列市）本级、280多个地市、2100多个县（区）、超过23万个执收单位实施了非税收入收缴改革。继续推进公务卡改革试点。绝大部分中央部门及所属2900多个中央基层预算单位、35个省本级及部分市县推行了公务卡改革，全国公务卡发卡数量累计超过320万张。

截至2010年，全国36个省（自治区、直辖市、计划单列市）本级、372个地市、2500多个县（区）、超过35万个基层预算单位实施了国库集中支付制度改革。深化非税收入国库集中收缴管理制度改革，先后对水利部、农业部、卫生部、中国邮政集团公司等中央部门实行了非税收入国库集中收缴，使中央部门改革宗数达到70多个，2010年按照国库集中收缴方式收缴中央非税收入2638.81亿元，比2009年增加196.96亿元。地方36个省（自治区、直辖市、计划单列市）本级、300多个地市、2300多个县（区），超过25万个执收单位实施了改革。改革的资金范围扩展到包括行政事业性收费、政府性基金收入、罚没收入、国有资源（资产）有偿使用收入、国有资本经营收入等非税收入。截至2010年底，全国所有省（自治区、直辖市、计划单列市）基本实行了电子缴税横向联网。绝大多数中央预算部门、地方35个省（自治区、直辖市、计划单列市）本级、250多个地市、600多个县（区）、9万多个预算单位推行了公务卡改革。

截至2011年底，170个中央部门及所属13684个基层预算单位，地方36个省（自治区、直辖市和计划单列市）本级、372个地市、2600个县（区），超过38万个基层单位实施了国库集中支付制度改革。中央专项转移支付资金国库集中支付制度改革稳步实施。农村义务教育经费、种植业保险补贴、养殖业保险补贴、普九化债资金、新农合资金、家电下乡补贴资金等9类涉及民生保障的专项转移支付资金实行国库集中支付，2011年累计支付资金约1500亿元。到2011年底，97个中央部门、35个专员办执收的非税收入，以及西藏自治区财政厅执收的中央彩票公益金实行国库集中收缴，地方36个省（自治区、直辖市和计划单列市）本级、310个地市、2400个县（区），超过31万个执收单位实施了非税收入收缴管理改革。全国所有省份（包含自治区、直辖市和计划单列市）基本实现电子缴税横向联网。财政部制定发布《关于实施中央预算单位公务卡强制结算目录的通知》，要求中央预算单位对办公费、差旅费等16个公务支出项目使用公务卡结算，切实扩大公务卡适用范围，提高公务卡使用率。

截至2012年底，中央166个预算部门及所属1.51万个基层预算单位实施了国库集中支付制度改革，地方51.18万个预算单位实行了国库集中支付制度改革。到2012年底，地方37.57万个执收单位实施了非税收入收缴管理改革。实行国库集中收缴的收入，涵盖了行政事业性收费、政府性基金等非税收入的全部10个类别。财政部、中国人民银行制定发布《关于加快推进公务卡制度改革的通知》，要求加强公务卡制度建设，规范公务卡使用管理，改善公务卡推广环境。截至2012年底，地方38.20万个预算单位实行了公务卡制度改革。

截至2013年底，共有160多个中央部门及所属15000多个基层预算单位实施了国库集中支付改革。103个中央部门和财政部驻各地财政监察专员办事处实施了税收收入和非税收入收缴改革，2013年实现非税收入4587.84亿元。指导地方建立健全公务卡强制结算目录制度，切实提高公务卡使用率。2013年9月27日，财政部、中国人民银行联合召开全国电视电话会议，对国库集中支付电子化管理作出部署，要求在2014年底以前在省级财政部门全面推广实施。

截至2014年底，有172个中央部门、近1.6万个中央预算单位实施国库集中支付制度改革，基本实现全覆盖；有58万多个地方预算单位实施国库集中支付制度改革，预算单位改革覆盖面达94%。有103个中央部门和36个财政专员办以及38万多个地方执收单位实施了非税收入收缴入库，执收单位改革覆盖面达到97%。规范商业银行代理中央财政国库集中收付业务，按照《中央财政国库集中收付代理银行管理办法》，做好中央财政非税收入收缴代理银行招标工作，选择中国工商银行等12家商业银行作为中央财政非税收入收缴代理银行。配合做好《预算法》及实施条例修订工作，2014年8月31日通过的新《预算法》确立了国库集中收付制度、国库现金管理、国债余额管理和财政专户等财政国库管理基础制度的法律地位。

2015年，政府综合财务报告制度改革扎实推进。财政部制定印发了《政府财务报告编制办法（试行）》《政府部门财务报告编制操作指南（试行）》和《政府综合财务报告编制操作指南（试行）》，标志着财政部落实党中央、国务院关于建立权责发生制的政府综合财务报告制度的决策部署迈出了关键一步，初步建立起较为完整的政府财务报告编制制度框架。同时，连续4年组织地方开展权责发生制政府综合财务报告试编工作。截至2015年底，36个省级财政部门和1900余个市、县（区）财政部门按要求试编了权责发生制政府综合财务报告。国库集中支付制度改革和公务卡制度改革进一步深化，非税收入收缴管理制度改革深入推进，国库现金管理稳步推进。

（三）财政国库管理改革取得的成效

1. 国库集中收付制度的优越性充分展现

国库集中收付制度改革是公共财政管理的基础性、机制性变革，是财政管理的根本性创新，集中体现在四个方面：一是体现了科学理财和依法理财的观念。国库集中收付制度所确立的一整套管理流程，对预算执行的各环节都有严格的规范化、程序化要求。各单位财政财务管理规范性显著增强，管理水平大幅提高，重分配轻管理的现象明显改变，科学理财、依法理财的观念得到了机制保障。二是增强了财政宏观调控能力。国库现金流量由过去各单位分散持有转变为财政部门统一持有和管理，财政部门资金调度能力发生根本改观，较好地保证了重点支出和预算的正常执行，还为实施国库现金管理、增强财政理财功能、加强财政政策与货币政策的协调实施以及加强宏观调控奠定了基础。三是加强了预算执行过程的监督控制。以国库单一账户体系为基础建立的电子化监控系统，实现了对中央9300多个预算单位用款的零余额账户的每一笔支付交易实时智能化动态监控，从根本上加强了事前和事中监督，创新了财政监控模式。中央财政自2001年建立财政国库动态监控机制以来，预算单位违规比例逐年持续下降，成效十分显著。四是提高了预算执行管理信息的透明度。预算执行信息的生产机制发生了较大变化。在收入收缴方面，税收收入实行财税库银电子缴库横向联网，使得税收收入信息由过去从相关部门汇总获取，改为从纳税环节直接获取；非税收入信息由过去通过各部门层层汇总后获取，改为从缴款环节直接获取。在支出支付方面，由过去对一级部门批发式拨款获取支出信息，改为从各基层预算单位最终付款环节获取。这种预算执行信息生成机制的改变，为准确、及时生成预算执行信息提供了机制保障，为预算执行的管理和分析提供了可靠的信息基础。①

2. 预算的执行管理和分析不断强化

在预算执行方面，通过优化整合财政国库管理机构职能、业务流程和信息系统，简化了审核事项，缩短了审核时间，进一步优化了资金支付管理流程，提高了预算执行管理效率。在预算执行分析方面，经过几年的努力，预算执行分析报表报送的及时性、准确性大大提高，分析内容向多因素、相关性、政策效应和趋势分析拓展，反映经济和财政运行过程中苗头性、倾向性问题的能力进一步增强，分析报告质量进一步提升。这样的预算执行分析已经成为财政经济决策管理的重要参考依据。

3. 总预算会计管理基础得到加强

一是财政资金专户管理得到规范，清理归并一批财政资金专户，实现了财政资金专户归口财政国库部门统一管理。二是各级财政部门的资金安全防控意识和内部控制机制等进一步强化，建立了科学、严密的总会计业务流程。三是建立了国库现金流量预测系统，资金调度的及时性、准确性和可预见性逐年提高，确保了重点资金及时均衡拨付。四是及时修订完善总预算会计科目，以适应国库集中收付制度改革、政府收支分类改革、津贴补贴改革、国有资本经营预算管理改革等财政重大改革的需要。进一步加强和完善了对账制度，确保总预算会计账的真实性、完整性。此外，2003年我国启动了政府会计改革研究。在深入研究分析我国预算会计制度现状、借鉴国际政府会计管理与改革经验的基础上，完成了《中国政府会计管理与

---

① 张通：《关于深入学习实践科学观，努力完善现代财政国库管理制度》。

改革战略框架研究报告》。

4. 国库现金管理有效降低了财政筹资成本

2006年8月，我国首次实施中央国库现金管理操作。截至2008年4月底，通过回购国债、商业银行定期存款及减少国债发行等方式进行操作，在确保国库支付需要和国库现金绝对安全的前提下，为中央财政增加净收益（或减少支出）近30亿元，在降低财政筹资成本及与货币政策协调方面的成效十分可观。

5. 财政国库动态监控效果日渐显现

国库集中收付制度改革实施后，财政部门建立了以国库单一账户体系为基础的电子化监控系统，实现了对中央预算单位用款的零余额账户的每一笔支付交易实时智能化动态监控，创新了财政监控模式，并建立了财政资金实时监控、综合核查、信息披露、整改反馈、跟踪问效的财政国库动态监控管理机制，从根本上加强了事前和事中监督，对违法违纪问题形成有效威慑，预算单位规范使用资金的意识明显增强，违规行为大大减少。

二、政府采购制度改革

自20世纪90年代中期开始至今，我国的政府采购制度改革实践历经研究探索、试点初创、全面试点和全面实施四个阶段，取得了采购范围和规模不断扩大、制度建设不断完善、管理体制不断创新、政策功能不断多元化等一系列显著成就。

（一）政府采购制度改革的背景

在计划经济体制下，政府所需物资主要是通过计划进行配置，没有政府采购竞争条件。实行市场经济改革后，市场商品日益丰富，政府机构在采购时有了选择空间。但在20世纪90年代中期以前，我国政府采购是由各支出单位自己进行的，这种方式固然有利于各支出单位根据各自的实际情况进行采购，但由于做法粗放，使数额巨大的国家财政支出化整为零，不能形成合力，规模不经济，并脱离了财政监督。此外，政府采购制度不健全还导致了很多流弊：一是预算资金使用效益不高。当时，各部门和单位的预算一经确定，在资金的使用上，财政基本上就无法行使监督职能，盲目购置、重复购置的现象相当普遍。二是政府采购中存在腐败现象。三是政府采购中存在不公平交易。受地方、部门利益驱动,一些地方政府常常强制本地区的支出单位购买本地区产品,大型工程也由本地区自行承担。行业采购也存在类似问题。这种做法在一定程度上使价高质次的货物和劳务成为政府采购对象,从而人为加大了政府公共产品供给成本,同时也极大地阻碍了统一市场的形成,限制了资金和商品以及劳务的自由流通。概言之,不改革政府采购制度,政府行为不可能规范化,市场经济也不可能发展,政府采购制度改革势在必行。

(二)政府采购制度改革的实践进程

我国政府采购制度改革大体上经历了研究探索、试点初创、全面试点和全面实施四个阶段。

1. 研究探索阶段(1996—1998年)

在广泛深入研究西方国家公共财政支出管理以及国际政府采购规则的基础上,财政部于1996年10月完成了政府采购第一阶段的研究任务,提出了把推行政府采购制度作为我国财政支出改革方向的政策建议,并于次年正式向国务院提出制定政府采购条例的请示。在财政部加强研究政府采购制度的同时,上海市、河北省、深圳市等地区陆续开展了政府采购个案试点活动,为推进政府采购制度改革提供了宝贵的经验。

2. 试点初创阶段(1998—2000年)

1998年,国务院赋予财政部"拟定和执行政府采购政策"职能,标志着政府采购制度改革正式开始。1999年4月,财政部制定发布了我国有关政府采购的第一部部门规章,即《政府采购管理暂行办法》,明确了我国政府采购试点的框架体系。在这几年里,财政部大力推动政府采购试点工作,全国政府采购范围不断扩大,政府采购规模由1998年的31亿元扩大到2000年的328亿元。

3. 全面试点阶段(2000—2002年)

2000年6月,财政部在国库司设立了政府采购管理处,负责全国政府采购的管理事务。新机构组建以来,一方面,继续扩大政府采购试点范围和规模,2002年全国政府采购规模突破了1000亿元。另一方面,在政府采购规范化管理和透明度建设等方面也迈出了坚实的步伐:一是加强规范化建设。确立采购模式,硬化采购规程,从制度上、管理上和操作上规范采购行为。二是加大推行政府采购制度的力度。从2001年开始编制政府采购预算并制定政府采购计划,凡是列入政府采购预算的采购项目,都必须按照政府采购计划的要求实行政府采购。建立政府采购资金实行财政直接支付制度,规定政府采购资金财政直接支付的方式和程序,开设了政府采购资金专户。三是进一步加强透明度建设。丰富了政府采购信息的指定发布媒体,明确了政府采购信息发布内容及程序,改进了政府采购统计体系。四是会同有关部门研究拟定中央国家机关全面推行政府采购制度的方案。五是探索适合政府采购要求的招标方法,确立并推广了政府采购协议供货制度。六是积极参加政府采购立法活动,推动政府采购法出台。

4. 全面实施阶段(2003年至今)

2003年1月1日,政府采购法正式实施,标志着我国政府采购制度改革试点工作至此结束,政府采购进入了全面实施阶段,全国政府采购工作步入新的发展时期。在实践中,政府采购制度改革不断深入,制度体系日趋完善;全国政府采购规模和范围不断扩大,资金使用效益不断提高;财政部门、集中采购机构、采购人运转协调的工作机制初步建立;规范化管理进一步加强,透明度不断提高;社会影响力日益增强。

(三)政府采购制度改革取得的成效

1. 政府采购范围和规模不断扩大,经济效益和社会效益大幅提高

政府采购范围已由单纯的货物类采购扩大到工程类和服务类采购,且工程类采购的比重呈现上升趋势。政府采购资金从最初的预算内安排的资金,扩展到包括预算内外、自筹资金在内的各种财政性资金。一些公益性强、关系民生的采购项目被纳入政府采购范围,日渐增多的民生项目成为政府采购规模扩大中的亮点。政府采购规模保持了快速增长,由2002年的1009.6亿元增加到2015年的21070.5亿元,年均增长达到26.33%,其中2007年突破4000亿元。采购规模的增长,带动了资金使用效率的提高,有效节约了财政资金。①

---

① 数据来源:《中国政府采购年鉴》。

2. 政府采购制度建设取得新进展，法律制度框架基本形成

自政府采购法正式实施以来，我国相继出台了《政府采购货物和服务招标投标管理办法》《政府采购信息公告管理办法》《政府采购供应商投诉处理办法》《政府采购代理机构资格认定办法》《政府采购评审专家管理办法》《集中采购机构监督考核管理办法》等配套规章和规范性制度30多个，初步建立了以政府采购法为统领的政府采购法律制度体系。

3. 政府采购管采分离成效显著，管理体制初步建立

按照政府采购法关于政府采购管理职能与操作职能相分离的要求，全国政府采购管理机构与操作机构分离工作取得了阶段性进展。到2007年底，中央、省、市、县四级政府基本上在财政部门设立了政府采购管理机构。政府采购管理机构、采购单位和集中采购机构的工作职责分工日趋合理，"管采分离、机构分设、政事分开、相互制约"的工作机制基本形成，初步建立了采购管理机构统一监督管理下的集中采购机构和采购单位具体操作执行的采购管理体制。

4. 政府采购政策功能实施取得重大突破，初步实现了由单一管理目标向政策目标的转变

随着政府采购制度改革的逐步推进，发挥政府采购的政策功能作用越来越成为深化改革的重点。近年来，我国在促进节能环保、扶持企业自主创新，以及促进相关产业发展方面出台了一系列制度办法，有效支持了国内相关产业或行业的发展。政府采购与宏观经济政策实施和社会事业发展的联系更加紧密，已成为政府调控经济、促进社会发展的一个重要政策工具。

5. 集中采购工作逐步加强，形成了以集中采购为主要实施形式的采购格局

各地区、各部门积极采取措施，通过制定集中采购目录、完善协议供货、探索联动的区域性大市场、整合运行程序、提高采购效率和质量、网上管理与操作等，不断提高集中采购规范化水平和科学化程度，集中采购效果日渐凸现。至今，已经形成以集中采购为主、部门集中采购和分散采购为辅，三种采购实施形式并行、相互补充的采购格局。

6. 依法采购水平全面提升，公开透明的采购运行机制逐步形成

政府采购法颁布以来，依法管理、依法采购的意识普遍增强，采购行为不断规范，采购工作质量不断提高。一是公开招标作为主要采购方式的主导地位不断巩固。二是政府采购信息公开化和电子化程度不断提高。三是政府采购预算和资金支付管理逐步规范。四是规范化管理水平不断提高。评审专家管理办法更加科学合理，实现了管理与使用分离、专家资源共享，有效地保障了政府采购评审工作质量。代理机构资格认定有序进行，从2005年开始，对符合条件的社会中介机构进行政府采购代理资格认定。供应商质疑答复和投诉处理工作日趋完善，保护了政府采购当事人的合法权益，保障了政府采购活动规范有序进行。此外，采购方式、组织实施、招标采购、合同审核等采购过程方面的管理程序、审批环节也更加规范。

7. 监管工作进一步加强，促进了廉政建设

随着各项管理制度的不断健全完善，各级财政部门认真履行监管职责，积极改进和创新监管模式，加大检查和处罚力度，有效地维护了市场经济秩序，在建立多层面多环节的动态监控机制和促进廉政建设方面取得了新突破。

8. 对外交流不断拓展，应对政府采购国际化能力不断提高

随着我国财经对外交流与合作的深入开展，政府采购的国际化进程不断加快，领域也不断扩大。先后建立了中国—欧盟政府采购对话机制、中国—美国政府采购技术性磋商机制；参加了APEC政府采购专家组、联合国国际贸易法委员会政府采购工作组会议，并以观察员身份参加WTO政府采购委员会活动；先后与澳大利亚、新西兰和韩国等国家，在自贸区框架下开展政府采购谈判。2007年底启动了加入WTO《政府采购协议》（GPA）谈判。利用这些交流合作机制，我国积极宣传政府采购制度改革成效，有针对性地了解国际政府采购制度及改革动态，熟悉国际规则并参与国际规则制定。

9. 深化政府采购制度改革，完善PPP项目政府采购管理体系

为了深化政府采购制度改革，适应推进政府购买服务、推广政府和社会资本合作（PPP）模式等工作需要，2014年以来，财政部推进政府与社会资本合作（PPP）模式顶层设计工作，陆续制定《政府采购竞争性磋商采购方式管理暂行办法》《政府采购竞争性磋商采购方式管理暂行办法》《政府和社会资本合作项目政府采购管理办法》等相关管理规范文件,进一步完善 PPP 政府采购管理制度体系。

三、决算管理与改革

行政事业单位决算是我国财政部门和各级各类行政事业单位经过几十年共同努力,在不断总结经验,不断改进和完善的基础上形成和建立起来的。30 年来,伴随着预算管理制度改革和财务会计制度改革,行政事业单位决算发生了很大变化。

(一)决算管理与改革的背景

1994 年 3 月,《中华人民共和国预算法》正式颁布,确立了决算的法律地位。其中,第 59 条规定:"决算草案由各级政府各部门、各单位,在每一预算年度终了后按照国务院规定的时间编制。编制决算草案的具体事项,由国务院财政部门部署。"第 61 条规定:"各部门对所属各单位的决算草案,应当审核并汇总编制本部门的决算草案,在规定的期限内报本级政府财政部门审核。各级政府财政部门对本级各部门决算草案审核后发现有不符合法律、行政法规规定的,有权予以纠正。"

1995 年 11 月,《中华人民共和国预算法实施条例》发布实施,对决算管理提出了较为细致的要求。其中,第 68 条规定:"各单位应当按照主管部门的布置,认真编制本单位决算草案,在规定期限内上报。各部门在审核汇总所属各单位决算草案的基础上,连同本部门自身的决算收入和支出数字,汇编成本部门决算草案并附决算草案详细说明,经部门行政领导签章后,在规定期限内报本级政府财政部门审核。"

受预算编制管理模式的影响,过去决算管理中逐步形成了按照经费管理渠道,由财政系统各个业务部门分别设计、布置和汇总决算的局面。这在一定程度上虽然能够满足财政部门内部各个业务部门的特殊管理需求,但也带来了"决算表样各异、口径解释不同,行政事业单位需要同时填报多套报表"等问题。1996 年前后,财政部对行政事业单位财务会计制度进行了大刀阔斧的改革,使行政事业单位财务管理和会计核算方法趋向统一,这为行政事业单位决算管理的统一创造了有利条件。财政部决定从 1998 年度决算开始实施"统一报表",即按照"统一设计、口径一致、集中布置、一表多用、数据共享"的原则,有计划地建立全国统一的决算报表体系。2000年,财政部决定对预算管理制度进行改革,推行部门预算,"将单位全部收支编入一本预算",这同时为"单位全部收支编入一本决算"奠定了制度基础。

(二)决算管理与改革的实践进程

为了全面准确反映预算执行结果,2004年开始将原来的财政总决算、预算外资金收支决算和行政事业单位决算三套决算,整合为财政总决算和部门决算两套决算。将反映预算外财政专户收支的报表并入财政总决算,使财政总决算成为包含一般预算、基金预算和预算外财政专户收支的真正意义上的"总"决算;对原行政事业单位决算报表进行了修改调整,并正式更名为部门决算,强调部门决算与部门预算、财政总决算之间的衔接和协调,使部门决算能够全面、客观、真实地反映行政事业单位收支活动、经营状况和部门预算的执行结果。为了满足政府收支分类改革要求,2006年,设计了新的决算报表体系,2007年,我国完成了对2005、2006年的决算数据进行转换的工作,并开始使用新的报表。

财政总决算是对按照法定程序编制的各级政府预算收支的年度执行结果的反映。现行的财政总决算报表体系由中央财政决算和地方财政决算构成,分别按收入分类、支出功能分类和支出经济分类,清晰地反映政府性收支全貌。财政部每年第四季度部署编制决算草案的原则、要求、方法和报送期限,制发决算报表格式,并以通知形式下达省(市、区)。财政总决算的编制程序是从基层预算单位开始,在年终清理和结算的基础上,根据编审通知规定和修订下发的决算报表内容,自下而上逐级编制、审核和汇总。财政总决算的审批是按照预算级次进行的,中央决算草案报国务院审定后,由国务院提请全国人民代表大会常务委员会审查和批准;县级以上地方各级政府财政部门编制本级决算草案,报本级政府审定后,由本级政府提请本级人民代表大会常务委员会审查和批准;乡、民族乡、镇政府编制本级决算草案,提请本级人民代表大会审查和批准。

部门决算是全面反映各部门(单位)年度预算执行情况的综合财务报告。纳入部门决算编报的单位范围为列入年度部门预算编制范围的行政事业单位和企业集团等。具体包括：各级党政机关、事业单位和社会团体，纳入预算编制管理范围的企业和企业集团，以及与财政部门直接发生经常性缴、拨款关系并按规定应向财政部门上报决算的其他单位。部门决算报表体系由基础数据表、填报说明、分析表和分析报告4个部分组成，能够比较全面完整地反映部门预算执行情况。其主要特点：一是加强了部门决算与部门预算的衔接；二是加强了部门决算各项指标与行政事业单位会计科目的衔接；三是加强了与各项财政财务改革政策的衔接；四是进一步明确了部门决算编报范围和对基本建设资金的反映方式；五是较大幅度地调整了基础数据表的结构，增加了一些财政财务管理需要的指标。

部门决算由各地区、各部门按照预算管理级次或财务管理关系逐级汇总。中央部门的部门决算汇总表，先报送财政部部门预算司审核，并按照审核意见进行决算调整，再参加财政部国库司组织的部门决算会审。中央部门决算由财政部部门预算司批复。省级财政部门完成本省部门决算审核汇总工作后，参加财政部国库司组织的部门决算会审。

（三）决算管理与改革取得的成效

2003年以来，决算报表编报体系不断完善，决算编审和批复程序不断规范，批复进度不断加快。在此基础上，各级财政部门普遍加强决算数据的分析利用，揭示预算编制和执行中存在的问题，有力地促进了部门预算编制和预算执行管理的改进和完善。

中央政府已经初步建立起由"基础数据表、填报说明、分析表、分析报告"4个部分组成的比较完善的行政事业单位决算报表体系，能够完整、全面地反映行政事业单位预算执行情况。在中央财政内，已经建立了一套"部门司审核—国库司组织会审—部门司批复—国库司印制决算资料"的决算工作程序，行政事业单位决算工作逐步走向制度化、规范化、科学化和精细化。中央部门和地方省市越来越重视加强和改进决算工作，决算分析水平和决算数据利用率大大提高，决算与预算相互衔接、相互制衡、相互促进的有效机制正在逐步建立。随着预算制度和财务会计制度的不断改进，决算组织管理工作还将不断完善，并在预算执行管理中发挥更大的作用。

第三节
财务与会计改革

改革开放以来,我国财务与会计管理在管理体系、方法、制度建设等方面的改革取得了突破性进展,促进了经济基础的巩固、经济体制的改革,并有力维护了市场经济秩序。本部分将分别阐述企业财务管理、会计管理、行政单位财务管理、事业单位财务管理和政府会计管理等方面的改革。

一、企业财务管理改革

在高度集权的计划经济管理体制下,企业资金由国家财政统收统支,国营企业实现的利润成为国家财政收入的主要来源。1978年以后,随着改革开放的逐步深入,社会主义初级阶段实行"公有制为主体、多种所有制经济共同发展"的方针政策逐步确立,社会主义市场经济体制逐步确立,企业财务管理相应进行了多次变革。企业财务管理的对象尽管仍以国有企业为主,但已不再局限于国有企业,而是扩大至各类企业。

(一)企业财务管理体制的改革

企业财务改革的核心是财务管理体制改革,即解决财务权、责、利关系的基本模式问题。改革开放以来,中国的经济体制发生了巨大的变化。企业财务管理体制作为经济体制的一部分,同样经历了巨大的变化。在经济体制改革的每个阶段,企业财务管理体制都作出了及时的响应,进行了相应的改革。

1. 政企合一模式下"放权让利"的探索(1978—1984年)

党的十一届三中全会以后,我国各地纷纷探索通过扩大企业经营自主权和调整利润分配体制,打破国家对企业财务实行"统收统支"的管理模式,割断国营企业与国家财政的"脐带"关系,以增强企业活力。经国务院决定,国营企业从

1978年开始先后实行"企业基金""利润留成"和"以税代利"等办法。尽管尚未触及计划经济体制下的政企合一模式，但为探索下一步改革提供了宝贵经验。

2．"两权分离"的探索以及"政企分开"的提出（1984—1992年）

为转变企业经营机制，增强企业活力，按照党的十二届三中全会通过的《关于经济体制改革的决定》和《全民所有制工业企业法》关于"所有权与经营权分离的原则"，1988年，国务院决定实行企业承包经营责任制，按照"包死基数、确保上缴、超收多留、欠收自补"的原则，确定国家与企业的分配关系。企业承包上交利润可以采用"递增包干""基数包干，超收分成""微利企业上交利润定额包干""亏损企业减亏或补贴包干"等形式。同时，财政部组建了专司国有资产管理的机构，将国有资产管理从企业财务管理中适当分离。

3．现代企业制度的建立（1992—1998年）

1992年，党的十四大明确了建立社会主义市场经济体制的改革目标。1993年第十四届三中全会通过的《中共中央关于建立社会主义市场经济体制若干问题的决定》和1993年12月《中华人民共和国公司法》（以下简称《公司法》）的颁布实施，拉开了我国现代企业制度改革和全民所有制企业公司制改革的序幕。其中《公司法》专门对公司筹资、利润分配等重大财务事项做出了原则性规定，但考虑到企业财务行为的复杂性和我国社会主义市场经济的发育程度，与其他市场主体法一样，明确规定企业应当遵守国务院财政部门的财务规定。

4．大规模"政企脱钩"以及"财资统管"思路的提出（1998—2003年）

1998年启动的政府机构改革进一步加速了政企分开的步伐。根据党中央、国务院的部署，军队、武警、政法系统、中央党政机关先后与所办的企业和直属的各类企业脱钩，组建了一批企业集团。为顺应国有企业管理体制的变化，财政部提出了"财资统管"的改革思路，进行了建立政府出资人财务管理制度的探索，将财务管理对象由企业调整为国有资本，将财务管理方式由行政审批、直接管理调整为制度规范、间接管理。

5．"政资分离"的改革（2003年至今）

2003年，根据党的十六大决定，国务院发布了《企业国有资产监督管理暂行条例》，并设立了同时"管人、管事、管资产"的国有资产监督管理委员会，政府公共管理职能和国有资产出资人职能实现分离。但与其他企业一样，国有企业仍应执行财政部制定的统一财务制度。

（二）企业财务制度的改革

我国国有企业财务制度改革，是在特定的条件下进行的。计划经济条件下，政府兼具国有企业所有者和社会管理者双重身份，因而财务制度改革很大程度上遵循着财政决定企业财务、企业财务决定会计的思路进行的。随着社会主义市场经济体制的逐步建立与完善，公共财政体制初步建立，企业财务制度改革的浪潮再次掀起。围绕财务管理主体的不同职责，财政部通过全面改革企业财务管理模式和方法等，以促进企业深化改革，建立现代企业制度和完善公司法人治理结构，实现健康和谐发展。

1. 建立适应计划经济管理体制改革的企业财务制度（1978—1992年）

改革开放初期，与国家实行"计划经济为主、市场调节为辅"的管理体制相适应，我国进一步强化了按照不同所有制、不同行业、不同组织形式和不同经营方式制定企业财务制度的管理模式。根据国营企业先后实行企业基金、利润留成、"利改税"、承包经营等财务管理体制的情况，财政部制定了一系列相关的企业财务规定。对国营企业按规定计提的留用资金，一般按照 5∶3∶2 的比例用于企业生产发展、职工奖励和改善职工福利条件。此外，对集体企业、外商投资企业乃至私营企业在发展过程中出现的突出问题，财政部也都制定了相关的财务制度规范。

2. 实行适应经济体制转轨需要的财务制度改革（1992—2001年）

为适应我国经济体制改革和现代企业制度建立的需要，1992年底国务院授权财政部发布《企业财务通则》。随后，财政部陆续颁发了工业、农业、商品流通、运输、邮电通信、金融、旅游服务、对外经济合作、施工与房地产开发、新闻出版共 10 大行业的财务制度。这次财务制度改革，取得了划时代的历史成就，体现在五个方面：一是统一了原先按所有制、组织形式、经营方式和行业分别制定的企业财务制度；二是废除了计划经济下形成的资金管理按照固定资金、流动资金、专项资金"三段平衡"的模式，建立了有利于明晰产权的资本金制度；三是改革了固定资产管理制度，促进了企业技术进步；四是改革了传统的完全成本法，实行制造成本法和期间费用制度；五是改革了财务会计报告制度，建立企业财务评价指标体系。其中，资本金制度的确立，充分借鉴了市场经济国家的经验，使得企业所有权和经营权分离在财务上成为可能，"国营企业"逐渐淡出人们的视野，取而代之的是"国有企业"。这阶段的企业财务制度改革，为此后《公司法》的出台以及现代企业制度的建立和国有企业公司制改革等，奠定了坚实的基础。

3. 探索建立政府出资人财务制度（2001—2006年）

2001年，财政部发布了《企业国有资本与财务管理暂行办法》（财企〔2001〕325号），成为继1992年发布《企业财务通则》之后又一次重大的改革举措。该办法构建了政府出资人财务制度的框架，主要内容包括：一是清晰界定了主管财政机关、母公司、子公司的国有资产与财务管理职责与权限，构建了层次分明的企业资本与财务管理体制；二是对财务制度的定位转型进行了突破性的探索，剔除了传统财务制度中关于会计核算和税收管理的内容，转而对国有资本投入、营运、收益全过程的重要财务行为进行规范和管理；三是明确了投资者对企业实施财务考核与评价，以有效减少经营者"内部人控制"等道德风险问题；四是规定了资产财务管理的法律责任，增强了财务制度的权威性。

4. 全面修订《企业财务通则》（2006年至今）

2006年底，针对国家宏观经济体制和企业微观环境已发生重大变化的客观情况，财政部全面修订了《企业财务通则》。这次财务制度改革实现了六大创新：一是功能创新，围绕财务的实质，规范和调整企业财务行为和财务关系；二是观念创新，强化企业财务风险管理，树立企业的社会责任观念；三是体制创新，从政府宏观财务、投资者财务和经营者财务三个层次，构建资本权属清晰、财务关系明确、符合法人治理结构要求的财务管理体制；四是体系创新，构建了以《企业财务通则》为主体，以企业具体财务行为、财务管理指导意见和财政监管办法为配套的开放性的企业财务制度体系；五是机制创新，要求企业建立由财务决策、控制、激励和监督四方面构成的财务运行机制；六是内容创新，明确了资金筹集、资产营运、成本控制、收益分配、信息管理和财务监督六大财务管理要素。新型企业财务制度，实现了财务管理从国有资产出资人向公共管理者的角色转变，有效地维护了国家、企业、投资者、债权人、经营者及职工等利益相关各方的权益，成为《公司法》等市场主体法律的有效补充和细化。

（三）金融企业财务管理的改革

根据国务院有关规定，财政部负责拟订金融企业财务管理制度并监督执行。改革开放以来，财政部切实履行金融企业财务管理职责，大力规范金融企业的财务行为，积极适应经济社会发展和金融体制改革的需要。

1. 建立以完善国家与企业分配关系为核心的金融企业财务管理制度（1978—1993年）

改革开放以来，随着以中央银行为领导、国家专业银行为主体、多种金融机构分工协作的新型社会主义金融体系初步形成，在金融企业财务管理方面，以推行专业银行和保险公司企业化管理改革为中心，建立起了一整套适应金融体制改革需要、以完善国家与企业分配关系为核心的金融企业财务管理制度。一是制定金融企业资金管理具体规范。二是建立完善金融企业成本（费用）管理制度，先后制定和修订下发了《国营金融、保险企业成本管理实施细则》和《国营金融、保险企业成本管理办法》。三是建立完善金融企业的利润分配制度，实行"利改税"。四是建立和规范了金融保险企业财务报告制度。

2. 适应我国经济由计划经济体制向市场经济体制转轨的需要，逐步完善金融企业财务管理制度（1993—1997年）

配合《企业会计准则》和《企业财务通则》的实施，以1993年颁布《金融保险企业财务制度》为标志，财政部继续不断完善金融财务管理制度：一是完善金融企业财务管理制度。《金融保险企业财务制度》在规范金融企业财务行为、保证财政资金安全等方面发挥了重要作用，最大限度地促进了企业间公平竞争。二是建立国有金融企业财务管理制度。财政部先后印发了《关于国有独资商业银行财务管理的规定》《国家政策性银行财务管理规定》，以及《中国人民保险（集团）公司财务管理规定》等一系列规定，明确要求各国有金融企业于每年年初上报年度财务计划，经财政部批复后方可执行。

3. 立足于防范金融风险和配合金融体制改革，及时加强金融企业财务管理（1998—2002年）

1997年亚洲金融危机以后，我国对金融风险的认识更加深刻。为配合金融体制改革攻坚，确保金融秩序稳定和经济社会可持续发展，财政部及时采取相关措施，加强金融企业财务管理，有力地防范和化解了金融风险：一是加快消化国有金融企业历史包袱，防范和化解金融风险。修改金融企业呆账准备金计提及呆账核销管理办法；逐步缩短金融企业应收利息的核算期限；发行特别国债补充国有商业银行资本金，及时消化国有金融机构历史包袱；规范资产管理公司内部财务管理行为，颁布的《金融资产管理公司财务制度（试行）》，对资产管理公司内部财务管理事项作了详细规定。同时明确有关奖罚措施，建立对资产管理公司的激励和约束机制。二是改革金融企业财务与资本监管模式。改革对金融机构财务收支计划的审批方式；建立费用专户管理制度，实行国有金融机构费用零增长的控制办法，严格控制固定资产购建规模，防止金融企业的经营资金被挤占挪用；允许金融企业在一定范围内自主决定其财务政策；按季度跟踪分析研究国有金融机构财务状况。三是规范和约束金融机构财务行为。按照分业经营、分业管理的原则，从《金融保险企业财务制度》中分设出《保险企业财务制度》和《证券公司财务制度》，并下发了《国有投资公司财务管理若干暂行规定》；加强对金融机构的财务监督检查工作，提高财务会计信息的真实可靠性；健全抵债资产管理制度，控制接收抵债资产的范围，严格接收标准；建立大宗采购项目招标投标制度。

4. 顺应我国金融改革和对外开放的趋势，进一步完善金融企业财务管理制度（2003年至今）

2003年以来，我国金融业对外开放步伐加快，国有金融机构改革逐步深化。为适应改革发展的需要，财政部适时出台了一系列政策措施：一是进一步完善金融企业财务管理制度。以部长令的形式发布了《金融企业财务规则》，并印发了《金融企业财务规则——实施指南》，使金融企业财务管理从行政审批模式转变为引导金融企业自主加强财务风险管理。改革财务分配制度，建立职工激励机制；明确要求金融企业建立健全内部财务管理制度。与保监会等部门修订完善了《保险保障基金管理办法》,并与证监会等部门联合印发了《中国证券投资者保护基金管理办法》以及《期货投资者保障基金管理办法》,规范专项资金的管理制度。二是加强对国有金融企业财务风险的监管。颁布《国有商业银行年度财务会计报告披露办法(试行)》,规范了国有商业银行财务会计信息的披露行为。会同有关部门规范了国有银行自主减免表外欠息的做法,确保国有银行最大限度地回收不良贷款。颁布《金融资产管理公司监管办法》和《金融资产管理公司资产处置管理办法》,进一步改善资产管理公司处置不良资产的制度环境。加强对出口信用保险业务的风险管理,明确担保措施和赔偿比例等事项,并建立重要情况报告制度。推动政策性住房金融业务财务管理方式改革。加强对国有金融企业股份制改造过程的财务监管,重点关注股份制改造过程中国有资产评估结果的核准、清理和核销不良资产等事项,及时消化国有金融企业历史包袱。建立健全金融企业财务报表统计分析制度,加强对金融企业财务风险的监控和分析。三是完善对国有金融企业的绩效考核和激励机制。建立以国有金融资本保值增值率为核心的国有金融企业经营业绩考核评价制度。促进国有金融企业完善公司治理和内控机制,建立健全对管理层的激励约束机制。此外,还明确了社保基金会的激励约束机制。

经过多年的探索实践,我国金融企业财务管理改革取得了非凡成就。金融企业的资本实力、经营能力、市场竞争力、抗风险能力得到进一步增强,公司治理结构不断完善,金融企业间竞争更加公平有序,金融风险也得到了有效控制。随着金融对外开放程度的提高以及金融市场主体的增加,逐渐完善金融企业财务管理制度,进一步提高金融企业财务管理的自主权,减少了财政部门对金融企业财务活动的限制和干预,从而为不同类型金融企业创造了公平有效的竞争环境。

二、企业会计管理改革

经济越发展,会计越重要。几十年来,我国会计管理改革紧紧围绕整顿和规范会计秩序主线,与时俱进,开拓创新,在建立与完善企业会计准则制度、加强注册会计师行业管理、改革会计专业技术资格考试、开展会计诚信建设和规范会计人员管理、加速会计信息化进程、促进会计国际协调等诸多方面取得了长足进展,为完善社会主义市场经济体制发挥了重要的基础性作用。

（一）企业会计管理体制

我国会计管理体制是和财政管理体制紧密关联的。中华人民共和国成立以来，我国长期实行"统一领导，分级管理"的会计管理体制。改革开放以后，为了加强对会计工作的领导，报经国务院批准，财政部于1979年1月恢复了管理会计制度的职能机构——会计制度司。为适应会计工作发展的需要，1982年该司更名为会计事务管理司，1998年改名为会计司。1984年后，各省级财政厅（局）相继成立会计管理的专门机构，绝大多数地、市、县财政部门也陆续成立了会计管理机构，进一步健全了"统一领导，分级管理"的政府主导型会计管理体制。1985年《会计法》的颁布实施标志着我国政府主导型会计管理体制逐步完善并步入法制化轨道。1995年印发的《会计改革与发展纲要》进一步指出，为适应转变政府职能的要求，会计宏观管理要逐步完善以会计法规为主体，法律、行政、经济手段并用，充分发挥地方、部门、基层核算单位积极性和创造性的管理体制。

随着社会主义市场经济体制的逐步完善和企业改革的深入，以公司制为代表的现代企业制度逐步形成，这就要求在加强会计监管的同时，必须强化会计的反映、预测、决策、参与企业经营管理的职能。为此，财政部门近年来适时进行了相应的改革，并取得了很大进展。宏观方面，财政部适时建立完善会计规范体系，各级财政部门以对会计的适度管理为原则，逐渐减少行政干预，主要采取指导形式进行管理，同时加强法律约束，完善会计监督体制；微观方面，赋予企业会计人员参与经营管理的必要权限，同时要求企业健全内部控制和激励约束机制，从而充分发挥会计管理职能。目前已初步建立起会计管理机构、行业组织、考评机构和学术团体之间分工明确、运转高效、协调通畅，政府监督指导、行业自律管理、社会监督约束和单位内部控制各有侧重、协调发展的会计管理体制。

（二）企业会计准则制度

改革开放以来，财政部始终根据经济发展的要求，循序渐进地推进会计改革，逐步建立和不断完善我国企业会计准则制度。以重大历史事件为分界点，这一变迁历程可大致分为四个重要阶段。

1. 恢复社会经济秩序、逐步规范会计核算制度（1978—1992年）

改革开放伊始，财政部即面临会计制度的恢复和重建任务。1980年9月财政部发布的《国营工业企业会计制度》（1981年施行，1985、1989年两次修订）拉开了会计制度恢复与建设的序幕。该制度扭转了会计核算强调简化、不讲科学的片面性偏向，从加强经济核算、加强管理和整顿恢复会计工作秩序的要求出发，增设了必要的会计科目和报表。1981年1月至10月，财政部相继颁布了国营供销、施工、对外承包等企业会计制度。在此推动和示范下，商业、铁道、交通以及农业、林业、水利等行业会计制度相继出台。随着我国对外开放的进一步深入，为满足外商投资企业的会计核算需要，财政部1979年开始着手研究，并于1985年、1992年分别发布了《中华人民共和国中外合资经营企业会计制度》和《中华人民共和国外商投资企业会计制度》。这些制度规范的不断发展与完善，开创了改革开放新时期中国企业会计制度建设工作的新局面，并为突破旧模式和向国际惯例靠拢打下了坚实基础。

2. "两则两制"发布实施（1992—2000年）

1992年，财政部发布了《企业会计准则——基本准则》《企业财务通则》，以及13个行业会计制度和10个行业财务制度（简称"两则两制"，1993年7月1日起施行）。改革的主要内容包括：一是突破所有制、行业和部门的界限，建立了相对统一的13个全国性的统一会计制度；二是改革了传统会计制度中所使用的会计平衡公式，采用了国际通行的"资产＝负债＋所有者权益"会计平衡公式；三是采用国际通行的以资产负债表、损益表和财务状况变动表为三张主要报表的会计报表体系；四是借鉴运用国际通行的诸如应收账款计提坏账准备等会计核算方法；五是基本统一了各行业会计处理方法和程序，会计科目的使用和会计报表的项目、内容也尽可能做到一致。

"两则两制"的发布实施拉开了中国会计准则建设的序幕。从1997年到1999年财政部先后发布了投资、现金流量表、债务重组、非货币性交易、建造合同、收入等9项具体准则。其间财政部还于1998年1月在原《股份制试点企业会计制度》的基础上正式颁发了《股份有限公司会计制度——会计科目与会计报表》，自1998

年1月1日起在按照法定程序经批准设立的股份有限公司中施行。

这一阶段的改革，基本上实现了我国会计核算由计划经济模式向市场经济模式的转换，促进了经济体制改革的进一步深化和现代企业制度的建立，并为我国会计核算制度逐步实现与国际会计惯例衔接奠定了坚实的基础。

3. 统一企业会计制度（2001—2006年）

为了规范企业会计核算行为，提高我国企业的会计信息质量，根据1999年修订的《会计法》和国务院2000年发布的《企业财务会计报告条例》，2000年12月，财政部发布《企业会计制度》（2001年1月1日起股份有限公司执行，2002年1月1日起外商投资企业执行）。鉴于金融企业和小企业的各自特殊性，财政部分别于2001年11月和2004年4月颁发了《金融企业会计制度》（2002年1月1日起施行）和《小企业会计制度》（2005年1月1日起施行）。其间财政部还先后颁布了租赁、借款费用、无形资产、或有事项、存货、固定资产和中期报告等7项具体准则，并对投资、债务重组、非货币性交易、现金流量表以及会计政策、会计估计变更和会计差错更正等5项准则进行了修订。这样，与先前已经执行的关联方关系及其交易的披露、资产负债表日后事项、收入、建造合同、或有事项等具体准则和会计制度一起，我国已经初步形成了企业会计制度与16个具体会计准则并行的"双元"会计规范体系。

这一阶段会计改革对于规范企业会计核算行为、统一会计核算标准、提高会计信息质量、加强会计国际协调意义重大：一是基本建立起了国家统一的会计核算制度，打破了行业、所有制、组织方式和经营方式的界限。二是在具体会计要素的确认计量方面，遵循了《企业财务会计报告条例》对会计要素定义的规定，对于不符合资产定义的各项资产，规定应当做好计提资产减值准备，从而大大提高了会计信息质量。三是在会计与税收的关系方面，采取了能够一致的尽量保持一致、不能一致的就适当分离的原则。四是既体现了会计标准的国际化潮流，在会计确认、计量标准方面基本实现了与国际接轨；又考虑到现实国情，在会计制度中规定了会计科目的设置和运用方法、财务会计报告的编制方法等，体现了中国特色。

4. 新企业会计准则体系建成和实施（2006年至今）

从2005年初开始，财政部在总结会计改革经验的基础上，顺应经济全球化和市场经济发展的现实要求，借鉴国际财务报告准则，全面启动了企业会计准则体系建设。2006年2月，财政部正式发布了由1项基本准则和38项具体准则组成的新企业会计准则体系。同年10月，财政部发布了《企业会计准则——应用指南》。为了进一步贯彻实施企业会计准则，根据企业会计准则执行情况，财政部还通过解释公告形式对会计准则进行了解释答疑。至此，企业会计准则体系分为3个层次，第一是基本准则，用于搭建中国的企业会计准则的概念框架，确定会计目标、会计假设、会计原则和会计要素。第二是由38项具体会计准则规定了各类经济事项和对应的具体会计处理。第三是解释公告，由财政部针对前述38项会计准则在具体实施中遇到的问题进行解释说明。

在新会计准则体系实施过程中，为适应市场经济发展需要，进一步规范会计计量方法，财政部又多次颁布了多项准则的增补和修订版，尤其是2014年进行了大规模的准则修订和增补，出台的六项企业会计准则解释、五个年报通知及若干个会计处理规定和复函与之前的准则相比有重大修改。2014年新颁布了三项准则，修改五项准则；2017年初又对三项会计准则进行了修订，准则的修订和增加体现了会计准则向国际会计准则趋同的趋势。

（三）企业内部控制规范

内部控制制度是社会经济发展到一定阶段，随着单位对内强化管理、对外满足投资者和社会公众需要而不断丰富和发展起来的。改革开放以来，我国企业在探索建立现代企业管理制度的过程中，总结出了一些内部控制方面的方法和措施，如内部牵制制度、班组核算制度、责任中心管理制度、成本否决法等，但是由于受种种因素的限制，这些方法和措施还存在一些缺陷和不足。随着我国改革开放的不断深入和国外先进管理思想、方法的引入，提高管理水平、向管理要效益已蔚然成风。在这一形势下，内部控制制度体系建设被提到了重要议程，并成为我国经济改革与发展的一项迫切任务。

为了引导单位进一步加强内部控制，规范会计秩序，1999年修订的《中华人民共和国会计法》，第一次以法律的形式对建立健全内部控制提出原则要求。财政部随即相继制定发布了《内部会计控制规范——基本规范（试行）》和《内部会计控制规范——货币资金（试行）》等7项内部会计控制规范，要求单位加强内部会计及与会计相关的控制，形成完善的内部牵制和监督制约机制，以堵塞漏洞、消除隐患，保护财产安全，防止舞弊行为，促进经济活动健康发展。内部会计控制规范的发布实施，是我国重视并加强单位内部控制建设的重要创举。

进入21世纪，随着经济一体化进程的加速，内部控制日益成为一个世界性话题，单纯依赖会计控制已难以应对企业面对的市场风险。2006年7月，财政部、国资委、证监会、审计署、银监会、保监会等部门联合发起成立企业内部控制标准委员会。经过一年多的技术攻坚和反复征求意见，2008年5月，财政部、证监会、审计署、银监会、保监会联合发布了《企业内部控制基本规范》，自2009年7月1日起首先在上市公司范围内施行，鼓励其他非上市大中型企业执行。企业内部控制评价指引和22项内部控制应用指引，以及内部控制鉴证指引草案也一并公布，公开征求意见。至此，以基本规范为统领，以评价指引、应用指引和鉴证指引等配套办法为补充的企业内部控制标准体系初步形成。

《企业内部控制基本规范》立足我国国情、借鉴国际惯例，确立了我国企业建立和实施内部控制的基础框架：一是科学界定内部控制的内涵，强调内部控制是由企业董事会、监事会、经理层和全体员工实施的、旨在实现控制目标的过程。二是准确定位内部控制的目标，要求企业在保证经营管理合法合规、资产安全、财务报告及相关信息真实完整、提高经营效率和效果的基础上，着力促进企业实现发展战略。三是要求企业在建立和实施内部控制全过程中贯彻全面性原则、重要性原则、制衡性原则、适应性原则和成本效益原则。四是构建了以内部环境为重要基础、以风险评估为重要环节、以控制措施为重要手段、以信息沟通为重要条件、以内部监督为重要保证，相互联系、相互促进的五要素内部控制框架。五是开创性地建立了以企业为主体、以政府监管为促进、以中介机构审计为重要组成部分的内部控制实施机制。

(四) 会计人员培养与评价

1. 会计从业资格管理

会计从业资格管理制度是在原会计证管理制度的基础上发展起来的。1984年，河北省财政厅经省政府批准，率先在全省全民所有制和县以上集体所有制单位试行会计证制度。1990年3月，财政部在总结各地试点经验的基础上，制定发布了《会计证管理办法（试行）》，在全国范围内试行会计证管理制度。1996年，财政部发布修订后的《会计证管理办法》，会计证管理制度正式在全国广泛推广。1999年10月修订的《中华人民共和国会计法》将会计从业资格以法律形式确定下来。该法规定：从事会计工作的人员，必须取得会计从业资格证书。为了加强会计从业资格管理，规范会计人员行为，财政部于2005年1月以部长令第26号发布《会计从业资格管理办法》，对从业资格的取得、从业资格的后续管理和相应的法律责任等作出了明确规定。

2. 会计专业技术资格的认定与管理

1981年，国务院颁布《会计干部技术职称暂行规定》，恢复了会计干部技术职称评定工作。1983年9月，国务院进行职称改革试点，将职称评定制改为专业职务聘任（任命）制。1986年4月，中央职称改革工作领导小组转发了财政部制定的《会计专业职务试行条例》及其实施意见，该条例规定，会计职称分为会计员、助理会计师、会计师、高级会计师四个等级。

3. 会计人员表彰奖励制度

1990年11月，财政部、人事部联合召开了中华人民共和国成立以来首次全国先进财会工作集体和先进会计工作者表彰大会，评选表彰了250个先进财会工作集体和500名先进会计工作者。1995年，财政部依法组织了第二次全国范围的会计工作"双先"评选表彰活动，评选表彰了235个先进会计工作集体和425名先进会计工作者。2005年12月，在《中华人民共和国会计法》颁布实施20周年之际，财政部第三次组织了全国范围的会计类评选表彰活动，共评选出20名全国杰出会计工作者和25名全国优秀会计工作者。在认真研究各地表彰工作的基础上，财政部于2007年4月制定了《全国先进会计工作者评选表彰办法》，将全国先进会计工作者评选表彰工作纳入经常化、科学化、制度化、规范化的轨道。

4. 会计人员继续教育

为进一步提高我国会计人员的整体素质，规范会计人员继续教育工作，财政部于1998年印发了《会计人员继续教育暂行规定》等多项条例。截至目前，我国已形成包括初级、中级、高级三个不同级别，涵盖会计理论、政策法规、业务知识、技能训练和职业道德等多方面内容的会计人员继续教育体系。此外，为适应我国经济社会飞速发展对高端会计人员的迫切需求，自2005年12月起，财政部开展了全国会计领军（后备）人才培养工程。2007年5月印发了《全国会计领军（后备）人才培养十年规划》，力争用10年左右的时间，分别培养企业类、行政事业类、注册会计师类、学术类4类，共1000名左右的高素质、国际化、复合型的会计领军（后备）人才。

（五）注册会计师管理

1. 注册会计师法制化建设进程

1980年12月，为适应外商投资管理的需要，财政部颁布《中华人民共和国中外合资经营企业所得税法实施细则》，明确规定：合资企业的所得税申报表和会计决算报表，应当附送经在中国注册登记的公证会计师的查账报告。这一规定为恢复注册会计师制度提供了法律依据。同月，财政部发布《关于成立会计顾问处的暂行规定》，注册会计师制度在我国开始恢复重建。

1986年7月，国务院颁布的《中华人民共和国注册会计师条例》成为我国第一部注册会计师行业管理行政法规。依据该条例，1988年11月财政部领导下的中国注册会计师协会正式成立。1993年10月，为适应建立社会主义市场经济体制改革目标的要求，全国人大常委会通过了《注册会计师法》，成为全面推进注册会计师行业建设与管理，大力发展注册会计师事业的重要里程碑。

与此同时，财政部先后发布了《会计师事务所审批和监督暂行办法》《注册会计师注册办法》《会计师事务所职业风险基金管理办法》和《委托会计师事务所审计招标规范》等，形成了较为完善的规范、管理和监督注册会计师和会计师事务所执业和经营行为的法规体系。2006年2月，财政部批准发布了48项审计准则，标志着既适应我国社会主义市场经济发展新要求，又与国际审计准则趋同的中国注册会计师执业准则体系已经建立。

2. 注册会计师人才培养

注册会计师制度恢复之初，注册会计师实行考核认定。1987年，财政部依据《注册会计师条例》制定了《注册会计师考试、考核暂行办法》，规定注册会计师资格可以通过考核或考试两种方式取得，1991年举办了第一次注册会计师全国统一考试，自1993年开始每年举办一次注册会计师全国统一考试。

3. 会计师事务所管理

会计师事务所管理制度的初步建立始于1986年10月发布的《会计师事务所管理暂行办法》，该办法对事务所设立审批、日常管理及监管部门的检查等均做出了规定。1993年财政部依据《中华人民共和国注册会计师法》发布《有限责任会计师事务所设立及审批暂行办法》（1998年修订为《有限责任会计师事务所审批办法》）《合伙会计师事务所设立及审批试行办法》和《注册会计师注册审批暂行办法》等，这些办法在长达10年左右的时间里成为规范注册会计师注册和会计师事务所发展的管理制度的主要规定。

为保证会计师事务所和注册会计师的独立性，1996年，财政部停止审批单位发起设立会计师事务所。1998年起，以执行证券相关业务会计师事务所为突破口，启动脱钩改制工作，截至1999年底脱钩改制完成，注册会计师行业迅速发展。

此外，为适应我国加入WTO和发展社会主义市场经济的要求，切实履行《中华人民共和国注册会计师法》赋予财政部门对注册会计师行业的监督、指导职能，2002年10月，财政部党组决定将原委托中国注册会计师协会行使的行政管理职能予以收回，由财政部有关职能机构行使，注册会计师协会履行行业自律管理职能。2006年2月开通了财政会计行业管理网络，事务所审批和监管在网上运行，实现了行业电子化监管和服务。

（六）会计信息化

1. 会计电算化

我国会计电算化事业的发展始于20世纪70年代末。当时由于计算机的成本相对较高,以及会计人员对计算机知识知之甚少,企业会计电算化的普及程度较低。至 80 年代末,会计电算化仍主要应用于工资、往来账等单项会计核算业务。为此,财政部印发了《关于大力发展我国会计电算化事业的意见》等文件,积极指导会计电算化试点工作,为我国会计信息化工作奠定了基础。

在一系列试点基础上,财政部印发了《会计核算软件管理的几项规定(试行)》《会计电算化管理办法》《会计电算化工作规范》等规章制度,极大推进了我国会计软件行业产业化、规范化的发展。由于软件水平的提高和计算机的普遍应用,这一时期的会计电算化已由单项会计核算业务电算化发展到全面实现电算化,由局部试点到全面普及,对推动我国会计信息化工作起到了重要作用。

2. 会计系统与企业管理信息系统相互融合

随着计算机技术和局域网的迅速发展,会计电算化逐步由单机应用转向局域网络应用、由财务会计业务向其他业务延伸,并与企业管理信息系统不断渗透和融合。传统的会计软件已不能完全满足单位会计信息化的需要,逐步被面向流程管理的 ERP(企业资源计划)软件所取代。为了满足会计信息化发展的需要,充分利用会计信息,财政部会同审计署制定了《信息技术、会计核算软件数据接口》(GB/T19581—2004),为解决会计信息系统与其他系统的数据交流和不同会计核算软件之间的数据互通提供了标准。

3. 基于 XBRL 的会计信息化发展

随着互联网的普及和现代信息技术的广泛应用,XBRL(可扩展商业报告语言)作为一种基于互联网、跨平台操作,专门应用于财务报告编制、披露和使用的计算机语言,在全球范围内迅速应用。财政部非常重视 XBRL 对会计信息化的影响,积极开展研究,并于 2006 年在中国会计准则委员会下成立了 XBRL 组织,致力于开发基于会计准则的 XBRL 分类标准,并进行推广和应用。

(七)会计国际交流与合作

1. 中国会计在国际会计组织中的话语权不断扩大

联合国于 1982 年成立了"国际会计和报告准则政府间专家工作组",中国在其成立伊始即成为其成员国,参加了该工作组召开的历次会议,为推动国际会计和报告准则事业做出了贡献。1997年，中国加入了国际会计师联合会和原国际会计准则委员会（IASC），并成为IASC理事会的观察员，之后中国参加了历次理事会会议，中国的高层会计管理决策者还当选为IASC委员。与此同时，中国还积极参与创建和发展地区性会计论坛，促进区域性会计交流与合作，提升中国在区域会计领域的影响力。

2. 会计审计准则国际趋同（等效）取得重大突破

为构建适应市场经济发展要求的新会计体系与会计模式，1992年2月，财政部在深圳主持召开会计准则国际研讨会，开始借鉴国际经验建设中国会计准则体系。随后10年间，财政部主持召开了多次会计准则国际研讨会，研究我国会计与国际会计惯例的初步协调。随着改革开放的进一步深入，特别是我国加入WTO以后，会计准则国际化趋同需要日益迫切，建立与国际趋同的新会计准则体系的呼声越来越高。2005年11月8日，IASB与中国会计准则委员会签署了《中国会计准则委员会秘书长—国际会计准则理事会主席联合声明》，确认中国会计准则与国际财务报告准则实现实质性趋同，只在关联方关系及交易披露、资产减值损失转回等极少数问题上存在差异。2006年2月15日，财政部正式发布了与国际财务报告准则实现实质性趋同的新企业会计准则体系。

在实现会计准则国际趋同的基础上，财政部积极稳妥地推进中国准则在主要资本市场的等效认可工作。经过近一年的艰苦谈判，2007年12月，中国会计准则委员会与香港会计师公会签署了《关于内地企业会计准则与香港财务报告准则等效的联合声明》，内地企业会计准则与香港财务报告准则已基本实现等效。2008年4月，欧盟委员会就欧盟第三国会计准则等效问题发布正式报告，在2011年底前，欧盟委员会允许中国证券发行者在进入欧洲市场时使用中国会计准则。同时，中国会计准则委员会代表团于2008年4月访问美国并与美国财务会计准则委员会签署了《中美会计合作备忘录》，启动了中美会计准则趋同与等效工作。

在审计准则国际趋同方面，中国审计准则委员会与国际审计与鉴证准则理事会于2005年12月签署了《中国审计准则委员会主席—国际审计与鉴证准则理事会主席联合声明》，双方同意继续举行定期会晤，加强交流与合作，努力消除中国审计准则与国际审计准则在目前阶段仍然存在的某些差异。2007年12月中国审计准则委员会与香港会计师公会签署的《关于内地企业会计准则与香港财务报告准则（HKFRS）等效的联合声明》《关于内地审计准则与香港审计准则等效的联合声明》确认内地与香港审计准则实现了等效。

三、行政单位财务管理

行政单位财务工作是财政工作的重要组成部分。改革开放以来，随着财政改革深入进行，行政单位财务管理不断强化，管理方法不断改革和创新。

（一）行政单位预算管理改革

行政单位预算管理是行政单位财务管理的基础，行政单位财务改革也主要是围绕预算管理改革进行的。中华人民共和国成立至今，行政单位预算管理主要经历了统收统支、预算包干、收支统管等三种形式。

1. 统收统支（1979年以前）

改革开放之前，与统收统支的财政管理体制相适应，行政单位的预算管理也是实行统收统支，即国家核定预算，年终结余收回财政的办法。这种办法的主要缺点是：财政统得过多，管得过死，不利于发挥单位当家理财的积极性，容易产生年终突击花钱的现象，造成资金的浪费。

2. 预算包干（1980—1997年）

改革开放后，随着经济体制市场化改革的不断深入，财政管理实行了"分灶吃饭"的新体制，打破了长期以来形成的"统收统支"的局面，行政单位统收统支的预算管理办法已不能适应形势的需要。1979年，财政部制定了《文教科学卫生事业单位、行政机关"预算包干"试行办法》，决定从1980年起对行政单位实行"预算包干"的预算管理体制，即按国家核定的当年预算包干使用，年终结余全部留归单位支配，超支不补，并可从增收节支中提取职工福利和奖金。"预算包干"扩大了行政单位的财权，加重了单位财务管理的责任，调动了职工的积极性，解决了年终突击花钱的问题。但在执行中也暴露出一些问题，一是包而不干；二是形成虚假结余，结余分配流于形式，最后只剩下结余留用了。

3. 收支统管（1998年开始实行）

在改革开放、放开搞活的大潮冲击下，各行各业创收活动轰轰烈烈展开。各级行政单位也普遍存在组织收入的行为，收入来源呈现出多元化，有履行行政职能所收取的行政性收费和罚没收入，也有从事有偿服务活动取得的收入等，还有一些属于纯商业性经营创收。单位组织的收入一部分用于弥补经费不足，也有相当部分用于集体福利和改善职工待遇。单位组织的收入用于支出时带有较大的随意性，扰乱了国家分配秩序。为合理地使用这些资金，规范财务管理行为，1998年，财政部发布了《行政单位财务规则》，明确规定行政单位实行"收支统管"的预算管理办法，即"收支统一管理，定额、定项拨款，超支不补，结余留用"。

（二）建立行政单位财务管理制度体系，全面规范行政单位财务

长期以来，行政单位一直与事业单位执行相同的财务管理制度。1996年，《事业单位财务规则》颁布后，事业单位财务制度独立成为一个体系，制定独立的行政单位财务制度随即成为一项重要任务。1998年，经国务院批准，财政部发布了《行政单位财务规则》。主要内容包括：一是将"预算包干"改为"收支统一管理，定额、定项拨款，超支不补，结余留用"的预算管理办法。二是明确规定各项收入的取得，应符合国家规定，及时入账，并按照财务管理的要求，分项如实填报。三是规范行政单位应建立、健全各项支出的管理制度，各项支出由单位财务部门按照批准的预算和有关规定审核办理，防止多头审批和无计划开支，对不同的支出实行不同的管理办法。四是行政单位的预算外资金收入应按规定实行"收支两条线"管理。五是要求行政单位建立内部审计制度和岗位责任制，健全内部监督机制等。《行政单位财务规则》的发布实施标志着独立的行政单位财务制度体系的初步确立，为全面规范行政单位财务活动提供了制度保障。

（三）重要支出项目管理和改革

1. 人员经费管理与改革

改革过程中，各地普遍实行了经费、编制双向控制的办法，财政部门积极主动配合各部门做好行政单位编制和人员管理。一些地方规定，各单位进人必须报财政部门审核同意，未经财政部门审核同意，擅自增加的人员一律不予安排经费，这种

做法较好地控制了人员经费过快增长。

2. 公务用车管理与改革

长期以来,我国公务用车实行的是编制约束、排量限制和价格控制的管理方法。为控制公务用车支出的不合理增长,各级财政部门强化编制管理,坚持按单位实有车辆核拨经费,超编购置车辆一律不予审批,对超编车辆一律不予安排经费;强化车辆日常运行经费管理,实行车辆定点加油、定点维修、统一保险制度;加强车辆更新、报废和处置管理,严格按照规定审批各部门报废车辆申请;推行公务用车市场化改革,实行公务用车以租代购制度。一些地方和部门还进行了公务用车货币化改革试点,取消了公务用车,改为发放交通补贴等。

2014年7月16日,中共中央办公厅、国务院办公厅发布《关于全面推进公务用车制度改革的指导意见》和《中央和国家机关公务用车制度改革方案》,两个文件明确了公务用车改革时间表和路线图,全国范围公务用车改革的大幕正式拉开。《中央和国家机关公务用车制度改革方案》规定:对参改的司局级及以下工作人员适度发放公务交通补贴,自行选择公务出行方式,在北京市行政区域(城区)内公务出行不再报销公务交通费用;按照节约成本、保证公务、便于操作、简化档次的要求,合理确定各职级工作人员公务交通补贴标准;公务交通补贴属于改革性补贴,列入财政预算,在交通费中列支,按月发放,用于保障公务人员普通公务出行。适时、适度调整公务交通补贴标准;执法执勤部门统一参加公务用车制度改革,按规定保留的执法执勤用车要严格配备在一线执法执勤岗位,执法执勤部门的其他一般公务用车一律纳入改革范围;对未参改单位和人员,不得发放公务交通补贴。

3. 差旅费管理与改革

长期以来,我国对因公出差的交通费和住宿费实行的是根据出差人员职务规定其乘坐的交通工具级别和住宿费报销标准,对公杂费实行定额包干的办法。改革过程中,根据物价变动状况和行政管理改革要求,对差旅费进行了多次调整,较好地保证了党政机关工作人员出差的需要。

2013年12月,财政部印发《中央和国家机关差旅费管理办法》,强化了出差审批管理;科学制定了差旅费开支标准;严格差旅费报销制度;强化了监督问责。

4. 会议费管理与改革

长期以来,我国对会议费实行分类管理、计划审批和综合定额管理的办法。与经济发展和行政管理改革相适应,我国的会议费制度也进行了多次调整。针对会议费管理中存在的问题,各级财政部门探索与经济发展相适应的会议费管理办法,普遍对会议费实行了计划管理、总额包干、领导控会、集中审批的办法;实行定点办会制度,通过公开招标,确定办会地点,并对办会地点实行动态管理,所需费用由财政部门直接支付给定点宾馆;推行电视电话会议,试行无住宿会议等。

2013年9月,财政部、国管局、中直管理局印发《中央和国家机关会议费管理办法》,规定:扩大会议费管理办法适用范围,实现对所有中央单位和部门各类会议的全覆盖;强化会议计划管理,进一步明确各类会议计划的报批程序;严控会议数量和规模;进一步规范会议地点和场所;适当提高会议费开支标准;实行会议费公示和年度报告制度等内容。

5. 国内公务接待费管理与改革

公务接待活动是党政机关和事业单位公务活动的一项重要内容。长期以来,我国主要从严格控制接待费开支范围和标准方面不断强化公务接待费管理。针对公务接待费管理中存在的接待范围不规范、接待标准普遍较高以及转嫁接待费的问题,党中央、国务院和中央纪委先后下发了《关于在国内公务接待工作中做到勤俭节约的通知》(厅字〔2001〕3号)等多项通知规定,对党政机关国内公务接待活动进行了全面规范。各级财政部门认真贯彻党中央、国务院有关文件,制定了一系列财务管理的规章制度,采取了一系列措施。

2013年12月,中办、国办印发了《党政机关国内公务接待管理规定》,提出了三个方面的新举措。一是源头管控,双向约束,从起点和源头压减公务接待活动数量。二是明确标准,综合治理,简化和规范公务接待活动。三是全面公开,强化问责,坚决杜绝公务接待中的"破窗效应"。

6. 因公出国经费管理与改革

改革开放以来,随着对外交往的日益增加,我国政府机关事业单位出国访问、考察、培训等团组逐年增多，出国经费支出增长较快。为加强出国经费管理，各级财政部门主要采取了以下措施：一是强化预算控制。从 1997 年起，按照中央关于从严控制党政干部出国的精神，各级财政部门严格控制党政机关因公出国经费预算，在预算中明确各部门出国经费额度，除特殊增支因素外，基本保持了出国费零增长。二是制定因公出国经费开支标准。制定《临时出国人员费用开支标准和管理办法》，对临时出国、出国培训、出国参展等团组的开支标准作出具体规定。三是实行因公出国机票定点购买制度。为加强对因公出国国际旅费的管理，1998 年，财政部、民航总局联合下发了《关于加强因公出国机票管理的通知》，对因公出国机票实行定点购买，航空公司对党政机关因公出国实行统一的优惠票价。四是严格财务报销制度。为防止党政机关向下属单位和地方摊派、转嫁出国费用，2008 年 3 月，中共中央办公厅、国务院办公厅印发了《关于进一步加强因公出国（境）管理的若干规定》，规定因公出国人员报销时，应提供出国任务批件和护照等证件复印件及费用明细单据。

7. 移动通信费管理与改革

1998 年以前，国家机关对移动通信工具管理没有统一规定，由各单位自行配备和使用移动通信工具，导致了邮电费支出迅速增长。为了加强对移动通信工具的管理，1998 年中央纪委下发了《关于限期完成清理通讯工具工作的通知》。按照中央纪委通知的要求，财政部会同有关部门制定了《中央国家机关无线移动电话管理暂行办法》，对移动电话实行了总量控制、集中管理、费用限额报销的管理办法，对规范移动通信工具的配备和使用、控制和节约邮电费支出起到了积极作用。2004 年，财政部会同有关部门制定了《中央和国家机关移动通讯费用补贴管理办法》，停止用公款为机关工作人员购置或配备无线移动电话和寻呼机，按职级和工作需要发放移动通信补贴。

截至 2013 年底，以《党政机关厉行节约反对浪费条例》为中心的制度体系初步形成。中共中央办公厅、国务院办公厅印发了《党政机关国内公务接待管理规定》。财政部会同中直管理局、国管局、中组部、外交部、外专局、公务员局等部门相继印发了《中央和国家机关会议费管理办法》《中央和国家机关差旅费管理办法》《中央和国家机关培训费管理办法》《因公临时出国经费管理办法》《中央和国家机关外宾接待经费管理办法》和《因公短期出国培训费用管理办法》等6项制度。"三公"经费公开制度稳步推进,公开格式进一步规范,公开内容进一步细化。

(四)机关后勤服务管理与改革

机关后勤工作是政府机关开展职能活动的重要保证,其在保障机关工作、改善职工生活、稳定职工队伍、管好资产等方面起到了重要作用。

1993年,中央机构编制委员会办公室制定了《国务院各部门后勤机构改革实施意见》,提出按照"小管理、大服务"的思路对国务院各部门机关后勤机构进行改革。1998年,国务院办公厅转发了国务院机关事务管理局、中央机构编制委员会办公室起草的《关于深化国务院各部门机关后勤体制改革的意见》,进一步规范了机关后勤行政管理职能,建立和完善了机关与后勤服务单位的结算制度,明确了机关后勤服务商品化、市场化和逐步实现自负盈亏的改革目标。截至目前,机关后勤管理工作基本实现了服务机构职能科学定位、后勤财务独立核算和后勤服务社会化。

四、事业单位财务管理

随着社会主义市场经济体制的逐步建立和财政管理体制改革的深入推进,事业单位财务管理体制不断完善,基本建立了适应社会主义市场经济需要、符合事业单位特点和实际、促进各项事业发展的财务管理体制。

(一)预算包干阶段(1979—1988年)

为改进事业单位财务管理制度,提高财务管理水平,从1980年起,对文教科学卫生事业单位实行"预算包干"的办法。实践证明,在当时的历史条件下,这个办法方向正确,成效显著。一是调动了单位和职工当家理财的积极性,加强了事业单位的财务管理,开源节流,增收节支,提高了资金使用效益;二是促进了单位挖掘潜力,扩大服务项目,提高服务质量,更好地完成事业计划和工作任务;三是促进了单位转变工作作风,认真贯彻厉行节约、勤俭办事业的方针。但"预算包干"的办法并没有从根本上改变国家包揽一切办事业的局面。

（二）三种预算管理形式并存阶段（1989—1996年）

针对预算包干阶段事业单位财务管理中存在的问题，1989年1月，经国务院批准，财政部发布了《关于事业单位财务管理的若干规定》（财政部2号令）。1992年，财政部又相继颁发了《社会文教事业全额预算管理单位财务管理暂行办法》《社会文教事业差额预算管理单位财务管理暂行办法》《社会文教事业自收自支管理单位财务管理暂行办法》和《关于加强事业单位收入财务管理的规定》等重要文件。其主要内容有：

1. 实行三种预算管理形式，即全额预算管理、差额预算管理和自收自支

对没有稳定的经常性业务收入或收入较少的事业单位，实行全额预算管理。对全额预算管理单位实行多种形式的预算包干、结余留用、超支不补的办法。对有一定数量稳定的经常性业务收入，但还不足以解决本单位的经常性支出，需要财政补助的事业单位，实行差额预算管理。对差额预算管理单位实行核定收支、定额（或定项）补助、增收节支留用、减收超支不补的办法。对有稳定的经常性收入，可以解决本单位的经常性支出，但尚未具备企业管理条件的事业单位，实行自收自支管理。对自收自支管理单位实行核定收支、增收节支留用、减收超支不补的办法。实行自收自支管理的事业单位，其单位的事业性质不变，职工的工资、福利、奖励等均执行国家对事业单位的有关规定，并按规定编报年度财务收支计划和决算，接受财政监督。

2. 实行"两个过渡"政策

"两个过渡"政策是指有条件的全额预算管理单位应逐步向差额预算管理单位过渡，有条件的差额预算管理单位应逐步向自收自支管理单位过渡。对有条件逐步向差额预算管理过渡的全额预算管理单位，主管部门和财政部门促其向差额预算管理过渡。对有条件逐步向自收自支管理过渡的差额预算单位，逐年减少事业费补助，在其主管部门会同财政部门规定的年限内达到经济自立，实行自收自支管理。对有条件向企业管理过渡的自收自支管理单位，主管部门和财政部门规定期限，促其实行企业管理。实行企业管理后，执行国家对企业的有关规定。国家鼓励经批准与事业单位脱钩的职工个人或集体举办各种有益于社会的事业，对其中资金确有困

难的，可在一定时期内给予适当支持。

3. 实行基金管理制度

全额预算管理单位的预算包干结余经费，用于建立事业发展基金、职工福利基金和职工奖励基金。差额预算管理单位和自收自支管理单位逐步建立修购基金制度，修购基金从收入中提取。有条件的自收自支单位逐步建立折旧制度。单位通过增收节支结余的经费（资金），建立事业发展基金、职工福利基金和职工奖励基金；有条件的自收自支单位可建立后备基金。事业单位奖励基金的提取实行有差别的办法，即自收自支管理单位应高于差额预算管理单位；差额预算管理单位应高于全额预算管理单位；差额预算管理单位向自收自支管理单位过渡的，可以实行与事业费减拨速度挂钩的办法。

4. 实行周转金制度，支持事业单位组织创收

为了扶持事业单位开展业务经营活动，积极组织收入，各级财政部门设立事业周转金，鼓励事业单位积极开展创收，支持"以文养文""以文补文"等。

5. 探索实行预算支出定额管理

1992年，财政部印发了《社会文教行政单位预算支出定额制定规则（试行）》（〔1992〕财文字第004号），要求各地结合当地实际情况抓紧制定各项支出定额，并逐步付诸实施。将预算支出定额分为综合定额与单项定额。综合定额包括除专项资金支出以外的全部支出。对工作量易于计算，成果易于量化考核的单位，可采用以工作量（或成果）为预算支出定额的计算对象，按单位工作量（或成果）计算各项预算支出定额；对工作量不易计算，成果不易量化考核的单位，可采用以人员编制为预算支出定额的主要计算对象，以定编机动车船数、房屋建筑面积等为辅助计算对象，计算各项预算支出定额。

（三）核定收支、定额或者定项补助阶段（1997年至今）

经国务院批准，1996年10月财政部发布了《事业单位财务规则》（以下简称《规则》），从1997年1月1日起施行。继《规则》颁发后，教育、科学、文化、卫生、农业、林业、水利等13个行业事业财务制度相继出台。同时，事业单位也纷纷结合本单位的实际情况，制定了本单位内部的财务管理规定。由此形成了由事

业单位财务规则、行业事业单位财务管理制度和事业单位内部财务管理具体规定三个层次组成的事业单位财务管理体系。该体系充分考虑了我国事业单位财务管理的特点和财务活动的规律，并借鉴了企业财务制度改革的内容。

1. 改革事业单位预算管理形式，实行核定收支、定额或者定项补助的预算管理办法

《规则》将事业单位实行的"三种预算管理形式"改为实行"核定收支、定额或者定项补助、超支不补、结余留用"的预算管理办法。对那些应由国家财政供应经费的事业单位，国家财政可按维持其正常发展所需核拨补助经费，单位可以按照国家政策规定，合理筹集、组织各项收入，拓宽资金来源渠道；对那些收入比较稳定，又具有较大公益性、福利性的事业单位，国家财政可根据国家发展事业的政策和单位收支状况，补助部分经费，以扶持这些事业的发展；对那些可以进入市场的事业单位，应积极创造条件，使其逐步在经费供给上与财政脱钩，并鼓励社会力量兴办这类事业。国家财政根据各事业单位的事业发展计划、收支状况和财力水平确定定额或者定项补助标准，预算额度一经确定，一般不予调整，单位的预算规模则由单位根据资金来源、事业发展的目标自行确定，并自求预算平衡。

2. 改革事业单位收入管理，确立事业单位"大收入"概念

《规则》改变了原制度单独反映预算拨款及其支出的做法，确立了事业单位"大收入"的概念，将单位在财政拨款之外获得的属于事业单位的收入包括上级补助收入、事业收入（含预算外资金收入）、经营收入、附属单位上缴收入和其他收入，全部纳入单位预算之中，统一核算，统一管理。

3. 改革事业单位支出管理，确立事业单位"大支出"概念

与事业单位的"大收入"概念相对应，《规则》改变了原制度只单独反映预算内资金支出的做法，确立"大支出"概念，改按资金使用性质将事业单位支出划分为事业支出、经营支出、对附属单位补助支出和上缴上级支出四类，使事业单位开展正常业务活动的支出及事业支出能够全面、准确地反映出来。对于国家有关财务规章制度没有统一规定的，可由事业单位做出规定，报主管部门和财政部门备案。但是，事业单位做出的规定违反法律和国家政策的，主管部门和财政部门应当

责令其改正。另外，为加强经济核算，《规则》规定，事业单位应根据开展业务活动及其他活动的实际需要，实行内部成本核算办法。新的支出分类使事业单位的各项支出不再按照预算内支出和预算外支出进行划分和管理，而是按照资金使用性质进行分类管理，有利于各项资金统一核算，统一管理。

4. 实行了统一规范的事业基金和专用基金管理

《规则》规定，除从结余中提取职工福利基金外，剩余部分转入事业基金，不再提取其他各种基金。事业基金是没有限定用途的资金，可用于弥补单位以后年度收支差额，具有平衡事业单位预算的"蓄水池"作用。事业单位可按规定提取或者设置具有专门用途的专用基金。专用基金主要有修购基金、职工福利基金、医疗基金和其他基金。《规则》还对各类专用基金的提取、使用分别做出了规定。

五、政府会计改革

改革开放近40年来，我国对预算会计进行了多次修订和改进，特别是1998年实施了较大的改革，建立起了现行预算会计制度体系，基本满足和适应了各级财政部门和行政、事业单位加强预算管理和会计核算的需要。但随着我国社会主义市场经济体制改革的不断深化，公共财政体制的逐步建立和完善，以及各项财政管理制度改革的推进，现行预算会计制度逐渐不能适应改革要求，其弊端日益显现，需要加紧研究推进政府会计改革，建立适合我国国情和现代财政发展方向的政府会计管理体系，以全面、完整、准确地反映政府财政财务状况、资金运行情况及政府受托责任。

（一）预算会计管理改革

预算会计核算及管理模式与一定时期的经济体制、经济发展水平相适应。随着我国计划经济向社会主义市场经济体制逐步转轨，国民经济各方面包括财税体制、金融体制、行政事业单位财务管理体制等，都发生了巨大的变化。与此相适应，财政部多次修订和完善了预算会计制度。

1. 传统预算会计体系完善阶段（1978—1992年）

随着财政财务制度改革的推进，计划经济统收统支体制下建立起来的预算会计制度，已经越来越不适应形势发展的需要，急需对原来的财政总预算会计制度和事业行政单位预算会计制度进行修订完善。1983 年，财政部根据当时预算管理的要求，在原 1963 年总预算会计制度的基础上，经过广泛征求意见，制定了《财政机关总预算会计制度》，并于 1988 年再次进行了修订。经过两次修订后的总预算会计制度在几个方面有了新的突破：一是进一步完善了总预算会计的任务，在过去记账、算账、报账等事务性工作的基础上，增加了组织管理职能，使之比较全面地体现了总预算会计的职能作用。二是强调了总预算会计的组织机构建设，从而为总预算会计履行既定的职责提供了组织保证。三是拓宽了总预算会计的会计核算对象，将游离于总预算会计核算之外、由财政部门管理的财政有偿使用资金纳入了总预算会计核算范围。四是规范了银行账户管理。

1988 年，财政部在当时改革、开放、搞活的新形势下，根据《中华人民共和国会计法》的要求，吸收了几十年来预算会计工作的研究成果，又对 1966 年《行政事业单位会计制度》进行了修订，并颁发了新的《事业行政单位预算会计制度》。新制度的主要特点：一是按照加强宏观管理的要求，扩大了会计制度的适用范围。修订后的预算会计制度能够适用于各种预算管理方式的单位。二是适应预算财务管理改革发展的需要，增加了会计核算内容。三是对各类会计业务不仅规定了核算内容，还提出了比较完整的管理要求。

2. 现行预算会计体系建立阶段（1993—2000 年）

20 世纪 80 年代对预算会计进行的调整和修改，仍不适应政府转变职能的需要，主要表现在以下方面：预算会计管理不分对象以直接管理和行政管理为主；会计模式和核算办法不适应市场经济要求，不能满足会计单位经济活动的需要；会计主体不清，会计信息不能满足社会多方面的需要等。为此，财政部于 1993 年正式启动预算会计改革，并于 1997 年发布了《财政总预算会计制度》《事业单位会计准则（试行）》和《事业单位会计制度》，1998 年发布了《行政单位会计制度》。

这次改革的主要内容包括：一是重新划分预算会计体系，实现财政总预算会计的统一，以及事业单位会计与行政单位会计分离。二是改变事业单位会计核算管理模式，提出准则管理，既满足了事业单位会计核算工作的实际需要，又有利于解决部门和单位会计制度设计不统一、不规范的实际问题。三是比较系统、完整、全面地提出了预算会计核算必须遵循的一般原则。四是将我国预算会计要素划分为资产、负债、净资产（基金）、收入和支出五类，取消了传统预算会计只是按资金运动变化形态划分为资金来源、资金运用与资金结存三大类的做法。五是统一规定预算会计记账采用借贷记账法。六是确定会计核算基础，财政总预算会计与行政单位会计仍实行收付实现制，事业单位会计核算一般采用收付实现制，但经营性收支业务核算可采用权责发生制，以满足其情况复杂、业务种类繁多的实际。七是设置统一的会计科目。八是实行预算内和预算外资金综合平衡，单位所有收支均要纳入单位预算统一核算、统一反映。九是改革包干经费财政总会计支出列报基础。十是统一和规范会计报表，确定预算会计报表主要由资产负债表、收入支出表及必要的附表、会计报表说明书组成，并统一了会计报表项目分类和指标口径。十一是统一预算拨款方式，取消了限额拨款。

此次改革建立了一套与当时经济体制和行政管理体制基本相适应的预算会计体系和核算办法，标志着我国现行预算会计体系的建立，对加强财政管理和预算单位的财务管理起到了积极促进作用，为预算会计体系的进一步完善打下了良好基础。

3. 现行预算会计体系改进完善阶段（2001年至今）

近年来，结合我国预算管理制度改革的需求，财政部对现行预算会计制度进行了相应的改进。一是为适应财政国库管理制度改革引起的支付方式变化，2001年和2002年，我国先后发布了《财政国库管理制度改革试点会计核算暂行办法》和《〈财政国库管理制度改革试点会计核算暂行办法〉补充规定》，满足集中支付改革对会计核算的需求。二是随着财政国库管理制度改革的深化，适时对财政总预算会计部分事项，以及行政单位、事业单位和国有建设单位年底应支未支留存国库的结余资金的会计核算实行权责发生制。三是为适应实施国债余额管理、试行国有资本经营预算、建立预算稳定调节基金及政府收支分类改革的需要，对现行《财政总预算会计制度》《预算外资金财政专户会计核算制度》《行政单位会计制度》《事业单位会计制度》等进行了相应的修订完善。四是适应工资和津贴补贴改革的需求，改进现行行政事业会计制度，使之能够全面、准确、集中核算单位向职工个人发放的工资津贴补贴及其他个人收入情况。

（二）政府会计改革稳步推进

随着我国社会主义市场经济体制改革的不断深化，公共财政体制的逐步建立完善，部门预算改革、国库集中收付制度改革、政府采购管理制度改革等一系列公共财政管理改革的推行，现行预算会计制度逐渐不能适应改革要求，其弊端日益显现。我国已认识到现行预算会计制度的局限性，国家已明确要求推进政府会计改革。

2003年，财政部政府会计改革领导小组成立，正式启动了政府会计改革研究工作。十几年来，财政部积极借鉴发达市场经济国家政府会计改革的成功经验，深入开展政府会计课题研究，分析总结我国预算会计制度的现状及存在问题，全面排查政府会计改革面临的难点问题。在此基础上，初步提出我国政府会计改革战略框架的总体思路，并对改革的具体实施步骤及相关配套措施提出了建议。

1. 研究分析国际上政府会计改革的做法与经验

财政部通过多种形式学习研究了政府会计国际经验：一是通过举办研讨会、咨询会等形式，邀请外国专家来华介绍外国政府会计改革的基本做法、经验及面临的问题；二是有选择地对有关国家的政府会计管理与改革情况进行考察和学习；三是深入研究国际会计师联合会和澳大利亚、新西兰、美国，以及大多数欧洲国家的政府会计体系。先后翻译出版了《国际公共部门会计文告手册》等多个报告，这些报告现已成为国内研究政府会计、借鉴外国政府会计改革经验、掌握国际政府会计改革动态的重要参考资料。

2. 积极参加国际公共部门会计准则制定

从2007年起，我国以委员国身份参加国际公共部门会计准则理事会（IPSASB）会议，重点参与制定理事会的发展战略计划、公共部门会计概念框架，以及社会福利、金融工具、借款费用、无形资产、主体合并、现金产出、资产减值、雇员福利、文化遗产类资产、外部援助、公共私营机构合作等具体的会计准则。通过深入参与公共部门会计准则理事会的会议讨论，我国在国际公共部门会计领域的话语权不断提高，对世界各国政府会计改革的经验有了更深入的认识。

3. 积极开展我国政府会计改革专题研究工作

政府会计改革是财政管理工作的一项基础性变革，涉及面广，政策性、专业性和技术性都很强。近年来，财政部组织政府会计领域的专家、学者开展了一系列专题研究，主要有：政府会计基本问题研究、政府会计适用主体范围研究、政府会计核算基础比较研究、政府会计标准体系问题研究、政府财务报告问题研究、我国现行预算会计和政府会计比较研究、政府债务问题研究、政府资产确认问题研究、清产核资问题研究等，为下一步实施政府会计改革做了充分的前期研究准备。

4. 研究分析我国预算会计的状况和面临的问题

我国现行的预算会计制度包括财政总预算会计、行政单位会计、事业单位会计和基本建设单位会计，以及参与预算执行的国库会计和收入征解会计，这些预算会计主要是为加强预算管理服务的。总体上看，现行预算会计制度体系主要存在四方面问题：一是缺乏统一规范的会计准则体系和会计制度体系。现行预算会计制度各自独立核算、相互分割，不能形成一个有机的整体，不能全面、准确、及时地反映政府性资金和资源的整体运行状况。二是核算范围偏窄。各级财政部门总预算会计只核算当年预算收支情况，预算外资金、社会保险基金以及政府的债权、债务等政府资产和负债还没有或没有完整地纳入现行预算会计核算范围。三是以现金制为核算基础存在一定局限性。由于在现金制下，只核算当期已经发生的现金收支事项，有些重要会计事项不能在当期确认（如固定资产不计提折旧），不能全面反映政府的财务资源和受托责任，不利于有效防范财政风险。四是缺乏政府财务报告制度。财政部门向同级人大提交的预决算报告内容不够完整，缺乏资产、负债方面的信息。行政、事业单位会计虽有财务决算，但内容不够全面。这些问题使得现行预算会计滞后于财政管理改革和公共财政体制建设。

5. 研究排查我国实施政府会计改革面临的难点问题

政府会计改革是一项庞杂的系统工程，涉及方方面面的利益关系，诸多因素不同程度上影响和制约着改革的推动与实施。财政部对政府会计改革面临的难点问题进行了认真研究排查，认为难点主要表现在以下五个方面：一是政府单位界定问题。也就是政府单位范围的划分问题。由于中国特殊的历史原因，政府单位划分的范围比较复杂,包括行政单位、事业单位、建设单位等。怎样对这些单位进行划分,按照什么标准进行划分,哪些应界定为政府单位,是实行政府会计改革面临的挑战之一。二是现行预算会计制度整合问题。在中国现行预算会计制度体系下,多套会计制度并存且相互交叉。要对现行预算会计制度进行整合,最终形成一套系统完整的、适用于所有政府单位的政府会计准则和制度体系,工作量和难度都相当大。三是关于如何实行权责发生制和重大事项会计处理问题。每个国家对采用权责发生制的程度问题都比较慎重。中国应在多大范围和程度上实行权责发生制,如何分项目、分步骤地实行权责发生制,包括对政府隐性债务、养老金,或有负债等重大事项如何进行会计处理等,政策性、敏感性和技术性都比较强。四是政府会计信息系统建设问题。推进政府会计改革需要强有力的信息系统作为技术支撑和进行繁杂的业务整合。实施政府会计改革后,关于信息管理系统如何适应改革需要,各部门能否迅速适应,也需要做好研究。五是政府会计人员培训问题。根据市场经济国家的经验和做法,政府会计是一个重要的职业领域。中国预算会计领域的从业人员达180万人,对这些人所进行的职业管理与国际先进水平有较大差距,采用权责发生制后,组织培训及相关人员的队伍建设任务将非常艰巨。

6. 稳步推进会计准则体系改革

2014年12月,国务院批准财政部制定的《权责发生制政府综合财务报告制度改革方案》,明确了我国要在2020年之前建立具有中国特色的政府会计准则体系和权责发生制政府综合报告制度。权责发生制政府综合财务报告制度改革是基于政府会计规则的重大改革,而建立完善的政府会计核算体系是其基础和前提。2015年10月,财政部令第78号公布《政府会计准则——基本准则》,自2017年1月1日起施行。该准则规定了政府会计由预算会计和财务会计组成,其中预算会计实行收付实现制,财务会计实行权责发生制。2016年,根据《政府会计准则——基本准则》,财政部印发了四项具体准则,包括《政府会计准则第1号——存货》《政府会计准则第2号——投资》《政府会计准则第3号——固定资产》和《政府会计准则第4号——无形资产》。

政府会计准则的制定和实施,有利于行政事业单位全面、规范地处理各项经济业务或事项。在贯彻国家各项预算管理要求方面，政府会计准则作为纲要性文件，能够规范收支行为，建立健全预算管理制度。权责发生制的处理原则对于增强公共管理意识，实现资金、资产和资源的科学合理配置，防范和化解财务风险有重要作用。

第四节
财政法制建设

改革开放近40年来，我国民主法制建设逐渐健全，依法治国、依法行政日益深入人心。与之相适应，我国财政法制建设不断加强，表现在财政立法层层推进、法制体系日臻完善、执法力度日益加强、依法理财深得人心，这些对推进和深化财政改革起到了有力的支撑作用。

一、奠定基础（1978—1991年）

随着"有法可依、有法必依、执法必严、违法必究"的社会主义法制建设十六字方针的确立，财政法制建设被提上了重要的议事日程。

（一）建立财政法制工作机构

为了适应加强社会主义法制建设的新形势和财政法制建设发展的需要，随着全国人大常委会法制工作委员会和国务院经济法规研究中心的相继成立并开展工作，财政部于1982年5月正式成立条法司。条法司职责包括：一是汇总、制定财政立法规划，并检查执行情况；二是参与研究和拟订全国性主要财政、税收、财务法规；三是参与研究和拟定同国外签订有关财政协议的文本草案；四是组织审查中央各部门草拟的主要法规中涉及财政问题的条款，并提出修改建议；五是宣传财政法规，介绍国外财政立法情况。财政部是国务院各部门中最早成立专门的司局级法制机构的部门之一，体现了财政系统对新时期财政法制建设的高度重视。由专门的财政法制机构承担财政法制建设职责和任务,有专门的财政法制干部研究、思考、解决财政法制问题,从事财政法制日常工作,是确保财政法制工作质量的基础。

(二) 清理各项财政规章制度

按照国务院办公厅批转国务院经济法规研究中心《关于对国务院系统过去颁发的法规、规章进行清理的建议》的要求,1984 至 1986 年,财政部组织了第一次大规模、全方位的财政法规清理。此次清理,涉及从 1949 年 10 月至 1984 年底,国家制定的各类财政制度 3500 件。这些财政制度都是根据当时的政治经济情况制定的,许多在历史上起过积极作用。但是,为了适应党的十一届三中全会以后实行对外开放、对内搞活的方针,必须摒弃那些受到"左"倾错误影响及不能适应社会政治经济形势深刻变化的旧制度。经过有组织、有步骤、系统、全面的清理,财政部确定废止、宣布失效财政规章制度 2091 件,其中废止 941 件,失效 1150 件。通过这次清理,基本上摸清了中华人民共和国成立以来财政法规立法情况,为以后历次财政法规清理以及制定新的法规奠定了扎实的基础。

(三) 创建财政管理新制度

1982 年新宪法的颁布,是我国民主法制建设中的一个伟大里程碑。在新宪法颁布的基础上,《中华人民共和国民法通则》等一批重要的法律相继颁布实施。在财政立法方面,遵循党和国家制定的一系列方针政策和财政经济任务,根据主客观条件的成熟程度,国家相应制定了一批反映财政工作需要的财税法规,为财税改革提供了法律保障。这其中主要包括:

(1) 建立规范化调整国家与企业利润分配关系、打破"大锅饭"、增强企业活力的财政制度。财政部从 1981 年开始着手拟定国营企业成本管理条例,1984 年 3 月 5 日,国务院发布了《国营企业成本管理条例》。财政部于 1985 年先后制定发布了国营工业、交通企业、建设业、商业、金融业的成本管理条例实施细则。这些条例与细则的实施,促使企业加强和改善成本管理,努力降低成本,提高经济效益,使我国的企业成本管理工作上了一个新台阶。为了配合《国营企业成本管理条例》的实施,财政部于 1986 年 12 月 23 日制定发布了《国营企业成本核算办法》,对企业成本核算的具体方法和程序作了明确的规定。1985 年 4 月 26 日国务院正式发布并实施了《国营企业固定资产折旧试行条例》（以下简称《折旧条例》）。为了配合《折旧条例》的实施，财政部于 1986 年 5 月 19 日制定发布了《国营企业固定资产折旧试行条例实施细则》，对《折旧条例》的有关内容作了具体的规定。此外，还制定了《关于国营工交企业实行利润留成和盈亏包干办法的若干规定》《国营企业第二步"利改税"试行办法》《国营企业所得税条例（草案）》《国营企业调节税征收办法》《国营企业奖金税暂行规定》和《国营企业工资调节税暂行规定》等。

（2）改革预算管理体制，实行分级包干财政体制，调动地方理财积极性方面的财政制度有：为了确保 1981 年的财政收支平衡，消灭赤字，国务院于 1981 年 1 月 26 日发布了《平衡财政收支、严格财政管理的决定》；为了贯彻落实党的十二届三中全会《关于经济体制改革的决定》，适应逐步实现四个现代化的需要，国务院决定，从 1985 年起，实行"划分税种、核定收支、分级包干"的财政管理体制，于 1985 年 3 月 21 日发布了《关于实行"划分税种、核定收支、分级包干"财政体制的规定》。为了进一步深化财政改革，充分调动部门、单位和职工的增收节支积极性，提高资金使用效益，促进事业发展，1988 年 5 月 27 日，财政部制定了《关于文教科学卫生事业单位、行政机关"预算包干"试行办法》；此外，财政部还制定了《关于支援经济不发达地区发展资金管理暂行办法》《国家能源交通重点建设基金征集办法》《国家金库条例》和《关于违反财政法规处罚的暂行规定》及其实施细则等。

（3）改革税收制度，加强税收经济杠杆作用方面的财政制度有：全国人大于 1980 年 9 月 10 日通过并颁布了《中华人民共和国个人所得税法》，该法后来经过六次修正，形成了现行的个人所得税法；1984 年 9 月 18 日，财政部发布了《中华人民共和国产品税条例（草案）》，条例自 1984 年 10 月 1 日起试行；1984 年 9 月 18 日国务院发布了《中华人民共和国增值税条例（草案）》；此外，财政部还颁布了《中华人民共和国营业税条例（草案）》《中华人民共和国盐税条例（草案）》《中华人民共和国资源税条例（草案）》《中华人民共和国建筑税暂行条例》《中华人民共和国个人收入调节税暂行条例》《中华人民共和国事业单位奖金税暂行规定》和《中华人民共和国耕地占用税暂行条例》等。

（4）贯彻中央对外开放方针，实行鼓励引进外资、引进技术财税政策方面的财政制度有：全国人大常委会在 1980 年和 1981 年分别颁布了《中外合资经营企业所得税法》和《外国企业所得税法》，对中外合资企业和外国企业规定了税负从轻、优惠从宽、手续从简的措施。1984 年，国务院发布了《关于经济特区和沿海十四个港口城市减征、免征企业所得税和工商统一税的暂行规定》，1986 年又发布了《关于鼓励外商投资的规定》，基本上确立了我国对外资企业的税制框架和格局。1991 年 4 月，全国人大四次会议在统一了中外合资企业所得税和外国企业所得税的基础上通过并颁布了《外商投资企业与外国企业所得税法》，对涉外企业的所得税实现了税率、税收优惠和税收管辖权的统一适用。此外，还发布了《贯彻国务院〈关于鼓励外商投资的规定〉中税收优惠条款的实施办法》和《中华人民共和国中外合资经营企业财务管理制度》等。

（5）改革资金拨款制度和管理办法，提高资金使用效益方面的财政制度有：为了提高基本建设项目的投资效益，1979 年 8 月国务院批准了《关于基本建设投资试行贷款办法的报告》，开始在基本建设领域进行"拨改贷"的试点，打破了基本建设由政府财政无偿拨款的计划经济模式。根据六届人大二次会议关于《政府工作报告》决议的精神，为了有偿使用国家财政资金，提高经济效益，国家计委、财政部、中国建设银行制定了《关于国家预算内基本建设投资全部由拨款改为贷款的暂行规定》，决定从 1985 年起，凡是由国家预算安排的基本建设投资全部由财政拨款改为银行贷款（简称"拨改贷"）。

（6）搞活城乡经济，促进集体经济、个体经济和横向联合方面的财政制度主要有：1985 年 4 月，国务院发布了《中华人民共和国集体企业所得税暂行条例》，分别对国营企业、集体企业和私营企业开征企业所得税；1986 年财政部、农牧渔业部发布了《乡镇企业财务制度》；1986 年 1 月 7 日，国务院发布了《中华人民共和国城乡个体工商业户所得税暂行条例》，该条例自 1986 年度起施行；为了支持和鼓励发展横向经济联合，发挥税收的经济杠杆作用，根据国务院《关于进一步推动横向经济联合若干问题的规定》，1986 年 3 月 29 日财政部发布了《关于促进横向经济联合若干税收问题的暂行办法》，针对横向经济联合的各种问题，在税收方面作出具体规定;1986年4月23日,财政部发布了《关于国内联营企业若干财务问题的规定》。

(7)加强会计管理、强化会计监督、规范会计核算方面的财政制度主要有:为适应市场取向改革的需要和企业结构的变化,1985年我国颁布了《中华人民共和国会计法》。1985年发布了《中华人民共和国中外合资经营企业会计制度》。此外,还发布了《会计人员职权条例》《中华人民共和国注册会计师条例》和《乡镇企业会计制度》等。

在推进财税自身改革的同时,财政部还配合有关部门进行了价格、工资、科技、教育等改革,并在立法上进行配套工作。上述一系列财政法律、行政法规、规章制度的颁布实施,为及时调整各方面的分配关系,促进经济体制改革和对外开放,巩固社会安定团结,提高人民生活水平,逐步实现国家财政经济的根本好转,奠定了制度基础。

(四)财政行政执法监督进入角色

1980年国务院批转了《财政部关于财政监察工作机构设置的几项规定》,这一法规性文件对于财政监督机构的重建与恢复给予了有力的推动,开启了财政监督工作新纪元。1987年6月,国务院发布了《关于违反财政法规处罚的暂行规定》,同时,财政部下发了《关于加强财政监察工作的若干意见》,1990年财政部制发了《财政监察工作规则》。规章制度的不断完善,有力地促进了财政监督业务工作的深入开展。继1990年10月1日《中华人民共和国行政诉讼法》实施后,1991年1月1日,《中华人民共和国行政复议条例》正式实施。《中华人民共和国行政诉讼法》和《中华人民共和国行政复议条例》的实施,对保护公民、法人和其他组织的合法权益,强化行政机关内部的层级监督,提高行政管理水平,加强政府的工作都有重要意义。1990年3月,财政部成立行政复议委员会,其工作机构行政复议办公室设在条法司,具体办理财政行政复议、应诉和赔偿等事项。1991年6月,财政部收到第一件财政行政复议申请。这一时期,财政行政复议、应诉案件主要发生在基层。财政部行政复议和应诉工作重点是制定相关制度,明确职责,规范程序,加强培训。财政部先后制发了《财政部关于贯彻〈行政诉讼法〉需要抓紧进行的几项工作的紧急通知》和《财政部门贯彻实施〈行政复议条例〉的若干规定》，并组织多种形式的讲座、培训活动，为财政部门行政复议、应诉工作奠定了制度和干部队伍基础。

二、取得突破（1992—1997年）

1992年全国财政工作会议提出"要加强财税法制建设，真正做到依法理财，依法治税，依法管产"的要求。以此为标志，依法理财成为财政管理的新理念，财政法制建设取得新的突破。

（一）企业财务会计法制建设取得重大突破

随着企业改革的进一步深化，国有企业逐步发展成为独立的商品生产经营者，走向市场。为适应这一要求，全面改革企业财务会计制度，把国有企业推向市场，为各类企业创造平等竞争的市场环境，成为这一时期财政改革的一项重要内容。财政立法工作的重点首先围绕此项改革而展开。

1. 在企业财务制度改革方面

为了适应我国经济管理体制改革和现代企业制度建立的需要，1992年11月，经国务院批准，财政部发布了《企业财务通则》。自1993年7月1日起，境内各类企业，不分预算级次，不分所有制性质，不分组织形式，统一使用新的企业财务制度。财政部相继发布了工业、运输、邮电通信、商品流通、金融保险、对外经济合作、施工房地产开发、农业、电影新闻出版、旅游饮食服务等10个分行业企业财务制度。这次企业财务制度改革，取得了划时代的历史成就，为提升企业财务管理水平，促进企业平等竞争，并为财税管理体制改革奠定了良好的制度基础，为此后公司法的出台以及现代企业制度的建立、国有企业的公司制改建等，奠定了坚实的基础。为配合《企业会计准则》和《企业财务通则》的实施，以1993年颁布《金融保险企业财务制度》为标志，财政部继续不断完善金融财务管理制度，先后印发了《关于国有独资商业银行财务管理的规定》《国家政策性银行财务管理规定》等一系列规定，明确要求各国有金融企业于每年年初上报年度财务计划，经财政部批复后方可执行。

2. 在会计制度改革方面

1992年11月,经国务院批准,财政部发布了《企业会计准则》,后来相继发布了工业、铁路运输、民用航空运输、交通运输、邮电通信、商品流通、金融、保险、对外经济合作、施工、房地产开发、农业、旅游饮食服务等13个分行业会计制度。与企业财务制度改革同步进行的会计制度改革,为进一步完善企业会计核算制度,实现与国际惯例接轨,促进国内外经济交流,推动投资、贸易发展,发挥了积极作用。1993年10月,第八届全国人民代表大会常务委员会通过《中华人民共和国注册会计师法》,对注册会计师行业管理作出了全面规范,对于发挥注册会计师在社会经济活动中的鉴证和服务作用,促进社会主义市场经济的健康发展,发挥了重要的作用。1993年12月,八届全国人大常委会修订颁布了《中华人民共和国会计法》,对于规范和加强会计工作,发挥会计工作在维护社会主义市场经济秩序、加强经济管理、提高经济效益中的作用,发挥了积极作用。

(二) 财税管理体制改革的法制建设取得重大突破

按照建立社会主义市场经济体制的要求,进一步理顺中央与地方财政分配关系,更好地发挥国家财政职能作用,增加中央的宏观调控能力,党中央、国务院决定在全国实行分税制财政体制。与此配套,预算管理、税收制度也进行了重大改革。以财政立法开路,以财政执法护航。随着各项改革的深入,有关财政管理体制、预算、税收立法也取得了重大突破。

1. 在财政管理体制方面

在1992年分税制财政管理体制试点取得成功的基础上,1993年底国务院发布《关于实行分税制财政管理体制的决定》,自1994年起在各省、自治区、直辖市、计划单列市实行分税制财政体制,初步建立起与市场经济发展相适应的财政体制新框架。

2. 在预算管理方面

1994年3月,第八届全国人民代表大会第二次会议通过了《中华人民共和国预算法》,国务院相应颁布《中华人民共和国预算法实施条例》。作为财政基本法,预算法成为后续财政改革和财政政策确立以及财政管理的基本依据。预算法及实施条例的颁布，对于强化预算管理，增强预算透明度，加强预算管理监督，实现政府预算管理法治化具有奠基作用。

3. 在税收制度方面

为配合建立分税制财政体制，全国人大颁布《外商投资企业和外国企业所得税法》（合并原《中华人民共和国中外合资经营企业所得税法》《中华人民共和国外国企业所得税法》）《中华人民共和国税收征收管理法》《中华人民共和国个人所得税法（修订）》《关于外商投资企业和外国企业适用增值税、消费税、营业税等税收暂行条例的决定》。国务院颁布《中华人民共和国企业所得税暂行条例》（合并原《中华人民共和国国营企业所得税条例》《国营企业调节税征收办法》《中华人民共和国集体企业所得税暂行条例》《中华人民共和国私营企业所得税暂行条例》）《中华人民共和国增值税暂行条例》《中华人民共和国消费税暂行条例》《中华人民共和国营业税暂行条例》《中华人民共和国土地增值税暂行条例》《中华人民共和国资源税暂行条例》《中华人民共和国契税暂行条例》等一批税收行政法规。财政部和国家税务总局相应发布各税种实施细则和有关实施文件。这些税收法律制度的颁布实施，实现了税制的规范、统一、公平、合理，对于保证依法征税、依法纳税和财政收入稳定增长，发挥了十分重要的作用。

（三）财政法制宣传教育渐次展开

1991年3月和1996年5月，第七届和第八届全国人民代表大会常务委员会分别做出《关于深入开展法制宣传教育的决议》和《关于继续开展法制宣传教育的决议》，要求在全民中实施普及法律常识，加强法制宣传教育的第二个和第三个五年规划，不断提高广大干部群众的法制观念，保障宪法和法律的实施，坚持依法办事，依法管理各项事业，为改革开放创造良好的法制环境，促进国家的政治稳定、经济振兴和社会发展。以此为契机，财政部及各级财政部门，先后组织了"二五"和"三五"普法活动。通过开展和参加轰轰烈烈、丰富多彩的财政普法活动，各级财政干部法律意识明显增强，逐步树立起依法理财的新理财观。财政部普法办在"二五"和"三五"期间均被中宣部、司法部、全国普法办评为"全国先进普法办公室"。

三、全面推进（1998 年至今）

这一阶段是财政法制工作的全面推进阶段，围绕贯彻落实"实行依法治国，建设社会主义法治国家"的基本方略，财政法制工作在建立法律体系、健全行政执法监督机制、改革行政审批制度等方面都取得了长足进步。

（一）确定法治财政新目标

1999 年宪法修正案把"实行依法治国，建设社会主义法治国家"作为治国的基本方略写入宪法。1999 年，国务院召开第一次依法行政工作会议，发布《国务院关于全面推进依法行政的决定》。2004 年，国务院召开第二次依法行政工作会议，印发《全面推进依法行政实施纲要》（以下简称《纲要》），确定了建设法治政府的目标，明确了今后十年全面推进依法行政的指导思想和具体目标、基本原则和要求，以及主要任务和措施。财政部在认真学习、领会《纲要》基本精神和主要内容的基础上，经过充分的调查研究，结合财政部门的具体情况，2005 年 4 月，制定了《财政部门全面推进依法行政依法理财实施意见》（以下简称《实施意见》）。《实施意见》明确提出，全面推进依法行政、依法理财，经过十年左右坚持不懈的努力，基本实现建设法治财政的目标。《实施意见》规定了加强依法理财 24 项具体措施。在财政制度建设方面，《实施意见》提出要努力建立健全适应社会主义市场经济条件下的财政法律制度体系，并对财政立法项目作出整体规划。《实施意见》是财政部门进一步推进物质文明、政治文明和精神文明建设，促进和谐社会建设的重要文件，是财政部门进一步推进依法理财、科学理财、民主理财的重要文件，是进一步推进财政部门全体干部特别是领导干部转变理财观念、提高执政能力的重要文件。制定并实施《实施意见》是财政部门贯彻依法治国基本方略的重要举措，是建立适应社会主义市场经济发展要求的公共财政体制的重要步骤，标志着社会主义公共财政体制建设向法治化的轨道迈出了坚实的一步。2013 年 11 月，党的十八届三中全会首次以"依法治国"作为专题讨论，会议通过《中共中央关于全面深化改革若干重大问题的决定》，对加强社会主义民主政治制度建设和推进法治中国建设提出明确要求。依法理财是依法治国的重要组成部分，财税体制改革就是要建立与国家治理体系和治理能力现代化相适应的制度，为实现国家治理法治化、现代化和"两个一百年"奋斗目标提供物质基础和制度保障。

（二）财政法律体系初步建立

这期间，财政部严格执行《中华人民共和国立法法》《行政法规制定程序条例》《规章制定程序条例》，不断改进和完善财政立法工作程序和方法，努力提高立法工作质量，积极推进财政立法进程。截至2007年底，由财政部门组织实施的现行法律和法规问题的决定有9件，行政法规和法规性文件90件，规章105件，规范性文件1958件，财政各项工作基本实现有法可依，财政法律体系初步建立。2009年，财政部深入贯彻落实党的十七届四中全会精神，全面贯彻实施《全面推进依法行政实施纲要》与《财政部门全面推进依法行政依法理财实施意见》。2014年8月31日十二届全国人大常委会第十次会议通过《全国人民代表大会常务委员会关于修改〈中华人民共和国预算法〉》的决定，该预算法自2015年1月1日起正式实施，这是财政法制建设具有里程碑意义的大事。

（1）改进立法工作程序和方法。2000年8月和2002年7月财政部两次修订《财政部立法工作规则》，对财政部立法工作职责、程序作出了全面规范。此后，财政部党组在每年研究财政部年度立法计划时，对财政部立法工作提出了一些新的要求。规范立法、民主立法、科学立法成为财政立法的新要求。集体审核、专家论证、立法前评估、立法后评估等项工作相继开展，为进一步提高财政立法质量提供了重要保证。2013年5月，财政部印发《财政部工作规则》，进一步规范财政立法工作。

（2）建立政府采购法律制度。1998年国务院赋予财政部"拟定和执行政府采购政策"职能，标志着政府采购制度改革正式开始。政府采购制度是加强财政支出管理，提高财政资金使用效益的一项新制度。1999年4月，财政部制定发布了我国有关政府采购的第一个部门规章，即《中华人民共和国财政部政府采购管理暂行办法》，明确了我国政府采购试点的框架体系。2002年6月，九届全国人大常委会通过了《中华人民共和国政府采购法》。2003年1月1日，政府采购法正式实施，标志着我国政府采购制度改革试点工作至此结束，进入了全面实施阶段，全国政府采购工作步入新的发展时期。该法的颁布实施,有力地推动了政府采购改革的深入进行,为建立与国际接轨的政府采购制度奠定了基础。自政府采购法正式实施以来,我国还相继出台了《政府采购货物和服务招标投标管理办法》《政府采购信息公告管理办法》《政府采购供应商投诉处理办法》《政府采购代理机构资格认定办法》《政府采购评审专家管理办法》《集中采购机构监督考核管理办法》等多个配套规章和规范性制度,初步建立了以政府采购法为统领的政府采购法律制度体系。2007年底启动了加入WTO《政府采购协议》(GPA)谈判。利用这些交流合作机制,我国积极宣传政府采购制度改革成效,有针对性地了解国际政府采购制度及改革动态,熟悉国际规则并参与国际规则制定。2010年10月财政部公布了《政府采购代理机构资格认定办法》(财政部令第61号),自2010年12月1日起施行。2014年12月31日,国务院常务会议审议通过了《政府采购法实施条例(草案)》,政府采购法律制度日趋完善。

(3)完善税收法律制度体系。以《中华人民共和国企业所得税法》(以下简称《企业所得税法》)颁布为标志,经过几年的努力,我国的税收法律制度更加完善。2005年12月,十届全国人大常委会第十九次会议通过《全国人民代表大会常务委员会关于废止〈中华人民共和国农业税条例〉的决定》,终结了延续千年的种粮纳税的历史,促进了农民的收入增长。1993年至2011年间,六次修订《中华人民共和国个人所得税法》,根据经济发展,合理调节国民收入。2007年3月,十届全国人大五次会议通过《企业所得税法》,统一了内外资两套企业所得税制度。实行新的统一、规范的企业所得税制度,对建立平等竞争的市场环境,促进国民经济健康发展具有十分重要的意义。这期间,国务院还相继发布了《车辆购置税暂行条例》《烟叶税暂行条例》,修订了《车船税暂行条例》《城镇土地使用税暂行条例》《耕地占用税暂行条例》,废止了《国务院关于对农业特产收入征收农业税的规定》《屠宰税暂行条例》等。2012年至2016年,三次修订《中华人民共和国税收征收管理法实施细则》,对税务登记,账簿、凭证管理,纳税申报,税款征收,税务检查,法律责任等作出明确规定。2011年2月25日在第十一届全国人民代表大会常务委员会第十九次会议上通过《中华人民共和国车船税法》,自2012年1月1日起施行。

(4) 建立健全财政监督法律制度。2004年11月,国务院颁布了《财政违法行为处罚处分条例》,自2005年2月1日起施行,将涉及财政资金收支活动的单位和个人均纳入其调整范围,进一步明确财政违法行为的主体、客体和法律责任。该条例的发布弥补了财政监督立法的不足,为执法机关对财政违法行为的处理、处罚、处分提供了法律依据,强化了执法手段。2005年2月1日起施行的《财政违法行为处罚处分条例》,使财政监督的执法地位和执法手段得到强化,标志着财政监督事业在法制化进程中迈出了一大步。随后,财政部制定了《财政检查工作办法》,进一步规范了执法程序。《财政违法行为处罚处分条例》和《财政检查工作办法》等行政法规和规章的颁布实施,为加强财政监督,维护健康的财政经济秩序提供了有效的法律保障。近年来,地方财政监督立法也迈出了实质性的步伐,各省以地方人大立法的形式出台了财政监督条例或以政府令的形式制定了财政监督办法。2010年2月2日公布了《财政部门内部监督检查办法》(财政部令第58号),3月1日起施行。2012年2月23日财政部部务会议审议通过了《财政部门监督办法》,这个文件的出台对进一步发挥财政监督职能作用,提高财政管理科学化精细化水平,建立健全预算编制、执行和监督相互制约、相互协调的机制,推进财政部门依法行政、依法理财具有十分重要的意义。上述这一系列法规政策的出台,标志着财政监督法制建设取得重大突破。

(5) 相继建立了一批基础性财政规章制度。财政部高度重视规章立法工作,以健全财政制度规范财政管理行为,以创新制度促进财政发展,以推行新制度构建财政管理新机制,相继颁布或修订颁布了一批财政基础性规章制度。主要包括:《企业财务通则》《金融企业财务规则》《企业会计准则——基本准则》《行政单位国有资产管理暂行办法》《事业单位国有资产管理暂行办法》《财政部信访工作办法》《国家农业综合开发资金和项目管理办法》《国家蓄滞洪区运用财政补偿资金管理规定》《国际金融组织和外国政府贷款赠款管理办法》《财政机关行政处罚听证实施办法》《金融企业国有资产转让管理办法》《道路交通事故社会救助基金管理试行办法》《注册会计师全国统一考试违规行为处理办法》《中国清洁发展机制基金管理办法》《彩票管理条例实施细则》《事业单位财务规则》《财政部门监督办法》《财政票据管理办法》《行政单位财务规则》《事业单位会计准则》《会计从业资格管理办法》《不动产登记条例》《政府会计准则—基本准则》《会计档案管理办法》《代理记账管理办法》《基本建设财务规则》《财政部关于修改〈会计从业资格管理办法〉的决定》《资产评估行业财政监督管理办法》等。

（6）财政法规清理更加制度化、规范化。财政部自1986年至2016年的30年间，先后组织财政规章规范性文件清理12次，有步骤地对中华人民共和国成立以来财政部发布及财政部与其他部委联合发布的规章制度进行全面、系统的清理、鉴定。经过清理，确定废止和失效的财政规章和规范性文件共1255件，其中，废止的财政规章24件，失效的财政规章6件，废止的财政规范性文件654件，失效的财政规范性文件571件。通过不断地立新、汰旧，基本实现了财政制度建设与财政改革和发展同步推进，有力地促进了财政改革和发展，保障了财政宏观调控措施的实施。

（三）财政行政执法监督机制不断健全

加强财政执法监督是保证财政机关依法行政的重要环节。认真组织行政复议和行政应诉，是行政执法监督的重要内容。在行政复议和行政应诉工作中，财政部为构建和谐社会，树立财政机关依法行政、依法理财的良好形象，做了大量工作，归纳为五个方面：一是注意并坚持不断健全和完善财政行政复议和应诉的工作制度，规范执法监督行为；二是注意并坚持依法办案，依法维护当事人合法权益；三是注意并坚持加强与当事人的沟通与联系，妥善化解纠纷，把矛盾解决在基层，解决在萌芽状态；四是注意并坚持不断创新工作机制，提高办案质量和效率；五是注意并坚持及时对典型案件进行总结分析，提出加强财政立法与财政执法工作的建议，促进执法水平提高。

（四）财政行政审批制度改革深入推进

为深入推进财政行政审批制度改革，截至2014年，按照国务院部署，财政部先后进行过6次审批项目清理，共取消调整65项，占原审批项目总数的45.7%。2014年，在对现有审批事项清理核实的基础上，提出于2013—2015年取消下放13

项审批事项的计划，减少率达52%，超过本届政府提出的任期内减少1/3审批事项的目标。

为规范财政部行政审批事项的管理，根据《中华人民共和国行政许可法》《全面推进依法行政实施纲要》《建立健全教育、制度、监督并重的惩治和预防腐败体系实施纲要》以及国务院行政审批改革有关规定，财政部从制度建设入手，逐步建立起了与公共财政体制相适应的财政审批管理制度。财政部保留的非行政许可审批项目，也都已按要求制定了具体的管理办法，明确了审批的条件、时限和程序。同时，财政部制定了《财政部行政许可监督管理办法》，使财政审批监督检查工作制度化、规范化和经常化。在审批制度改革的过程中，财政部遵循简政放权、转变管理方式的原则，在严格厘清政府和市场、中央和地方、财政部和其他部门职责边界的基础上，对市场机制可以自行调节、行业组织能够自律管理的事项，取消审批职能，交由市场自主实施；对由财政部和其他部门联合审批项目的审批权归口牵头部门统一行使，以便减少审批环节，优化审批程序，提高审批效率；对于有利于发挥地方财政部门就近管理优势、方便就近服务群众的项目，则下放到地方财政部门。

（五）财政法制宣传扎实推进

依照中共中央、国务院批转的《关于在公民中开展法制宣传教育的第四个五年规划》《关于在公民中开展法制宣传教育的第五个五年规划》和《关于在公民中开展法制宣传教育的第六个五年规划》，"四五"（2001—2005年）、"五五"（2006—2010年）及"六五"（2011—2015年）普法以来，财政部坚持组织各级财政部门以宪法为核心、以财政专业法和依法行政法律知识为重点，广泛深入地开展了形式多样、内容丰富的财政法制宣传教育活动，形成领导抓组织、机构抓落实、专人抓普法、形式求多样、宣传重效果的有效机制，广大财政干部依法行政、依法理财的能力和水平有明显提高，全社会的财政法律意识和财政法制观念不断增强。财政法制宣传教育在全面推进依法行政、依法理财，建设法治财政进程中发挥了重要作用。"四五"期间，财政部条法司被中宣部、司法部、全国普法办评为"全国普法先进单位"。"五五"期间，各级财政部门学法用法的自觉性明显增强，各项财政管理工作逐步步入法制化的轨道。"六五"期间，财政系统强化顶层设计，完善普法内容，细分普法对象；各级财政部门坚持"普法并举"，取得了依法行政依法理财工作新进展。下一阶段的任务是加快推进十八届四中全会明确提出的"谁执法谁普法"的普法责任制，加强对"自媒体"运用的指导，进一步推进基层普法宣传教育工作。

（六）财政法制干部队伍建设取得成效

财政法制机构在全面推进财政部门依法行政、依法理财，加强财政制度建设方面发挥了越来越重要的作用。经过1998年和2000年两次机构改革和调整，财政部条法司的职能得到加强。财政部创造多种机会，加强财政法制干部培训工作，造就既"通"又"专"的财政法律专门人才。地方省级财政部门和大多数市级财政部门也相应成立了独立的财政法制机构，财政系统法制干部队伍不断发展壮大。

（七）地方财政法制建设有声有色

近些年来，地方财政立法工作得到加强，组织财政执法监督和财政法制宣传教育工作，取得了很大成绩。一些地方财政部门解放思想，勇于实践，在财政监督、财政非税收入管理等方面的制度建设上走在中央的前面，为中央立法提供了宝贵经验；各地财政部门严格依法办事，认真办理行政复议、应诉案件，创造了不少具有推广价值的典型案例；广大地方财政部门坚持"机构、人员、经费、内容、时间、阵地"六落实，深入地开展了形式多样、内容丰富的财政法制宣传教育活动，成效显著。

第五节
财政监督制度与改革

财政监督是财政职能的组成部分和财政管理的主要环节之一。财政监督的基本功能是构筑起财政资金使用内控安全网。改革开放40年来，随着财政管理体制改革的不断深入，财政监督体制也经历了一个恢复重建和改革完善的过程。总结回顾

40 年来的发展历程,财政监督的发展基本上经历了三个阶段:财政监督的重建与恢复(1978—1993 年)、财政监督的稳步发展(1994—1998 年)、财政监督的科学发展(1999 年至今)。财政监督的发展与财政改革的深化是紧密联系在一起的。实施财政监督是深化财政管理改革的重要条件,直接影响各项财政改革成效的发挥。在发展完善的不同阶段,财政监督始终服从、服务于财政工作大局,适应各阶段财政改革重点和发展需要,体现财政改革的整体要求和财政政策着力点,推动财政管理水平的提升。同时,近 40 年的财政改革也不断要求强化财政监督、健全财政监督制度。

一、财政监督的重建与恢复(1978—1993 年)

1978 年党的十一届三中全会以后,我国进入了改革开放与社会主义建设的新时期。"分灶吃饭"体制改革、国家与企业之间的利益分配关系调整、事业行政单位逐步试行"预算包干"、财政包干体制改革、工商税制改革等一系列财政改革相继实施。这一阶段的财政改革以"放权"和"让利"为主要特征,纵向和横向全方位的"让利",打破了长期以来实行的财政统收统支体制,各地方、部门、单位、企业和个人的利益主体意识逐步形成。这客观地要求建立财政监督体系。此间,财政监督在艰难探索中为各项财政改革保驾护航。税收、财务、物价大检查以及中央企业财政驻厂员工作对财政改革、强化企业管理、严肃财经纪律起到了十分重要的推动作用。

(一)恢复建立专门机构,促进财政监督工作的开展

中华人民共和国成立初期,财政部就设立了监督机构。"大跃进"和"文革"期间,财政监督机构被撤销,财政监督工作被迫暂时中断和停顿。1978 年 8 月,经国务院批准,财政部恢复建立财政监察司(与监察部派驻财政部监察局合署办公,承担财政监督与行政监察两项任务),各地也相继恢复了财政监察专门机构并配备人员。财政监察机构的主要职责是监督检查国家机关、社会团体、企业和事业单位执行财政政策、法令、制度的情况,办理有关违反财政、税收、会计制度和纪律的案件。经过几年的发展,监督机构不断健全,人员日益充实。到 1991 年底,全国

共配备专职财政监督干部4826人。

随着财政监督机构的重建与恢复,财政监督工作也得以恢复发展,查处了一大批重大违法乱纪行为,维护了财经秩序,保障了国家财经法纪的执行。仅1980年全国财政监督机构就检查了各种违反财经纪律的案件12000多件,查出挤占、挪用的资金达6.8亿元,为"文革"结束后财经秩序的恢复与完善做出了积极贡献。

(二)严肃财经纪律,组织开展税收财务物价大检查

20世纪80年代初期,由于规范财经秩序的法律、法规严重滞后,财经监督机制不够完善,监督力量比较薄弱,财经秩序比较混乱,财政收入"跑、冒、滴、漏"等现象非常严重,偷逃骗税、截留收入、挥霍浪费等问题十分普遍,严重影响了改革开放和经济建设的顺利进行。针对这种情况,1985年8月,国务院设立非常设机构——税收、财务大检查办公室(1986年更名为税收、财务、物价大检查办公室,以下简称"大检办"),同时要求各地层层设立"大检办"。从1985年开始,在全国范围内开展税收财务物价大检查。这项工作由国务院和地方各级政府统一领导,人大、政协参与,财政部门牵头,全国税务、计划(物价)、审计等部门共同组织,每年第四季度开展一次。到1997年,连续开展了13年的大检查工作,成效明显,全国累计查出各种违纪资金2044亿元,挽回财政损失1331亿元。"大检查"对严肃财经秩序,防止财政收入流失,完善税收法规,强化财税管理发挥了重要作用;为规范经济秩序,确保财税改革实施,促进经济发展,推动廉政建设,做出了积极贡献;为加强日常财政监督积累了工作经验,促进日常监督机制的建立和完善,为我国财经监督体系的形成与发展提供了宝贵的实践经验。"大检查"是在特定历史条件下,为整顿经济秩序而采取的一种特殊措施,随着财政、税务、审计、计划(物价)和社会审计机构经济监督体系的初步形成,日常监督检查力度不断加大,"大检查"转变为规范化的日常监督检查势在必行。

(三)强化企业管理,实行中央企业财政驻厂员制度

驻厂员制度经历了1962年提出、1972年加强、1986年壮大这样几个历史阶段。这一时期我国财政改革的重点是通过放权让利提高企业的经营积极性,提高财政收入能力。改革在促进经济发展、搞活企业的同时,也使各地的中央企业财会出

现监管"真空"。为了切实加强国营大中型企业的财经纪律，改善经营管理，提高经济效益，1982年各地相继恢复了财政驻厂员制度，1986年，成立中央企业财政驻厂员处，在地市设立中央企业财政驻厂员组，作为财政部的派出机构对中央企业财务收支实施就地监督，组织开展异地交叉检查。1986—1994年累计查出违纪资金300多亿元，挽回中央财政损失110多亿元，为健全财务管理制度和加强宏观调控提供了大量有价值的经济信息，成为财政监督战线上的一支重要力量。在特定的历史时期，中央企业驻厂员制度符合我国财政对中央企业监督管理的客观需要，是国家财政对国民经济支柱行业实施监督、保证国家财政收入稳步增长的可贵探索，为后来财政监察专员办事机构的设置奠定了基础。

（四）制定规章制度，保障财政监督工作的开展

1980年国务院批转了《财政部关于财政监察工作机构设置的几项规定》，这一法规性文件对于财政监督机构的重建与恢复给予了有力的推动，开启了财政监督工作新纪元。1987年6月，国务院发布了《关于违反财政法规处罚的暂行规定》，同时，财政部下发了《关于加强财政监察工作的若干意见》，1990年财政部制发了《财政监察工作规则》。规章制度的不断完善，有力地促进了财政监督业务工作的深入开展。

总的来看，这一时期，为保证以放权让利为特征的财政改革的顺利推行，财政管理的主题是实现财政收支平衡，财政工作的重心是千方百计保收入，与之相适应的财政监督工作，目的主要是查补国家财政收入，平衡财政收支，严肃财经纪律，治理整顿经济秩序；监督的重点是财政收入；监督的对象和内容是企业的财务收支活动；采取的监督手段是检查企业财务账目；监督的方式主要是专项检查、事后检查，以查办案件和查补收入为主；特点是着眼于企业的财务收支，注重财政收入监督，大力开展专项检查和突击性检查，具有鲜明的检查特征。

二、财政监督的稳步发展（1994—1998年）

1994年到1998年，国家实施了以"分权""规范"为主要特征的财政改革，分税制财政管理体制改革规范了中央与地方的财政收入分配关系，工商税制改革初

步建立起了符合社会主义市场经济发展要求的税收体系，《预算法》的颁布实施把政府预算纳入了法制化管理的轨道，会计、审计制度的不断加强规范了微观市场经济主体的会计工作。与逐步规范的财政改革相适应，这一时期的财政监督工作以转变职能、寻找定位、探索模式、寻求突破为主线，逐步确立了"专项检查、财税大检查、日常监管"的基本格局，积极探索从一年一度的大检查逐步向以日常监督管理为主转变，财政监督的重心逐步转移到财政收支监督上来，财政监督工作由此进入新的发展阶段。

（一）进一步健全机构，调整完善财政监督职能

财政部在1994年政府机构改革时成立了财政监督司，是由以前的财政监察司，商贸司中企处和税收、财政、物价大检查办公室三个机构合并而成；主要职责是监督各地区财政收支和各部门的财务活动，检查财政税收政策、法令和财务会计制度的执行情况。财政监督司的成立，不仅理顺了各部门的关系，统一了监督力量和对监督工作的领导，而且强化了财政监督职能。为了适应分税制财政管理体制改革的需要，强化中央财政监督，1995年1月1日国务院批准财政部将驻各地的原中央企业财政驻厂员机构改建为财政监察专员办事机构（简称专员办）。业务工作及人、财、物由财政部垂直管理，人员编制3000人，监督的权威性与独立性进一步加强。专员办作为财政部的派出机构，就地履行中央财政监督职能，是中央财政监督管理的延伸。1998年政府机构改革，专员办在职能上也作了较大转变和调整。一是不再直接开展以中央企业财务收支为对象的监督检查；二是减少具体审批事项，把工作重点放在加强对财税执法部门和中央预算支出的监督上来，提高监督层次；三是建立事前审核审批、事中监控和事后检查稽核相结合的中央财政收支日常监管机制，突出财政管理特色。地方各级财政部门也按照国务院关于强化财政监督的要求，重新核定人员编制、明确工作职责，进一步强化了财政监督专门力量。

（二）围绕社会热点和财政管理中的突出问题，开展了一系列全国性的专项检查

针对这一时期出现的偷逃税收、截留收入、私设"小金库"、预算外资金管理混乱、挥霍浪费国家资财等违反财经法纪问题，先后组织开展了一些与财政管理密切相

关的专项检查，如 1995 年的清查"小金库"、1996 年和 1997 年清查预算外资金以及财税大检查等专项治理工作。仅 1994 至 1997 年的"大检查"，全国共计查出各种违纪问题资金 878.44 亿元，追回财政收入 810.88 亿元。历年情况见表 6-5-1。

表 6-5-1　1994—1997 年大检查工作成效表①

年份	全国查出违法违纪情况（亿元）		党纪政纪处分人数	移送司法机关人数
	金额	其中上缴财政		
1994	209.00	176.00	53	225
1995	226.90	225.70	127	—
1996	220.35	205.24	321	349
1997	222.19	203.94	70	385
合计	878.44	810.88	571	959

上述具有较大影响力的重点检查，对严肃财经法纪、平衡财政预算、加强财政管理起到了积极作用，收效明显，有力地支持和保障了财政工作任务的圆满完成和财政改革的顺利推进。

（三）调整监管方向，加强税收征管质量和预算执行情况的监督

为落实《国务院关于加强依法治税严格税收管理权限的通知》精神，加强了对国税部门征管中央预算收入工作质量和中央国库退付中央预算收入情况的监督检查。1998 年对部分税务机关征收烟草、石化企业和证券行业税收征管质量进行了检查，并跟踪抽查了上述企业会计基础工作情况，查出应补缴"两税"和中央企业所得税 10.8 亿元。同时查出一些税务部门存在严重的擅自越权减免税问题。通过检查，不仅纠正了违规行为，增加了财政收入，也为建立和完善对预算收入征收机关的监管制度、加强整顿会计工作秩序力度、建立会计信息质量抽查公告制度积累了经验。

（四）加大专项资金检查力度，保障财政资金安全规范使用

为加强财政专项资金管理，规范专项资金的使用，保障资金安全，加大了对专

---

① 谢旭人：《中国财政改革三十年》，中国财政经济出版社，2008 年，第 398 页。

项资金的检查力度。如：1997年，财政部首次在全国范围内对国家专储粮的库存量及储备利息费用进行核查，查出了部分专储粮库骗取国家收购差价补贴和储备利息费用补贴的严重违纪问题，并延伸查出国家粮食储备局3.7亿元的"小金库"大案。1998年，为配合积极财政政策的实施，财政部组织开展了对国债专项资金重点项目的检查，查出了一些地方配套资金或银行贷款资金不落实、滞拨专项资金等违纪违规问题，依法进行了严肃处理。

（五）围绕财政管理，做好日常性财政监督管理工作

各级财政监督检查机构紧紧围绕财政改革和财政管理，不断调整和充实工作内容，积极探索加强日常监管工作的途径和方法，为财政监督工作的日常化、制度化初步打下了基础。与构建适应和推动社会主义市场经济体制发展的财政改革相适应，财政监管着力配合旨在减轻企业不合理负担的非税收入，管理制度改革并主动与新形成的分税制财政体制相配合。同时，财政监督的方式发生重大变化，财政监督的形式从集中性的税收财务物价大检查逐步向日常监督过渡；范围逐步从单一的对企业财务收支和财政收入征缴情况的监督检查，转向财政支出、会计信息质量等领域，围绕财政管理的重点问题开展监督检查；手段也从原来单一的检查转向监督与审核等多种手段；其特点是逐步从企业财务收支监督向财政收支监督转变，从收入监督向"收支并举"转变。初步建立了内外监督相结合，行政监督和社会监督相结合，事前、事中、事后监督相结合，日常监督和重点检查相结合的多层次、全过程财政监督检查机制，有力地促进了财政管理水平和依法理财水平的提高。

三、财政监督的全面加强（1999年至今）

这一时期，围绕公共财政框架的构建，调整中央与地方收入分配，完善政府间转移支付制度，调整财政支出结构，突出体现"民生财政"，推进"费改税"，加强国有资产管理，深化预算管理改革和会计审计制度改革等一系列财税改革相继展开。改革越深入，财政监督越重要。与这一时期的财政改革相适应，财政监督主动适应公共财政体制建设要求，紧紧围绕促进财政管理、深化财政改革、落实财税政策和维护财经秩序这一中心，不断调整和完善监督职责，进一步拓展监督范围，更

新监督理念，突出监督重点，财政监督与财政管理更加紧密融合，为严格预算分配、保障政策执行、加强增收节支、维护财经秩序做出了积极贡献，充分发挥了财政监督在健全财政政策体系、深化财政体制改革、优化财政支出结构、推进税制改革、推进依法理财等方面的保驾护航作用。财政监督工作呈现出蓬勃发展、不断深化的良好局面，逐步走上了规范化、制度化和科学化的发展道路。

（一）促进科学发展，督促政策执行，保障财政政策的执行效果

加大对财政政策实施的监督检查力度，更加关注民生资金管理使用情况，保障财税政策执行。重点关注支持经济增长方式转变的财税扶持政策实施情况，地方贯彻落实西部大开发、振兴东北地区等老工业基地、促进中部地区崛起的财政政策执行情况，地方执行国家税收优惠政策情况，中央财政支持粮食最低收购价政策执行情况和"三奖一补"政策落实情况，中西部地区农村义务教育保障政策执行情况等，先后组织开展了一系列专项检查或调查，通过财政监督，及时反映政策执行中存在的问题，督促各项财政政策落实到位，保障了国家政令畅通，为政策制定或调整提供第一手材料，为转移支付测算工作的公平、合理提供依据，确保国家宏观调控政策的有效实施，促进国民经济健康有序地发展。

（二）促进财政改革，服务财政管理，提高财政分配决策的科学性

加强财政监督既是确保财政中心工作有序进行的重要保障，也是财政改革与发展的客观要求。2002年开展的地方企业所得税核查，为所得税分享改革的顺利推进提供了充分依据。积极参与部门预算的审核，对部分部门二级预算审核和国库集中支付部分资金的审核等，推进了部门预算改革的深化，有效地促进了支出改革的进展。对预算单位银行账户进行审批，从源头上把握住资金载体，把住资金监管的命脉，为实现部门预算奠定了基础。组织开展了中央国家机关及省直机关津贴补贴和住房公积金专项检查，针对查出的问题，提出了改进的意见和建议，为推进改革提供了重要参考。通过事前检查调研、事中跟踪分析和事后有针对性地开展专项检查等有效监督方式，对多项财政改革的顺利推进起到保驾护航的作用。

2012年，密切跟踪"营改增"试点情况，指导督促上海专员办成立"营改增试点跟踪工作领导小组"，建立信息快报制度，定期反映实施动态和有关问题，充

分发挥参谋助手作用。督促整改土地整治相关资金收支管理情况专项调查违规问题，督促纠正有关违规行为，有力地推动了土地整治相关制度的修改完善。2013年，组织开展营业税改征增值税试点政策执行情况专项调查。组织北京、浙江等12个专员办就地调查营业税改征增值税试点政策执行情况，调查对象涵盖试点地区的财政、国税、地税、人民银行国库等多个部门，累计动态跟踪试点企业1192户，全面分析企业税负变动和享受财政补贴的情况，认真评估试点效果。针对调查发现的宣传文化单位进项税额抵扣、部分有形动产租赁企业执行政策不够规范等有关问题，研究提出改进建议，为进一步完善政策提供了有价值的依据和参考。针对2012年第四季度开展的地方政府性债务专项检查，在集中会审的基础上，对地方政府性债务在"借用管还"环节及融资平台公司清理规范等方面存在的问题进行系统梳理，为财政部研究完善地方政府性债务管理政策提供了第一手资料。2015年开展地方预决算公开情况专项检查，为贯彻落实《预算法》，推进地方预决算公开和建立健全公开透明的预算制度，首次对地方预决算公开情况开展检查，查处一批未按规定公开预决算的典型案例，同时从公开率、内容完整性、细化程度和公开及时性等方面对各省市预决算公开情况进行量化打分排名。此次检查工作受到主流媒体的广泛关注，有力推动了地方预决算公开工作，提高了财政透明度。

（三）突出重点，强化财政收支监督

第一，财政收入监督一直是财政监督工作的重要内容。近年来，财政收入监督实现了一些转变：从监管对象来看，摒弃了单纯监督检查纳税人的思路，实现了向征缴税收、非税收入的各个部门、单位的征管质量进行监督检查的转换。从监管内容来看，克服了片面重视税收收入、忽视非税收入的问题，实现了向税收收入、非税收入监督并重，对收入收缴、退付、留解、划分全过程监督，对重大财税政策执行情况进行调研反馈的思路转换。从监管方式来看，从年度突击性检查逐步转变为日常监督与专项检查相结合。围绕提高税收征管质量，组织开展了对税务部门征管质量、一般增值税先征后退政策执行情况的专项检查，以点带面扩大监管效用。

第二，围绕财政中心工作和社会关注的热点问题，开展财政支出监督。围绕财政中心工作和热点难点问题，加大了对社保资金、财政支农资金、扶贫资金、教育资金等公共支出项目的监督检查力度,在财政资金安全性、规范性监督的基础上,强调财政资金的有效性监督,切实提高财政资金使用效益。这表明,财政监督工作已与公众利益保护切实结合起来,体现了公共财政为民理财的宗旨。

(四)完善财政系统内部监督制约机制

财政内部监督,是一种预防机制和自我纠正机制,目的是加强财政管理,完善规章制度,充分发挥"减震器"和"免疫"作用,保障财政资金安全,把反腐工作重点转到预防环节。从1999年起,各级财政部门在常规检查的基础上,开展对制度建设、内控机制和履行职责等内部管理水平情况的检查,发现内部管理的深层次问题,提出的整改意见涉及财政管理和财政改革的许多方面,对于促进被查单位健全内控制度,注重消除违规问题发生的条件,取得了很好的效果。目前,内部监督检查已形成制度,内部监督的目标从单一的监督或以监督为主向监督与服务并重转变;工作重点由一般性财务检查向监督内部制度、内控程序上转变,由合规性为主向合规性和效益性并重转变,从微观监督为主向微观监督与宏观分析相结合转变。财政内部监督日益制度化和规范化,在加强财政管理、保障资金安全、提高资金效益等方面发挥着越来越重要的作用。

从2009年起,加强财政监督制度建设,坚持财政监督实体性制度和程序性制度建设两手抓。规范内部监督检查工作程序,规范检查行为,2010年发布《财政部门内部检查监督检查办法》,推进财政部门加强内部监督工作。2011年,在贯彻执行财政部第58号令的同时,结合财政部门内部监督工作特点和近年来的实践经验,编写印发了《财政部门内部监督检查指南——业务管理机构》,为各级财政部门有效开展内部监督工作提供具体指引和规范,进一步促进了内部监督制约机制建设。

(五)履行政府监管职责,深入开展会计监督和金融监管

1. 加大会计监督力度

会计监督经历了一个稳步推进、不断深入发展的过程。从最初的决算审核、大检查、到会计信息质量检查,从仅对国有企业实施的会计信息质量检查到对民营、股份企业会计信息质量的关注,进而到从对会计师事务所入手延伸至企业进行检

查，会计监督的范围、内容、程序、方法日趋成熟。

2. 防范风险，加大金融监管力度

为适应金融改革和管理的需要，拓展金融监督思路和方法，通过实施财务审批、日常监管、会计信息质量检查、部门预算审核、调查研究等手段，及时发现并纠正了大量违规违纪问题，提出加强金融监管的对策建议，促进了金融企业加强财务会计管理，提高资产质量，规范经营行为，降低金融风险，提高财政抵御和防范风险的能力。配合部门预算改革，在原有金融监管职能的基础上，重点加强了对人民银行部分分行和"三会"派出机构预算编制、执行和财务收支情况开展检查。确保预算编制、执行的严肃性，提高了财政资金使用效益。围绕防范金融风险，加强对金融资产与财务的监管，监督金融企业在处置有关资产中防止国有资产流失，防范金融风险。

（六）财政监督理论和制度框架初步建立，财政监督机构队伍建设迈上新台阶

财政监督理论得到了极大的丰富和发展。近年来，先后出版了《财政监督的理论分析》等一批专著，完成了多项重点财政监督课题研究，多次成功举办了财政监督理论研讨会，财政监督国际交流成果突出，国际交往日渐频繁。随着多层次财政监督理论交流平台的建立和完善，财政监督的层次不断提高，未来发展方向更加明确。

财政监督法制建设更加完备和健全。2005年2月1日施行的《财政违法行为处罚处分条例》，将涉及财政资金收支活动的单位和个人均纳入其调整范围，进一步明确财政违法行为的主体、客体和法律责任，使财政监督的执法地位和执法手段得到强化，标志着财政监督事业在法制化进程中迈出了一大步。随后，《财政检查工作办法》等一批监管规章制度相继出台，规范了监管行为。近年来，地方财政监督立法也迈出了实质性的步伐，截至目前，已有湖南、安徽、吉林、甘肃、西藏、福建、辽宁、广西等地方以地方人大立法的形式出台了财政监督条例，河北、湖北、山东、宁夏、安徽、江西、海南和江苏等地以政府令的形式制定了财政监督办法。上述这一系列法规政策的出台，标志着财政监督法制建设取得重大突破。

2012年，财政监督法制机制建设取得突破性进展。《财政部门监督办法》于

2012年3月2日颁布，5月1日起正式实施。这是我国第一部规范全国财政部门监督行为的综合性规章制度，对提高财政管理科学化精细化水平，深入推进依法行政、依法理财具有十分重要的意义。财政监督机构队伍建设迈上新台阶，全面提升了财政监督能力。目前，全国已形成了以中央财政和地方各级财政部门专职监督机构为主体、覆盖全国的专职财政监督体系。

（七）落实中央部署，开展"小金库"治理工作

根据中央的统一部署，中纪委、监察部、财政部、审计署牵头组织在党政机关和事业单位开展"小金库"专项治理工作。中央治理"小金库"工作领导小组办公室设在财政部，各级财政监督机构承担了治理工作的具体组织和实施工作。在工作中注重加强组织协调，及时动员部署，深入督导调研；注重加强宣传发动，积极拓宽举报渠道；注重把握关键环节，大力促进自查自纠，认真开展重点检查；注重开展源头治理，切实推进整改落实。

（八）创新监管方式

（1）调整会计监管方式。从对会计师事务所的监督入手，建立和强化对会计师事务所的日常监管体系；在日常监管基础上开展对会计师事务所和企业的专项检查；提高检查的科学性、针对性，扩大检查的社会影响力。

（2）调整非税收入监管方式。按照"突出重点、分类管理、规范有效"原则，对大部分综合性行政性收费项目、罚没收入项目由就地监缴调整为事后检查，下发了《财政部关于调整和加强监察专员办办事处中央非税收入监缴工作的意见》；同时，加强日常专项检查工作。

（3）试行中央财政支出监管分析报告制度。2008年在13个专员办试行开展了财政支出监管分析报告制度。适时改进和加强了中央财政专项转移支付资金文件抄送工作，发布《关于改进和加强中央财政专项转移支付资金等文件抄送工作进一步发挥专员办监管作用的通知》，建立完善的专项转移支付资金信息沟通制度，为专员办开展就地监管工作提供了规范稳定的信息来源。

（4）探索开展绩效评价工作。明确外国政府贷款中央级项目绩效评价作为专员办经常性工作。组织30个专员办对54个外国政府贷款中央项目开展绩效评价。对

9个世行、亚行贷款公路项目进行了专项检查,承担世界银行贷款项目——西部地区基础教育发展项目——的绩效评价工作。

(九)强化日常监管,促进监督科学化精细化

按照财政部党组将强化财政监督作为推进财政管理科学化精细化的重要措施,建立健全覆盖所有政府性资金和财政运行全过程的监督机制的要求,中央财政监督机构加强监管工作机制建设,强化日常监管,促进财政监督工作的科学化、精细化,做到创新监管方式与提高监督能力相结合。

完善部门预决算审核制度,完善对预算执行情况的监督检查和分析评价机制,尝试建立全过程的预算监督机制。推动专员办金融监管工作规范化。完善国库集中收付和银行账户监管工作,积极利用财政国库外围管理信息交互平台以及非税收入收缴系统,确保国库集中收付改革稳步推进。

(十)增强服务意识,改进财政监督工作指导

树立全国财政监督工作"一盘棋"的思想,改进和加强对地方财政监督工作的指导和服务,鼓励地方创新。

加强工作指导。加强对地方严肃财经纪律、强化财务管理等财政监督检查工作的指导督促,及时推进工作;加强对地方财政系统内控建设的指导推动,提高各级财政部门的风险防控能力和内部管理水平。

加强工作协调,做好服务支持。支持地方财政部门按照"依法依规、实事求是、因地制宜"的原则加强对下级财政部门财政监督工作的督导,坚持并改善符合实际而行之有效的好制度、好做法。加强工作宣传和成果交流,充分利用报刊、简报等形式,及时总结报道地方财政监督工作创新,重点工作及时跟进,及时交流工作动态和经验做法,有效推动全国财政监督工作深入开展。

总之,有效的财政监督是财政运行的"监测器"。这一时期的财政监督工作,紧紧围绕财政资金运行的全过程,全面开展收入、支出、金融、会计、内部监督检查。将财政支出监督和内部监督放到突出位置,初步建立了实时监控、综合稽查、整改反馈、跟踪问效的财政监督机制,实现了收支并举、内外并重。努力构建财政监督理论和制度框架,全面提升财政监督能力和成效。在监督理念上,实现了从检

查型监督向管理型监督转变;在监督内容上,实现了从注重查补收入向收支并重转变,从外部监督向内外监督相结合转变;在监督方式上,实现了从注重事后专项检查向事前审查审核、事中跟踪监控和事后检查处理有机结合的全过程监督转变;在监督目的上,实现了从关注和查处财政违规事项的"纠错"型监督向建立和完善内控机制、促进财政管理的"预防"型监督转变,从安全性和合规性监督向效益性监督转变。财政监督的这些转变适应了公共财政体系的建立和完善,适应了规范化、法制化、科学化、精细化和信息化财政管理的改革要求。

第六节
财政信息化建设

改革开放四十年来,我国财政部门一直高度重视利用信息技术来支持和促进财政改革和管理,将信息化作为财政改革与管理的重要手段和方法。尤其是进入21世纪后,依据"政府财政管理信息系统"的建设规划,财政部门密切结合财政改革的发展和需要,依靠信息技术手段,成功开发并应用了部门预算管理应用软件系统、国库集中支付应用软件系统、非税收入收缴管理应用软件系统、工资统一发放应用软件系统、财政经济景气预测分析软件系统等多种软件系统,使部门预算、政府采购、国库集中收付等项财政管理改革得以成功实施并逐步完善。信息化技术和信息设备的使用已覆盖财政管理各个环节,并成为支撑各项财政改革顺利推进的基本物质条件。

一、财政信息化建设的起步与发展

财政信息化建设从起步到完善,始终紧扣财政改革与优化管理的主基调。在起步和发展阶段,主要进行了建立管理机构、制定并落实信息化规划和推广使用报表软件等三大项工作:

（一）成立信息化管理机构，推动"利改税"方案出台

1979年，为了适应财政改革的需要，财政部经广泛调研、选型，从日本引进了日立M-150小型机和8172激光打印机等先进的计算机系统，财政部开始筹建计算中心。1980年8月，通过从中科院等单位选调技术人员、从部内司局抽调业务人员，财政部计算中心（后更名为财政部信息网络中心）正式成立。

计算中心成立之初，经过专题工作小组的努力，在小型机上建立并在国内首次成功应用了中文汉字输入及激光打印系统。这套系统很快成为财政部出台重大财税改革方案之前进行数据测算分析的重要工具，特别是在财政改革发展史中具有重要意义的第二步"利改税"方案出台前的数据普查和测算工作中，该系统处理了3.8万多户企业的各种数据，完成了工业企业26个改革方案和商业企业13个改革方案、3000万字符和70万汉字的数据测算，打印总计100多种格式报表56000余页，为国有企业第二步"利改税"方案选择提供了主要依据。

（二）制定财政信息化规划，开展信息基础设施建设

为了实现财政信息化基础设施的快速发展，有计划、有步骤地组织全国财税系统信息化建设，1985年财政部制定颁布了涵盖财政、税收、国有资产三个独立信息系统和中央、省、地、县四级网络系统的财政信息化建设"七五"总体方案。1986年，财政部关于《全国财税信息自动化管理系统》的申请得到国务院和国家计划委员会批准，全国财政信息化工作有序开展起来，大部分省（自治区、直辖市、计划单列市）的财政厅（局）相继成立了财税信息（计算）中心，建立了机房，财政部为23个省（自治区、直辖市、计划单列市）的财政厅（局）统一配置了中、小型计算机以及机房空调机和UPS电源等设备。至此，全国由上至下的信息化管理体制基本形成，信息化基础设施初步建立，为今后全国财政信息化建设的稳步推进奠定了有力基础。

为加强全国财政信息化工作的统一领导，1987年财政部成立了财政部信息化规划领导小组，制定了"统一领导、统一规划、统一标准、统一规范"的指导原则，提出了"慎重分析论证、积极创造条件、稳步分批实施、搞好协调指导、建设效益同步"的建设方针。1992年3月，财政部召开全国财税系统计算机应用工作

会议，提出了"八五"期间财政信息化工作的目标与任务。1996年，在全面总结"七五""八五"期间财税系统信息化建设所取得的成绩和存在问题的基础上，制定了《财政系统信息化"九五"规划》和《财政部机关信息化建设总体方案》，明确了财政系统信息化工作的总体要求、原则和目标，从"统筹规划、加强领导、保证投入、组织队伍、组织信息和健全制度"等多个方面系统、详细地阐述了财政信息化建设的组织和管理，对应用系统开发、软硬件平台选择、网络安全体系建设与运行管理等制定了技术规范和统一的标准。

（三）推广使用报表等软件，财政信息化应用逐步扩大

"九五"期间，财政部按照年度信息化工作计划和具体要求，一方面指导各地财政信息基础设施和业务系统的建设，另一方面为省级财政部门配备、安装计算机系统。同时，为了快速准确地完成财政业务处理中的大量报表编制和数据汇总工作，财政部计算中心组织研制了报表处理程序GCRS，并在此基础上研制成功了报表管理软件CRPG，实现了各种报表的计算机处理，使财务数据处理方式获得了跳跃式进步，不仅大大提高了财政部内报表编制、汇总的效率，而且迅速在全国财税系统推广应用，极大地提高了微机在财税系统的应用水平和效益。

随着报表软件和其他相关业务软件的开发应用，财政信息化应用范围逐步扩大。财政部和地方财政部门先后组织开发实施了财政综合信息查询、财税法规、会计电算化、控办业务管理、文教行政财务管理、人事教育管理、办公自动化等财政业务及办公自动化应用软件系统。随着网络技术的广泛应用，财政部机关初步建成交换式虚拟局域网系统，开辟了"每日财经""财务与会计""中国财政""财政年鉴""牛津分析资料"等栏目，每天加载重要财经信息和专题评述，逐步开展信息服务。与中办、国办建立了网络通信，与全国大部分省（区、市）级财政部门实现了广域网连接和信息资源快速安全传输。这为保障财政改革决策的科学化提供了基础条件。

二、实施金财工程，支撑和促进财政改革与发展

步入21世纪，财政信息化建设更加立足于财政改革和管理的发展需要，全面

开展金财工程建设，不断开拓创新，已成为财政工作领域内的"先进生产力"，在促进财政改革与发展、推进财政管理科学化和精细化等方面发挥了不可替代的作用。

（一）成立金财工程建设领导小组，加强组织领导

1999 年，财政部按照党中央、国务院关于深化财政体制改革，建立社会主义市场经济体制下公共财政的总体要求，在推进部门预算、国库集中收付制度改革的同时，着手规划建立"政府财政管理信息系统"（GFMIS）。2000 年 8 月，成立了由国库司、预算司、综合司和信息网络中心等部门有关人员组成的"政府财政管理信息系统"专门工作小组，并于 2001 年完成了 GFMIS 的初步设计，2002 年初制定了总体规划，并经国务院批准定名为"金财工程"。财政部党组高度重视财政信息化工作，始终从财政管理革命的高度去定位这项工作，从事关财政工作全局的角度去推动这项工作。2002 年成立财政部金财工程建设领导小组（2007 年改组为财政部信息化工作领导小组），由财政部长和主管副部长担任组长和副组长，部内 21 个司局主要负责人为成员。该领导小组下设办公室，由部领导兼主任，信息网络中心和办公厅主要负责人为副主任。各省市财政部门按照财政部统一要求，也相继成立了财政信息化建设领导小组或金财工程建设领导小组，从组织上保证了财政信息化建设的顺利开展，为这项工作取得突破性进展提供了重要保障。

（二）全面建设金财工程，支撑和促进财政改革与发展

提高管理水平，离不开对现代化管理手段和工具的充分利用。财政信息化建设向系统化、规模化的方向发展，有效促进了财政改革与管理向科学化、精细化方向发展。在金财工程建设领导小组的领导下，近年来财政部大力建设金财工程，相继组织开发应用了财政核心业务处理、数据统计分析、信息查询等各类信息系统，并在应用中不断推广完善，有力支撑和促进了财政改革与发展，取得了较好效果。

1. 开发财政业务应用软件，支撑和促进财政改革

（1）开发预算管理软件，实现部门预算改革

2000 年，为实施部门预算改革，财政部组织设计开发了部门预算编审软件系统。部门预算具有涉及面广、数据量大、情况复杂等特点，采用现代化信息技术对

其进行管理成为必然趋势，作为国家金财工程规划重点之一的部门预算管理改革是保障其他财政管理改革成功的前提。该软件的设计指导思想是以应用为中心、以数据库为基础、以网络为依托来构筑全面的部门预算编审软件系统。本系统的设计思路完全符合财政部对预算编审管理系统的规划要求，以提高各级财政部门编制预算的信息化水平为主要目标，自动化程度高、技术先进、系统功能齐全，既可以满足"基础资料的设置→支出控制→支出预算的编制→收入预算的编制→预算审核→数据传送→预算批复"的环节的需要，又具备数据汇总、报表查询、控制公式的编审等功能，涵盖了部门预算编制的全过程，还能够通过灵活的权限配置完成部门预算的流程管理，主要业务流程都可以在计算机系统上实现。同时该系统的适应性强，可提供多种解决方案，满足不同用户的要求。基本实现了预算编制从基本预算单位使用专用软件编报预算、主管部门审核、财政主管业务部门审核、财政预算部门审核、标准额测算、项目管理、预算批复全过程的信息化，明显改变了传统预算编制方法陈旧、透明度不高、约束力较差的状况，使政府预算编制逐步向完整、透明、规范、公平、高效的方向发展，实现了"一个部门一本预算"的改革目标，为建设公共财政提供了最基础的制度保障。

（2）开发国库集中支付软件，实现国库集中支付改革

国库集中支付制度是发达市场经济国家普遍采用的财政资金管理制度，在国库集中支付形式下，财政资金通过国库单一账户体系直接从国库支付到商品供应商或劳务提供者手中，从而避免了资金的层层划拨、库外沉淀的弊端，可以极大地提高财政资金使用效益，加强财政对预算的监督，有利于促进公共财政整体推进。以建立国库集中收付体系为重要目标的财政改革是一项涉及数以万计的政府部门和行政事业单位的重大改革，这项改革成功的必要条件之一就是信息化，也就是说，必须以计算机及网络为工具，以信息化为手段进行这项改革，才能保证其顺利进行。特别是政府收支分类改革，采用新的预算科目体系，对集中支付改革提出了新的内容，同时也对财政信息化提出了更高的要求。

2001年，财政部成功开发并应用中央预算资金拨付管理系统，规范了财政实拨资金拨付工作流程，迈出了国库支付管理信息系统建设与应用的第一步。同年8

月，根据国务院批准的《财政国库管理制度改革试点方案》，设计开发了中央财政国库集中支付管理系统，并配套设计开发了中央国库动态监控管理系统和地方财政国库集中支付管理系统。

国库集中支付管理系统实现了全面管理预算可执行指标、用款计划和用款申请。利用系统的标准流程控制，强化了预算执行的规范化。用款按计划支付，计划按指标制订。业务人员可通过系统随时掌握支付进度和未来库款需求情况，方便资本运作。受理预算单位支付申请，经过审核生成支付令，实时监控银行付款情况，并根据银行回单自动做销号处理。一般性支付依据预算指标和用款计划进行支付控制；对于大中型工程项目和合同采购型支付，通过采购合同、采购订单进行支付控制。对支付过程进行全程控制和跟踪，并实现支付过程的基本自动化。这些应用软件的成功使用，可以让使用者清楚地掌握每一笔财政资金支出的来龙去脉，做到事前有指标、事中有控制、事后有分析，为财政国库集中支付管理改革的进一步深化奠定了坚实可靠的技术基础。

（3）开发非税收入收缴管理软件，助推"收支两条线"改革

非税收入收缴管理系统是落实"收支两条线"政策，实现综合预算的关键，也是收入管理系统的主要组成部分。近年来，财政部先后会同有关部门制定了一系列关于加强行政事业性收费和罚没收入"收支两条线"管理以及银行账户管理等方面的规定。这为开发非税收入收缴管理软件系统提供了良好基础。2003年，财政部组织开发了中央和地方通用的非税收入收缴管理系统。该系统是以统一的非税收入票据为源头，以代收银行为桥梁，以财政对非税收入的综合管理为核心，利用计算机网络等先进的信息化手段，构架"单位开票、银行收款、财政统管、以票控费"的非税收入收缴管理模式；该系统按票款分离原则建立收费项目管理、专用收款票据管理、执收单位开票记账管理、银行代收代缴管理等系统；该系统收集银行每一笔收款信息，实现代理银行、执收单位与财政三方网上对账，保证缴款人的每一笔缴费及时、足额进入财政专户。非税收入收缴管理系统的成功开发与应用，确保了"收支两条线"改革的进一步深化。

(4) 开发工资统一发放软件，实现工资统发目标

财政统发工资是指将用财政性资金安排的工资由财政部门委托代发工资银行直接拨付到个人工资账户上的管理方式，实行"编制部门核算编制、人事部门核定人员和工资、财政核拨经费、银行代发到人、及时足额到位"的管理原则。建立人员和工资计划与预算拨款相结合的制约机制，加强人员编制、工资基金的管理，减少工资发放中间环节，提高工作效率，保障工资及时足额发放。实行工资统发是建立公共财政、规范和加强财政支出管理的客观要求，也为建立国库单一账户体系、实行国库集中支付奠定了基础。

2001年，《中共中央办公厅、国务院办公厅关于确保机关事业单位职工工资按时足额发放的通知》（中办发〔2001〕11号）下发后，财政部组织开发了适应机关事业单位工资集中统一发放的专用软件系统。工资发放系统管理财政供养人员的基本信息、工资结构，通过国库单一账户管理和发放每个人的工资；通过系统的内部控制机制和财政、人事、编制机构的三方核对，能有效防止工资虚增冒领的现象。

(5) 开发财政经济景气预测分析系统，辅助领导决策

财政经济景气预测与分析系统是预测与分析财政运行态势的重要管理工具。2004年以来，财政部不断加大财政经济景气预测分析系统的研发力度。该系统综合国内外宏观经济数据，以财政数据仓库信息为基础，建立宏观经济景气预测模型、财政收支分析测算模型、政策模拟分析模型，既可以为财政经济决策科学化提供信息保障，又有利于提高财政管理工作水平。通过准确、全面地掌握宏观经济和财政收支增减因素，合理控制债务规模，为政府财政预算编制、财政支出管理、财政政策调整提供辅助决策依据。

(6) 开发财政扶贫资金管理系统，提高资金使用效益

为加强财政扶贫资金管理，规范扶贫项目管理流程，客观反映扶贫资金的投入和产出，收集、监测和评估国家财政扶贫资金的分配、传递、配套、使用情况，提高扶贫资金使用效益，2003年由财政部牵头，会同国务院扶贫办、国家发改委、国家民委、国家统计局共同建设了财政扶贫资金监测信息系统。经过试点运行后，该系统于2005年底基本完成在全国的推广应用与实施，运行情况良好，对进一步

加强扶贫资金管理、提高资金使用效益发挥了较好作用。

（7）开发会计行业管理系统，提高了会计行业服务水平

为了加强和规范对会计从业人员和注册会计师行业的监管，2006年财政部建立了覆盖财政会计从业人员管理、会计专业技术资格考试管理、注册会计师和注册会计师事务所业务审批管理等内容的会计管理信息系统，实现了会计从业资格信息的全国共享，通过网络办理审批、报名事项的管理要求，加强了会计行业监管职能，提高了会计行业服务水平。目前，注册会计师行业监管子系统已在全国正式应用，其他子系统也逐步在全国进行推广。

（8）开发全国农民补贴网络系统，服务"三农"

按照部领导关于在全国范围内逐步实现农户种粮补贴及相关信息网络化管理的指示精神，2007年财政部完成了全国农民补贴网络信息系统的测试和完善并开展了系统推广实施工作。这对落实党中央、国务院的"三农"政策起到了信息化保障作用。

2. 开发统一应用支撑平台，实现财政信息共享

为了扭转以任务为驱动而应急开发财政业务系统的分散建设、运行的状况，建立统一的技术标准，实现业务信息共享、流程畅通和衔接便利的财政业务大系统，财政部于2004年底启动了应用支撑平台的建设，目前进展顺利。

（1）平台与基于平台的核心业务应用系统开发基本完成

按照2004年12月14日财政部部长办公会议精神，财政部成立了由预算司、国库司和信息网络中心组成的应用支撑平台工作小组，在广泛咨询论证，融合各方面专家建议和意见基础上，研究制定了《应用支撑平台建设技术方案》。通过对财政核心业务的梳理，形成了《金财工程应用支撑平台建设相关业务问题初步分析》和《中央财政业务方案书》。以这些工作为基础，2005年9月正式启动应用支撑平台和基于平台的核心业务应用系统的设计与开发工作，2007年6月底基本开发完成，并投入水利部等六个具有代表性的中央部门试点运行。

（2）平台试点运行与推广应用顺利开展

在水利部等中央部门试点运行的基础上，应用支撑平台与基于平台的预算指标

管理系统于 2008 年 4 月正式在中央财政本级投入正式运行，预算编制、国库支付等其他新系统也将陆续投入应用。非税收入、工资统一发放等其他相关业务系统与平台的衔接改造工作进展顺利。在中央财政和部门试点运行的同时，2007 年 7 月财政部选择了山西、四川两省和宁波市进行了平台试点，2008 年初将试点范围扩大到河北和青岛。五个试点省、市根据财政部统一部署，分别采取不同接入模式积极推进基于平台的系统整合工作，进展顺利、效果显著，尤其是四川省平台和新系统在上线运行不足一月的情况下，经受住了"5·12"四川汶川特大地震的考验，很好地支撑了日常和紧急业务的处理，保障了抗震救灾工作的顺利开展。

3. 网络基础设施与信息安全建设，确保金财工程可靠运行

（1）开展网络基础设施建设，形成全国财政网络系统

近年来，财政部在逐步建立财政信息化网络及安全技术标准的基础上，切实加强网络基础设施的建设。以 1991 年通过"点对点"通信方式实现中央与地方的信息传输，改变旬报、月报通过电话或手工抄报方式为标志，财政部正式启动了网络体系的建设工作。1997 年财政部开始建立部机关局域网和连接地方财政部门的广域网。2002 年开始建立连通中央部门和预算单位的城域网，实现了财政部与 145 个中央部门、8 家代理银行及人民银行国库以及近万个中央基层预算单位的连通。同时，地方各级财政部门也按照财政部的统一建设规划和技术标准相继启动当地的网络体系建设。目前，全国财政网络系统已初具规模，初步形成了完整的"三纵三横"网络结构体系。完整的网络体系极大地提高了财政业务处理效率和工作质量，为方便快捷地使用与监督财政资金提供了技术条件。

（2）开展安全体系建设，确保金财工程安全运行

随着财政业务应用的增加，财政部不断加强信息安全建设，以确保金财工程安全可靠运行：

首先，适时采取一系列安全防范措施，主要有：调整、优化防火墙策略；部署入侵检测系统、防垃圾邮件系统、客户端网络防病毒系统；对网络、安全设备实行集中监管、统一升级；将不同应用限定在不同的虚拟网络内，实行逻辑隔离等。

其次，在 2004 年印发了《政府财政管理信息系统安全总体标准》，制定了安全

建设技术规范和统一标准。

再次,2005年建成涉密机房、涉密网,并制定信息安全与保密管理办法,加强了涉密信息的技术安全与管理安全。

然后,2007年按照国家电子政务网络身份认证系统有关要求和技术标准,全面启动了全国财政身份验证与授权管理系统建设工作。

最后,进行了存储备份建设,基本完成了本地存储备份系统建设,启动了同城异地备份中心建设,开展了异地容灾课题研究。

4. 网站建设与信息资源开发,促进财政政务公开

财政部信息资源开发与发布平台主要包括部内信息网站、中国政府采购网站和财政部对外门户网站等。这一平台的建设体现了国家财政为民理财的原则,也是提高财政透明度、决策民主化的具体措施。

(1) 部内信息网站

为配合财政改革的推进,网站在显著位置开辟了行政资产管理、事业资产管理、司局动态、部长文稿等部内相关业务信息专栏,及时反映财政改革动态信息。

(2) 中国政府采购网站

为了服务于政府采购改革,支持政府采购事业,宣传政府采购政策,建立一个沟通上下、覆盖全面的多层次政府采购信息交流平台,财政部于2000年建立了政府采购网站和144个地市级分网站,全面覆盖了宣传政府采购政策法律法规、发布采购公告、解读理论与实践案例、电子招标、专家库建设、供应商管理等业务功能。

(3) 财政部对外门户网站

按照国务院办公厅关于加强政府门户网站建设、推进电子政务进程的总体要求,财政部于1999年开通了门户网站。近年来,财政部对外门户网站通过不断增设栏目,充实信息,提高信息发布的准确性和时效性等措施,保障财政门户网站的正常运行与高质量发展。

5. 加紧制订技术标准,加大制度建设力度,促进金财工程建设的规范发展

为了促进财政信息化建设的科学规范发展,从现实情况出发,结合财政改革及

金财工程建设的实际需要，近年来，财政部加紧制订技术标准，加大制度建设力度。在标准建设方面，先后制定下发了《"政府财政管理信息系统"安全总体标准》《政府财政管理信息系统网络建设技术标准》《GFMIS财政部安全工程实施指南》《GFMIS省级安全工程实施指南》《金财工程省级网络安全建设方案设计指南》等一系列技术标准；结合应用支撑平台开发建设，研究制定了《财政业务基础数据规范》《基于平台的应用系统开发标准》和《数据交换标准》；并统一组织了网络安全产品选型招标工作，统一加强了网络安全工程监理工作，开发应用了网络防病毒系统，促进了信息化建设的统一管理、规范发展和安全运行。在制度建设方面，针对财政信息化建设的重点环节，相继研究制定了《金财工程建设项目管理暂行办法》《金财工程建设经费使用管理办法》《金财工程系统软件开发、应用管理暂行办法》《金财工程网络安全管理办法》《财政部信息化建设管理办法》及7个配套管理办法。

（三）金财工程建设取得的成效

经过多年努力，信息技术较快融入了财政核心业务中，为加强财政管理的科学化、精细化提供了有力的技术支撑，为各项财政改革的顺利完成提供了重要保障。

1. 开发并应用了一系列业务系统，支撑和促进了财政改革

各级财政部门紧紧围绕建立和完善公共财政体制的目标，立足于财政改革和管理需要，不断加大信息化建设及应用的力度，促进了财政改革的不断深化。财政部成功开发了中央预算管理系统、国库集中支付管理系统、全国非税收入收缴管理系统、工资统一发放系统等业务管理系统，并在中央各部门以及部分省地市推广。不少地方也结合当地实际积极探索，采取多种方式推进财政信息化建设，逐步实现了信息技术与财政核心业务的融合。通过部门预算编制系统，支持深化了部门预算改革，将部门所有预算内外收支、部门所有单位收支全部纳入预算，初步实现了"一个部门一本预算"的目标，有效提高了政策协调和各部门统筹安排资金的能力，增加了关于各部门占有财政资源、支出结构和分配资源方法及过程的透明度。通过国库集中支付系统，支持确立了国库集中支付制度在财政财务管理中的基础性地位，将绝大部分政府性资金纳入国库单一账户，财政财务支出主要由国库集中支付，减

少了中间环节,有效降低了传统的资金层层拨付方式所导致的资金滞留与挪用的可能性。通过工资统一发放系统,财政供养人员工资由国库单一账户及时、足额直接拨付到个人账户,杜绝了"吃空饷"及拖欠挪用工资的现象,维护了社会稳定。通过非税收入收缴管理系统,支持深化了"收支两条线"管理改革,规范了非税收入收缴管理,有效遏制了乱收乱罚、截留挪用和坐收坐支的现象,保障了非税收入的应缴尽缴、应收尽收。通过财政法规数据库系统,初步实现了中央与地方财政制度建设信息互联互通,较好地保证了财政制度的统一、完整、透明。

2. 实现了数据集中管理,服务财政科学决策

建立了全国预算执行分析和决算汇总管理体系,形成了覆盖资金运行的总体框架,并分别建立了预算编制、集中支付和工资统发监控等一些基础数据库,其中中央国库管理经过内部调整改革,实行财政收支"一本账",初步实现了财政收支数据的集中统一管理。财政部还组织开发了财政经济景气预测分析系统,初步建立了财政经济统计数据库、财政经济数据整合处理和统计分析平台,为开展财政经济预测分析和政策研究提供了有力支撑。一些地方财政部门和专员办通过实施财税库联网,实现了财政、国税、地税、银行、国库等多部门对收入明细数据的资源共享和信息综合利用,为加强宏观经济形势分析,提高财政决策水平提供了准确、翔实的财政收入数据资料。

3. 强化了财政资金监管,提高了资金使用的安全性、规范性和有效性

随着财政管理信息化水平的不断提高,信息系统借助网络形成了有效的信息采集机制,提高了资金运转信息的完整性、及时性、准确性和公开性,从而增加了预算执行的透明度。中央和各地都相继建立了财政资金管理信息监控系统,并与代理银行支付系统联网,初步建立了内部监督制约机制和对预算单位支出的实时监测制度,基本实现了对财政资金运行的动态监控,及时发现并纠正了一定数量的违规用款,保证了财政资金按规定用途使用,预算执行管理的效率和监控水平不断提高,保障了财政资金的安全运行。通过建立国库单一账户集中支付的管理机制,严把资金使用关,使尚未支付的财政资金集中在国库单一账户,提高了财政调度资金的能力,为降低财政筹资成本、提高财政资金使用效益创造了基础条件。

第七章
财政宏观调控与国际协调

20世纪90年代以来，随着社会主义市场经济体制模式的确立和逐步健全，中国政府面对复杂的国内外经济形势，审时度势合理应对，灵活运用财政政策、货币政策等经济调控手段，对经济运行中的周期性波动进行了有效的宏观调控，有力地促进了国民经济的健康发展。总的来说，1994年以后，中国政府先后分别相机抉择实施了适度从紧的财政政策、积极的财政政策和稳健的财政政策，显示出政府调控宏观经济的经验日趋成熟。

第一节
财政宏观调控的体制背景与特征

一、财政宏观调控的体制背景与政策目标的变化

从1978年至今，中国经济体制发生了重大变革，走过了从计划经济体制向市场经济体制转变的历程，即从计划经济到以计划为主市场为辅再到有计划的商品经济，直到1992年确立社会主义市场经济体制目标。这些变革总体上以"市场化"为趋向，而市场化程度的高低则构成了政府宏观调控的体制背景，也相应地对宏观调控发挥作用的空间和方式产生了不同的影响。

财政宏观调控的体制背景基本可以分为两个时期：第一个阶段是1992年以前，特点是开始了由计划经济向市场经济转轨的过渡。自1978年后，我国经济逐步进入由计划经济向市场经济转轨的过渡时期，刚开始实行的是计划经济为主、市场调

节为辅的经济运行模式，随着经济体制改革的逐步推进，以及对市场机制作用认识的不断深化，1984年中国政府正式提出实行有计划的商品经济，比较注重计划与市场的有机结合，并将逐步完善市场体系作为经济改革的主要任务之一，也就是说，这一时期的经济体制特征主要表现为有计划的商品经济。此时，我国政府宏观调控方式仍然主要依靠计划实现综合平衡，与此相适应的财政运行特征主要表现为依附指令性计划管理的模式。但是应注意到，在改革转轨的有计划商品经济时期，财政已经开始注重利用各种政策工具调控经济，逐步发挥市场机制配置资源的基础性作用，并在实践中不断探索和发展。

1992年党的十四大确立社会主义市场经济体制改革目标之后，我国的市场经济体制建设步伐明显加快，市场机制逐步成为国民经济体系运行的主导机制。体制目标的明确与体制改革的深化对政府宏观调控提出了更高要求，也提供了更大的作为空间。与此同时，经济体制的巨大变革决定了我国政府宏观调控的目标的变化，呈现出由单一财政平衡向促进国民经济持续健康发展、支持社会经济改革的多元化目标转变的特点。

计划经济时期，财政投资支出是调节和影响经济波动的重要因素，财政主要是通过扩大或压缩财政生产建设性支出来调节经济运行，继而实现财政平衡并达到国民经济的综合平衡。在计划经济体制下，政府计划是资源配置的主要方式。相应地，财政投资成为经济建设资金的重要来源，财政支出的总量和结构在一定程度上决定了社会总供给与总需求的规模及结构，国民经济综合平衡主要通过"平衡预算"来实现。在"平衡预算"原则下，财政较少使用预算赤字政策调节经济运行，财政平衡成为实现财政、信贷、物资和外汇"综合平衡"的关键。

随着市场机制逐步成为经济运行的主导机制，政府宏观调控目标呈现出多元化的特点。宏观调控和市场机制并重，二者都是市场经济体制的有机组成部分。在市场经济条件下，市场在资源配置中发挥基础性作用，但市场机制调节具有自发性、盲目性和滞后性等缺陷，存在不能或不能有效发挥作用的"市场失灵"领域，往往会造成经济波动，不利于从整体上实现社会资源的合理配置。我国正处在经济体制改革不断深化的关键时期，市场发育还不完善，机制也不够健全，因此，必须加强和改善宏观调控，弥补市场缺陷，防止经济大起大落，促进经济又好又快发展。此时，宏观调控的目标不仅要实现平衡功能，而且要根据不同经济发展阶段，为市场不为与难为之事，既要调节供求总量，又要兼顾支持各项改革、促进结构调整和协调发展等其他目标。

从计划经济体制向有计划的商品经济体制转变过程中，伴随着市场化取向改革的推进，财政政策参与宏观调控的手段日趋多样化，已经由过去单一的行政手段转变成经济手段为主、行政手段为辅，而且手段的表现形式也进一步多样化。

在计划经济时期，中国逐步形成了与计划经济体制相适应的财政政策工具及其作用机制。财政政策参与宏观调控的手段主要是行政手段下的单一投资工具，即政府直接干预经济活动：通过行政计划决定生产建设性投资是财政政策重要的作用机制，税收、国债等经济调节手段的作用相对弱化。生产建设性财政投资成为重要的财政政策工具，也成为影响社会总需求和总供给的重要因素。

改革开放之后，市场化趋向的改革为改变和丰富财政宏观调控手段提供了必要的环境。财政政策参与宏观调控主要以市场化的经济性手段进行，政府发挥的是引导经济主体行为的作用；与此同时，也把行政性的干预手段作为宏观调控的一种补充。财政宏观调控呈现出经济手段、行政手段并重的局面，而且随着市场化取向改革步伐加快，经济手段越来越居于主导地位。

财政政策参与宏观调控手段的多样化还表现为手段的具体表现形式具有了多样化的特点。例如，计划经济时期，财政通过追加投资支出的方式实现增加社会总需求的目的，而在市场经济时期，随着财政职能的转变以及对国际规则的遵守，政府不应当也不能够进行大量的直接投资，转而采取对经济主体进行奖励、补贴、贷款贴息、税收优惠等多种方式，同样在一定程度上实现了支持经济发展的目的，达到了预期的调控效果。

1992年我国正式确立建立社会主义市场经济体制的改革目标以来，财政政策在参与宏观调控的实践中，始终遵循市场经济规律，依托深化财政改革，逐步清晰与明确了财政宏观调控的定位、取向与运行要点，牢牢把握相机抉择这一灵魂和关键，加强与货币政策的配合，正确处理宏观调控与体制改革的关系，注重支持经济体制改革与制度创新,总量与结构政策有机结合,建立与形成了具有中国特色的财政宏观调控机制。

二、财政宏观调控的特征

(一) 反周期中以相机抉择作为核心和关键

财政宏观调控的关键是注重预测分析、审时度势、相机抉择。也就是说,在经济运行周期的不同阶段、不同形势下,财政政策必须随着作用环境与对象的变化而适时适度地进行调整。换言之,是否采取扩张性、紧缩性或中性的财政政策,必须根据宏观经济运行态势、发展战略和特定的宏观调控目标作出决定。

第一,相机抉择是财政实现科学调控的客观需要。从理论上讲,财政宏观调控通常表现为相机抉择和自动稳定两种模式。从现实看,我国实行的是以流转税和所得税为主体的税收制度,但所得税所占比重相对较低,流转税占税收总收入的比重较大。在这种情况下,我国财政政策的自动稳定功能还难以全面有效地发挥作用,因此,必须密切关注经济运行态势,进行反周期调控中的相机抉择,主动适度地运用财政政策手段予以调控。可以说,相机抉择是财政实现科学调控的客观需要。多年来的财政宏观调控实践也证明,正是财政政策的相机抉择,为促进经济持续稳定健康发展起到了重要的作用。

20世纪90年代以后,在加快改革开放和体制创新的过程中,我国的经济运行机制和管理体制发生了深刻变化,在财政政策体系趋于完善的同时,相机抉择的意识和水平也明显提高。1993—1997年间,我国宏观调控的着力点是控制通货膨胀。为此,我国政府审时度势,采取包括财政政策在内的一系列适度从紧宏观调控措施,促使国民经济成功地实现了"软着陆",形成了"高增长,低通胀"的良好局面。

1998年,我国经济形势又发生了新的变化。由于受亚洲金融危机的影响,我国国内出现了有效需求不足的问题,经济增长乏力。在这种情况下,就不能继续实施适度从紧的财政政策。我国政府果断决定实施积极的财政政策,不仅有效抵御了亚洲金融危机的冲击,而且推动了经济结构调整和经济持续快速增长。

2004年以来,我国经济开始走出通货紧缩的阴影,呈现出加速发展的态势。

但也出现了部分行业和地区投资增长过快等问题，资源对经济增长的制约越来越明显，并带来煤炭、电力、石油、运输供求紧张的局面。同时，粮价逐步攀升，带动了居民消费价格的上升，通货膨胀压力不断加大。在这种情况下，若继续实施具有扩张特征的积极财政政策，则不仅不利于控制固定资产投资的过快增长，而且易于形成逆向调节；不仅不利于减缓通货膨胀的压力，而且易于加剧投资与消费比例失调程度。同时，考虑到我国经济形势并不是全面过热，经济社会发展中还有许多薄弱环节和领域亟待加强，我国政府展示了娴熟驾驭经济全局的调控艺术，又一次相机抉择，2005 年将积极财政政策转向趋于具有中性特征的稳健财政政策。

2007 年之后，由于世界金融危机的冲击，我国经济运行转入低速增长阶段，据此财政政策及时重启积极模式，实施以千万亿政府投资为代表的一揽子经济刺激计划。在 2011 年之后，我国经济告别高速增长阶段，在认识、适应和引领"新常态"的过程中，财政政策继续坚持按照"积极"定位保持适当的扩张力度，2016—2017 年，赤字率保持在 3% 水平，有力地支持了经济发展全局。

第二，我国相机抉择财政政策的主要做法。我国相机抉择的财政政策具有一些自身的特征，相应地，我国在实施相机抉择的财政政策过程中也探索出了一些值得总结的做法。

一是相机抉择财政政策的实施必须以对宏观经济走势的准确判断为前提。财政宏观调控的方向，一般要逆经济周期操作，财政宏观调控时机要合理把握，调控力度要灵活掌握。

二是加强经济预测分析工作，为适时实现财政宏观调控政策的转向提供决策依据。科学合理、相机抉择的宏观调控是建立在及时准确地进行经济预测分析基础之上的。经济预测分析工作是政府判断经济形势和做出宏观调控决策的重要依据。如果经济预测分析不准确、不及时，就可能使政府的宏观调控决策陷入情况不明、犹豫不决的境地，而政府宏观调控启动过早或时机延误，都可能对经济运行造成负面影响。

三是根据财政收入与支出政策的特点选择政策工具组合。受财政体制及经济体制的影响，我国现阶段财政支出政策与财政收入政策相比，财政支出政策作用更加直接，效果也更为明显。财政收入政策的作用虽然较为间接，见效也慢一些，但其对保持经济活力的持久性意义重大。因此，在实际操作过程中，需要根据具体情况灵活选择。

(二) 以支持经济体制改革与制度创新为基础

体制和制度建设滞后，仍是制约我国经济健康发展的重要因素。因此，在财政宏观调控的实践中，我国政府注重以财政政策支持经济体制改革与制度创新，正确处理宏观调控与体制改革的关系，致力于建立有利于经济自主增长和健康发展的长效机制。

(1) 财政政策参与宏观调控既注重解决当前经济运行中的突出问题，又着眼于推动经济体制改革

在财政宏观调控的实践中，我国政府把解决每一时期经济运行中的突出矛盾和问题，保持经济的平稳较快发展作为主要任务，同时也注重支持经济体制的健全和完善，消除经济运行中的体制性障碍，着眼于经济的长远发展。其中，着力支持的改革内容包括：一是促进深化国有企业改革，不断推进国有经济布局和结构的战略性调整，完善国有资本有进有退、合理流动的机制；二是支持推进金融体制改革，采取一系列措施，大力支持国有商业银行改革；三是支持社会保障体系的建设和完善，初步建立起与社会主义市场经济体制相适应的以职工基本养老保险、失业保险、基本医疗保险和国有企业下岗职工基本生活保障、城市居民最低生活保障为重点的社会保障体系，保障覆盖范围不断扩大，保障能力逐年增强；四是大力支持收入分配制度改革，整顿和规范分配秩序，加大收入分配调节力度。

(2) 坚持财政制度创新，为有效实施财政宏观调控提供制度保障

财政体制改革与制度创新，是有效实施财政宏观调控的基础，完善的财政体制是实施财政调控的重要制度保障。不断完善财政体制，规范财政管理，为提高财政政策的运行效率、加强和改善财政宏观调控提供基本保障。改革与创新的重点包括：一是不断完善财政收入制度，建立和巩固财政收入稳定增长机制。在1994年税制改革的基础上，我国政府不断完善税收制度，大力推进税费制度改革，建立了以流转税和所得税为主体，其他税种相配合，"双主体"、多税种、多环节、多层

次调节的具有我国特色的复合税制，有效保证了财政收入的快速增长。二是推进财政支出制度改革，财政资金运行效益不断提高。重点推进部门预算改革、国库管理制度改革、政府采购管理制度改革以及不断完善财政转移支付制度，有效地保障了财政宏观调控政策的实施。

（三）调控手段注重总量与结构政策有机结合

在历次宏观调控中，财政宏观调控不仅重视总量政策的运用，同时也十分关注结构政策的效果，使政策的宏观层面与微观层面得到了有机结合。在总量方面，主要是根据调节国民经济总量方面的不同导向，采取扩张、紧缩或中性的财政政策，即通过采取增减财政收支、扩大或缩小赤字和债务规模等措施，实行总量调控，平衡社会总供需的关系。在实践中，1993—1997年的适度从紧财政政策、1998—2004年的积极财政政策、2005—2007年的稳健财政政策，以及2008年以后的积极财政政策其政策实施及转型的信号与标志都首先表现在总量政策方面。

同时，在总量政策之下，财政政策十分关注通过税收、预算、国债、贴息、转移支付、政府采购等工具对财政收支增减做出结构性安排，从而影响社会总供求结构，促进经济稳定增长。比如，增加或压缩政府购买性支出，可以直接增减总需求。通过税收增减会影响个人的可支配收入和企业利润，从而导致消费需求和投资需求结构的变化，并影响商品的生产和供给。例如，2005年实施稳健财政政策以后，财政牢牢把握"控总量、调结构、促协调"的目标定位，在总量政策上适当减少财政赤字和国债资金规模；在结构方面则通过一系列财政工具关注产业结构优化调整、推动外贸增长方式转变、着力调节收入分配、积极推进地区协调发展、大力支持以改善民生为重点的社会建设等政策目标，大大增强了发展的协调性，推动了经济又好又快地发展。

2015年之后，党中央提出"供给侧结构性改革"战略方针，优化结构成为工作中必须紧紧抓住的矛盾主要方面，财政政策的"区别对待、突出重点"的优化结构作用更为各方所重视，结合"三去一降一补"（去杠杆、去产能、去库存、降成本、补短板）的工作要领，坚持改进民生、维护稳定、保护生态、支持战略性新兴产业和推动"大众创业、万众创新"等政策倾斜事项，财政政策紧锣密鼓地作出了一系列安排，在"以财政加杠杆服务全局去杠杆"总量调节的同时，以财政"供给管理"机制积极主动有力地支持了结构优化。

（四）注重与其他宏观调控工具的配合

宏观经济政策既是一种需求调节政策，同时也是供给管理政策，即根据社会总供求的特定状况，来相应确定采取哪类政策工具进行宏观调控，并合理搭配其他政策工具。在我国，财政政策除了要注重自身调控时机、方式和手段的选择之外，同时还要与货币政策、土地政策、产业政策等进行协调组合，这样才能形成政策合力，取得宏观调控的综合效果。其中，特别是要加强财政政策与货币政策的协调配合。

在宏观调控中，财政政策的作用更有针对性、更直接，更适宜对经济发展的薄弱环节实施"点调控"，而货币政策则在调节社会供求总量方面更具优势。在改革开放以来的历次宏观调控中，财政政策加强和货币政策协调配合，采取了多种搭配模式，不断提升了宏观调控水平。1993—1997 年，为应对经济过热和通货膨胀，实施了适度从紧的财政、货币政策，取得了显著的反周期调节效果，既有效遏制了通货膨胀，又促进了经济适度增长，形成了"高增长、低通胀"的良好局面；1998—2004 年，针对亚洲金融危机爆发后国内经济运行中出现的有效需求不足和通货紧缩等问题，实施了积极的财政政策和稳健的货币政策，成功地应对了亚洲金融危机的冲击，经济保持持续快速增长，通货紧缩得到有效遏制；2005—2007 年，根据经济社会发展面临的新形势，实施了以"控制赤字、调整结构、推进改革、增收节支"为主要内容的稳健财政政策，并与稳健的货币政策协调配合，经济社会发展总体上呈现出经济增长速度较快、经济效益较好、人民群众得到较多实惠的良好局面；2008 年之后，以积极的扩张性财政政策与货币政策、产业政策和技术经济政策、区域发展政策、社会事业发展政策等相配合呼应，在应对世界金融危机冲击中，服务于"稳增长、调结构、促改革、惠民生、护生态、防风险"等综合性目标，为引领"新常态"做出了卓有成效的努力。

第二节
经济体制转轨下财政政策与宏观调控（1978—1992年）

一、1978—1981年的财政政策与宏观调控

（一）调控背景

1978年12月，党的十一届三中全会做出实行改革开放的重大战略决策，开始了我国从"以阶级斗争为纲"到以经济建设为中心、从僵化半僵化到实行改革、从封闭半封闭到对外开放的历史性转变。对外开放战略决策的提出，激发了全国人民全力发展经济的热情，国民经济很快出现了恢复性增长，1978年我国GDP增长达到11.7%，财政收入增长了28.2%。但由于经济指导思想上对于"十年动乱"所造成的严重后果估计不足，在新的情况下又出现了急于求成的倾向，提出了要实现国民经济的"新的大跃进"，要以比原来设想更快的速度实现四个现代化。在这种环境下，经济迅速趋热，各种问题相继出现：

一是农副产品价格上升过快。1979年国家提高了40%职工的工资级别和增加了部分地区的工资类别，并在国营企业中普遍实行了奖励制度，给职工发放了副食品价格补贴。1979年国家财政用于增发工资、奖金、副食品补贴等方面的支出达75亿元，1980年增加到140亿元，导致在提高居民购买力的同时，总供给与总需求失衡，物价快速上涨。

二是固定资产投资增长过快。1978年的基建规模投资达到500亿元，全国基本建设交付使用的固定资产比上年增长37%，是中华人民共和国成立以来投资规模最大的一年，1979年全国在建大中型项目1100多个，1980年又在此基础上增加了一倍，远远超过了当时国民经济的承受能力。

三是财政赤字严重，货币超量发行，出现了通货膨胀。1978年国家财政收支

结余 10.1 亿元，而 1979 年财政支出增长比财政收入增长高出 13 个百分点，全年财政赤字达 170.6 亿元。巨额财政赤字主要是通过向银行透支来解决，导致货币超量发行，1979 年增发货币 50 多亿元，1980 年再次增发货币 78.5 亿元，引发了改革开放后第一次通货膨胀。

四是外贸逆差增加，国际收支缺口扩大。为实现"新的大跃进"，国家大量引进国外先进技术设备，1980 年进出口贸易逆差达到 27.6 亿元，国际收支严重失衡。

（二）财政宏观调控的主要措施

针对经济过热引发的各种问题，党中央于 1979 年 4 月果断提出对国民经济进行"调整、改革、整顿、提高"的八字方针。在 1980 年的经济工作会议上，中央进一步提出要按照"两平一稳"的方针调整国民经济，即实现财政收支平衡，不出现赤字；基本实现信贷收支平衡，不再搞财政性货币发行；基本稳定物价，特别是稳住生活必需品的销售价格。这次宏观调控中实行的主要措施有：

一是控制投资需求。控制生产建设投资是调节经济的重要手段，针对当时基本建设投资规模远远超过国民经济承受能力的状况，财政部于 1979 年发布了《关于加强基本建设财务拨款管理的通知》，要求基本建设不能突破国家预算指标范围；严格按照国家计划供应资金；严格执行结算纪律，防止和制止拖欠贷款；严格按照基本建设程序办事，纠正边设计、边施工、边生产的做法。对引进的项目和 1000 多项未完工程，除保留必要的部分外，全部停建、缓建，并将基建资金的无偿使用改为有偿使用。通过采取这些措施，财政预算内基本建设投资从 1980 年的 418.57 亿元压缩到 1981 年的 349 亿元；财政支出从 1979 年的 1282 亿元压缩到 1981 年的 1138 亿元，将国家预算内的基本建设投资规模增长速度控制在 10%~25% 之间。

二是控制消费需求，压缩各项开支。国家除了对预算内基本建设支出进行有效控制外，还加强了对预算外资金的控制。对社会集团购买力实行计划管理，限额控制，凭证购买，定点供应，专用发票，并对某些商品采取了专项审批的办法。1980 年 1 月，中共中央、国务院发出《关于节约非生产性开支，反对铺张浪费的通知》，规定文教、科学、卫生、体育等事业单位和行政机关实行"预算包干，结余留用，增收归己"的办法，以调动增收节支的积极性，防止扩大支出和年终突击花钱。1980年国务院组织2.4万人参加的财经纪律大检查，查出问题资金37.9亿元，有效抑制了滥发奖金、津贴的现象。

三是实行分级包干财政体制。1980年2月，国务院颁发了《关于实行"划分收支、分级包干"的财政管理体制的暂行规定》，全面进行政府间财政分配关系的改革。基本内容是：按照经济管理体制规定的隶属关系划分中央和地方的收支范围，并以1979年财政收支执行预计数为基础，确定地方的上缴比例或补助数额。分级包干体制打破了统收统支、"吃大锅饭"的局面，调动了中央和地方增加财政收入的积极性，促使地方合理地安排财政收支和自求平衡，有利于地方制订和执行长远规划，协调和发展地方的经济和各项事业，在安排和使用资金时注重提高资金使用效益。这种包干体制对于减少财政赤字、加强宏观调控起到了积极的作用。

四是发行国库券筹集收入。1981年1月16日国务院会议通过《中华人民共和国国库券条例》，确定从1981年开始发行中华人民共和国国库券。此次国库券计划发行总金额40亿元，政府要求全民所有制企业和集体所有制企业购买20亿元，城乡居民购买20亿元，最后实际认购金额为46.65亿元。强制企业购买国库券，也发挥了与从紧的货币政策相协调配合的作用。

五是稳定市场，平抑物价。1979年，国家将粮食统购价格提高20%，在此基础上超购加价幅度从原来的30%提高到50%，同时还陆续将18种主要农副产品的收购价格提高了24.8%。粮油统购价格提高后，由国家财政给予补贴，使粮油统销价格保持不动。1980年，国家财政的粮油价差补贴、超购粮油加价补贴和粮食企业亏损补贴支出共计108.01亿元，比1979年增加47.39%，极大地调动了农民发展生产、踊跃交售农副产品的积极性，促进了商品供求平衡，稳定了市场物价。

六是调整进出口商品结构，平衡国际收支。减少国家对外贸的财政补贴，控制需要大量补贴的产品和高亏损商品的出口。同时在税收等方面对出口创汇企业给予政策倾斜，鼓励出口商品的生产，促进国际收支平衡。

（三）调控效果

这次宏观调控，基本实现了物价稳定、财政收支平衡、信贷平衡、国际收支平衡的预期目标。居民消费价格指数从1980年的7.5%下降到1981年的2.5%；商品零售价格指数从1980年的6.0%下降到1981年的2.4%；财政收支差额从1980年赤字68.90亿元，转为1981年盈余37.38亿元；中央财政状况改善，从1980年的赤字率1.9%改善为1981年的盈余率1.0%。

但此次宏观调控所采取的政策措施，主要是强制性的直接调控措施，采取的手段以指令性的行政手段为主。直接调控在短期内收效明显，但有时也要付出一定的代价，使经济运行出现大起大落，我国经济增长率从1980年的7.8%下降到1981年的5.2%。

二、1982—1986年的财政政策与宏观调控

（一）调控背景

党的十二大明确提出了"翻两番"的战略目标。即从1981年到20世纪末20年间在不断提高经济效益的前提下，力争使全国工农业年总产值翻两番。在此背景下，各地开始为"翻两番"而大干快上，经济过热的苗头随之再次显现。1984年又恰逢中华人民共和国成立35周年大庆，一些机关和企业事业单位纷纷突击提高工资，乱发奖金和服装等，这使已经过热的经济形势火上加油。再加上当时的专业银行体制存在着"吃大锅饭"的弊端，即"存款向上交、贷款向上要"，而中央银行给专业银行的贷款额度又是以上年的贷款实际发生额为基数，于是，新独立或新成立的各家银行纷纷出现了竞争性放贷、送贷款上门、人为扩大基数的局面，进而导致货币供给的迅速增加，通货膨胀从1984年下半年开始明显上升，第四季度商品零售价格指数同比上涨4.2%；1985年零售物价指数同比上涨8.8%。信贷和工资总额的失控，使得投资需求和消费需求出现"双膨胀"现象。1985年，社会消费品零售总额同比增长27.5%，扣除物价上涨因素，实际增长17.2%；全社会固定资产投资同比增长高达38.8%，达到1978年以来的最高水平。

（二）财政宏观调控的主要措施

这次宏观调控的特点是：第一，宏观调控更为注重运用财政政策和货币政策。以国家计划委员会（简称"计委"）为核心的宏观调控格局有所改观，形成计委、

财政部门和中央银行联合调控宏观经济的体系。1985年实施了"双紧"式宏观调控：实施紧的货币政策和紧的财政政策。第二，以行政手段为主，辅之以经济手段进行宏观调控。以行政手段压缩基本建设投资规模，行政部门仍然加强对物价的管理和监督检查，严格制止乱涨价。同时，以紧缩的货币政策控制信贷投放和货币供给量。为控制经济过热，防止出现通货膨胀，财政主要采取的政策措施包括：

一是与货币政策相配合，控制投资支出。1985年，我国政府为抑制经济过热的势头蔓延，在财政政策方面，压缩投资支出，基本建设投资增速由上半年的43.5%下降到第四季度的30.8%，同时在货币政策方面，减少货币投放，货币投放量比上年减少366亿元。紧的财政政策与紧的货币政策相配合有效地抑制了经济过热局面，使得工业增速由上半年的23.1%回落到10.2%。

二是严格控制财政支出，控制消费需求。1984年11月，国务院发出《关于严格控制财政支出和大力组织货币回笼的紧急通知》，严格控制财政支出，防止年终突击花钱。根据国务院先后发出的《关于严格控制社会集团购买力的紧急通知》和《关于节减行政经费的通知》，各地区、各部门严格控制行政管理费的增长。1985年各机关、团体、企业、事业单位的集团购买力，一律在上年实际数的基础上，核减20%；中央和地方当年的行政经费预算削减10%；企业的管理费和事业单位的行政开支，比照上述要求进行压缩。财政支出增幅从1984年的20.7%下降到1986年的10%。同时，通过全面开展税收、财务、物价大检查，初步整顿了财经纪律。

三是积极增加财政收入。一方面，财政和税务部门加强征管，把该收的钱收上来，确保财政收入及时足额组织入库。另一方面，财政积极支持企业提高经济效益，增强财政收入潜力。

四是搞好财政综合平衡。随着经济体制改革的进一步展开，我国的资金分配结构和流向出现了新的变化。除国家预算资金以外，各地区、各部门还有相当数量的预算外资金，银行的信贷资金、农村的资金数额也很大。所有这些资金如何统筹安排，合理使用，是一个关系国家建设的大问题，也是加强宏观经济管理的一个重要内容。因此，建立综合财政信贷计划，积极引导，加强监督，防止发生财力分散使用、盲目建设、重复建设和某些资金在使用中失控就成了宏观调控的重要内容。

(三) 调控效果

上述政策措施有效地抑制了经济过热局面。1985年,工业投资增速由上半年的23.1%回落到下半年的10.2%;固定资产投资增长过快势头得到初步控制,1986年全社会固定资产投资同比增长22.7%,比上年回落16.1个百分点;保证了财政收支平衡,1985年全国财政收支转为盈余5700万元;1985年金融机构贷款余额和货币供应量增速同比分别减慢2.5和24.8个百分点。

但是,由于当时经济的商品化和货币化程度还不高,各种政策工具尚不完善,因而对经济的调控并未取得理想效果。1986年,大量基建项目已经上马并陆续完成,原材料、能源供应更趋紧张,同时由于大部分信贷资金都用在了固定资产投资上,企业的流动资金变得极其紧缺。受此影响,工业生产增长速度开始显著下降。

三、1987—1992年的财政政策与宏观调控

(一) 调控背景

从1986年第二季度起,针对企业流动资金紧张问题,中央银行开始重新放松货币信贷投放。1987年,国民经济实现了较好发展,GDP增长11.6%,比上年增加了2.8个百分点;固定资产投资增速同比进一步回落1.2个百分点。但社会总需求仍大于社会总供给,部分商品特别是主要副食品供应偏紧,物价上涨幅度较大。1988年5月,中央决定用五年时间实现价格和工资改革的"闯关"。"价格闯关"使物价指数迅速上涨,大多数商品由较低的政府定价转变为较高的市场价格;价格上涨预期又导致抢购风潮,国民收入超分配,总供求严重失衡,导致通货膨胀,经济再次出现过热。投资和消费双膨胀,1988年二者增幅分别高达25.4%和27.8%,1988年投资率为37.4%;经济增长过快,1987年和1988年增速分别攀升到11.6%和11.3%;同时,物价上涨过快,1988年全国商品零售物价总水平上涨18.5%,涨幅比1986年提高11.1个百分点,创下历史纪录,出现改革开放以来的第三个物价上涨高峰;进口增加,外贸赤字为77.5亿美元。

（二）财政宏观调控的主要措施

针对以上情况，1988年8月30日，国务院第二十次常务会议做出了《关于做好当前物价工作和稳定市场的紧急通知》。1988年9月，中共十三届三中全会提出治理经济环境、整顿经济秩序、全面深化改革的方针。1989年11月，党的十三届五中全会通过的《中共中央关于进一步治理整顿和深化改革的决定》，进一步提出用3年或者更长一些时间基本完成治理整顿任务，逐步降低通货膨胀率，努力实现财政收支平衡，提高经济效益，优化经济结构，保持适当的经济增长率。为此，实施了以财政信贷"双紧"政策、调整产业结构、整顿经济秩序以及开展增产节约增收节支运动为主要内容的一系列政策措施。

这一阶段采取的财政宏观调控措施主要有：

一是大规模压缩固定资产投资规模。鉴于预算外基建投资失控是促使投资需求膨胀的主要原因，将调整预算外基建投资作为此次压缩投资需求的重点。一方面，通过征集国家预算调节基金，来限制预算外资金的规模，合理引导预算外资金的流向。另一方面，鼓励能有效增加供给的生产投资，限制"楼、堂、馆、所"及住宅等非生产性投资的规模。同时，将自筹基建投资建筑税由原来的单一税率改为差别税率，对非生产性建设、计划外建设和非重点建设，实行高税率。1988年9月至1989年第一季度，共停建、缓建固定资产投资项目1800多个。

二是控制社会消费需求。严格控制社会集团消费，把专项控制商品由19种扩大到32种。1989年初，财政部根据国务院紧缩财政开支的要求，向各地区、各部门下达了支出控制指标。7月份，国务院又根据当时情况的变化，要求中央财政采取进一步紧缩的措施，除少数非保不可的项目外，其他各项支出一律在当年预算的基础上压缩5%；同时要求各地区也参照这个比例进行压缩。此外，在1989年财务大检查中把是否有滥发奖金、实物现象列为一个重要检查内容，并把能否制止滥发奖金、实物作为一项考核制度，实行首长责任制。

三是整顿财税秩序，大力推进以法治税。各级财政部门纠正越权减免税，加强征收管理工作，清理拖欠税款和其他各种收入；加强对私营企业和个体工商户税收以及个人收入调节税的征管工作；根据国务院的决定，1989年先后对各项预算外资金征收国家预算调节基金,对彩色电视机、小汽车开征特别消费税,对农林特产税扩大征收范围。

四是紧缩中央财政开支,努力实现财政收支平衡。削减财政投资支出,对经营不善、长期亏损的国有企业停止财政补贴,对落后的小企业进行整顿和关停并转;大力压缩行政管理费支出;对所有单位持有的1981—1984年发行的国库券,推迟三年偿付本息。

五是实行税利分流,理顺国家与企业分配关系。1988年国家开始进行税利分流改革试点,将企业利润先以所得税的形式上交国家,税后利润一部分上交国家,其余的留归企业自主使用。同时,对固定资产投资贷款也由税前利润归还,改为由税后利润和折旧基金及其他企业自主财力归还。

(三)调控效果

在我国的历次宏观调控中,这轮宏观调控是改革开放以后进行的比较重要的一次宏观调控。由于经济失控的范围广、来势猛、影响大,调控的步伐也比较急,采取的措施力度较大。因此,经过不到一年的时间,经济就重新基本实现平衡。治理整顿使经济过快增长得到控制,物价迅速回落,需求膨胀得到化解,固定资产投资的结构有所调整。但由于在具体操作过程中各项紧缩政策实施力度过大,出台时间过于集中,导致经济增长速度回落过快、降幅过大,国民经济出现"硬着陆"。GDP增幅从1988年的11.3%下降到1990年的3.8%,降幅为7.5个百分点;居民消费价格和商品零售价格涨幅从1988年的18.8%和18.5%下降到1990年的3.1%和2.1%,降幅分别为15.7和16.4个百分点;全社会固定资产投资增幅从1988年的25.4%下降到1989年的-7.2%和1990年的2.4%;货币供应量(M0)增幅从1988年的46.7%下降到1989年的9.8%和1990年的12.8%。同时,伴随着经济增长速度的快速回落,企业经济效益明显下降,居民收入的增幅也有一定的下降。

第三节
适度从紧的财政政策（1993—1997年）

1993—1997年，我国政府为应对经济过热和通货膨胀，实施了适度从紧的财政政策，与货币政策相配合，达到了反周期调节的预期目标，成功地实现了国民经济运行的"软着陆"和经济稳定增长。这是中国宏观调控中有效运用财政政策的成功范例，也标志着中国政府实现了经济调控方式从行政手段为主向经济手段为主的重大转变。

一、适度从紧财政政策的实施背景

（一）市场化改革方向的肯定与明确

1992年，邓小平同志南方谈话提出"发展才是硬道理"的重要思想。南方谈话论述了建立社会主义市场经济理论的基本原则，科学地总结了十一届三中全会以来党的基本实践和基本经验，从理论上回答了长期困扰和束缚人们思想的许多重大认识问题，特别是社会主义与市场经济的关系。它标志着我国的改革开放和社会主义现代化建设进入了一个新时代。

邓小平同志南方谈话和十四大确立了社会主义市场经济体制改革目标，促进了经济快速发展。在邓小平同志南方谈话和十四大精神的鼓舞下，广大干部和群众解放思想、抓住机遇、加快发展的热情高涨。随着围绕建立社会主义市场经济体制而进行的各项改革和对外开放工作不断取得新进展，市场机制的作用进一步扩大。整个经济继续保持蓬勃发展的势头，生产、建设、流通和对外经济技术交流全面发展。我国国民经济发展进入到一个新的阶段，一举扭转了1989年和1990年经济低速增长的态势。但是，经济的快速增长，在促进我国加快市场经济建设步伐的同时，也充分暴露了前阶段发展中积累的一系列问题，出现了经济全面过热的问题。

(二)经济全面过热

20世纪90年代初,随着经济体制改革的不断推进,市场作用因素逐步增强,价格改革进一步深化,国有企业经营自主权逐步扩大,企业活力明显增强,我国经济进入了新的快速增长期。1991年和1992年国内生产总值(GDP)分别增长9.2%和14.2%,1993年1季度GDP增长14.3%,6月份工业总产值增幅达30.2%。由于投资过度扩张,生产资料价格迅速攀升,经济运行中同时出现过热态势和通货膨胀。

1. 投资与消费需求双膨胀

1993年,由于基本建设投资项目上得过猛,摊子铺得过大,对信贷资金的需求高涨,促使银行不断增发钞票,造成货币投放过量。1992年我国新办开发区1951个,是前4年总和的15倍,"开发区热""房地产热"的急剧升温,导致固定资产投资超高速增长。1993年上半年,全社会固定资产投资增长61%,同比增幅高达31.8个百分点,是改革开放以来最高的增幅。同时,消费需求也出现膨胀态势。1993年1—5月,银行工资性现金支出和对个人其他现金支出增长36.4%,社会集团购买力增长29.1%,这些都大大超过了经济增长的速度,导致市场销售增速明显加快。1993年上半年,社会消费品零售总额比上年同期增长24.4%,并呈现逐月加速的态势,1—2月份增长15.2%,3月份增长22%,4月份增长30.9%,5月份增长32%,6月份增长34.9%。由于社会总需求过度扩张,而有效供给又不能相应跟进,拉大了社会总供需缺口,供求矛盾非常突出,1993年上半年供需差率达10%,超过正常水平4个百分点。

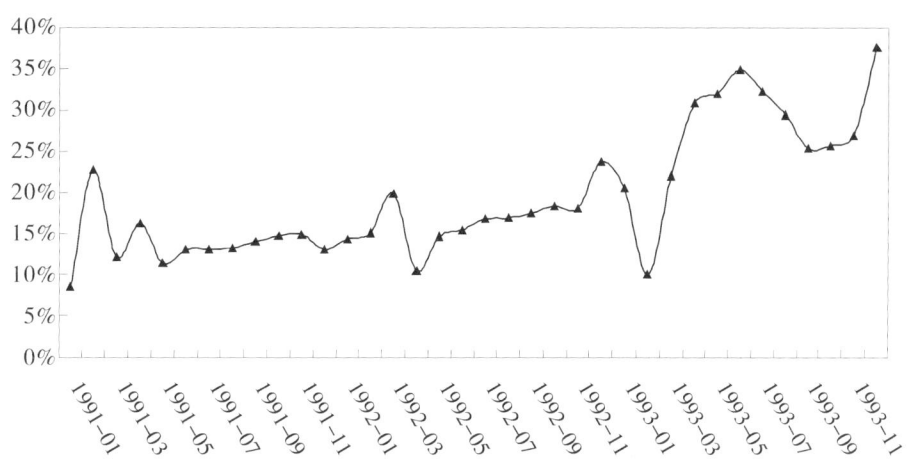

图 7-3-1 1991—1993 年社会消费品零售总额月度增长率

资料来源：中国经济信息网数据库。

2. 产业结构失调

由于工业增长速度过快，基础设施和基础产业的"瓶颈"制约不断加剧。交通运输特别是铁路运输非常紧张，一些干线的通车能力仅能满足需求的 30%~40%。主要生产资料的供需缺口越来越大，只得靠增加进口来弥补，1993 年上半年钢材进口增长 364%。电力、成品油等能源严重短缺，有的地方用电出现"停三开四"的现象。加上"房地产热""开发区热"，钢材、水泥、木材等建筑材料供需矛盾突出，价格大幅上涨，1993 年 1—5 月份钢材价格上涨 83.5%，水泥价格上涨 91.5%，原木价格上涨 67.2%。同时，农业发展乏力，农民收入增长缓慢。1993 年上半年农村居民人均现金收入实际仅增长 2%，严重影响农民生产的积极性和农业生产条件的改善。受比较利益驱动，农民减少春季作物播种面积，早稻、春小麦、棉花和糖料分别减少 1272 万亩、500 万亩、1800 万亩和 300 万亩。上半年农业生产资料销售额只比上年同期增长 2.1%，扣除价格因素，实际销量下降 10% 以上。

3. 通货膨胀加剧

从 1992 年 10 月份开始，物价上涨幅度逐月加快。1993 年 1 月份，居民消费价格指数上涨幅度达到8.4%,5月份达到12.5%。上半年,城镇居民消费价格指数上涨13%,农村上涨11.5%。1993年1—5月,原材料、燃料、动力购进价格指数同比上涨31%,生产资料价格指数上涨43%,农业生产资料价格指数上涨11.2%,服务项目价格上涨27.2%,特别是居民消费价格大幅度上涨已使部分职工和离退休人员难以承受。

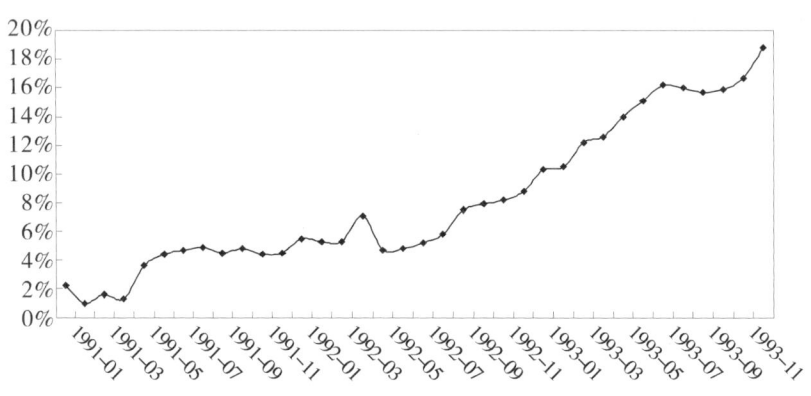

图7-3-2 1991—1993年居民消费价格指数月度上涨率

资料来源:中国经济信息网数据库。

4. 国际收支出现逆差

外贸出口增长乏力,进口增长过快,国家外汇结存出现下降趋势。1993年,由于经济高速增长,国内市场物价涨幅较高,国内需求旺盛,导致进口增势强劲,出口增势相对减弱,国际收支出现了不平衡苗头。1993年1—5月份,出口总额为302亿美元,比上年同期增长8.2%;进口总额为333亿美元,增长26.9%;外贸逆差为31亿美元。截至1993年6月10日,国家外汇结存193亿美元,比上年同期减少56亿美元;到6月末,国家外汇结存189亿美元,比年初减少12亿美元,比上年同期下降25%。如果按此趋势发展下去,外贸逆差将不断扩大,国家外汇结存将难以保持200亿美元的目标。

这些情况表明,经济运行已偏离正常轨道,呈现出全面过热态势。如果不抓住时机,尽快实施有效的宏观调控,势必导致社会总供给与总需求的严重失衡,进而引起较大的经济波动。

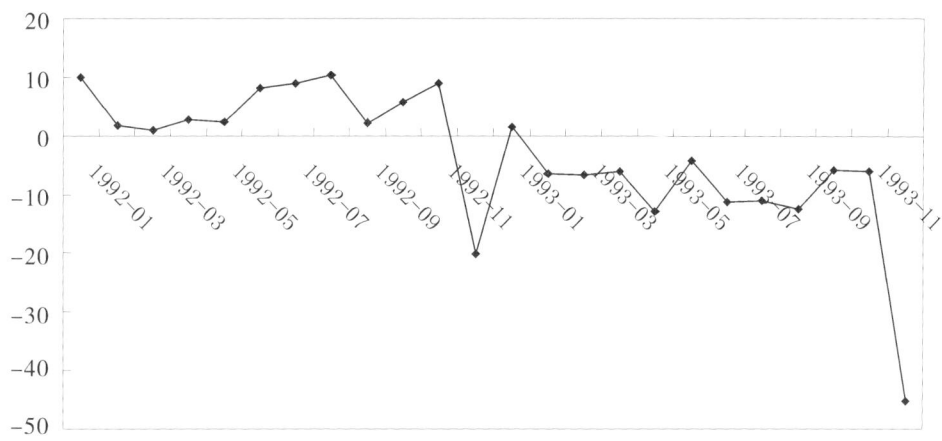

图7-3-3 1992—1993年外贸顺差(+)或逆差(-)月度数(单位:亿美元)

资料来源:中国经济信息网数据库。

二、适度从紧财政政策的基本内容

1988年的经济过热与通货膨胀以及随后1989年和1990年国民经济的低速增长,使决策部门认识到,必须改变过去那种"一松就热、一紧就冷"的传统做法,做到既要为经济过热降温,也要保证国民经济的正常发展速度,防止经济运行中的大起大落现象再次发生。正是基于这样一种思路,中央适时提出了适度从紧的财政政策,实施恰如其分的宏观调控。

(一)政策目标

1. 遏制通货膨胀

遏制通货膨胀是本轮宏观调控的首要目标。在市场经济条件下,适度的物价稳定是社会经济活动赖以正常进行的基础,是国民经济持续稳定增长的主要标志。但是,我国1993年和1994年的高通货膨胀率,对国民经济造成了严重的冲击,无论是对国家、企业,还是对城乡居民个人都具有颇大的危害。在经济体制转轨阶段,通货膨胀的压力是客观存在的,但如果任其发展下去,不可避免地就会破坏正常的经济秩序,最终导致经济增长的下降或停滞,因此遏制恶性通货膨胀便成了当时的当务之急。

2. 保持国民经济适度增长

遏制通货膨胀的代价常常是随之而来的国民经济的低谷运行，经济过热中的"急刹车"做法，不利于国民经济的持续协调发展。中华人民共和国成立以来，我国多次出现经济过热现象，为了给经济过热降温，由于经验不足，往往采取"紧缩到底"的政策手段，使经济由过热一下子陷入过冷，经济波动剧烈，对国民经济运行产生了不利的影响。改革开放以来，保持国民经济的适度增长一直是我国宏观经济调控的核心内容，遏制通货膨胀不能以牺牲国民经济的增长速度为代价。鉴于此，在实现遏制通货膨胀的同时，还必须保持国民经济的适度增长，这是适度从紧财政政策的另一个重要目标。

(二) 政策的主要内容

1993年初，我国政府明确提出要加强和改善宏观调控，防止出现经济过热。4月份，发布了《国务院关于坚决制止乱集资和加强债券发行管理的通知》；5月份，发布了《国务院关于严格审批和认真清理各类开发区的通知》；特别是6月24日，我国政府针对当时宏观经济面临的严峻形势，果断决策，及时出台了《关于当前经济情况和加强宏观调控的意见》这个标志性文件，提出加强和改善宏观调控的16条措施，正式确定了实行适度从紧的财政政策和货币政策的基调。据此，中国财政部出台了一系列适度从紧的财政政策措施，其着力点主要是总量从紧和结构调整。

1. 实行总量调控，加大总需求的控制力度

(1) 大力加强收入征管

一是强调依法治税。在继续做好国有经济单位税收征管的同时，加强对非国有经济单位税收和个人收入调节税、所得税的征管工作；取消地方政府越权减免税和减免能源交通重点建设基金、预算调节基金（以下简称"两金"）的政策；地方政府因擅自减免税而未完成"两金"上缴任务的，中央财政相应扣减地方"两金"分成收入；暂停审批临时性、困难性的减免税，减免税到期的，立即恢复征税；固定资产投资方向调节税不得减免；未经中央政府批准的各类经济开发区，不得享受国家级开发区的税收优惠政策；地方政府不得自行决定对企业承包流转税；加强对外商投资企业的税收征管，防止外商通过转移利润等方式逃税和避税的行为；清理

关税和进口工商税的减免；改进出口退税征管办法，加强出口退税管理。二是整顿税收征管薄弱环节。大力清理拖欠税款，确保财政收入应收尽收；开展全国财税大检查，重点检查偷漏税、越权减免税和"两金"等方面的问题。三是限期完成国库券发行任务。鼓励居民个人购买国库券，要求原专业银行、非银行金融机构积极做好代销工作，利用养老保险基金和待业保险基金结余购买国库券。

（2）严格控制财政赤字

严格控制财政赤字是适度从紧财政政策的一项非常重要的内容。中央要求，地方财政预算收支必须严格执行《国家预算管理条例》，不准打赤字；已打赤字的地区，要及时调整地方预算，确保全年财政收支平衡。1994年3月份，八届全国人大二次会议通过的《中华人民共和国预算法》，规定中央政府经常性预算不列赤字，地方各级预算不列赤字。从1994年起，中央财政赤字主要通过发行国债的办法弥补，不再向中国人民银行透支或借款。1996年3月份，全国人大要求"九五"期间（1996—2000年）逐步减少财政赤字，实现财政收支基本平衡。通过严格控制财政开支，财政支出增幅从1993年和1994年的24.1%和24.8%降至1995年的17.8%、1996年和1997年的16.3%；中央财政赤字也从1994年的667.0亿元缩减为1995年的662.8亿元和1996年的608.8亿元。

（3）强化投资管理以控制固定资产投资增长

1993年，我国政府针对基本建设投资增长过猛的态势，不断加强投资管理。严格控制投资规模，清理在建项目，从严控制新开工项目；停建、缓建不符合产业政策、资金来源不落实、市场前景不好的项目，特别是高档宾馆、写字楼和度假村等项目；新上基本建设大中型项目须经中央政府批准后才能开工。在投资资金来源上，中央银行对固定资产投资贷款实行严格指令性计划控制，防止企业挪用流动资金贷款进行固定资产投资；加强对房地产市场的管理，制定房地产增值税和有关税收政策，坚决制止房地产的投机行为。1994年1月份，我国政府颁发了《国务院关于继续加强固定资产投资宏观调控的通知》，提出要集中财力物力，保证重点建设；优先保证重点项目的收尾和投产；当年原则上不再批准新开工项目；加强资金源头控制，严格固定资产投资贷款管理；加强对资金市场的规范化管理；对在建项目进行普查和项目登记备案制度;加强对外商直接投资项目的引导和规范化管理。1995年,继续严格控制固定资产投资规模,清理在建项目。1996年,对固定资产投资实行项目资本金制度。

(4) 严格控制社会集团购买力

1993年下半年,我国政府实行严格控制和精简各种会议的措施,地方和部门会议经费要在年初预算基础上压缩20%;严格控制实效不大的出国考察、招商引资、节日庆祝等活动;严格执行国家对企业工效挂钩的规定,禁止滥发补贴、实物和代币购物券,控制消费基金的过快增长。1994年,明确要求合理控制和引导消费需求的增长。严禁用公款进行高消费和把公款转化为个人消费基金;适当控制工资增长速度,防止以侵蚀国有资产方式增加个人收入;坚决制止各种滥发奖金、津贴现象,及时纠正部分地方自行扩大调资范围、搭便车出台新的补贴项目等做法。1995年,继续控制消费基金过快增长,制止和纠正乱加工资、乱发奖金和津贴。为了切实抑制政府消费过快增长,财政部要求对社会集团购买力实行指标管理、专项审批、统计管理和监督检查等办法,有效地控制了社会集团购买力的过快增长。

2. 调整支出结构,加强对国民经济薄弱环节的支持

适度从紧的财政政策,并不是全面紧缩,而是在调控总量的同时实行有紧有松的结构性调整。财政既通过采取增收节支、控制赤字和债务规模等措施,实行总量调控,抑制社会总需求过度扩张,平衡社会总供需的关系;同时,也注重调整支出结构,加强对国民经济薄弱环节的支持。

(1) 支持农业发展

通过增加投入和实行优惠政策等措施,支持农业发展,巩固农业的基础地位。从1994年起,国家财政陆续设立了国家粮食专项储备基金、粮食风险基金和副食品风险基金,用于保障国家粮食储备和农产品价格稳定,保护农民的生产积极性;安排专项资金,加强"菜篮子"和粮棉油生产基地建设;从当年6月份起,提高粮食的收购价格,将稻谷、小麦、玉米、大豆四种粮食的平均收购价格调至每公斤0.52元;从当年9月份新产棉花上市起,再次提高棉花收购价格。财政用于政策性价格补贴的支出由1993年的299亿元增加到1996年的454亿元。同时,国家财政

还采取贴息措施，对一些既有经济效益，又有社会效益且政策性较强的农业项目（如治沙、公益林等项目），在利用银行贷款时给予利息补贴。通过采取上述措施，财政对农业的投入力度不断加大，1994—1996年国家财政用于农业的支出增长16.7%，比1991—1993年的平均增长水平高出4个多百分点。

（2）支持企业技术进步

从1993年下半年起，国家财政实行了一系列鼓励企业技术进步的措施，主要包括：允许企业根据国家统一规定选择加速折旧方法；允许企业技术开发费据实列入成本，不受比例限制；允许企业借款利息计入资产价值或财务费用；允许企业自主决定税后利润分配；取消了企业专用基金专户储存制度，允许企业支配和使用资金；允许企业在规定比例内提取坏账准备金；根据国家的产业政策和科技政策适当增加科技费用、技术改造拨款和贴息。

（3）促进国有企业改革

国家财政大力支持企业优化资本结构，将国有企业"拨改贷"资金本息余额转为国家资本金；1995年国家财政对18个优化资本结构试点城市的国有工业企业，通过实行15%所得税优惠税率的办法补充企业资本金；对国有企业兼并破产中造成的贷款损失，在实行总量控制的条件下，用呆账坏账准备金冲销；对扭亏无望、资不抵债的企业实施关闭破产；进一步改革和完善企业职工养老保险、失业保险和医疗保险制度，有效推动国有企业改革的深化。一系列财政政策措施的实施，对调整和优化经济结构、促进经济稳定增长、抑制通货膨胀发挥了非常重要的作用；同时也为推进国有企业改革、实施战略性重组调整，创造了较为宽松的环境。

（三）政策特点

1. 着眼经济运行"软着陆"

1993—1997年的适度从紧财政政策的主要特征就是着眼于经济运行的"软着陆"，即在消除经济剧烈波动的同时，又保持经济的平稳增长。从经济意义上讲，"软着陆"是指国民经济的运行在经过了一段过度扩张后，在政府的宏观调控作用下，平稳地回落到适度的增长区间。而"适度的增长区间"，则是指经济增长的实现与社会物力、财力等的承受力相适应，脱离了客观社会经济承受能力的过快或过慢增长都不是适度的表现。因此,"适度从紧"意味着在实施财政政策进行宏观调控中,要恰如其分地掌握好政策实施的力度,防止宏观经济调控中的紧缩力度过大,以免经济增长受到损害。

2. 总量从紧与结构调整兼顾

财政政策坚持总量从紧:第一,相对于上年,财政支出的增长速度下降,1995—1998年的财政支出增长速度都低于1993年和1994年的财政支出增长速度;第二,相对于财政收入的增长速度,财政支出的增长速度下降,1995—1997年财政支出的增长速度都低于财政收入的增长速度。在总量从紧的大前提下,进行了结构调整,做到"紧中有活",避免"一刀切"。对国家重点建设项目,对具有公共产品性质的基础设施建设项目,比如公路、铁路、农田基本建设和水利设施建设项目,环境保护项目等,对具有市场效益的企业,适当地加大公共资金投入,进行重点扶持;而对低水平重复建设项目,对单纯外延型扩张和低效益甚至无效益的项目则"从紧"。"紧中有活"的结构调整,为以后高质量的经济增长奠定了坚实的基础。

3. 适度从紧的财政政策与适度从紧的货币政策密切配合

1993年的经济过热,使中央意识到必须采用财政政策与货币政策两种宏观调控工具,给经济过热降温,遏制严重的通货膨胀。适度从紧的财政政策与货币政策从以下三个方面发挥作用:第一,严格控制财政支出,特别是工资性支出和社会集团消费,通过调整支出结构、合理安排支出,把财政支出的增长势头控制住;第二,严格控制信用总量,合理调整信贷资金投向,严格控制固定资产贷款,严禁用流动资金搞固定资产投资;第三,在控制固定资产投资规模的同时,加大投资结构调整力度,重点是严控新项目、加大企业技术改进力度,投资资金用于保投产、保收尾、保国家重点等。财政政策与货币政策的搭配运用,成功地使经济过热降温,遏制了高通货膨胀。

4. 调控与改革相结合

在适度从紧财政政策与货币政策实施之初,政府非常重视对经济形势的分析判断,在深入分析当时宏观经济形势的基础上,得出的结论是,导致经济过热的主要原因是原有体制性机制性弊端没有消除,社会主义市场经济体制改革尚未到位;要解决经济过热问题，必须适应市场经济发展要求，从加快旧体制转换中找出路，运用经济手段和推进改革的思路，改进和加强宏观调控。

鉴于此，在这一轮宏观调控中，没有像过去那样采取以行政命令为主的管理方式，而是注重运用经济手段，从市场经济的基本原则出发，通过运用经济政策和推行体制改革等方式进行宏观调控。1994 年，中国政府出台了财税、金融、外贸、外汇、计划、投资、物价等方面的一系列改革措施，使体制改革与宏观调控有机结合起来，既缓解了当时经济生活中存在的问题，又增强了微观经济主体的活力和市场机制的作用。

三、适度从紧财政政策的实施效果

运用财政政策进行宏观经济调控，是市场经济条件下财政职能的重要体现。从 1993 年开始实施适度从紧的财政政策，是根据改革与发展的需要而做出的相机抉择。通过运用财政政策以及将财政政策与货币政策组合运用，遏制了严重的通货膨胀，避免了经济发展中的"急刹车"现象，成功地实现了经济增长中的"软着陆"，国民经济保持了健康发展。1993 年以后，随着财政制度的创新和适度从紧财政政策的实施，在实现经济"软着陆"的同时，财政调控机制也不断得到完善，财政秩序好转。

（一）经济增长速度和通货膨胀率进入适度区间

适度从紧财政政策的实施，取得了显著的反周期调节效果，既有效遏制了通货膨胀，又促进了经济适度增长，形成了"高增长、低通胀"的良好局面，经济增长速度和通货膨胀率均进入适度区间，宏观经济运行环境的紧张局面明显得到缓解。国民经济运行成功实现"软着陆"。这也是中华人民共和国成立以来第一次避免了"大起大落"的不良循环而成功实现"软着陆"。1993 年和 1994 年 GDP 分别增长 14% 和 13.1%，1995 年降至 10.9%，1996 年和 1997 年分别增长 10% 和 9.3%。全国居民消费价格指数涨幅由 1994 年的 24.1%，逐年下降到 1996 年的 8.3% 和 1997 年的 2.8%；全国商品零售价格指数涨幅由 1994 年的 21.7%，下降到 1996 年的 6.1%，到 1997 年已降至 0.8%。

(二)投资、消费双膨胀现象逐步得到抑制

连续几年实施适度从紧的财政政策与货币政策,投资、消费双膨胀现象逐步得到抑制。1995年、1996年和1997年全社会固定资产投资分别比上年增长17.5%、14.8%和8.8%,分别比1993年下降44.3%、47%和53%;社会消费品零售总额分别比上年增长26.8%、20.1%和10.2%,分别比1993年下降3%、9.7%和19.6%。

(三)经济效益逐步提高

适度从紧的财政货币政策既实现了经济稳定增长,也促进了经济效益的逐年提高。按可比价格计算,农村居民人均纯收入实际增长率由1993年的3.2%逐步提高到1996年的9%,成为1983年以来收入增幅最高的一年;城镇居民人均可支配收入增长率也持续保持了稳步提高的良好态势。1996年,对外贸易实现顺差122亿美元,外汇储备达到1050亿美元;粮食总产量超过5000亿公斤,达到历史最高水平。

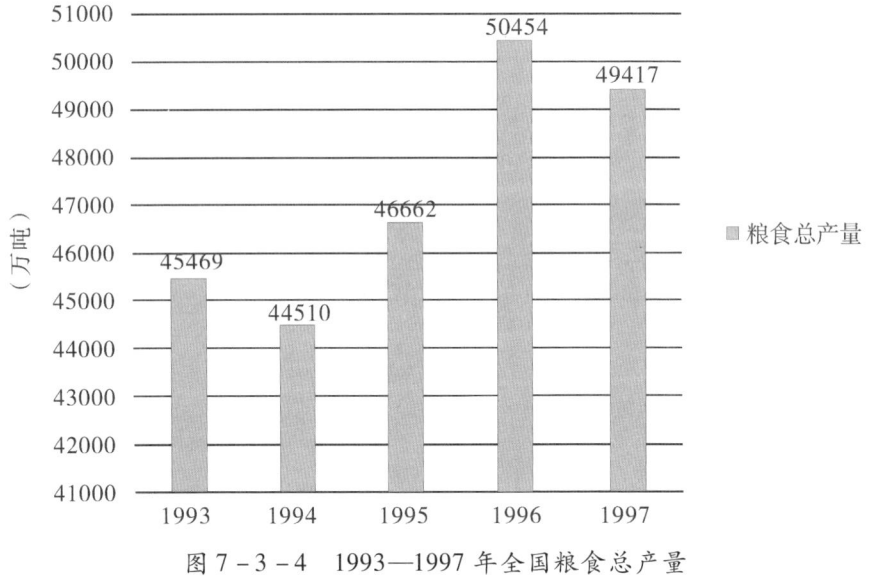

图7-3-4　1993—1997年全国粮食总产量

资料来源:《中国统计摘要2006》。

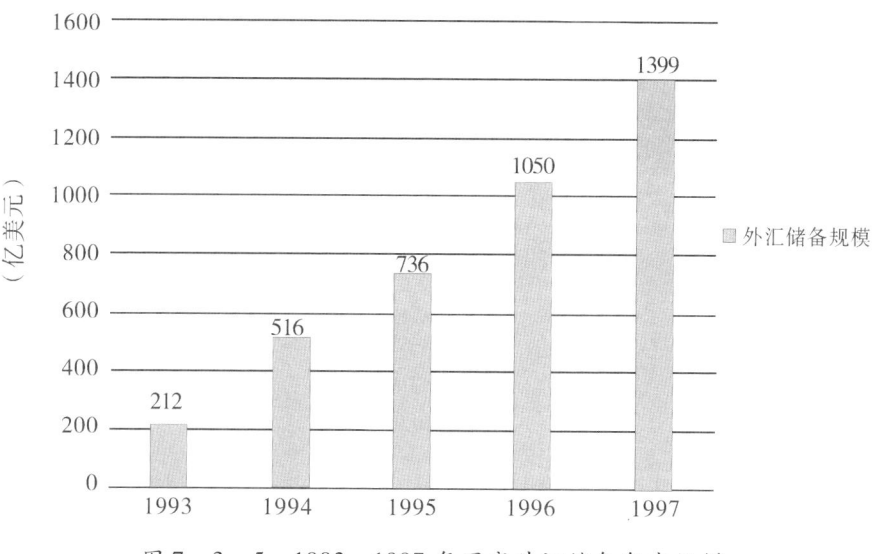

图 7-3-5 1993—1997 年国家外汇储备年末规模

资料来源：《中国统计摘要 2006》。

（四）财政收入稳定增长，财政秩序明显好转

乱收费和不合理减免税的现象明显减少，收缩地方减免税权力、整顿税收征管薄弱环节、开展全国财税大检查等举措收到了显著效果；与此同时，财政制度改革实现新的突破，初步建立了财政收入稳定增长的机制。1995—1997 年的三年间财政收入增加 3433 亿元，超过了以往五年计划内的增加额，政府的宏观调控能力明显增强。特别是，这三年间财政收入增长幅度出现了持续高于财政支出增长幅度的态势，有效地将财政赤字控制在预算确定的数额之内。

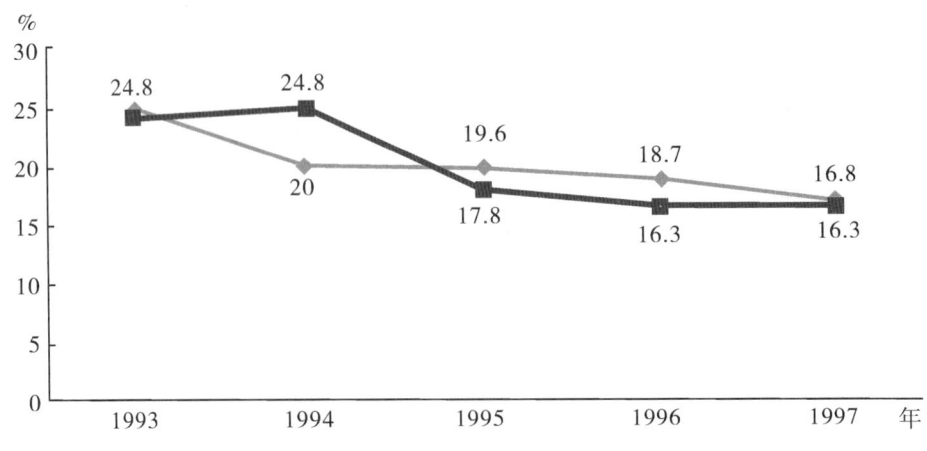

图 7-3-6 1993—1997 年财政收入和财政支出增长率

资料来源:《中国统计摘要 2006》。

第四节
积极财政政策（1998—2004 年）

积极财政政策是中国政府为应对亚洲金融危机冲击和国内需求不足的严峻形势，遵循市场经济规律，而主动采取的一次反周期调节，在中国财政调控史上具有重大意义。通过实施积极财政政策，中国成功地抵御了亚洲金融危机的冲击，通货紧缩趋势得到有效遏制，社会需求全面回升，经济持续快速增长，并有效地促进了经济结构的优化和经济增长质量和效益的提高。积极财政政策的实践不仅实现了稳定经济运行的目标，也丰富了我国宏观调控的实践，为今后制定宏观经济政策积累了宝贵经验。

一、积极财政政策实施的背景

1998 年，中国经济发展面临着严峻的国内外经济形势：亚洲金融危机的影响不断加深,长期以来盲目建设带来的结构不合理等深层次矛盾在国际经济环境急剧变化和国内市场约束双重因素作用下,更加突出地显现出来,内需不振,出口下降,投资增长乏力,经济增长速度回落,中国经济面临着前所未有的严峻考验。

(一)受亚洲金融危机冲击,出口严重下滑

1997年7月2日,亚洲金融风暴首先在泰国爆发,继而迅速席卷了马来西亚、新加坡、印度尼西亚、菲律宾等东南亚国家,股市暴跌,汇率下降,生产停滞,经济出现负增长,经济泡沫破灭。香港也很快受到波及,股市由17000点跌到8000多点。拉美、大洋洲,以及东欧国家都受到不同程度的影响。日本经济在经历了20世纪90年代的长期低迷后,受到亚洲金融危机的冲击而雪上加霜。全球经济和贸易的增长步伐明显减慢。

亚洲金融危机的爆发对我国外贸发展和外资流入造成了前所未有的冲击。一是出口形势趋于恶化。1998年5月份出现了22个月以来的首次负增长,上半年仅增长7.6%,大大低于1997年同期26.2%和全年20.9%的增速。二是外商投资明显下降。大量国际资本回流到欧美等其他地区,造成亚洲地区投资萎缩。1997年亚洲国家对我国投资占我国实际吸收外资总量的比例由以往的80%以上降为75.6%,1998年进一步下降为68.7%。

亚洲金融危机的影响叠加到我国经济周期低谷阶段上,使经济增长明显趋缓,并出现通货紧缩迹象和趋势。中国经济增长率(以GDP增长率衡量)从1993年的13.5%下降到1997年8.8%的水平,平均每年下降约1个百分点。1998年上半年经济增长率仅为7%,与全年8%的增长目标形成明显差距。同时物价水平持续负增长,出现了通货紧缩的迹象。

(二)消费需求增长趋缓

居民收入增长缓慢,居民消费意愿低迷。与此同时,由于住房、养老、医疗、教育等体制改革逐步推开,居民支出预期大幅度上升。由于收入预期下降、支出预期上升,加上银行实际利率偏高等因素,导致居民边际储蓄倾向上升,边际消费倾向相应下降。据测算,1979—1996年,居民边际消费倾向基本上在0.6~0.8的区间波动,而1997年下降为0.55左右,1998年上半年进一步下降到0.46。受此影响,居民消费需求疲软,社会消费品零售总额增幅持续下降,由1996年的20.1%下降到1997年的10.2%,1998年上半年进一步下降到6.8%。20世纪90年代以前,中国经济运行一直表现为短缺经济特征,卖方市场特征明显;90年代后,市场总量基本维持平衡,市场结构矛盾成为流通领域的焦点,供过于求的商品比重不断提高。据有关机构对601种主要商品的调查统计,1998年上半年供大于求的商品占74.2%,供求基本平衡的商品占25.8%,没有供不应求的商品。买方市场格局的形成,意味着市场约束机制明显增强,中国经济从此以后将更多地面临市场经济的常态,即需求约束。①

(三)投资需求增长乏力

1998年,由于受消费增速趋缓和金融体制改革相对滞后以及市场预期等因素的影响,各类投资主体行为开始发生变化,投资相对注重风险约束。企业由过去有钱就上项目,逐步转为更加注重投资项目的回报率。有关部门对5000户工业企业投资意向的调查表明,前几年困扰企业投资的政府干预行为有所减弱,而满足市场需求和适应市场竞争开始成为企业增加投资的主要动力。在当时多数产品供过于求和市场消费需求相对不足的情况下,企业投资更多地受到市场需求的约束。预期回报率较高的投资领域相对狭小,投资项目可选择的余地不大,特别是市场供求关系的变化,使得绝大多数生产资料和消费品价格持续下降,导致在市场竞争中失去优势的企业亏损严重,处于竞争优势的企业也面临市场萎缩的困境。企业投资预期收益下降,投资风险增加,自主投资能力减弱。商业银行实行资产负债比例管理后,由过去敞开口子贷款转为注重风险约束,一方面受不良资产的影响,银行在一定程度上产生了"慎贷"的心理;另一方面由于项目可行性研究及评估等中介机构不够健全,加上市场变化不确定,银行普遍感到贷款责任加重。这种变化,长远看有利于经济发展和结构调整,但当时在一定程度上影响了投资预期和投资增长,1997年全社会固定资产投资增长8.8%,比上年回落6个百分点;1998年1—5月份同比增幅继续回落1.3个百分点。

---

① 谢旭人:《中国财政改革三十年》,中国财政经济出版社,2008年,第471页。

(四）物价水平持续走低

受消费需求不足和产品结构性过剩等因素的影响，1998年以来中国主要物价指数呈现逐月下降的态势。首先，作为价格先行指标的工业上游产品价格自1997年年中以来持续下降，工业品出厂价格指数在1997年6月份由上涨转为下降0.4%，此后降幅逐月扩大，1998年1月份降幅为1.3%，3月份为3.2%，6月份为4.9%，上半年下降3.4%；原材料、燃料和动力购进价格指数在1998年1月份开始下降，1月份降幅为0.4%，3月份为2.3%，6月份为5.2%，上半年下降2.3%。其次，全国商品零售价格总水平自1997年10月份开始出现下降，10月份降幅为0.4%，到1998年6月份降幅为3%，持续下降了9个月；全国居民消费价格指数从1998年2月份开始出现下降，2月份降幅为0.1%，6月份达1.3%，出现了一定程度的通货紧缩趋势。①

(五）经济结构不合理问题尤为突出

经济结构不合理是传统经济发展模式的产物。改革开放以来，随着经济的发展，在经济政策和市场调节共同作用下，结构不合理状况有所改善，但问题依然存在，亚洲金融危机使中国长期存在的经济结构不合理问题更为凸显。

一是产业结构不合理。低技术水平的产品过剩与高新技术产品不足并存。据有关部门对全国重点企业67种主要工业产品生产能力的调查，1997年开工率在80%以上的占33.3%，开工率不足（60%~80%）的占32.8%，开工率严重不足（60%以下）的占33.9%；1998年受市场消费需求不足的影响，企业开工不足状况进一步加剧。而一些国民经济急需的技术含量高、市场前景好的产品，尤其是重大技术装备和成套技术设备、高新技术产品则供给不足，有的缺口还很大。

二是城乡结构不合理。农村工业化和城市化进程滞后，特别是乡镇企业经过十几年的超常规发展，在当时激烈的市场竞争和企业分化加剧的情况下，发展速度明显放慢。同时，由于农村劳动力素质偏低，加上城市失业和下岗职工增加，城镇吸纳农村劳动力的能力下降，使得"二元经济"问题更为突出，直接表现在城乡居

---

① 资料来源：中国经济信息网数据库。

民收入差距继续扩大,城乡居民人均收入之比由 1997 年的 2.47∶1 扩大到 1998 年的 2.51∶1。

三是区域经济发展不协调。中国政府一直重视区域经济协调发展,20 世纪 90 年代中期明确提出的加快中西部地区经济发展的一揽子政策措施,取得了初步成效。但由于历史和地理等方面因素的影响,中西部地区经济发展相对较慢,与东部地区的差距呈扩大趋势,东、中、西部地区 GDP 占全国的比重分别由 1997 年的 57.8%、28.2%、14%,变为 1998 年的 58.1%、28%、13.9%。

(六) 货币政策连续、密集运用后政策空间明显收窄

针对需求疲软的情况,货币政策方面采取了一系列放松银根、刺激需求的政策,1996 年 5 月到 1998 年的两年多时间里,中央银行先后七次降低存贷款利率,并在 1998 年初取消国有商业银行的贷款限额控制(改为实行资产负债比例管理和风险管理),降低准备金率,颁布积极实行贷款支持的指导意见等,以求扩大企业贷款需求,刺激投资。货币政策如此连续、密集地运用,可以说是"竭尽全力"的,然而迟迟没有产生足够明显的政策效果,其操作余地已经相对狭小。

在上述多重因素共同作用下,1998 年我国经济面临着前所未有的严峻局面:经济周期处于低谷阶段,上半年 GDP 仅增长 7%,同比回落 2.5 个百分点;经济运行的质量和效益下降,前 5 个月国有企业净亏损 88.75 亿元;就业压力加大,城镇登记失业人口 600 万人,城镇登记失业率达到 3.1%,经济增长放慢带来新增就业机会不足,再就业形势趋于严峻;居民收入和储蓄增长减缓,从 1994 年到 1997 年,城镇居民人均可支配收入增幅由 8.5% 下降到 3.4%,农村居民人均纯收入增幅由 5.1% 下降到 4.6%,居民储蓄增幅由 45.8% 下降到 20.1%。面对严峻的经济形势,为力求实现当年 8% 的经济增长目标和抵御亚洲金融危机的冲击,决策层果断地采取增加政府投资、扩大内需的方针,启动了积极的财政政策。

二、积极财政政策的主要内容和政策措施

1998 年 2 月,针对亚洲金融危机蔓延之势,中央决策层提出,必须做到心中有数,沉着应对,未雨绸缪,做好事态进一步发展的准备,以防措手不及。1998 年 3

月，在九届全国人大，政府提出了确保 1998 年经济增长 8% 的目标，并指出实现这些目标的主要手段是提高国内的需求。决定适时调整宏观经济政策的目标和方向，及时提出了采取更加有力的财政政策，扩大内需，刺激经济增长。1998 年 6 月 16 日，《人民日报》发表了时任财政部部长项怀诚的署名文章《财政宏观调控与启动经济增长》，提出转变适度从紧的财政政策，并认为我国现阶段不宜采取通过减税刺激经济的方法，而应适时适度地扩大财政举债规模和财政支出，增加投资，刺激消费，扩大出口，通过改革克服制约有效需求的体制和政策因素，促进国民经济增长。1998 年 7 月，中国政府转发了国家发展计划委员会《关于今年上半年经济运行情况和下半年工作建议》，正式决定实施旨在扩大需求的积极的财政政策。

（一）增发长期建设国债，加强基础设施建设

1998 年 8 月 29 日，九届全国人大常委会第四次会议审议通过中央财政预算调整方案，将中央财政赤字调整为 960 亿元，比上年扩大 400 亿元，增发 1000 亿元长期建设国债，同时配套增加 1000 亿元银行贷款，全部用于基础设施建设，主要包括农林水利、交通通信、城市基础设施、环境保护、城乡电网建设和改造、中央直属储备粮库等六个方面，这标志着积极财政政策正式启动。同年，中央财政还向国有独资商业银行发行了 2700 亿元特别国债（期限为 30 年），以提高国有银行的资本充足率和抗风险能力。

1999 年，根据当年第二季度表现出来的固定资产投资增幅回落、出口下降、消费需求持续不振的情况，决策层决定对积极财政政策的实施力度和具体措施做出进一步调整，在年初原定 500 亿元长期国债发行规模的基础上，报请全国人大常委会审议批准，增加发行 600 亿元长期国债，中央、地方各一半，相应扩大中央财政赤字 300 亿元，以保持投资需求的较快增长。新增国债资金主要用于在建的基础设施、一些重点行业的技术改造、重大项目装备国产化和高新技术产业化、环保与生态建设以及科教基础设施等方面。对大型骨干国有企业的技术改造项目，实施了贴息办法。

2000 年，在上半年国民经济出现好转表现后，为了巩固成果，并预计到其后会有一些不确定因素，决定进一步加大积极财政政策的力度，在年初决定的 1000 亿元长期国债发行规模的基础上，下半年又实行预算调整方案，经全国人大批准，

财政部增发500亿元长期国债。这500亿元国债基本用于加快在建国债项目建设，以促使这批项目早日竣工，发挥效益。新增国债重点向五个方面投入：一是水利和生态项目建设，包括水利基础设施建设，移民建镇，退耕还林还（草），天然林和草场保护工程，京津周围沙源治理启动工程；二是教育设施建设，包括高等学校扩招增加学生校舍等基础设施建设，中西部高校建设补助；三是交通等基础设施项目建设，包括公路干线、中西部地区贫困县道路建设、铁路建设，新增100亿公斤粮库建设以及中西部地区旅游设施建设；四是企业技术改造、高新技术产业化，城市轨道交通、环保等设施国产化，国防军工企业技术改造以及生物芯片、同步辐射等重大科技项目；五是城市环保项目建设。

2001年继续实行积极财政政策，发行1500亿元长期建设国债，其中，1000亿元建设国债用于弥补前期基础设施在建项目后续资金不足和工程收尾，500亿元特种国债支持西部大开发，主要用于青藏铁路、西气东输、西电东送、南水北调、生态建设等一些重大基础设施建设。同时，为配合国家的产业政策，继续加大对设备和高新技术产业的投资力度，继续实施对技术改造的贴息政策。到2001年底，国债技术改造贴息资金安排国有重点企业已开工技术改造项目781个。

2002年继续发行长期建设国债1500亿元，其中，1250亿元列入中央预算，其余250亿元转贷地方使用。国债资金主要用于在建国债项目、西部开发项目、重点企业改革项目、南水北调工程、京津水资源保护工程、农村基础设施和教育以及公检法设施建设。特别是在天然林保护工程、农业综合开发和农业科技项目等方面，除了增发国债安排的支出外，中央财政还增加了206亿元。

1998—2004年期间，中央财政累计发行长期建设国债9100亿元，截至2004年末，七年累计实际安排国债项目资金8643亿元，并拉动银行贷款和各方面配套资金等逾2万亿元，主要投向农林水利和生态建设、交通通信、城市、技术进步、产业升级、农网改造，以及教育、文化、卫生、旅游等基础设施建设。具体投向是：农林水利和生态建设2596亿元，所占比重为30%；交通通信基础设施建设1711亿元，所占比重为19.8%；城市基础设施建设1317亿元，所占比重为15.2%；技术进步和产业升级775亿元，所占比重为9%；农网改造688亿元，所占比重为8%；

教育、文化、卫生、旅游基础设施建设 433 亿元，所占比重为 5%；中央直属储备粮库建设 352 亿元，所占比重为 4.1%；环境保护投资 312 亿元，所占比重为 3.6%；公检法司设施建设 180 亿元，其他所占比重为 2.1%。分年看，国债项目资金的使用结构不断优化，1999—2001 年在 1998 年安排六个方面投资的基础上，逐步增加了西部开发、重点行业技术改造、高新技术产业、退耕还林（草）、教育、公检法司设施建设；2002 年以后投资重点向农村、结构调整、中西部地区、科技教育和生态环境建设等方面倾斜，更加注重城乡、区域、经济社会等协调发展。

（二）调整税收政策，增强税收调控功能，促进经济社会发展

为鼓励投资，支持引进国外的先进技术设备，在将关税税率总水平由 1997 年底的 17% 逐步降至 2004 年的 10.4% 的同时，从 1998 年起，对国家鼓励发展的国内投资项目和外商投资项目进口的设备，在规定范围内，免征关税和进口环节税；1999 年下半年起减半征收固定资产投资方向调节税，2000 年开始暂停征收；对符合国家产业政策的企业技术改造项目购置国产设备，准予按 40% 的比例抵免企业所得税。为刺激居民消费，1999 年 11 月份，对居民储蓄存款利息恢复征收个人所得税；1999 年对香皂以外的其他护肤护发品消费税税率统一由 17% 降为 8%，对环保型汽车按规定税率 70% 减征消费税；从 1999 年 8 月 1 日起对涉及房地产的营业税、契税、土地增值税给予一定减免，以鼓励住房消费和流通。为支持外贸出口，从 1998 年起分 8 次提高出口货物增值税退税率，到 2002 年出口货物平均退税率已由 8.3% 提高到 15% 左右，同时进一步改进了出口退税管理办法，对纳税信誉较好的企业简化退税审批手续，加快出口退税进度；2004 年，又对出口退税机制进行了改革，进一步优化了出口退税税率结构，并实行了中央与地方共同分担出口退税的新机制，解决了历史欠退税问题，有力地促进了企业出口增长。为适应经济结构的战略性调整，促进中西部地区和高新技术产业的发展，制定了支持西部大开发和东北地区老工业基地振兴的税收优惠政策，涉及所得税、耕地占用税、农业特产税和进口税等诸多方面；从 2000 年起对软件产业、集成电路、TFT－LCD 等高新技术产业制定了一系列税收优惠政策，涉及增值税、企业所得税和进口税收。另外，为支持金融体制改革和提高金融机构经营效益，2001 年起将金融保险业营业税税率

每年降低1个百分点,到2003年降至5%;从1998年6月15日起将证券交易印花税税率下调到4‰,2001年10月份又调减为2‰,以有效的税收政策促进金融证券市场的稳定发展。

(三)调整收入分配政策,培育和扩大消费需求

1999年7月1日、2001年1月1日、2001年10月1日和2003年7月1日,中国政府连续四次提高机关事业单位人员的基本工资标准并相应增加离退休人员离退休费,还实施了年终一次性奖金制度和艰苦边远地区津贴制度。经过四次调整工资,2003年底,全国机关事业单位职工月人均基本工资水平(含奖金)达到877元,比1998年的400元提高了119%,是中华人民共和国成立以来工资增长速度最快、增幅最大的一个时期,国家财政为此累计安排增资支出6390亿元,其中中央财政支出3714亿元。同时,重视加强社会保障工作,不断完善社会保障体系。1998年对国有企业下岗职工实行基本生活保障制度,1999年国务院相继颁布了《失业保险条例》和《城市居民最低生活保障条例》,正式建立了比较完善的社会保障制度。从1999年7月1日起,将国有企业下岗职工基本生活费、失业保险金、城市居民最低生活费"三条保障线"水平提高30%,并先后四次提高了企业离退休人员基本养老金水平。1998—2004年,全国财政用于企业养老保险基金补助、国有企业下岗职工基本生活保障补助和城市居民最低生活保障费的支出,由123亿元增加到1035亿元,年均增长42.6%,累计安排支出4464亿元。如果加上行政事业单位医疗经费、抚恤金和社会福利救济、行政事业单位离退休经费及补充全国社会保障基金等方面的支出,全国财政社会保障经费支出已由1998年的775亿元增加到2004年的3410亿元,年均增长28%,明显高于同期财政总支出的增幅;全国财政社会保障经费支出占财政总支出的比重由1998年的7.2%,提高到2004年的12.4%,有效地发挥了社会保障自动稳定器作用。收入分配政策的调整、实施,进一步增强了居民的消费能力,有效地拉动了内需。

(四)完善非税收入管理,规范分配关系,减轻企业和社会负担

财政部门会同有关部门通过加大治理乱收费力度,减轻了企业和居民的非税负担。1998—2004年,共取消收费项目1913项,并降低了479个项目的收费标准,

减轻社会负担 1490 亿元。其中，1998 年公布取消的 727 项收费项目，减轻社会负担 377 亿元；1999 年公布取消的 408 项收费项目和降低收费标准的 479 个项目，减轻社会负担 245 亿元；2000 年公布取消的 238 项收费项目，减轻社会负担 145 亿元；2001 年公布取消的 69 项收费项目，减轻社会负担 300 亿元；2002 年取消面向企业的不合理收费项目 298 项，涉及金额 210 亿元；2003 年取消面向企业的不合理收费项目 65 项，涉及金额 140 亿元；2004 年取消面向企业的不合理收费项目 108 项，涉及金额 73 亿元。同时，规范交通和车辆收费，从 2001 年 1 月份起，将车辆购置附加费改征车辆购置税，使税费改革迈出实质性步伐。此外，对农村公共收入分配中的农业税等政策进行改革，规范农村税费制度。农村税费改革由点到面，从 2000 年在安徽全省开始试点，到 2003 年在全国推开，并取得阶段性成果，受益农民平均减轻负担 30% 左右，2004 年进一步加大了改革力度。由于行政事业性收费和政府性基金都属于政府财政的非税收入，减费可以起到与减税等价的效应，同样有利于增强企业自主投资和居民消费的能力。

（五）加大对中西部地区转移支付和开发支持

2002 年，为促进地区经济协调发展，完善市场经济机制，中国政府实行了所得税收入分享改革，将原来按企业隶属关系划分中央与地方所得税的做法，改为按比例分享。当年所得税增量收入中央与地方按五五比例分享，从 2003 年起按六四比例分享。中央财政从所得税增量中多分享的收入，全部用于增加对地方（主要是中西部地区）的转移支付。同时，不断规范并增加对地方的财政转移支付规模，提高地方财政保障能力。2004 年，中央对地方税收返还和补助支出总额，由 1998 年的 2493 亿元增加到 10408 亿元，年均增长 26.8%。特别是中央财政在增加对地方的一般性转移支付支出、民族地区转移支付支出、调整工资转移支付支出和农村税费改革转移支付支出等财力性转移支付规模的同时，注重将转移支付的增量部分向中西部地区倾斜。此外，为配合西部大开发战略和农村税费改革政策实施，保护和改善西部生态环境，中央财政还对天然林保护、退耕还林（草）、农村税费改革等造成的基层财政减收进行转移支付补助。2002 年中央财政对天然林保护工程和退耕还林（草）工程补助 19.8 亿元，2002 年、2003 年和 2004 年农村税费改革转移支付补助分别为 245 亿元、305 亿元和 523 亿元。总之，中央财政通过加大对地方转移支付的力度，大大增强了地方特别是中西部地区的财政保障能力，有力地促进了区域和城乡的协调发展。

总体来看，我国政府在实施积极财政政策的过程中，十分注意把握财政政策实施的方向和力度，注重短期措施与长期政策目标的协调，保持财政经济可持续发展。其主要特点：一是政策选择正确。针对经济运行中出现的需求不足、经济增长乏力的特殊形势，及时果断地实行扩张性财政政策，立足于快速启动经济。比如，为刺激需求而增加的政府直接投资，主要用于能够快速启动经济的在建项目和投资期为 1—3 年的短期基础设施建设项目。二是政策取向合理。积极财政政策的着力点既注重总量扩张也重视结构调整，使短期政策效应与中长期政策效应有机地结合起来。三是政策配合协调。在财政政策实施中，注重与货币政策的双向协调。在资金筹集上，定向向国有商业银行发行国债；在资金运用上，注重财政投资与银行信贷资金在基础设施建设上的密切配合；发行特种国债，以提高国有商业银行的资本金充足率等，支持促进金融体制改革。这些做法都体现了财政政策与货币政策协同考虑、双向兼顾的原则要求。

三、积极财政政策的实施成效

积极财政政策是我国政府根据市场经济规律在国内外经济环境急剧变化的情况而主动采取的一次反周期调节，在我国财政宏观调控史上具有重大意义。

（一）社会需求全面回升，促进了国民经济持续稳定发展

1998 年以后累计发行的近万亿元长期建设国债直接带动地方、部门、企业投入项目配套资金和银行安排贷款 2 万余亿元，对促进经济增长发挥了重大作用。积极的财政政策，促进了国民经济持续稳定增长。据有关部门统计分析：1998 年积极财政政策及其引导的各方面投资和消费，拉动国民经济增长 1.5 个百分点，使当年国内生产总值增长达到 7.8%，这在亚洲各国经济普遍负增长的情况下不啻为一大奇迹。1999 年国民经济保持了稳定增长的势头，各项需求稳步回升，全年国内生产总值增长 7.1%，其中积极财政政策及其带动的各方面投资和消费拉动经济增

长达 2 个百分点。2000 年积极财政政策继续有效地发挥了扩大内需的宏观调控作用，拉动经济增长 1.7 个百分点，使我国国民经济出现重要转机，国内生产总值增长达到 8%。2001 年，积极财政政策的实施不仅保障了青藏铁路、西电东送等西部开发重大项目的及时启动和建设，完成了一大批重大在建项目，而且对于拉动经济增长也起到了至关重要的作用，当年国债投资拉动经济增长 1.8 个百分点，国内生产总值增长 7.3%。

积极财政政策促使投资需求和外贸出口呈现出持续快速增长的势头，GDP 增速由 1998 年的 9.3% 上升到 2004 年的 10.1%，全社会固定资产投资增速由 1997 年的 8.8% 上升到 2004 年的 26.6%，外贸出口增幅由 1998 年的 0.5% 上升到 2004 年的 35.4%。投资和出口的持续快速增长，有力地拉动了经济快速稳定增长，其中，积极财政政策发挥了重要作用。据测算，1998—2002 年，积极财政政策每年拉动经济增长 1.5~2 个百分点。

（二）基础设施得到显著改善，经济结构调整步伐加快

积极的财政政策，为国民经济的长期可持续发展奠定了坚实的基础。过去较长一段时间，经济结构不合理和技术装备水平落后，一直是困扰我国经济持续快速健康发展的重要制约因素。党中央、国务院十分重视加强国民经济薄弱环节，在实施积极财政政策过程中，安排使用国债资金主要向以下方面倾斜。一是投资向基础设施建设倾斜。1998—2002 年，累计安排国债项目 8600 多个，重点加强了基础设施建设。累计建成公路通车里程 2.55 万公里，至 2011 年底全国高速公路已达 1.9 万多公里，跃居世界第二位；建成铁路新线 4007 公里，复线 1988 公里，电气化里程 1063 公里；新建、扩建机场 37 个；对 2400 多个县进行了农网建设和改造，等等。基础设施状况的改善大大缓解了长期以来经济发展的"瓶颈"制约，优化了产业结构。二是向中西部地区倾斜。通过不断加大对中西部地区的国债投资比重，较好地促进了中西部地区经济的发展，支持了西部大开发战略的实施，缩小了地区发展差距。三是向技术改造倾斜。实施了一大批对结构调整和技术升级有重大影响的项目，增强了国内企业的竞争能力。四是向生态环境建设倾斜。国家不断增加生态建设和环境保护投入，1998—2002 年共安排农林水利和生态建设国债资金 1438 亿

元,用于长江上游、黄河中上游、东北及内蒙古等地国有林区的天然林保护,加固大江、大河、大湖堤防3万公里,增加行蓄洪面积近3000平方公里。安排环境保护国债资金207亿元。2000年启动的退耕还林(草)工程和京津风沙源治理工程,也都取得了很好的效果。经济结构的优化、生态环境的改善、技术水平的提升,不仅支撑了我国经济的稳定增长,还为经济的长期可持续发展打下了比较扎实的基础,也有利于我国积极应对加入世贸组织后带来的挑战。

(三)物价保持基本稳定,通货紧缩趋势得到明显遏制

在积极财政政策和稳健货币政策的双重调控作用下,经济运行环境明显改善,经济自主增长的能力提高,投资和消费主体的信心增强,市场预期不断趋好,市场需求趋于扩张,推动物价回升,前几年困扰经济发展的通货紧缩趋势明显改观。

一是居民消费和商品零售价格指数由下降转为上涨。在积极财政政策和稳健货币政策作用下,自2002年第四季度起,全国居民消费价格指数开始出现回升趋势。2003年和2004年,全国居民消费价格指数分别上涨1.2%和3.9%。从消费价格结构看,同期食品消费价格指数分别上涨3.4%和9.9%,其中粮食价格分别上涨2.3%和26.4%;居民消费价格指数分别上涨2.1%和4.9%;娱乐教育文化等服务消费价格指数均上涨1.3%。全国商品零售价格指数自2003年第四季度开始由下降转为上涨,出现逐步回升态势。2004年,全国商品零售价格指数由上年下降0.1%转为上涨2.8%。

二是工业品等上游产品价格指数持续回升。作为价格先行指数的工业品等价格指数自2002年就开始上涨。2003年,工业品出厂价格指数上涨2.3%,原材料、燃料、动力购进价格指数上涨4.8%,固定资产投资价格指数上涨2.2%;2004年,这三项价格指数分别上涨6.1%、11.4%和5.6%,呈现出快速上升的态势。

(四)促进了人民生活条件改善,推进了社会事业发展

一是调整收入分配政策,增加了城乡居民收入。农村居民家庭人均纯收入由1997年的2090.1元提高到2004年的2936.4元;城镇居民人均可支配收入由1997年的5160.3元提高到2004年的9421.6元。同时提高了机关事业单位人员的工资,

提高了国有企业下岗职工的基本生活费、失业人员的补助救济费、城市最低生活保障线标准，一次性补发了部分国有企业离退休干部拖欠的养老金。

二是加强教育基础设施建设。从1998年起的五年内，中央财政支出中教育经费所占比例每年提高1个百分点，重点用于支持高校体制改革和高等学校办学条件的改善，确保国家重点科研项目的资金需要等。中央财政从1998年到2000年实际增加教育经费183亿元。在积极财政政策执行期，全国中小学危房改造工程、农村中小学现代远程教育工程、农村中小学布局调整等重点项目顺利实施，农村基础教育办学条件也得到较好改善。

三是加快社会保障体制改革，构造社会稳定器。2000年用于社会保障方面的支出达1470亿元，比1996年的662亿元增加了1倍多，同时酝酿开征社会保障税、减持国有股充实社保基金、开设社保福利彩票等，社保体制建设也向广覆盖、社会化目标迈进；大幅度增加中央扶贫资金规模；加强基层公共卫生服务能力建设，截至2004年，1410个县级和205个省、市（地）级疾病预防控制中心基本建成，290所紧急救援中心陆续开工，新型农村合作医疗制度试点稳步推进。

（五）财政实力和宏观调控能力明显增强

积极财政政策不仅有力地拉动了经济增长，同时也实现了财政收入的持续快速增长，大大提高了国家财政实力，增强了政府宏观调控的能力。

一是财政收入持续快速增长。1998年以来，我国财政收入连年大幅增长，财政收入规模不断登上新台阶，1999年财政收入首次突破1万亿元，达到11444亿元；2001年超过1.5万亿元，达到16386亿元；2003年突破2万亿元，达到21715亿元；2004年超过2.5万亿元，达到26396亿元。1998年比上年增收1225亿元，1999年增收1568亿元，2000年增收1951亿元，2001年增收2991亿元，2002年增收2518亿元，2003年和2004年分别增收2812亿、4681亿元。七年来，财政收入累计增收17745亿元，年均增长17.3%，年均增加2535亿元，是历史上财政收入增收最多、增长最稳定的时期。财政收入占GDP的比重由1997年的11.0%上升到2004年的16.5%，年均提高0.79个百分点。

二是财政收入稳定增长机制进一步巩固。财政收入的快速增长主要是来自于税收收入的快速增长。1998—2004年，税收收入分别比上年增加1029亿元、1420亿元、1899亿元、2720亿元、2335亿元、2381亿元和4148亿元，七年共增加15932亿元，占同期财政收入增收总额的90%。税收收入规模不断扩大，1999年税收收入突破万亿元大关，达到10683亿元；2001年超过1.5万亿元，达到15301亿元；2003年税收收入再上一个新的台阶，突破2万亿元，达到20017亿元；2004年增加到24166亿元。主体税种保持了较快增长，七年间，消费税年均增长12%，增值税年均增长15.5%，营业税年均增长15.3%，进口产品增值税和消费税年均增长32.8%，企业所得税年均增长22.4%，个人所得税年均增长31.2%。同时，税收收入结构更加优化，1998—2004年期间，流转税（国内增值税和消费税、营业税）收入增加额对各项税收增加总额的贡献率为49.8%，企业所得税和个人所得税的贡献率为25.6%，进口税收（关税、进口产品消费税和增值税）的贡献率为22.1%，形成了三类主体税种支撑财政收入增长的格局，稳定的财政收入增长机制进一步巩固。

三是财政调控能力显著增强。随着财政收入的持续快速增长，财政收入"两个比重"（财政收入占GDP比重和中央财政收入占全国财政收入比重）呈现出稳步上升的趋势。1997年全国财政收入占GDP的比重为11%，2004年上升到16.5%，七年提高5.5个百分点，年均提高0.79个百分点。其中，税收收入占GDP的比重由1997年的10.4%上升到2004年的15.1%，七年提高4.7个百分点，平均每年提高近0.67个百分点。同期，中央财政本级收入占全国财政收入的比重由48.9%上升到54.9%，七年提高6个百分点，年均提高0.86个百分点。财政收入占GDP的比重以及中央财政收入占全国财政收入的比重，直接反映政府对社会产品或资源的支配程度，以及中央政府对政府全部资源的集中程度，体现政府对经济社会的调节能力和中央政府的控制能力。财政收入"两个比重"的不断提高表明政府宏观调控能力显著增强，综合国力明显提高。

（六）大大丰富了我国政府的宏观调控经验

积极财政政策的具体实践和探索，健全和丰富了我国加强和改善宏观调控的经验。我们不仅有了治理严重通货膨胀、实现经济"软着陆"的宝贵经验，也有了适应情况变化及时防止通货紧缩趋势的基本经验。一是敏锐观察世界经济和国内经济发展趋势，一旦形势需要，就要充分发挥我国的政治优势，果断决策，把握政策出台的时机，并迅速行动，减少时滞，尽快发挥积极财政政策的作用和效果。二是把短期发展和长期目标结合起来。实施积极财政政策不仅要拉动内需，还要努力促进出口，不能因为出口困难而放弃开拓国际市场；不仅要扩大内需，而且还要培育和保护内需；不仅要促进当年经济的稳定增长，还要兼顾经济的长期可持续发展，支持国民经济薄弱环节，提升国民经济的综合竞争力。三是综合协调运用多种政策，注重发挥各种政策工具的组合效应。财政政策和货币政策是实施宏观调控的两大政策工具，在促进经济稳定增长方面，既要发挥财政政策的作用，又要调整和优化信贷结构，发挥货币政策对经济和社会发展的促进作用。在财政政策内部也要注意善于综合运用各项财政政策工具，在发行建设国债的同时，充分发挥调整收入分配、实施财政贴息、出口退税、清理取消乱收费等多项政策措施的组合效应，以增强财政政策的实施效果。

（七）为周边国家经济金融稳定做出了重要贡献，提升了我国的国际地位

实施积极的财政政策不仅使我国有效地抵御了亚洲金融危机的冲击，促进了经济稳定增长，还具有重要的国际政治和社会意义：一是为我国维护人民币汇率的稳定创造了条件，为维护亚洲乃至世界范围内经济的稳定与发展做出了积极贡献，得到了国际上的广泛赞誉，彰显了负责任大国的形象，提高了我国的国际地位。二是增加了大量就业机会，缓解了就业压力，保持了社会稳定，为我国进一步深化改革、扩大开放创造了宽松的社会环境。三是提高了我国的综合国力，增强了国际社会对中国经济稳定和可持续发展的信心，为我国申奥成功、加入世界贸易组织等做出了积极贡献。

第五节
稳健财政政策（2005—2007 年）

2003 年下半年以后，我国经济社会总体态势呈现较好发展的态势，但国民经济运行中也出现了通货膨胀压力加大、部分地区和行业投资增长过快等问题。也就是说，我国经济发展又面临着一个不同于 1998 年实施积极财政政策背景环境的新形势，即经济发展内外部条件朝着比较好的方向发展，已基本摆脱通货紧缩、有效需求不足的困扰，转向供求总量大体平衡、经济增长方式粗放问题及结构性问题和体制机制性问题日益突出的新阶段。有鉴于此，我国政府从 2004 年开始逐步调整财政政策的作用方向和力度，并对政策内容、实施方式等进行相应完善。宏观调控既要防止通货膨胀，又要防止通货紧缩；既要治"冷"，又要治"热"；既要巩固经济发展的好势头，保持财政政策的连续性，又要作出适当调整，调减长期建设国债规模和优化国债项目资金使用结构，向社会传递政府合理控制投资的政策信号。这样，以扩张为导向的"积极"财政政策逐渐演变为总量上松紧适度、结构上有保有控的"稳健"财政政策。

2005 年 3 月，温家宝同志在政府工作报告中提出，2005 年要加强和改善宏观调控，实施稳健的财政政策。这标志着我国财政政策的基本导向作出了新的调整，稳健财政政策从此进入全面实施阶段。

一、稳健财政政策的实施背景

积极财政政策的成功实施，使中国经济发展迈进一个新的阶段。从 2003 年起中国经济进入了新一轮的上升周期。从经济运行来看，当时既有部分行业存在增长偏快的苗头，特别是一些部门有投资增长过快的现象，导致物价上涨明显加快，又有总体上供大于求、有效需求不足、经济运行中结构失调等深层次问题。另外，社会发展相对滞后，民生问题亟待改善。

（一）部分行业存在增长偏快苗头

2003年和2004年固定资产投资的过快增长主要是由房地产及其相关的钢铁、水泥等行业的投资过快增长所带动的。2003年房地产开发投资增长30.3%，2004年增长29.6%。房地产投资的快速增长带动了钢铁、水泥等行业投资的快速增长。2003年钢铁和水泥投资分别增长92.6%和113.4%，2004年第一季度同比又分别增长107.2%和101.4%。部分行业的快速增长带来煤电油运的紧张。2004年第一季度火电发电设备利用小时达到1989年以来的最高值，但仍有17个省份拉闸限电；大小煤矿超能力开采，仍不能满足过快增长的需求，全社会煤炭库存量大幅度下降；铁路运输达到历史最高水平，但车皮满足率仅有35%。

在经济增长偏快的同时，物价上涨明显加快。2003年全国居民消费价格指数和全国商品零售价格指数分别上涨1.2%和－0.1%，2004年则分别上涨3.9%和2.8%；价格先行指标上涨相对加快，2003年工业品出厂价格指数和原材料燃料动力购进价格指数分别上涨2.3%和4.8%，2004年进一步上涨6.1%和11.4%。

（二）经济运行中的深层次问题凸现

1. 结构性问题趋于突出

从地区发展结构看，我国东部、中部、西部三大地区间的差距仍然较大。东部沿海地区经济比较发达，中西部地区的经济发展较为落后，从而形成一种地区经济发展的"二元结构"状况。根据相关数据统计，2004年东、中、西部地区国内生产总值分别为95305.7亿元、40349.5亿元和27585.2亿元，差距依然明显。从产业结构看，我国在改革开放后，产业结构发生了显著变化。第一产业比重明显下降；第二产业比重稳步提高，对GDP的贡献率基本上在60%以上，个别年份甚至达到70%；第三产业对GDP的贡献率在20%~35%之间。在本次宏观调控期间，第二产业仍然是拉动经济增长的主导力量，但高技术产业产值占工业总产值的比重却很低，工业技术水平落后；第三产业发展相对滞后，对经济增长的拉动作用还相对有限，在第三产业内部，传统低层次服务业占有较大比重，而现代服务业占第三产业总增加值却不到30%。第一产业虽然对GDP增长贡献不大，但依然是国民经济发展的基础，但农业发展结构仍存在产品结构不合理、产品质量整体水平较低等问题。从城乡发展结构看，由于我国长期实行城乡分割的"二元"管理体制，城乡经济发展和居民收入差距明显。改革开放之后相当长的一段时间内，我国城乡居民收入差距呈扩大趋势，其中，1978年城镇和农村居民的人均可支配收入分别为343.4元和133.6元，相差2.57倍；2004年它们分别达到10493元和3255元，差距扩大到3.22倍。这期间，城镇居民可支配收入年均增长362.49元，农村居民人均纯收入年均增长仅为111.48元。

2. 经济增长方式与资源、环境约束的矛盾更加尖锐

中国石油、天然气、煤炭、铁矿石、铜和铝等重要矿产资源人均储量分别仅相当于世界人均水平的11%、4.5%、79%、42%、18%和7.3%，特别是2004年中国GDP占世界的4.7%，但能源和资源消耗却占到世界的较高比重：石油为8.2%，原煤为34.4%，铁矿石为30.8%，钢铁为27.7%，氧化铝为20.4%，水泥为44.6%。这说明中国经济发展还带有明显的粗放型特征。要素市场价格机制不完善，投资成本严重低估；企业改革相对滞后，预算约束仍处于软化状态，经营行为存在扭曲等，成为经济增长粗放的重要因素。因此，支持改革，消除体制性障碍，促进经济增长方式转变，是财政政策优先考虑的重点。

（三）社会发展相对滞后

我国经济增长较快，而社会发展则相对较慢，突出表现在公共教育、公共卫生、社会保障等社会发展领域资源配置不足。世界公共教育支出占GDP的比例平均为4.4%，其中低收入国家为3.2%，中低收入国家为4.0%，中等收入国家为4.3%，高收入国家为5.5%，而当时我国这一比例为3%左右；世界公共卫生保健支出占GDP的比例为5.8%，其中低收入国家为1.5%，中低收入国家为2.7%，中等收入国家为3.0%，高收入国家为6.6%，而当时我国仅为2%。我国的财政社会保障支出水平只有8%~10%左右，离我们要达到的15%~20%的水平还相差甚远，更无法与发达国家30%~50%和发展中国家20%的水平相比。社会保障覆盖面不广，城镇社会保障体系已初步建立，但农村居民、进城务工农民等非城市户口人群尚未纳入这一体系。

二、稳健财政政策的措施

稳健财政政策不仅是财政政策名称的变化,更是政策性质和导向的转变。稳健财政政策的核心内容概括起来就是十六个字:控制赤字、调整结构、推进改革、增收节支。稳健财政政策的实施推进了一系列改革,比如增值税转型、企业所得税合并、出口退税、农业税改革等,同时把强化税收征管、增收节支作为稳健财政政策的重要内容。从稳健财政政策在宏观调控中发挥作用的角度来看,稳健财政政策的措施主要体现在以下三个方面:

(一)适当减少财政赤字和控制国债资金规模

稳健财政政策在实施过程中注重把握调控力度,既保持一定的财政赤字规模以支持改革、发展和稳定,又按照加强宏观调控、防范财政风险的要求,适当控制财政赤字增长。

1. 适当减少财政赤字

适当减少中央财政赤字,但又不明显缩小,做到松紧适度,重在传递调控导向信号,既要防止通货膨胀苗头的继续扩大,又要防止通货紧缩趋势的重新出现,要体现进一步加强和改善宏观调控、巩固和发展宏观调控成果的要求,体现财政收支增量平衡取向。具体来说,要求中央财政赤字在2004年3192亿元的基础上逐步减少,2005年安排3000亿元,比上年预算减少192亿元。随着经济发展和GDP的不断增长,财政赤字占GDP的比重将会不断下降。2005—2007年,中央财政赤字分别比上年减少193.35亿元、250.54亿元和748.96亿元。中央财政赤字占GDP的比重从2004年的2.3%下降至2008年的0.6%;长期建设国债规模从2004年的1100亿元调减为2007年的500亿元。

中央财政赤字不做大幅度削减,主要是考虑到根据当前及之后一段时期的经济社会发展形势,中国的财政赤字规模还应保持基本稳定。一是政策需要保持相对的连续性,国债项目的投资建设有一定周期,在建、未完工程尚需后续投入。据中国国家发展和改革委员会提供的数字,2004年底,在建的国债项目资金总规模达到8500亿元。如果马上将国债项目停下来,那么这些项目就会变成沉淀投资工程,损失太大。二是前些年里国债项目投资每年拉动一定的 GDP 增长，如果把国债项目投资立即停下来，会对经济造成较大的负面冲击。三是西部大开发、振兴东北地区等老工业基地、支持中部地区崛起等都需要增加投资。四是完善社会主义市场经济体制、推进各项经济社会改革需要政府支付相应的改革成本。五是落实科学发展观、构建社会主义和谐社会需要强大的物质基础，也需要政府增加支出，加强和改善公共服务，提供更多、更好的公共产品。六是国际国内经济形势还有一些不确定因素，如存在地缘政策、石油价格波动等问题。维持一定的财政赤字规模，保持一定的调控能力，有利于主动地应对国际国内各种复杂的形势。因此，实施稳健的财政政策，不是一步消除财政赤字，而是逐步减少财政赤字。这种在传递松紧适度政策信号的同时求得渐趋中性的做法，符合中国国情，有利于保持经济与社会的稳定发展。

2. 控制长期建设国债发行规模

我国自 1981 年起恢复发行国债，截至 2004 年底，我国共发行国债 2 万多亿元。国债的恢复发行，不仅有力地弥补了我国财政收入的不足，促进了国民经济的持续快速健康发展，而且满足了全社会不同投资者的多种需要，同时对于推动我国债券市场乃至货币市场和资本市场的发展，也发挥了非常重要的作用。尤其是 1998 年积极财政政策实施以后，更是把发行长期国债用于基础设施建设作为刺激经济发展的重要法宝，国债的持续大量发行对成功启动经济、摆脱通货紧缩的阴影可谓功不可没。但是，由于我国财政集中度连年下降，导致长期以来过度依赖国债，尤其是积极财政政策实施期间，国债的规模迅速扩大，债务依存度迅速提高，随之而来的是财政风险大大增加。可以说，积极财政政策的淡出与稳健财政政策的确立，很大程度上是出于对财政风险不断加大的忧虑。因此，稳健财政政策出台的应有之意就是要控制债务规模，及时预防财政风险。2005 年中央财政预算安排长期建设国债 800 亿元，比上年减少 300 亿元。2006 年，长期建设国债的发行规模由 2005 年的 800 亿元调减为 600 亿元，2007 年长期建设国债规模调减到 500 亿元，2008 年进一步压缩为 300 亿元。

（二）着力调整和优化财政支出结构

在对财政支出总量不做大的调整的基础上，进一步按照科学发展观和公共财政的要求，调整财政支出结构和国债项目资金投向结构，做到区别对待、有保有压、有促有控，对与投资增长过快有关的、直接用于一般竞争性领域等"越位"的投入，要退出来、压下来；对属于公共财政范畴的，涉及财政"缺位或不到位"的，如农业、就业和社会保障、环境和生态建设、公共卫生、教育、科技等经济社会发展的薄弱环节，要加大投入和支持的力度，体现落实"五个统筹"和调整经济结构的要求。

1. 加大对"三农"的投入力度

通过加大对"三农"的投入并创新惠农政策体系，2005—2007年，中央财政投入"三农"的资金分别为2975亿元、3397亿元和3917亿元。2004年在全国范围内取消了除烟叶以外的农业特产税，降低了农业税税率；到2005年底，全国已有28个省（区、市）全部免征了农业税，全国取消了牧业税；2006年在全国范围内取消农业税，终结了延续2600多年的种田农民交税的历史。同时取消了农业特产税，制定出台《烟叶税暂行条例》，惠及全国数亿农民。创新农业补贴政策体系，实行了对种粮农民的粮食直接补贴、良种补贴、农机具购置补贴和农业生产资料综合补贴政策。不断完善重要粮食品种的最低收购价政策。全面实施农村义务教育经费保障机制改革。大力加强农村劳动力转移培训。积极推进新型农村合作医疗制度改革。从2004年起在部分地区实施农村计划生育家庭奖励扶助政策。

2. 加大对教育、科学、卫生、社会保障等社会事业发展的投入

文教、科学、卫生支出由2004年的5143.7亿元增加到2007年的11705.13亿元，社会保障和就业支出由2004年的3116.1亿元增加到2007年的5396.01亿元。在重点支持农村义务教育的同时，逐步完善了以国家助学金、奖学金、助学贷款等为主要资助手段的高校和中等职业教育贫困学生资助体系，改善高等学校和职业学校的办学条件。大力支持社会保障体系的完善，积极开展企业职工基本养老保险个人账户试点，建立比较稳定的城市社区卫生服务筹资和投入机制，支持城乡最低生活保障制度和医疗救助制度建设。

3. 加大转移支付力度并优化转移支付结构

中央财政转移支付由 2004 年的 6028.0 亿元增加到 2007 年的 18112.45 亿元，其中财力性转移支付由 2004 年的 2065 亿元增加到 2007 年的 7092.85 亿元，主要投向中西部地区，以促进地区间基本公共服务均等化。配合省以下财政管理体制创新，中央财政 2006 年安排县乡财政奖补资金 235 亿元，比 2005 年增加 85 亿元，初步建立了增强县乡财政能力的机制。与此同时，积极调整转移支付结构，转移支付资金重点向民族地区、革命老区、县乡财政、调整工资、社会保障、农村税费改革等方面倾斜。

4. 加大对资源节约与环境保护的支持力度

国家财政不断加大对生态保护与环境建设的支持力度，大力推进资源环境有偿使用制度改革，建立和完善森林生态效益补偿基金制度。先后设立了清洁生产专项资金、中央地勘基金、可再生能源发展专项资金，用于支持资源节约和促进循环经济发展。此外，为了促进环境保护和节约资源，调整了一系列税收政策。比如，调整了资源税政策，陆续提高了 11 个省的煤炭资源税税额标准；调整了消费税政策，适当扩大了征收范围；改革了出口退税负担机制，多次调整了出口退税率，适时取消和降低部分高能耗、高污染和资源性产品的出口退税率，对部分不鼓励出口的原材料等产品加征出口关税，降低部分资源性产品的进口关税。

（三）发挥财税政策稳定物价的作用

防止物价水平过快增长，充分发挥财政政策稳定物价的作用，努力防止价格由结构性上涨演变为明显通货膨胀是稳健财政政策的重要目标。为此，财政加大支持粮油肉奶蔬菜等农产品生产的力度，加大对煤电油运行业的支持力度，并着重做好必需商品进口以及储备物资投放等相关工作。

1. 大力支持粮油肉奶蔬菜等农产品生产

为了进一步促进粮食生产、保护粮食综合生产能力、调动种粮农民的积极性，推动粮食直接补贴政策的深入贯彻落实，2005 年 2 月 3 日，财政部会同有关部门联合印发了《关于进一步完善对种粮农民直接补贴政策的意见》，按照"大稳定、小调整"的原则，保持粮食直接补贴政策的基本稳定。一是坚持粮食直接补贴向产粮大县、产粮大户倾斜的原则。省级人民政府对当地的主要粮食生产品种进行直接补贴，具体补贴品种及补贴标准由各省、自治区、直辖市人民政府根据当地实际情况确定。2004年补贴标准过低、农民意见较大的地区，2005年要新增一部分补贴资金解决这个问题。新增资金的分配，必须用在补贴标准确实过低的产粮大县和产粮大户身上，不搞平均分配。二是进一步加强粮食直接补贴的资金安排，保持粮食直接补贴资金规模的相对稳定。各省（自治区、直辖市）2005年安排的粮食直接补贴资金，不能低于2004年的直接补贴资金额度，有条件的省（自治区、直辖市），可以根据本省（自治区、直辖市）的实际情况适当增加直接补贴资金，加大对种粮农民的补贴力度，确保农民已得的实惠不减少。三是中央财政扩大了良种补贴和农机具购置补贴资金规模，分别安排了37亿元和2.5亿元资金。地方财政也相应增加了良种补贴和农机补贴，其中，农机补贴安排8亿元，比2004年增加1倍。四是继续执行对部分化肥产品的财税优惠政策。按照"企业储备、银行贷款、政府贴息、市场运作"的原则，国家建立化肥淡季商业储备制度，规模为800万吨，2004—2005年度化肥淡季商业储备工作从2004年12月开始，到2005年4月30日圆满结束，根据供需情况，2005年度实际储存615万吨，全国28家承储企业较好地完成了淡储任务。化肥淡季商业储备制度的建立，增加了化肥供应总量，满足了旺季用肥的需要，极大缓解了农民春耕用肥紧张的矛盾。从2005年春耕的情况看，它对于稳定农资市场需要，平抑化肥价格，发挥了很好的作用。

2. 加大支持煤电油运力度，保障煤电油运供应

支持推进煤、电、油等能源资源价格改革，理顺重大价格比例关系。加快垄断行业改革步伐，促进竞争，抑制价格上涨。煤、电、油、运投资继续保持较快增长态势。2005年上半年，煤炭开采、电力生产、石油开采、交通运输等行业投资分别增长81.7%、35.9%、36.2%和24.8%；2005年1—7月份这些行业投资分别增长83.2%、35.9%、28.6%和23.9%，投资增速不减。

3. 积极做好必需商品进口以及储备物资投放等相关工作

降低主要农产品进口关税，扩大重点农产品进口，增加市场供应。进一步完善国家储备制度，密切关注市场供给情况，在市场供给偏紧时，及时运用储备，增加

供给,平抑物价。完善农产品价格稳定机制,注重从生产、流通、储备、进出口等多个环节建立健全信息收集共享和应急反应处置机制。

三、稳健财政政策的初步成效

稳健财政政策在执行过程中,注重按照社会主义市场经济体制对公共财政的基本要求,实现经济增长、结构优化、体制改革三者的有机结合,并注重加强与货币政策和其他宏观经济政策的协同作用,因此,稳健财政政策调控作用的发挥使我国经济运行呈现出"国民经济运行平稳增长、物价水平更快上涨得到抑制,经济结构调整取得一定进展,人民生活进一步改善"的良好局面,稳健财政政策取得初步成效。

(一)国民经济保持平稳增长

在稳健财政政策和其他宏观调控政策的共同作用下,经济运行继续向宏观调控预期目标发展,国内生产总值在2005年增长10.2%的基础上,2006年前三个季度增长10.7%,延续了上年增长的势头,各项经济运行指标波幅明显减小,重大比例关系进一步改善,经济呈现出平稳较快发展态势。

(二)物价上涨态势趋缓

1. 粮食连年增产,对稳定物价水平发挥了重要作用

2004年粮食产量9389亿斤,2005年9680亿斤,2006年达到9950亿斤,自1985年以来首次实现连续三年增产。2007年,全国粮食产量达到10030亿斤,连续第四年获得丰收。我国主要粮食作物的单产水平和优质率不断提高。粮食产量连续四年稳定增长使我国粮食价格在国际粮价持续大幅上涨的背景下相对保持稳定,为稳定物价总体水平做出了重要贡献,为经济稳健发展创造了一个宽松的环境。

2. 煤电油运供给能力增强,抑制物价更快上涨

2005年1—7月份,能源生产总量同比增长10.3%,其中,原煤、原油、天然气产量分别增长9.9%、4.7%和19.8%,基本与一季度和上半年的增速保持一致。到2005年6月末,全社会煤炭库存达1.15亿吨,比年初增加1149万吨,同比增长12.7%。2005年1—7月份,发电量增长13.6%,其中,一季度和上半年分别增长13.0%和13.2%,基本延续了2004年以来两位数的增长速度,拉闸限电的省份

同比减少较多。稳健财政政策的实施对稳定物价发挥了重要作用。2006年1—8月份，各月CPI增长幅度均落在1%~2%区间之内，8月份，居民消费价格总水平比去年同月上涨1.3%，比年初回落0.6个百分点，与上年同期持平。2006年1—8月份，工业品出厂价格上涨2.9%，增幅比上年同期下降2.6个百分点；原材料、燃料、动力购进价格上涨6.2%，增幅比上年同期下降3.3个百分点。2007年2月至2008年5月的居民消费价格指数同比走势见图7-5-1，2008年6月、7月、8月的物价指数稳步回落，分别为7.1%、6.3%和4.9%。

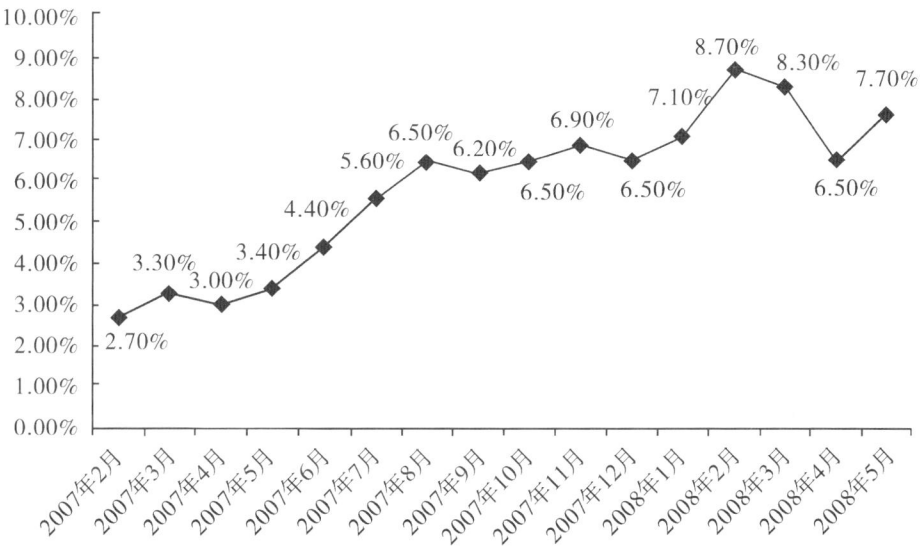

图7-5-1　2007年2月—2008年5月CPI同比走势图

资料来源：新华网。

（三）经济结构调整取得进展

1. 投资结构出现积极变化，薄弱环节得到加强

2005年实施稳健政策以后，投资结构方面出现了积极变化，主要表现在第一、第三产业投资加速增长，第二产业投资增速回落。由于新农村建设投入增加，第一产业投资增长加快，2006年1—7月份第一产业投资增长39.4%，比2005年同期提高22个百分点；第三产业增长27.4%，比2005年同期提高5.5个百分点。与此相反，第二产业投资比2005年降低0.9个百分点。在三次产业结构优化的同时，

经济运行中对薄弱环节的投资力度进一步加大。其中铁路运输业投资在上年高速增长的基础上，又增长84.7%；石油和天然气开采业投资增长31%，比上年同期提高1.4个百分点；石油加工冶炼业投资增长33.4%，比2005年同期提高18.3个百分点；水的生产与供应业投资增长24.9%，比2005年同期提高15.4个百分点。

2. 工业生产结构性矛盾缓和，部分原材料生产增速减缓

受国家宏观调控政策的影响，煤电油运紧张状况得到缓解，耗能较高的主要原材料生产增速减缓。2006年1—8月份，生铁同比增长20.8%，增速比上年同期降低11.1个百分点；粗钢同比增长17%，增速比上年同期降低11.2个百分点；而耗能强度较低的电工仪器仪表同比增长15.5%，上年同期仅为0.4个百分点；集成电路同比增长41.9%，上年同期为6.4%，提高35.5个百分点。同时，部分紧缺能源生产加快，供应增加。

（四）人民生活得到改善

1. 居民收入显著增加

据统计，2006年全面取消农业税后，与1999年相比，全国每年减轻农民负担约1250亿元，人均减负约140元。全国农民人均纯收入由2004年的2936.4元增加到2007年的4140.4元，年均增加401元。2008年上半年农民人均现金收入实际增长10.3%，为近些年来较高水平。这一阶段推行的收入分配制度改革和经济快速增长，大大增加了城镇居民收入。城镇居民人均可支配收入2004年为9421.6元，2007年达到13785.8元，年均增加1091.05元。2008年上半年城镇居民人均可支配收入8065元，同比增长14.4%。居民收入的增长使城乡居民储蓄存款迅速增加。2003年末，城乡居民储蓄存款余额为10.4万亿元，2007年末达到17.3万亿元，年均增加1.4万亿元。2008年上半年城乡居民储蓄存款余额达到19.8万亿元。财政收入不断跃上新台阶。2004年全国财政收入为2.6万亿元，2005年为3.2万亿元，2006年为3.9万亿元，2007年达到5.1万亿元。

2. 人民生活有了实实在在的改善

稳健财政政策的实施使"上学难、上学贵""看病难、看病贵"等问题得到缓解，社会保障体系逐步完善，城乡社会救助体系基本建立，人民生活得到了较大程

度改善。农村义务教育经费保障机制改革免除了近1.5亿名农村中小学生的学杂费,农村义务教育阶段学生得到了国家规定课程的免费教科书,约1100万名家庭经济困难的寄宿生得到了生活补助费,这些举措切实减轻了农民负担;农村中小学经费保障水平有了明显提高,40多万所农村中小学校运转正常。财政对公共卫生持续大力支持,促进了覆盖城乡且功能比较完备的疾病预防控制体系、突发公共卫生事件医疗救治体系、公共卫生信息网络体系、卫生执法监督体系的不断完善。财政对中西部地区转移支付力度的加大,一方面,增强了中西部地区政府提供基本公共服务的能力,有效促进了地区间基本公共服务均等化;另一方面,支持了生态建设和环境保护,改善了居民生活环境,提高了人民生活质量。

第六节
积极财政政策（2008年至今）

2008年,根据国内外经济形势的发展变化,党中央、国务院对宏观调控导向作了两次调整。年中,适时把宏观调控的首要任务从防经济过热、防明显通胀,调整为保持经济平稳较快发展、控制物价过快上涨。10月,针对国际金融危机爆发后我国经济下行风险逐步加大的形势,党中央、国务院明确作出由稳健财政政策向积极财政政策转型的重大决定。

一、实施积极财政政策的背景

稳健财政政策实施以来,我国经济总体上保持了增长较快、结构优化、效益提高和民生改善的良好发展态势。但从2007年下半年开始,国内外经济环境发生了新的变化,对财政政策提出了新的要求和挑战。

（一）国际金融危机导致全球经济形势明显恶化

2008年9月7日,以美国联邦政府接管"两房"为主要标志,美国次贷危机迅速演变为20世纪大萧条以来最严重的国际金融危机，我国的内外经济环境出现了新的重大变化。从国际情况看，全球经济形势明显恶化。国际金融危机导致发达国家的实体经济普遍收缩，表现为消费支出减少，企业投资下降，汽车、房地产市场低迷，失业率明显上升，全球贸易呈下降趋势。2008年第二季度美国GDP增长2.8%，第三季度下降0.3%，陷入2001年以来最严重的衰退水平；2008年8月份美国汽车销量下降15.1%，9月份进一步下降27%，达到17年以来的最大降幅。欧元区2008年第三季度GDP环比下降0.4%，延续了前一季度下降的趋势，预示着经济已明显步入衰退。日本经济形势继续恶化，在第二季度下降的基础上，2008年第三季度GDP进一步下降1.8%；9月份失业率达到4.2%，创两年来新高。

（二）国内经济下行风险加大

从国内情况看，经济下行风险加大。从2008年起，我国经济增速开始出现回落趋势。一季度GDP增长10.6%，比上年第四季度回落0.7个百分点；二季度GDP增长10.1%，比一季度又回落0.5个百分点。沿海一些劳动密集型行业特别是以出口为主的中小企业倒闭问题较为突出，并伴随农民工提前返乡的现象。从2008年下半年起，GDP增速回落趋势明显，三季度增长9.9%，同比回落3.5个百分点。同时，我国出口和投资增速放缓。2008年10月份，出口增长19.2%，同比回落3.1个百分点；城镇固定资产投资增长24.4%，同比回落6.3个百分点。其中，占城镇固定资产投资约25%的房地产开发投资增速也明显下滑，增速由2008年6月份的最高点37.5%下降到10月份的11%。此外，其他相关经济运行指标都呈现回落趋势，2008年1—10月，工业增加值增幅同比回落4.1个百分点，全社会发电量、用电量增幅分别同比回落6.2和4.5个百分点；10月份，全国铁路货运总周转量和汽车产销量均出现负增长。企业生产经营困难问题趋于突出，经济效益进一步下降。

（三）物价面临多重挑战

2008年，物价涨幅偏高，6月份CPI涨幅还处在7.1%的高位，原材料、燃料、动力购进价格指数上涨到13.5%。2011年推动物价上涨的因素仍然较多，从国际因素看，全球积累的大量流动性资金短期内难以完全消化，发达经济体货币政策依然宽松，能源资源争夺愈演愈烈，大宗商品市场可能大幅震荡，输入性通胀压力不容小觑。从国内因素看，物价中长期上涨的压力依然存在，劳动力、土地、能源资源等要素价格上涨呈长期化趋势，农产品供给紧平衡的格局短期不会改变，部分资源性产品价格关系尚需理顺。然而，受前期政策调整的影响，再加上国内外多重因素的作用，2014年通缩风险显现。2014年12月CPI同比增长1.5%，连续4个月涨幅在1.4%~1.6%，低于欧美国家2%的通胀目标，全年同比上涨2%，为2010年以来的新低；12月PPI同比萎缩3.3%，自2012年3月以来已连续34个月负增长，其中生产资料价格同比下降4.3%，影响PPI总水平下降约3.3个百分点。PPI持续下跌受产能过剩、国内外需求低迷及国际大宗商品价格下跌等多重因素的影响。钢铁、煤炭、有色等资源型行业产能过剩依然较为严重，去产能可能需要经历一个较长过程。在国际大宗商品价格持续低位震荡和美元持续走强的情况下，我国面临的输入性通缩压力可能还会持续。因此，未来一段时间内通缩风险进一步加大，这也是影响投资增长、企业投资意愿、企业效益和税收收入增长的重要因素。

（四）长期制约我国经济发展的结构性矛盾凸显

在国际金融危机的冲击下，我国经济发展的结构性矛盾更为突出，制约经济稳定持续健康发展。一是内外部经济不协调。多年来我国经济增长过度依靠投资和出口拉动，国内消费相对不足，最终消费对经济增长的贡献率减弱。同时，我国内需中投资率偏高、消费率偏低的问题比较突出。二是产业结构不协调。三次产业结构不尽合理，第二产业比重过高，第三产业比重偏低。农业专业化、集约化、社会化水平低，生产率较低。工业大而不强，产业技术层次、产品附加值和自主创新能力相对较低，主要行业的关键设备与核心技术进口依赖度较高。服务业发展相对滞后，市场化程度较低。三是城乡区域发展不均衡。城乡收入差距较大，如果把城镇居民收入中的一些非货币因素，如住房、教育、医疗、社会保障等各种社会福利考虑在内，城乡居民的收入差距更大，农村教育、卫生、文化等社会事业发展相对滞后。中西部地区经济发展比较缓慢，2008年中西部地区和东北地区21个省、区、市GDP总量仅占全国的45.7%，东部地区10省、市GDP总量占全国的54.3%。四是社会事业发展相对滞后。一些涉及群众切身利益的社会事业发展比较缓慢，医疗服务、教育、住房、收入分配、社会管理等方面的突出问题亟待解决。五是经济可持续发展面临严峻挑战。我国以消耗大量能源资源、污染环境为代价的发展方式不可持续，经济社会发展与人口资源环境的矛盾日益突出。

（五）惠民生提出更高要求

我国人均GDP已经超过4000美元，迈入中等收入国家行列。根据国际经验，处于这一发展水平的国家，往往面临着跨越"中等收入陷阱"的挑战。尤其是在国际金融危机的大背景下，一些经济繁荣时掩盖起来的民生问题和社会矛盾在短时期内较为集中地凸显出来，解决民生建设滞后问题更为重要和迫切。虽然近年来财政保障和改善民生的力度不断加大，民生支出范围不断拓展，各项社会事业建设取得了重大进展。但是，长期以来经济社会发展"一条腿长、一条腿短"的问题没有得到根本解决，收入分配格局不尽合理，"三农"问题仍然较多，城乡之间和区域之间发展不平衡，教育、医疗卫生和社会保障等公共服务水平有待提高。

（六）改革面临攻坚任务

从我国所处的发展阶段看，各项经济社会改革进入攻坚阶段，在一些重点领域和关键环节改革有待取得实质性突破。国有经济布局不尽合理，国有企业治理结构尚需完善。要素和资源性产品价格市场化程度偏低，难以真实反映市场供求关系和资源稀缺程度。垄断行业改革进展不明显，造成市场的不公平竞争。资源有偿使用制度与生态环境补偿机制有待健全。财税金融体制改革有待进一步深化。公共服务体系建设较为滞后，政府社会管理能力建设面临挑战，政府职能转变有待加快。

（七）各种潜在风险逐步显露

一是部分企业生产经营困难。由于需求减少与成本上升的双重压力，实体经济特别是部分中小企业经营面临困难甚至资金链断裂情况，反映了对中小企业的金融创新服务明显不足，融资渠道较为单一，信贷模式和信贷管理体制与企业发展需要不相适应。二是房地产市场仍处于僵持状态。部分地方住房需求仍较旺盛，房价仍在高位运行。部分城市住房供应出现下降苗头，非居住类商品房领域的风险和泡沫存在积聚迹象，房地产开发企业资金逐步趋紧。保障性安居工程也存在建设融资难、分配管理体制不健全等问题。与此同时，2014年底商业银行不良贷款率升至

1.29%，达到 2010 年以来最高水平。个别银行不良贷款率更高。有些担保公司资不抵债，破产关闭。同时，地方债务规模较大且风险快速累积，根据清理甄别统计结果，截至 2014 年底，全国地方政府负有偿还责任的债务约 16.4 万亿元，比审计数 10.9 万亿元增长 51.1%，一些地方政府债务到期偿还压力较大，债务利息负担沉重，局部地区债务风险突出。

为应对国际金融危机爆发以来的新形势，党中央、国务院在全面分析国内外经济环境变化的基础上，2008 年 10 月后明确提出实施积极的财政政策。宏观调控的重点任务调整为保持经济平稳较快发展，增强宏观调控的针对性、灵活性、有效性，加快推进经济结构调整，大力加强自主创新，切实抓好节能减排，不断深化改革开放，着力保障和改善民生，巩固和扩大应对国际金融危机冲击所取得的成果，促进社会和谐稳定。这次从稳健转为积极，是我国财政政策实践的又一次创新，是在特定经济形势下做出的有利于经济持续稳定较快增长的重大决策。

二、积极财政政策的主要内容和政策措施

实施积极财政政策，从政策目标看，既要着眼于短期扩大需求，避免经济过度下滑，又要着眼于长期结构调整，促进经济发展方式转变；从政策手段看，既要增加财政支出，扩大公共投资规模，又要实施结构性减税，降低企业和居民负担；从政策着力点看，既要应对国际金融危机冲击，促进外贸平稳发展，又要促进扩大国内消费和投资需求，实现以内需为主、合理利用外需，共同拉动经济增长的格局；从政策取向看，既要积极推进各项财税改革，发挥财政政策直接调控宏观经济的作用，又要通过增强财政资金"四两拨千斤"的杠杆功能，充分发挥市场机制配置资源的基础性作用。

2008 年实施积极财政政策后，围绕保增长、扩内需、调结构等宏观调控目标任务，国家出台了增加政府公共投资和重点支出、减免税费、多次提高出口退税率等一系列措施，有力地促进了经济平稳较快发展。

（一）扩大政府公共投资，着力优化投资结构

2008 年，中央推出了总额达 4 万亿元的两年投资计划，规模相当于我国 2007

年 GDP 的 16%，主要投向保障性安居工程、农村基础设施建设等领域。同时，2008 年第四季度增加安排中央建设投资 1040 亿元，提前安排灾后恢复重建基金 200 亿元。2009 年，中央政府公共投资达到 10710 亿元，完成两年新增 1.18 万亿元的目标，重点支持农业农村基础设施建设，保障性住房、教育和医疗卫生等社会事业，以及节能减排、环境保护和自主创新等方面。发行 2000 亿元地方政府债券，优先用于公益性项目续建和收尾。扩大政府公共投资"以奖代补"范围，带动社会投资。2012 年，中央基建投资规模达到 5414 亿元，重点在建、续建项目和新开工国家重大项目建设资金得到较好保障。配合相关部门出台"新 36 条"涉及领域的实施细则，鼓励民间投资。加大关系民生的基础设施建设投入，加快推进保障性安居工程和农村危房改造，加强农田水利设施建设。推动中央基建投资从竞争性领域退出，加大对跨省重大基础设施建设投入力度，推进城市基础设施建设市场化投融资。及时下达重大水利工程资金，开展"海绵城市"和地下综合管廊试点，全面推进"粮安工程"危库老仓维修改造。研究推动铁路投融资体制改革，吸引社会资金投资铁路建设。

（二）实施结构性减税政策

多次提高出口退税率，降低和取消部分商品进出口关税，支持扩大出口。调整房地产税收政策，降低契税、营业税、土地增值税等税收税率，促进房地产市场稳定发展。从 2009 年 1 月 1 日起，全面实施消费型增值税，允许全国范围内的所有增值税一般纳税人抵扣其新购进设备所含的进项税额，并将小规模纳税人征收率统一调低至 3%；在全国统一取消和停征 100 项行政事业性收费，涉及教育、劳动就业等多个领域；实施成品油税费改革，取消原在成品油价外征收的公路养路费、航道养护费等 6 项收费，逐步有序取消政府还贷二级公路收费。从 2009 年 1 月 20 日至 12 月 31 日，对 1.6 升及以下排量乘用车实行减税政策，按 5% 征收车辆购置税。以上各项减免税费政策，一年可减轻企业和居民负担约 5000 亿元。2010 年，资源税改革相继在新疆和整个西部地区试点，统一内外资企业和个人城市维护建设税和教育费附加制度；对部分小型微利企业实施所得税优惠政策，对 1.6 升及以下排量乘用车按 7.5% 征收车辆购置税。2012 年，降低部分进口商品关税，促进增加能源资源产品、先进设备和关键零部件进口；清理取消253项涉企收费项目。2013年，出台了提高小微企业增值税和营业税起征点的优惠政策，为超过600万户小微企业带来实惠；扩大企业研发费用加计扣除范围；取消或免征了34项中央级行政事业性收费和314项地方行政事业性收费。2015年，进一步扩大小微企业所得税减半征收覆盖面，延长小微企业增值税、营业税优惠政策执行期限，扩大企业吸纳就业税收优惠政策适用人员范围，将个人转让住房营业税免税年限由5年恢复为2年，对1.6升及以下排量乘用车减半征收车辆购置税，对节约能源车船减半征收车船税，下调铁矿石资源税征收比例，将稀土、钨钼矿产资源补偿费费率降为零，并停止征收其价格调节基金，取消或停征57项中央级行政事业性收费，对小微企业免征42项行政事业性收费和5项政府性基金，取消7项水运涉企行政事业性收费，降低失业保险、工伤保险和生育保险费率，出台失业保险基金，支持企业稳岗政策。降低部分日用消费品进口关税，提高部分高附加值产品、玉米加工产品、纺织品服装出口退税率，发挥关税调控作用，推动国内产业结构升级，引导境外消费回流。"营改增"由点到面，2016年5月1日在全国全面推开。

（三）支持推进科技创新和节能减排，推动经济结构调整

发挥财政政策精准调控的优势，推动经济结构调整和发展方式转变。

一是支持科技进步。实施科技重大专项，加强创新能力建设。推动发展战略性新兴产业，落实重点产业调整振兴规划。支持开展科研装备自主研制试点，实行鼓励关键零部件、先进技术装备等进口的税收政策。开展中央财政科技专项优化整合工作，建立"先实施，后拨款"的科技计划和科技重大专项后补助机制，完善国家自主创新示范区试点政策，扩大中央级事业单位科技成果处置权和收益权管理改革试点范围，延长试点期限。加大对基础性、前沿性科学研究和共性技术研究的支持力度，启动实施国家科技成果转化引导基金，支持科研院所改革发展。在清洁高效发电设备等14个关键领域启动首台（套）重大技术装备保险补偿试点，推动集成电路产业投资基金投资运营。

二是推动产业升级。加强农业基础生产能力建设，增加农业科技投入，支持发展现代农业。开展现代农业示范区改革与建设试点，启动财政支持农民合作组织创

新和农业生产全程社会化服务两项试点。调整完善农业补贴政策，支持耕地质量保护和粮食生产适度规模经营；加强农业生态保护建设，开展地下水超采治理、湿地生态效益补偿等试点；支持农业技术推广，推进高标准农田建设，扶持新型农业经营主体，推动一二三产业融合发展。支持企业技术改造，推动传统产业升级。支持战略性新兴产业加快发展，推进现代服务业综合试点建设。支持实施"宽带中国"战略和"信息惠民"工程。促进新材料、高端装备、生物医药、现代种业等领域关键技术突破和产业链协同创新，推进新能源财税政策转型。鼓励化解产能过剩。坚持发挥市场机制作用，通过市场竞争实现优胜劣汰，安排奖励资金支持淘汰落后产能。

三是扶持企业创新发展。大力促进中小企业技术创新、结构调整和专业化发展。完善鼓励企业技术创新的政策措施，引导企业加大研发投入。开展科技型中小企业创业投资引导基金试点，引导创业投资机构向初创期科技型中小企业投资。完善中小企业发展专项资金和中小企业信用担保资金政策，重点支持小型微型企业并向中西部地区倾斜。支持智能制造和工业强基，支持"双创"，将中关村职工教育经费税前扣除政策推广至全国，将科技企业转增股本、股权奖励分期缴纳个人所得税等政策推广至国家自主创新示范区。完善固定资产加速折旧政策，对符合要求的企业放宽适用折旧条件，扩大重点行业加速折旧优惠范围。支持15个试点城市开展小微企业创业创新基地城市示范。

四是推进节能减排和生态保护。积极推进工业、农业领域清洁生产技术示范和推广，促进节能环保产业加快发展。支持重点节能工程建设，扩大节能产品惠民工程实施范围。整合专项资金支持"三河三湖"及松花江流域水污染防治和湖泊生态环境保护。继续推进天然林资源保护和退耕还林（草）等工程建设，大力支持重点生态功能区建设，在639个县实施草原生态保护补助奖励机制，覆盖了全国80%以上的草原。健全新能源汽车全方位支持政策，支持风电、光伏、生物质能等可再生能源规模化发展，深入推进节能减排综合示范，支持大气污染、水污染和重金属污染防治，以及农村环境综合整治。

五是落实区域发展总体战略。完善转移支付制度，加大一般性转移支付力度，加快建立健全县级基本财力保障机制，促进基本公共服务均等化。积极扶持革命老区、民族地区、边疆地区、贫困地区加快发展。增加均衡性转移支付规模，进一步提高财力薄弱地区落实各项民生政策的保障能力。

六是支持外贸转型升级。完善进口税收政策，降低先进技术设备、关键零部件、能源、原材料等 780 多种商品的进口关税，对煤炭等 300 多种高耗能、高污染和资源性产品征收出口关税，增加进口贴息资金规模，积极扩大有关商品进口。

（四）强化公共服务保障和民生改善

按照"守住底线、突出重点、完善制度、引导舆论"的思路，在确保财政可持续的基础上，落实好各项民生政策，开展重点民生支出评估，着力建立政府、企业、个人、社会协调配合的机制，树立起个人努力、各方面合理承担责任、勤劳致富的民生理念。合理区分公共性的层次，稳步推进民生相关领域制度建设，鼓励市场主体和社会力量参与民生建设。

一是支持教育优先发展。进一步提高农村义务教育公用经费标准，加大对家庭经济困难学生的资助力度，支持解决进城务工人员特别是农民工随迁子女的就学问题。以奖补鼓励社会力量举办学前教育，大力支持中西部农村幼儿园建设。2010 年，对 1.3 亿农村中小学生免除学杂费并免费发放教科书，中西部地区 1228 万家庭经济困难寄宿生得到生活费补助。免除城市义务教育阶段学生学杂费，2900 多万学生受益。落实中等职业学校城乡家庭经济困难学生和涉农专业学生免学费政策。将普通高中家庭经济困难学生纳入国家资助政策体系，高校国家助学金平均资助标准由每位学生每年 2000 元提高到 3000 元。2012 年，国家财政性教育经费支出占国内生产总值的比例达到 4%。中等职业教育免学费政策扩大到所有农村学生。2015 年，推进学前教育 3 年行动计划稳步实施；完善国家助学贷款政策；安排高校国家奖助学金等学生资助经费，惠及约 775 万名学生；中等职业学校和普通高中国家助学金标准由年生均 1500 元提高到 2000 元。

二是加强社会保障和就业工作。提高失业保险金和工伤保险金的标准，提高城乡低保、农村五保等保障水平，提高优抚对象抚恤和生活补助标准。发挥好政府公共投资和重大项目带动就业的作用，支持中小企业和服务业吸纳就业，安排和鼓励高校毕业生参加科研项目以及到基层、中西部地区和中小企业工作,支持加大对下岗失业人员和农民工的职业技能培训力度。2012年,新型农村和城镇居民社会养老保险制度实现全覆盖,企业退休人员基本养老金月人均水平达到1721元,提高城乡居民最低生活保障水平,健全社会救助和社会福利体系。2013年,企业退休人员基本养老金水平月人均增加170元左右;扎实做好城乡低保、自然灾害生活救助、疾病应急救助等工作;实施大学生就业促进计划,对城乡低保家庭的高校毕业生求职给予补贴,大幅度增加小额担保贷款贴息资金。

三是提高低收入群体收入。进一步增加对农民的各种补贴,提前拨付农资综合补贴和粮食直补资金867亿元。积极做好春节前困难群众基本生活补助金发放工作,向城乡困难群众和优抚对象等人员发放一次性生活补贴。从2009年1月1日起,中央财政分别按每人每月15元和10元增加城市和农村低保补助资金。同年在全国全面实施家电下乡和汽车下乡补贴政策。2010年,增加对农民的各项补贴,进一步拓宽政策覆盖范围。继续加大扶贫开发力度。继续提高企业退休人员基本养老金水平和城乡低保补助标准,调整优抚对象等人员抚恤和生活补助标准。继续实施和完善家电下乡、汽车摩托车下乡、汽车家电"以旧换新"等鼓励消费的一系列政策。

四是深化医药卫生体制改革。2010年,新型农村社会养老保险试点范围扩大到23%左右的县,继续提高社会保障支付标准。不断完善促进就业的财税政策。新型农村合作医疗、城镇居民基本医疗保险财政补助标准由人均80元提高到120元。促进解决关闭、破产的国有企业退休人员和困难企业职工参加城镇职工基本医疗保险问题。支持向城乡居民免费提供基本公共卫生服务,推动加强基层医疗卫生服务体系建设。国家基本药物制度覆盖到60%以上的政府办基层医疗卫生机构。顺利启动公立医院改革试点。2011年,新型农村和城镇居民社会养老保险覆盖范围扩大到60%以上地区。2012年,新型农业合作医疗、城镇居民基本医疗保险的财政补助标准提高至每人每年240元,完善国家基本药物制度,加快推进以县级医院为重点的公立医院改革试点。2013年,基本公共卫生经费标准提高到每人每年30元,新农合和城镇居民医保财政补助标准提高到每人每年280元;推进建立大病医疗保险制度，大部分省份出台了实施方案；在中西部地区开展了基层医疗卫生机构全科医生特岗计划试点。2015年，新农合和城镇居民医保的补助标准每人每年提高到380元，个人缴费标准提高到120元。基本公共卫生服务项目年人均经费标准从35元提高到40元。

五是支持保障性安居工程建设。2008年第四季度，追加了中央廉租住房建设补助资金75亿元，提高中西部地区的补助标准，积极推进农村危房改造。2010年，开工建设城镇保障性住房320万套，改造各类棚户区265万户。2012年，中央财政实际下达补助资金2333亿元，比上年增长36.2%。同时，积极落实促进保障性安居工程建设的各项税费优惠政策。2013年，明确了公租房和廉租房并轨运行的制度办法。

六是切实加大"三农"投入力度。2010年，新增450个县实施小型农田水利重点县建设，推进农业综合开发，加大对产粮（油）大县的奖励力度，支持农民专业合作组织发展、农业产业化经营和农业技术推广，推动现代农业发展。2011年，着力提高农业收入水平，增加对种粮农民的各项补贴规模；支持现代农业发展，加强以水利为重点的农村基础设施建设；加大农村综合改革力度，全国98%以上的乡镇开展了机构改革，92.2%的集体林权确权到户。

七是促进文化事业发展。保障博物馆、公共图书馆等公益性文化设施免费开放，推动公共文化服务体系建设。支持实施农家书屋、农村电影放映等重点文化惠民工程，积极推动文化企事业单位改制改革，支持文化产业发展。出台政府向社会力量购买公共文化服务工作意见的通知，积极支持足球改革。

（五）积极发挥财税政策稳定物价作用

大力支持粮油、蔬菜、生猪等农副产品生产，稳定成品油、化肥等供应，实施政策性粮油定向销售，促进增加农产品供给。免收鲜活农产品运输车辆通行费，开展收费公路专项清理，降低农产品流通成本。完善进出口环节税收政策，扩大生活必需商品、能源和原材料等进口。对农村道路客运等部分公益性行业给予油价补贴。建立社会救助和保障标准与物价上涨挂钩的联动机制。

(六) 适当加强预调微调力度

适当扩大赤字和发债规模。2014 年,全国财政收支差额预算按 12000 亿元安排,比 2013 年预算增加 4000 亿元。执行中,坚持不扩大财政赤字,把财政赤字占 GDP 的比重控制在 2.1%。落实中央厉行节约的要求,压减一般性支出。对中央本级一般性支出按 5% 比例压减,腾出的资金主要用于改善民生,各地也都按照国务院有关要求压减了支出。2015 年全国财政赤字 1.62 万亿元,比 2014 年增加 2700 亿元,赤字率为 2.4%,同时新增政府地方专项债券 1000 亿元。

盘活财政存量资金,将闲置沉淀的资金清理出来用于亟须支持的项目。采取全面清理结转结余资金、加强督查等措施,盘活财政存量资金,调整用于保民生、补短板、增后劲。加强库款管理,2015 年末全国财政库款净额 24088 亿元,连续 9 个月同比下降。

(七) 缓释地方政府债务风险和融资压力

一是对地方政府债务实行余额限额管理。经全国人大批准,2015 年地方政府债务限额为 16 万亿元,在清理认定 2014 年末地方政府债务余额基础上,额外增加 7000 亿元,为国务院确定的重点投资增加资金来源。

二是发行地方政府债券置换存量债务。下达三批置换债券,额度 3.2 万亿元,降低地方利息负担,缓解地方偿债压力。为做好置换债券发行工作,会同人民银行、银监会印发文件,指导地方采用定向承销方式发行置换债券。

三是做好 2015 年新增债券发行工作。年初预算安排 2015 年新增债券 6000 亿元,优先用于支持国务院确定的重点项目建设。为规范地方政府债券管理,印发一般债券和专项债券预算管理、发行兑付和会计核算办法。

四是确保在建项目后续融资。会同人民银行、银监会出台文件,妥善解决地方政府融资平台公司在建项目后续融资问题。

五是推广 PPP 模式。财政部从 2014 年开始陆续出台文件、建立机构,推广政府与社会资本合作的 PPP 模式。发挥各类投资引导基金"四两拨千斤"的作用,带动社会资本投资,促进公共服务领域发展。

（八）加快财税体制改革释放制度红利

优化转移支付结构。2011年中央财政一般性转移支付占比由2010年的48.4%提高到52.6%。完善县级基本财力保障机制，推进省直管县财政管理方式改革。

有序推进税制改革。"营改增"由点到面，逐步在全国推开。制订消费税改革方案，完善消费税政策。实施原油、天然气、煤炭、稀土、钨、钼资源税从价计征改革，同时清理相关收费基金。研究提出建立综合与分类相结合的个人所得税改革方案。配合全国人大做好房地产税立法工作。推进环境保护税立法。完善出口退税负担机制。研究提出推进中央和地方事权与支出责任划分的指导意见，结合税制改革制订调整中央与地方收入划分过渡方案。

健全公共财政预算。全面取消预算外资金，所有政府性收入都纳入预算管理。深入实施部门预算、国库集中收付、政府采购等预算管理制度改革。强化预算编制和执行管理，增强预算透明度，向社会公开的财政支出决算表细化到项级科目，向社会公开中央财政年度行政经费支出总额、"三公经费"财政拨款支出及预算情况。出台《深化预算管理制度改革的决定》等一系列政策文件。推动实行中期财政规划管理，编制2016—2018年全国中期财政规划。规范地方政府融资平台公司债务管理，清理核实地方政府融资平台公司债务底数。深化国债管理制度改革，强化风险防控。

同时，推进国资国企改革。出台《关于改革和完善国有资产管理体制的若干意见》；着眼经济社会长远可持续发展，深度参与科技、社保、金融、司法等领域的改革设计。

三、积极财政政策的成效

实施积极的财政政策，是我国主动应对国际金融危机，保持经济平稳较快发展的重大举措。这些政策措施既有利于促进经济增长，又有利于推动结构调整；既有利于拉动当前经济增长，又有利于增强经济发展后劲；既有效扩大了投资，又积极拉动了消费；既是保增长的应急之举，也是推动我国经济实现科学发展、持续发展的长远之策。积极财政政策的有效实施，取得了显著成效，为稳增长发挥了重要作用。经济增长目标符合预期,经济运行呈现缓中趋稳、结构优化、质量提升的特征。

(一)经济实现平稳较快增长

在财政政策与其他宏观调控政策的共同作用下,在国际金融危机的冲击下,我国经济依然实现了平稳较快发展。2009年国内生产总值同比增长9.1%,其中,一季度增长6.2%,二季度增长7.9%,三季度增长9.1%,四季度增长10.7%,经济运行实现"V"型反转。粮食总产量达到53082万吨,连续六年增产;规模以上工业增加值增长11%,企业利润增长7.8%;社会消费品零售总额实际增长16.9%。2012年,经济增长主要依靠内需拉动,社会消费品零售总额同比增长14.3%,超过预期目标0.3个百分点,文化、旅游、信息等服务消费增长较快。民间投资增长24.8%,占全部投资的比重达到61.4%。2013年,我国经济增长7.7%,完成7.5%的预期目标。全年最终消费、资本形成总额、货物和服务净出口对经济增长的贡献率分别为50%、54.5%和-4.4%,内需在稳增长中发挥了重要支持作用。2015年,GDP现价总量为689052亿元,按不变价格计算,比上年增长6.9%,远高于世界平均水平。

(二)经济转型升级步伐加快

2010年第三产业投资所占比重达到56.5%;高新技术产业增加值增长16.6%;"两高一资"产品出口总体保持低位;中部和西部地区规模以上工业增加值增速分别为18.4%和15.5%,分别比东部地区快3.5和0.6个百分点。2011年消费增长呈逐季加快态势,最终消费支出贡献率为51.6%。2012年,服务业发展较快,第三产业增加值增长8.1%,占GDP比重为44.6%。中西部地区GDP、工业、投资等多项指标增速均快于东部地区。城镇化率达到52.6%,比预期目标高0.5个百分点。2013年,高技术产业发展加快,高技术产业增加值增长11.8%,快于规模以上工业2.1个百分点。2015年,需求结构继续改善,社会消费品零售总额增长10.7%,旅游、信息、文化、健康等服务消费持续升温,最终消费对经济增长的贡献率达到66.4%,比2014年提高了15.4个百分点,成为经济增长的第一驱动力。产业结构调整扎实推进,服务业占GDP比重达到50.5%,首次超过50%,工业主导向服务业主导转型的趋势更加明显。高新技术产业增加值比上年增长 10.2%，大大快于传统工业的增长。工业技术改造投资增速高于工业投资 5.9 个百分点，占工业投资比重为 43.2%，比上年同期提高 2.3 个百分点。区域结构协调性增强，中部、西部地区规模以上工业增加值比上年分别增长 7.6% 和 7.8%，分别快于东部地区 0.9 和 1.1 个百分点；中部地区固定资产投资增长 15.7%，快于东部地区 3 个百分点。节能降耗继续取得新进展，全年单位国内生产总值能耗比上年下降 5.6%。

（三）经济增长新动能集聚

随着简政放权不断推进，市场活力有效释放，2015 年平均每天新登记企业超过 1.2 万家。创新活力和动力持续增强，全国研究与开发（R&D）经费支出比上年增长 9.3%，占 GDP 比重为 2.1%，提高 0.05 个百分点。科技成果不断涌现，2015 年受理境内外专利申请 280 万件，授予专利权 172 万件，分别比上年增长 18.5% 和 31.9%。"互联网＋"行动计划和《中国制造 2025》扎实推进，电子商务、网上零售等新业态快速增长，全年网上零售额同比增长 33.3%。新能源汽车、工业机器人、智能电视产量分别增长 161.2%、14.9% 和 14.9%。

（四）对外开放不断深入

2015 年，我国货物进出口总额达到 245741 亿元，在全球市场的份额进一步提升至 11.9%。双向资本实现基本平衡。我国实际使用外商直接投资 1263 亿美元，比上年增长 5.6%，再创历史新高；非金融类对外直接投资 1180 亿美元，比上年增长 14.7%。"一带一路"建设成效显现，2015 年"一带一路"沿线国家对华投资新设立企业 2164 家，比上年增长 18.3%，实际投入外资金额 84.6 亿美元，比上年增长 23.8%。对外投资方面，我国企业共对"一带一路"相关的 49 个国家进行直接投资 148 亿美元，比上年增长 18.2%，国际产能合作和装备制造合作步伐加快。

（五）民生事业进一步改善

城镇就业增加。2009 年全国城镇新增就业 1102 万人，为全年目标的 122%；年末城镇登记失业率为 4.3%，控制在 4.6% 的目标之内。2010 年城镇新增就业 1168 万人，比上年增加 66 万人；年末城镇登记失业率为 4.1%，比 2009 年末下降

0.2个百分点。2011年城镇新增就业1221万人,比上年增加53万人;年末城镇登记失业率为4.1%,与2010年持平。2012年全国城镇新增就业1266万人,完成全年目标任务的141%;年末城镇登记失业率为4.1%,与2011年持平。2013年全年城镇新增就业人数为1310万人,超额完成目标任务,比上年多增44万人;年末城镇登记失业率为4.1%,与2012年持平。2015年全年城镇新增就业1312万人,2015年末登记失业率为4.05%,全面完成城镇新增就业1000万人以上、城镇登记失业率控制在4.5%以内的目标。

社会保障力度加大。2009年底,新型农村合作医疗参合人数达到8.3亿人,城镇居民基本医疗保险参保人数达到1.8亿人。通过农村义务教育经费保障机制改革等,近1.5亿名学生享受免除学杂费和免费教科书政策,中西部地区约1120万名学生获得生活费补助,880万名农民工随迁子女的就学问题得到改善。2010年,城乡免费义务教育全面实现,城乡居民基本医疗保障水平显著提高,公共文化服务体系建设明显加快。保障房建设迈出新的步伐,财政保障性住房支出同比增长146.1%,新开工保障房590万套,建成370万套。经过25年的努力,2011年全国全面实现九年义务教育。免除3000多万名农村寄宿制学生住宿费,其中1228万名中西部家庭经济困难学生享受生活补助。2012年,2566个县(市、区)开展了新型农村合作医疗工作,新型农村合作医疗参合率98.1%。新开工保障房781万套,基本建成601万套。覆盖城乡的社会保障制度框架基本形成,2013年末全国参加基本养老保险、城镇基本医疗保险、失业保险、工伤保险、生育保险分别达81968万人、57073万人、16417万人、19917万人、16392万人。2015年,财政用于民生方面的投入继续增加,民生等重点支出保持较快增长,全国教育、文化体育与传媒、医疗卫生与计划生育、社会保障和就业、城乡社区、节能环保等支出分别增长8.4%、9.3%、17.1%、16.9%、11.5%、26.2%。物价温和上涨,CPI全年增长1.4%。

居民收入稳定增长。加大对"三农"的投入力度后,2009年农村居民人均现金收入实际增长8.5%。2010年,全年城镇居民人均可支配收入为19109元,比上年增长11.3%,扣除价格因素,实际增长7.8%;农村居民人均纯收入为5919元,比上年增长 14.9%，扣除价格因素，实际增长 10.9%，增速超过城镇居民。2011 年，全年城镇居民人均可支配收入为 21810 元，比上年增长 14.1%，扣除价格因素，实际增长 8.4%；农村居民人均纯收入为 6977 元，比上年增长 17.9%，扣除价格因素，实际增长 11.4%，增速为 1985 年以来最高，连续两年快于城镇居民。2012 年，农村居民人均纯收入增长快于城镇居民人均可支配收入增长，二者扣除价格因素实际分别增长 10.7% 和 9.6%，均快于经济增长。2015 年，全国居民人均可支配收入实际增长 7.4%，快于经济增长 0.5 个百分点，城乡居民人均收入倍差进一步缩小。

第七节
全面建设小康社会，不断加强和完善财政宏观调控

新形势下，我国经济发展机遇与挑战并存。抓住机遇，迎接挑战，推进科学发展，是一个涉及财政政策、货币政策等多个领域的复杂系统工程，需要综合采取措施。我们要进一步提高认识，优化机制，不断加强和完善财政宏观调控，提高宏观调控水平。

一、落实科学发展观，加强和改善财政宏观调控

财政宏观调控作为宏观调控体系的重要组成部分，当前及今后一个时期，要根据党的十八大精神，按照国家治理现代化的要求，牢牢把握"控总量、调结构、促协调"的目标定位，加强经济预测监测和分析，根据经济运行的发展变化趋势，把握财政政策取向，综合运用各种财税政策工具，积极发挥财政政策在稳定经济增长，特别是优化结构、协调发展等方面的积极作用，并注重与货币政策、产业政策等协调配合，不断增强财政宏观调控的前瞻性、及时性、针对性、协调性和有效性，进一步提高财政宏观调控水平。控总量，就是要着力保持总供给与总需求大体

平衡，促进经济平稳较快发展和物价基本稳定，防止大起大落；调结构，就是要推动经济增长由主要依靠投资、出口拉动向依靠消费、投资、出口协调拉动转变，由主要依靠第二产业带动向依靠第一、第二、第三产业协同带动转变，由主要依靠增加物质资源消耗向主要依靠科技进步、劳动者素质提高、管理创新转变，加快经济发展方式转变和产业结构优化升级；促协调，就是要支持统筹城乡发展、区域发展、经济社会发展、人与自然和谐发展、国内发展与对外开放。在促进经济又好又快发展的基础上，保持财政收入与经济协调增长，不断壮大财政实力，为加强和改善财政宏观调控提供物质基础和财力保障。

二、综合运用多种财政政策工具和手段实现财政宏观调控

由于我国市场发育还不成熟、市场机制还不健全，财政政策宏观调控发挥作用的领域和范围较之成熟市场经济国家呈现出更加宽泛的特点。未来一个时期，为解决我国科学发展过程中的诸多问题，必须综合运用多种财政政策工具和手段在积极扩大内需、加快社会主义新农村建设、推动自主创新和科技进步、促进节能减排、生态建设和环境保护、优化结构、支持区域协调发展等方面发挥作用。

（一）积极扩大内需尤其是消费需求

一是改善扩大内需尤其是消费需求的宏观环境。一方面，要深化政府投资体制改革，落实企业投资自主权，合理开放投资领域，优化政府投资结构，加强公共服务基础设施建设，增加社会事业和环境生态建设投资，改善生产生活服务，为扩大内需尤其是消费需求创造良好条件，促进投资与消费、内需与外需结构合理化。另一方面，要完善税费制度，清理取消涉及消费的不合理收费，完善有助于消费结构升级的税收和收费政策。二是支持教育、卫生和社会保障等社会事业发展。全面实施城乡免费义务教育，健全基本医疗卫生制度，深化社会保障体制改革，完善廉租住房保障制度，逐步实现"学有所教、劳有所得、病有所医、老有所养、住有所居"，稳定居民消费预期，扩大居民即期消费。三是深化收入分配制度改革。建立居民收入稳定增长机制，以支持增加低收入群体收入为重点，逐步提高居民收入在国民收入分配中的比重，提高劳动报酬在初次分配中的比重，提高居民的收入预

期。继续完善增加农民收入的政策和企业职工最低工资制度，健全企业职工工资正常增长和支付保障机制。实施事业单位绩效工资制度，进一步规范公务员津贴补贴制度。注重提高低收入群体收入，加强税收对高收入的调节，积极培育中等收入群体，形成"两头小、中间大"橄榄型的收入分配结构。

（二）加快社会主义新农村建设

一是加大财政支农投入力度，逐步提高"三农"支出的比重，加快完善财政支农资金稳定增长机制。继续加大良种补贴力度，增加农机具购置补贴资金，稳定粮食直补资金规模，加大农民培训支持力度，推进扶贫开发等。二是研究建立综合性的支农投入政策，调动地方政府和社会资金建设新农村的积极性。创新中央财政投入示范和激励机制，综合运用财政贴息、保费补贴、以物代资、以奖代补等财税政策措施，引导地方政府以及信贷、社会资金投入新农村建设，形成多元化的支农投入格局。三是规范支农资金管理，建立健全有利于实现城乡统筹发展的财政支农政策体系，重点促进农业生产发展和农民增收，加强农村基础设施建设和加快农村社会事业发展，扎实推进农村综合改革，促进粮食稳定增产、农业生产发展和农民增收。

（三）推动自主创新和科技进步

一是加大财政投入力度。制定完善符合科技发展规律和规范、稳定、长效的财政科技投入政策。加大财政对科技的投入力度，优化投入结构，重点支持市场机制不能有效配置的基础研究、前沿技术研究、社会公益研究、重大共性关键技术研究开发等公共科技活动，保障科技重大专项顺利实施。二是健全财政激励机制。全面推进增值税转型改革，鼓励企业加快技术改造。适时调整进口税收优惠政策，鼓励国内企业进口有利于技术创新的关键设备。完善财政性资金采购自主创新产品的制度、激励自主创新的政府首购和订购制度。

（四）促进节能减排、生态建设和环境保护

一是加大财政投入力度。综合运用财政补贴、贴息、税收优惠等多种政策工具，支持发展能耗低、效益高的产业，推广高效节能技术和产品，促进清洁生产，大力发展可再生能源、新能源和替代能源，支持重点节能工程、污水管网、污染减排监管体系等项目建设。继续加强林业生态建设，支持集体林权制度等改革，发展现代林业。创新财政资金使用机制，通过整合各类专项环保资金，并实施"以奖代补"办法，推进建立多元化的资源节约和环境保护资金投入及高效使用机制。二是完善资源税费制度。扩大资源税征收范围，实行从价计征，充分发挥资源税的功能。扩大消费税征收范围，对高污染、资源消耗大的商品开征消费税。研究征收环境保护税，提高资源补偿费征收标准。强制矿山企业提取安全费用、矿区环境和生态恢复资金。提高污水和垃圾处理等城市公用事业收费标准。完善有利于资源、能源以及土地节约集约利用的税费政策，减少污染物排放，保护生态环境。

（五）优化产业结构

一是加大对现代农业的支持力度。建设现代农业技术体系，改善农业基础设施，大力发展优势特色、安全高效农业，推进农业产业结构优化升级。二是完善促进高新技术产业发展的财政政策。加大财政对高新技术产品的支持力度，适当提高高新技术产品的出口退税率，支持提高重大技术装备国产化水平，加快发展先进装备制造业，坚决遏制高耗能、高排放和产能过剩行业盲目发展。三是制定和完善加快服务业发展的财税政策。要大力支持金融、保险、物流、信息、文化和法律服务等现代服务业发展；对从事社会化服务和吸纳就业能力强的小型服务企业，适当给予政策扶持；对关系国民素质和国家发展潜力的教育、科技、文化等基础服务业，进一步加大扶持力度。

（六）支持区域协调发展

一是完善促进西部大开发、东北老工业基地振兴、中部崛起等相关优惠政策，进一步加大对革命老区、民族地区、边疆地区、贫困地区发展的扶持力度，鼓励东部地区加快发展。二是国家一般预算、政府性基金投资、外国政府和国际金融组织贷款安排向中西部欠发达地区倾斜，着力改善这些地区的基础设施状况，提高其对基本公共服务的保障能力。三是健全中央和地方财力与事权相匹配的财政体制。按照法律规定、受益范围、成本效率、基层优先等原则，进一步明晰中央与地方事权和支出责任，争取在关系民生的若干重大领域取得进展。完善中央和地方政府之间的收入划分办法，比如将按纳税地点分享增值税改为按地区消费额分享增值税。同时，健全地方税体系，比如开征物业税，完善资源税制度等，增加地方税收收入；规范非税收入管理，提高地方财政收入质量。四是完善转移支付制度。增加一般性转移支付规模，清理整合专项转移支付。科学合理地分配转移支付资金。强化省级财政调节辖区内财力差异的责任，探索建立县乡政府最低财力保障机制，促进基本公共服务均等化。五是推进主体功能区建设。加大对限制开发和禁止开发区域基本公共服务和生态建设的转移支付力度。完善资源枯竭地区转移支付制度，促进资源枯竭地区经济转型。

三、提高决策水平，着力健全协调配合的财政宏观调控机制

财政政策作为我国宏观调控体系的重要组成部分，今后一个时期，要按照科学发展观的要求，通过建立健全经济社会发展主要指标监测预警机制，加强对经济运行的实地动态监测分析和预测。根据经济运行的发展变化趋势，把握财政政策取向，综合运用国债、税收、补贴等多种政策工具进行调控并及时跟踪分析政策实施情况。强化财政政策与货币政策、产业政策等的协调配合，进一步完善国家发展和改革委员会、财政部、中国人民银行之间的会商制度，全面提高财政宏观调控的科学化、精细化管理水平。

（一）建立健全经济社会发展主要指标监测预警机制

财政政策宏观调控的依据是宏观经济运行状况。随着我国市场化程度的提高，以及国际化进程的加快，我国宏观经济环境将变得越来越复杂。在此背景下，为加强和改善财政宏观调控，不断增强财政宏观调控的前瞻性、及时性、针对性、协调性和有效性，必须加强对宏观经济运行进行实时动态监测分析和预测，建立健全经济社会发展主要指标监测预警机制。

首先，要加快信息化建设。市场经济体制是一个十分庞大、复杂、精巧的系统，在看不见的手的指挥下，各个子系统之间基本上能做到协调配合、良性互动。但由于政府宏观经济管理部门是各自分散地掌握不同领域的社会经济运行动态指标与信息，如果信息交流不畅，将不利于宏观决策部门把握整体社会经济运行相关信息。因此，加快信息化建设步伐，及时准确地综合与汇总各方面的社会经济运行的

动态指标,随时跟踪监测社会经济运行态势,同时,利用先进技术手段,对信息进行深度加工和分析是非常重要的。

其次,要重视宏观经济政策研究。面对大量的宏观经济运行动态指标与信息,如果没有理论研究支持,将无法构建及时有效的宏观经济预警机制。现阶段,我国宏观经济政策研究还不尽如人意。全面、深入、系统的大规模、跟踪性的宏观经济形势预测、分析和政策研究局面尚未形成。今后,应加强政策性研究机构的交流与合作,建立多部门参与的宏观经济形势跟踪分析预测机制,加强宏观经济形势的月度、季度和年度分析预测,提前把握形势变化的基本趋势和可能走向,为宏观调控决策提供参考。

(二)建立健全政策调控手段灵活选择和合理搭配机制

财政、金融、计划是社会主义市场经济条件下宏观调控的重要手段,三者相互配合,共同构成我国宏观调控体系的基本内容。国家中长期发展规划、年度计划明确的宏观调控目标和总体发展要求,是制定财政、货币政策的重要依据,在宏观调控中具有重要的导向作用。财政政策通过税收、预算、国债、贴息、转移支付、政府采购等工具以及财政支出增减变化的结构性安排,影响社会总供求,促进经济稳定增长。针对经济运行的不同形态,需要及时采取适当的财政政策:在社会总供给大于社会总需求时,应该采取扩大政府支出规模、减少税收等措施,实施积极(扩张)的财政政策;在社会总供给小于社会总需求时,应该采取削减政府支出规模、增加税收等措施,实施从紧(紧缩)的财政政策;在社会总供给与社会总需求基本平衡、但结构需要优化时,应该采取控制赤字、调整结构等措施,实施稳健(中性)的财政政策。

财政政策和货币政策是市场经济中政府实施宏观调控的两大主要工具,但二者在作用机制、调节领域、作用对象、效应时滞、政策工具等方面各有不同,在宏观调控中的作用各有侧重。一般而言,财政政策在促进经济稳定增长、优化结构和调节收入分配方面具有重要功能,特别是通过发挥其目标定位准、针对性强、作用直接有效的优势,对经济发展的薄弱环节实施"点调控",可以在调整和优化经济结构方面发挥更大作用。货币政策在调节社会供求总量方面具有重要作用。为了实现宏观调控目标，需要根据经济运行的具体情况，加强财政政策与货币政策之间的协调配合，一般有"双扩张""双紧缩""双稳健"（中性）"财政扩张、货币紧缩""财政紧缩、货币扩张""财政稳健、货币紧缩"等搭配模式。其中当经济运行中出现通货膨胀苗头，且结构需要进一步优化时，可以采用稳健的财政政策优化经济结构，同时实施相对紧缩的货币政策抑制可能加剧的通货膨胀趋势。

（三）建立健全财政政策实施效果反馈机制

财政政策宏观调控是否有效，既取决于经济社会发展主要指标监测预警机制是否健全、调控政策制订是否科学，同时，又取决于调控政策执行是否得力，能否及时跟踪分析政策实施情况并研究提出相应的完善措施，因此，必须建立健全财政政策实施效果及时、准确的反馈机制。

财政政策实施效果反馈机制与社会经济发展主要指标监测预警机制一样，要依托信息技术的进步。信息化发展程度越高，信息处理能力越强，财政政策实施效果反馈也会更加及时和准确，从而缩短决策时间间隔，有利于完善、调整、补充政策缺陷，从而达到更好的调控效果。

（四）健全宏观调控部门有效沟通机制

现阶段，我国政府宏观调控职能分属不同的部门，存在着职责不清甚至相互冲突的问题，因此，宏观调控部门之间的职责分工有待进一步落实，不同宏观调控部门的职能重点有待进一步明确。今后一个时期，要探索健全宏观调控部门之间有效沟通、协调的机制，提高多种宏观调控政策之间的协调配合程度，有效履行政府宏观调控职能。

财政部、国家发展和改革委员会、中国人民银行等部门之间要做到各司其职，相互配合，充分发挥国家发展规划、计划、产业政策在宏观调控中的导向作用，充分发挥财政政策、货币政策的调控作用，形成国家发展战略、财政税收政策、货币金融政策、产业发展政策互相联动的宏观调控机制。

规范宏观调控部门协调配合的工作程序，完善财政部与国家发展和改革委员会、人民银行之间的会商制度，避免政出多门、各自为政，尤其是在出台重大政策、提出重大建议、实施重大措施时，加强沟通协调，努力达成共识，增强宏观调控的科学性和有效性,形成科学、权威、高效的宏观调控体系,提高宏观调控水平。

第八节
财政宏观调控功能不断强化

2003—2009年,我国政府针对经济运行中的突出问题进行了两次宏观调控。2003—2008年上半年,针对经济增长偏快的问题,国家财政实行稳健财政政策。2008年第三季度开始,为了应对国际金融危机和国内经济增长下滑偏快问题,国家财政重启积极财政政策。这两次财政政策充分体现了服务大局、灵活审慎的原则,调控水平明显提升。

一、加强和货币政策的联动配合

在宏观调控中,财政政策的作用更有针对性、更直接,更适宜对经济发展的薄弱环节实施"点调控",而货币政策则在调节社会供求总量方面更具优势。在2003年以后的两次宏观调控中,财政政策注意加强和货币政策相协调配合,采取了多种搭配模式,不断提升宏观调控水平。

2005—2007年,根据经济社会发展面临的形势,实施了以"控制赤字、调整结构、推进改革、增收节支"为主要内容的稳健财政政策,并与稳健的货币政策协调配合,经济社会发展总体呈现出经济增长速度较快、经济效益较好、人民群众得到较多实惠的良好局面。

2008年底的新一轮积极财政政策,也是建立在和货币政策的联动配合基础上。自2008年金融危机爆发以来,我国及时果断采取一系列的措施,在政府宏观调控方面采取了积极的财政政策和适度宽松的货币政策相配套的组合方式,并且在2009年第一季度初见成效,经济运行出现了一些积极变化。

2010年至今，我国一直实行积极财政政策和稳健的货币政策相结合的调控政策，继续加强财政政策和货币政策的联动配合，增强了宏观调控的针对性、灵活性、有效性，积极稳妥地处理好了保持经济平稳较快发展、调整经济结构和管理通胀预期的关系。

二、财政调控的主动性、及时性得到提高

1993年之后实施的四轮财政调控，在时机把握上越来越体现出启动适时、措施出台比较果断、调控力度适中的特点，财政调控的主动性和时效性大大增强，既有效抑制了通货膨胀或通货紧缩趋势，又保持了经济的平稳较快增长，避免了经济大起大落。

2004年以来，我国经济开始走出通货紧缩的阴影，呈现出加速发展的态势。但也出现了部分行业和地区投资增长过快等问题，资源对经济增长的制约越来越明显，并带来煤炭、电力、石油、运输供求紧张的局面。同时，粮价逐步攀升，带动了居民消费价格的上升，通货膨胀压力不断加大。在这种情况下，继续实施具有扩张特征的积极财政政策，不仅不利于控制固定资产投资的过快增长，而且易于形成逆向调节；不仅不利于减缓通货膨胀的压力，而且易于加剧投资与消费比例失调。同时，考虑到我国经济形势并不是全面过热，经济社会发展中还有许多薄弱环节和领域亟待加强，我国政府展示了娴熟驾驭经济全局的调控艺术，相机抉择决定2005年将积极财政政策转向趋于具有中性特征的稳健财政政策。事实上，早在2004年财政就主动把握调控时机与力度，并采取渐进的调控方式，由职能部门进行预测分析、冷静观察，广泛征求意见、超前研究、及时预警，研究提出政策调整方案，对看准了的问题采取果断有力的解决措施。这是见事快、动手早、适时适度的具体表现。政策取向转变但不急转弯，是未雨绸缪、防患于未然的主动调整。

2008年底，新一轮积极财政政策启动，这是我国政府顺时应势、及时主动做出的政策调整，再次体现了相机抉择的宏观调控原则。根据经济形势的变化，我国政府在2008年11月提出了"出手要快，出拳要重，措施要准，工作要实"的工作部署，并果断提出了"四万亿"的政府投资刺激计划，显示了财政参与宏观调控

的主动性和坚决性。

三、财政调控的力度、空间明显增大

公共财政体系的建设成果反映在财政宏观调控方面,意味着无论是从总量上,还是结构上,调控的力度、空间都逐步加大。

2008年底启动新一轮积极财政政策后,我国在2009年财政预算中首次安排了9500亿的财政赤字,大大增加了国债的规模,相当于2008年财政赤字的9倍。但是,由于经济、财政基础良好,从国际通用的两个指标来看,财政赤字占GDP的比重和国债余额占GDP的比重,仍然表现安全,分别可以控制在3%和20%的国际警戒线之内。2015年中国安排财政赤字1.62万亿元,其中,中央财政赤字1.12万亿元,地方财政赤字5000亿元。2016年赤字率从上年的2.1%增至2.3%,出现2.81万亿元的赤字,综合当年的经济发展,我国的财政赤字规模一直在不断扩大,但是一直保持在3%的警戒线之内。

此外,从调控方式的选择上,新一轮积极财政政策也更具选择性。政策内容中不仅重视支出政策,同时在收入政策上也有了进一步加大力度的空间。就扩大财政支出而言,不仅有增加政府公共投资的项目,也有增加中低收入群体收入以及实施家电下乡、汽车下乡等方面的安排。就结构性减税而言,不仅涉及诸如增值税转型、两个企业所得税法合并等份额较大的税种的减收,也包括个人所得税、二手房交易税、股票交易印花税等份额相对较小的税种的减收。

2010年至今,我国一直保持宏观经济政策的稳定性,持续实行积极的财政政策,进一步加大了财政调控的力度和空间。第一,加大了对民生领域和社会事业的支持保障力度,增加对"三农"、科技、教育、卫生、文化、社会保障、保障性住房、节能环保等方面和对中小企业、居民消费、欠发达地区的支持力度,支持重点领域改革。第二,加大财政科技投入,推动自主创新,重点加强对战略性新兴产业的投资,促进产业结构优化升级。第三,进一步深化结构性减税,调整完善税收政策,为服务业、小微型企业等减负,促进结构调整和引导居民消费。第四,适当增加了财政赤字和国债规模,继续加强地方政府性债务管理。完善政府投融资机制,

妥善处理债务偿还和在建项目后续融资问题，积极推进地方政府性债务管理制度建设，合理控制地方政府性债务水平。

第九节
财政政策的国际协调

在开放经济条件下，一国政府制定和实施财政政策必须考虑外部条件，考虑国际因素。特别是在当今世界经济全球化趋势日益加快的背景下，作为政府宏观调控重要手段的财政政策，"不再完全是民族国家内部的事务"，而需要通过各种机制和平台进行国际间的协调。

改革开放近40年来，中国经济持续快速增长，在世界经济中的地位和影响力不断扩大。我国在积极、稳步参与经济全球化的过程中，以对外财经交流与合作为基本表现形式的财政政策国际协调也取得了令人瞩目的成就。努力适应新形势，不断拓展国际视野，在确保国家利益的前提下，积极参与国际协调，是我国近40年来财政改革与发展的重要组成部分。在这个过程中，我们不但在引进急需的资金、技术等方面受益匪浅，更重要的是学到了先进的财政管理理念和财政政策经验；我们从逐步适应国际规则，到逐步影响国际规则，再到参与国际规则制定，尽到了作为一个负责任的发展中大国应尽的国际义务，也在世界财经舞台上获得了越来越多的话语权。积极参与财政政策的国际协调机制，有利于我们在新的形势下有效发挥财政政策应有的调控作用，其中的成效和经验值得认真总结。

一、我国财政政策参与国际协调的发展历程

自改革开放以来，在我国经济逐步融入全球化大潮的同时，我国财政改革与发展也面临着全球化带来的种种挑战，在财政制度建设、财政管理以及财政政策的实践中，越来越多地遇到与开放经济相适应的国际视野问题。特别是作为政府宏观调

控手段的财政政策,从政策制定、实施到效果影响,都表现出诸多与传统经济条件下不一样的特点。这一切表现为近40年来我们在对外财经交流与合作方面所经历的诸多探索,体现在我国财政政策参与国际协调的种种努力之中。

自1978年党的十一届三中全会召开至今,我国财政对外交流与合作历经40年风雨,在不同的历史时期,其地位和作用呈现出不同的阶段性特点。

(一)财政对外交流与合作的起步初创阶段(1978—1991年)

20世纪70年代末80年代初,改革开放大门初启的中国,刚刚经历十年"文革",加上长期计划经济的禁锢,国民经济落后,人民的思想观念陈旧僵化,可以说当时的中国百业待兴。在此后的十余年里,从国外引进国内急需的人才、资金、技术和管理经验,逐步转变人们保守、僵化的思想观念,推进中国改革开放,加快经济建设步伐,是当时中国的重要任务。

在国家改革开放政策指引下,以1980年我国恢复在世界银行的合法席位、我国与美国建立中美经济联合委员会为标志,我国财政对外交流与合作翻开了崭新的一页,我国与世界各主要国家在财经领域的对话、交流与合作从无到有,逐步加强。1980年,中国加入国际农业发展基金;1986年3月,中国正式加入亚洲开发银行;1991年,中国作为创始国加入了全球环境基金(GEF)。从此,中国与世界银行、亚洲开发银行、国际农发基金、全球环境基金等国际金融组织的合作先后得以恢复和启动,双方合作内容不断拓展,相关管理制度逐步建立,合作成效日益显著。特别是通过合作引进的一系列国际先进经验和管理技术,在国内掀起一阵阵思想观念的冲击波,为加快人们思想观念的转变发挥了重要作用。

这一时期,财政对外交流与合作虽处于探索、初创阶段,但其成果和长远影响不能低估,特别是在营造有利于中国改革开放的良好国际环境,引进吸收国外资金、技术和管理经验,促进人们思想观念转变等诸多方面,发挥了重要作用。

(二)财政对外交流与合作的稳步发展阶段(1992—1997年)

以1992年初邓小平同志南方谈话为标志,中国的改革开放和现代化建设进入一个新的历史阶段。中国扩大对外开放,经济体制改革日益深入,触及国有企业改革、财税体制改革等深层次矛盾和体制障碍，难度不断加大，借鉴国际经验推进改革的任务繁重；以经济建设为中心的理念日益深入人心，但国内基础设施建设滞后、资金不足的矛盾仍然十分突出。

这一时期，配合国内改革和建设的需要，财政对外交流与合作仍然以扩大和发展与世界银行（以下简称"世行"）等国际金融组织的全方位合作为重点，领域和规模继续扩大，相关管理制度进一步完善，合作成效更加显著。期间，通过项目建设和项目成果的示范和推广，通过政策调研，为加快国内基础设施建设、缓解经济发展瓶颈的制约，为加快国内体制改革，做出了积极贡献。到20世纪90年代中期，中国与世行等国际金融组织年度贷款合作规模达到了历史最高点，连续多年保持在40亿美元左右，其中年度利用世行优惠贷款30亿美元左右，成为当时世行第一大年度借款国。通过财政对外交流与合作，引进了大量优惠资金，支持建设了一批农业、扶贫、电力、交通以及教育、卫生等重点项目。同时，中国在加强和改善宏观调控、推进经济体制改革等领域，加大了与世行等国际机构合作的力度，取得了一系列重要成果。1994年，中国政府有关部门与世行在大连召开国际研讨会，围绕中国宏观经济改革，特别是如何加强金融监管、改善宏观调控、抑制经济过热等问题，提出了若干政策建议，最终被吸收反映在当时中国政府有关重要政策改革的文件中。1995年，中国政府首次利用世行优惠贷款5000万美元，支持财税技援项目实施，为促进中国财税体制改革发挥了重大作用。在积极扩大与世行等国际金融组织合作的同时，高度重视合作管理和合作成效，项目实施和管理工作迈上新台阶，我国利用世行贷款项目建设质量和成功率长期位列各借款国前茅。

与此同时，中国开始建立在多边框架下的财经合作与对话机制。1993年，中国财政部长第一次率团出席作为多边机制之一的亚太经济合作组织（APEC）财长会；1997年，中国参加亚欧财长会议机制的第一次会议。

（三）中国与世行等国际金融机构合作转型阶段（1998—2003年）

20世纪末21世纪初，随着我国经济实力逐步提升和经济不断融入全球经济，我国在国际上的地位和作用不断提升，加强自身与国际社会交流合作的内在要求日益强烈；国际社会在盛赞中国改革开放和现代化建设成就的同时，更加关注中国在国际经济事务中的声音和作用，中国与广大发展中国家的合作得到了进一步加强。这一时期，中国财政对外交流与合作继续服务于国家经济建设，服务于深入推进改革开放，服务于妥善应对国际财经风云变幻，得到继续发展。

中国相机调整与世行等国际金融机构的合作战略。这一阶段早期，世行集团所属的国际开发协会以中国经济实力快速增强为由，快速减少对华提供的年度软贷款额度，并从1999年下半年开始，不再向中国提供软贷款。随着世行等国际金融组织对华贷款的优惠程度下降，我国适时提出了"三个转变"：从重贷款数量向重贷款质量和效益转变；从重贷款筹借向重贷款使用和偿还转变；从重资金引进向资金与智力引进并重转变。我国与世行等国际金融组织的合作进入转型期，年度利用国际金融组织贷款规模下降，贷款支持领域有所调整，教育卫生等社会发展领域利用贷款额急剧减少，以政策调研和制度创新为核心内容的知识合作日益受到双方重视。

中国与有关国家和经济体的交流合作进一步加强，由财政部牵头参与的双边、区域及其他多边财经合作机制数量快速增加。特别是1997年亚洲金融危机爆发后，中国以高度负责的态度，在与周边国家共同应对金融危机、稳定区域经济发展中发挥了重大作用。期间，在继续保持与国际金融组织贷款合作的同时，积极通过"东盟＋中日韩"（"10＋3"）、大湄公河次区域合作等，推动区域经济合作，在加强本地区危机救助和解决等方面取得了重要进展；中国参与提出并积极推动"清迈倡议"。1999年，中国以创始成员国身份参加二十国集团（G20）财长和央行行长会议，并在其中发挥积极作用。

（四）中国积极参与国际规则的制定（2004年至今）

随着综合国力显著提升，国内改革开放进程不断拓展深入，中国与世界的关系处于深刻调整之中，中国的影响力逐步由区域向全球延伸，我国增强了对国际经济规则制定和国际经济事务决策的影响，在国际经济议程设定中更加积极地体现自身利益诉求。同时，国际经济形势发生深刻复杂的变化，国际关系出现一些新特点，世界各国特别是广大发展中国家关注和重视中国成功发展的经验。

伴随国内国际形势的发展，我国财政对外交流与合作进入新阶段，在与世行等国际金融组织的全方位合作继续得到加强和发展的同时，与有关国家和经济体之间的双边、多边交流合作快速加强，更加注重在多边、双边财经领域和国际金融组织中发挥积极作用，推动国际经济体制朝着有利于我国的方向发展。譬如，2004年5月，中国在上海成功举办全球扶贫大会，首次系统性地对外宣传我国的扶贫经验和成就。会上，时任国务院总理温家宝代表中国政府宣布向亚洲开发银行亚洲发展基金（ADF）捐资3000万美元，并捐资2000万美元建立区域合作与扶贫基金。2004年10月，中国首次与西方七国集团（G7）财长开展对话。2005年，中国作为二十国集团（G20）主席国，引导G20进程，首次成功地将国际经济治理架构改革问题纳入了主要发达国家与主要发展中国家的对话框架。2006年12月，首次中美战略经济对话举行，由中美两国国家元首倡导建立的这一机制成为中美间增进战略互信、开展务实合作的重要平台。2007年12月，我国首次向世界银行集团所属的国际开发协会（IDA）捐款，以捐款国身份参加了全球最重要的多边发展援助机制。通过财政对外交流与合作，我国有效地宣传了走和平发展道路、建设和谐世界的发展理念，展示了改革开放的发展成就，维护了国家利益，为国内经济建设营造了有利的外部环境，为推动世界减贫和发展事业做出了贡献。

二、财政政策国际协调的基本内容

改革开放以来，我国逐步摸索对外财经交流与合作的路子，扬长避短、趋利避害，不仅引进了资金、技术与人才，推动了制度创新，还通过对话与沟通，增强财经领域的了解与互信，推动国际政策协调与全球财经治理，为我国经济发展营造了宽松、稳定的外部环境。从财政政策国际协调本身来看，我国在财经国际交流与合作的意识、理念、方式等方面都上了层次，取得了明显的成效。

（一）引进资金、技术和人才，促进经济社会协调发展

1. 引进优惠资金，弥补经济发展资金不足，建设重点项目，解决制约经济发展的瓶颈

世行、亚行等国际金融组织对华的资金援助是我国与国际金融组织合作的起点

和重要内容之一。截至 2016 年 12 月 31 日，我国与国际金融组织贷款累计签约额为 974.46 亿美元，累计提款额为 750.93 亿美元，累计归还贷款本金为 414.41 亿美元，已提取未归还贷款额（债务余额）为 336.52 亿美元。除贷款合作外，我国还累计获得世行、亚行以及全球环境基金等国际金融组织赠款约 44 亿美元。按照国内配套资金与国际金融组织贷款 1∶1 配套计算，总投资规模达 1300 多亿美元，共支持建设了我国 1023 个项目，其中，世行项目 404 个，亚行项目 239 个，国际农业发展基金项目 29 个，欧洲投资银行及联合融资项目 21 个，北欧投资银行项目 320 个，欧佩克基金项目 9 个，新开发银行项目 1 个。这些项目重点支持了交通、农业、能源、城建环保、教育、卫生、工业等优先领域，对于促进中国改革开放和经济社会发展发挥了重要作用。据初步估算，"七五""八五""九五"三个五年计划时期，我国利用国际金融组织的贷款额，约分别相当于国内同期财政预算内投资资金的 15%、55% 和 21%。特别是改革开放初期至 20 世纪 90 年代中期，我国正处于经济起飞的初期，资金短缺是制约我国发展的主要瓶颈之一。配合国家的改革和发展需要，我国年度利用世行、亚行等国际金融组织贷款达到 40 亿美元左右，为历史最高峰，有效弥补了我国经济建设资金和公共财政资金投入的不足，对我国经济建设起到了"雪中送炭"的作用。利用贷款资金建设的一大批重点项目，对于帮助破解我国经济发展面临的瓶颈作用重大。这些重要领域包括：

交通领域。国际金融组织贷款对交通基础设施建设项目的贷款额最大，截至 2014 年 12 月 31 日，我国利用世行贷款 137.38 亿美元建设了 39 个公路、16 个港口和 17 个铁路项目；利用亚行贷款 158.66 亿美元，建设了 42 个公路、5 个港口和 20 个铁路项目。世行、亚行参与的全国高速公路建设为同期我国高速公路总里程的五分之一多，对于中国高速公路建设起到了重要的推动作用。世行、亚行还分别配合我国交通部 1992 年出台的"五纵七横"国道主干线规划和 1998 年"西部开发省际通道"规划，将贷款投向于国道干线的高等级公路建设和中西部地区的干线公路建设，在促进我国国道主干线高等级公路建设和打通公路交通通道、平衡路网结构、促进中西部地区干线公路网贯通方面发挥了重要作用。

能源领域。这也是我国与国际金融组织合作的重点领域之一。截至 2005 年底，包括水电、火电、石油、天然气、煤炭、生物能源等领域，我国利用国际金融组织贷款共建设 59 个项目，贷款额达 90 亿美元，对缓解我国电力等能源供求的突出矛盾、开发利用可再生清洁能源发挥了重要作用。

农林水利领域。我国与国际金融组织合作，对提高我国农林水利业的综合生产能力，繁荣农村经济发挥了重要作用。先后在"七五"时期和"九五"时期利用世行贷款实施的"中国种子项目"和"中国种子商业化项目"，不仅在种子行业的法制建设、基础设施建设、市场建设等方面取得了突出成绩，而且还有力地推动了我国"九五"至"十五"期间"种子工程"重点项目的建设。截至 2005 年，由于世行种子项目的示范和带动，中国先后投入约 47.32 亿元人民币用于种子基础设施建设，世行贷款项目对中国种子行业投资的带动比达 1∶6.42，对我国步入粮食总量供给基本平衡、丰年有余的农业发展新阶段发挥了重要的基础性作用。自 1980 年至 2010 年，世界银行对于我国农业方面的总贷款达 111.93 亿元。

此外，通过加强与国际金融组织合作，一方面进一步改善了我国国内投资环境，增强了我国对外资的吸引力；另一方面，利用国际金融组织产生的巨大国际影响力以及其作为国际资本"风向标"和"催化剂"的作用，增强了我国对国际私人资本的吸引力，有效引导了国际私人资本投向，扩大并丰富了我国经济建设所需资金来源，为中国经济可持续增长提供了较大的资金支持。

2. 引进了国际先进技术，加速提高了我国民族产业升级换代水平

国际金融组织贷款普遍使用国际竞争性招标方式，为引进国际先进技术与设备提供了便利条件。这不仅加快了各行业技术引进的步伐，而且促进了对引进技术的消化、吸收与再创新，加速了我国民族工业的升级换代。这些行业主要包括：

农垦行业。20 世纪 80 年代初黑龙江垦区通过世行贷款项目，引进了大马力旱作农机具等大型农业机械，提高了农垦区的机械化水平，解决了长期困扰我国农业低洼地开发的技术性难题。水利行业引进了成套的碾压混凝土施工技术、隧道全断面掘进机、柔性堤防防渗墙等众多的先进技术，促进了水利建设领域的科技进步。

电力行业。电力企业在利用国际金融组织贷款的过程中，充分注意以设备技术领先、同步引进管理作为商务谈判的先决条件，从而利用国际金融组织贷款极大地

提升了电力产业的技术和管理水平。中国火力发电机组制造产业，也是伴随着世行、亚行贷款项目发电机组的引进而成长发展起来的。

铁路行业。借用国际金融组织贷款提高了我国铁路技术装备的水平，同时进一步提高了铁路自主创新的起点，也提高了铁路运营管理水平。通过利用国际金融组织贷款，铁路系统引进了高效大型养路机械，利用封锁天窗对繁忙线路进行维修，促进了我国铁路养路机械现代化。

交通行业。通过"技贸结合"引进国外先进技术，提高了产品质量，带动了工业结构的调整。先后利用世行贷款对长春客车厂、昆明机械厂等7家企业实施技术改造，优化调整产品结构，使企业在较短时间内实现了产品的更新换代，大大提升了企业在国际市场上的竞争力。在水运行业，利用世行贷款开展京杭运河船闸扩容工程项目，这是借用国外贷款成功的范例。在内河航道业务管理方面，世行贷款广东省航道项目通过引进先进技术提高航道管理水平。在港口行业，通过开展港口贷款项目，引进了大批装卸设备，对加快港口吞吐能力的提高发挥了重要作用。

3. 培养了改革开放所亟需的大批技术管理人才

在与世行、亚行等国际金融组织合作的几十年里，双方始终高度重视人才培养，将加强人才培养作为双方合作的重点内容之一，坚持"请进来"与"走出去"相结合，为中国培养了一大批技术管理人才。以与世行合作为例，为支持贷款项目的实施，世行在中国恢复席位后仅半年就举办了第一个培训班，向从事经济工作的干部普及市场经济下项目管理的一般知识。在世行高速公路贷款项目中，通过广泛采用国际通行的菲迪克条款，我国首次引进了合同管理，建立了工程师监理机制，培养了大批本土监理工程师。多年来，世行和亚行在我国实施了大批技术援助和培训项目，包括宏观经济、行业发展、农业扶贫、教育卫生等项目管理领域。更重要的是，通过贷款项目管理，中央和地方各级政府成立了项目办，培养了大批项目管理和财经外向型人才，锻炼出了一支懂政策懂业务的干部队伍。

4. 与国家发展战略相配合，促进了区域和经济社会协调发展

按照党中央、国务院的战略部署，在优化项目管理的基础上，我国逐步加大了国际金融组织贷款、赠款向广大中、西部地区倾斜的力度，积极配合西部大开发、

东北等老工业基地振兴、中部崛起和东部地区率先发展战略,重点支持了农业、交通、城建环保、教育、卫生以及节能减排等国民经济和社会发展薄弱环节和优先领域,取得了积极成效。以世行贷款为例,农业类项目占世行贷款签约额的27.1%、交通类项目占27.7%、能源类项目占16.4%、城建环保类项目占13.3%、教育类项目占4.7%、卫生类项目占2.4%。

(二) 推动制度创新,促进经济体制改革

世行、亚行等国际金融组织在中国改革开放的进程中,不仅仅扮演了资金提供者的角色,更重要的是发挥了提供发展知识的作用。2007年,时任总理温家宝在会见时任世界银行行长佐利克时指出,"对于中国而言,资金不是最主要的,经验和知识更为宝贵"。

1. 推动了机制和制度创新

我国利用世行资金、亚行资金、全球环境基金赠款,引进国际发展经验,积极推动机制和制度创新。其中,世行在基础设施、环境、人力资源、项目管理、减贫及经济金融、农村发展等六大领域共为中国提出了19项制度创新政策建议。通过世行贷款引进的竞争性招标机制、工程师监理制度、业主负责制已成为我国重大工程项目的标准做法;通过世行项目引进的供水、污水收费制度已在全国推行,为我国水资源的可持续发展提供了基础;通过世行项目率先试点的区域卫生资源规划、医疗扶贫基金等为我国卫生体制改革与发展提供了宝贵的借鉴;世行的资金回补制原则已经体现在国内公共投资的财务管理中。如鲁布革水电站是世行在中国投资的第一个水电项目,它率先引进国际竞争性招标,得到了中国政府的充分肯定和工程界的广泛重视,被誉为"鲁布革模式",并在其他领域推广。京津唐高速公路是中国第一条利用世行贷款修建的跨省市高速公路,它采用国际通行的菲迪克条款,首次引进合同管理,建立监理管理,推动了中国公路建设管理体制的改革。全球环境基金赠款项目促进了我国能源政策、规章和节能技术标准的制定。如中国可再生能源发展项目推动了《中国可再生能源法》的制定和实施;中国节能促进项目帮助我国引进和推广了"合同能源管理"这一节能新机制;中国节能冰箱项目设计并推广了我国第一个能效标识,直接推动了《家用电冰箱耗电量限定值及能源效率等

级》和《能源效率标识管理办法》的制定和实施。

2. 积极为中国经济体制改革建言献策

改革开放以来,世行等国际金融组织积极参与中国经济体制改革,通过与我国开展经济分析、政策咨询、技术援助等知识合作,在我国社会主义市经济体制改革和国民经济宏观调控进程中发挥了重要作用。1985 年 9 月,中国与世行联合召开了"宏观经济管理国际研讨会",即中国经济改革史上著名的"巴山轮会议"。这次会议明确了稳定经济的政策方向,为我国政府今后的宏观调控奠定了坚实的理论基础。近几十年来,我国与世行、亚行等国际金融组织合作完成了多篇经济和部门研究报告,涉及我国宏观经济、地方经济、财政金融、社会保障、企业改革、投资环境、农村发展、扶贫开发、教育卫生、交通运输、能源水利、环境保护等多个领域,为我国的宏观经济管理和行业部门改革提出了具有参考价值的意见和建议,促进了我国重大体制改革的平稳顺利实施,为我国建立和完善社会主义市场经济体制做出了积极贡献。同时,帮助我国政府扩大律师和法官队伍,实行全国法官资格考试制度;完善法规起草和修改的咨询机制,加强人大审核法规的能力。2008 年四川汶川大地震发生后,世行、亚行、国际农发基金、全球环境基金等国际金融组织在第一时间对我国提出了有关抗震救灾紧急措施、地震灾害经济影响、风险评估、灾后重建等政策建议。

3. 积极推动中国财税改革进程

世行、亚行等国际金融组织积极参与和改善政府治理的制度建设,帮助中国采用国际标准的会计审计制度等多种机制;建议我国实行听证制度等措施增加公共政策透明度和公众参与程度;帮助我国财政部门推行全面财政改革,包括推行分税制、推行财政转移支付制度、采用新的预算编制与审批程序、实行新的预算分类方法和改善监控与审计工作、建立新的国库管理制度、帮助中国建立新的会计准则;提供援助支持我国实施 1999 年《中华人民共和国招标投标法》和制定 2002 年的《中华人民共和国政府采购法》;帮助我国改善统计方法和体系等。

4. 促进了我国发展理念的更新和转变

多年来,世行、亚行等国际金融组织作为国际上重要的多边发展机构,一直将减贫和发展事业作为自身的中心任务，倡导"以人为中心的发展"，重视项目的环境影响和可持续性，推行"全面发展框架"及"包容和可持续全球化"的理念，认为发展应重视各种经济与非经济因素之间的相互关联性，强调要加大对借款国社会发展领域的支持，以缩小贫富差距，促进社会平衡与和谐发展。因此，国际金融组织的发展援助理念与我国科学发展观的理念是一致的。这些以人为本的发展理念的一致性也充分反映在了双方的贷款项目合作中。如世行西南、秦巴、西部扶贫贷款项目，直接援助中国"八七"扶贫攻坚计划中所列的贫困县，并率先引入了开发式扶贫、参与式扶贫的新模式，体现出了以人为本的核心理念。在与国际金融组织的合作中，我国通过吸收国际先进经验，更加强调环境保护，更加强调影响评价，维护项目受影响人群的权益，使我国可持续发展理念和以人为本理念逐步深入人心。

（三）为中国以及全球减贫和发展事业做出积极贡献

1. 支持中国扶贫事业，加快了中国减贫进程

国际金融组织历来高度重视中国存在的贫困人口问题。

一是倡导关注贫困人口和贫富差距。自1984年以来，世行发表了多份关于中国发展所存在的问题与解决方案的研究报告，关注中国的扶贫问题，是中国推动扶贫工作的重要参与者。世行、亚行积极提出一些新的发展理念，引入可持续发展、公平发展、有利于贫困人口增收等理论，以及"弱势群体"、"贫富差距"（如基尼系数）、高覆盖率的社会保障体系等概念，受到社会各界的广泛关注。世行、亚行还组织技术援助项目，为中国建立社会安全网提供知识帮助。国际金融组织不仅资助中国开展相关的研究工作，还帮助中国政府进行试点，获取经验。

二是实施旨在瞄准贫困人口的扶贫项目。世行、亚行、农发基金等国际金融组织对于贫困人口最为直接的贡献是在多个部门、多个地区组织实施了大量以扶贫为目标的项目。这些扶贫项目从三个方面帮助贫困人口获得发展：第一，帮助贫困人口获取生产资料，就地取得用于可持续生产的资金、土地、燃料动力、市场等资源。譬如，改造农业基础设施，包括改良土壤、修建灌溉渠道、修建农村公路等方式可直接提高土地产出水平，成为减少贫困的重要条件之一；向农民提供小额贷

款,并辅之以相关的市场信息和流通服务,可帮助农民接近市场,转变生产方式,提高收入。第二,为贫困人口提供就业机会。在中西部地区,国际金融组织贷款的流入有效促进了私人投资和经济增长。经济增长惠及贫困人口的方式不仅在于为其农产品提供了市场,更重要的是为其提供了就业机会,直接增加了他们的收入。国际金融组织贷款项目实施期间,基础设施建设可吸纳大量体力劳动者;基础设施改善引致的私人投资又可为受过一定教育的农村人口提供加工行业、服务行业的就业岗位;交通设施的改善还增加了贫困人口的流动性,扩大了他们的就业范围和信息来源,增加了就业机会,降低了工作成本。第三,直接或间接实施人力资本开发,使贫困地区获得摆脱困境的核心能力。对贫困地区的人民来说,除了农业耕作、当地其他以简单劳动为主的就业机会之外,人力资本发展是增进其社会流动性、分享社会发展收益的最有效途径。发展人力资本的方式是多方面的。其中,教育是最具长远效益的投资。世行在我国实施了多个跨省域的农村教育项目,包括师范项目、教材项目、贫困地区基础教育、劳动力开发项目、职业教育项目等。许多因体制变革而致贫失学的儿童重新回到学校,农村地区的教学质量和教学条件得到了改善。不仅如此,各种项目实施过程中均有大量的培训内容,这些培训也有助于提高贫困人口的知识水平。除教育之外,农村地区的环境保护、公共卫生和清洁饮水项目,也起到了保护贫困人口生活环境、提高健康水平的作用。

三是引入有效的扶贫体制。通过实施国际金融组织贷款扶贫项目,我国不仅弥补了扶贫资金的不足,而且引进了先进的扶贫理念,使我国的扶贫方式发生了根本性的变化。我国政府从20世纪80年代起把救济式扶贫转为开发式扶贫,从1994年起实施扶贫到乡、扶贫到村、扶贫到户。在这个过程中,我们从国际金融组织引入了双重扶贫战略、参与式扶贫等扶贫理念,以及小额贷款等行之有效的扶贫办法;与国际金融组织一起根据实际情况总结、创立本土化的扶贫办法,如实施范围很广的母婴平安项目、农户能力建设项目等。我国与国际金融组织在扶贫事业方面形成了双向互动的良性合作方式,我国的扶贫能力得到增强。世行贷款中国西南扶贫项目就是成功的范例。

改革开放近40年来,中国的减贫事业取得了举世瞩目的成就。农村贫困人口从 1978 年的 7.7 亿下降到 2015 年的 5575 万，贫困发生率从 97.5% 下降到 5.7%。2016 年发布的《中国扶贫开发报告》显示，根据世界银行 1990—2016 年的全球最新贫困数据，按照 2011 年购买力平价 1 天 1.9 美元的贫困标准，1981 年至 2012 年全球贫困人口减少了 11 亿或者 55.1%，同期中国贫困人口减少了 7.9 亿。中国减少的贫困人口占到全球减少贫困人口总数的 71.82%。中国几十年来的成功减贫，加速了世界减贫进程，为世界减贫事业做出了积极贡献。

2. 利用国际金融组织平台，宣传中国成功减贫和发展理念

世行不仅是国际上最大的发展援助机构，也是最大的发展知识银行，其发展理念和业务政策对国际发展事业有着重要的影响。亚行、国际农发基金等国际金融组织也是我国参与国际多边经济交往的重要平台。因此，利用世行等国际金融组织宣传中国的发展成就和发展经验以及发展理念，客观上促进了国际社会对我国发展的理解和支持。2004 年 5 月，世行主办、中国承办的上海全球扶贫大会是双方发展合作的典范。大会推动了国际社会对全球扶贫理念和实践的再认识，我国发展和扶贫的经验得到普遍认同。在会上，时任世界银行行长沃尔芬森表示，许多国家的宏观调控纷纷失败，而中国却取得了巨大成功，这表明"华盛顿共识"已经过时，这种僵化的经济理论不应继续作为当今世界处理危机、促进发展和减贫事业的指导。与此同时，国际上一些有识之士提出"北京共识"这一新概念和新理论。这充分表明，中国的发展道路赢得了广泛的认同与支持。这次会议是利用世行宣传中国发展道路、促进南北对话、加强南南合作的一次重要而成功的实践。2008 年 6 月，世行发布了《增长报告：可持续增长与包容性发展的战略》，报告由两位诺贝尔经济学奖获得者迈克尔·斯宾塞和罗伯特·索洛牵头，汇聚了来自政府、工商界和决策圈的 19 名国际知名人士，其中大多数来自发展中国家。报告研究了"二战"以来连续增长 25 年、年增长速度在 7% 以上的 13 个经济体（包括中国）的赶超经验，提出了一个广大发展中国家加快增长、实现赶超的新政策框架。报告专门引用了我国改革开放总设计师邓小平"摸着石头过河"的名言，强调世界上没有一模一样的国家，也没有放之四海而皆准的增长政策，关键在于根据本国具体情况探索经济增长的可行之道。西方媒体对报告中的这个重要观点极为关注，认为这标志着中国

经验在国际社会的影响力迅速上升。

3. 通过国际金融组织平台，促进与发展中国家在减贫和发展领域的交流合作

随着我国综合国力的增强，我国在国际金融组织中的地位和影响力不断提升。广大发展中国家迫切希望中国能够代表它们的利益与国际金融组织开展合作，引导国际金融组织的政策向着更有利于发展中国家的方向发展。我国作为世界上最大的发展中国家，把巩固与发展同其他发展中国家的合作作为外交政策的基石，长期以来一直积极支持并参与与发展中国家的合作，充分利用国际金融组织作为多边开发机构在开展援助活动方面所具备的独特优势，加强南南合作。2008年5月，我国与世行合作，联合举办了中非共享发展经验高级官员研讨会。来自东部和南部非洲17个国家及东南非共同市场的31名高级政府官员，包括7名副部级官员参加了会议。各参会非洲国家代表对研讨会给予了高度评价。他们目睹了改革开放30年来中国在城乡社会经济建设及扶贫开发领域所取得的伟大成就，学习了中国在工业化、城市化发展进程中的许多宝贵经验，对中国的改革开放与发展有了更加深刻的理解与体会。同时，我国利用亚太财经与发展中心（AFDC）平台，大力开展对发展中国家的人员培训，截至2007年底，共举办发展中国家人员培训班40个，培训人员近3000人（次）。2014年，该中心升级为亚太财经与发展学院（AFDI），依托上海国家会计学院，面向亚太地区中青年财经官员开展"发展中国家硕士项目"，进一步丰富和深化区域内财经领域能力建设的内容。

（四）积极参与国际对话，为我国经济发展创造良好的外部环境

20世纪90年代以后，在经济全球化背景下，为了实现合作共赢，世界各国，特别是发达国家与主要新兴市场国家，加强了财政政策、货币政策和汇率政策的宏观经济政策对话与交流。

随着我国的经济实力、综合国力和国际地位不断提高，世界各国对中国宏观经济政策走向的关注程度和对中国的期望值也越来越高，愿意加强与中国的交流与合作。另一方面，国际市场波动与主要国家的政策调整对我国经济可能造成不利影响的风险也在加大。相关国家与我国在资源、贸易等问题上的摩擦日益增多。我国经济面临着外部挑战和风险。

财政部作为国家宏观经济调控的重要部门，根据我国总体外交布局和国内经济发展态势，积极通过各个多边财金论坛和双边对话机制加强与各主要经济体的宏观经济政策对话。通过相互交流，增强了全球宏观经济政策的协调，更好地应对经济风险和挑战，促进了全球经济的稳定，也为我国自身经济建设创造了良好的外部环境。

1. 积极参与国际多边财金论坛对宏观经济议题的讨论，共同维护全球和区域经济金融稳定

1997年爆发的亚洲金融危机，对亚洲乃至全球经济造成巨大冲击。国际社会纷纷加强各种层次的多边财金合作加以应对。此时的中国经过20年的改革开放，经济持续快速稳定增长，综合国力明显增强。因此，以此次危机为契机，我国全面参与了各种国际财经合作机制，充分发挥我国的国际影响力，在维护全球和区域经济金融稳定中发挥了重要作用。

20国集团（G20）财长和央行行长论坛成立于1999年，旨在推动在全球经济中具有重要影响的国家就关键性的宏观经济和金融政策问题开展非正式对话，进而促进世界经济的持续、稳定发展。我国作为G20的创始成员国之一，积极参与了该论坛对国际经济领域热点问题的讨论，充分发挥了我国的影响力。

1997年亚洲金融危机爆发后，原本以推动贸易投资自由化为主的亚太地区经济合作组织（APEC）财长会机制也注入了维护区域宏观经济稳定、防范金融危机的新内容。我国积极参与了APEC财长会机制下的宏观经济政策对话以及各项具体合作，并于2001年在苏州成功主办了第八届APEC财长会。此次会议是我国首次举办大型国际财经合作会议。我国不仅圆满完成了会议后勤保障工作，还作为主席国引导、推动了多项APEC财金合作倡议，首次独立提出了新合作倡议"APEC金融与发展项目"。此次会议的成功举行，标志着我国参与国际多边财金对话与合作的能力和深度都有了大幅度提高。

2. 积极开展与主要经济大国和经济体的财经合作与对话

近年来，我国积极开展与世界主要经济大国和经济体的双边财经对话，通过加强在各项重要财经议题上的战略互动，促进双边经贸合作和双边关系的发展。目

前,与我国建立双边财金对话合作机制的有美国、英国、欧盟、日本、俄罗斯、印度、巴西共7个国家和经济体。

中美战略经济对话是由胡锦涛同志和美国前总统布什共同倡导建立的,这是事关中美两国经济关系的全局性、战略性、长期性问题进行对话的重要机制。2006—2008年间,时任副总理吴仪、王岐山与时任美国财长鲍尔森作为两国元首的特别代表,分别主持了四次中美战略经济对话,双方围绕发展道路与发展战略、宏观经济政策、服务业、投资、贸易、能源与环境、创新、透明度等议题进行了广泛深入的讨论。通过对话,中方促使美方在放宽出口管制、对华开放金融市场、公平对待中资企业赴美投资、加强金融监管合作及共同应对金融市场动荡等中方关切的问题上取得了积极进展,并在能源与环境、产品质量和食品安全、投资、金融服务业、经济平衡发展、透明度和创新等领域达成了多项互利共赢的成果,为中美经贸关系注入了新的活力。对话增进了中美战略互信,有效化解了中美经贸关系中的尖锐冲突,维护了中美经贸关系和整体关系稳定的大局,为我国经济建设营造了良好的外部环境。

2008年1月18日,时任总理温家宝与来华访问的时任英国首相布朗决定将中英副部级财金对话提升为副总理级经济财金对话。2008年4月15日,时任总理温家宝特别代表王岐山与时任英国首相布朗特别代表达林在北京共同主持了首次中英经济财金对话。双方代表就中英经济可持续发展、中英金融服务业合作、应对经济全球化机遇和挑战等三个议题进行了对话。首次中英经济财金对话的成功举行,对于巩固和发展中英全面战略伙伴关系,营造有利于我国和平发展的国际环境,起到了积极作用。

(五)积极推动区域财金合作,开展与区域内周边国家的务实合作

近年来,我国坚持"与邻为善、以邻为伴"的周边外交方针,加强与周边国家的务实财经合作,重点推动东盟加中日韩("10+3")、大湄公河次区域(GMS)、中亚区域经济合作不断向纵深发展,营造了良好的周边环境,促进了我国与周边国家经济的共同发展。

1. "10+3" 财金合作

"10+3" 财金合作机制成立于 1999 年。我国与 "10+3" 其他成员密切合作，在建立区域资金救援机制、发展亚洲债券市场、加强经济评估与政策对话、监控短期资本流动、建立早期预警机制等方面做了很多开创性的工作，使这一机制发展成为亚洲地区目前最有活力、前景最为广阔的区域合作机制。2000 年的 "10+3" 财长会通过了以双边货币互换为主要内容的 "清迈倡议"，倡议在成员国出现金融危机时提供短期流动资金救助，这成为 "10+3" 财金合作的标志性成果。在 2003 年的 "10+3" 领导人会上，温家宝同志提出了推动 "清迈倡议" 多边化的新倡议，建议将较为松散的双边货币互换机制整合为多边资金救助机制。在中国的积极倡导下，"10+3" 各方在 2007 年 5 月的 "10+3" 财长会上同意筹建区域外汇储备库，并在 2008 年 5 月的 "10+3" 财长会上进一步就储备库的规模、中日韩和东盟的出资比例等要素达成共识，这标志着 "10+3" 国家在迈向 "清迈倡议" 多边化方向上取得了新的突破。

2. 大湄公河次区域合作（GMS）

GMS 合作发端于 1992 年由湄公河流域六国参加的 GMS 首次部长会议，从 2000 年起进入全面实施阶段。我国作为 GMS 最重要的成员国，积极推动了 GMS 成员国在交通、通信、能源、环境、旅游、贸易、投资、人力资源和农业等各领域的合作，支持了我国周边国家的经济和社会发展，促进了我国和周边国家的双边关系。2005 年 7 月，GMS 第二次领导人会议在我国昆明成功举行。会议通过了 GMS 历史上具有里程碑意义的《昆明宣言》，确定了 GMS 合作的未来方向。

3. 中亚区域经济合作

1996 年，在亚行的倡导下，中亚区域经济合作开始起步，它对于深化我国与中亚各国的经贸合作，推动我国西部地区，特别是新疆的经济社会发展，营造和平、稳定的周边外交环境具有重要意义。在我国的积极倡导下，中亚各国本着平等、务实、项目主导、软硬兼顾的原则，在交通、能源、贸易政策等多个方面，不断推进合作进展。

(六)推动国际经济秩序向公正合理的方向发展

由于历史原因,现行国际经济秩序和经济制度是在西方发达国家的主导下建立的,因此发达国家在国际分工、国际贸易、国际经济治理等诸多方面都处于有利地位。随着发展中国家整体经济实力不断增强,要求改革这种不公正、不合理的国际经济秩序的呼声不断提高。

多年来,我国利用与七国集团财长会议(G7)对话、参与二十国集团(G20)财长与央行行长会议、亚欧财长会议(ASEM)、APEC 财长会等多边财金对话机制,积极推动国际金融治理框架改革,扩大我国在世界经济问题上的话语权,维护了我国的核心利益和发展中国家的整体利益,进而推动国际经济秩序向公正合理的方向发展。

西方七国财长会议是当前世界主要发达国家间的协调机制,在引领全球重大经济和发展议题、动员资金以及推动其他国际多边机制协调落实等方面发挥着较为重要的作用。近年来,随着以中国为代表的新兴市场国家的群体性崛起,全球政治和经济格局发生了深刻变化,发达国家与发展中国家利益相互交融、依赖的趋势不断加强,许多全球性议题的解决都需要与主要发展中国家进行协调。在这一背景下,自 2003 年以来,中国多次应邀参加 G7 与包括中国在内的发展中国家财政部长的对话。对话层次和频率不断提高,对话内容不断拓展,涉及全球经济形势和宏观经济政策协调等国际经济领域的许多重大问题。通过与 G7 开展经常性的财经对话,我国介绍了自己的科学发展观和宏观经济政策,在汇率、能源、贸易等问题上增信释疑,同时积极参与国际财经领域重大问题的讨论与协调,维护发展中国家利益。

二十国集团财长和央行行长会议(G20)机制成员涵盖面广、代表性强,既包括了世界主要经济体,又兼顾了世界上处于不同发展阶段及不同地域国家之间的利益平衡,因此最适宜讨论涉及国际经济体制改革的重大议题。2005 年,我国成功举办 G20 财长和央行行长会议。会议通过的《二十国集团关于布雷顿森林机构改革的联合声明》和《二十国集团关于全球发展问题的联合声明》对于推动联合国千年发展目标的实现,改革布雷顿森林机构,加强全球经济治理,建立公正、合理的国际经济体制具有重要意义。

为了加强发展中国家在国际财经对话中的主动权，我国还重点发展和加强了与印度、巴西、南非等主要发展中国家的财经交流和合作。四国财长利用与 G7 财经对话、世行/国际货币基金组织年会、出席 G20 财政央行部长级会议等场合多次会晤，就国际发展融资、布雷顿森林机构改革等国际经济重大问题进行了立场协调，维护了广大发展中国家的利益。

第八章
适应国家治理现代化的财税体制改革新进展

党的十八届三中全会通过的《中共中央关于全面深化改革若干重大问题的决定》(以下简称《决定》)提出，全面深化改革的总目标是完善和发展中国特色社会主义制度，推进国家治理体系和治理能力现代化，同时提出财政是国家治理的基础和重要支柱。本章从财政制度的背景切入，简要阐述财政在国家治理体系和治理能力现代化以及全面深化改革中的作用，并进一步分析我国在预算管理、税制改革以及政府债务管理等方面改革取得的进展、出现的问题以及未来的改革方向。

第一节
现代财政制度提出的背景及其
对全面深化改革的重要意义

党的十八届三中全会《决定》提出，全面深化改革的总目标是完善和发展中国特色社会主义制度，推进国家治理体系和治理能力现代化。在国家治理现代化的语境下提出"财政是国家治理的基础和重要支柱"，既具有严谨的学理支撑，更有重大的现实意义。

一、国家治理体系和治理能力现代化

（一）新背景：国家治理体系和治理能力现代化

1. 国家治理体系和国家治理能力的内容

在《切实把思想统一到党的十八届三中全会精神上来》一文中，习近平总书记指出："国家治理体系是在党领导下管理国家的制度体系，包括经济、政治、文化、社会、生态文明和党的建设等各领域体制机制、法律法规安排，也就是一整套紧密相连、相互协调的国家制度；国家治理能力则是运用国家制度管理社会各方面事务的能力，包括改革发展稳定、内政外交国防、治党治国治军等各个方面。"

基于学理分析，可认为国家治理体系就是规范社会权力运行和维护公共秩序的一系列制度和程序。它包括规范行政行为、市场行为和社会行为的一系列制度和程序，政府治理、市场治理和社会治理是现代国家治理体系中三个最重要的次级体系。所谓国家治理能力，是指国家在管理经济、政治、社会、文化事务过程中，为实现国家治理的战略目标，分配社会利益并实现对社会生活的有效控制和调节的能量及其作用的总称，包括国家治理的合法化能力、规范化能力、一体化能力、危机响应和管控能力等。

国家治理体系和治理能力的现代化，最重要的内涵指向，是以相关制度安排和机制联结的优化，服务于整体经济社会的包容性发展。"治理"概念有别于传统"管理调控"概念的新意，是在于"治理"是不限于各级政府自上而下的"管理"，而是要发展政府与非政府多元主体间的"互动"来充分调动一切潜力、活力与积极性，从而最大限度地解放生产力和促进社会和谐与文明进步。

2. 实现国家治理体系和治理能力现代化的路径

（1）以社会主义核心价值体系为指导，用核心价值观引领国家治理体系和治理能力现代化

社会主义核心价值体系是兴国之魂，决定着中国特色社会主义的发展方向，也为推进国家治理体系和治理能力现代化提供巨大的精神力量。要将社会主义核心价值体系建设与国家治理体系和治理能力建设紧密结合，用社会主义核心价值体系引领社会思潮、凝聚社会共识，让社会主义核心价值观深入人心、融入各项工作中去。要在党、国家、社会各项事务治理中体现"富强、民主、文明、和谐，自由、平等、公正、法治，爱国、敬业、诚信、友善"的社会主义核心价值观，就要把以人为本、全面协调可持续的科学发展理念，贯彻到我国现代化建设全过程、体现到党的建设各方面，增强全社会推动科学发展、加快转变经济发展方式的自觉性。

"以人民为中心",密切党群、干群关系,保持党同人民群众的血肉联系,始终是我们党立于不败之地的根基,始终是国家繁荣稳定、人民幸福安康的基石。以科学理念引领国家治理体系和治理能力现代化,就要把以人为本、执政为民的执政理念贯彻到党的一切执政活动中,体现到国家机构的各项工作和职能里,把以人为本、执政为民作为检验党一切执政活动的最高标准。

(2) 以全面深化改革为动力,建设现代化的社会主义国家治理体系

建立现代化的国家治理体系,要具有强烈的问题意识,着眼于解决我国发展面临的一系列突出矛盾和问题,实现整体推进和重点突破相促进,点面结合,提高改革的系统性、整体性、协同性。首先,发展更加广泛、更加充分、更加健全的人民民主。人民民主是社会主义的生命,也是中国特色社会主义制度和国家治理体系的巨大优势所在。发展更加广泛、更加充分、更加健全的人民民主,是经济社会发展和人民政治参与积极性不断提高的必然要求,是国家治理体系和治理能力现代化的重要内容。其次,建立现代化的马克思主义政党治理体系是推进我国国家治理体系和治理能力现代化的内在要求,也是加强和改善党的领导的必然选择。我们党是执政党,与国家权力紧密相连,国家治理的现代化水平在很大程度上取决于政党建设和政党领导的现代化水平。推进党的建设现代化,关键在于处理好党和国家的关系、党和政府的关系、党和人民的关系,实行党政分开,消除党政不分、党社不分、党委包揽一切的弊端。再次,建立现代化的市场治理体系。经济基础决定上层建筑,经济体制改革对其他方面改革具有重要影响和传导作用。经济体制改革是全面深化改革的重点,也是推进国家治理体系和治理能力现代化的重点,具有重大牵引作用。一方面,需要我们坚持和完善基本经济制度,进一步探索基本经济制度的有效实现形式。另一方面,需要坚持以处理好政府和市场的关系为核心推进市场化改革。最后,建立现代化的政府治理体系和社会治理体系。这需要处理好政府和市场、政府和社会、中央政府与地方政府等关系,深入推进政企分开、政资分开、政事分开、政社分开,建设职能科学、结构优化、廉洁高效、人民满意的服务型政府,把政府工作重点转到创造良好发展环境、提供优质公共服务、维护社会公平正义上来,切实把党为人民服务的宗旨贯穿到行政体制改革的各方面和全过程。建立

现代化的社会治理体系,是现代国家治理的重要组成部分。

(3) 以提高党的执政能力为重点,全面推进治理主体的治理能力现代化

党的执政能力,就是党提出和运用正确的理论、路线、方针、政策和策略,领导制定和实施宪法与法律,采取科学的领导制度和领导方式,动员和组织人民依法管理国家和社会事务、经济文化事业,有效治党治国治军,建设社会主义现代化国家的本领。坚持和发展中国特色社会主义,推动治理能力现代化,关键在于建设一支政治坚定、能力过硬、作风优良、奋发有为的执政骨干队伍。一定要建立完善的选贤任能机制,以增强党性、提高素质为重点,加强和改进党员队伍教育管理,健全党员立足岗位创先争优长效机制,以党员干部能力素质的现代化,全面提高科学执政、民主执政、依法执政的能力水平。

(二) 新定位:财政是国家治理的基础和重要支柱

党的十八届三中全会《决定》明确财政是国家治理的基础和重要支柱,强调科学的财税体制是优化资源配置、维护市场统一、促进社会公平、实现国家长治久安的制度保障,要求建立现代财政制度。这一重要论断深化了关于国家在财政活动中主体地位的认识,而且指明了在实践中完成财政转换功能,为国家治理体系和治理能力现代化保驾护航的历史任务。"以政控财,以财行政"的财政分配体系处理的是以国家政权为主体参与社会公共资源的配置,它必须影响、辐射、拉动、制约总体的经济社会资源配置。从学理而言,财政是国家治理的基础和重要支柱这一重要论断是十分严谨的,从具体的财政功能作用而言,首先对应的是优化资源配置、维护市场统一、促进社会公平、实现国家长治久安等制度保障功能,属于国家治理范畴;从逻辑体系上讲,推进国家治理体系和治理能力现代化,对应的是完善和发展中国特色社会主义制度、有效提升中国特色社会主义制度的执行力和总效果。政府治理显然不能等同于国家治理,政府治理需与市场治理、社会治理结合为一个完整的治理体系。在此国家治理的视域中,通过发挥财政的基础作用和支撑作用、通过制度创新和政策优化设计,服务和保障国家发展的政治意图、战略部署和改革方向,理顺和规范国家与社会、政府与市场、中央与地方、公权机构与公民等重大基本关系,有效发挥中国特色社会主义制度的优势,应是我国财政理论体系和制度机

制建设的主要逻辑线索。

财政的基础和支柱作用,要服务于现代市场体系中市场机制在资源配置中总体而言应发挥的决定性作用,最大限度地产生市场的正面效应,同时在总体资源配置中辅助性地弥补市场失灵。所谓"国家治理",不等同于过去较强调的自上而下的"调控""管理",其中有组织,也有自组织;有调控,也有自调控;有管理,也有自管理。治理概念更为强调的是一套包容性的制度安排和机制联结,意在调动和发挥各种主体的潜力,形成最强大的活力与最充分的可持续性。财政体系在具体管理表现形式上的预算收支,体现的是国家政权体系活动的范围、方向、重点和政策要领,必须首先在自己制度体系的安排层面,处理好政府和市场、中央和地方、公共权力体系和公民这三大基本的经济社会关系,即"以政控财,以财行政"的财政分配,要使政府既不"越位"又不"缺位",在市场发挥决定性资源配置作用的同时,发挥政府应该发挥的维护社会公平正义、让市场主体在公平竞争中释放活力,让社会多元主体在公益慈善、基层自治等方面释放潜能,弥补市场失灵、扶助弱势群体、优化收入分配,来促进社会和谐和长治久安。

二、财政推动全面深化改革的重要意义

(一)全面深化改革的提出

党的十八届三中全会《决定》提出了全面深化改革的指导思想、目标任务、重大原则,描绘了全面深化改革的新蓝图、新愿景、新目标,合理布局了深化改革的战略重点、优先顺序、主攻方向、工作机制、推进方式和时间表、路线图,汇集了全面深化改革的新思想、新论断、新举措,是我们党在新的历史起点上全面深化改革的科学指南和行动纲领。

《决定》提出,到2020年,改革要在重要领域和关键环节取得决定性成果,形成系统完备、科学规范、运行有效的制度体系,使各方面制度更加成熟、更加定型。2020年是我们预计全面建成小康社会的时间节点,国家治理体系和治理能力现代化的目标初步实现,将从制度上巩固和保障全面建成小康社会的成果。全面深化改革总目标,与实现社会主义现代化和中华民族伟大复兴的中国特色社会主义总

任务相对接，国家治理体系和治理能力现代化的不断推进，将为我们于全面小康之后进而跨越"中等收入陷阱"，在中华人民共和国成立一百年时建成富强、民主、文明、和谐的社会主义现代化国家准备好制度上的前提和条件。全面深化改革总目标的提出，是对中国特色社会主义理论体系的丰富和发展，其中蕴含的社会主义国家治理思想，是我国全面深化改革的重要指导方针，也是发展中国特色社会主义必须坚持的重大战略思想。

（二）全面深化改革中财政发挥的作用

一方面，财税体制改革是全面深化改革的关键点和突破口。改革开放以来，我国的财税体制就一直发挥着突破口的作用。中华人民共和国成立以来，我国财税体制历经多次调整，大体上经历了从"统收统支"到"分灶吃饭"的包干制，再到"分税制"的沿革历程。特别是1994年实施的分税制和工商税制配套改革，涉及范围广、调整力度大，对经济社会产生了深远影响，成为我国财政史上的重要里程碑。财税体制改革是综合性的全面改革，财政制度的安排涉及全社会的各个领域，不仅政府部门的所有活动需要财政作为支撑，财税与企业、居民的联系也十分广泛和紧密，因此，财税改革是全面深化改革的一大关键领域。

另一方面，财政在全面深化改革中必须发挥基础性和支撑性作用。"财政是国家治理的基础和重要支柱"是在全面深化改革的历史背景下提出来的。它带给我们的一个重要指向就是：随着改革深入到经济建设、政治建设、文化建设、社会建设、生态文明建设和党的建设等多领域联动的阶段，作为各领域改革的一个交汇点，财税体制改革必须发挥基础性和支撑性作用。"基础和支柱说"描述了当前和未来我国财政运行的底色。在国家治理中履行基础和重要支柱的使命，已经成为我国财政必须致力完成的经常性工作和根本性任务。顺应这一规律，瞄准"国家治理的基础和重要支柱"这一新的功能和作用定位，全面构建匹配现代国家治理的财政运行新格局，是深化财税体制改革的第一要务。按照中国特色社会主义"五位一体"的总体布局和"四个全面"战略布局的要求，促进创新、协调、绿色、开放、共享发展理念的贯彻落实，是财政必须承担的重要职责和作用，意味着我国财政正迈上一个新的发展平台，应当树立新的理念，历史地、辩证地认识财政运行的阶段性特征，准确把握财政运行的内在规律，为推进国家治理体系和治理能力现代化、促进经济社会持续健康发展履职尽责。

第二节
财税体制改革三大方面新进展

2014年6月30日，中共中央政治局会议审议通过的《深化财税体制改革总体方案》为新一轮财税体制改革划定了路线图。总体方案明确：新一轮财税体制改革2016年基本完成重点工作和任务，2020年基本建立现代财政制度。这个总体方案是一场关系国家治理现代化的深刻变革，重点包括三个方面内容：改进预算管理制度、深化税收制度改革、调整中央和地方政府间财政关系。

一、预算管理改革

预算制度是财政发展的法定性的重要体现，也是国家治理现代化的抓手。要着力从"建立全面规范、公开透明预算制度，完善政府预算体系，实施跨年度预算平衡机制和中期财政规划管理"以及"建立规范的地方政府举债融资体制"入手，进一步探讨建立健全预算管理制度的相关内容。

（一）提高预算的透明度和完整性

预算管理改革强调的第一条就是预算要进一步提高透明度，而且要保持它的完整性，即十八大所指的全口径预算，所有的政府财力统统要进入预算体系，不再承认任何预算外的概念。所有政府财力只能进入预算，预算的透明度伴随完整性。这一改革"牵一发而动全身"：有了透明度，而且是完整的透明，那么公众就有了政府体系"以政控财，以财行政"中"钱从哪里来，用到哪里去"的知情权，公众的知情权又必然合乎逻辑地带来他们对公共资源配置方案和行为的质询权、建议权、监督权。这样一套制度安排一步一步发展完善起来，在全面深化改革时代背景下真正落实的,就是人民群众参加"民主理财",实现"当家做主"的决策权。

进一步加强预算管理的透明度和完整性,需要一系列制度创新与制度建设跟进。随着透明度和完整性在预算技术形式上的加强,预算体系将会是"四本预算"相对独立,但又相互合理协调的具体编制形式。首先是一般公共收支预算和资本预算,在其覆盖下,国有企业要按照明确的资产收益,规范和完成上缴任务。以后如果年度公共支付高峰期出现缺口,可以调动包括国有资本预算里可以调拨的资产收益部分。其次还有基金预算,如中央级的三峡基金、地方的土地批租收入等,都必须进入基金预算进行专门管理和监督。最后,预算管理改革还需要适应中国老龄化社会的发展,规范化地形成联结社会保障体系的社会保险预算,为发展基本养老等在全社会发挥共济互济功能的"蓄水池"提供财力支持。

(二)形成预算体系,重点支出一般不再作"挂钩"处理

预算体系中还要明确一个原则,就是过去"挂钩"处理的一些重点领域的支出事项,今后不再继续。以前支出侧从"三农"、科技到教育和精神文明、计划生育等事项,份额必须保证甚至不断提升,致使整个财政支出盘子约48%的部分被固化,这显然违背理财原则。因为在做每个预算时间段里不同支出项目间的统筹协调时,客观上需要有弹性空间。未来那些重点领域仍然还是重点,但在预算期如何支持,将不按"挂钩"方式处理,而是按照更加科学合理的统筹协调方式处理。

(三)跨年度滚动预算

预算改革要求编制跨年度中期预算。从2015年开始,中央层级将按三年滚动方式编制,地方层级通过部分地区先行先试,最后统一规则。这是已讨论多年的、符合"瞻前顾后、统筹协调、综合平衡"理念的预算编制方式,有利于使公共资源配置绩效提升。在这个新框架下,要编制资产负债表,引入权责发生制预算会计新规范,使所有关心预算信息的公众,都可以知道政府实际在做什么事,包括跨年度的、影响重大的项目。

积极编制和发展完善中期滚动预算,需要以信息系统和预测能力为支持,即积极建立三至五年、引入权责发生制的跨年度预算(可先从中央级和若干地区的三年滚动预算编制入手),以利瞻前顾后、科学统筹协调各年度的财力分配,提升预算

运行绩效水平。在提高透明度的前提下,加强全口径政府财力的统筹调节,消除以往诸多"法定刚性"项目的"板块化"效应,以及过多过滥的补助项目、税收优惠措施的副作用,加强财政支出流程的绩效约束,结合配套改革和加强管理,压缩行政成本,追求预算资金综合绩效水平的提升。

(四)完善转移支付

转移支付的优化也是预算改革的一个重点。其原则是提高一般性转移支付比重,压缩专项转移支付项目,大力强化和优化中央、省两级自上而下的转移支付,提高一般转移支付比重,整合专项转移支付并取消"地方配套"附带条件。即专项转移支付项目原来所要求的地方资金配套,以后应予取消,只有中央和地方需要共同承担的一些特定的事项,可以通过透明的讨论,来安排中央与地方各自怎么做资金配套。

国务院印发的《关于改革和完善中央对地方转移支付制度的意见》(以下简称《意见》),针对中央和地方转移支付制度存在的问题和不足,明确了改革和完善转移支付制度的总体目标、基本原则和主要措施。

第一,增加一般性转移支付规模和比例,适度扩大地方自主权,厘清了中央和地方事权及支出责任。一方面,《意见》中明确提出增加一般性转移支付规模和比例,逐步将一般性转移支付占比提高到60%以上。另一方面,《意见》提出要合理划分中央和地方事权与支出责任。"属于中央事权的,由中央全额承担支出责任,原则上应通过中央本级支出安排,由中央直接实施;随着中央委托事权和支出责任的上收,应提高中央直接履行事权安排支出的比重,相应减少委托地方实施的专项转移支付。属于中央地方共同事权的,由中央和地方共同分担支出责任,中央分担部分通过专项转移支付委托地方实施。属于地方事权的,由地方承担支出责任,中央主要通过一般性转移支付给予支持,少量的引导类、救济类、应急类事务通过专项转移支付予以支持,以实现特定政策目标。"这是深化财税体制改革的重要内容,进一步加大了地方对使用中央拨款的自由度和灵活性,即可以按照地方政府的实际情况来安排财政支出,属于地方自主安排的支出地方可以自由安排,不属于地方的支出责任,中央本级将直接承担相应的支出责任,不再交给地方。

第二，一般性转移支付和专项转移支付结合的转移支付结构得到优化。目前我国的转移支付分为一般性转移支付和专项转移支付。《意见》明确提出要清理整合一般性转移支付，建立一般性转移支付稳定增长机制，同时从严控制专项转移支付，规范专项转移支付的分配和使用，并逐步取消竞争性领域专项转移支付，要形成以均衡地区间基本财力、由地方政府统筹安排使用的一般性转移支付为主体，一般性转移支付和专项转移支付相结合的转移支付制度。

第三，逐步推进财政转移支付的法治化进程，促进了转移支付的进一步规范。一方面，《意见》明确提出要加快转移支付立法的进程，尽快研究制定出相应的转移支付条例，将我国的财政转移支付制度改革建立在科学合理的法治化框架体系之下。另一方面，《意见》对专项转移支付分配和使用的办法进行了规范，取消了地方资金配套，加强了对专项资金分配使用的全过程监控和检查力度，建立健全了信息反馈、责任追究和奖惩机制，重点解决资金管理"最后一公里"问题。

总之，改革和完善中央对地方转移支付制度，是财税体制改革的重要组成部分，其最终目的，是通过深化改革，合理配置税基、构建阳光融资机制以及自上而下地强化与优化转移支付体系，使中央和地方政府逐步做到财权与事权相顺应、财力与事权相匹配，实质性地转变和优化各级政府职能，推进基本公共服务均等化。①

（五）加强执行管理

预算管理改革中极为重要的一项是加强预算的执行管理。预算执行管理水平的高低，直接关系到党和国家重大方针政策的贯彻落实，关系到各项财政政策实施的效果，关系到财政资金的使用效益。

加强预算执行管理，首先要建立科学合理的预算执行进度考核机制，实施预算执行进度的通报制度和监督检查制度，有效控制新增结转结余资金。其次要把财政资金统筹使用情况，作为国家重大政策措施和宏观调控部署落实情况跟踪审计内容，加大审计监督力度。再次，在国家对地方和部门开展重点督查中，盘活财政存

---

① 李成刚：《建立现代财政制度》，《科学分配央地财权》，中国经济时报，2015-02-03.

量资金也应成为重要内容。需要强调的是,强化预算执行、盘活存量资金,并非意味着随意花钱,而是要依法依规使用财政资金。最后,要把钱花在刀刃上,尤其是花在医疗、就业、保障房、棚户区改造等方面,既带动消费、投资,同时又改善民生。

(六)规范地方债务

地方政府债务是地方财政收支的重要组成部分,依法应当纳入各级预算管理。将地方政府债务分类纳入预算管理,改变了以往一些地方政府通过融资平台公司举债后债务资金游离于监管之外的局面,有利于规范地方政府举债。

为规范地方政府债务预算管理,根据新预算法和国务院《关于加强地方政府性债务管理的意见》等有关规定,财政部印发了《地方政府一般债务预算管理办法》(以下简称《办法》)和《地方政府专项债务预算管理办法》。第一,确定地方政府债务限额。依据《财政部关于对地方政府债务实行限额管理的实施意见》的有关规定,明确地方各级政府债务限额的确定依据和程序,要求地方做好限额管理与预算管理的衔接,保障地方政府债务余额不超过法定的"天花板"上限要求。第二,规范预算编制和批复的流程。《办法》规定了"将一般债务收支纳入一般公共预算管理,将专项债务收支纳入政府性基金预算管理",细化了债务收支列入预算草案或者预算调整方案的编制内容、审批程序、科目使用等,推动政府举借债务和使用债券资金的规范化、制度化。第三,严格预算执行。按照"地方政府举债应当有偿还计划和偿还资金来源,市县级政府确需举借债务的由省级政府代为举借"的规定,《办法》细化了债券发行、转贷、使用,还本付息和发行费用支付的处理方法,保障偿债资金来源,维护政府信用。第四,非政府债券形式存量债务纳入预算管理。《办法》规定了"经清理甄别的地方政府存量债务纳入预算管理",明确存量债务纳入预算的程序、总预算会计账务处理、转化为政府债券的程序等,提高存量债务管理的透明度和规范性。第五,强化监督管理。《办法》强调债务公开有关要求,强化人大和社会监督,发挥地方财政部门和专员办的监督作用,形成依法监管合力。

（七）规范税收优惠

税收等优惠政策是指地方和部门对特定企业及其投资者（管理者）等，在税收、非税等收入和财政支出等方面实施的优惠政策。清理规范税收等优惠政策，就是要通过明确政府和市场的边界，规范市场秩序，维护市场统一，减少政府对市场行为的过度干预，切实提高资源配置的效率。

党的十八届三中全会《决定》强调要"按照统一税制、公平税负、促进公平竞争的原则，加强对税收优惠特别是区域税收优惠政策的规范管理"。首先，构建一套完整规范的税收优惠政策管理法律体系。结合中国的具体实情，实现税收优惠的法治化，对现有的税收优惠分散化、碎片化管理的现象进行整合治理，促进税收优惠政策的集中统一，对税收优惠进行系统化的规范管理。其次，建立"新经济"的税收优惠格局。一方面，各地方政府需要贯彻执行国家指定的税收优惠政策，确保税收政策的有效落实，引导小微型企业的健康发展，大力拓展蓝色经济发展空间，积极推动新兴产业的发展，促进经济的转型升级。另一方面，对科研人员制定相应的优惠政策以鼓励科研人员进行自主创新创业，同时加大对具有市场应用科研成果、股权期权、分红奖励的税收优惠政策引导。最后，进一步加强税收优惠政策的社会导向功能。对税收优惠政策进行规范意味着要在社会经济转型背景下，在重新梳理、归类、审视的基础上对税收的整体结构做出适当的调整，树立税收优惠发展共享理念，使税收优惠政策能够真正地对经济和社会发展形成长效机制。

二、税制改革

2014年财税改革全面启动之初，财政部就提出了六大税制改革，分别是营业税改增值税、资源税、消费税、房地产税、环境税和个人所得税改革。

（一）"营改增"改革全面推开

1. 全面推进"营改增"改革

2016年5月1日，我国全面推开"营改增"试点。全面实施"营改增"是供给侧结构性改革和财税体制改革牵一发而动全身的重大举措，是我国财税发展历史上具有里程碑意义的大事。改革推出以来，各项工作有序推进，越来越多的纳税人享受改革红利，改革取得了良好的效果。

全面实施"营改增"试点意义深远，具有一举多得的政策效应。一是建立起比较完整的规范的消费型增值税制度。将建筑业、房地产业、金融业和生活服务业全部纳入试点范围，同时将不动产纳入抵扣范围，既完成了增值税"全面扩围"，也实现了"彻底转型"，从制度上消除重复征税，增值税的中性作用得以更好发挥。全面实施"营改增"试点后，我国将为世界展现一个较为完整、规范的增值税体系，金融业"营改增"等开创性探索也为世界财税改革发展贡献了智慧。二是有助于确保积极财政政策更加有效。在当前世界经济复苏乏力、国内经济下行压力加大的情况下，用政府收入的"减法"换取企业效益的"加法"和市场活力的"乘法"，将直接促进企业减负，为经济增长护航。三是推动现代国家治理体系的建设。全面实施"营改增"试点，消除了重复征税，专业化、精细化分工的产业形态得到鼓励后将加速发展，制造业也将更专注于主业，不断增强自主创新和科技研发的能力，这些都将推动我国产业结构的转型升级。同时，全面实施"营改增"试点，营造了公平竞争的市场环境，将更好地发挥市场在资源配置中的决定性作用。

全面推开"营改增"试点以来，总体接续平稳，各项工作有序推进，政策效应逐步释放。但全面推开"营改增"试点并不意味着增值税改革的完成，增值税改革的最终目标是建立与社会主义市场经济相适应的现代增值税制度，为具有中国特色的现代税制体系奠定良好基础，为全面深化改革打下制度基础。现代增值税制度应该遵循增值税税制规律，即科学、规范、公平的基本特征和完整、流畅的抵扣链条，简洁、单一，征纳成本小，对市场主体经济行为的影响小，最大限度地呈现中性特征。实现建立现代增值税制度的目标，一方面，在试点过程中，要发挥市场机制作用，通过市场机制的竞争选择，推动企业适应税制、遵从税制，在国家鼓励引导的方向上积极作为；另一方面，要密切跟踪试点情况，不断总结试点经验，以科学、规范、公平为目标，完善制度设计和政策安排，在此基础上，推动增值税制度上升为法律。

2. "营改增"推进过程中的问题

第一，我国现有的税率档次过多。我国1994年财税改革设计中，增值税设有

17%和13%两档税率,之后的"营改增"试点改革增加了6%和11%两档税率,到此增值税共有4档税率,增加了实际操作中的复杂性。

第二,税收优惠政策繁杂。首先,目前我国税收体系还是以间接税为主,企业所得税和增值税是主体税种,其中,增值税作为调控经济运行的重要税种,我们在不同时期,针对特定行业、地区甚至纳税人,出台了大量的优惠政策。其次,税收优惠政策的形式相当复杂,包括减免税、税率折扣、税额扣减、即征即退、先征后返,等等。"营改增"试点以来,原有的营业税优惠政策又基本平移到增值税体系中来,并增加了差额纳税等优惠方式。[①] 由于增值税本身的特性和机制,税收的优惠政策过多也逐渐带来越来越多的问题。

第三,我国现有的增值税还处于较低的法律层级。一方面,我国现行《增值税暂行条例》是国务院1993年发布、2008年修订的。我国的增值税运行的方式一直遵循暂行条例的规范,立法层次较低,缺乏法治的权威性和规范性。另一方面,我国在多年以来一直不断出台大量的新的部门规章和规范性文件,进一步增加了国家政策的不稳定性,大大影响了企业对税收结果的可预见性。"营改增"试点开展之后,《营业税暂行条例》事实上已经失效,而现行采用的是法律层次更低的财政部和国家税务总局联合发布的税收规范性文件。改革趋前、立法滞后的矛盾愈加突出。

3. 后"营改增"时代的推进

第一,将现有的税率进行合并。我国应当朝着单一税率的税率模式方向进行改革。税率的合并会改变行业之间的利益分配格局,因此,在进行税率改革过程中,要做好充分的准备和调查,确保经济的健康稳定发展。具体来说,可以通过对国家财政收支的详细统计和测定,设置一档可以适用于大部分货物和服务的标准税率,并以试点的方式逐渐推行。同时,可以为基础性行业和民生领域的公共产品设置一档优惠税率以缓解增值税的累退性。

第二,进一步整合并清理税收优惠。对于确有必要的一些产业政策和区域政

---

① 吴晓强,赵健江:《后营改增时期的增值税改革》,《税务研究》,2017年第2期。

策，通过所得税等税种和财政支出等政策工具来实现可能是更好的选择。即使要实施特定的增值税优惠政策，也应当更多集中在终端消费品领域，如对生活必需的商品和服务实行免税等优惠政策，以利于提高增值税的中性特征。

第三，尽快推进增值税的立法进程。首先，尽快启动增值税立法工作，为增值税的发展提供强有力的法制保障，以防止"营改增"试点改革由于时间过长从而形成新的利益固化，进一步给增值税的改革造成障碍。其次，在进行增值税立法方案的设计时，可以适当借鉴国外的做法，同时结合我国现有的具体国情，制定的增值税制度要满足我国现代经济社会发展和现代国家治理的要求。最后，我国增值税立法需要统筹研究、审慎议定，建立起可以为国际增值税制度的发展提供有参考价值的中国样本。

（二）消费税改革

党的十八届三中全会《决定》中提出："调整消费税征收范围、环节、税率，把高耗能、高污染产品及部分高档消费品纳入征收范围。"根据我国经济社会和税制改革的发展趋势，改革消费税的主要思路主要有以下几个方面。

1. 建立动态调整机制，合理扩大消费税征税范围

消费税应主要针对过度消耗资源和危害生态环境的商品、过度消费不利于人类健康的商品，以及非生活必需品的高档消费商品和高档消费行为进行征收。但高耗能和高污染产品的范围是处于变动之中的，同时，高档消费品与生活必需品的划分也并非是一成不变的，因此，我国有必要建立消费税课税范围的动态调整机制，基于经济社会的发展和高耗能、高污染、资源性和高档消费品划分标准的变化，适时对消费税征收范围进行调整。一是我国现行消费税征收范围中的部分商品，已经逐步从高档消费品转为一般商品或生活必需品，如低档化妆品等，应逐步将其排除在征收范围之外。二是根据能耗和环境污染的标准的变化，逐步将更多的高耗能、高污染产品纳入到消费税征收范围中。

2. 优化消费税税率结构，合理调整税率水平

在税率形式上，部分消费品实行从价定率征收，部分实行从量定额征收，还有部分消费品则实行从量定额和从价定率相结合的复合征收，如烟、酒。在税率水平

上，首先，部分产品的税率偏高，如普通化妆品等。因此，对于这部分消费品，应当合理降低税率水平。其次，部分商品的税率偏低，如烟、成品油、资源性产品等。对于这部分产品，可以适度提高税率水平。最后，对于新增的消费税课征范围内的产品，应当合理设计新增消费税征税对象的税率水平，其中对于高耗能、高污染产品来说，税率的设计应当起到一定程度的节约资源和保护生态环境的作用，同时要考虑社会公众的收入水平和可接受程度等方面的因素；对于高档消费品来说，税率水平的设计可参照已征税奢侈品的税率进行确定；对于娱乐消费行为来说，税率水平的确定需要在娱乐业营业税改征增值税后的增值税税率水平基础上，进行适当的增加。

3. 基于征管可行性，逐步调整消费税征收环节

现行消费税的征收环节主要是生产（委托加工）和进口，只对少数商品在其他环节进行征收。纵观国际上开征消费税的国家和地区，在消费税征收环节上，除进口环节外，各国的消费税在生产（制造、加工）、批发（仓储）和零售的各个环节都有选择征收的情况。总体上看，为了加强对消费税的征收管理，在生产和批发环节征收的国家相对较多。因而，对于目前已经具备在零售环节进行征收的商品，可改为在零售环节征收；目前在零售环节征收尚不具备条件的商品，可根据实际情况考虑在批发环节或生产环节征收，随着未来相关外部条件的具备，适时将消费税征收环节后移到零售环节。当然，对于完全不适合在零售环节征收或征管成本过大的商品，仍然应该坚持在生产环节征收。

（三）资源税改革

资源税改革是财税体制改革的重要组成部分，对于促进资源节约和高效利用和生态环境保护、理顺政府与企业分配关系、统一规范税制和提高国家治理能力具有积极意义。为了促进资源节约集约利用，加快生态文明建设，财政部、国家税务总局发布《全面推进资源税改革的通知》，自2016年7月1日起实施资源税从价计征改革及水资源税改革试点，要求在扩大资源税征收范围、全面清理涉及矿产资源的收费基金的同时，赋予地方适当的税政管理权。该通知实际上是对"十三五"规划纲要提出的"实施资源税从价计征改革，逐步扩大征税范围；清理规范相关行政

事业性收费和政府性基金"的进一步落实和深化。全面推进资源税改革是深化财税体制改革的重要内容,对于促进资源节约、高效利用和生态环境保护、理顺政府与企业分配关系、统一规范税制和提高国家治理能力具有积极意义。

1. 明确资源税的性质,整合相关税种

我国宪法规定矿藏、森林、水域、草原等自然资源均属于全民所有,进而从法律上明确和界定了公有资源的所有、支配和使用关系。开采资源的经济补偿是资源所有权的经济体现,资源稀缺性的经济补偿应归国家所有。从本质上看,这些公共财产和资源无论采用转让还是出租的方式取得收入,属于公共权益让渡给部分私人而获取的经济补偿,是部分社会成员因占用了全民所有的公共财产而对全体社会成员的权益补偿。可见,尽管我国资源税在法律上称为税,但其本质是资源的租金,是全民所有权的经济表现形式。

经过多次改革,我国资源税的性质已由最初旨在侧重于调节资源级差收入、为企业平等竞争创造良好外部条件的级差资源税转变为兼具级差资源税和通过国有资源占用以及开发权让渡中取得财政收入的一般资源税的双重属性。在目标定位逐步拓展的同时,资源税也面临着与消费税、耕地占用税、城镇土地使用税和环境保护税之间存在设置目标交叉、征收对象重叠的问题。为避免目标定位交叉导致课征对象的重叠问题,未来的资源税改革需要将其放在整个税收制度和体系中加以考虑和完善,明确税种设置目标,厘清税种边界,注重各税种之间的相互协调关系,尽量避免税种设计目标、征税对象范围与其他税种的交叉,从而在更大程度上契合现代国家治理背景下的税制构建要求,促进供给侧结构性改革以及"创新、协调、绿色、开放、共享"发展理念的深化。①

2. 将资源税由价内税改为价外税,更有效地引导经济活动主体行为

我国资源税在生产环节征收,实施从价计征的课税方式将会直接提高资源开采企业的税负。由于资源性产品需求弹性较小,因此我国煤炭行业、石油天然气企业和有色金属采选企业均有较强的税负转嫁能力,可以通过价格上涨将部分税负转嫁

---

① 谷成,蒋守建:《资源税改革再思考》,《价格理论与实践》,2016年第10期。

给下游企业和最终消费者。为使资源税矫正外部成本的作用机制得以实现，应将现行资源税由价内税改为价外税，使其具有更显著的可观察性，以便更好地引导经济活动主体的行为，实现节约资源、保护环境的政策目标。

3. 改变将收入划归资源产地的税收划分方式，避免因税负输出而导致的税负分配不公

资源税属于税基在地区间分布严重不均的税种，将其划分给地方并实行按资源产地课税的原则很容易造成地方政府将部分对资源的课税转嫁给其他辖区居民，产生对非居民的税负输出。考虑到我国的自然资源具有全民所有的性质和资源在地区间分布不均匀的客观情况，为避免税负输出问题，资源税收入宜划归中央政府。如果为增加地方收入来源而将资源税划归地方，则应由消费地而不是生产地征收，也可以避免因税负输出而造成的税收负担分配不公问题。①

（四）环境税的立法

2016年12月25日，《中华人民共和国环境保护税法》（以下简称《环境保护税法》）在第十二届全国人民代表大会常务委员会第二十五次会议上获表决通过，将于2018年1月1日起施行。这是我国首部"绿色税法"，标志着我国构建绿色税法体系的开始。

1. 环境保护税法的政策功能

（1）科学界定了征税范围以保持税负稳定。一方面，《环境保护税法》是我国在环境保护领域进行税收政策设计的一次创新，这次立法实现了将排污费转为税收的法律上的改革，将"排污费"转为"环保税"，进一步对于企业生产过程中的污染行为进行约束，同时加强了企业治污减排的法定责任。另一方面，在征税范围上，其税制设计符合国家的"税收法定"和"稳定税负"的总体要求，其中最低税率的设计与原排污费标准相持平，"税负"实现了"平移"，同时最高税率的设计也进一步增强了环保税对污染行为的约束能力。总的来说，这次税制设计符合党的十八届三中全会对我国现行财税改革提出的要求，即"必须完善立法、明确事

---

① 谷成，蒋守建：《资源税改革再思考》，《价格理论与实践》，2016年第10期。

权、改革税制、稳定税负"。

（2）将环保税定位为地方税种以增强地方财力。我国的《环境保护税法》在环保税收入归属设计上将环保税定位为地方税种，即将环保税的税收收入完全归入地方收入，中央财政不参与分成，这种设计一方面增强了地方政府的财力，为地方治理环境污染的事权支出提供了强有力的制度保障。另一方面也使用环保税约束环境污染行为的政策功能得到了强化，将我国环保税的税收收入全部归入地方财政，就应当将强化企业治污减排责任、促进经济增长方式转型这个功能排在首要的位置，而将筹集财政收入这个功能放在其次。

（3）高度强化部门协同以提高税收征管效率。《环境保护税法》是我国第一部明确写入部门信息共享和工作配合机制的单行税法。环境保护税征收部门由过去征收排污费的环保部门改为税务机关，环保部门配合税务机关，实行"企业申报、税务征收、环保监测、信息共享"的税收征管新模式。"绿色税法"开启协同征管新模式分税制改革之后，我国逐步建立并完善了适应社会主义市场经济体制发展要求的新税制，也实现了税收征管模式由"保姆式"向"34字"新征管模式的转变。

（4）内化企业环境污染成本以促进经济增长方式转型。① 《环境保护税法》将之前的排污费转化为环保税，用法律对企业的污染行为进行约束，用税收的强制性使得企业的环境污染成本内化，同时通过税收优惠和税收减免促使企业进行技术的转型升级，倒逼企业进行减排的改革，从而使我国的经济方式从粗放式的经济发展方式转变为集约创新的经济发展模式。

2. 进一步深化环保税的功能作用

从未来我国经济发展方式转型的需要来看，环保税在减少环境污染、推进环境保护、推动经济结构调整，乃至国家治理现代化等方面，被寄予厚望，需要根据客观经济社会形势变化不断完善税制要素设计，以更充分地发挥其应有的政策功能作用。

首先，适度扩大环保税的征税范围。环境保护税目前只对污染物排放征收，实

---

① 傅志华，李铭：《环境保护税立法：税制设计创新与政策功能强化》，《环境保护》，2017年第1期。

际征收范围与《环境保护税法》中的"环境保护"大范围并不一致。环境保护税需要适时将污染物排放之外的其他征收对象纳入征收范围,特别是应把二氧化碳排放作为征税对象。环境保护税包括排污税,也包括二氧化碳税,碳税在环境保护税立法中应有所体现,可适当缓征。通过适度扩大环保税征税范围,充分体现其作为"绿色税制"的功能。

其次,适当提高并实行差别化税率。现行环保税税率是在原排污收费基础上设定的,为面对严峻的环境污染形势,未来应适当提高环保税适用税率。同时,为充分发挥环保税"史上最严环保法"的调节作用,应针对不同污染类型设计差别税率,以淘汰落后产能,力促重污染企业加快转型升级、创新发展。

再次,合理规范环保税税收优惠条款。《环境保护税法》第三章"税收减免"明确了环境保护税的税收优惠范围和具体内容,总体上保留了排污费有关农业生产、流动污染源和城乡污水集中处理的免征环境保护税的优惠政策。对农业生产和流动污染源的免税政策,目前社会各界基本认同。但是,城镇污水处理厂的达标排放免税政策存在两方面问题:一是不符合"污染者付费"和总量征收的环境保护税征收要求,不利于激励污水处理厂进行污染减排,造成纳税人税负不公;二是享受优惠政策的达标标准过低可能使污水处理厂成为新的集中污染源。未来应按照《环境保护税法》的立法宗旨对所有排污者进行征税,对污水处理厂达标排放给予免税,考虑到国内污水处理厂的现实困难,可给予其一定的优惠政策过渡期。

最后,构建绿色治理综合法律体系。通过构建绿色税收法制体系实现对国家的环境治理和生态文明建设,不是单靠一部环境保护税法就能实现的。落实"一个尊重",实现"五个统筹"需要综合运用《中华人民共和国环境保护法》《中华人民共和国环境保护税法》《中华人民共和国预算法》等多部法律,使其形成合力。因此,未来对环保税立法的完善需要其他相关法律体系的建立健全。①

---

① 傅志华,李铭:《环境保护税立法:税制设计创新与政策功能强化》,《环境保护》,2017年第1期。

（五）关于房地产税立法的要求

1. 现行房地产相关财税制度存在的主要问题

首先，税收结构失衡：重交易、轻保有。我国针对房地产开征的税种主要集中在房地产交易环节，包括营业税、土地增值税、契税、城市维护建设税等，与之相关的税种还包括印花税、教育费附加税、个人所得税等，而保有环节开征的税种只有房产税和城镇土地使用税。而且房产税和土地使用税还存在大量的税收优惠，税负低，免税范围大，通常情况下只对一部分企事业单位征收，私人拥有住房一般无须缴税。这使得房地产税制在结构上呈现出典型的"重交易、轻保有"的格局。"重交易、轻保有"的税收结构，造成了严重的税负不公，同时也不利于发挥税收的调控作用。一方面，房地产交易环节税负过于集中，在房地产处于卖方市场时，卖家很容易通过提高价格的方式将税收转嫁给买方，从而带动市场价格上扬。另一方面，保有环节税负轻，这就造成了房地产行业不卖不征税、不租不征税，一旦交易数税并征的现象，助长了房地产投机行为和市场泡沫，也造成了大量房地产闲置、浪费严重。

其次，试点的房产税调节作用有限：尚不是完整意义的房地产税。我国长期以来在个人住房保有环节并没有征收房地产税。上海、重庆试点的个人住房房产税是在房价暴涨的背景下出台的，其目的主要是调节收入分配，引导居民走向合理的住房消费，促进房价合理回归。从实际运行情况来看，试点在调节收入分配和筹集保障房建设资金方面发挥了一定的作用，在完善税制和征收管理等方面进行了有益探索，积累了一些经验。但另一方面，两地试点的调节作用有限，对调控房价的作用不是很明显。此外，由于柔性切入的考虑，税制要素设计不甚合理，试点房产税在筹集地方财政收入方面虽已具有象征意义，但尚无法起到应有的作用。

再次，土地出让收入不可持续。近些年来，随着房地产市场的持续升温，土地出让收入规模也在不断膨胀，地方政府土地出让收入与地方财政收入的比值逐步提高，土地出让收益成为不少地方政府重要的收入来源之一。虽然土地出让收入在一定程度上支持了城市的开发建设和运行发展，但是长期来看，土地出让收入本身具有"短期行为"内在动因，其财力支撑能力是不可持续的，地方政府对土地的依赖越大，未来面临的风险和负面影响也越大。

2. 房地产税立法列入全国人大立法规划

党的十八届三中全会明确提出了加快房地产税立法并适时推进改革的要求，与落实税收法定原则相呼应。我国需在总结上海、重庆试点以及十市"空转模拟评税"试点等经验的基础上，凝聚共识、统筹整合、理顺房地产税费制度，将现行的房地产税收和某些合理的房地产方面的行政性收费一并合理化，改变重流转环节税收、轻保有环节税收的做法，将住房开发流转环节的部分税负转移到保有环节，赋予地方政府在一定幅度税率范围内具体确定适用税率的税政管理权限，提高相关法规、资金、运行机制的透明度，在积极提高立法层次和鼓励必要的先行先试的过程中，实质性推进居民住房保有环节税制改革和房地产相关税制改革。房地产税改革聚焦我国住房保有环节税收调节"从无到有"的制度建设，广义的房地产税改革则涉及与房地产相关的各类税费的配套改革。这项改革是2016年中央经济工作会议所强调的为促使房地产业健康发展必须打造长效机制构建基础性制度的重要组成部分。

虽然关于房地产税一向存在不同观点的激烈争议，中央所要求的加快立法迄今也未能实际贯彻落实，但从走向现代国家需匹配现代税制的大方向来说，完成这一税收立法与税制改革任务是无可回避的制度变革。全国人大已将房地产税立法明确列入其立法规划。

（六）关于个人所得税的法律修订

我国个人所得税法自1980年实施之后，个税免征额仅调整过三次，而在2011年9月1日将起征点从1600元上调至3500元后，这项与普通百姓关系最密切、也最直接的税收制度改革基本上没有突破。目前，随着"营改增"的全面落地，个税是否调整自然再度成为热点话题。

我国2011年进行的个人所得税改革在降低中低收入者工资性收入和部分经营性收入税负方面发挥了积极的作用，但分类征收的个人所得税制事实上造成所得税"累退效应"。个人所得税针对不同的所得适用不同的税率和扣除标准，造成了不同性质所得以及不同收入纳税人之间的差别税收待遇，一方面存在横向不公平问题，即收入数量相同但是收入性质不同，从而导致缴纳不同的所得税；另一方面存在纵向不公平问题，即高收入阶层收入来源的多样性使其无论是在应税收入的确认方面还是在各项费用扣除方面都能享受到更多的税收优惠，从而降低了高收入阶层个人所得税的应纳税义务，现实中高收入群体可以综合采用各种避税方式来规避税收负担，通过避税甚至逃税的方式降低了应该缴纳的所得税，因此现有的个人所得税制度弱化了个人所得税的收入分配功能。

财政部部长肖捷在2017年"两会"期间表示，目前个人所得税的改革方案正在研究设计和论证中，总的思路是个人所得税改革要从中国的实际出发，实行综合与分类相结合，方案总体设计、实施分步到位，逐步建立起适合我国国情的个人所得税制。首先，基本考虑是将部分收入项目比如工资薪金、劳务报酬、稿酬等实行按年汇总纳税；适当增加与家庭生计相关的专项开支扣除项目，包括有关二孩家庭的教育等支出以及其他专项扣除项目。其次，作为综合与分类改革的配套措施，专项扣除势必同步实施。受征管条件的限制，专项扣除分步实施可能较为务实，标准扣除在专项扣除不能全面到位之前，考虑到物价上涨带来了生活成本费用的提高，标准扣除仍有适当调高的必要。最后，在个税扣除方面，我国也进行了一些积极探索。目前有31个城市试点商业健康保险扣除政策，对试点地区个人购买符合规定的商业健康保险产品的支出，允许在当年（月）计算应纳税所得额时予以税前扣除，扣除限额为每年2400元，未来还将开展税收递延型商业养老保险试点。

三、优化调整中央地方体制

（一）理顺事权

对于中央和地方事权的划分，党的十八届三中全会《决定》明确提出"适度加强中央事权和支出责任，国防、外交、国家安全、关系全国统一市场规则和管理等作为中央事权；部分社会保障、跨区域重大项目建设维护等作为中央和地方共同事权，逐步理顺事权关系；区域性公共服务作为地方事权"。我国于1994年确立分级分税财政体制，初步理顺了政府与市场、政府与企业的关系，建立了中央政府与省级政府之间相对规范的分税机制并跟进了自上而下的政府间转移支付机制，可说启动了财权划分过程,其后陆续的改革实际上也更多沿着财权划分的线索推进,而在事权明晰化方面却一直缺乏实质性进展。2016年国务院发出49号文件即《关于推进中央与地方财政事权和支出责任划分改革的指导意见》,要求由财政部、中央编办等有关部门研究提出具体实施方案。

1. 对事权的再认识:要素和范畴

广义的事权即对应"全面国家治理"的政府职能范围,实际上并不仅仅包括中央与地方事权划分这样一个层面,若从事权要素进行观察,基于事权主体的划分,除了央地划分之外,还应包括涉及大部制改革的横向划分,而这些实际上都联通国家治理层面,其内在逻辑是全视角、精细化水平上科学合理的事权划分,必然指向顶层设计而并无局部化处理的捷径可循。

(1) 事权要素及联通至国家治理的认识

我们通常所说的事权,所指就是国家公共权力,是一个广义的概念。即使将对事权的探讨落到财政领域内,也并不缩小事权作为国家公共权力的范畴,若依"以政控财,以财行政"分配体系这一财政本质的认定,事权实应属于"政"的层面。所以并不存在一个游离于政府事权之外的"财政事权",政府履职的一切事项,均不可能脱离财力后盾即财政分配的支撑。事权作为一种"权力",也是由要素构成的,从权力的对象、权力运转所依托的制度、与权力行使相关的人员三个方面来考虑,那么至少应包括三个要素,即客体、主体和制度。事权的履行离不开财政,事权的对象、事权运转所依托的制度、与事权行使相关的人员,都是需要财力保障的范畴。例如:义务教育(不含基础设施建设)作为一项事权,它是一种国家公共权力,这种权力针对的对象是符合义务教育规定范围的青少年,这一权力运转所依托的制度包括管理教师的制度、管理学生的制度以及相关的行政制度,与这一权力执行相关的人员则包括政府工作人员、学校工作人员等,而以上三个方面都是需要财力保障的范畴。

基于事权的构成要素,不难发现事权必然、必须联通国家治理体系(详见图8-2-1)。从主体来看,事权划分不仅存在纵向划分问题即中央与地方事权划分,而且存在横向划分问题即与大部制分工相关的事权划分;从客体来看,事权的范畴应建立在理顺政府与市场、企业、社会等多方关系,事权的水平则随着经济社会发展在不断提升,必然联通基本公共服务均等化等公共职能的行使;从制度来看,事权的决策、执行、监督、反馈、动态优化等一系列过程,联通整个公共管理体系;从主体、客体到制度,三个要素及各自的联通又必须在法治化的大框架下有机运行,整合形成事权与国家治理的联通体系。这一体系必然指向顶层设计而并无仅作局部化处理的捷径可循,其是否能够达成体系性的科学、合理状态,会直接表现在经济社会发展的方方面面。"财政是国家治理的基础和重要支柱"这一判断的正确性,从以上分析中也可得到印证。

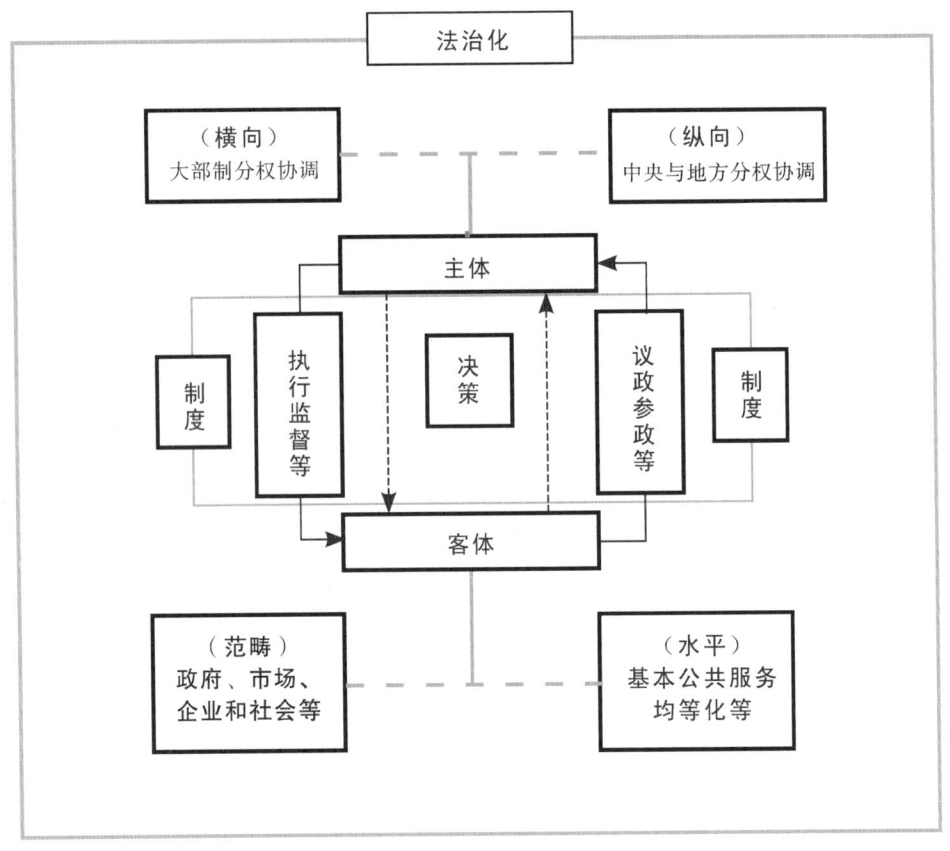

图8-2-1 事权必然、必须联通国家治理体系

(2) 事权范畴应明确起点和终点

对事权范畴的认识,一方面包括基于政府职能而界定的边界,即明确事权的起点,另一方面还包括基于要素进行合理细化后的款、项、目,即明确事权的终点,

第八章
适应国家治理现代化的财税体制改革新进展

从起点到终点,从根(渊源)、干(主脉),到枝(分枝)、叶(末端),才可称是一个完整可考的事权范畴或体系。我国事权范畴的界定至少需要设计两张表:第一张是分门别类的事权表,第二张是每一项事权的细化表。表内分项、分类应尽量做到范畴互质,内洽周延,如此,我们才能说有把握看到我国事权边界的全貌。当然,这一实现过程是非常艰难的,但这是事权改革最基本的起步。

不论起点还是终点,在实践中都是难点:

第一,国家公共权力具体究竟包括哪些事权?对政府与市场、政府与企业、政府与社会等多方关系的科学处理是回应这一问题的必要条件,却不是充分条件。这几对关系处理好了,国家公共权力所囊括的事权范畴界定就不至于"缺位"或"越位",但里面一项一项的事权,还需要条分缕析地分门别类,这些都是事权管理的基础。然而,我国是全球范围内极少见的大国,幅员辽阔、人口众多,决定了公共事务中待管事项的纷繁复杂,对事权分门别类的梳理,绝非一般中小经济体可以同日而语。加之我国又是全球范围内经济发展特别迅速的大体量经济体,伴随着不断提升的工业化、城镇化和信息化进程,置身于技术变革突飞猛进的时代,事权范畴的边界随时代变迁和经济社会转轨一直在发生变化,带有政府经费相对规模扩展的趋势,这种扩展既包括瓦格纳定律所说的比重增长,却又不限于此,因为除了经费规模方面的增长,事权的种类也在发生变化。例如:在发展初期,生态环境治理尚不是一项重要事权,但随着粗放发展带来的污染在生态环境中的积累,生态环境治理便转变为一项重要的事权,且其囊括的内容还在不断扩充,由大气、水流到土壤、气候与生物多样性等。

第二,每一类事权究竟包括哪些细分?对于某一类具体事权,还需要弄清楚到底可以进一步分解为哪几种权力,接着才有研究每一种权力由哪一个主体来落实更为合适的条件。例如:对国土资源管理这一事权而言,至少包括所有权、占有权、经营权和使用权等不同权力形式构成的"权力束",每种权力行使的主体可能又有不同。对某一项事权所包含的权力种类的认识,也是财政职能有效发挥的基础。以资源税为例,其征收是针对所有权、经营权还是使用权产生的收益?其征收由哪一个主体(国税或地税)完成更为合理?其收入由哪一个主体(中央或地方)来使用更为科学?这些相关问题,实际上都建立在对某一项具体事权及其与其他事务连带关系进行细化认识的基础上。这其中,对某一类具体事权所囊括权力种类的认定是第一个难点,不易区分,而认定后确定权力行使主体是第二个难点,必定会受到利益集团和现有利益分配格局的影响。

2. 我国事权划分的现状

1992年邓小平南方谈话以来,随着社会主义市场经济体制建设如火如荼地进行,我国事权划分格局也逐步演变,但至今仍存在诸多问题。我国现行法律对事权的规定大都呈现"粗线条"的特点,且存在特别值得注意的"冲突点";在中央与地方事权划分方面,存在不清晰、不合理、不完善三类"乱象";在划分原则方面,我国已经历三阶段演变,每一阶段都颇具针对性地指向当期最为突出的问题,但因在很大程度上受到事权改革滞后的制约,所以几个关键关系尚未形成一种较合意的机制。

(1) 相关法规的"粗线条"特征

党的十八届四中全会关于"完善不同层级政府特别是中央和地方政府事权法律制度"的进一步要求,具有深刻的内涵。《中华人民共和国宪法》第二条首先明确规定了我国权力归属的主体,即"中华人民共和国的一切权力属于人民",基于这一归属的行使权力的制度是人民代表大会制度,在实践中的表现形式就是"全国人民代表大会和地方各级人民代表大会",第三条中提及的国家行政机关、审判机关、检察机关作为由人民代表大会产生的机构,实际上可视为权力实际执行的主体。从宪法规定的权力归属逻辑来看,依托归属主体分为全国和地方两大层次,可再次体会中央与地方事权划分的必要性和重要性。

然而,若对现行法律中已有的与事权相关的规定进行梳理,则不难发现这些规定多是"粗线条"的。在方向上,依托事权的执行主体,宪法规定:"中央和地方机构职权的划分,遵循在中央的统一领导下,充分发挥地方的主动性、积极性。"其中首先强调了中央的统一领导,其次再强调发挥地方的主动性和积极性,内含我国中央与地方事权划分应以中央为主导之意,但却并未对如何体现统一领导、地方主动性和积极性如何发挥作出具体规定。

继续细化梳理则可进一步发现，在特定场景下，若推行中央与地方事权划分的改革，则现行法规之间会表现出种种不内洽之处，政府事权的法律化也难免陷入尴尬。《中华人民共和国宪法》第八十九条对国务院行使的职权进行了明确规定：可根据宪法和法律制定行政法规，并可规定中央和省、自治区、直辖市的国家行政机关的职权的具体划分。而按照《中华人民共和国立法法》第七十三条的规定："其他事项国家尚未制定法律或者行政法规的，省、自治区、直辖市和设区的市、自治州根据本地方的具体情况和实际需要，可以先制定地方性法规。在国家制定的法律或者行政法规生效后，地方性法规同法律或者行政法规相抵触的规定无效，制定机关应当及时予以修改或者废止。"按照《中华人民共和国宪法》第一百条规定：省、直辖市的人民代表大会及常务委员会可制定地方性法规，但这一地方性法规是作为行政法规的下位法而存在的。因此，事权划分以法律化来保障稳定性和连续性这一点，可能由于行政法规和地方性法规在特定场景的不对接、不内洽而难以达成。

（2）事权划分的原则演变

在我国，事权划分原则已经历三个阶段的演变：第一阶段是强调"事权与财权相适应"；第二阶段是强调"财力与事权相匹配"；第三阶段是强调"事权与支出责任相适应"。这一演变过程与我国1994年分税制改革确立以来所面临的阶段性问题有关，正如楼继伟所言，1994年分税制改革时的事权界定基本上是对现状的白描。事权改革可以说一直没有真正得到启动，财权虽然在分税制改革之初得以划分，但是在分税制财税体制运行一段时期之后，财力的纵向分配已呈现明显缺口，针对基层财政困难的突出问题，事权划分的原则由第一阶段过渡至第二阶段。随着我国均衡性转移支付工作的持续推进，久悬未决的基层财政困难等问题使事权与支出责任之间的矛盾凸显，事权划分的原则从第二阶段步入第三阶段。从事权与财权相适应到财权与事权相匹配，我国实际上在中央税、地方税和中央与地方共享税划分的基础上又加上转移支付，在试图逐步理顺中央和地方的财权划分；而从财权与事权相匹配到事权与支出责任相适应，我国实际上在逐步推进财权和转移支付在整体制度安排视角的合理化。所以当前走到已无法回避的事权划分的攻坚阶段。实际上,中央与地方事权的划分仅停留于理顺两两关系的思路,显然很难达成最终合意结果,就事权划分原则已经历的三阶段演变来看,每一个阶段都颇具针对性地指向当期最为突出的问题,但因在很大程度上受到事权改革滞后的制约,所以几个关键关系尚未形成一种较合意的机制。

3. 进一步理顺我国事权

(1) 事权划分应切实落实规范化、法律化

现阶段推进我国中央和地方事权划分的改革应当切实落实规范化、法律化,而法律化更是事权划分在较长时期形成稳定局面的关键。就我国相关法律对事权规定的现状来看,事权划分中的立法工作显然任务重大。一方面应当直面我国现行相关法律中存在的不内洽问题,在"一切法律、行政法规和地方性法规都不得同宪法相抵触"的规定下,应解决行政法规与地方性法规同时规定事权时面临的尴尬问题;另一方面应考虑在宪法中明确中央和地方的专有事权、共同事权和委托事权等形态,对相关原则做出明确规定,并特别注重解决合理扩大中央事权的问题,适度加强中央事权和支出责任,将该收的事权收上来,如国防、外交、经济案件的司法管辖权、关系全国统一市场规则和管理全局性公共品(如大江、大河全流域管理)等权力,都应当明确其作为中央事权的定位;而涉及部分社会保障、跨区域重大项目建设维护等的事权作为中央和地方共同事权,并特别注重逐步理顺共同事权中不同层级政府之间的事权分工合作关系;带有无外援特征的区域性(辖区、社区)公共事务与服务则应作为地方事权。

(2) 理顺事权、财权与财力、支出责任的关系

我国应当从两两关系的理顺推进到各种关系的整体理顺。总体上应积极考虑实现中央、省、市县三级框架中,按"一级政府(政权),一级事权,一级财权,一级税基(费基),一级产权,一级举债权(用债权),一级预算,再加上中央、省两级自上而下的转移支付"整体制度安排,达到各级、各地政府"财权与事权相顺应,财力与事权相匹配,事权落实于操作层面的支出责任之上"的境界。在中央与地方事权划分的过程中,我国也可积极考虑明确法定主体和履职主体,以履职主体的形式来确定相关事权最终执行的环节到底落在哪一级政府,那么就由该层级政

府承担事权支出责任，以此达成事权与支出责任的匹配。在此基础上，由财权划分和转移支付制度共同构成的财力水平与支出责任达成匹配，从而完成事权的履行。在我国，财权主要包括税收、行政性收费、国有资产收入和举债收入等。

（3）优化和细化中央与地方的事权划分方案

依照中央与地方关系的逻辑，在理顺政府与市场、政府与企业、政府与社会等多方关系的基础上，明确事权的大分类即事权的起点，并继续细分事权一直对应到支出责任的项、款、目等，即事权的终点，总体形成事权的范畴。在事权范畴的基础上，明确事权的法定主体和履职主体，再进一步明确认定中央、省、市县的事权范围和一览表。基于我国现阶段中央与地方事权划分中存在的问题，借鉴国际经验和财权划分的探索，结合党的十八届三中全会《决定》的明确要求，应当将事权明确地划分为中央事权、地方事权和中央与地方共享事权。其中，还包括较为特殊的委托事权，从归属上来讲，它应当是属于高端（中央、省）事权，而高端事权如进行具体执行比之地方更加无效率，所以以委托形式交由地方执行更能体现效率原则。从中央和地方事权与支出责任相匹配的原则出发，中央事权应当由中央政府履行支出责任，地方事权应当由地方政府履行支出责任，中央和地方共享事权则应当明确划分履职主体和履职细则，由相应层级的政府来履行支出责任，中央委托给地方的事权应当由中央政府来以足够财力保障地方相应履行支出责任。

对于具体的事权划分，应当注意：将涉及主权、统一市场和跨区域协调等方面的事权收归中央；根据所提供公共品是否具有外溢性来决定是否应将事权上提，具有明显外溢性的公共品提供的事权应当提上高端，由更高一级别的政府来提供；根据信息对称程度的必要性来判断事权的划分，要求基层、低端信息对称程度高的事权应当首选纳入低端事权范围。事权最终的划分结果应当是形成带有顶层设计性质的通盘划分的表格，其依次包括：事权的类、项、款、目，及其所对应的法定主体和履职主体，对接至现行财政体制中财政支出的具体项目以及所需财力，进而在此基础上进行最终的财力保障测算，配套安排转移支付。

（4）进一步理顺财权划分

在推进中央与地方事权改革的同时，亟需按配套改革逻辑继续理顺财权划分，一方面在考虑财力约束和财力分配的前提下深化税费改革和地方税体系建设,进行财权的划分;另一方面应当考虑在激励兼容的原则下健全以财权划分制约事权履行的机制。我国的财权主要由税收、行政性收费、国有资产收益和举借公债等构成,应当在全面减少、清理不合理行政性收费的基础上,依照每个税种、费种、债种的属性进一步理顺财权改革。我国税收的决定权基本在中央层面,税收收入分享的比例在很大程度上直接影响地方的积极性,所以整体设计上一方面要防止税收划分抑制这种积极性的正确发挥,另一方面也要防止这种积极性非正确的扭曲式的发挥。

(二) 理顺收入划分

《中共中央关于制定国民经济和社会发展第十三个五年规划的建议》中提出:深化财税体制改革。建立事权和支出责任相适应的制度,适度加强中央事权和支出责任。调动各方面积极性,考虑税种属性,进一步理顺中央和地方收入划分。

党的十八届三中全会报告明确提出今后在推进建立现代财政制度的过程中要进一步理顺政府间收入划分。具体原则是在保持现有中央和地方财力格局总体稳定的基础上,结合税制改革并考虑税种属性分步推进。由此可见,这次改革的特征是寻求总体财力格局稳定条件下的政府间收入划分结构性调整。初看起来,改革难度不大,实则不然。因为改革中,中央和地方都要寻求自身收入稳定,力争把潜力大的税种划为本级收入。这会形成强大的突破现有财力分配格局的压力。

进一步理顺政府间收入划分需要平衡分配结构调整与总体财力格局稳定之间的关系,必须破解三大难题。

一是如何实现区域间财力格局稳定。如果收入划分调整制度安排具有较强的区域财力分布格局冲击预期效应,就有可能带来两大难以解决的问题:第一,要求中央大幅度调整对地方的转移支付区域分布结构。中央对地方转移支付的区域分布现状是与现行收入划分制度相对接的。一旦调整收入划分制度,地方一般公共预算收入即刻会发生程度不一的增减。第二,区域产业结构雷同加剧。政府间收入划分制度直接决定地方政府财源建设的战略选择。地方政府无一例外地都要扶持可带来地方收入最大化的产业的发展。

二是如何与税制改革相衔接。税制是税收收入多少的决定性因素。各个税种的税制要素状况直接决定该税种收入变动边界。确定政府间税收划分时，必须首先把各个税种的税制稳定下来，由此出发，最终划定中央与地方各自的税收范围和税收结构。同时，税制也是影响税收增长趋势的关键因素，而这一趋势又决定了政府间收入划分目标能否真正落实并保持稳定。

三是如何与支出责任划分调整相适应。事权划分与支出责任相适应的财政体制是现代财政制度的组成部分。如何使事权划分与支出责任划分相适应是世界各国普遍面临的难题。发达经济体历经上百年的探索建立了相对稳定的框架。我国正处于制度变革期，经济发展和社会发展两方面都进入新阶段，事权划分与支出责任划分相应进入妥善调整期。要做好这项工作，首先应认清一些基本理论问题，其中至为重要的是立足系统性思维来分析事权划分与支出责任划分的对称性。进一步说，事权划分和支出责任划分两者的对应不是孤立的，与其他因素也有内在连锁对应关系。收入划分与支出责任划分具有内在关联性。事权与支出责任相适应背后的匹配就是收入划分与支出责任划分的匹配。因为支出责任划分是收入划分的基本依据。收入划分反过来又决定支出责任履行程度。收入划分与支出责任划分相匹配有两种模式：一是收入划分带来的收入额与支出责任划分要求的支出额足额对等；二是收入划分给地方政府的部分与其所承担的支出责任所需收入有缺口，中央政府用转移支付来补缺口。目前我国收入划分与支出责任划分的匹配方式是补缺口。

划分中央和地方收入要突出一个"顺"字——"保持现有中央和地方财力格局总体稳定，结合税制改革，考虑税种属性，进一步理顺中央和地方收入划分。"一方面，要根据税种属性特点，遵循公平、便利和效率等原则，合理划分税种，将收入周期性波动较大、具有较强再分配作用、税基分布不均衡、税基流动性较大、易转嫁的税种划为中央税，或中央分成比例多一些。另一方面，将其余具有明显受益性、区域性特征、对宏观经济运行不产生直接重大影响的税种划为地方税，或地方分成比例多一些，以充分调动两个积极性，为实现"五位一体"的全面小康提供制度保障。

(三)扁平化三级框架下寻求"财权与事权相顺应,财力与事权相匹配"

1. 扁平化三级政府框架下的财权与事权

按照中央、省、市县三层级框架深化"分税制"改革,重构和优化中央与地方财税关系的基本原则与要领,是必须以合理界定各级政府职能即"事权与支出责任相适应"为始发环节,构建"一级政权,有一级合理事权,呼应一级合理财权,配置一级合理税基,进而形成一级规范、完整、透明的现代意义的预算,并配之以一级产权和一级举债权"的三级分税分级、上下贯通的财政体制,加上中央、省两级自上而下的以"因素法"为主的转移支付和必要的"生态补偿"式的地区间横向转移支付。为建立这种体制框架政府应当采取以下措施。第一,由粗到细设计中央、省、市县三级政府事权(支出责任)明细单,列明各自专享事权以及共担事权的共担方案,并在今后渐进优化与细致化。第二,尽快推进已建设多年的"金财""金税""金关""金审""金农"等十余个政府信息系统建设工程的联网和升级,切实形成服务于公共资源合理配置、各部门协作调控的信息共享平台和科学决策支撑平台。第三,积极形成各级政府资产负债表和公共部门财务报表体系,配合今后的公共债务特别是地方债务风险防控体系建设和公共财政建设。

加快"扁平化"框架中的省以下分税分级体制改革、构建地方税体系,以加快政府职能转变,消解产生地方基层财政困难、巨量隐性负债和"土地财政"短期行为等的制度性原因,促进我国社会主义市场经济健康发展。在已取得显著进展的财政"省直管县"和"乡财县管"等乡镇综合改革措施基础上,应着力贯彻十八大"构建地方税体系"的要求,于深化改革中使中央、地方政府都通过税基的合理配置、阳光融资机制的配套和自上而下转移支付体系的强化与优化,逐步达到财权与事权相顺应、财力与事权相匹配境界,实质性地转变和优化我国各级政府职能,推进基本公共服务均等化。

2. 建立新型央地间财权与事权的结合

在新形势下,建立健全新型央地财政关系的总体原则是:中央适度上收事权,减少职责共担,尽可能减少共享税;赋予地方政府相应的财权,以满足其承担事权的需要。

首先，调整央地事权划分范围。一是中央要认真履行好自身职责，包括外交、国防、海关、空间开发和海域海洋使用管理等。二是将基本公共服务兜底类事权上收至中央，具体包括基础教育、基本医疗、基本养老、基本住房、基本公共卫生、城乡居民最低生活保障等"六类基本公共服务"，以保障基本民生需要，促进基本公共服务均等化，维护社会公平正义。三是资源环境类事权应上收中央，包括跨流域大江大河治理、跨地区污染防治、全国性环境保护等具有全国性和大区域影响的环境事务，以增强环境事权管理的统筹性和一体化效应。四是基本生存条件类事权应由中央负责。保证饮水、大气和食品药品的安全是人类最基本的生存条件，这类事权应上收中央，由中央统一承担和管理。

其次，应当赋予地方政府相应的财权。构建财权与事权相顺应、财力与事权相匹配的财税体制，是公共财政体制改革的关键。在上收部分事权的同时，中央应向地方政府适度下放部分财权，包括必要的税种选择权和一定的税收政策制定权，乃至允许地方政府依照法定程序自主开辟地方税种和税源，筹集适量的用于履行事权的资金。当然，作为权力制约，中央应具有地方税收法律法规和政策的审批权。同时，中央要借鉴国际经验，进一步规范中央与地方政府间的收入划分办法，保证地方政府（特别是基层政府）都拥有主体税种，以确保中央有能力调控总体经济形势、地方政府有财力实现分级预算自求平衡。

再次，构建规范的央地政府间转移支付制度。结合央地事权划分改革，我国现行转移支付制度应作如下调整：第一，减少转移支付事项和总规模。第二，优化转移支付结构。减少专项转移支付比重，提高一般性转移支付比重，建立以一般性转移支付为主、专项转移支付为辅的制度体系。第三，规范并减少专项转移支付。对现有专项转移支付项目进行进一步清理、整合，压缩规模，最大限度地降低专项转移支付对地方政府的配套要求，主要用于地方重点公共基础设施补助以及重大灾害救助和突发事件、老少边穷特别补助等。第四，进一步完善现行因素法转移支付，采用客观的量化公式和能够反映各地客观实际的统计指标，针对各地区不同的主体功能，把对于农业区域、生态区域的转移支付支持进一步制度化、规范化。

最后，要实现央地财政关系法治化。要进一步加强财政法制建设，尽快实现财税体制改革的法治化。根据我国的实际国情,可考虑制定《政府间财政关系法》,在法治基础上形成新型的权利义务关系,不断以法律形式将改革形成的中央与地方政府各自的权力范围、权力运作方式、利益配置结构等明确下来,形成中央与地方政府之间法定的权力利益关系,从而将央地财政关系纳入法治化轨道。

3. 三级分税体制下的财权与事权

搞市场经济,就必须建立以分税制为基础的分级财政体制。一级政权,一级事权,一级财权,一级税基,一级预算,一级产权,一级举债权,这是分税分级财政体制搭建时环环相扣的必然要素,这七个"一级"必须解决"财权与事权相顺应,财力与事权相匹配"的问题,并要求后面必须再跟上自上而下为主的转移支付。整个财税体系的运行,这些要素一个都不可缺少,但是相互间又自有其逻辑关系。事权分工合作如果在三级框架之下,应该具体地形成一览表,对应着的支出责任,就是财政预算各种各样的支出科目必须具体化到各级分工合作可操作的形式,形成具体的明细单方式。这样做,分税制的设计方案才能真正落实,才能给出一个后面跟着的中央、省两级自上而下转移支付,以及以后要发展的横向转移支付怎么协调配套好的前置性制度依托。按照三级分税,看起来是个技术问题,实际上是一个实质性的必须解决的出路问题,要求形成共识的问题。

为深化财税配套改革,从理顺体制关系来看,应该明确的目标模式仍然是过去多年探讨的搞市场经济所必须建设的分税制。其基本要领是在国家的政权体系得到"权为民所赋"的这个合法性之后,从中央到地方每一级政权,跟着要有一级合理的事权,后面跟着要有一级合理的财权——财权里最关键的是稳定的、法定的税收,也就是它的税基。紧接着,必须有标准、规范、透明、接受监督、事前决定并严格执行的可问责的预算。总的来说,并不存在游离于政府事权之外的财政事权问题,事权的合理化,必须跳出财政看财政,把握好面对全局,以财政这个"以政控财,以财行政"的分配体系怎样为政府合理履行职能服务这个内在本质。

第三节
政府债务管理改革新进展

2015年1月1日颁布实施的《中华人民共和国预算法》，是新旧模式划段的标志性法律文件，将指导我国对旧有模式下诸如地方政府通过融资平台融资、直接银行贷款等非规范融资渠道的清理整顿，将地方政府融资归集到单一的政府债券形式，并将15.4万亿政府具有偿还责任的地方存量债务纳入政府管理范畴。这一系列规范和约束举措，奠定了现阶段我国地方政府的举债模式。

（一）政府债务管理体制

现行的地方政府举债模式是一种基于地方政府发行债券融资的规范模式。根据《中华人民共和国预算法》和《国务院关于加强地方政府性债务管理的意见》，现行地方政府债务管理体制包含以下几个要点。

（1）地方政府债券是地方政府举债的唯一合法形式。经国务院批准的省、自治区、直辖市的预算中必需的建设投资的部分资金，可以在国务院确定的限额内，通过发行地方政府债券举借债务的方式筹措。除此之外，地方政府及其所属部门不得以任何方式举借债务。

（2）地方政府债券的举债主体只能是省级政府。《中华人民共和国预算法》规定，我国地方政府举债只能是"经国务院批准的省、自治区、直辖市"，市县一级政府没有举债权。市县一级政府需要的债务融资只能由省级政府举完债以后给它转贷。

（3）举借债务的规模由全国人大批准。地方政府举借债务的规模，由国务院报全国人大或者全国人大常委会审查批准。省、自治区、直辖市依照国务院下达的限额举借的债务，列入本级预算调整方案，报本级人大常委会批准。

（4）地方政府债务用途的基本法则。举借的债应当有偿还计划和稳定的偿还资金来源，只能用于公益性资本支出和适度归还存量债务，不得用于经常性支出。

（5）地方政府不得为债务提供任何方式担保。除法律另有规定外，地方政府及其所属部门不得为任何单位和个人的债务以任何方式提供担保。

（6）中央政府对地方政府债务的管理权限。根据相关法律和规定，中央政府对地方政府债务负有的管理权限有：确定地方政府"举借债务的规模""建立地方政府债务风险评估和预警机制、应急处置机制以及责任追究制度""国务院财政部门对地方政府债务实施监督""分地区限额由财政部在全国人大或其常委会批准的地方政府债务规模内根据各地区债务风险、财力状况等因素测算并报国务院批准"等。

（7）政府政府债券收入纳入财政预算管理。地方政府债券分为一般债券和专项债券两种。一般债券纳入地方财政一般公共预算管理；专项债券纳入地方财政政府性基金预算管理。

（8）妥善处理存量债务。为了顺利完成地方政府债务融资方式的转型，对2014年底之前的地方政府性债务存量进行甄别和置换，决定经过甄别认定的地方政府具有偿还责任的15.4万亿元存量债务，在债权债务双方同意的前提下利用2015—2017年三年时间置换为地方政府债券或银行与金融机构的中期债券。

（二）政府债务管理的问题

我国地方政府债券发行制度基本上属于"行政约束+市场约束"的双重特征。从行政管理上说，中央政府决定地方政府的债务限额、年度发行总规模、一般债券和专项债券的比例，债券期限结构，以及分配到各个区域的额度，与此同时还就地方政府债务的预警、应急处置和监管等负有责任；作为发行主体的省级政府除负责债务发行外，还需要按照预定的额度转贷给市县政府，并且对下级政府的债务进行预警、监管、应急处置和救助。从市场约束来看，地方政府发行债券需要面向市场投资者，满足其投资偏好，充分披露相关信息，接受市场监督。从世界范围看，这种管理模式，也是比较谨慎和规范的模式。从管理效果来看，这种模式的优点是"紧约束"，能够更好地确保地方政府轻易不会因为债券发行产生债务风险，缺点可能是容易造成地方政府债券发行难以满足地方政府客观债务融资需要，结果可能会导致地方政府不得不寻求"体制外债务融资机遇"或者因难以有效融资而造成公共服务设施建设的滞后。

从 2015—2016 年的实际情况看，目前的管理模式面临着如下问题：

1. 短期政府公共投资推动与地方政府债务长效规范管理的周期性矛盾

经济发展进入新常态后，低速增长、周期性波动逐渐成为经济增长主要特征，但是目前政府应对经济下行压力的政策工具仍然偏重于通过积极财政政策扩大政府公共投资，尽管很多分析已经指出政府对扩大公共投资依赖的负面影响。在大多数地方政府缺乏必要的财政盈余积累的前提下，赤字政策成为短期扩大公共投资的主要融资模式。出于对经济迅速企稳回升的期望，特别是在某些宏观经济短波深幅下探的时候，地方政府"饥不择食"式的融资更是考验宏观决策的政策取向。决策者必然面临短期经济企稳与债务监管长效机制之间的两难选择，而且可以预见这种矛盾会在新常态下周期性出现。

2. 新型城镇化建设地方政府债务融资与地方政府债务风险控制的中长期矛盾

2015 年底我国常住人口的城镇化率已经达到了 56.1%，城镇化率还保持着每年平均超过一个百分点的速度提高，大量人口迁入城镇面临着大规模公共服务和基础设施能力提升的公共投资压力，其背后是地方政府巨大的融资需求，这也是形成我国地方政府巨额存量债务的根源之一。基于在城镇化过程中对地方政府融资的合理性判断，新《预算法》和国务院 43 号文件都允许地方政府在全国人大额度控制的框架下举借债务，地方政府债务风险控制权归属中央。无论是从监管者的角度，还是从需求者的角度都不会主动寻求"供给"与"需求"的真实平衡点。债务的监管者天然会压低债务规模，更何况我国的地方政府债务是以 2014 年底 15.4 万亿的"大体量"存量债务为起点和基础，监管者在处理新增发债问题上始终会保持谨慎取向。债务的举借者天然会夸大融资需求，更何况多年来利用债务融资在很多地方已经形成了债务依赖。所以，监管者要求"少借"，需求者要求"多借"，两者之间的过度博弈会是长期存在的矛盾。

3. 债务管理的集权化与举债需求的个性化的矛盾冲突

目前我国的地方政府举债模式具有鲜明的集权化特征，中央政府不仅决定发债规模、额度分配，还为每个发债省级主体安排好了诸如结构（一般债券与专项债券）、期限（1年至10年期）、利率（与当时同期限国债的利率关系）等。正是由于我国目前的地方政府债券的举债模式是审批制，而不是备案制，是行政主导的，而不是市场约束的，必然会出现债务集权化监管与万千个举债主体的多样化、个性化举债需求之间存在或多或少的偏差。当然，这种偏差有些是主观的监管意愿故意为之，但还有一些则是客观存在的脱节。比如，目前地方政府债券分为一般债券和专项债券两种，这本是出于对地方政府不同融资建设项目给予的差异化安排，全国人大到国务院（财政部）是从全局考虑分配两类债券的比例结构，但是经过中央到省、省对下的两次分配，到达市县层面的比例结构可能很难与地方的实际需要相符。在债券额度稀缺的状况下，地方政府更多地关注能否获得额度，结构是否匹配需求可能被掩盖。总的来看，地方举债需求的个性化特征是客观存在，而中央对地方政府债务集权化监管也是目前基本政策取向，两者之间的矛盾可以通过高效的信息沟通部分解决，但是在现有审批制下矛盾会始终存在。

（三）政府债务管理的改进措施

从实际运行中暴露出来的问题看，目前的管理制度需要完善的主要有：

1. 多措并举，消除信息不对称性

在一些市场发达国家，地方政府举债自由度比较高，因此地方政府何时举债、举债多寡、举债条件设置和风险的管控的"内在化"程度比较高，信息的对称性比较高。我国目前的地方政府债务管理框架设置中，预算法授予中央政府的权限和责任相对较大，其优点是容易把控地方政府举债行为和防范风险，缺点是很容易造成信息不对称，决策和措施容易脱离实际。例如，许多地方政府反映，分配下来的新增债券规模和实际需求相比"杯水车薪"；一般债券和专项债券的分配结构不合理，一些没有收益的建设项目也得占用专项债券的额度。因此，要不断提高政府债务管理水平，要紧跟社会发展，充分利用金融发展和信息技术发展提升政府治理能力。一是要科学预测经济发展水平和政府投资需求。建立良好的政府间债务信息交流机制，充分利用社会智力资源和信息技术资源，改进测算机制，科学预测。二是要划分省及省以下各级政府投资范围和投资区域，进一步明确投资和偿还责任，强化问责机制,建立领导干部融资终身跟踪机制和融资规模异常报警机制。三是设立优化预警体系,完善预警信息,做好地方债务偿还机制应急预案,明确救助主体和做好救助资源的储备制度。

2. 进一步理顺地方政府债务管理的权限划分,把一些适宜地方管理的事项尽可能下放

在我国,适当提高地方政府债务管理权的集中度是合理的,但要注重"抓大放小",一些适宜地方政府管理且不影响大局的债务管理事权就应该配置给地方。2015 年中央政府对地方政府置换债券的规模分 3 次下达指标,影响了地方政府和市场对债券置换的预期,2016 年中央适时下放了置换债券的权限,运行效果良好。这说明,一些适宜地方政府管理的事项还是应该尽可能配置给地方。可以预计,在不远的将来,地方政府无论已经置换了的存量债券还是已经发行了的新增债券均可能面临到期后的偿还和借新还旧问题。诸如借新还旧的规模和结构如何确定就应该由地方政府自己来定,中央只需要加强监督和预警。

3. 选择有条件的地市或地区进行授权自主发行债券试点

我国目前的地方政府发债制度主要是授予省级政府,但用债的主体确实市县级政府。市县级地方政府如确需借债,只能通过省、自治区、直辖市政府代为举借。从管理效率看,显然存在着矛盾,但从规范行为和把控债务风险来看确实是无奈的选择。根据党的十八届三中全会关于"建立透明规范的城市建设投融资机制,允许地方政府通过发债等多种方式拓宽城市建设融资渠道"的决定精神,也应该允许符合一定条件的城市政府通过发债的方式,为城市建设筹集资金。因此,建议通过先试点,再修法,后扩围的方式,将发债权下放至有条件的市县级政府,藉此提高债务管理制度的适应能力。

4. 规范存量债务认定,完善财政监督体系。

将城投企业债、公司债等纳入财政监督范畴。根据《财政部驻各地财政监察专员办事处实施地方政府债务监督暂行办法》,财政部下设地方专员办应对地方政府债务限额管理、预算管理、风险预警、应急处置,以及地方政府和融资平台公司融资行为进行监督,尤其利用专员办对"融资平台公司融资行为进行监督"。短期

内，要进一步核实政府债务存量。政府债务存量在全国范围内并不明确，尤其是省级以下。市级、县级、乡镇政府甚至部分村委会等各级行政机关举借债务情况和地方政府融资公司的数据有进一步核实的必要。从中长期来看，要一个"口子"统借，一个"尺度"统管。归并政府性债务举债渠道，把地方政府债券、城投企业债、平台公司债纳入财政监督范围。国家财政作为经济风险的最后承担者，有必要对全国经济形势有总体的把控。不论是哪个层级的政府，或者政府的哪个部门的借款，最终都是要由财政偿还，财政兜底。因此也应由财政部门在前期做好防范，做好债务规模把控，做好债务标准化管理。

5. 强化地方政府依法合规举债意识，维护法律尊严

地方政府违规违法担保或举债是屡禁不止的行为，即使是在地方政府融资平台受到清理整顿的当下，仍有不少地方政府在为地方建设项目违规提供担保或承诺函，究其主要原因，还在于我国地方政府债务管理模式存在着根本性的缺陷，也即主要依靠行政手段来管理地方政府债务问题。因此，为了提高地方政府依法举债意识，维护法律尊严，应该标本兼治，强化地方政府依法合规举债意识。

首先，酝酿制订颁布《地方政府投融资法》或《地方政府债券法》，对发债主体、市场监管主体、发债流程、信息披露、问责、处罚等事项作出明确的规定，建立地方政府债务重组机制和个人责任追究机制（尤其是要对严重失职的个人实施停职、免职、追究刑事责任等的处罚），使地方政府债券市场发展有法可依，有据可循，提高地方政府依法合规的举债意识，进而维护法律的尊严。其次，严控融资平台的地方政府信用担保行为。严格执行《担保法》中"国家机关不得为担保人"和《预算法》中"地方政府及其所属部门不得为任何单位和个人债务以任何方式提供担保"的规定，明确地方政府以担保函、承诺函、安慰函等形式出具的相关文件违法，且无效，斩断地方政府违法担保融资预期。第三，清理整顿棚改贷款和专项建设基金中地方政府担保问题。2015年，国家开发银行的棚改贷款和国开行与农发行的专项建设基金资金规模超过万亿元。国开行要求地方政府对棚改贷款出具红头文件（担保文件），以此力图形成凌驾于预算法之上的地方债务，且没有被纳入地方债务的预算中，推高政府财政风险和信用风险。

第九章
中国财税体制改革的经验和愿景展望

财政体制改革将是全面深化改革中的关键之举。我们必须以建立现代财政制度为目标,加快财税体制改革进程,适应新阶段发展的客观要求。在深化改革中健全完善分税制财政体制改革的总体思路应是:在合理定位政府职能、实现其转变的前提下,配合政府层级的扁平化和"大部制"取向下的整合与精简化,建立"扁平化"的财政层级框架,合理划分中央、省、市县三级事权和支出责任,改进转移支付制度,按"一级政权,一级事权,一级财权,一级税基,一级预算,一级产权,一级举债权"的原则,配之以中央、省两级自上而下的转移支付与必要合理的横向转移支付,建立内洽于市场经济体制的财权与事权相顺应、财力与支出责任相匹配的财税体制;深化预算管理制度的改革;实行促进"调结构,转方式"的税制改革;同时强化绩效导向。

第一节
回顾:40 年财政改革的基本经验和评价

1978 年中国实行改革开放,开始了由计划经济向社会主义市场经济转变的经济、社会转型历程。改革开放 40 年来,中国国民经济现代化建设取得了举世瞩目的伟大成就,正在大步迈向"两个一百年"奋斗目标。财政制度安排体现政府与市场、政府与社会、中央与地方的关系,涉及经济、政治、文化、社会、生态文明等各方面。1994 年分税制改革以提高"两个比重"为基础调整了中央与地方政府的财政关系,强调发挥中央与地方两个积极性,形成了我国现有财政制度的基本框架,成为20世纪我国市场经济体制改革的重要突破口,奠定了我国20年来社会经济高速发展的基础。同步推进的税收制度改革则进一步规范了政府与市场的关系,释放了微观市场主体的活力,有效促进了市场经济体制运行,提高了政府调控经济的能力。1998年开始建立公共财政制度的探索,将重点放在支出制度的完善和支出结构的调整上,财政支出的重点从经济建设领域转向民生领域。1999年启动了预算制度改革,通过引入部门预算、国库集中收付和政府采购等制度,初步构建了现代预算体系框架,预算的公开性、民主化程度显著提高。公共财政体制的建设与完善,较好地规范了中央与地方、国家与企业、政府与市场间的关系,为构建现代财政制度奠定了良好基础。

一、1994年分税制改革的里程碑意义和历史性贡献

中国已经进入启动新一轮经济体制配套改革的关键时期,与此前若干轮改革类似,财税改革再次成为研讨和推进配套改革的切入点,其中又以如何认识和深化1994年以来的分税制改革为核心。

在学术界已达成的较普遍共识是:税收制度是规范政府与企业分配关系的制度安排,财政体制则是处理政府间分配关系的制度安排。如在学理层面作更周详的审视,可知实际上这一认识是远未到位的。财政作为一国政权体系之"以政控财,以财行政"的分配体系,首先应解决政府为履行其社会管理权力和职能而配置公共资源的问题,与之密切相关、无可分离的,便是其所牵动的整个社会资源的配置问题。因此财政制度安排——包括解决政府"钱从哪里来"问题的税收与非税收入和"钱用到哪里去"问题的支出、转移支付以及资金收支的标准化载体即预算等的一系列体制、制度、机制的典章式规定——所处理的实质问题,是处理经济社会生活中的三大基本关系:政府与作为市场主体的企业之间的关系;中央政府与地方各级政府之间的关系;公权体系与公民之间的财力、资源、利益分配的关系。

因此,财政体制首先要解决资源配置中基于产权契约和法治环境、政府作用之下的效率激励、创业创新响应机制问题,以及利益分配过程的公正、可预期、可持

续问题，进而服务、影响、制衡资源配置全局。邓小平 1992 年南方谈话后在我国所确立的社会主义市场经济目标模式，实际确立的是多种经济形式和产权规范的法治化取向不可逆转、公平竞争的市场和间接调控体系的形成势在必行，因而完全合乎逻辑地要引出在 1993 年加紧准备、于 1994 年 1 月 1 日正式推出的"分税制"配套改革。这正是与中国经济社会历史性转轨中通盘资源配置机制的再造相呼应的制度变革。

对于 1994 年分税制改革的评价，学界多从当年改革目标之一——提高中央财政收入占财政收入比重——的实现程度来评判和肯定其取得的巨大成功。这是逼迫"94 改革"的直接因素之一。但全面地看，1994 年分税制改革的里程碑意义和历史性贡献远远不仅于此。在转轨、改革的基本逻辑链条上展开评价，其贡献和意义，在于使中国的财政体制终于从 20 世纪 50 年代起即不得不告别严格、完整意义上的统收统支而反复探索却始终不能收功的"行政性分权"，走向了与市场经济相内洽的"经济性分权"，突破性地改造了以往不论"集权"还是"分权"都是按照企业行政隶属关系组织财政收入的体制症结。在"缴给谁"和"按照什么依据缴给谁"的制度规范上，前所未有地形成了所有企业不论大小、不讲经济性质、不分行政级别，在税法面前一律平等、一视同仁，"该缴国税缴国税，该缴地方税缴地方税"的真正公平竞争环境，提供出在激发微观企业活力基础上有利于培育长期行为的稳定预期；其次也使中央和地方间告别了行政性分权历史阶段分成制下无休止扯皮和包干制下"包而不干"延续扯皮因素的"体制周期"，打破了令人头痛的"一放就乱，一乱就收，一收就死"的循环，打开新局形成了政府对市场主体实行宏观"间接调控"的机制条件和中央与地方间按税种或按某一税种的同一分享比例分配各自财力的比较规范、稳定的可持续体制安排。

正是在这种以统一、规范、公正公平为取向处理政府与企业、中央与地方、公权与公民分配关系的"三位一体"框架下，淡化了每一具体地区内各级政府对各种不同企业的"远近亲疏"关系，和由亲疏而"区别对待"中的过多干预与过多关照，抑制了地方政府与中央政府的讨价还价机制和地方政府之间"会哭的孩子有奶吃"的苦乐不均"攀比"机制。既为企业创造了良好的市场经营环境，也为地方政府营造了一心一意谋发展中认同于规范化的制度氛围。

当然，魄力和动作极大的"94改革"，在多方面条件制约之下，仍只能是提供了以分税分级体制处理三大关系的一个初始框架，仍带有较浓重的过渡色彩。深化改革的任务，在其后已完成了一些，但如何在省以下真正贯彻落实分税制的任务，还远未完成。自1994年以来直至今天，我国各省级行政区以下的地方财政体制，总体而言始终未能如愿地过渡为真正的分税制，实际上就是五花八门、复杂易变、讨价还价色彩仍较浓厚的分成制和包干制。为人们所诟病的基层财政困难问题、地方隐性负债问题和"土地财政"式行为短期化问题等种种弊端，实际正是在我们早已知道而欲作改变的分成制、包干制于省以下的无奈运行中产生的。把"基层困难""隐性负债""土地财政"问题的板子打在分税制身上，是完全打错了地方，并由此会实际否定"94改革"的大方向。这是一个大是大非问题，不可忽视、轻看，必须说明白讲清楚。

总之，我国财政体制"94改革"由"行政性分权"转为"经济性分权"而支撑市场经济改革的全面意义和"里程碑"性质，值得如实、充分肯定，为坚持其基本制度成果，必须正视其"未完成"状态而努力深化改革。

二、分税制财政体制内洽于市场经济

搞市场经济，就必须实行分税分级财政体制——这是世界各国在市场经济发展中不约而同形成的体制共性与基本实践模式。我国对财政体制反复探索中的经验和教训，也足以引出这个认识。在中国经济迈入新常态的当下，我们有必要按照基本分析思路来审视：为什么建设与完善社会主义市场经济，必须坚持分税制改革方向？

市场经济与计划经济二者的本质差异，在于资源配置方式的不同。计划经济以政府直接配置资源为特征，反映在财政体制上便是政府运用其事权和财权不仅仅提供公共产品和为提供公共产品而筹集财政收入，还需要配合政府管制直接介入非公共产品领域与微观经济活动。客观地说，高端决策层对与之伴随而来的财权、事权高度集中状况和由此产生的活力不足问题，并非没有引起足够重视和不思改变。

1956 年就在"十大关系"的探求中提出分权思维,但是先后以 1958 年和 1970 年为典型代表的大规模向地方分权举措,都很快铩羽而归,徒然走了"放乱收死"的循环过程而不得不落到财政"总额分成,一年一定"的无奈状态。到了 1980 年之后,改革开放新时期以"分灶吃饭"为形象化称呼的分权,是以多种"地方包干"配合全局渐进改革和向企业的"放权让利",调控格局由"条条为主"变为"块块为主",在松动旧体制、打开一定改革空间后,却并未能触及和改造政府按行政隶属关系组织财政收入和控制企业这一旧体制症结,很快又形成了"减税让利"已山穷水尽而企业却总活不起来、地方又演化为"诸侯经济"的局面,中央政府调控职能进退失据、履职窘迫的不良状态已在政治上经济上皆不可接受,这才最终逼出了走向经济性分权的 1994 年分税制改革。

必须强调,1994 年分税制改革是以邓小平南方谈话后确立社会主义市场经济目标模式为大前提的。以市场配置资源为基础机制的市场经济,要求政府职能主要定位于维护社会公平正义和弥补市场失灵和不足,因而政府的事权、财权主要定位在公共领域,"生产建设财政"须转型为"公共财政",以提供公共产品和服务作为主要目标和工作重心。所以制度安排上,必然要求改变按行政隶属关系组织财政收入的规则而走向法治背景的分税分级体制,让企业得以无壁垒地跨隶属关系、跨行政区域兼并重组升级优化而释放潜力、活力,充分公平竞争;同时在政府间关系上,也遵循规范与效率原则,由各级政府规范化地分工履行公共财政职能,将事权与财权在各级政府间进行合理划分,配之以财力均衡机制即以资金"自上而下流动"为主的转移支付。这个框架,即"经济性分权"概念下的财政分权框架,也即形态上类似于"财政联邦主义"国际经验的分税分级财政体制安排。

分税制是分税分级财政体制的简称。其体制内容,首先包括在各级政府间合理划分事权(支出责任)与财权(广义税基配置);按税种划分收入建立分级筹集资金与管理支出的财政预算;进而合乎逻辑地引出分级的产权管理和举债权管理问题,以及转移支付体系问题。分税制既适应了市场经济下政府维护市场秩序、提供公共产品职能定位的内在要求,也迎合了各级政府间规范化地、可预期地分工与合作以提高公共资源配置效率这种公共需要。

因此，一言以蔽之，分税制财政体制内洽于市场经济。在我国不断深化社会主义市场经济体制改革和推进全面配套改革，"五位一体"地实现现代化中国梦的征程中，坚持分税制财政体制改革方向，是切切不可动摇的。从 1994 年以来的基本事实出发，近些年来地方财政运行中出现的县乡财政困难、隐性负债、"土地财政"、"跑部钱进"等问题，绝非分税制所造成的，恰恰是因为分税制改革在深化中遇阻而尚没有贯彻到位所引致。

面对现实生活中与基层困难、地方隐性负债和"土地财政"短期行为相关的问题与弊端，除了有未知省以下实情而把这些负面因素归咎于 1994 年分税制改革（实质上便会否定与市场经济相配套的财政改革和转型大方向）这种错误认识之外，还有一种虽未在表述上全盘否定分税制方向，却从强调"因地制宜"切入而提出的"中央与省之间搞分税制、省以下不搞分税制""非农区域搞分税制、农业区域不搞分税制"的主张，可将其概括为"纵向分两段、横向分两块（两类）"的设计思路。这一设计思路看似以"实事求是"为取向，要害却是未能领会市场经济资源配置的内在要求而脱离了中国经济社会转轨的基线和现实生活中的可操作性，属于一种使财政体制格局重回"条块分割""多种形式包干"的思维方向，完全未能把握深化改革的"真问题"：一个统一市场所要求的各种要素无壁垒流动的制度安排，如何能够如此"因地制宜"而横、纵皆为切割状态？

如果说省以下不搞分税制，那么实际上这恰恰说的就是"94 改革"以来我们遗憾地看到的因深化改革受阻而业已形成、为人诟病的现实状态，真问题是如何走出这一"山重水复疑无路"的不良困境；如果说"农业地区不搞分税制"，那么且不说实际操作方案中如何可能合理地将我国具体划分成各类大大小小、与非农地区仅一线之分的"农业地区"，也难以试想体制分隔、切割状态下各个区域中的企业将如何形成我国目前第一大税种增值税的抵扣链条，以及各地政府将如何处理各自辖区的企业所得税索取权。这种将生成完全不能接受的紊乱状态后面所不能够解决的真问题，是统一市场的资源配置优化机制，必然要求分税制"横向到边，纵向到底"地实施其制度安排的全覆盖——分税制改革的制度创新的内在要求如此，与之相联系、相呼应的管理系统创新、信息系统创新，也必然都应当"横向到边，纵向到底"地全覆盖。

三、完整、准确地理解分税制所应澄清的几个重要认识

分税制财政体制是一个逻辑层次清晰、与市场经济和现代社会形态系统化联结的制度框架，需要从政府与市场关系这一核心问题入手，在"让市场充分起作用"的取向下，完整地准确地理解，才有利于消除诸多歧义，寻求基本共识。

第一，分税制的逻辑起点，是市场经济目标模式取向下政府的职能定位和所获得的收支权。在市场经济中政府应从计划经济下直接配置资源的角色退位于主要在市场失灵领域发挥作用，提供公共产品与服务和维护社会公平正义，各国共性的政府事权范围，大体取决于公共产品的边界。为履行政府公共职责，社会必须授权赋予政府配置（获取和支配）资源的权力，这其中便包括在配置经济资源中获取资金的权力和支配资金的权力，现代社会通常表现为立法机关授权。其中收入权包括两类：一类是征税（费）权，一类是举债权。前者即为通常意义的财权，后者实为与形式上"无偿"取得收入的财权相辅助的"有偿"方式的权变因子。相应地，政府收入类型分为税、费和债，其中以税收为主（如果为提供跨时、跨代际公共产品而融资，则可以举债）。至于如何征税，则需要同时考虑收入足额目标和尽可能不对市场形成扭曲，并对社会成员利益适当"抽肥补瘦"，这客观上要求税制设计要具备统一、规范、公平、效率取向和形成必要的差异性（"对事不对人"地"区别对待"）。在税收制度的安排上要求尽量保持税收的"中性"，是为尽量避免对资源配置产生扭曲影响，然而发挥对市场的引导作用和政府宏观调控作用，又要无可避免地加入税制的适当差异化设计。因此，在商品经济不发达的农业时代，通常只能以耕地作为税基的农业税成为首选；随着商品经济的兴起，以商品流转额为税基的流转税得到各国青睐；当经济进一步发展到近现代后，所得和财产类税基便受到了各国的重视。分税制体制的整体设计，必然要求以政府在现代社会"应该做什么、不应该做什么"和政府对市场主体和纳税人的调节方式为原点，即以尊重市场和服务与引导市场经济的政府职能定位及其适当履职方式为逻辑起点，把财政事权（支出责任）的分级合理化与复合税制的分级配置税基合理化这两方面，在分级收

支权的制度安排体系中整体协调起来。

第二，政府事权范围对政府收入规模（广义宏观税负）起着大前提的作用。政府的收入权，为政府实际筹集收入提供了可能，而实际需要筹集的收入规模（通常以政府可用财力在GDP中的占比，即广义"宏观税负"为指标）则首先取决于政府事权范围，或者取决于特定国情、阶段、战略设计等诸因素影响制约下的公共职能的边界。这反映着一种政府"以支定收"的理财思想所带来的规律性认识，同时也可依此视角来对近年来关于我国宏观税负高与不高的争论做出点评与回应。剔除财政支出效率和各国公共品供给成本的客观差异等因素，所谓宏观税负高与不高，首先主要取决于政府职能定位、事权范围的大小。从工业革命之后各国实践情况来看，政府支出占比的长期表现均呈现上升趋势，这便是由著名的瓦格纳定律所作的归纳。其根本原因在于随着社会发展，经济社会公共事务趋于复杂和服务升级，政府公共职能对应的事权范围渐趋扩大所致。

中国政府事权范围和职能范围边界，在传统体制下总体而言明显超出成熟市场经济国家（这里未论"城乡分治"格局下的某些乡村公共服务状况），这在改革开放以来有所趋同，但仍存在差异，除有政府职能转变不到位而导致的政府越位、缺位和资金效率较低等因素外，还包括：转轨过程中的特定改革成本；为落实赶超战略实现民族伟大复兴而承担的特定经济发展职责；我国力求加速走完成熟市场国家上百年的工业化、城市化进程，导致在其他国家顺次提供的公共品（有利于市场发展的基本制度、促进经济发展的基础设施以及有助于社会稳定和谐的民生保障品）等在我国改革开放30多年内较密集地交织重叠。

上述分析并不否定市场改革不到位、政府越位、支出效率低下而导致公共资源配置不当、浪费所带来的"无谓"政府支出或较高行政成本的问题，主要是想说明，政府事权范围是决定宏观税负高低的前提性认识框架，不同国家的发展阶段不同，国情相异，所以各国间静态的宏观税负可比性不强。中国的特定国情和当前所处的特殊阶段，导致政府事权范围较广，在既成宏观税负和政府支出占比水平之中，除确有一些不当因素之外，也具有其一定的客观必然性和合理性。

上述分析表明，市场失灵要求政府履行公共职责（事权），相应须赋予其获取、掌握（配置）经济资源的权力（收入权和支出权），而政府借收入权获取收入规模（政府可用财力在 GDP 中的占比）的大前提取决于事权范围，当然实际获取收入的规模又同时取决于经济发展情况、征管能力、税费制度设计与政策以及政府的公信度等因素。因此，事权和应顺应于它的财权是"质"的制度框架性规定因素，它更多地反映着财政体制安排，而财力规模与宏观税负是事权和财权大前提、大框架下多种因素综合作用生成的"量"的结果。

第三，事权划分是深化分税制改革中制度设计和全程优化的始发基础环节。分税制财政体制内容包括：事权划分、收入划分和支出及转移支付三大部分。其中，反映政府职能合理定位的事权划分是始发的、基础的环节，是财权和财力配置与转移支付制度的大前提。因此，我们理应避免谈分税制改革问题时首先讨论甚至只讨论收入如何划分的皮相之见，而应全面完整、合乎逻辑顺序地讨论如何深化我国的分税制改革。

与讨论政府总体收入规模之前需要界定合理事权范围相类似，在讨论各级政府财力规模和支出责任的合理化问题之前，必须合理划分各级政府之间的事权。这符合第一层次以支定收的原理。只有各级政府间事权划分合理化，支出责任才可能合理化，才可以进而讨论如何保证各级财力既不多也不少，即"财权与事权相顺应（相内洽），财力与事权相匹配"的可行方案。

把某类事权划给某级政府，不仅仅意味着该级政府要承担支出责任，更要对公共产品的质量、数量和成本负责。因此，"事权"与"支出责任"两个概念其实并不完全等同，支出责任是事权框架下更趋近于"问责制"与"绩效考评"的概念表述。公共财政的本质要求是在"分钱"和"花钱"的表象背后，来对公共服务责任合理有效地进行制度规制以寻求公共利益最大化。

一般而言，不同政府层级间的事权划分要考虑公共产品的属性及其"外溢性"的覆盖面、相关信息的复杂程度、内洽于全局利益最大化的激励——相容机制和公共产品供给效率等因素。属于全国性的公共产品，理应由中央政府牵头提供，地区性的公共产品，则适宜由地方政府牵头提供。具体的支出责任，应合理地对应于此，分别划归中央与地方。同时，由于地方政府较中央政府更具有信息优势，更加了解本地居民需要，因而在中央政府和地方政府均能提供某种公共服务的情况下，基于效率的考虑，应更倾向于由地方政府提供。

第四，广义税基收入划分主要取决于税种的属性与特点，且要求地区间税基配置框架大体一致，但各地实际税收丰度必然高低不一，存在财政收入的地区间"横向不均衡"。

在事权合理划分之后的逻辑环节，依次为财权配置（广义税基划分安排）、预算支出管理和相应于本级主体的产权和举债权配置问题。这里先看税基划分。

按税种划分收入（即税基配置），属于分税制财政体制框架下的题中应有之义和关键特征。税种在中央、地方间的划分即税基的配置应遵循如下基本原则：与国家主权和全局性宏观调控功能关系密切，或税基覆盖统一市场而流动性大的税种，应划归中央；而与区域特征关系密切、税基无流动性或流动性弱，以及税基较为地域化、不会引起地区间税收过度竞争和需要"因地制宜"的税种，应划归地方。无论税种（税基）在政府间如何配置，收入是独享还是共享，其划分原则和共享办法与比例，在一个国家内应是上下贯通、规范一律的。即使那些不宜由中央或地方专享，出于过渡性的甚至是长期理由不得不划为共享税的税种（如我国目前的增值税、企业所得税和个人所得税），也需要执行全国统一的分享办法和分享比例。假如我们不能坚持最基本的"全国一律"特征，我国1994年形成框架的分税制的根基就会被动摇，现实中的财政体制便不是与统一市场、公平竞争环境及体制稳定规范性相契合的"分税制"体制了。因此，即使是共享税，其切分办法也必须全国一律，"因地制宜"要靠后面的转移支付来处理。这实际成为维护我国"94改革"基本制度成果的底线。

需要强调的是，各地区税基配置统一、分享办法相同、分享比例一样，并不意味着各地区实际的税收丰度（某一税种的人均可实现收入数量）均平化，却会出现由于地区间经济发展水平的差异及受其他相关因素影响而大相径庭的情况。这就注定会产生区域间财政收入丰度显著的"横向不均衡"，这种情况在区域差异悬殊的我国尤为显著，客观地形成了比一般经济体更为强烈的均衡性转移支付制度需求。

第五，因收入与支出二者在政府间划分遵循不同原则，各地税收丰度和供给品成本又必然不同，中央本级、地方本级必不可能各自收支平衡，客观上需要以基于"中央地方纵向不均衡"的自上而下的转移支付制度，调节"地区间的横向不均衡"。

规范的制度安排内在地要求各地税种一律、分享比例一律，但实际的税收丰度却会由于地区间经济发展水平的差异及其他相关因素而大相径庭。与此同时，地方政府提供"基本公共服务均等化"所需的公共产品的供给成本，却又会因巨大的地区差异而产生另一个支出负担上的"横向不均衡"，使欠发达省（区）面临更大困难。因为恰恰是税收丰度很低的地方，大多是地广人稀的高原山区等自然条件较恶劣而提供公共产品的人均成本非常高的地方；又恰恰是税收丰度较高的地方，一般都是人口密集、城镇化水平高、自然条件和生存环境较好因而提供公共产品的人均成本比较低的地方。财政的收入丰度低而支出成本高，这就是欠发达地区普遍面对的困难处境，因此分税制框架下对这个问题的解决之道，便主要需依仗"自上而下"的中央财政、省级财政对欠发达地区的转移支付制度安排，形成可持续的调节区域差异的通盘方案。

随着经济社会复杂性的提高，人们需求的多元化和个性化明显增强，政府事权下移为一种大趋势，各国实践也印证了这一点。在市场经济下，商品极大丰富、生产要素流动活跃、国内国际贸易活动频繁，以商品和生产要素为税基的税种成为各国首选，而从这些税种的特点和属性分析，恰恰都宜将其作为中央税，即使与地方分享，地方分享比例也不宜过高，否则会阻碍生产要素和商品的流动，违反市场经济原则。因此带来中央税权和可支配财力均呈现出"上移"的实践运行结果，与社区、地方"自治"倾向上升而发生的事权"下移"又恰恰形成鲜明的对比。加之中央政府无一不是必须承担调节各地区差异等全局性的任务，只有其可支配财力规模大于本级支出所需规模，才可能腾出一部分财力以转移支付等形式去履职尽责。所以，从中央与地方层面看，必然出现"中央拿大头支小头、地方拿小头支大头"的财力"纵向不均衡"的格局，但不但不足为奇，而且正是各国分税分级体制运行的共性特征，相应地，转移支付也主要表现为"自上而下"的财力转移即

"资金向下流动"格局。"94改革"已使中国政府财力分配的这一格局初具模样（如图9-1-1所示）。

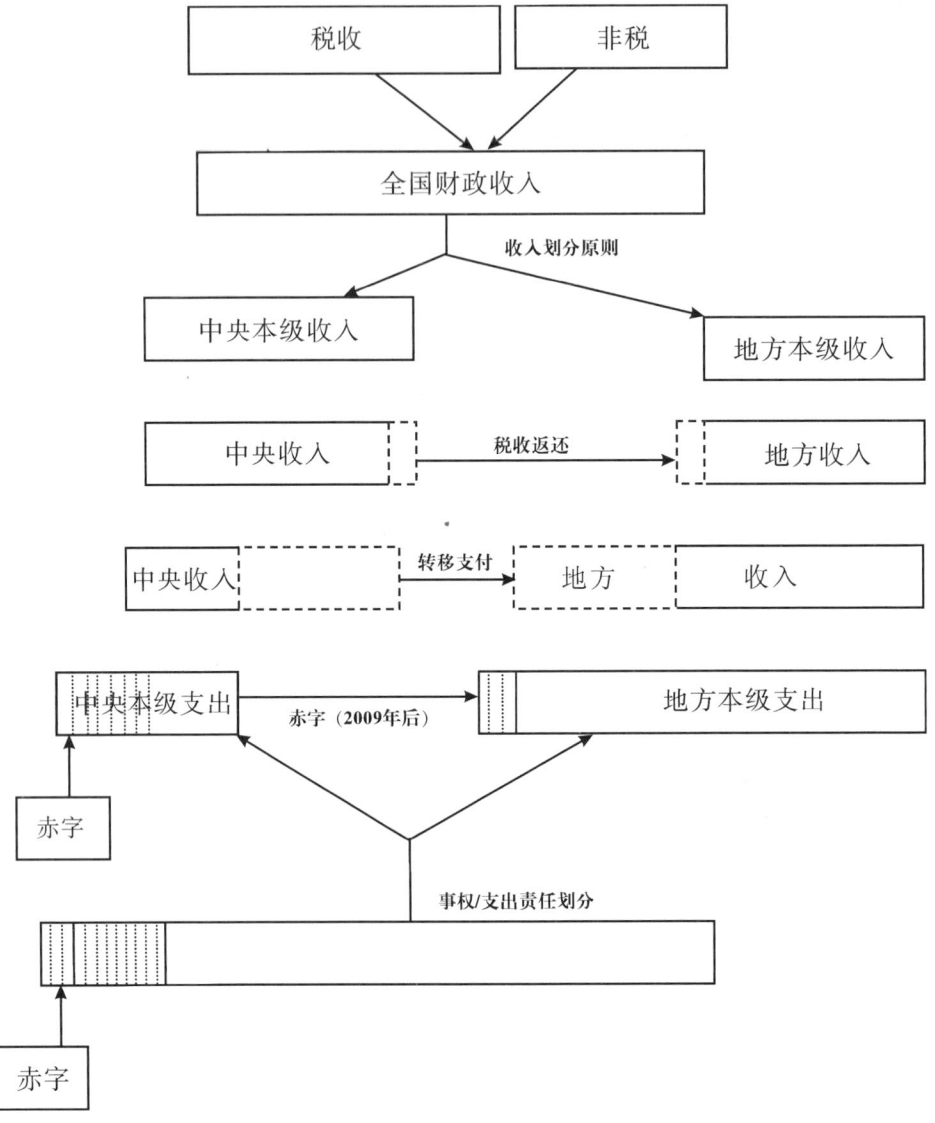

图9-1-1 我国政府间财政关系简要图示

我国现阶段中央收入占比不到50%的水平，无论是与其他代表性国家相比，还是与我国中央政府所承担的宏观调控职责相比，都可以说中央收入占比并不高。其实问题更明显地出在支出侧，即支出总盘子中中央占比过低（仅约为15%）、地方支出占比过高。2009年经合组织（OECD）成员国中央支出非加权平均值为46%，其中与中国可比的大国如美国是54%，英国是72%，日本是40%。而中央与地方支出失衡背后的原因恰恰是政府间事权划分不合理导致的支出责任错配，政府间事权划分办法不规范、不统一，具有明显的非规范特色；同时新增事权多采取"一事一议"办法，无统一科学标准化的原则和方案遵循。我国有些中央应承担的事权如国防，现实中往往以"军民联防""军地共建"等名义较深度而无规范地扯入了地方，另一些也理应由中央承担的重要事权如经济案件的司法审判权，则几乎全部交给了地方，使得在地方利益眼界内非公平判决层出不穷。合理解决这些问题之道，不是减少中央收入占比，而是应调整事权和支出责任，如最终结果会使中央在支出总盘子中的占比不变或有所提升，也将是合理状态。

所以，市场经济下分税制框架中必然内含的转移支付制度建设，在我国尤其重要，必须进一步按"长效机制"的要求来打造并加以动态优化。相应于此我国转移支付制度建设目标包括平衡地方基本公共服务能力和实现特定宏观调控目标两大方面，分别大体对应于"一般性转移支付"和"专项转移支付"。

第六，财权与事权相顺应和财力与支出责任相匹配都十分重要、不可偏废，但二者属递进关系而非平行关系，较适当的"中央地方财力占比"是在正确处理经济性分权制度安排各环节后自然生成的。

在1994年分税制改革启动时，《国务院关于实行分税制财政管理体制的决定》（国发〔1993〕第85号）提出了"根据事权与财权相结合的原则……并建立中央税收和地方税收体系……""并充实地方税税种，增加地方税收入"，但随着改革进程中出现诸多问题，对事权与财权相结合的提法提出了质疑，近些年的文件中，只是屡次强调了"财力与事权相匹配"，学界也有解读为不讲财权、只讲财力才是出路的声音。

从结果导向看，追求各层级政府和各地方政府实现财力与事权和支出责任相匹配，是分税制体制安排逻辑链条的归宿，也属于分税制建立和完善的动力源，但这并不意味着我们可以放弃"事权与财权相顺应"这一内含于原"相结合"表述中的追求与市场经济内洽而规范制度建设的前置环节。近些年的实践充分表明，我们亟须明确地在"事权与财权相顺应"的基础之上，追求"财力与支出相匹配"的结果。也就是说，循着"一级政权，一级事权，一级财权，一级税基，一级预算，一级产权，一级举债权"的制度建设逻辑，再配上有效的转移支付制度，才能最终可持续地实现使中国哪怕是最欠发达地区的地方政府，也能够以其可用财力与"基本公共服务均等化"的职能相匹配。如何使财权（广义税基）与事权相顺应、相内洽、相结合，是最终使财力与事权相匹配跳不过去的前置环节。

强调事权与财权相顺应，就意味着我们必须如十八大报告所强调的更加重视地方税体系的建设，重视地方潜在税基的发掘，并重视地方阳光化举债制度的建设和国有资产管理体系的完善，而非仅仅盯在目前可见到的现有收入如何分享、如何调整成分比例的问题上。早在20世纪80年代第二步"利改税"时，我国便设计了城市维护建设税、房产税、土地使用税和车船使用税。当时设计这四个税种，重要目的之一"是为改革财政管理体制做准备，希望通过建立地方税体系，使地方有比较稳定的财源，稳定中央与地方的分配关系。"[①] 但是分税制运行二十多年来，尤其是进入21世纪以来，房地产、矿产（包括石油、天然气、煤炭等主要能源品和金属矿石、碳石等基础品）价格飙升，最适宜作为地方税的这两类税基迅速成长，但因地方税体系建设明显滞后，相关的理顺体制、深化改革任务也步履维艰，这不能不说与忽视和淡化"事权与财权相顺应（相结合）"的认识和指导原则有关。

重视"事权与财权相顺应"，也必然相应要求提高对税权下放的关注度。税权下放不仅包括税种选择权、税率调整权，也包括最终在一定条件下的因地制宜设税权。地区间特色、互补发展的态势早已显现端倪，近年国家也有意引导各地区按照"功能区"模式发展，这意味着各地的"特色税基"将会由潜在状态到浮出水面，"靠山吃山、靠水吃水"，在体制规范化条件下，地方政府应可以考虑适当地、依法地、按照科学合理的方式从"特色资源"中获取收入。由于"特色资源"不易流动，相应也不会产生税源竞争。同时特色资源的开发维护需要特殊成本支出，这种收入恰好可以弥补这部分支出，也符合税收的"受益"特点。可以设想，在消费税中讨论增设特色消费税税目，各地区可以因地制宜地按照本地区特色资源设定

---

① 王丙乾：《中国财政60年回顾与思考》，中国财政经济出版社，2009年，第271页。

具体税目和税率。比如一些中西部欠发达地区，其自然资源或"红色文化"积淀比较有特色，便可以考虑对来此的旅游者开征特色消费税（可比照借鉴美国旅游胜地凡在当地住宿旅客均要缴纳宾馆床位税的这类办法）；再比如，针对东部大城市的拥堵问题，可以考虑开征"拥堵税（费）"（可比照借鉴伦敦等地经验），等等。

如果重视"事权与财权相顺应"，我们就势必需要首先重新审视目前税种划分是否合理，并创造条件改革税制，积极考虑"营改增"倒逼之后的资源税、房产税、消费税、环境税等的改革，在配套改革中积极地为丰富地方税基打基础，而不是一上来先大谈中央、地方财力占比高与低的问题。即使在现行一些较小税种划分的技术层面，其实也有依此思路的改进空间，如目前的车辆购置税，一般而言车辆购买地、上牌地和消费地大体一致，因此较适宜作为地方税，而目前车辆购置税为中央税；还有烟草消费税，目前已具备条件将征收环节从生产环节和批发环节后移至销售环节，将其作为省（市）级收入；也可积极研讨将汽车消费税征收环节从生产环节后移至零售环节，将其作为地方税收收入等。

所以，事权与财权相顺应和财力与支出责任相匹配两者都十分重要，不可偏废，但逻辑顺序上二者是一种递进关系，切不可错认为是平行关系，甚至认为后者对前者是替代关系或涵盖关系，这将引出将分税制深化改革、制度完善的任务，简单化为"分钱"和"占比"调整问题，以及滑向"一地一率"式因地制宜主张的严重误区，而贻误改革事业。

依上所述，也可以得出一个至关重要的认识：近年人们往往热衷于反复讨论、争议不休的"中央、地方财力（收入）占比"高与低的问题，其实并没有触及中国现阶段深化分税制改革的关键。较适当的中央地方财力分配格局，在"占比"上的量化指标，应是在正确处理经济性分权各项前置环节制度安排问题之后，加上全套转移支付的优化设计而自然生成的，不是根据主观偏好可以设计出来的，或简单依从"国际经验"比照出来的，或在"争论"中"少数服从多数"的。我们既不应、也不必把"中央地方收支应占百分之多少"的问题作为讨论的重点，更不能把这一点作为讨论的大前提。

◆ 专栏:"94改革"后中央—地方"纵向不均衡"机制正面效应的实证考察

针对各方屡屡提出的"中央、地方财政收入占比各约占50%,但中央支出占比仅为20%,地方支出占比要达80%,那地方还怎么过日子?"的诘问,有必要按照以中央—地方间"纵向不均衡"调节矫正地方之间的"横向不均衡"的思路,根据实证数据,分析说明"94改革"后我国财政体制"纵向不均衡"转移支付机制已产生的正面效应。

(一)东部地区为转移支付的净流出区,中西部地区为转移支付的净流入区

在现行分税制财政体制框架下,中央与省之间按照规范一律、同一比率的共享收入划分办法分配财政收入。在这种情况下,地方财政自有收入(即通常意义上的地方公共收入或地方一般预算收入)与本地区经济发展水平直接相关,经济越发达,地方财政自有收入能力越强。同时,经济发达地区对中央本级收入的贡献也越大。2012年,中央级税收收入共计64513.6亿元,东、中、西部地区贡献的收入规模分别为42217.51亿元、11882.26亿元和10413.79亿元,占比分别为65.4%、18.4%和16.1%,东部发达地区对中央收入贡献是中西部地区的1.9倍(参见表9-1-1)。

其后,中央通过转移支付的形式,又将一部分资金用于地方,特别是中西部地区,促进地区间经济协调发展和基本公共服务均等化。近年来,中西部地区从中央得到的转移支付补助均高于东部地区,以2012年为例,中央对地方的转移支付(包括税收返还、一般性转移支付和专项转移支付)规模为45109.6亿元,其中东、中、西部地区分别得到补助8369.85亿元、18233.84亿元和18505.89亿元,占全部转移支付的比重分别为18.6%、40.4%和41%,东部占比最低,比中部低近21.8个百分点,比西部低近22.4个百分点。相应地,东部成为财政收入的净流出区(数量为对中央收入的贡献-从中央得到的补助),2012年净流出规模达33847.7亿元,中西部成为收入的净流入区,净流入规模达14443.7亿元(关于这种对比情况的直观表示,可参看表9-1-1)。

表9-1-1 2012年东、中、西部地区对中央收入的贡献及获得中央补助情况

地区	对中央收入贡献度		从中央得到的补助		受益与贡献差额（亿元）
	绝对规模（亿元）	相对比重（%）	绝对规模（亿元）	相对比重（%）	
东部	42217.51	65.4	8369.85	18.6	-33847.7
中部	11882.26	18.4	18233.84	40.4	6351.6
西部	10413.79	16.1	18505.89	41.0	8092.1
全国合计	64513.6	100.0	45109.6	100.0	—

注1：本表中的东中西部地区分别为：东部地区包括北京、天津、辽宁、上海、江苏、浙江、福建、山东、广东9个省、直辖市；中部地区包括河北、山西、吉林、黑龙江、安徽、江西、河南、湖北、湖南、海南10个省；西部地区包括重庆、四川、贵州、云南、西藏、陕西、甘肃、宁夏、青海、新疆、内蒙古、广西12个省、直辖市、自治区。

注2：贡献度计算公式为：对中央税收贡献额/中央全部收入；补助率计算公式为：取得的中央补助/中央补助总额。

数据来源：根据《中国财政年鉴》数据计算整理。

（二）部分西部地区财政自给率不但低于50%，且财政支出规模高于本地区财政总收入规模

财政自给率是地区一般预算收入与财政支出的比重，该比值若低于50%，则意味着中央政府对该地区的转移支付规模大于本地区的一般预算收入，2012年各地区财政自给率情况如图9-1-2和表9-1-2所示。

从中可以看出，东部的9个省和直辖市，自给率均超过68%，其中超过80%的省份有6个；而中部10个省份中，仅有2个省份（河北和山西）财政自给率超过50%；西部12个省、直辖市、自治区中，只有重庆和云南财政自给率超过50%，7个省份财政自给率低于40%，如西藏仅为9.6%，青海为16.1%。

尤其值得一提的是，对于绝大多数的中西部省份来说，其财政支出超过本省财政总收入①。22个中西部省份中，有20个省份的财政支出规模超过其财政总收入。这意味着中西部地区绝大多数省份可用财力在超过本地区经济所能贡献的全部财力

---

① 财政总收入 = 本省一般预算收入 + 上划中央的税收收入。

的情况下,是通过中央层面的转移支付制度,将部分东部地区经济发展所产生的财力转移给了中西部地区。如新疆,2012年财政总收入为1864.91亿元,财政支出为2720.07亿元,后者高于前者855.16亿元。因此,中央的转移支付制度正在发挥着"先富带动后富,实现共同富裕"的作用。

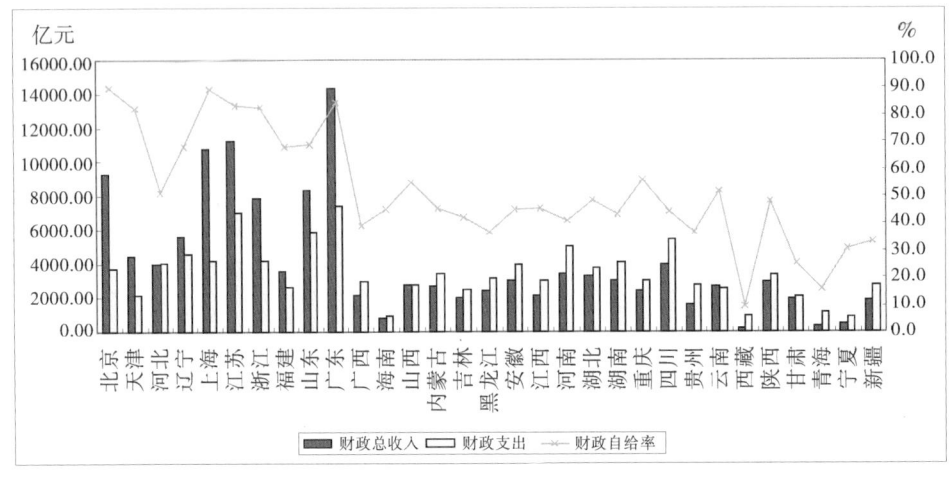

图9-1-2 2012年各省财政总收入、财政支出以及财政自给率情况

表9-1-2 2012年各地区相关财政指标

地区		财政总收入（亿元）	财政收入（亿元）	上划中央（亿元）	财政支出（亿元）	中央转移支付（亿元）	财政支出与财政总收入差额（亿元）	财政自给率（％）
东部地区	北京	9269.74	3314.90	5954.84	3685.31	370.41	-5584.43	89.9
	天津	4428.00	1760.00	2668.00	2143.21	383.21	-2284.79	82.1
	辽宁	5583.05	3105.38	2477.67	4558.59	1453.21	-1024.46	68.1
	上海	10774.65	3743.70	7030.95	4184.00	440.30	-6590.65	89.5
	江苏	11278.58	5860.69	5417.89	7027.67	1166.98	-4250.91	83.4
	浙江	7891.13	3441.23	4449.90	4161.88	720.65	-3729.25	82.7
	福建	3553.29	1776.21	1777.08	2607.50	831.29	-945.79	68.1
	山东	8380.18	4059.40	4320.78	5904.52	1845.12	-2475.66	68.8
	广东	14349.56	6229.18	8120.38	7387.86	1158.68	-6961.70	84.3
	东部合计	75508.20	33290.69	42217.51	41660.54	8369.85	-33847.66	—

（续表）

地区		财政总收入（亿元）	财政收入（亿元）	上划中央（亿元）	财政支出（亿元）	中央转移支付（亿元）	财政支出与财政总收入差额（亿元）	财政自给率（%）
中部地区	河北	3993.98	2084.20	1909.78	4079.44	1995.24	85.46	51.1
	海南	767.55	409.40	358.15	911.67	502.27	144.12	44.9
	山西	2803.27	1516.39	1286.88	2759.46	1243.07	-43.81	55.0
	吉林	1978.43	1041.25	937.18	2471.20	1429.95	492.77	42.1
	黑龙江	2416.88	1163.20	1253.68	3171.50	2008.30	754.62	36.7
	安徽	3002.72	1792.70	1210.02	3961.01	2168.31	958.29	45.3
	江西	2142.62	1371.90	770.72	3019.22	1647.32	876.60	45.4
	河南	3449.41	2040.60	1408.81	5006.40	2965.80	1556.99	40.8
	湖北	3296.83	1823.05	1473.78	3759.79	1936.74	462.96	48.5
	湖南	3055.43	1782.16	1273.27	4119.00	2336.84	1063.57	43.3
	中部合计	26907.11	15024.85	11882.26	33258.69	18233.84	6351.58	-
西部地区	广西	2103.04	1166.06	936.98	2985.23	1819.17	882.19	39.1
	内蒙古	2658.20	1552.80	1105.40	3425.99	1873.19	767.79	45.3
	重庆	2416.13	1703.50	712.63	3046.36	1342.86	630.23	55.9
	四川	3935.14	2421.30	1513.84	5450.99	3029.69	1515.85	44.4
	贵州	1650.07	1014.00	636.07	2755.68	1741.68	1105.61	36.8
	云南	2694.67	1338.00	1356.67	2572.66	1234.66	-122.01	52.0
	西藏	168.11	86.58	81.53	905.34	818.76	737.23	9.6
	陕西	2942.92	1600.69	1342.23	3323.80	1723.11	380.88	48.2
	甘肃	1944.66	520.90	1423.76	2059.56	1538.66	114.90	25.3
	青海	338.82	186.40	152.42	1159.05	972.65	820.23	16.1
	宁夏	460.32	264.00	196.32	864.36	600.36	404.04	30.5
	新疆	1864.91	908.97	955.94	2720.07	1811.10	855.16	33.4
	西部合计	23176.99	12763.20	10413.79	31269.09	18505.89	8092.10	-

说明：财政收入和财政支出数据取自《中国统计年鉴》(2013)；上划中央收入数据为国家税务总局内部数据；财政总收入＝财政收入＋上划中央收入；中央转移支付＝财政支出－财政收入；财政自给率＝财政收入/财政支出×100%。

(三) 转移支付制度有效地发挥了平衡地区间财力的作用

2012年人均财政收入排在前五名的省市为北京、上海、天津、江苏和辽宁，五省市人均财政收入为11736.5元/人，是全国平均水平的2.33倍。而后五省区甘肃、河南、广西、湖南和河北[①]人均财政收入水平仅为2444.94元/人，仅占全国平均水平的54.2%。经过税收返还、一般性转移支付和专项转移支付后，前五名省市人均财政收入水平相对于全国平均水平的倍数下降至1.78倍，而后五个省区上升到全国平均水平的80%，均等化效果非常明显（具体请看图9-1-3）。

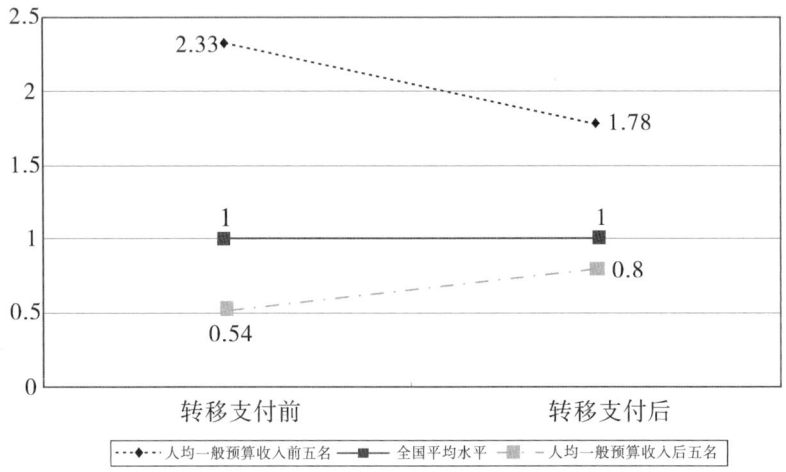

图9-1-3 2012年前五位、后五位人均财政收入情况极差分析（单位:%）
资料来源：根据《中国财政年鉴》的数据整理而得。

从东、中、西部看，2012年转移支付前人均财政收入分别为6982.8元、2964.3元和3503.7元，收入差距达4018.5元。通过转移支付后，三地区人均财政收入分别为8738.4元、6561.7元和8583.8元，收入差距为2176.7元，仅为原来的54.2%（具体见图9-1-4和表9-1-3）。

---

① 第五名应该是西藏，考虑到西藏的特殊情况，这里未将其纳入。

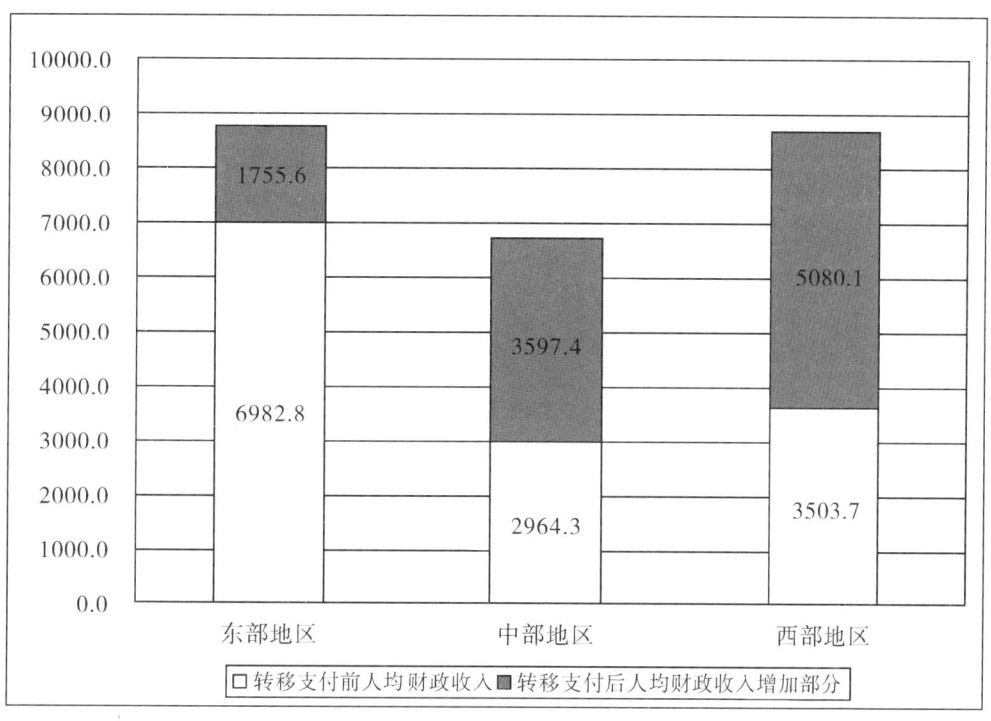

图 9-1-4 2012年东、中、西部转移支付前后人均财政收入变动情况（单位：元）

表 9-1-3 2012年各地区转移支付前后人均财政收入

地区		转移支付前财政收入（亿元）	转移支付后财政收入（亿元）	人口（万）	转移支付前人均财政收入（亿元）	转移支付后人均财政收入（亿元）
东部地区	北京	3314.9	3685.3	2069.0	16021.7	17812.0
	天津	1760.0	2143.2	1413.0	12455.8	15167.8
	辽宁	3105.4	4558.6	4389.0	7075.4	10386.4
	上海	3743.7	4184.0	2380.0	15729.8	17579.8
	江苏	5860.7	7027.7	7920.0	7399.9	8873.3
	浙江	3441.2	4161.9	5477.0	6283.1	7598.8
	福建	1776.2	2607.5	3748.0	4739.1	6957.0
	山东	4059.4	5904.5	9685.0	4191.4	6096.6
	广东	6229.2	7387.9	10594.0	5879.9	6973.6
	东部地区	33290.7	41660.5	47675.0	6982.8	8738.4

(续表)

地区		转移支付前财政收入（亿元）	转移支付后财政收入（亿元）	人口（万）	转移支付前人均财政收入（亿元）	转移支付后人均财政收入（亿元）
中部地区	河北	2084.2	4079.4	7288.0	2859.8	5597.5
	山西	1516.4	2759.5	3611.0	4199.4	7641.8
	吉林	1041.3	2471.2	2750.0	3786.4	8986.2
	黑龙江	1163.2	3171.5	3834.0	3033.9	8272.0
	安徽	1792.7	3961.0	5988.0	2993.8	6614.9
	江西	1371.9	3019.2	4504.0	3046.0	6703.4
	河南	2040.6	5006.4	9406.0	2169.5	5322.6
	湖北	1823.1	3759.8	5779.0	3154.6	6506.0
	湖南	1782.2	4119.0	6639.0	2684.4	6204.2
	海南	409.4	911.7	887.0	4615.6	10278.1
	中部地区	15024.9	33258.7	50686.0	2964.3	6561.7
西部地区	内蒙古	1552.8	3426.0	2490.0	6236.1	13759.0
	广西	1166.1	2985.2	4682.0	2490.5	6376.0
	重庆	1703.5	3046.4	2945.0	5784.4	10344.2
	四川	2421.3	5451.0	8076.0	2998.1	6749.6
	贵州	1014.0	2755.7	3484.0	2910.4	7909.5
	云南	1338.0	2572.7	4659.0	2871.9	5521.9
	西藏	86.6	905.3	308.0	2811.0	29394.2
	陕西	1600.7	3323.8	3753.0	4265.1	8856.4
	甘肃	520.9	2059.6	2578.0	2020.6	7989.0
	青海	186.4	1159.1	573.0	3253.1	20227.7
	宁夏	264.0	864.4	647.0	4080.4	13359.5
	新疆	909.0	2720.1	2233.0	4070.6	12181.2
	西部地区	12763.2	31269.1	36428.0	3503.7	8583.8

资料来源：各地区转移支付前后财政收入和人口数据取自《中国统计年鉴》(2013)，转移支付前后人均财政收入数据经过计算得到。

总之,"94改革"后的财政体制已在明显地产生抑制和缩小我国区域间差距而服务于全局的正面效应。展望今后,这种正面效应贡献的进一步提升和可持续,需依托深化改革使中央—地方的财力"纵向不均衡"机制进一步完善和健全。

第二节
展望:在全面改革中深化财税体制改革的基本思路与要领

我们必须在新的国内外形势下,果敢而慎重、坚定而持续地推进财税改革。党的十八届三中全会提出"全面深化改革的总目标是完善和发展中国特色社会主义制度,推进国家治理体系和治理能力现代化",及"财政是国家治理的基础和重要支柱",在最高层级的指导性文件中创新定位和精辟阐述了治国施政的核心理念——国家治理现代化,以及创新定位了财政与国家治理的关系,这要求我们必须以建立现代财政制度为目标,加快财税体制改革进程,推进全面深化改革目标的实现,适应新阶段发展的客观要求。

一、总体思路

在"五位一体"总体布局和"四个全面"顶层设计框架下,对接财政改革与发展中"问题导向"的制度机制创新建设。财政体制改革将是全面深化改革中的关键之举。在深化改革中完善健全分税制财政体制改革的总体思路应是:在合理定位政府职能、实现其转变的前提下,配合政府层级的扁平化和"大部制"取向下的整合与精简化,建立"扁平化"的财政层级框架,合理划分中央、省、市县三级事权和支出责任,改进转移支付制度,按"一级政权,一级事权,一级财权,一级税基,一级预算,一级产权,一级举债权"的原则,配之以中央、省两级自上而下的转移支付与必要合理的横向转移支付,建立内洽于市场经济体制的财权与事权相顺应、财力与支出责任相匹配的财税体制;深化预算管理制度的改革;实行促进

"调结构,转方式"的税制改革;同时强化绩效导向。

二、基本目标

财政收支机制与安排要在"五位一体"的框架下,全面体现国家治理意图。财税体制改革要把创造机会均等、维护社会正义放在最为突出的位置,既加快财税自身的改革,又积极支持配合相关改革,着重建立机制、促进包容,使各级政府财权与事权相顺应、财力与支出责任相匹配的现代财政制度服务于党的十八届三中全会的改革顶层设计与部署。基本目标包括:

(一)明确界定政府职能职责与财政职能

政府与市场、社会之间关系的正确处理决定政府职能的合理化,政府职能、职责及履责权限决定政府支出责任。因此,财税体制改革的核心是正确处理政府与市场、社会的关系,划清政府与市场、社会的边界,必须尊重市场规律,让市场充分起作用,以公众利益最大化和维护社会正义为基点,充分发挥市场在资源配置中的决定性作用,恰当、适度地发挥政府作用。应遵循"市场、社会优先"的原则,凡市场、社会能做好的就交由市场和社会去做;凡市场、社会能做但做不到位的,由政府发挥辅助作用;凡市场、社会做不到的,由政府牵头承担或组织相关资源配置。创新政府履行职能方式,充分引入市场机制,发挥财政"四两拨千斤"的作用。政府职能和财政职能的定位是:尊重市场和服务与引导市场经济,在财政事权(支出责任)的分级合理化与复合税制的分级配置税基合理化基础上,服务于现代国家治理体系的构建。

(二)完善政府间事权与支出责任划分

事权划分、收入划分和支出及转移支付是财税体制改革的核心内容。政府间事权与支出责任合理划分是财权和财力配置与转移支付制度的根本前提。必须在积极完善立法的过程中合理划分各级政府间的事权。政府间事权划分的基本原则是,第一,根据公共产品的层次性和受益范围划分事权和支出责任。全国性公共产品和公共服务受益范围遍及全国,应由中央政府提供;地方性公共产品和公共服务受益范围仅局限于地方,应由地方政府提供;具有外溢性的地方性公共产品和公共服务,可由中央政府和地方政府联合提供，或中央政府补助地方政府提供，或直接由中央政府提供。值得注意的是，地方事务的外部性可以通过扩大中央事权范围的方式来解决，也可以借助于地方之间的协商机制。考虑到信息处理的复杂性，地方政府对当地情况的了解远多于中央，因此由中央政府承担过多的事权与支出责任并不一定是合理的。第二，根据公共服务提供效率划分事权和支出责任。考虑到历史文化传统因素，收入分配和经济稳定职责由中央政府提供更有效率。但在收入分配职责的履行上，各国不同程度地借助于地方政府力量。因此，我国政府间事权与支出责任的划分应充分考虑历史文化传统因素，进而确定各级政府容易接受的支出责任分担机制。第三，根据规模经济原则划分事权和支出责任。政府间事权与支出责任划分中还要注意职责承担中的规模经济问题。某些职责，若由地方政府承担则可能无法发挥规模经济效应；而如果由中央政府承担，就可以发挥节约成本的作用。第四，尽量减少政府间事权共担。尽可能做到各级政府的事权大部分为独立承担的职责，减少共同承担的事权，辅之以少量上级委托性事权和引导性事权。

（三）结合税制改革，合理划分税基

政府所有的规制和行为，均应以不影响或尽量少影响生产要素自由流动和市场主体自主决策为标准，相应的收入（税基）划分，则需要考虑税种对生产要素流动的影响以及中央、地方分层级的宏观和中观调控功能的实现等因素。税种在中央、地方间的划分即税基的配置，一般认为要遵循如下基本原则：与国家主权和全局性宏观调控功能关系密切，或税基覆盖统一市场而流动性大的税种，应划归中央；而与区域特征关系密切、税基无流动性或流动性弱，以及税基较为地域化、不会引起地区间过度税收竞争和需要"因地制宜"的税种，应划归地方。按此原则，如关税、个人所得税、增值税、社会保障税等应划归中央，如房地产税、资源税、特定区域性税种等应划归地方。

从各国具体实践情况看，在基本遵循上述原则的情况下，不同国家根据本国情况，对个别税种有一些变通。如美国的个人所得税为联邦政府和州、地方政府按照税基共享、分率计征方式进行收入共享（联邦为主，实行超额累进税率；州与地方为辅，实行低税率乃至低水平比例税率）；英国将住宅类房产税（称为市政税）作为地方税,而将非住宅类房产税(称为营业税)作为中央税以及中央向地方转移支付的来源,按照居民数向各地区返还。我国"94改革"后在收入划分上为考虑调动地方积极性,将税基大或较大的几个税种(增值税、企业所得税、个人所得税)作为共享税,但这些同经济发展直接相关、税基流动性特征明显的主力税种划定为中央与地方共享税,在一定程度上违背了收入划分的应有原则,结果是刺激地方政府承担较多的经济发展事权以及在相互之间实行过度的税收竞争(表现为争上投资、争抢税源等)。因此,"分财权"(税基)和"分财力"(收入),均有其需遵循的科学规律和所应依据的客观内洽机制,不应简单按照人的主观意志与偏好行事,这方面人为的调控空间很有限度。

(四)调整中央和地方政府间财政关系,完善转移支付制度

无论是考虑到"实现共同富裕"的社会主义本质,还是法治社会下基于公民"人权平等"而提出的"基本公共服务均等化"要求,都客观地需要运用转移支付手段对财政资金余缺自上而下地在政府间进行适当调节。这种转移支付有效运行的基本前提就是"纵向不均衡"地由中央取得与其宏观调控功能相称的财力,进而去调节地区间的"横向不均衡"。在我国经过二三十年"让一部分人和一部分地区先富起来"的发展之后,叠加迥异的自然地理环境,地区间经济发展水平差异巨大,"实现共同富裕"任重道远,新时期中央政府不可回避的一项重要责任,就是以合理方式"抽肥补瘦",抑制地区间差距扩大——这种中央政府针对"横向不均衡"履行区域差异调节责任的物质前提,就是形成合理设计与可持续实施的中央、地方间"纵向不均衡"的财力分配框架。

我国转移支付制度建设目标包括平衡地方基本公共服务能力(一般性转移支付)和实现特定宏观调控目标(专项转移支付)。

(五)改进预算管理制度,完善政府预算体系

预算制度是现代财政制度的核心,预算管理改革要助推现代国家治理体系的建设,完善国家筹集、分配和使用资金的方式。良好的现代预算制度,应遵循十项国际公认的基本原则:全面性、原则性、合法性、灵活性、预见性、可审议性、真实性、透明度、信息量和诚信度。这也是我国预算管理制度完善的方向和目标:实现

预算的全面性，即要求将所有的公共资金纳入预算，建立全口径的公共预算体系；提高预算的透明度，即预算公开，扩大各级政府预算公开的范围和详细程度，特别是"三公"经费等具体内容以及政府间转移支付的计算确定方法等；实行中期财政规划管理，克服年度预算的短视性弊端，为适应新常态下宏观调控的改善提供有利条件，为支出结构的优化调整提供一个可操作的时间基础和资源基础。

三、改革重点

根据"94改革"以来分税制深化改革不如人意的突出矛盾和真实问题，在提高国家治理能力和治理现代化背景下，建立现代财税体制的重点应包括：

（一）以政府扁平化改革为框架

在"最小一揽子"配套改革中积极、渐进推进省以下分税制的贯彻落实，通过省直管县、乡财县管和乡镇综合配套改革，在大面上将我国原来的五个政府层级扁平化为中央、省、市县三个层级（不同地区可有先有后），以此作为由"山重水复"变"柳暗花明"的一个框架基础。

其意义是促进1994年以后始终不能贯彻落实的省以下分税制的实行。原来省以下的分税，实际上没能"过渡"到位，变成了五花八门、复杂易变、讨价还价、弊病明显的分成制和包干制。一旦分税制可以在省以下贯彻，则其他的配套改革都可以有实质性的推进。过去我国关于约20种税怎么分的问题，经过多年探索，怎么都分不好，现在人们所抨击的很多地方政府的短期行为与其合理职能相悖的表现，伴随制度条件的改变应都可以得到改变。

总体来看，我国的"省直管县"改革可分三步走：第一步是像目前各省的改革试点搞的那样，省主要对直管县的财政进行直管，并适当下放经济管理权，但仍维持市对县的行政领导地位；第二步是市和县分治，统一由省直管，重新定位市和县的功能，某些市毗连的县可改为市辖区；第三步是市改革，在合理扩大市辖区范围的同时，合理调整机构和人员，总的方向应当是撤销传统意义上的管县的地级市（级别可保留，人员逐渐调整），全面落实市县分置，省直管县。在上述过程中，还可大力推进乡镇财政体制改革，对经济欠发达、财政收入规模小的乡镇，试行由县财政统一管理其财政收支的办法,对一般乡镇实行"乡财县管"方式,在保持乡镇资金所有权和使用权、财务审批权不变的前提下,采取"预算共编、账户统设、集中收付、采购统办、票据统管"的管理模式。

(二)以合理调整事权为匹配逻辑

在顶层规划下调整、理顺中央与地方事权划分,包括中央事权、地方事权、中央与地方共担事权、中央委托事权、中央引导与鼓励事权等,进而按照政府事务的属性和逻辑原理,合理并力求清晰地划分政府间支出责任,尽快启动由粗到细形成中央、省、市县三级事权与支出责任明细单的工作,并在其后动态优化和加强绩效考评约束。尽快将基础养老金、司法体系、食品药品安全、边防、海域、跨地区流域管理等划为中央事权。地方政府应退出一般竞争项目投资领域,同时规范省以下政府的事权划分边界。

(三)以税制改革为配合,完善政府间收入划分改革

以税制改革为配合,积极完善以税种配置为主的各级收入划分制度。大力推进资源税改革,以将"从价征收"机制覆盖到煤炭为重点,进一步扩大资源税的征收范围。推进房地产税立法;开征独立的环境保护税,并将该税种收入划分地方;扩大消费税征收范围、调整部分税目的消费税征收环节,将部分消费税税目收入划归地方。将车辆购置税划归为地方收入。巩固"营改增"成果,将增值税中央增收部分作为中央增加对地方一般性转移支付的来源。

(四)以规范的转移支付制度体现事权优先原则

按照人口、地理、服务成本、功能区定位等因素优化转移支付的均等化公式,加强对欠发达地方政府的财力支持;适当降低专项转移支付占全部转移支付的比重,归并、整合专项中的相似内容或可归并项目;尽量提前其具体信息到达地方层面的时间,并原则上取消其"地方配套资金"要求,以利地方预算的通盘编制与严肃执行。此外,还应积极探索优化"对口支援"和"生态补偿"等地区间横向转移支付制度。

(五)以建立现代公共预算管理制度为基础性支撑

结合建立现代财政制度的要求,在全口径预算前提下从中央级开始积极试编

3—5年中期滚动预算;把单一账户国库集中收付制发展为"横向到边、纵向到底";配之以"金财工程""金税工程"式的全套现代化信息系统建设来支持、优化预算体系所代表的全社会公共资源配置的科学决策;落实新预算法关于地方债的规定,加快地方阳光融资的公债、市政债制度建设步伐,逐步置换和替代透明度和规范性不足而风险防范成本高、难度大的地方融资平台等隐性负债;地方的国有资产管理体系建设也需结合国有资本经营预算制度建设而积极推进。

在"渐进改革"路径依赖和"建设法治国家""强化公众知情与参与"等多重约束条件和逻辑取向下,逐步积极、理性地推进财税法制建设,掌握好服务全局大前提下"在创新、发展中规范"与"在规范中创新、发展"的权衡点,加强优化顶层规划和继续鼓励先行先试,在经济社会转轨的历史时期内,不断及时地把可以看准的稳定规则形成立法。

(六) 以举债权和产权管理为重要组成要素

市场经济所要求的分税分级财政体制,内含地方适度举债的必要性和合理性。举债权是规范化的分税制体制下各级政府应有的财权,在大多数市场经济国家,地方政府债券市场已较为成熟和完善,成为地方融资的重要途径和资本市场的有机组成部分,在国家的经济发展尤其是地方经济的发展中发挥着十分重要的作用。新《预算法》赋予地方政府适度举债权,允许地方政府通过规范的法定程序,在有透明度和受监督的条件下以适当规模举债,筹集必要的建设资金,这有利于地方政府在分级预算运行中应对短期内市政建设等方面的高额支出,把支出高峰平滑化分摊到较长时段中,并借力于社会资金和市场机制发挥提供准公共产品的职能,有效弥补地方政府收入的不足,为进一步深化财政体制改革拓宽路径。

产权管理是中央和地方政府间的重要事权划分内容之一。混合所有制作为"现代国家治理"的现代市场体系的产权制度基石,为国有经济部门改革和国有资产管理体系的重构打开空间,基于"现代国家治理—现代市场体系—现代企业制度—混合所有制"的逻辑链,党的十八届三中全会关于"混合所有制"认识的突破性表述,实际上强调在现代国家治理法治化背景下,任何一个市场主体内部的产权可以按照股份制框架下的混合所有制来处理,实现最大包容性和共赢、多赢,实质性地推进改革。

参考文献

[1] 中共中央马克思恩格斯列宁斯大林著作编译局. 马克思恩格斯选集（第2卷）[M]. 北京：人民出版社，1972.

[2] 中共中央马克思恩格斯列宁斯大林著作编译局. 列宁全集（第26卷）[M]. 北京：人民出版社，1959.

[3] 中共中央文献研究室. 毛泽东文集（第6卷）[M]. 北京：人民出版社，1999.

[4] 王丙乾. 中国财政60年回顾与思考[M]. 北京：中国财政经济出版社，2009.

[5] 项怀诚，贾康，赵全厚. 中国财政通史·当代卷[M]. 北京：中国财政经济出版社，2006.

[6] 项怀诚. 中国财政50年[M]. 北京：中国财政经济出版社，1999.

[7] 项怀诚. 中国财政通史·大事记[M]. 北京：中国财政经济出版社，2006.

[8] 谢旭人. 中国财政60年（上卷）[M]. 北京：经济科学出版社，2009.

[9] 楼继伟. 中国三十年财税改革的回顾与展望[M]. 北京：中国经济出版社，2008.

[10] 楼继伟. 中国政府间财政关系再思考[M]. 北京：中国财政经济出版社，2013.

[11] 楼继伟. 财税改革纵论[M]. 北京：经济科学出版社，2014.

[12] 钱穆. 中国历代政治得失[M]. 北京：九州出版社，2012.

[13] 贾康. 贾康自选集[M]. 北京：人民出版社，2013.

[14] 贾康. 新供给：经济学理论的中国创新[M]. 北京：中国经济出版社，2013.

［15］贾康，赵全厚. 中国经济改革30年. 财政税收卷/1978—2008［M］. 重庆：重庆大学出版社，2008.

［16］贾康，刘薇. 财税体制转型［M］. 杭州：浙江大学出版社，2015.

［17］贾康，苏京春，梁季，刘薇. 全面深化财税体制改革之路：分税制的攻坚克难［M］. 北京：人民出版社，2015.

［18］贾康. 税费改革研究文集［M］. 北京：经济科学出版社，2000.

［19］贾康. 转轨时期的执着探索（贾康财经文萃）［M］. 北京：中国财政经济出版社，2003.

［20］贾康. 财政本质与财政调控［M］. 北京：经济科学出版社，1998.

［21］［美］安瓦·沙. 践行财政"联邦制"［M］. 贾康，等译. 北京：科学出版社，2015.

［22］马寅初. 马寅初全集（第8卷）［M］. 浙江：浙江人民出版社，1999.

［23］吴敬琏，等. 中国经济50人看三十年：回顾与分析［M］. 北京：中国经济出版社，2008.

［24］世界银行. 超越年度预算——中期支出框架的国际经验［M］. 财政部综合司译. 北京：中国财政经济出版社，2013.

［25］刘佐. 中国税制五十年［M］. 北京：中国税务出版社，2000.

［26］姜维壮. 当代财政学主要论点［M］. 北京：中国财政经济出版社，1987.

［27］中共中央文献研究室. 毛泽东年谱［M］. 北京：中央文献出版社，1993.

［28］谢明干，罗元明. 中国经济发展四十年［M］. 北京：人民出版社，1990.

［29］刘仲藜. 奠基——新中国经济五十年［M］. 北京：中国财政经济出版社，1999.

［30］董辅礽. 中华人民共和国经济史上卷［M］. 北京：经济科学出版社，1999.

［31］陈如龙. 中华人民共和国财政大事记：1949—1985［M］. 北京：中国财政经济出版社，1989.

［32］中共中央文献研究室. 建国以来重要文献选编［M］. 北京：中央文献出版社，1993.

[33] 左春台，宋新中. 中国社会主义财政简史[M]. 北京：中国财政经济出版社，1988.

[34] 孙健. 中华人民共和国经济史（1949—90年代初）[M]. 北京：中国人民大学出版社，1992.

[35] 中国社会科学院经济研究所. 中国资本主义工商业的社会主义改造[M]. 北京：人民出版社，1978.

[36] 吴承明，吴志凯. 中华人民共和国经济史[M]. 北京：中国财政经济出版社，2001.

[37] 中国国际贸易促进委员会. 三年来新中国经济的成就[M]. 北京：人民出版社，1952.

[38] 国家统计局. 光辉的三十五年[M]. 北京：中国统计出版社，1984.

[39] 周恩来. 国民经济的调整工作和当前任务[A]. //中国社会主义财政史参考资料（1949—1985）. 北京：中国财政经济出版社，1990.

[40] 陈云. 建设规模要和国力相适应[A]. //陈云文选. 北京：人民出版社，1986.

[41] 邓小平. 在武昌、深圳、珠海、上海等地的谈话要点[A]. //邓小平文选第三卷. 北京：人民出版社，1993.

[42] 楼继伟. 推进各级政府事权规范化法律化[N]. 人民日报，2014（12）.

[43] 贾康. 财政的扁平化改革和政府间事权划分[N]. 中共中央党校学报，2007（12）.

[44] 贾康. 中国财政体制改革之后的分权问题[J]. 改革，2013（2）.

[45] 贾康. 分税制改革与中央、地方政府间关系[J]. 改革，1990（4）.

[46] 贾康. 财政职能及平衡原理的再认识[J]. 财政研究，1998（7）.

[47] 贾康. 再谈房产税的作用及改革方向与路径、要领[N]. 国家行政学院学报，2013（4）.

[48] 贾康. 正确把握大思路，配套推进分税制——兼与"纵向分两段，横向分两块"的主张商榷[N]. 中央财经大学学报，2005（12）.

[49] 贾康. 分税制改革需要继续深化［J］. 中国改革, 2006（2）.

[50] 贾康. 关于公共财政的若干思考［N］. 中国社会科学院研究生院学报, 2005（6）.

[51] 贾康. 对公共财政的基本认识［J］. 税务研究, 2008（2）.

[52] 贾康. 中国财税改革30年：简要回顾与评述［J］. 财政研究, 2008（10）.

[53] 贾康. 以扁平化改革作为改造我国现行财政体制的切入点——我国财政改革的反思与路径探讨［J］. 中国金融, 2008（8）.

[54] 贾康. 深化财税体制改革的基本思路与政策建议［R］. 中国国际经济交流中心财税改革课题报告, 2013（10）.

[55] 贾康. 中国财政改革：政府层级、事权、支出、税收安排的思路［J］. 地方财政研究, 2004（1）.

[56] 贾康. 建立健全有利于科学发展的财税体制机制［J］. 中国经济分析与展望, 2011（1）.

[57] 贾康. "现代国家治理"取向下的财税改革［N］. 金融时报, 2014（3）.

[58] 贾康. 财税体制改革诠释现代国家治理［N］. 上海证券报, 2014（7）.

[59] 贾康. 走向"现代国家治理"的财税配套改革——从《决定》到改革元年基本思路解读［J］. 财会研究, 2014（10）.

[60] 贾康. 地方债务风险研判［J］. 上海国资, 2011（8）.

[61] 贾康, 苏京春. 现阶段我国中央与地方事权划分改革研究［J］. 财经问题研究, 2016（10）.

[62] 贾康, 刘薇. 注重民生、优化结构、创新制度、促进发展——中国公共财政的转型之路［J］. 经济与管理研究, 2007（10）.

[63] 贾康, 梁季. 配套改革取向下的全面审视：再议分税制［R］. 财政部财政科学研究所研究报告, 2013（160）.

[64] 贾康, 梁季. 中央地方财力分配关系的体制逻辑与表象辨析［J］. 财政研究, 2011（1）.

[65] 刘尚希, 赵福昌, 石英华, 等. 统筹财政资金的思路与路径研究［R］. 中国

财政科学研究院，2016（15）．

[66] 白景明．统筹考虑事权、支出责任和收入划分［N］．中国社会科学报，2015（3）．

[67] 高培勇．2017税制改革：应提高直接税比重［J］．改革内参，2017（9）．

[68] 高培勇．由适应市场经济体制到匹配国家治理体系——关于新一轮财税体制改革基本取向的讨论［J］．财贸经济，2014（3）．

[69] 苏明，邢丽，许文，施文泼．推进环境保护税立法的若干看法与政策建议［R］．财政部财政科学研究所研究报告，2015（43）．

[70] 苏明，施文泼．中国房地产税制度改革研究［R］．财政部财政科学研究所研究报告，2016（1）．

[71] 张学诞，梁季，施文泼．完善分税制财政体制核心：政府间税收划分制度改革［R］．财政部财政科学研究所研究报告，2013（55）．

[72] 王浦劬，张志超．德国央地事权划分及其启示［J］．国家行政学院学报，2015（5），（6）．

[73] 杨志勇．分税制改革中的中央和地方事权划分研究［J］．经济社会体制比较．2015（2）．

[74] 贾康，刘薇．积极财政政策的理论与实践［J］．中共中央党校学报，2009（1）．

[75] 董晶．建国初期的大行政区制度始末［N］．中共郑州市委党校学报，2007（1）．

[76] 夏康裕，徐良荣．搞好分税制改革试点理顺财政分配关系［J］．财会通讯，1993（6）．

[77] 国务院发展研究中心课题组．新一轮改革的基本思路和行动方案［J］．中国改革，2013（10）．

[78] 刘薇．财政收入改革［J］．经济研究参考，2009（2）．

[79] 邓力平，曾聪．浅议"大国财政"构建［J］．财政研究，2014（6）．

[80] 马蔡琛，李宛妹，等．后金融危机时代的政府预算管理变革［J］．经济与管

理研究，2016（6）.

[81] 侯一麟. 政府职能、事权事责与财权财力：1978年以来我国财政体制改革中财权事权划分的理论分析［J］. 公共行政评论，2009（2）.

[82] 边静如，毛成银，陈杰. 经济新常态下我国税收制度改革研究［J］. 改革与战略，2016（2）.

[83] 王婷婷，范卫国. 财政责任视角下的地方债务治理：域外经验与中国路径［J］. 经济体制改革，2016（6）.

[84] 李伟. 新《预算法》实施后财政专户治理实效及改革路径［J］. 经济纵横，2016（5）.

[85] 李晶，赵余，张美美，魏永华. 营改增后中国地方税体系重构［J］. 宏观经济研究，2016（4）.

[86] 刘建徽，周志波. 营改增的政策演进、现实困境及政策建议［J］. 经济体制改革，2016（2）.

[87] 于长革. 加快建立新型央地财政关系［N］. 中国经济时报，2015（3）.

[88] 吕炜. 国家治理现代化视域下的大国财政［J］. 新华文摘，2017（4）.

[89] 马骏，白重恩. 关于财税体制改革的思路［R］. 中国金融四十人论坛内部重大课题，2013（6）.

后 记
POSTSCRIPT

本书在中国（海南）改革发展研究院和广东经济出版社的组织和协调下得以面世，作为"复兴之路——中国改革开放40年回顾与展望"丛书之一。全书紧密结合建立现代财政制度目标，围绕财税改革是中国经济体制改革的突破口和关键组成部分，对改革开放以来财税制度建立与完善的背景、过程及其进展进行梳理，从财政体制变迁背景、经济体制转轨下的财政改革、分税制改革与评价、税收制度改革、国有资产收益制度改革、公共债务制度改革、财政管理改革、财政宏观调控与国际协调、适应国家治理现代化的财税改革新进展等方面力图全面分析近40年来财政改革脉络，并对改革经验进行总结和评价，提出在全面改革中深化财税改革的基本思路与要领。

本书在写作过程中搜集整理了大量权威性的史料和相关著述，力求适应丛书的"权威性、战略性、理论性、前瞻性"的要求，在肯定和借鉴相关论述的同时，进一步深化了基于多年研究基础上的财税改革观点和思路。

中国财政科学研究院硕士研究生杨青青、秦悦、王蒋姜在搜集史料方面提供了帮助和支持，在此一并表示衷心感谢。中国（海南）改革发展研究院杨睿女士和杨若曦女士为此书的付梓做了大量工作。在此，也一并向她们表示由衷的感谢。

由于时间有限，本书的写作还存在很多不足之处，恳请读者批评指正。

贾康　刘薇
2017年5月于新知大厦